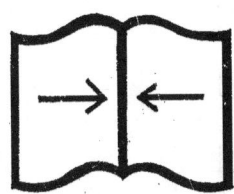

RELIURE SERREE
Absence de marges
intérieures

CONTRASTE IRREGULIER

Contraste insuffisant
NF Z 43-120-14

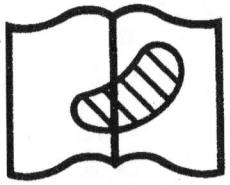

ILLISIBILITE PARTIELLE

Original illisible
NF Z 43-120-10

ŒUVRES COMPLÈTES
DE VOLTAIRE

TOME VINGTIÈME

PARIS
LIBRAIRIE HACHETTE ET Cie
79, BOULEVARD SAINT-GERMAIN, 79

À LA MÊME LIBRAIRIE

ŒUVRES
DES PRINCIPAUX ÉCRIVAINS FRANÇAIS
VOLUMES IN-18 JÉSUS.

On peut se procurer chaque volume de cette série relié en percaline gaufrée, sans être rogné, moyennant 50 cent.; en demi-reliure, dos en chagrin, tranches jaspées, moyennant 1 fr. 50 cent., et avec tranches dorées, moyennant 2 fr. en sus du prix marqué.

1re Série à 1 franc 25 c. le volume.

Barthélemy : *Voyage du jeune Anacharsis en Grèce dans le milieu du IVe siècle avant l'ère chrétienne.* 8 volumes.

Atlas pour le *Voyage du jeune Anacharsis*, dressé par J. D. Barbié du Bocage, revu par A. D. Barbié du Bocage. In-8, 1 fr. 50 c.

Boileau : *Œuvres complètes.* 2 vol.

Bossuet : *Œuvres choisies.* 5 vol.

Corneille : *Œuvres complètes.* 7 vol.

Fénelon : *Œuvres choisies.* 4 vol.

La Fontaine : *Œuvres complètes.* 3 volumes.

Marivaux : *Œuvres choisies.* 2 vol.

Molière : *Œuvres complètes.* 3 vol.

Montaigne : *Essais*, précédés d'une lettre à M. Villemain sur l'éloge de Montaigne, par P. Christian. 2 vol.

Montesquieu : *Œuvres complètes.* 8 volumes.

Pascal : *Œuvres complètes.* 3 vol.

Racine : *Œuvres complètes.* 3 vol.

Rousseau (J.-J.) : *Œuvres complètes*, 13 volumes.

Saint-Simon (le duc de) : *Mémoires complets et authentiques sur le siècle de Louis XIV et la Régence*, collationnés sur le manuscrit original par M. Chéruel, et précédés d'une notice de M. Sainte-Beuve, de l'Académie française. 13 vol.

Sédaine : *Œuvres choisies.* 1 vol.

Voltaire : *Œuvres complètes.* 46 vol.

2e Série à 2 francs 50 cent. le volume.

Chateaubriand : *Le génie du Christianisme.* 1 vol.
— *Les Martyrs;* — *le Dernier des Abencerrages.* 1 vol.
— *Atala;* — *René;* — *les Natchez.* 1 vol.

Fléchier : *Mémoires sur les Grands-Jours d'Auvergne en 1665*, annotés par M. Chéruel et précédés d'une notice par M. Sainte-Beuve. 1 vol.

Malherbe : *Œuvres poétiques*, réimprimées pour le texte sur la nouvelle édition des *Œuvres complètes de Malherbe*, publiées par M. L. Lalanne dans la Collection des GRANDS ÉCRIVAINS DE LA FRANCE. 1 v.

Sévigné (Mme de) : *Lettres de Mme de Sévigné, de sa famille et de ses amis*, réimprimées pour le texte sur la nouvelle édition publiée par M. Monmerqué dans la Collection des GRANDS ÉCRIVAINS DE LA FRANCE. 8 vol.

COULOMMIERS. — Typogr. ALBERT PONSOT et P. BRODARD.

ŒUVRES COMPLÈTES

DE VOLTAIRE

COULOMMIERS. — IMP. P. BRODARD ET GALLOIS.

ŒUVRES COMPLÈTES

DE VOLTAIRE

TOME VINGTIÈME

PARIS
LIBRAIRIE HACHETTE ET Cie
79, BOULEVARD SAINT-GERMAIN, 79

1889

ROMANS.

LE MONDE COMME IL VA,

VISION DE BABOUC.

(1746)

I. Parmi les génies qui président aux empires du monde, Ituriel tient un des premiers rangs, et il a le département de la haute Asie. Il descendit un matin dans la demeure du Scythe Babouc, sur le rivage de l'Oxus, et lui dit : « Babouc, les folies et les excès des Perses ont attiré notre colère : il s'est tenu hier une assemblée des génies de la haute Asie pour savoir si on châtierait Persépolis, ou si on la détruirait. Va dans cette ville, examine tout; tu reviendras m'en rendre un compte fidèle, et je me déterminerai sur ton rapport à corriger la ville, ou à l'exterminer. — Mais, seigneur, dit humblement Babouc, je n'ai jamais été en Perse; je n'y connais personne. — Tant mieux, dit l'ange, tu ne seras point partial; tu as reçu du ciel le discernement[1], et j'y ajoute le don d'inspirer la confiance; marche, regarde, écoute, observe, et ne crains rien; tu seras partout bien reçu. »

Babouc monta sur son chameau, et partit avec ses serviteurs. Au bout de quelques journées, il rencontra vers les plaines de Sennaar l'armée persane, qui allait combattre l'armée indienne. Il s'adressa d'abord à un soldat qu'il trouva écarté. Il lui parla, et lui demanda quel était le sujet de la guerre. « Par tous les dieux, dit le soldat, je n'en sais rien; ce n'est pas mon affaire; mon métier est de tuer et d'être tué pour gagner ma vie; il n'importe qui je serve. Je pourrais bien même dès demain passer dans le camp des Indiens; car on dit qu'ils donnent près d'une demi-drachme de cuivre par jour à leurs soldats de plus que nous n'en n'avons dans ce maudit service de Perse. Si vous voulez savoir pourquoi on se bat, parlez à mon capitaine. »

Babouc, ayant fait un petit présent au soldat, entra dans le camp. Il fit bientôt connaissance avec le capitaine, et lui demanda le sujet de la guerre. « Comment voulez-vous que je le sache? dit le capitaine, et que m'importe ce beau sujet? J'habite à deux cents lieues de Persépolis; j'entends dire que la guerre est déclarée; j'abandonne aussitôt ma famille, et je vais chercher, selon notre coutume, la fortune ou la mort, attendu que je n'ai rien à faire. — Mais vos camarades, dit Babouc, ne sont-ils pas un peu plus instruits que vous? — Non, dit l'officier; il n'y a guère que nos principaux satrapes qui savent bien précisémen pourquoi on s'égorge. »

VOLTAIRE. — XX   1

Babouc étonné s'introduisit chez les généraux; il entra dans leur familiarité. L'un d'eux lui dit enfin : « La cause de cette guerre, qui désole depuis vingt ans l'Asie, vient originairement d'une querelle entre un eunuque d'une femme du grand roi de Perse, et un commis du bureau du grand roi des Indes. Il s'agissait d'un droit qui revenait à peu près à la trentième partie d'une darique[1]. Le premier ministre des Indes et le nôtre soutinrent dignement les droits de leurs maîtres. La querelle s'échauffa. On mit de part et d'autre en campagne une armée d'un million de soldats. Il faut recruter cette armée tous les ans de plus de quatre cent mille hommes. Les meurtres, les incendies, les ruines, les dévastations se multiplient, l'univers souffre, et l'acharnement continue. Notre premier ministre et celui des Indes protestent souvent qu'ils n'agissent que pour le bonheur du genre humain; et à chaque protestation il y a toujours quelques villes détruites et quelque province ravagée. »

Le lendemain, sur un bruit qui se répandit que la paix allait être conclue, le général persan et le général indien s'empressèrent de donner bataille; elle fut sanglante. Babouc en vit toutes les fautes et toutes les abominations; il fut témoin des manœuvres des principaux satrapes, qui firent ce qu'ils purent pour faire battre leur chef. Il vit des officiers tués par leurs propres troupes; il vit des soldats qui achevaient d'égorger leurs camarades expirants, pour leur arracher quelques lambeaux sanglants, déchirés et couverts de fange. Il entra dans les hôpitaux où l'on transportait les blessés, dont la plupart expiraient par la négligence inhumaine de ceux mêmes que le roi de Perse payait chèrement pour les secourir. « Sont-ce là des hommes, s'écria Babouc, ou des bêtes féroces? Ah! je vois bien que Persépolis sera détruite. »

Occupé de cette pensée, il passa dans le camp des Indiens; il y fut aussi bien reçu que dans celui des Perses, selon ce qui lui avait été prédit, mais il y vit tous les mêmes excès qui l'avaient saisi d'horreur. « Oh, oh! dit-il en lui-même, si l'ange Ituriel veut exterminer les Persans, il faut donc que l'ange des Indes détruise aussi les Indiens. » S'étant ensuite informé plus en détail de ce qui s'était passé dans l'une et l'autre armée, il apprit des actions de générosité, de grandeur d'âme, d'humanité, qui l'étonnèrent et le ravirent. « Inexplicables humains, s'écria-t-il, comment pouvez-vous réunir tant de bassesse et de grandeur, tant de vertus et de crimes? »

Cependant la paix fut déclarée. Les chefs des deux armées, dont aucun n'avait remporté la victoire, mais qui, pour leur seul intérêt, avaient fait verser le sang de tant d'hommes, leurs semblables, allèrent briguer dans leurs cours des récompenses. On célébra la paix dans des écrits publics, qui n'annonçaient que le retour de la vertu et de la félicité sur la terre. Dieu soit loué! dit Babouc; Persépolis sera le séjour de l'innocence épurée; elle ne sera point détruite, comme le voulaient ces vilains génies : courons sans tarder dans cette capitale de l'Asie.

[1] Environ vingt-quatre francs. (ÉD.)

l'auteur veut dire par ce vers; faut-il que parce qu'une chose est connue, elle soit mal exprimée? Je n'ai encore examiné que quatre vers; je serais trop long si je faisais une recherche exacte des fautes dont ce poëme est rempli. Je laisserai les vers qui n'ont d'autre défaut que celui d'être faibles, rampants, durs, forcés, prosaïques, etc. Je n'attaquerai chez M. l'abbé du Jarri que le ridicule et les fautes grossières contre le sens commun; je n'aurai que trop d'occupation.

Que j'aime à voir Louis victorieux et calme!

A-t-on jamais dit d'un roi victorieux qui donne la paix à ses sujets qu'il est victorieux et calme? La bizarrerie de ce terme se fait mieux sentir qu'elle ne peut s'exprimer.

La tête couronnée et d'olive et de palme.

On portait bien autrefois des palmes dans les mains; mais l'abbé du Jarri ne trouvera nulle part que les vainqueurs en aient été couronnés. C'est une des découvertes qu'il a faites dans son poëme.

Quel prodige de l'art! l'excellence admirée
Imite sur l'autel la puissance qui crée.

Toute la compagnie en présence de laquelle on nous lisait ce poëme ne put s'empêcher de rire à la lecture de ces deux vers; notre poëte en fut scandalisé. Nous lui disions que Chapelain, Colletet, Gombauld, Gomberville, Hesnault, Desmarets, Perrault, Scudéri, n'avaient jamais fait de vers plus ridicules. «Vous perdez le respect, nous répondit-il, tous ces auteurs sont de l'Académie française.»

Dieu lui parle, et l'encens que sa voix rend fécond,
Par mille êtres formés à ses ordres répond.
Du ténébreux chaos sort le visible temple
Où tout offre la gloire à l'œil qui le contemple.

Avant d'examiner ce pompeux galimatias, il faut que je vous fasse part de ce qui s'est passé à l'Académie à l'occasion de ces vers.

Dans le manuscrit qui était entre les mains de ces messieurs on avait écrit *du ténébreux chaos sort l'invisible temple;* ce *temple invisible* fit peine à quelques-uns. Ils n'osaient exposer aux yeux du public un poëme où l'on traitait d'invisible l'église de Notre-Dame; ils résolurent de substituer à la place de ce mot quelque épithète expressive qui relevât la beauté du vers : l'épithète de *visible* leur parut très-juste. On consulta l'auteur; il y donna les mains, non sans admirer le bon sens et la délicatesse de l'Académie. Je tiens ce que je vous écris de la bouche d'un académicien qui me citait ce vers *du ténébreux chaos* comme le plus bel endroit du poëme.

Quelques personnes plaignent ici M. l'abbé du Jarri. « Le public, disent-ils, le condamne sans l'entendre; car jamais personne n'entendra ce qu'il veut dire par l'*excellence admirée de l'art qui imite sur l'autel la puissance qui crée; l'encens fécond qui répond aux ordres de Dieu par des êtres déjà formés; le visible temple qui sort du chaos ténébreux et qui offre sa gloire à l'œil.* Je suis sûr que M. l'abbé du Jarri ne l'entend pas lui-même.

Oh! que si on voulait débrouiller ce chaos on tirerait de fortes conséquences contre le sens commun de M. l'abbé du Jarri; peut-être même pourrait-on s'en prendre à l'Académie qui a adopté ce bel ouvrage.

Tel du docte artisan les desseins inventés
Passent de son esprit sur le bronze enfantés.

Il veut faire une comparaison; mais à quoi compare-t-il ces *desseins du docte artisan?* est-ce au néant, est-ce au chaos? vous voyez qu'il n'y a pas un vers où on ne trouve du ridicule. Que penseriez-vous d'un homme qui dirait : les *desseins inventés* de M. l'abbé du Jarri *passent de son esprit enfantés sur le papier*? On pardonne les *desseins inventés par un docte artisan*; mais *les desseins d'un docte artisan* ne sont pas soutenables.

Une informe matière en chef-d'œuvre est formée.

On a fort applaudi dans l'Académie à cette heureuse pointe de *matière informe est formée.*

Marbres, jaspes taillés sous le sacré lambris
A la sculpture antique y disputent le prix.

Voici, monsieur, les deux vers qui ont déterminé les suffrages de l'Académie : on a vu avec étonnement qu'un poète dit, en deux vers, que le marbre et le jaspe qui servent à l'ornement du chœur de Notre-Dame ont été taillés dans le chœur même; et que ce même marbre et ce même jaspe disputent le prix à la sculpture antique. Surtout cette expression vive *marbre, jaspe* a plu infiniment. Vous vous apercevez bien que ce n'est point un esprit de critique qui m'anime, et que je rends justice au vrai mérite avec autant d'équité que le pourrait faire l'Académie même.

Monuments, de Louis éternisez le zèle.

M. l'abbé du Jarri est le premier qui ait ainsi employé le mot de monument au vocatif sans épithète; il aurait du moins sauvé cette faute s'il avait mis :

Monuments de Louis, éternisez le zèle.

Je vois parmi les dons de nos chrétiens monarques.

On dit bien un monarque chrétien, mais non pas un chrétien monarque.

Le Dieu de paix préfère un pacifique hommage.

On ne sait si l'épithète de *pacifique* convient si bien à un vœu qui n'a été fait que pour remercier Dieu de la défaite des Espagnols.

A ceux que de la guerre ensanglantent l'image.

Il veut parler des drapeaux qui sont à Notre-Dame; mais en **vérité**

AU SUJET DU PRIX DE POÉSIE.

n'est-ce que l'image de la guerre qui les ensanglante? Il me semble que c'est bien la guerre elle-même; et la plupart des drapeaux sont réellement teints du sang des ennemis. On remarque à propos de ce vers que le propre d'un grand poëte est d'ennoblir les choses les plus communes; et le propre d'un rimeur est d'avilir les choses les plus nobles.

> Un monarque pieux, vraiment roi très-chrétien.

Avant M. l'abbé du Jarri on n'avait jamais mis *roi très-chrétien* en vers.

> Vois son peuple avec lui devant toi prosterné
> Lui demander encore un roi par lui donné.

Voilà trois *lui* qui font pour le moins deux équivoques dans ces deux vers. Expliquons la chose le plus favorablement que nous pourrons : M. l'abbé du Jarri ne se serait jamais douté qu'il y aurait des commentateurs : *Sainte Vierge, vois le peuple de Louis prosterné avec lui demander à ton fils, dont il est parlé huit vers auparavant, le roi par lui donné.*

On doute si on peut demander une chose dont on est déjà en possession; cela paraît bien raffiné; c'est le goût de l'Académie, dit-on; je le crois; mais est-ce le goût du public?

> Que par toutes les voix au Parnasse sacré
> Par d'immortels accords Louis soit célébré.

Parnasse sacré. On ne voit pas trop ce que c'est qu'un Parnasse sacré. C'est apparemment celui de l'auteur; car il est ecclésiastique.

> De cendres en ce jour couvrant son diadème.

On ne peut dire de ce vers ce qu'Horace disait autrefois des mauvais poëtes qui voulaient faire leur cour à Auguste par des louanges mal placées.

> Cui male si palpere, recalcitrat undique tutus[1].

En effet il est bien question de *cendre* quand Louis XIV fait construire de nouveau le chœur de Notre-Dame.

> Iles, vastes climats, lointaines régions,
> Dont l'infidèle nuit couvre les nations.

Ce *dont* tombe-t-il sur l'*infidèle nuit* ou sur les *nations?* encore une équivoque. L'auteur ne les épargne pas.

> Pôles glacés, brûlants....

Lorsqu'on nous lut cet endroit du poëme, on trouva que pour dire *pôles glacés, brûlants* au pluriel, il faudrait qu'il y eût plusieurs pôles de chaque espèce; ainsi, selon M. l'abbé du Jarri, il y a quatre pôles pour le moins. Un malin envieux de la gloire de M. l'abbé se souvint

1. Livre II, satire I, vers 20. (ÉD.)

alors par malheur que nous n'avons que deux pôles; encore sont-ils tous deux glacés, parce que le soleil ne passe jamais les tropiques. Grands éclats de rire aussitôt, de voir qu'un poète à soixante-cinq ans mette le soleil directement sur les pôles; il me semble que je vois le Médecin malgré lui qui place le cœur du côté droit. Certes si ces pôles brûlants sont bien reçus à l'Académie française où l'on juge des mots, ils ne passeraient point à l'Académie des sciences où l'on examine les choses.

Pôles glacés, brûlants, où sa gloire connue
Jusqu'aux bornes du monde est chez vous parvenue.

Cet *où sa gloire connue* ne signifie que *chez vous connue*. Ainsi c'est une faute de dire ensuite *chez vous parvenue* et *jusqu'aux bornes du monde*. C'est une cheville qu'on a mise entre deux pour écarter encore plus la chose du sens commun.

Puisse la renommée, en louant ce grand roi,
Porter jusques à vous un rayon de sa foi,

J'aime à voir la renommée porter un rayon de foi.

Et de sa piété l'exemple se répandre!

L'exemple se répandre! On a condamné dans un célèbre auteur cette façon de parler : *répandre des exemples*. A plus forte raison condamnera-t-on dans M. l'abbé du Jarri *un exemple qui se répand*.

Voyez non plus ce front où sur des traits guerriers
La sagesse triomphe au milieu des lauriers.

A présent il change de sentiment; il veut ôter à Louis XIV non-seulement ses lauriers, mais encore la sagesse qui est empreinte sur son front, comme si en descendant du char de la victoire un héros chrétien en était moins sage. Voyez donc, dit-il, non plus ce front où la sagesse triomphe au milieu des lauriers,

Mais le roi qui descend du char de la victoire,
Aime à voir devant Dieu disparaître sa gloire.

C'est une faute contre la construction; il fallait dire *le roi qui descend, etc., et qui aime, etc.;* ou plutôt il ne fallait rien dire de tout cela.

Je me lasse enfin de critiquer une pièce qui est si fort au-dessous de la critique. Je ne vous parlerai point du *roi qui rend tout l'hommage au monarque des rois*, de la comparaison de la couronne d'épine avec le chœur de Notre-Dame, *des marques révérées de l'innocent contrit*, de ce beau vers :

Le chef et le pied nu, l'œil, le front abattu :

mais je ne puis m'empêcher de vous dire un petit mot de celui-ci :

La relique sans prix, vénérable aux mortels.

On dit une chose être *sans prix* quand elle est de nature à être vendue; mais M. l'abbé du Jarri sait-il bien qu'on ne peut vendre les choses saintes? C'est apparemment du reliquaire qu'il veut parler : en effet ce reliquaire est d'or et enrichi de pierreries sans prix; mais ce n'est point le reliquaire qui est vénérable aux mortels, c'est la relique. Encore deux mots sur cet autre vers :

C'est ce cœur infini, plus vaste que le monde.

On dit bien un grand cœur, mais on ne dit guère en vers un *cœur infini*; et s'il est infini ce cœur, il n'est pas étonnant qu'il soit plus vaste que le monde. M. l'abbé du Jarri me dira peut-être que le monde est infini de son côté : en ce cas, d'infini à infini il n'y a point de comparaison à faire; mais je ne crains pas qu'il me fasse cette objection; on voit bien par les pôles brûlants que ce poëte n'est pas grand physicien.

La prière pour le roi est aussi belle que son poëme. Il y prie Dieu de faire mourir monsieur le dauphin :

Joins aux ans de l'aïeul ceux de l'auguste enfant.

Il faut, monsieur, que ce soit la conduite de ce poëme qui ait emporté la voix des juges. Voici, monsieur, ce que c'est que l'ordre de l'ouvrage.

Après avoir dit que le jour paraît, et que la mort ravit un roi plein du beau projet de nous donner un beau spectacle, il fait une apostrophe à la religion, une apostrophe à Louis XIII; il tire le temple du chaos, puis il fait une apostrophe aux monuments, une apostrophe aux drapeaux, une apostrophe à la Vierge, une apostrophe aux îles lointaines, une apostrophe aux pôles brûlants, une comparaison du chœur de Notre-Dame avec la couronne d'épine, une apostrophe à Dieu; et voilà tout le poëme.

J'ai cru d'abord que l'Académie avait donné le prix au poëme de M. l'abbé du Jarri non comme au meilleur ouvrage qu'on lui ait présenté, mais comme au moins ridicule. Je disais : « Il est bien ignominieux pour la France que nous ayons plusieurs poëtes plus mauvais que M. l'abbé du Jarri. » Hier, je vis les pièces qui seront imprimées dans le recueil de l'Académie. Il n'y en a pas une seule qui ne soit incomparablement au-dessus du poëme couronné. Vous trouverez, dans le paquet que je vous envoie, une ode[1] qui l'a un peu disputé au poëme de M. l'abbé du Jarri. Vous jugerez entre ces deux ouvrages. On est donc réduit, monsieur, à accuser l'Académie d'injustice ou de mauvais goût, et peut-être de tous les deux ensemble.

Comme vous voulez savoir mon sentiment sur toutes les choses que je vous écris, je vous dirai ce que je pense en cette occasion de l'Académie française, avec autant de franchise et de naïveté que je vous ai communiqué mes petites remarques sur le poëme de l'abbé du Jarri.

Il faut que vous sachiez qu'il n'y a eu que vingt académiciens qui

---

1. C'est l'Ode de Voltaire lui-même *Sur le cœur de Louis XIII*. (Éd.)

aient assisté au jugement. Parmi ces vingt, il y en a quelques-uns qui trouvent Horace plat, Virgile ennuyeux, Homère ridicule. Il n'est pas étonnant que des personnes qui méprisent ces grands génies de l'antiquité estiment les vers de l'abbé du Jarri. Les Despréaux, les Racine, les La Fontaine, ne sont plus; nous avons perdu avec eux le bon goût, qu'ils avaient introduit parmi nous : il semble que les hommes ne puissent pas être raisonnables deux siècles de suite. On vit arriver, dans le siècle qui suivit le siècle d'Auguste, ce qui arrive aujourd'hui dans le nôtre. Les Lucain succédèrent aux Virgile, les Sénèque aux Cicéron : ces Sénèque et ces Lucain avaient de faux brillants, ils éblouirent ; on courut à eux à la faveur de la nouveauté. Quintilien s'opposa au torrent du mauvais goût. Oh! que nous aurions besoin d'un Quintilien dans le XVIIIe siècle !

Il paraît de nos jours un homme, du corps de l'Académie, qui veut fonder sa réputation sur celle des anciens qu'il ne connaît presque point. Il établit, si j'ose m'exprimer ainsi, un nouveau système de poésie. Ses mœurs douces et sa modestie, vertus si rares dans un poète, lui gagnent les cœurs; sa nouvelle méthode de composer séduit quelques esprits. Plusieurs académiciens le soutiennent, d'autres se conforment sans s'en apercevoir à sa manière de penser; les du Jarri sont ses disciples. C'est un homme qui abuse de la grande facilité qu'il a à composer, et de celle qu'ont ses amis à approuver tout ce qu'il fait. Il veut saisir toutes sortes de caractères; il embrasse tout genre d'écrire et n'excelle dans aucun, parce que dans tous il s'écarte des grands modèles, de peur qu'on ne lui reproche de les avoir imités. S'il fait des églogues, s'il compose un poëme, il se donne bien de garde d'écrire dans le goût de Virgile. Lisez ses odes, vous vous apercevrez aisément (comme il le dit lui-même) que ce n'est pas le style d'Horace; voyez ses fables, certainement vous n'y rencontrerez point le caractère de La Fontaine. Il y a pourtant dans les écrits de cet auteur [1] trop de beautés pour que je le méprise ; mais aussi il y a trop de défauts pour que je l'admire; et on pourrait dire de lui ce que Quintilien disait de Sénèque : « Il y a dans ses ouvrages des choses admirables, mais il faut savoir les discerner; et plût à Dieu qu'il l'eût fait lui-même! car un homme qui a fait tout ce qu'il a voulu méritait de vouloir faire mieux. »

Vous savez, monsieur, que Mme Dacier nous a donné une traduction noble et fidèle d'Homère. Le moderne dont je vous parle a mis en vers quelques endroits de Mme Dacier, et a donné à son ouvrage le nom d'*Iliade*. On peut dire, en passant, que le poëme de celui-ci doit être regardé comme l'ouvrage d'un homme d'esprit, et celui de Mme Dacier comme le chef-d'œuvre d'un savant homme. M. l'abbé du Jarri a fait une épître en prose rimée à l'honneur de la nouvelle *Iliade* en vers français. Il a porté son épître, de porte en porte, chez tous les académiciens amis des modernes. Puis il a composé pour le prix; il l'a remporté : messieurs de l'Académie ont de la reconnaissance.

[1]. La Motte. (ÉD.)

Au reste, monsieur, il faut vous avertir qu'on estime et qu'on révère plusieurs académiciens autant qu'on méprise le poëme de M. l'abbé du Jarri; c'est tout dire.

LETTRE DE M. THIERIOT
A M. L'ABBÉ NADAL [1].
(1725.)

Tout le monde admire, monsieur l'abbé, la grandeur de votre ouvrage, qui ne peut être ébranlé par les injustes sifflets dont la cabale du public nous opprime depuis quarante ans [2]. Pour châtier ce public séditieux, vous avez en même temps fait jouer *Mariamne*, et fait débiter votre livre des *Vestales* : pour dernier trait vous faites imprimer votre tragédie.

Je viens de lire la préface de cet inimitable ouvrage; vous y dites beaucoup de bien de vous, et beaucoup de mal de M. de Voltaire et de moi. Je suis charmé de voir en vous tant d'équité et de modestie, et c'est ce qui m'engage à vous écrire avec confiance et avec sincérité.

Vous accusez M. de Voltaire d'avoir fait tomber votre tragédie par une brigue *horrible et scandaleuse*. Tout le monde est de votre avis, monsieur; personne n'ignore que M. de Voltaire a séduit l'esprit de tout Paris, pour vous faire bafouer à la première représentation, et pour empêcher le public de revenir dire à la seconde. C'est par ses menées et par ses intrigues qu'on entend dire si *scandaleusement* que vous êtes le plus mauvais versificateur du siècle, et le plus ennuyeux écrivain. C'est lui qui a fait berner vos *Vestales*, vos *Machabées*, votre *Saül*, et votre *Hérode* : il faut avouer que M. de Voltaire est un bien méchant homme, et que vous avez raison de le comparer à Néron, comme vous le faites si à propos dans votre belle préface.

Quelques personnes pourraient peut-être vous dire que la ressource des mauvais poëtes, monsieur l'abbé, a toujours été de se plaindre de la cabale; que Pradon, votre devancier, accusait M. Racine d'avoir fait tomber sa *Phèdre*, et que de Brie, à qui on prétend que vous ressemblez en tout parfaitement,

Pour disculper ses œuvres insipides,
En accusait et le froid et le chaud [3].

On pourrait ajouter que personne ne peut avoir assez d'autorité pour empêcher le public de prendre du plaisir à une tragédie, et qu'il n'y a que l'auteur qui puisse avoir ce crédit; mais vous vous donnerez bien de garde d'écouter tous ces mauvais discours.

1. Cette lettre est de Voltaire. (ÉD.)
2. Vingt ans; car *Saül*, la première pièce de Nadal, est de 1705. (ÉD.)
3. Premiers vers de la douzième épigramme de J.-B Rousseau, livre III. (ÉD.)

On dit même que ce n'est pas d'aujourd'hui que vous faites imprimer des préfaces pleines d'injures à la tête de vos tragédies sifflées. Quelques curieux se souviennent qu'il y a deux ans, vous imputâtes à M. de La Motte et à ses amis la chute d'un certain *Antiochus*[1], et que vous accusâtes Mlle Lecouvreur, qui représentait votre premier rôle, d'avoir mal joué une fois en sa vie, de peur que vous ne fussiez applaudi une fois en la vôtre.

Il est vrai pourtant, et j'en suis témoin, qu'à la première représentation de votre *Mariamne*, il y avait une cabale dans le parterre; elle était composée de plusieurs personnes de distinction de vos amis qui, pour vingt sous par tête, étaient venues vous applaudir. L'un d'eux même présentait publiquement des billets gratis à tout le monde; mais quelques-uns de ces partisans, ennuyés malheureusement de votre pièce, rendirent publiquement l'argent en disant : « Nous aimons mieux payer et siffler comme les autres. »

Je vous épargne mille petits détails de cette espèce, et je me hâte de répondre aux choses obligeantes que vous avez imprimées sur mon compte.

Vous dites que je suis *intimement* attaché à M. de Voltaire, et c'est à cela que je me suis reconnu. Oui, monsieur, je lui suis tendrement dévoué par estime, par amitié, et par reconnaissance.

Vous dites que je *récite* ses vers souvent : c'est la différence, monsieur l'abbé, qui doit être entre les amis de M. de Voltaire et les vôtres, si vous en avez.

Vous m'appelez *facteur de bel esprit* : je n'ai rien du bel esprit, je vous jure ; je n'écris en prose que dans les occasions pressantes, et jamais en vers ; car on sait que je ne suis pas poète non plus que vous, mon cher abbé.

Vous me reprochez de *rapporter* à M. de Voltaire *les avis* du public. J'avoue que je lui apprends avec sincérité les critiques que j'entends faire de ses ouvrages, parce que je sais qu'il aime à se corriger, et qu'il ne répond jamais aux mauvaises satires que par le silence, comme vous l'éprouvez heureusement, et aux bonnes critiques, par une grande docilité.

Je crois donc lui rendre un vrai service en ne lui celant rien de ce qu'on dit de ses productions. Je suis persuadé que c'est ainsi qu'il en faut user avec tous les auteurs raisonnables : et je veux bien même faire ici, par charité pour vous, ce que je fais par estime et par amitié pour lui.

Je ne vous cacherai donc rien de tout ce que j'entendais dire de vous lorsqu'on jouait votre *Mariamne*. Tout le monde y reconnut votre style ; et quelques mauvais plaisants qui se ressouvenaient que vous étiez l'auteur des *Machabées*, d'*Hérode* et de *Saül*, disaient que vous aviez mis l'Ancien Testament en vers burlesques ; ce qui est véritablement *horrible et scandaleux*.

Il y en avait qui, ayant aperçu les gens que vous aviez apostés pour

---

1. Tragédie de Nadal. (Éd.)

vous applaudir, et les archers que vous aviez mis en sentinelle dans le parterre, où ils étaient forcés d'entendre vos vers, disaient :

Pauvre Nadal, à quoi bon tant de peines ?
Tu serais bien sifflé sans tout cela [1].

D'autres citaient les satires de M. Rousseau, dans lesquelles vous tenez si dignement la place de l'abbé Pic.

Enfin, monsieur, il n'y avait ni grand ni petit qui ne vous accablât de ridicule ; et moi qui suis naturellement bon, je sentais une vraie peine de voir un vieux prêtre [2] si indignement vilipendé par la multitude ; j'en ai encore de la compassion pour vous, malgré les injures que vous me dites, et malgré vos ouvrages ; et je vous assure que je suis du meilleur de mon cœur tout à vous,

THIERIOT.

A Paris, ce 20 mars 1725.

A M*** [3]

(1727.)

Je tombai hier par hasard sur un mauvais livre d'un nommé Dennis ; car il y a aussi de méchants écrivains parmi les Anglais. Cet auteur, dans une petite relation d'un séjour de quinze jours qu'il a fait en France, s'avise de vouloir faire le caractère de la nation qu'il a eu si bien le temps de connaître. « Je vais, dit-il, vous faire un portrait juste et naturel des Français ; et, pour commencer, je vous dirai que je les hais mortellement. Ils m'ont, à la vérité, très-bien reçu, et m'ont accablé de civilités ; mais tout cela est pur orgueil : ce n'est pas pour nous faire plaisir qu'ils nous reçoivent si bien, c'est pour se plaire à eux-mêmes ; c'est une nation bien ridicule ! etc. »

N'allez pas vous imaginer que tous les Anglais pensent comme ce M. Dennis, ni que j'aie la moindre envie de l'imiter en vous parlant, comme vous me l'ordonnez, de la nation anglaise.

Vous voulez que je vous donne une idée générale du peuple avec lequel je vis. Ces idées générales sont sujettes à trop d'exceptions ; d'ailleurs un voyageur ne connaît d'ordinaire que très-imparfaitement le pays où il se trouve. Il ne voit que la façade du bâtiment ; presque tous les dedans lui sont inconnus. Vous croiriez peut-être qu'un ambassadeur est toujours un homme fort instruit du génie du pays où il est envoyé, et pourrait vous en dire plus de nouvelles qu'un autre. Cel

---

1. Épigramme de Rousseau, II, 6. (ÉD.)
2. Nadal avait alors soixante-six ans. (ÉD.)
3. Voltaire, arrêté en mars 1726, mis à la Bastille en avril, en sortit dans les premiers jours de mai, et fut conduit à Calais, où on l'embarqua pour l'Angleterre. (ÉD.)

peut être vrai à l'égard des ministres étrangers qui résident à Paris, car ils savent tous la langue du pays; ils ont affaire à une nation qui se manifeste aisément; ils sont reçus, pour peu qu'ils le veuillent, dans toutes sortes de sociétés, qui toutes s'empressent à leur plaire; ils lisent nos livres; ils assistent à nos spectacles. Un ambassadeur de France, en Angleterre, est tout autre chose. Il ne sait, pour l'ordinaire, pas un mot d'anglais; il ne peut parler aux trois quarts de la nation que par interprète; il n'a pas la moindre idée des ouvrages faits dans la langue; il ne peut voir les spectacles, où les mœurs de la nation sont représentées. Le très-petit nombre de sociétés où il peut être admis sont d'un commerce tout opposé à la familiarité française; on ne s'y assemble que pour jouer et pour se taire. La nation étant d'ailleurs presque toujours divisée en deux partis, l'ambassadeur, de peur d'être suspect, ne saurait être en liaison avec ceux du parti opposé au gouvernement; il est réduit à ne voir guère que les ministres, à peu près comme un négociant qui ne connaît que ses correspondants et son trafic; avec cette différence pourtant que le marchand, pour réussir, doit agir avec une bonne foi qui n'est pas toujours recommandée dans les instructions de Son Excellence; de sorte qu'il arrive assez souvent que l'ambassadeur est une espèce de facteur, par le canal duquel les faussetés et les tromperies politiques passent d'une cour à l'autre, et qui, après avoir menti en cérémonie, au nom du roi son maître, pendant quelques années, quitte pour jamais une nation qu'il ne connaît point du tout.

Il semble que vous pourriez tirer plus de lumières d'un particulier qui aurait assez de loisir et d'opiniâtreté pour apprendre à parler la langue anglaise; qui converserait librement avec les whigs et les torys; qui dînerait avec un évêque, et qui souperait avec un quaker; irait le samedi à la synagogue, et le dimanche à Saint-Paul; entendrait un sermon le matin, et assisterait l'après-dîner à la comédie; qui passerait de la cour à la bourse, et, par-dessus tout cela, ne se rebuterait point de la froideur, de l'air dédaigneux et de glace que les dames anglaises mettent dans les commencements du commerce, et dont quelques-unes ne se défont jamais : un homme tel que je viens de vous le dépeindre serait encore très-sujet à se tromper et à vous donner des idées fausses, surtout s'il jugeait, comme on juge ordinairement, par le premier coup d'œil.

Lorsque je débarquai auprès de Londres, c'était dans le milieu du printemps; le ciel était sans nuages, comme dans les plus beaux jours du midi de la France; l'air était rafraîchi par un doux vent d'occident, qui augmentait la sérénité de la nature, et disposait les esprits à la joie : tant nous sommes *machines*, et tant nos âmes dépendent de l'action des corps! Je m'arrêtai près de Greenwich, sur les bords de la Tamise. Cette belle rivière qui ne se déborde jamais, et dont les rivages sont ornés de verdure toute l'année, était couverte de deux rangs de vaisseaux marchands durant l'espace de six milles; tous avaient déployé leurs voiles pour faire honneur au roi et à la reine qui se promenaient sur la rivière dans une barque dorée, précédée de bateaux remplis de musique, et suivie de mille petites barques à rames; chaque avait deux rameurs, tous vêtus comme l'étaient autrefois nos pages, avec des trousses et de petits pourpoints ornés d'une grande plaque d'argent sur l'épaule. Il n'y avait pas un de ces mariniers qui n'avertit par sa physionomie, par son habillement, et par son embonpoint, qu'il était libre, et qu'il vivait dans l'abondance.

Auprès de la rivière, sur une grande pelouse qui s'étend environ quatre milles, je vis un nombre prodigieux de jeunes gens bien faits qui caracolaient à cheval autour d'une espèce de carrière marquée par des poteaux blancs, fichés en terre de mille en mille. On voyait auss des femmes à cheval qui galopaient çà et là avec beaucoup de grâce ; mais surtout de jeunes filles à pied, vêtues pour la plupart de toiles des Indes. Il y en avait beaucoup de fort belles ; toutes étaient bien faites; elles avaient un air de propreté, et il y avait dans leur personne une vivacité et une satisfaction qui les rendaient toutes jolies.

Une autre petite carrière était enfermée dans la grande ; elle était longue d'environ cinq cents pieds, et terminée par une balustrade. Je demandai tout ce que cela voulait dire. Je fus bientôt instruit que la grande carrière était destinée à une course de chevaux, et la petite à une course à pied. Auprès d'un poteau de la grande carrière était un homme à cheval, qui tenait une espèce de grande aiguière d'argent couverte. A la balustrade de la carrière intérieure étaient deux perches ; au haut de l'une on voyait un grand chapeau suspendu, et à l'autre flottait une chemise de femme. Un gros homme était debout entre les deux perches, tenant une bourse à la main. La grande aiguière était le prix de la course des chevaux ; la bourse, celle de la course à pied ; mais je fus agréablement surpris quand on me dit qu'il y avait une course de filles ; qu'outre la bourse destinée à la victorieuse, on lui donnait pour marque d'honneur cette chemise qui flottait au haut de cette perche, et que le chapeau était pour l'homme qui aurait le mieux couru.

J'eus la bonne fortune de rencontrer dans la foule quelques négociants pour qui j'avais des lettres de recommandation. Ces messieurs me firent les honneurs de la fête, avec cet empressement et cette cordialité de gens qui sont dans la joie, et qui veulent qu'on la partage avec eux. Ils me firent venir un cheval, ils envoyèrent chercher des rafraîchissements ; ils eurent soin de me placer dans un endroit d'où je pouvais aisément avoir le spectacle de toutes les courses et celui de la rivière, avec la vue de Londres dans l'éloignement.

Je me crus transporté aux jeux olympiques ; mais la beauté de la Tamise, cette foule de vaisseaux, l'immensité de la ville de Londres, tout cela me fit bientôt rougir d'avoir osé comparer l'Élide à l'Angleterre. J'appris que dans le même moment il y avait un combat de gladiateurs dans Londres, et je me crus aussitôt avec les anciens Romains. Un courrier de Danemark qui était arrivé le matin, et qui s'en retournait heureusement le soir même, se trouva auprès de moi pendant les courses : il me paraissait saisi de joie et d'étonnement ; il croyait que toute la nation était toujours gaie ; que toutes les femmes étaient belles et vives, et que le ciel d'Angleterre était toujours pur et serein ; qu'on ne songeait jamais qu'au plaisir ; que tous les jours étaient comme le jour qu'il voyait ; et il partit sans être détrompé. Pour moi, plus enchanté encore que mon Danois, je me fis présenter le soir à quelques dames de la cour ; je ne leur parlai que du spectacle ravissant dont je revenais ; je ne doutais pas qu'elles n'y eussent été, et qu'elles ne fussent de ces dames que j'avais vues galoper de si bonne grâce. Cependant, je fus un peu surpris de voir qu'elles n'avaient point cet air de vivacité qu'ont les personnes qui viennent de se réjouir ; elles étaient guindées et froides, prenaient du thé, faisaient un grand bruit avec leurs éventails, ne disaient mot, ou criaient toutes à la fois pour médire de leur prochain; quelques-unes jouaient au quadrille, d'autres lisaient la gazette ; enfin, une plus charitable que les autres voulut bien m'apprendre que le *beau monde* ne s'abaissait pas à aller à ces assemblées populaires qui m'avaient tant charmé ; que toutes ces belles personnes vêtues de toiles des Indes étaient des servantes ou des villageoises ; que toute cette brillante jeunesse, si bien montée et caracolant autour de la carrière, était une troupe d'écoliers et d'apprentis montés sur des chevaux de louage. Je me sentis une vraie colère contre la dame qui me dit tout cela. Je tâchai de n'en rien croire, et m'en retournai de dépit dans la Cité, trouver les marchands et les *aldermen* qui m'avaient fait si cordialement les honneurs de mes prétendus jeux olympiques.

Je trouvai le lendemain, dans un café malpropre, mal meublé, mal servi, et mal éclairé, la plupart de ces messieurs, qui la veille étaient si affables et d'une humeur si aimable ; aucun d'eux ne me reconnut; je me hasardai d'en attaquer quelques-uns de conversation ; je n'en tirai point de réponse, ou tout au plus un oui ou un non ; je me figurai qu'apparemment je les avais offensés tous la veille. Je m'examinai, et je tâchai de me souvenir si je n'avais pas donné la préférence aux étoffes de Lyon sur les leurs ; ou si je n'avais pas dit que les cuisiniers français l'emportaient sur les anglais ; que Paris était une ville plus agréable que Londres ; qu'on passait son temps plus agréablement à Versailles qu'à Saint-James, ou quelque autre énormité pareille. Ne me sentant coupable de rien, je pris la liberté de demander à l'un d'eux, avec un air de vivacité qui leur parut fort étrange, pourquoi ils étaient tous si tristes : mon homme me répondit d'un air refrogné qu'il faisait un vent d'est. Dans le moment arriva un de leurs amis qui leur dit avec un visage indifférent : « Molly s'est coupé la gorge ce matin ; son amant l'a trouvée morte dans sa chambre, avec un rasoir sanglant à côté d'elle. » Cette Molly était une fille jeune, belle et très-riche, qui était prête à se marier avec le même homme qui l'avait trouvée morte. Ces messieurs, qui tous étaient amis de Molly, reçurent la nouvelle sans sourciller. L'un d'eux seulement demanda ce qu'était devenu l'amant : *Il a acheté le rasoir*, dit froidement quelqu'un de la compagnie.

Pour moi, effrayé d'une mort si étrange, et de l'indifférence de ces messieurs, je ne pus m'empêcher de m'informer quelle raison avait forcé une demoiselle, si heureuse en apparence, à s'arracher la vie si cruellement. On me répondit uniquement qu'il faisait un vent d'est.

core refroidi : ils se mirent à table, et furent servis chacun par mille esclaves de la plus grande beauté; le repas fut entremêlé de concerts et de danses; et, quand il fut fini, tous les génies vinrent dans le plus grand ordre, partagés en différentes troupes, avec des habits aussi magnifiques que singuliers, prêter serment de fidélité au maître de l'anneau, et baiser le doigt sacré auquel il le portait.

Cependant il y avait à Bagdad un musulman fort dévot qui, ne pouvant aller se laver dans la mosquée, faisait venir l'eau de la mosquée chez lui, moyennant une légère rétribution qu'il payait au prêtre. Il venait de faire la cinquième ablution, pour se disposer à la cinquième prière; et sa servante, jeune étourdie très-peu dévote, se débarrassa de l'eau sacrée en la jetant par la fenêtre. Elle tomba sur un malheureux endormi profondément au coin d'une borne qui lui servait de chevet. Il fut inondé, et s'éveilla. C'était le pauvre Mesrour, qui, revenant de son séjour enchanté, avait perdu dans son voyage l'anneau de Salomon. Il avait quitté ses superbes vêtements, et repris son sarrau; son beau carquois d'or était changé en crochets de bois, et il avait, pour comble de malheur, laissé un de ses yeux en chemin. Il se ressouvint alors qu'il avait bu la veille une grande quantité d'eau-de-vie qui avait assoupi ses sens et échauffé son imagination. Il avait jusque-là aimé cette liqueur par goût : il commença à l'aimer par reconnaissance, et il retourna avec gaieté à son travail, bien résolu d'en employer le salaire à acheter les moyens de retrouver sa chère Mélinade. Un autre se serait désolé d'être un vilain borgne, après avoir eu deux beaux yeux; d'éprouver les refus des balayeuses du palais, après avoir joui des faveurs d'une princesse plus belle que les maîtresses du calife, et d'être au service de tous les bourgeois de Bagdad, après avoir régné sur tous les génies; mais Mesrour n'avait point l'œil qui voit le mauvais côté des choses.

COSI-SANCTA,

UN PETIT MAL POUR UN GRAND BIEN.

NOUVELLE AFRICAINE.

(1746.)

C'est une maxime faussement établie qu'il n'est pas permis de faire un petit mal dont un plus grand bien pourrait résulter. Saint Augustin a été entièrement de cet avis, comme il est aisé de le voir dans le récit de cette petite aventure arrivée dans son diocèse, sous le proconsulat de Septimus Acindynus, et rapportée dans le livre de la *Cité de Dieu*[1].

1. Voy. Bayle, article ACINDYNUS.

Il y avait à Hippone un vieux curé, grand inventeur de confréries, confesseur de toutes les jeunes filles du quartier, et qui passait pour un homme inspiré de Dieu, parce qu'il se mêlait de dire la bonne aventure, métier dont il se tirait assez passablement.

On lui amena un jour une jeune fille nommée Cosi-Sancta : c'était la plus belle personne de la province. Elle avait un père et une mère jansénistes qui l'avaient élevée dans les principes de la vertu la plus rigide; et de tous les amants qu'elle avait eus, aucun n'avait pu seulement lui causer, dans ses oraisons, un moment de distraction. Elle était accordée depuis quelques jours à un petit vieillard ratatiné, nommé Capito, conseiller au présidial d'Hippone. C'était un petit homme bourru et chagrin, qui ne manquait pas d'esprit, mais qui était pincé dans la conversation, ricaneur, et assez mauvais plaisant; jaloux d'ailleurs comme un Vénitien, et qui pour rien au monde ne se serait accommodé d'être l'ami des galants de sa femme. La jeune créature faisait tout ce qu'elle pouvait pour l'aimer, parce qu'il devait être son mari; elle y allait de la meilleure foi du monde, et cependant n'y réussissait guère.

Elle alla consulter son curé, pour savoir si son mariage serait heureux. Le bonhomme lui dit d'un ton de prophète : « Ma fille, ta vertu causera bien des malheurs, mais tu seras un jour canonisée pour avoir fait trois infidélités à ton mari. »

Cet oracle étonna et embarrassa cruellement l'innocence de cette belle fille. Elle pleura : elle en demanda l'explication, croyant que ces paroles cachaient quelque sens mystique; mais toute l'explication qu'on lui donna fut que les trois fois ne devaient point s'entendre de trois rendez-vous avec le même amant, mais de trois aventures différentes.

Alors Cosi-Sancta jeta les hauts cris; elle dit même quelques injures au curé, et jura qu'elle ne serait jamais canonisée. Elle le fut pourtant, comme vous l'allez voir.

Elle se maria bientôt après : la noce fut très-galante; elle soutint assez bien tous les mauvais discours qu'elle eut à essuyer, toutes les équivoques fades, toutes les grossièretés assez mal enveloppées dont on embarrasse ordinairement la pudeur des jeunes mariées [1]. Elle dansa de fort bonne grâce avec quelques jeunes gens fort bien faits et très-jolis, à qui son mari trouvait le plus mauvais air du monde.

Elle se mit au lit auprès du petit Capito, avec un peu de répugnance. Elle passa une fort bonne partie de la nuit à dormir, et se réveilla toute rêveuse. Son mari était pourtant moins le sujet de sa rêverie qu'un jeune homme nommé Ribaldos, qui lui avait donné dans la tête sans qu'elle en sût rien. Ce jeune homme semblait formé par les mains de l'Amour; il en avait les grâces, la hardiesse et la friponnerie; il était un peu indiscret, mais il ne l'était qu'avec celles qui le voulaient bien : c'était la coqueluche d'Hippone. Il avait brouillé toutes les femmes de la ville les

---

[1] C'était encore l'usage dans la jeunesse de M. de Voltaire, même dans la bonne compagnie; mais ce ton n'est plus à la mode, parce que, suivant la remarque de J. J. Rousseau et de plusieurs auteurs graves, nous avons dégénéré de la pureté de nos anciennes mœurs. Éd. de Kehl.

unes contre les autres, et il l'était avec tous les maris et toutes les mères. Il aimait d'ordinaire par étourderie, un peu par vanité; mais il aima Cosi-Sancta par goût, et l'aima d'autant plus éperdument que la conquête en était plus difficile.

Il s'attacha d'abord, en homme d'esprit, à plaire au mari. Il lui faisait mille avances, le louait sur sa bonne mine et sur son esprit aisé et galant. Il perdait contre lui de l'argent au jeu, et avait tous les jours quelque confidence de rien à lui faire. Cosi-Sancta le trouvait le plus aimable du monde; elle l'aimait déjà plus qu'elle ne croyait; elle ne s'en doutait point, mais son mari s'en douta pour elle. Quoiqu'il eût tout l'amour-propre qu'un petit homme peut avoir, il ne laissa pas de se douter que les visites de Ribaldos n'étaient pas pour lui seul. Il rompit avec lui sur quelque mauvais prétexte, et lui défendit sa maison.

Cosi-Sancta en fut très-fâchée, et n'osa le dire; et Ribaldos, devenu plus amoureux par les difficultés, passa tout son temps à épier les moments de la voir. Il se déguisa en moine, en revendeuse à la toilette, en joueur de marionnettes; mais il n'en fit point assez pour triompher de sa maîtresse, et il en fit trop pour n'être pas reconnu par le mari. Si Cosi-Sancta avait été d'accord avec son amant, ils auraient si bien pris leurs mesures que le mari n'aurait rien pu soupçonner; mais, comme elle combattait son goût, et qu'elle n'avait rien à se reprocher, elle sauvait tout, hors les apparences; et son mari la croyait très-coupable.

Le petit bonhomme, qui était très-colère, et qui s'imaginait que son honneur dépendait de la fidélité de sa femme, l'outragea cruellement, et la punit de ce qu'on la trouvait belle. Elle se trouva dans la plus horrible situation où une femme puisse être : accusée injustement, et maltraitée par un mari à qui elle était fidèle, et déchirée par une passion violente qu'elle cherchait à surmonter.

Elle crut que, si son amant cessait ses poursuites, son mari pourrait cesser ses injustices, et qu'elle serait assez heureuse pour se guérir d'un amour que rien ne nourrirait plus. Dans cette vue, elle se hasarda d'écrire cette lettre à Ribaldos :

« Si vous avez de la vertu, cessez de me rendre malheureuse: vous m'aimez, et votre amour m'expose aux soupçons et aux violences d'un maître que je me suis donné pour le reste de ma vie. Plût au ciel que ce fût encore le seul risque que j'eusse à courir! Par pitié pour moi, cessez vos poursuites; je vous en conjure par cet amour même qui fait votre malheur et le mien, et qui ne peut jamais vous rendre heureux. »

La pauvre Cosi-Sancta n'avait pas prévu qu'une lettre si tendre, quoique si vertueuse, ferait un effet tout contraire à celui qu'elle espérait. Elle enflamma plus que jamais le cœur de son amant, qui résolut d'exposer sa vie pour voir sa maîtresse.

Capito, qui était assez sot pour vouloir être averti de tout, et qui avait de bons espions, fut averti que Ribaldos s'était déguisé en frère carme quêteur pour demander la charité à sa femme. Il se crut perdu; il imagina que l'habit d'un carme était bien plus dangereux qu'un autre pour l'honneur d'un mari. Il aposta des gens pour étriller frère Ribaldos : il ne fut que trop bien servi. Le jeune homme, en entrant dans la maison, est reçu par ces messieurs ; il a beau crier qu'il est un très-honnête carme, et qu'on ne traite point ainsi de pauvres religieux, il fut assommé, et mourut, à quinze jours de là, d'un coup qu'il avait reçu sur la tête. Toutes les femmes de la ville le pleurèrent. Cosi-Sancta en fut inconsolable ; Capito même en fut fâché, mais par une autre raison, car il se trouvait une très-méchante affaire sur les bras.

Ribaldos était parent du proconsul Acindynus. Ce Romain voulut faire une punition exemplaire de cet assassinat ; et, comme il avait eu quelques querelles autrefois avec le présidial d'Hippone, il ne fut pas fâché d'avoir de quoi faire pendre un conseiller ; et il fut fort aise que le sort tombât sur Capito, qui était bien le plus vain et le plus insupportable petit robin du pays.

Cosi-Sancta avait donc vu assassiner son amant, et était près de voir pendre son mari ; et tout cela pour avoir été vertueuse ; car, comme je l'ai déjà dit, si elle avait donné ses faveurs à Ribaldos, le mari en eût été bien mieux trompé.

Voilà comme la moitié de la prédiction du curé fut accomplie. Cosi-Sancta se ressouvint alors de l'oracle, elle craignit fort d'en accomplir le reste ; mais, ayant bien fait réflexion qu'on ne peut vaincre sa destinée, elle s'abandonna à la Providence, qui la mena au but par les chemins du monde les plus honnêtes.

Le proconsul Acindynus était un homme plus débauché que voluptueux, s'amusant très-peu aux préliminaires, brutal, familier, vrai héros de garnison, très-craint dans la province, et avec qui toutes les femmes d'Hippone avaient eu affaire uniquement pour ne se pas brouiller avec lui.

Il fit venir chez lui madame Cosi-Sancta : elle arriva en pleurs ; mais elle n'en avait que plus de charmes. « Votre mari, madame, lui dit-il, va être pendu, et il ne tient qu'à vous de le sauver. — Je donnerais ma vie pour la sienne, lui dit la dame. — Ce n'est pas cela qu'on vous demande, répliqua le proconsul. — Et que faut-il donc faire ? dit-elle. — Je ne veux qu'une de vos nuits, reprit le proconsul. — Elles ne m'appartiennent pas, dit Cosi-Sancta : c'est un bien qui est à mon mari. Je donnerai mon sang pour le sauver, mais je ne puis donner mon honneur. — Mais si votre mari y consent ? dit le proconsul. — Il est le maître, répondit la dame : chacun fait de son bien ce qu'il veut. Mais je connais mon mari, il n'en fera rien ; c'est un petit homme tout propre à se laisser pendre plutôt que de permettre qu'on me touche du bout du doigt. — Nous allons voir cela, » dit le juge en colère.

Sur-le-champ il fait venir devant lui le criminel ; il lui propose ou d'être pendu, ou d'être cocu : il n'y avait point à balancer. Le petit bonhomme se fit pourtant tirer l'oreille. Il fit enfin ce que tout autre aurait fait à sa place. Sa femme, par charité, lui sauva la vie ; et ce fut la première des trois fois.

Le même jour son fils tomba malade d'une maladie fort extraordi-

PENSÉES DE M. PASCAL.

I. « Les grandeurs et les misères de l'homme sont tellement visibles, qu'il faut nécessairement que la vraie religion nous enseigne qu'il y a en lui quelque grand principe de grandeur, et en même temps quelque grand principe de misère : car il faut que la véritable religion connaisse à fond notre nature; c'est-à-dire qu'elle connaisse tout ce qu'elle a de grand et tout ce qu'elle a de misérable, et la raison de l'un et de l'autre; il faut encore qu'elle nous rende raison des étonnantes contrariétés qui s'y rencontrent. »

Cette manière de raisonner paraît fausse et dangereuse : car la fable de Prométhée et de Pandore, les androgynes de Platon, les dogmes des anciens Égyptiens, et ceux de Zoroastre, rendaient aussi bien raison de ces contrariétés apparentes. La religion chrétienne n'en demeurera pas moins vraie, quand même on n'en tirerait pas ces conclusions ingénieuses qui ne peuvent servir qu'à faire briller l'esprit. Il est nécessaire, pour qu'une religion soit vraie, qu'elle soit révélée, et point du tout qu'elle rende raison de ces contrariétés prétendues; elle n'est pas plus faite pour vous enseigner la métaphysique que l'astronomie.

II. « Qu'on examine sur cela toutes les religions du monde, et qu'on voie s'il y en a une autre que la chrétienne qui y satisfasse. Sera-ce celle qu'enseignaient les philosophes qui nous proposent pour tout bien un bien qui est en nous? est-ce là le vrai bien ? »

Les philosophes n'ont point enseigné de religion ; ce n'est pas leur philosophie qu'il s'agit de combattre. Jamais philosophe ne s'est dit inspiré de Dieu, car dès lors il eût cessé d'être philosophe, et il eût fait le prophète. Il ne s'agit pas de savoir si Jésus-Christ doit l'emporter sur Aristote ; il s'agit de prouver que la religion de Jésus-Christ est la véritable, et que celles de Mahomet, de Zoroastre, de Confucius, d'Hermès, et toutes les autres sont fausses. Il n'est pas vrai que les philosophes nous aient proposé pour tout bien un bien qui est en nous. Lisez Platon, Marc-Aurèle, Épictète; ils veulent qu'on aspire à mériter d'être rejoint à la Divinité dont nous sommes émanés.

III. « Et cependant sans ce mystère[1], le plus incompréhensible de tous, nous sommes incompréhensibles à nous-mêmes. Le nœud de notre condition prend ses retours et ses plis dans cet abîme, de sorte que l'homme est plus inconcevable sans ce mystère, que ce mystère n'est inconcevable à l'homme. »

Quelle étrange explication! *L'homme est inconcevable, sans un mystère inconcevable.* C'est bien assez de ne rien entendre à notre origine, sans l'expliquer par une chose qu'on n'entend pas. Nous ignorons comment l'homme naît, comment il croît, comment il digère, comment il pense, comment ses membres obéissent à sa volonté : serais-je bien

---

1. La transmission du péché originel. (ÉD.)

reçu à expliquer ces obscurités par un système inintelligible ? Ne vaut-il pas mieux dire : *Je ne sais rien.* ? Un mystère ne fut jamais une explication ; c'est une chose divine et inexplicable.

Qu'aurait répondu M. Pascal à un homme qui lui aurait dit : « Je sais que le mystère du péché originel est l'objet de ma foi et non de ma raison ; je connais fort bien sans mystère ce que c'est que l'homme ; je vois qu'il vient au monde comme les autres animaux ; que l'accouchement des mères est plus douloureux à mesure qu'elles sont plus délicates ; que quelquefois des femmes et des animaux femelles meurent dans l'enfantement ; qu'il y a quelquefois des enfants mal organisés, qui vivent privés d'un ou de deux sens, et de la faculté du raisonnement ; que ceux qui sont le mieux organisés sont ceux qui ont les passions les plus vives ; que l'amour de soi-même est égal chez tous les hommes, et qu'il leur est aussi nécessaire que les cinq sens ; que cet amour-propre nous est donné de Dieu pour la conservation de notre être, et qu'il nous a donné la religion pour régler cet amour-propre ; que nos idées sont justes ou inconséquentes, obscures ou lumineuses, selon que nos organes sont plus ou moins solides, plus ou moins déliés, et selon que nous sommes plus ou moins passionnés ; que nous dépendons en tout de l'air qui nous environne, des aliments que nous prenons, et que dans tout cela il n'y a rien de contradictoire ? »

L'homme à cet égard n'est point une énigme, comme vous vous le figurez pour avoir le plaisir de la deviner ; l'homme paraît être à sa place dans la nature. Supérieur aux animaux, auxquels il est semblable par les organes ; inférieur à d'autres êtres, auxquels il ressemble probablement par la pensée, il est, comme tout ce que nous voyons, mêlé de mal et de bien, de plaisir et de peine ; il est pourvu de passions pour agir, et de raison pour gouverner ses actions. Si l'homme était parfait, il serait Dieu ; et ces prétendues contrariétés que vous appelez *contradictions*, sont les ingrédients nécessaires qui entrent dans le composé de l'homme, qui est, comme le reste de la nature, ce qu'il doit être.

Voilà ce que la raison peut dire. Ce n'est donc point la raison qui apprend aux hommes la chute de la nature humaine ; c'est la foi seule à laquelle il faut avoir recours.

IV. « Suivons nos mouvements, observons-nous nous-mêmes, et voyons si nous n'y trouverons pas les caractères vivants de ces deux natures.

« Tant de contradictions se trouveraient-elles dans un sujet simple ?

« Cette duplicité de l'homme est si visible, qu'il y en a qui ont pensé que nous avions deux âmes : un sujet simple leur paraissant incapable de telles et si soudaines variétés, d'une présomption démesurée à un horrible abattement de cœur. »

Cette pensée est prise entièrement de Montaigne, ainsi que beaucoup d'autres ; elle se trouve au chapitre *De l'inconstance de nos actions*[1]. Mais le sage Montaigne s'explique en homme qui doute.

1. *Essais*, liv. II, ch. I. (ÉD.)

Nos diverses volontés ne sont point des contradictions de la nature, et l'homme n'est point un sujet simple. Il est composé d'un nombre innombrable d'organes : si un seul de ces organes est un peu altéré, il est nécessaire qu'il change toutes les impressions du cerveau, et que l'animal ait de nouvelles pensées et de nouvelles volontés. Il est très-vrai que nous sommes tantôt abattus de tristesse, tantôt enflés de présomption : et cela doit être quand nous nous trouvons dans des situations opposées. Un animal que son maître caresse et nourrit, et un autre qu'on égorge lentement et avec adresse pour en faire une dissection, éprouvent des sensations bien contraires : ainsi faisons-nous; et les différences qui sont en nous sont si peu contradictoires, qu'il serait contradictoire qu'elles n'existassent pas. Les fous qui ont dit que nous avions deux âmes pouvaient, par la même raison, nous en donner trente ou quarante; car un homme dans une grande passion a souvent trente ou quarante idées différentes de la même chose, et doit nécessairement les avoir selon que cet objet lui paraît sous différentes faces.

Cette prétendue duplicité de l'homme est une idée aussi absurde que métaphysique : j'aimerais autant dire que le chien, qui mord et qui caresse, est double; que la poule qui a tant soin de ses petits, et qui ensuite les abandonne jusqu'à les méconnaître, est double; que la glace, qui représente à la fois des objets différents, est double; que l'arbre, qui est tantôt chargé, tantôt dépouillé de feuilles, est double. J'avoue que l'homme est inconcevable en un sens; mais tout le reste de la nature l'est aussi, et il n'y a pas plus de contradictions apparentes dans l'homme que dans tout le reste.

V. « Ne point parier que Dieu est, c'est parier qu'il n'est pas. Lequel prendrez-vous donc?... pesons le gain et la perte : en prenant le parti de croire que Dieu est, si vous gagnez, vous gagnez tout; si vous perdez, vous ne perdez rien. Pariez donc qu'il est, sans hésiter. Oui, il faut gager; mais je gage peut-être trop. Voyons, puisqu'il y a pareil hasard de gain et de perte, quand vous n'auriez que deux vies à gagner pour une, vous pourriez encore gager [1]. »

Il est évidemment faux de dire : « Ne point parier que Dieu est, c'est parier qu'il n'est pas; » car celui qui doute et demande à s'éclaircir, ne parie assurément ni pour ni contre. D'ailleurs cet article paraît un peu indécent et puéril; cette idée de jeu, de perte et de gain, ne convient point à la gravité du sujet; de plus, l'intérêt que j'ai à croire une chose n'est

[1]. Pascal est un des inventeurs du calcul des probabilités; mais il abuse ici des principes de ce calcul. Si vous proposez de parier pour croix ou pour pile, en me promettant un écu si je gagne en pariant pour pile, et cent mille écus si je gagne en pariant pour croix, je parierai pour croix; mais je ne croirai point pour cela que croix soit plus probable que pile.

Si l'on se bornait à dire : « Conduisez-vous suivant les règles de la morale, que votre raison et votre conscience vous prescrivent; il y a beaucoup à parier que vous en serez plus heureux; et si vous y perdez quelques plaisirs, songez aux risques auxquels vous vous exposeriez si ceux qui croient qu'il existe un Dieu vengeur du crime avaient raison. » Ce discours serait très-philosophique, très-raisonnable; mais il suppose que la croyance n'est pas nécessaire pour être

pas une preuve de l'existence de cette chose. Vous me promettez l'empire du monde si je crois que vous avez raison : je souhaite alors, de tout mon cœur, que vous ayez raison ; mais jusqu'à ce que vous me l'ayez prouvé, je ne puis vous croire. « Commencez, pourrait-on dire M. Pascal, par convaincre ma raison. J'ai intérêt, sans doute, qu'il ait un Dieu ; mais si dans votre système Dieu n'est venu que pour peu de personnes ; si le petit nombre des élus est si effrayant ; si je n puis rien du tout par moi-même, dites-moi, je vous prie, quel intérê j'ai à vous croire? n'ai-je pas un intérêt visible à être persuadé du contraire? De quel front osez-vous me montrer un bonheur infini, auquel, d'un million d'hommes, un seul à peine a droit d'aspirer? Si vous voulez me convaincre, prenez-vous-y d'une autre façon, et n'allez pas tantôt me parler de jeu de hasard, de pari, de croix et de pile, et tantôt m'effrayer par les épines que vous semez sur le chemin que je veux et que je dois suivre. Votre raisonnement ne servirait qu'à faire des athées, si la voix de toute la nature ne nous criait qu'il y a un Dieu, avec autant de force que ces subtilités ont de faiblesse. »

VI. « En voyant l'aveuglement et la misère de l'homme, et ces contrariétés étonnantes qui se découvrent dans sa nature, et regardant tout l'univers muet, et l'homme sans lumière, abandonné à lui-même, et comme égaré dans ce recoin de l'univers, sans savoir qui l'y a mis, ce qu'il est venu y faire, ce qu'il deviendra en mourant, j'entre en effroi comme un homme qu'on aurait emporté endormi dans une île déserte et effroyable, et qui s'éveillerait sans connaître où il est et sans avoir aucun moyen d'en sortir ; et sur cela j'admire comment on n'entre pas en désespoir d'un si misérable état. »

En lisant cette réflexion je reçois une lettre d'un de mes amis[1], qui demeure dans un pays fort éloigné.

Voici ses paroles :

« Je suis ici comme vous m'y avez laissé ; ni plus gai, ni plus triste, ni plus riche ni plus pauvre ; jouissant d'une santé parfaite, ayant tout ce qui rend la vie agréable ; sans amour, sans avarice, sans ambition et sans envie ; et tant que tout cela durera, je m'appellerai hardiment un homme très-heureux. »

Il y a beaucoup d'hommes aussi heureux que lui. Il en est des hommes comme des animaux ; tel chien couche et mange avec sa maîtresse ; tel autre tourne la broche et est tout aussi content ; tel autre devient enragé, et on le tue.

à l'abri de la punition. Tout homme qui professe une religion où la foi est nécessaire ne peut se servir de l'argument de Pascal.

Cet argument a encore un autre vice quand on veut l'appliquer aux religions qui prescrivent d'autres devoirs que ceux de la morale naturelle. Il ressemble alors au raisonnement d'Arnoult : « Il n'est pas prouvé que mes sachets ne guérissent point quelquefois de l'apoplexie, il faut donc en porter pour prendre le parti le plus sûr. »

Enfin cet argument, s'appliquant à toutes les religions dont la fausseté ne serait pas démontrée, conduirait à un résultat absurde. Il faudrait les pratiquer toutes à la fois. (*Éd. de Kehl.*)

1. Il a été depuis ambassadeur, et est devenu un homme très-considérable. Sa lettre est de 1728 ; elle existe en original. (Cet ami est Folkener).

Pour moi, quand je regarde Paris ou Londres, je ne vois aucune raison pour entrer dans ce désespoir dont parle M. Pascal ; je vois une ville qui ne ressemble en rien à une île déserte, mais peuplée, opulente, policée, et où les hommes sont heureux autant que la nature humaine le comporte. Quel est l'homme sage qui sera plein de désespoir parce qu'il ne sait pas la nature de sa pensée, parce qu'il ne connaît que quelques attributs de la matière, parce que Dieu ne lui a pas révélé ses secrets ? Il faudrait autant se désespérer de n'avoir pas quatre pieds et deux ailes. Pourquoi nous faire horreur de notre être ? Notre existence n'est point si malheureuse qu'on veut nous le faire accroire. Regarder l'univers comme un cachot, et tous les hommes comme des criminels qu'on va exécuter, est l'idée d'un fanatique. Croire que le monde est un lieu de délices où l'on ne doit avoir que du plaisir, c'est la rêverie d'un sybarite. Penser que la terre, les hommes et les animaux sont ce qu'ils doivent être dans l'ordre de la Providence, est, je crois, d'un homme sage.

VII. « *Les Juifs pensent* que Dieu ne laissera pas éternellement les autres peuples dans ces ténèbres ; qu'il viendra un libérateur pour tous ; qu'ils sont au monde pour l'annoncer ; qu'ils sont formés exprès pour être les hérauts de ce grand avénement, et pour appeler tous les peuples à s'unir à eux dans l'attente de ce libérateur. »

Les juifs ont toujours attendu un libérateur ; mais leur libérateur est pour eux et non pour nous. Ils attendent un messie qui rendra les juifs maîtres des chrétiens ; et nous espérons que le messie réunira un jour les juifs aux chrétiens : ils pensent précisément sur cela le contraire de ce que nous pensons.

VIII. « La loi par laquelle ce peuple est gouverné est tout ensemble la plus ancienne loi du monde, la plus parfaite, et la seule qui ait toujours été gardée sans interruption dans un État. C'est ce que Philon, Juif, montre en divers lieux, et Josèphe admirablement contre Appion, où il fait voir qu'elle est si ancienne, que le nom même de *loi* n'a été connu des plus anciens que plus de mille ans après. En sorte qu'Homère, qui a parlé de tant de peuples, ne s'en est jamais servi ; et il est aisé de juger de la perfection de cette loi par sa simple lecture, où l'on voit qu'on y a pourvu à toutes choses avec tant de sagesse, tant d'équité, tant de jugement, que les plus anciens législateurs grecs et romains en ayant quelque lumière, en ont emprunté leurs principales lois, ce qui paraît par celles qu'ils appellent *des douze Tables*, et par les autres preuves que Josèphe en donne. »

Il est très-faux que la loi des Juifs soit la plus ancienne, puisque avant Moïse, leur législateur, ils demeuraient en Égypte, le pays de la terre le plus renommé par ses sages lois, selon lesquelles les rois étaient jugés après la mort. Il est très-faux que le nom de *loi* n'ait été connu qu'après Homère. Il parle des lois de Minos dans l'*Odyssée*. Le mot de *loi* est dans Hésiode ; et quand le nom de *loi* ne se trouverait ni dans Hésiode ni dans Homère, cela ne prouverait rien. Il y avait d'anciens royaumes, des rois et des juges ; donc il y avait des lois. Celles des Chinois sont bien antérieures à Moïse.

Il est encore très-faux que les Grecs et les Romains aient pris des lois des Juifs. Ce ne peut être dans les commencements de leur république, car alors ils ne pouvaient connaître les Juifs; ce ne peut être dans le temps de leur grandeur, car alors ils avaient pour ces barbares un mépris connu de toute la terre. Voyez comme Cicéron les traite[1] en parlant de la prise de Jérusalem par Pompée. Philon avoue qu'avant la traduction des Septante aucune nation ne connut leurs livres.

IX. « Ce peuple est encore admirable en sincérité. Ils gardent avec amour et fidélité le livre où Moïse déclare qu'ils ont toujours été ingrats envers Dieu, et qu'il sait qu'ils le seront encore plus après sa mort; mais qu'il appelle le ciel et la terre à témoin contre eux, qu'il le leur a assez dit; qu'enfin Dieu, s'irritant contre eux, les dispersera par tous les peuples de la terre; que comme ils l'ont irrité en adorant des dieux qui n'étaient point leurs dieux, il les irritera en appelant un peuple qui n'était point son peuple. Cependant ce livre, qui les déshonore en tant de façons, ils le conservent aux dépens de leur vie : c'est une sincérité qui n'a point d'exemple dans le monde, ni sa racine dans la nature. »

Cette sincérité a partout des exemples, et n'a sa racine que dans la nature. L'orgueil de chaque juif est intéressé à croire que ce n'est point sa détestable politique, son ignorance des arts, sa grossièreté qui l'a perdu; mais que c'est la colère de Dieu qui le punit. Il pense, avec satisfaction, qu'il a fallu des miracles pour l'abattre, et que sa nation est toujours la bien-aimée de Dieu qui la châtie. Qu'un prédicateur monte en chaire, et dise aux Français : « Vous êtes des misérables qui n'avez ni cœur ni conduite; vous avez été battus à Hochstett et à Ramillies, parce que vous n'avez pas su vous défendre; » il se fera lapider. Mais s'il dit : « Vous êtes des catholiques, chéris de Dieu; vos péchés infâmes avaient irrité l'Éternel qui nous livra aux hérétiques à Hochstett et à Ramillies; mais quand vous êtes revenus au Seigneur, alors il a béni votre courage à Denain : » ces paroles le feront aimer de l'auditoire.

X. « S'il y a un Dieu, il ne faut aimer que lui, et non les créatures. »

Il faut aimer, et très-tendrement, les créatures ; il faut aimer sa patrie, sa femme, son père, ses enfants ; il faut si bien les aimer, que Dieu nous les fait aimer malgré nous.

Les principes contraires sont propres à faire des raisonneurs inhumains ; et cela est si vrai, que Pascal, abusant de ce principe, traitait sa sœur avec dureté et rebutait ses services, de peur de paraître aimer une créature : c'est ce qui est écrit dans sa vie[2]. S'il fallait en user ainsi, quelle serait la société humaine !

XI. « Nous naissons injustes ; car chacun tend à soi : cela est contre tout ordre. Il faut tendre au général, et la pente vers soi est le commencement de tout désordre en guerre, en police, en économie, etc. »

Cela est selon tout ordre. Il est aussi impossible qu'une société puisse

---

1. *De provinciis consularibus*, v; et *Pro Flacco*, XXVIII. (ÉD.)
2. Cette même sœur de Pascal en est l'auteur. (*Éd. de Kehl*.)

se former et subsister sans amour-propre, qu'il serait impossible de faire des enfants sans concupiscence, de songer à se nourrir sans appétit. C'est l'amour de nous-mêmes qui assiste l'amour des autres ; c'est par nos besoins mutuels que nous sommes utiles au genre humain ; c'est le fondement de tout commerce ; c'est l'éternel lien des hommes. Sans lui il n'y aurait pas eu un art inventé, ni une société de dix personnes formée. C'est cet amour-propre que chaque animal a reçu de la nature, qui nous avertit de respecter celui des autres. La loi dirige cet amour-propre, et la religion le perfectionne. Il est bien vrai que Dieu aurait pu faire des créatures uniquement attentives au bien d'autrui. Dans ce cas les marchands auraient été aux Indes par charité, le maçon eût sclé de la pierre pour faire plaisir à son prochain, etc. Mais Dieu a établi les choses autrement : n'accusons point l'instinct qu'il nous donne, et faisons-en l'usage qu'il commande.

XII. « *Le sens caché des prophéties* ne pouvait induire en erreur, et il n'y avait qu'un peuple aussi charnel que celui-là qui pût s'y méprendre; car quand les biens sont promis en abondance, qui les empêchait d'entendre les véritables biens, sinon leur cupidité qui déterminait ce sens aux biens de la terre ? »

En bonne foi, le peuple le plus spirituel de la terre l'aurait-il entendu autrement ? Ils étaient esclaves des Romains ; ils attendaient un libérateur qui les rendrait victorieux, et qui ferait respecter Jérusalem dans tout le monde. Comment, avec les lumières de leur raison, pouvaient-ils voir ce vainqueur, ce monarque, dans un de leurs concitoyens né dans l'obscurité, dans la pauvreté, et condamné au supplice des esclaves ? Comment pouvaient-ils entendre, par le nom de leur capitale, une Jérusalem céleste, eux à qui le *Décalogue* n'avait pas seulement parlé de l'immortalité de l'âme? Comment un peuple si attaché à la loi pouvait-il, sans une lumière supérieure, reconnaître dans les prophéties, qui n'étaient pas sa loi, un Dieu caché sous la figure d'un Juif circoncis, qui par sa religion nouvelle a détruit et rendu abominables la circoncision et le sabbat, fondements sacrés de la loi judaïque? Adorons Dieu sans vouloir percer ces mystères.

XIII. « Le temps du premier avénement de Jésus-Christ est prédit : Le temps du second ne l'est point, parce que le premier devait être caché, au lieu que le second doit être éclatant et tellement manifeste, que ses ennemis mêmes le reconnaîtront. »

Le temps du second avénement de Jésus-Christ a été prédit encore plus clairement que le premier. Pascal avait apparemment oublié que Jésus-Christ, dans le chapitre xxi de saint Luc, dit expressément : « Lorsque vous verrez une armée environner Jérusalem, sachez que la désolation est proche. Jérusalem sera foulée aux pieds, et il y aura des signes dans le soleil et dans la lune et dans les étoiles ; les flots de la mer feront un très-grand bruit ; les vertus des cieux seront ébranlées, et alors ils verront le fils de l'homme qui viendra sur une nuée avec une grande puissance et une grande majesté. Cette génération ne passera pas que ces choses ne soient accomplies. »

Cependant la génération passa, et ces choses ne s'accomplirent point.

En quelque temps que saint Luc ait écrit, il est certain que Titus prit Jérusalem, et qu'on ne vit ni de signes dans les étoiles, ni le *fils de l'homme* dans les nuées. Mais enfin si ce second avènement n'est point arrivé, si cette prédiction ne s'est point accomplie, c'est à nous de nous taire, de ne point interroger la Providence, et de croire tout ce que l'Église enseigne.

XIV. « Le messie, selon les Juifs charnels, doit être un grand prince temporel; selon les chrétiens charnels, il est venu nous dispenser d'*aimer Dieu*, et nous donner des sacrements qui *opèrent tout* sans nous ; ni l'un ni l'autre n'est ni la religion chrétienne ni juive. »

Cet article est bien plutôt un trait de satire qu'une réflexion chrétienne. On voit que c'est aux jésuites qu'on en veut ici; mais en vérité aucun jésuite a-t-il jamais dit que *Jésus-Christ est venu nous dispenser d'aimer Dieu*? La dispute sur l'amour de Dieu est une pure dispute de mots, comme la plupart des autres querelles scientifiques qui ont causé des haines si vives et des malheurs si affreux.

Il paraît encore un autre défaut dans cet article; c'est qu'on y suppose que l'attente d'un messie était un point de religion chez les Juifs : c'était seulement une idée consolante répandue parmi cette nation. Les Juifs espéraient un libérateur, mais il ne leur était pas ordonné d'y croire comme article de foi. Toute leur religion était renfermée dans les livres de la loi. Les prophètes n'ont jamais été regardés par les Juifs comme législateurs.

XV. « Pour examiner les prophéties, il faut les entendre; car si l'on croit qu'elles n'ont qu'un sens, il est sûr que le messie ne sera point venu ; mais si elles ont deux sens, il est sûr qu'il sera venu en Jésus-Christ. »

La religion chrétienne, fondée sur la vérité même, n'a pas besoin de preuves douteuses. Or, si quelque chose pouvait ébranler les fondements de cette sainte et raisonnable religion, c'est le sentiment de M. Pascal. Il veut que tout ait deux sens dans l'Écriture; mais un homme qui aurait le malheur d'être incrédule pourrait lui dire : « Celui qui donne deux sens à ses paroles veut tromper les hommes, et cette duplicité est toujours punie par les lois; comment donc pouvez-vous, sans rougir, admettre dans Dieu ce qu'on punit et qu'on déteste dans les hommes? Que dis-je? avec quel mépris et avec quelle indignation ne traitez-vous pas les oracles des païens, parce qu'ils avaient deux sens! Qu'une prophétie soit accomplie à la lettre, oserez-vous soutenir que cette prophétie est fausse, parce qu'elle ne sera vraie qu'à la lettre, parce qu'elle ne répondra pas à un sens mystique qu'on lui donnera? Non, sans doute ; cela serait absurde. Comment donc une prophétie qui n'aura pas été réellement accomplie, deviendra-t-elle vraie dans un sens mystique? Quoi! de vraie vous ne pouvez la rendre fausse, et de fausse vous pourriez la rendre vraie? voilà une étrange difficulté. Il faut s'en tenir à la foi seule dans ces matières; c'est le seul moyen de finir toute dispute. »

« XVI. La distance infinie des corps aux esprits figure la distance infiniment plus infinie des esprits à la charité; car elle est surnaturelle! »

Il est à croire que M. Pascal n'aurait pas employé ce galimatias dans son ouvrage, s'il avait eu le temps de le revoir.

XVII. « Les faiblesses les plus apparentes sont des forces à ceux qui prennent bien les choses. Par exemple, les deux généalogies de saint Matthieu et de saint Luc. Il est visible que cela n'a pas été fait de concert. »

Les éditeurs des *Pensées de Pascal* auraient-ils dû imprimer cette pensée, dont l'exposition seule est peut-être capable de faire tort à la religion? A quoi bon dire que ces généalogies, ces points fondamentaux de la religion chrétienne, se contrarient entièrement, sans dire en quoi elles peuvent s'accorder? Il fallait présenter l'antidote avec le poison. Que penserait-on d'un avocat qui dirait : « Ma partie se contredit, mais cette faiblesse est une force pour ceux qui savent bien prendre les choses. » Que dirait-on à deux témoins qui se contrediraient? On leur dirait : « Vous n'êtes pas d'accord, et certainement l'un de vous deux se trompe. »

XVIII. « Qu'on ne nous reproche donc plus le manque de clarté, puisque nous en faisons profession; mais que l'on reconnaisse la vérité de la religion dans l'obscurité même de la religion, dans le peu de lumière que nous en avons, et dans l'indifférence que nous avons de la connaître. »

Voilà d'étranges marques de vérité qu'apporte Pascal. Quelles autres marques a donc le mensonge? Quoi! il suffirait, pour être cru, de dire : *Je suis obscur, je suis inintelligible*. Il serait bien plus sensé de ne présenter aux yeux que les lumières de la foi, au lieu de ces ténèbres d'érudition.

XIX. « S'il n'y avait qu'une religion, Dieu serait trop manifeste. »

Quoi! vous dites que s'il n'y avait qu'une religion, Dieu serait trop manifeste! Eh! oubliez-vous que vous dites souvent qu'un jour il n'y aura qu'une religion? selon vous, Dieu sera donc alors trop manifeste.

XX. « Je dis qu'elle (la religion des Juifs) ne consistait en aucune de ces choses, mais seulement en l'amour de Dieu, et que Dieu réprouvait toutes les autres choses. »

Quoi! Dieu réprouvait tout ce qu'il ordonnait lui-même avec tant de soin aux Juifs, et dans un détail si prodigieux! N'est-il pas plus vrai de dire que la loi de Moïse consistait et dans l'amour et dans le culte? Ramener tout à l'amour de Dieu, sent peut-être moins l'amour de Dieu que la haine que tout janséniste a pour son prochain moliniste.

XXI. « La chose la plus importante à la vie, c'est le choix d'un métier; le hasard en dispose. La coutume fait les maçons, les soldats, les couvreurs. »

Qui peut donc déterminer les soldats, les maçons, et tous les ouvriers mécaniques, sinon ce qu'on appelle *hasard* et la *coutume*? Il n'y a que les arts de génie auxquels on se détermine de soi-même. Mais pour les métiers que tout le monde peut faire, il est très-naturel et très-raisonnable que la coutume en dispose.

XXII. « Que chacun examine sa pensée; il la trouvera toujours occupée au passé et à l'avenir. Nous ne pensons presque point au présent; et si nous y pensons, ce n'est que pour en prendre des lumières pour disposer l'avenir. Le présent n'est jamais notre but; le passé et le présent sont nos moyens; le seul avenir est notre objet. »

Il est faux que nous ne pensions point au présent; nous y pensons en étudiant la nature, et en faisant toutes les fonctions de la vie : nous pensons aussi beaucoup au futur. Remercions l'auteur de la nature de ce qu'il nous donne cet instinct qui nous emporte sans cesse vers l'avenir. Le trésor le plus précieux de l'homme est cette espérance qui nous adoucit nos chagrins, et qui nous peint des plaisirs futurs dans la possession des plaisirs présents. Si les hommes étaient assez malheureux pour ne s'occuper jamais que du présent, on ne sèmerait point, on ne bâtirait point, on ne planterait point, on ne pourvoirait à rien, on manquerait de tout au milieu de cette fausse jouissance.

Un esprit comme M. Pascal pouvait-il donner dans un lieu commun aussi faux que celui-là? La nature a établi que chaque homme jouirait du présent en se nourrissant, en faisant des enfants, en écoutant des sons agréables, en occupant sa faculté de penser et de sentir, et qu'en sortant de ces états, souvent au milieu de ces états même, il penserait au lendemain, sans quoi il périrait de misère aujourd'hui. Il n'y a que les enfants et les imbéciles qui ne pensent qu'au présent. Faudra-t-il leur ressembler?

XXIII. « Mais quand j'y ai regardé de plus près, j'ai trouvé que cet éloignement que les hommes ont du repos et de demeurer avec eux-mêmes, vient d'une cause bien effective, c'est-à-dire du malheur naturel de notre condition faible et mortelle, et si misérable, que rien ne nous peut consoler lorsque rien ne nous empêche d'y penser, et que nous ne voyons que nous. »

Ce mot *ne voir que nous* ne forme aucun sens. Qu'est-ce qu'un homme qui n'agirait point, et qui est supposé se contempler? Non-seulement je dis que cet homme serait un imbécile inutile à la société; mais je dis que cet homme ne peut exister; car cet homme, que contemplerait-il? son corps, ses pieds, ses mains, ses cinq sens? ou il serait un idiot, ou bien il ferait usage de tout cela. Resterait-il à contempler sa faculté de penser? Mais il **ne peut** contempler cette faculté qu'en l'exerçant. Ou il ne pensera à rien, ou bien il pensera aux idées qui lui sont déjà venues, ou il en composera de nouvelles; or il ne peut avoir d'idées que du dehors. Le voilà donc nécessairement occupé ou de ses sens ou de ses idées; le voilà donc hors de soi ou imbécile. Encore une fois il est impossible à la nature humaine de rester dans cet engourdissement imaginaire; il est absurde de le penser, il est insensé d'y prétendre. L'homme est né pour l'action, comme le feu tend en haut et la pierre en bas. N'être point occupé et n'exister pas, est la même chose pour l'homme. Toute la différence consiste dans les occupations douces ou tumultueuses, dangereuses ou utiles. Job a bien dit¹ : *L'homme est né pour le travail, comme l'oiseau pour voler;* mais l'oiseau en volant peut être pris au trébuchet.

¹. Ch. v, v. 7. (Éd.)

XXIV. « Les hommes ont un instinct secret qui les porte à chercher le divertissement et l'occupation au dehors, qui vient du ressentiment de leur misère continuelle, et ils ont un autre instinct secret qui reste de la grandeur de leur première nature, qui leur fait connaître que le bonheur n'est en effet que dans le repos[1]. »

Cet instinct secret étant le premier principe et le fondement nécessaire de la société, il vient plutôt de la bonté de Dieu, et il est plutôt l'instrument de notre bonheur qu'il n'est le ressentiment de notre misère. Je ne sais pas ce que nos premiers pères faisaient dans le paradis terrestre ; mais si chacun d'eux n'avait pensé qu'à soi, l'existence du genre humain était bien hasardée. N'est-il pas absurde de penser qu'ils avaient des sens parfaits, c'est-à-dire des instruments d'action parfaits uniquement pour la contemplation? et n'est-il pas plaisant que des têtes pensantes puissent imaginer que la paresse est un titre de grandeur, et l'action un rabaissement de notre nature?

XXV. « C'est pourquoi lorsque Cinéas disait à Pyrrhus, qui se proposait de jouir du repos avec ses amis après avoir conquis une grande partie du monde, qu'il ferait mieux d'avancer lui-même son bonheur en jouissant dès lors de ce repos sans aller le chercher par tant de fatigues ; il lui donnait un conseil qui souffrait de grandes difficultés, et qui n'était guère plus raisonnable que le dessein de ce jeune ambitieux. L'un et l'autre supposait que l'homme peut se contenter de soi-même et de ses biens présents, sans remplir le vide de son cœur d'espérances imaginaires : ce qui est faux. Pyrrhus ne pouvait être heureux ni avant ni après avoir conquis le monde. »

L'exemple de Cinéas est bon dans les satires de Despréaux, mais non dans un livre philosophique. Un roi sage peut être heureux chez lui ; et de ce qu'on nous donne Pyrrhus pour un fou, cela ne conclut rien pour le reste des hommes.

XXVI. « On doit donc reconnaître que l'homme est si malheureux qu'il s'ennuierait même sans aucune cause étrangère d'ennui, par le propre état de sa condition naturelle[2]. »

Ne serait-il pas aussi vrai de dire que l'homme est si heureux en ce point, et que nous avons tant d'obligations à l'auteur de la nature, qu'il a attaché l'ennui à l'inaction, afin de nous forcer par là à être utiles au prochain et à nous-mêmes?

XXVII. « D'où vient que cet homme qui a perdu depuis peu son fils

---

1. Il y a perpétuellement ici des équivoques. Quelques personnes poursuivent le plaisir dans les divertissements, dans le travail même, pour se dérober à l'ennui ou à des sentiments douloureux ; mais ce n'est point le plus grand nombre, ce n'est point là l'état naturel de l'homme. *Je m'ennuierais si je passais ma vie à ne rien faire*, ou *Je travaille pour ne pas m'ennuyer*, ne sont point deux phrases synonymes. Le bonheur n'est ni dans l'action ni dans le repos, mais dans une suite de sentiments ou de sensations agréables que, suivant la constitution particulière d'un homme, ou les circonstances de sa vie, l'action ou le repos peuvent lui procurer. (*Éd. de Kehl.*)

2. L'ennui n'est qu'un dégoût de l'état où l'on se trouve, causé par le souvenir vague de plaisirs plus vifs qu'on ne peut se procurer. Les hommes qui n'ont guère connu de sentiments agréables que ceux qu'on éprouve en satisfaisant aux besoins de la nature connaissent peu l'ennui. (*Éd. de Kehl.*)

unique, et qui, accablé de procès et de querelles, était ce matin si troublé, n'y pense plus maintenant? Ne vous en étonnez pas ; il est tout occupé à voir par où passera un cerf que ses chiens poursuivent avec ardeur depuis six heures. Il n'en faut pas davantage pour l'homme : quelque plein de tristesse qu'il soit, si l'on peut gagner sur lui de le faire entrer en quelque divertissement, le voilà heureux pendant ce temps-là. »

Cet homme fait à merveille : la dissipation est un remède plus sûr contre la douleur que le quinquina contre la fièvre. Ne blâmons point en cela la nature, qui est toujours prête à nous secourir. Louis XIV allait à la chasse le jour qu'il avait perdu quelqu'un de ses enfants ; et il faisait fort sagement[1].

XXVIII. « Qu'on s'imagine un nombre d'hommes dans les chaînes, et tous condamnés à la mort, dont les uns étant chaque jour égorgés à la vue des autres, ceux qui restent voient leur propre condition dans celle de leurs semblables, et, se regardant les uns les autres avec douleur et sans espérance, attendent leur tour : c'est l'image de la condition des hommes. »

Cette comparaison assurément n'est pas juste. Des malheureux enchaînés, qu'on égorge l'un après l'autre, sont malheureux non-seulement parce qu'ils souffrent, mais encore parce qu'ils éprouvent ce que les autres hommes ne souffrent pas. Le sort naturel d'un homme n'est ni d'être enchaîné ni d'être égorgé ; mais tous les hommes sont faits, comme les animaux, les plantes, pour croître, pour vivre un certain temps, pour produire leurs semblables et pour mourir. On peut, dans une satire, montrer l'homme tant qu'on voudra du mauvais côté ; mais pour peu qu'on se serve de sa raison, on avouera que de tous les animaux l'homme est le plus parfait, le plus heureux, et celui qui vit le plus longtemps ; car ce qu'on dit des cerfs et des corbeaux n'est qu'une fable. Au lieu donc de nous étonner et de nous plaindre du malheur et de la brièveté de la vie, nous devons nous étonner et nous féliciter de notre bonheur et de sa durée. A ne raisonner qu'en philosophe, j'ose dire qu'il y a bien de l'orgueil et de la témérité à prétendre que par notre nature nous devons être mieux que nous ne sommes.

XXIX. « Car enfin, si l'homme n'avait jamais été corrompu, il jouirait de la vérité et de la félicité avec assurance, etc. : tant il est manifeste que nous avons été dans un degré de perfection dont nous sommes malheureusement tombés. »

Il est sûr, par la foi et par notre révélation si au-dessus des lumières des hommes, que nous sommes tombés ; mais rien n'est moins manifeste par la raison ; car je voudrais bien savoir si Dieu ne pouvait pas, sans déroger à sa justice, créer l'homme tel qu'il est aujourd'hui ; et ne l'a-t-il pas même créé pour devenir ce qu'il est ? L'état présent de l'homme n'est-il pas un bienfait du Créateur ? Qui vous a dit que Dieu vous en devait davantage ? Qui vous a dit que votre être exigeait plus

[1]. Il est vraisemblable qu'un homme à qui les divertissements font oublier ses douleurs n'en aurait pas été longtemps tourmenté ; ce n'est un remède que pour les petits maux. (*Éd. de Kehl.*)

un bonheur si étrange sera peut-être bientôt évanoui. » Le perroquet répondit : « Oui. » Ce mot frappe Zadig ; cependant, comme il était bon physicien, et qu'il ne croyait pas que les perroquets fussent prophètes, il se rassura bientôt. Il se mit à exercer son ministère de son mieux.

Il fit sentir à tout le monde le pouvoir sacré des lois, et ne fit sentir à personne le poids de sa dignité. Il ne gêna point les voix du divan, et chaque vizir pouvait avoir un avis sans lui déplaire. Quand il jugeait une affaire, ce n'était pas lui qui jugeait, c'était la loi ; mais, quand elle était trop sévère, il la tempérait ; et, quand on manquait de lois, son équité en faisait qu'on aurait prises pour celles de Zoroastre.

C'est de lui que les nations tiennent ce grand principe : Qu'il vaut mieux hasarder de sauver un coupable que de condamner un innocent. Il croyait que les lois étaient faites pour secourir les citoyens autant que pour les intimider. Son principal talent était de démêler la vérité, que tous les hommes cherchent à obscurcir. Dès les premiers jours de son administration, il mit ce grand talent en usage. Un fameux négociant de Babylone était mort aux Indes ; il avait fait ses héritiers ses deux fils, par portions égales, après avoir marié leur sœur, et il laissait un présent de trente mille pièces d'or à celui de ses deux fils qui serait jugé l'aimer davantage. L'aîné lui bâtit un tombeau, le second augmenta d'une partie de son héritage la dot de sa sœur. Chacun disait : « C'est l'aîné qui aime le mieux son père ; le cadet aime mieux sa sœur ; c'est à l'aîné qu'appartiennent les trente mille pièces. »

Zadig les fit venir tous deux l'un après l'autre. Il dit à l'aîné : « Votre père n'est point mort ; il est guéri de sa dernière maladie, il revient à Babylone. — Dieu soit loué ! répondit le jeune homme, mais voilà un tombeau qui m'a coûté bien cher ! » Zadig dit ensuite la même chose au cadet. « Dieu soit loué ! répondit-il ; je vais rendre à mon père tout ce que j'ai ; mais je voudrais qu'il laissât à ma sœur ce que je lui ai donné. — Vous ne rendrez rien, dit Zadig, et vous aurez les trente mille pièces : c'est vous qui aimez le mieux votre père. »

Une fille fort riche avait fait une promesse de mariage à deux mages, et, après avoir reçu quelques mois des instructions de l'un et de l'autre, elle se trouva grosse. Ils voulaient tous deux l'épouser. « Je prendrai pour mon mari, dit-elle, celui des deux qui m'a mise en état de donner un citoyen à l'empire. — C'est moi qui ai fait cette bonne œuvre, dit l'un. — C'est moi qui ai eu cet avantage, dit l'autre. — Eh bien ! répondit-elle, je reconnais pour père de l'enfant celui des deux qui lui pourra donner la meilleure éducation. » Elle accoucha d'un fils. Chacun des mages veut l'élever. La cause est portée devant Zadig. Il fait venir les deux mages. « Qu'enseigneras-tu à ton pupille ? dit-il au premier. — Je lui apprendrai, dit le docteur, les huit parties d'oraison, la dialectique, l'astrologie, la démonomanie, ce que c'est que la substance et l'accident, l'abstrait et le concret, les monades et l'harmonie préétablie. — Moi, dit le second, je tâcherai de le rendre juste et digne d'avoir des amis. » Zadig prononça : « Que tu sois son père ou non, tu épouseras sa mère. »

Il venait tous les jours des plaintes à la cour contre l'itimadoulet de Médie, nommé Irax. C'était un grand seigneur dont le fond n'était pas mauvais, mais qui était corrompu par la vanité et par la volupté. Il souffrait rarement qu'on lui parlât, et jamais qu'on l'osât contredire. Les paons ne sont pas plus vains, les colombes ne sont pas plus voluptueuses, les tortues ont moins de paresse: il ne respirait que la fausse gloire et les faux plaisirs. Zadig entreprit de le corriger.

Il lui envoya, de la part du roi, un maître de musique avec douze voix et vingt-quatre violons, un maître d'hôtel avec six cuisiniers et quatre chambellans, qui ne devaient pas le quitter. L'ordre du roi portait que l'étiquette suivante serait inviolablement observée, et voici comment les choses se passèrent :

Le premier jour, dès que le voluptueux Irax fut éveillé, le maître de musique entra, suivi des voix et des violons : on chanta une cantate qui dura deux heures, et, de trois minutes en trois minutes, le refrain était :

Que son mérite est extrême !
Que de grâces ! que de grandeur !
Ah ! combien monseigneur
Doit être content de lui-même !

Après l'exécution de la cantate, un chambellan lui fit une harangue de trois quarts d'heure, dans laquelle on le louait expressément de toutes les bonnes qualités qui lui manquaient. La harangue finie, on le conduisit à table au son des instruments. Le dîner dura trois heures. Dès qu'il ouvrit la bouche pour parler, le premier chambellan dit : « Il aura raison. » A peine eut-il prononcé quatre paroles, que le second chambellan s'écria : « Il a raison ! » Les deux autres chambellans firent de grands éclats de rire des bons mots qu'Irax avait dits ou qu'il avait dû dire. Après dîner, on lui répéta la cantate.

Cette première journée lui parut délicieuse, il crut que le roi des rois l'honorait selon ses mérites ; la seconde lui parut moins agréable, la troisième fut gênante, la quatrième fut insupportable, la cinquième fut un supplice ; enfin, outré d'entendre toujours chanter

Ah ! combien monseigneur
Doit être content de lui-même

d'entendre toujours dire qu'il avait raison, et d'être harangué chaque jour à la même heure, il écrivit en cour pour supplier le roi qu'il daignât rappeler ses chambellans, ses musiciens, son maître d'hôtel ; il promit d'être désormais moins vain et plus appliqué ; il se fit moins encenser, eut moins de fêtes, et fut plus heureux ; car, comme dit le Sadder, toujours du plaisir n'est pas du plaisir.

CHAP. VII. — *Les disputes et les audiences.*

C'est ainsi que Zadig montrait tous les jours la subtilité de son génie et la bonté de son âme. On l'admirait ; et cependant on l'aimait. Il passait pour le plus fortuné de tous les hommes; tout l'empire était rempli de son nom, toutes les femmes le lorgnaient, tous les citoyens célébraient sa justice; les savants le regardaient comme leur oracle, les prêtres même avouaient qu'il en savait plus que le vieux archimage Yébor. On était bien loin alors de lui faire des procès sur les griffons; on ne croyait que ce qui lui semblait croyable.

Il y avait une grande querelle dans Babylone, qui durait depuis quinze cents années, et qui partageait l'empire en deux sectes opiniâtres: l'une prétendait qu'il ne fallait jamais entrer dans le temple de Mithra que du pied gauche; l'autre avait cette coutume en abomination, et n'entrait jamais que du pied droit. On attendait le jour de la fête solennelle du feu sacré pour savoir quelle secte serait favorisée par Zadig. L'univers avait les yeux sur ses deux pieds, et toute la ville était en agitation et en suspens. Zadig entra dans le temple en sautant à pieds joints, et il prouva ensuite, par un discours éloquent, que le Dieu du ciel et de la terre, qui n'a acception de personne, ne fait pas plus de cas de la jambe gauche que de la jambe droite. L'Envieux et sa femme prétendirent que, dans son discours, il n'y avait pas assez de figures, qu'il n'avait pas fait assez danser les montagnes et les collines. « Il est sec et sans génie, disaient-ils; on ne voit chez lui ni la mer s'enfuir, ni les étoiles tomber, ni le soleil se fondre comme de la cire; il n'a point le bon style oriental. » Zadig se contentait d'avoir le style de la raison. Tout le monde fut pour lui, non pas parce qu'il était dans le bon chemin, non pas parce qu'il était raisonnable, non pas parce qu'il était aimable, mais parce qu'il était premier vizir.

Il termina aussi heureusement le grand procès entre les mages blancs et les mages noirs. Les blancs soutenaient que c'est une impiété de se tourner, en priant Dieu, vers l'orient d'hiver; les noirs assuraient que Dieu avait en horreur les prières des hommes qui se tournaient vers le couchant d'été. Zadig ordonna qu'on se tournât comme on voudrait.

Il trouva ainsi le secret d'expédier le matin les affaires particulières et les générales: le reste du jour il s'occupait des embellissements de Babylone: il faisait représenter des tragédies où l'on pleurait, et des comédies où l'on riait; ce qui était passé de mode depuis longtemps, et ce qu'il fit renaître parce qu'elle avait du goût. Il ne prétendait pas en savoir plus que les artistes; il les récompensait par des bienfaits et des distinctions, et n'était point jaloux en secret de leurs talents. Le soir il amusait beaucoup le roi, et surtout la reine. Le roi disait: « Le grand ministre! » la reine disait: « L'aimable ministre! » et tous deux ajoutaient: « C'eût été grand dommage qu'il eût été pendu. »

Jamais homme en place ne fut obligé de donner tant d'audiences aux dames. La plupart venaient lui parler des affaires qu'elles n'avaient point, pour en avoir une avec lui. La femme de l'Envieux s'y présenta des premières; elle lui jura par Mithra, par le Zenda-Vesta, et par le feu sacré, qu'elle avait détesté la conduite de son mari; elle lui confia ensuite que ce mari était un jaloux, un brutal; elle lui fit entendre que les dieux le punissaient en lui refusant les précieux effets de ce feu sacré par lequel seul l'homme est semblable aux immortels : elle finit par laisser tomber sa jarretière; Zadig la ramassa avec sa politesse ordinaire; mais il ne la rattacha point au genou de la dame; et cette petite faute, si c'en est une, fut la cause des plus horribles infortunes Zadig n'y pensa pas, et la femme de l'Envieux y pensa beaucoup.

D'autres dames se présentaient tous les jours. Les annales secrètes de Babylone prétendent qu'il succomba une fois, mais qu'il fut tout étonné de jouir sans volupté, et d'embrasser son amante avec distraction. Celle à qui il donna, sans presque s'en apercevoir, des marques de sa protection, était une femme de chambre de la reine Astarté. Cette tendre Babylonienne se disait à elle-même pour se consoler : « Il faut que cet homme-là ait prodigieusement d'affaires dans la tête, puisqu'il y songe encore même en faisant l'amour. » Il échappa à Zadig, dans les instants où plusieurs personnes ne disent mot et où d'autres ne prononcent que des paroles sacrées, de s'écrier tout d'un coup : « La reine ! » La Babylonienne crut qu'enfin il était revenu à lui dans un bon moment, et qu'il lui disait : « Ma reine. » Mais Zadig, toujours très-distrait, prononça le nom d'Astarté. La dame, qui dans ces heureuses circonstances interprétait tout à son avantage, s'imagina que cela voulait dire : « Vous êtes plus belle que la reine Astarté. » Elle sortit du sérail de Zadig avec de très-beaux présents. Elle alla conter son aventure à l'Envieuse, qui était son amie intime; celle-ci fut cruellement piquée de la préférence. « Il n'a pas daigné seulement, dit-elle, me rattacher cette jarretière que voici, et dont je ne veux plus me servir. — Oh, oh ! dit la fortunée à l'Envieuse, vous portez les mêmes jarretières que la reine ! Vous les prenez donc chez la même faiseuse ? » L'Envieuse rêva profondément, ne répondit rien, et alla consulter son mari l'Envieux.

Cependant Zadig s'apercevait qu'il avait toujours des distractions quand il donnait des audiences, et quand il jugeait ; il ne savait à quoi les attribuer; c'était là sa seule peine.

Il eut un songe : il lui semblait qu'il était couché d'abord sur des herbes sèches, parmi lesquelles il y en avait quelques-unes de piquantes qui l'incommodaient et qu'ensuite il reposait mollement sur un lit de roses, dont il sortait un serpent qui le blessait au cœur de sa langue acérée et envenimée. « Hélas ! disait-il, j'ai été longtemps couché sur ces herbes sèches et piquantes, je suis maintenant sur le lit de roses ; mais quel sera le serpent ? »

Chap. VIII. — La jalousie.

Le malheur de Zadig vint de son bonheur même, et surtout de son mérite. Il avait tous les jours des entretiens avec le roi et avec Astarté son auguste épouse. Les charmes de sa conversation redoublaient encore par cette envie de plaire qui est à l'esprit ce que la parure est à la beauté ; sa jeunesse et ses grâces firent insensiblement sur Astarté une impression dont elle ne s'aperçut pas d'abord. Sa passion croissait dans le sein de l'innocence. Astarté se livrait sans scrupule et sans crainte au plaisir de voir et d'entendre un homme cher à son époux et à l'État ;

avant qu'on imaginât le moindre rapport véritable avec le flux de la mer. Le premier homme qui a été malade a cru, sans peine, le premier charlatan. Personne n'a vu ni de loups-garous ni de sorciers, et beaucoup y ont cru; personne n'a vu de transmutation de métaux, et plusieurs ont été ruinés par la créance de la pierre philosophale. Les Romains, les Grecs, les païens, ne croyaient-ils donc aux faux miracles dont ils étaient inondés que parce qu'ils en avaient vu de véritables?

XLIII. « Le port règle ceux qui sont dans le vaisseau; mais où trouverons-nous ce point dans la morale? »

Dans cette seule maxime reçue de toutes les nations : *Ne faites pas à autrui ce que vous ne voudriez pas qu'on vous fît.*

XLIV. « Ils aiment mieux la mort que la paix ; les autres aiment mieux la mort que la guerre. Toute opinion peut être préférée à la vie dont l'amour paraît si fort et si naturel. »

C'est des Catalans que Tacite a dit en exagérant : *Ferox gens nullam esse vitam sine armis putat;* ce peuple féroce croit que ne pas combattre c'est ne pas vivre. Mais il n'y a point de nation dont on ait dit, et dont on puisse dire : « Elle aime mieux la mort que la guerre. »

XLV. « A mesure qu'on a plus d'esprit, on trouve qu'il y a plus d'hommes originaux. Les gens du commun ne trouvent pas de différence entre les hommes. »

Il y a très-peu d'hommes vraiment originaux; presque tous se gouvernent, pensent, et sentent, par l'influence de la coutume et de l'éducation. Rien n'est si rare qu'un esprit qui marche dans une route nouvelle. Mais parmi cette foule d'hommes qui vont de compagnie, chacun a de petites différences dans la démarche, que les vues fines aperçoivent.

XLVI. « La mort est plus aisée à supporter sans y penser, que la pensée de la mort sans péril. »

On ne peut pas dire qu'un homme supporte la mort aisément ou malaisément, quand il n'y pense point du tout. Qui ne sent rien ne supporte rien.

« XLVII. Tout notre raisonnement se réduit à céder au sentiment. »

Notre raisonnement se réduit à céder au sentiment en fait de goût, non en fait de science.

XLVIII. « Ceux qui jugent d'un ouvrage par règle sont à l'égard des autres comme ceux qui ont une montre à l'égard de ceux qui n'en ont point. L'un dit : « Il y a deux heures que nous sommes ici; » l'autre dit : « Il n'y a que trois quarts d'heure. » Je regarde ma montre; je dis à l'un : « Vous vous ennuyez; » et à l'autre : « Le temps ne vous dure guère. »

En ouvrage de goût, en musique, en poésie, en peinture, c'est le goût qui tient lieu de montre; et celui qui n'en juge que par règle, en juge mal.

XLIX. « César était trop vieux, ce me semble, pour aller s'amuser à conquérir le monde : cet amusement était bon à Alexandre; c'était un jeune homme qu'il était difficile d'arrêter, mais César devait être plus mûr. »

L'on s'imagine d'ordinaire qu'Alexandre et César sont sortis de chez eux dans le dessein de conquérir la terre : ce n'est point cela. Alexandre succéda à Philippe dans le généralat de la Grèce, et fut chargé de la juste entreprise de venger les Grecs des injures du roi de Perse. Il battit l'ennemi commun, et continua ses conquêtes jusqu'à l'Inde, parce que le royaume de Darius s'étendait jusqu'à l'Inde, de même que le duc de Marlborough serait venu jusqu'à Lyon sans le maréchal de Villars. A l'égard de César, il était un des premiers de la république; il se brouilla avec Pompée, comme les jansénistes avec les molinistes; et alors ce fut à qui s'exterminerait. Une seule bataille, où il n'y eut pas dix mille hommes de tués, décida de tout. Au reste, la pensée de M. Pascal est peut-être fausse en un sens : il fallait la maturité de César pour se démêler de tant d'intrigues; et il est peut-être étonnant qu'Alexandre, à son âge, ait renoncé au plaisir pour faire une guerre si pénible.

L. « C'est une plaisante chose à considérer, de ce qu'il y a des gens dans le monde qui, ayant renoncé à toutes les lois de Dieu et de la nature, s'en sont fait eux-mêmes auxquelles ils obéissent exactement : comme, par exemple, les voleurs, etc. »

Cela est encore plus utile que plaisant à considérer; car cela prouve que nulle société d'hommes ne peut subsister un seul jour sans lois. Il en est de toute société comme du jeu, il n'y en a point sans règle.

LI. « L'homme n'est ni ange ni bête : et le malheur veut que qui veut faire l'ange fait la bête. »

Qui veut détruire les passions, au lieu de les régler, veut faire l'ange.

LII. « Un cheval ne cherche point à se faire admirer de son compagnon : on voit bien entre eux quelque sorte d'émulation à la course, mais c'est sans conséquence; car étant à l'étable, le plus pesant et le plus mal taillé ne cède pas pour cela son avoine à l'autre. Il n'en est pas de même parmi les hommes; leur vertu ne se satisfait pas d'elle-même, et ils ne sont point contents s'ils n'en tirent avantage contre les autres. »

L'homme le plus mal taillé ne cède pas non plus son pain à l'autre, mais le plus fort l'enlève au plus faible; et chez les animaux et chez les hommes, les gros mangent les petits. M. Pascal a très-grande raison de dire que ce qui distingue l'homme des animaux, c'est qu'il recherche l'approbation de ses semblables; et c'est cette passion qui est la mère des talents et des vertus.

LIII. « Si l'homme commençait par s'étudier lui-même, il verrait combien il est incapable de passer outre. Comment pourrait-il se faire qu'une partie connût le tout? il aspirera peut-être à connaître au moins les parties avec lesquelles il a de la proportion; mais les parties du monde ont toutes un tel rapport et un tel enchaînement l'une avec l'autre, que je crois impossible de connaître l'une sans l'autre, et sans le tout. »

Il ne faudrait point détourner l'homme de chercher ce qui lui est utile, par cette considération qu'il ne peut tout connaître.

Non possis oculo quantum contendere Lynceus,
Non tamen idcirco contemnas lippus inungi[1].

Nous connaissons beaucoup de vérités; nous avons trouvé beaucoup d'inventions utiles : consolons-nous de ne pas savoir les rapports qui peuvent être entre une araignée et l'anneau de Saturne, et continuons d'examiner ce qui est à notre portée.

LIV. « Si la foudre tombait sur les lieux bas, les poëtes et ceux qui ne savent raisonner que sur les choses de cette nature manqueraient de preuves. »

Une comparaison n'est preuve ni en poésie ni en prose : elle sert en poésie d'embellissement, et en prose elle sert à éclaircir et à rendre les choses plus sensibles. Les poëtes qui ont comparé les malheurs des grands à la foudre qui frappe les montagnes, feraient des comparaisons contraires, si le contraire arrivait.

LV. « C'est cette composition d'esprit et de corps qui a fait que presque tous les philosophes ont confondu les idées des choses, et attribué aux corps ce qui n'appartient qu'aux esprits, et aux esprits ce qui ne peut convenir qu'aux corps. »

Si nous savions ce que c'est qu'*esprit*, nous pourrions nous plaindre de ce que les philosophes lui ont attribué ce qui ne lui appartient pas; mais nous ne connaissons ni l'esprit ni le corps. Nous n'avons aucune idée de l'un, et nous n'avons que des idées très-imparfaites de l'autre : donc nous ne pouvons savoir quelles sont leurs limites.

LVI. « Comme on dit beauté poétique, on devrait dire aussi beauté géométrique, et beauté médicinale; cependant on ne le dit point; et la raison en est qu'on sait bien quel est l'objet de la géométrie, et quel est l'objet de la médecine, mais on ne sait pas en quoi consiste l'agrément qui est l'objet de la poésie; on ne sait ce que c'est que ce modèle naturel qu'il faut imiter; et faute de cette connaissance, on a inventé de certains termes bizarres : siècle d'or, merveille de nos jours, fatal laurier, bel astre, etc.; et on appelle ce jargon, beauté poétique. Mais qui s'imaginera une femme vêtue sur ce modèle, verra une jolie demoiselle toute couverte de miroirs et de chaînes de laiton. »

Cela est très-faux : on ne doit pas dire *beauté géométrique*, ni *beauté médicinale*, parce qu'un théorème et une purgation n'affectent point les sens agréablement; et qu'on ne donne le nom de *beauté* qu'aux choses qui charment les sens, comme la musique, la peinture, la poésie, l'architecture régulière, etc. La raison qu'apporte M. Pascal est tout aussi fausse : on sait très-bien en quoi consiste l'objet de la poésie; il consiste à peindre avec force, netteté, délicatesse, et harmonie; la poésie est l'éloquence harmonieuse. Il fallait que M. Pascal eût bien peu de goût pour dire que *fatal laurier, bel astre*, et autres sottises, sont des beautés poétiques; et il fallait que les éditeurs de ces *pensées* fussent des personnes bien peu versées dans les belles-lettres, pour imprimer une réflexion si indigne de son illustre auteur

---

[1]. Horace, liv. I, épître 1, 28-29. (ÉD.)

LVII. « On ne passe point dans le monde pour se connaître en vers, si l'on n'a mis l'enseigne de poëte, ni pour être habile en mathématiques, si l'on n'a mis celle de mathématicien : mais les vrais honnêtes gens ne veulent point d'enseigne. »

A ce compte il serait donc mal d'avoir une profession, un talent marqué, et d'y exceller? Virgile, Homère, Corneille, Newton, le marquis de L'Hospital, mettaient une enseigne. Heureux celui qui réussit dans un art, et qui se connaît aux autres!

LVIII. « Le peuple a des opinions très-saines : par exemple, d'avoir choisi le divertissement et la chasse plutôt que la poésie, etc. »

Il semble que l'on ait proposé au peuple de jouer à la boule, ou de faire des vers. Non; mais ceux qui ont des organes grossiers cherchent des plaisirs où l'âme n'entre pour rien; et ceux qui ont un sentiment plus délicat veulent des plaisirs plus fins : il faut que tout le monde vive.

LIX. « Quand l'univers écraserait l'homme, il serait encore plus noble que ce qui le tue, parce qu'il sait qu'il meurt; et l'avantage que l'univers a sur lui, l'univers n'en sait rien. »

Que veut dire ce mot *noble?* Il est bien vrai que ma pensée est autre chose, par exemple, que le globe du soleil; mais est-il bien prouvé qu'un animal, parce qu'il a quelques pensées, est plus *noble* que le soleil qui anime tout ce que nous connaissons de la nature? Est-ce à l'homme à en décider? Il est juge et partie. On dit qu'un ouvrage est supérieur à un autre, quand il a coûté plus de peine à l'ouvrier, et qu'il est d'un usage plus utile; mais en a-t-il moins coûté au Créateur de faire le soleil que de pétrir un petit animal haut d'environ cinq pieds, qui raisonne bien ou mal? Qui des deux est le plus utile au monde, ou de cet animal ou de l'astre qui éclaire tant de globes? et, en quoi quelques idées reçues dans un cerveau sont-elles préférables à l'univers matériel?

LX. « Qu'on choisisse telle condition qu'on voudra, et qu'on y assemble tous les biens et toutes les satisfactions qui semblent pouvoir contenter un homme; si celui qu'on aura mis en cet état est sans occupation et sans divertissement, et qu'on le laisse faire réflexion sur ce qu'il est, cette félicité languissante ne le soutiendra pas. »

Comment peut-on assembler tous les biens et toutes les satisfactions autour d'un homme, et le laisser en même temps sans occupation, et sans divertissement? n'est-ce pas là une contradiction bien sensible?

LXI. « Qu'on laisse un roi tout seul, sans aucune satisfaction des sens, sans aucun soin dans l'esprit, sans compagnie, penser à soi tout à loisir, et l'on verra qu'un roi qui se voit est un homme plein de misères, et qui les ressent comme les autres. »

Toujours le même sophisme. Un roi qui se recueille pour penser est alors très-occupé; mais s'il n'arrêtait sa pensée que sur soi en disant à soi-même : « Je règne, » et rien de plus, ce serait un idiot.

LXII. « Toute religion qui ne reconnaît pas maintenant Jésus-Christ est notoirement fausse, et les miracles ne peuvent lui servir de rien. »

Qu'est-ce qu'un miracle? Quelque idée qu'on s'en puisse former, c'est une chose que Dieu seul peut faire. Or, on suppose ici que Dieu peut faire des miracles pour le soutien d'une fausse religion : ceci mérite bien d'être approfondi; chacune de ces questions peut fournir un volume.

LXIII. « Il est dit : « Croyez à l'Église ; » mais il n'est pas dit : « Croyez aux miracles, » à cause que le dernier est naturel, et non pas le premier. L'un avait besoin de précepte, non pas l'autre. »

Voici, je pense, une contradiction. D'un côté, les miracles en certaines occasions ne doivent servir de rien; et de l'autre, on doit croire nécessairement aux miracles; c'est une preuve si convaincante, qu'il n'a pas même fallu recommander cette preuve. C'est assurément dire le pour et le contre, et d'une manière bien dangereuse.

LXIV. « Je ne vois pas qu'il y ait plus de difficulté de croire la résurrection des corps et l'enfantement de la Vierge que la création. Est-il plus difficile de reproduire un homme que de le produire? »

On peut trouver, par le seul raisonnement, des preuves de la création; car, en voyant que la matière n'existe pas par elle-même et n'a pas le mouvement par elle-même, etc., on parvient à connaître qu'elle doit être nécessairement créée. Mais on ne parvient point, par le raisonnement, à voir qu'un corps toujours changeant doit être ressuscité un jour, tel qu'il était dans le temps même qu'il changeait. Le raisonnement ne conduit point non plus à voir qu'un homme doit naître sans germe. La création est donc un objet de la raison ; mais les deux autres miracles sont un sujet de la foi.

J'ai lu depuis peu des *Pensées de Pascal* qui n'avaient point encore paru : le P. Desmolets les a eues écrites de la main de cet illustre auteur, et on les a fait imprimer : elles me paraissent confirmer ce que j'ai dit : que ce grand génie avait jeté au hasard toutes ses idées pour en réformer une partie et employer l'autre, etc.

Parmi ces dernières pensées, que les éditeurs des *Œuvres de Pascal* avaient rejetées du recueil, il me paraît qu'il y en a beaucoup qui méritent d'être conservées. En voici quelques-unes que ce grand homme eût dû, ce me semble, corriger.

I. « Toutes les fois qu'une proposition est inconcevable, il faut en suspendre le jugement, et ne pas la nier à cette marque; mais en examiner le contraire, et si on le trouve manifestement faux, on peut hardiment affirmer la première, tout incompréhensible qu'elle est. »

Il me semble qu'il est évident que les deux contraires peuvent être faux. Un bœuf vole au sud avec des ailes, un bœuf vole au nord sans ailes; vingt mille anges ont tué hier vingt mille hommes, vingt mille hommes ont tué hier vingt mille anges; ces propositions sont évidemment fausses.

II. « Quelle vanité que la peinture, qui attire l'admiration par la ressemblance des choses dont on n'admire pas les originaux ! »

Ce n'est pas dans la bonté du caractère d'un homme que consiste

1. Les huit remarques qui suivent ont paru en 1736. (ÉD.)

assurément le mérite de son portrait, c'est dans la ressemblance. On admire César en un sens, et sa statue ou image sur toile en un autre sens.

III. « Si les médecins n'avaient des soutanes et des mules, si les docteurs n'avaient des bonnets carrés et des robes amples, ils n'auraient jamais eu la considération qu'ils ont dans le monde. »

Cependant les médecins n'ont cessé d'être ridicules, n'ont acquis une vraie considération que depuis qu'ils ont quitté ces livrées de la pédanterie; les docteurs ne sont reçus dans le monde, parmi les honnêtes gens, que quand ils sont sans bonnet carré et sans arguments; il y a même des pays où la magistrature se fait respecter sans pompe. Il y a des rois chrétiens très-bien obéis, qui négligent la cérémonie du sacre et du couronnement. A mesure que les hommes acquièrent plus de lumières, l'appareil devient plus inutile; ce n'est guère que pour le bas peuple qu'il est encore quelquefois nécessaire; *ad populum phaleras*.

IV. « Selon les lumières naturelles, s'il y a un Dieu, il est infiniment incompréhensible, puisque n'ayant ni parties, ni bornes, il n'a nul rapport à nous : nous sommes donc incapables de connaître ni ce qu'il est, ni s'il est. »

Il est étrange que Pascal ait cru qu'on pouvait deviner le péché originel par la raison, et qu'il dise qu'on ne peut connaître par la raison si Dieu est. C'est apparemment la lecture de cette pensée qui engagea le P. Hardouin à mettre Pascal dans sa liste ridicule des athées [1]; Pascal eût manifestement rejeté cette idée, puisqu'il la combat en d'autres endroits. En effet, nous sommes obligés d'admettre des choses que nous ne concevons pas : *J'existe, donc quelque chose existe de toute éternité*, est une proposition évidente. Cependant comprenons-nous l'éternité?

V. « Croyez-vous qu'il soit impossible que Dieu soit infini, sans parties? Oui. Je veux donc vous faire voir une chose infinie et indivisible : c'est un point se mouvant partout d'une vitesse infinie; car il est en tous lieux et tout entier dans chaque endroit. »

Il y a là quatre faussetés palpables :
1° Qu'un point mathématique existe seul.
2° Qu'il se meuve à droite et à gauche en même temps.
3° Qu'il se meuve d'une vitesse infinie; car il n'y a vitesse si grande qui ne puisse être augmentée.
4° Qu'il soit tout entier partout.

VI. « Homère fait un roman qu'il donne pour tel, car personne ne doutait que Troie et Agamemnon n'avaient non plus été que la pomme d'or. »

Jamais aucun écrivain n'a révoqué en doute la guerre de Troie. La fiction de la pomme d'or ne détruit pas la vérité du fond du sujet.

---

[1]. Le P. Hardouin a intitulé son livre, *Athei detecti*. Les athées démasqués par Hardouin sont C. Jansenius, Ambroise Victor (c'est-à-dire, André Martin), L. Thomassin, Fr. Malebranche, P. Quesnel, Ant. Arnauld, P. Nicole, R. Descartes, Ant. Legrand, Silvain Régis et B. Pascal. (*Note de M. Bruchot.*)

L'ampoule apportée par une colombe et l'oriflamme par un ange, n'empêchent pas que Clovis n'ait en effet régné en France.

« VII. Je n'entreprendrai pas ici de prouver par des raisons naturelles, ou l'existence de Dieu, ou la trinité, ou l'immortalité de l'âme, parce que je ne me sentirais pas assez fort pour trouver dans la nature de quoi convaincre des athées endurcis. »

Encore une fois, est-il possible que ce soit Pascal qui ne se sente pas assez fort pour prouver l'existence de Dieu?

VIII. « Les opinions relâchées plaisent tant aux hommes naturellement, qu'il est étrange qu'elles leur déplaisent. »

L'expérience ne prouve-t-elle pas au contraire qu'on n'a de crédit sur l'esprit des peuples qu'en leur proposant le difficile, l'impossible même à faire et à croire? Les stoïciens furent respectés parce qu'ils écrasaient la nature humaine. Ne proposez que des choses raisonnables, tout le monde répond : « Nous en savions autant. Ce n'est pas la peine d'être inspiré pour être commun. » Mais commandez des choses dures, impraticables; peignez la Divinité toujours armée de foudres; faites couler le sang devant les autels; vous serez écouté de la multitude, et chacun dira de vous : « Il faut bien qu'il ait raison, puisqu'il débite si hardiment des choses si étranges. »

Je ne vous envoie point mes autres remarques sur les *Pensées de M. Pascal*, qui entraîneraient des discussions trop longues. On a voulu donner pour des lois, des pensées que Pascal avait probablement jetées sur le papier comme des doutes. Il ne fallait pas croire démontré ce qu'il aurait réfuté lui-même.

SOTTISE DES DEUX PARTS.
(1728)

Sottise des deux parts est, comme on sait, la devise de toutes les querelles. Je ne parle pas ici de celles qui ont fait verser le sang. Les anabaptistes qui ravagèrent la Vestphalie, les calvinistes qui allumèrent tant de guerres en France, les factions sanguinaires des Armagnacs et des Bourguignons ; le supplice de la pucelle d'Orléans, que la moitié de la France regardait comme une héroïne céleste, et l'autre comme une sorcière; la Sorbonne qui présentait requête pour la faire brûler; l'assassinat du duc d'Orléans justifié par des docteurs; les sujets dispensés du serment de fidélité par un décret de la sacrée faculté; les bourreaux tant de fois employés à soutenir des opinions ; les bûchers allumés pour des malheureux à qui on persuadait qu'ils étaient sorciers ou hérétiques : tout cela passa la sottise. Ces abominations cependant étaient du bon temps de la bonne foi germanique, de la naïveté gauloise; et j'y renvoie les honnêtes gens qui regrettent toujours les temps passés.

Je ne veux ici que me faire, pour mon édification particulière, un petit mémoire instructif des belles choses qui ont partagé les esprits de nos aïeux.

Dans le XI° siècle, dans ce bon temps où nous ne connaissions ni l'art de la guerre qu'on faisait toujours, ni celui de policer les villes, ni le commerce, ni la société, et où nous ne savions ni lire ni écrire, des gens de beaucoup d'esprit disputèrent solennellement, longuement, et vivement, sur ce qui arrivait à la garde-robe, quand on avait rempli un devoir sacré, dont il ne faut parler qu'avec le plus profond respect. C'est ce qu'on appela *la dispute des stercoristes*. Cette querelle n'excita pas de guerre, et fut du moins par là une des plus douces impertinences de l'esprit humain.

La dispute qui partagea l'Espagne savante au même siècle, sur la version mosarabique, se termina aussi sans ravage de provinces et sans effusion de sang humain. L'esprit de chevalerie qui régnait alors ne permit pas qu'on éclaircît autrement la difficulté qu'en remettant la décision à deux nobles chevaliers. Celui des deux don Quichottes qui renverserait par terre son adversaire devait faire triompher la version dont il était le tenant. Don Ruis de Martanza, chevalier du rituel mosarabique, fit perdre les arçons au don Quichotte du rituel latin ; mais comme les lois de la noble chevalerie ne décidaient pas positivement qu'un rituel dût être proscrit parce que son chevalier avait été désarçonné, on se servit d'un secret plus sûr et fort en usage, pour savoir lequel des deux livres devait être préféré; ce fut de les jeter tous deux dans le feu : car il n'était pas possible que le bon rituel ne fût préservé des flammes. Je ne sais comment il arriva qu'ils furent brûlés tous deux ; la dispute resta indécise, au grand étonnement des Espagnols. Peu à peu le rituel latin eut la préférence; et s'il se fût présenté par la suite quelque chevalier pour soutenir le mosarabique, c'eût été le chevalier et non le rituel qu'on eût jeté dans le feu.

Dans ces beaux siècles, nous autres peuples polis, quand nous étions malades, nous étions obligés d'avoir recours à un médecin arabe. Quand nous voulions savoir quel jour de la lune nous avions, il fallait s'en rapporter aux Arabes. Si nous voulions faire venir une pièce de drap, il fallait payer chez un juif; et quand un laboureur avait besoin de pluie, il s'adressait à un sorcier. Mais enfin, lorsque quelques-uns de nous eurent appris le latin, et que nous eûmes une mauvaise traduction d'Aristote, nous figurâmes dans le monde avec honneur, nous passâmes trois ou quatre cents ans à déchiffrer quelques pages du Stagirite, à les adorer et à les condamner. Les uns ont dit que sans lui nous manquerions d'articles de foi, les autres qu'il était athée. Un Espagnol a prouvé qu'Aristote était un saint, et qu'il fallait fêter sa fête. Un concile en France a fait brûler ses divins écrits. Des collèges, des universités, des ordres entiers de religieux se sont anathématisés réciproquement, au sujet de quelques passages de ce grand homme, que ni eux, ni les juges qui interposèrent leur autorité, ni l'auteur, n'entendirent jamais. Il y eut beaucoup de coups de poing donnés en Allemagne pour ces graves querelles, mais enfin il n'y eut pas beaucoup de sang de répandu. C'est dommage pour la gloire d'Aristote qu'on n'ait pas fait la guerre civile, et donné quelques batailles rangées en faveur des *quiddités*, et de l'*universel de la part de la chose*. Nos pères se sont égorgés pour des questions qu'ils ne comprenaient pas davantage.

Il est vrai qu'un fou fort célèbre, nommé Occam, surnommé *le docteur invincible*, chef de ceux qui tenaient pour l'*universel de la part de la pensée*, demanda à l'empereur Louis de Bavière qu'il défendît sa plume par son épée impériale, contre Scot, autre fou écossais, surnommé *le docteur subtil*, qui bataillait pour l'*universel de la part de la chose*. Heureusement l'épée de Louis de Bavière resta dans son fourreau. Qui croirait que ces disputes ont duré jusqu'à nos jours, et que le parlement de Paris, en 1624, a donné un bel arrêt en faveur d'Aristote?

Vers le temps du brave Occam et de l'intrépide Scot, il s'éleva une querelle bien plus sérieuse, dans laquelle les révérends pères cordeliers entraînèrent tout le monde chrétien : c'était pour savoir si leur potage leur appartenait en propre, ou s'ils n'en étaient que simples usufruitiers. La forme du capuchon et la largeur de la manche furent encore les sujets de cette guerre sacrée. Le pape Jean XXII, qui voulut s'en mêler, trouva à qui parler. Les cordeliers quittèrent son parti pour celui de Louis de Bavière, qui alors tira son épée.

Il y eut d'ailleurs trois ou quatre cordeliers de brûlés comme hérétiques. Cela est un peu fort ; mais après tout, cette affaire n'ayant pas ébranlé de trônes et ruiné des provinces, on peut la mettre au rang des sottises paisibles.

Il y en a toujours eu de cette espèce. La plupart sont tombées dans le plus profond oubli ; et de quatre ou cinq cents sectes qui ont paru, il ne reste dans la mémoire des hommes que celles qui ont produit ou d'extrêmes désordres ou d'extrêmes ridicules, deux choses qu'on retient assez volontiers. Qui sait aujourd'hui s'il y a eu des orebites, des osmites, des insdorfiens? qui connaît les oints et les pâtissiers, les cornaciens, les iscariotistes?

Un jour, en dînant chez une dame hollandaise, je fus charitablement averti par un des convives de prendre bien garde à moi, et de ne me pas aviser de louer Voëtius. « Je n'ai nulle envie, lui dis-je, de dire ni bien ni mal de votre Voëtius ; mais pourquoi me donnez-vous cet avis ? — C'est que madame est coccéienne, me dit mon voisin. — Hélas ! trèsvolontiers, » lui dis-je. Il m'ajouta qu'il y avait encore quatre coccéiennes en Hollande, et que c'était grand dommage que l'espèce pérît. Un temps viendra où les jansénistes, qui ont fait tant de bruit parmi nous, et qui sont ignorés partout ailleurs, auront le sort des coccéiens. Un vieux docteur me disait : « Monsieur, dans ma jeunesse je me suis escrimé pour le *mandata impossibilia volentibus et conantibus*. J'ai écrit contre le *Formulaire* et contre le pape, et je me suis cru confesseur. J'ai été mis en prison, et je me suis cru martyr. Actuellement je ne me mêle plus de rien, et je me crois raisonnable. — Quelles sont vos occupations ? lui dis-je. — Monsieur, me répondit-il, j'aime beaucoup l'argent. » C'est ainsi que presque tous les hommes dans leur vieillesse se moquent intérieurement des sottises qu'ils ont avidement embrassées dans leur jeunesse. Les sectes vieillissent comme les hommes. Celles qui n'ont pas été soutenues par de grands princes, qui n'ont point causé de grands maux, vieillissent plus tôt que les autres. Ce sont des maladies épidémiques qui passent comme la suette et la coqueluche.

Il n'est plus question des pieuses rêveries de Mme Guion. Ce n'est plus le livre inintelligible des *Maximes des Saints* qu'on lit, c'est le *Télémaque*. On ne se souvient plus de ce que l'éloquent Bossuet écrivit contre le tendre, l'élégant, l'aimable Fénelon; on donne la préférence à ses *Oraisons funèbres*. Dans toute la dispute sur ce qu'on appelait le *quiétisme*, il n'y a eu de bon que l'ancien conte réchauffé de la bonne femme qui apportait un réchaud pour brûler le paradis, et une cruche d'eau pour éteindre le feu de l'enfer, afin qu'on ne servît plus Dieu par espérance ni par crainte. Je remarquerai seulement une singularité de ce procès, laquelle ne vaut pas le conte de la bonne femme; c'est que les jésuites, qui étaient tant accusés en France par les jansénistes d'avoir été fondés par saint Ignace exprès pour détruire l'amour de Dieu, sollicitèrent vivement à Rome en faveur de l'amour pur de M. de Cambrai. Il leur arriva la même chose qu'à M. de Langeais, qui était poursuivi par sa femme au parlement de Paris pour cause d'impuissance, et par une fille au parlement de Rennes pour lui avoir fait un enfant. Il fallait qu'il gagnât l'une des deux affaires : il les perdit toutes deux. L'amour pur, pour lequel les jésuites s'étaient donné tant de mouvement, fut condamné à Rome; et ils passeront toujours à Paris pour ne vouloir pas qu'on aimât Dieu. Cette opinion était tellement enracinée dans les esprits, que lorsqu'on s'avisa de vendre dans Paris, il y a quelques années, une taille-douce représentant notre Seigneur Jésus-Christ habillé en jésuite, un plaisant (c'était apparemment le *loustic* du parti janséniste) mit ces vers au bas de l'estampe :

   Admirez l'artifice extrême
   De ces pères ingénieux :
   Ils vous ont habillé comme eux,
   Mon Dieu, de peur qu'on ne vous aime.

A Rome, où l'on n'essuie jamais de pareilles disputes, et où l'on juge celles qui s'élèvent ailleurs, on était fort ennuyé des querelles sur l'amour pur. Le cardinal Carpègne, qui était rapporteur de l'affaire de l'archevêque de Cambrai, était malade, et souffrait beaucoup dans une partie qui n'est pas plus épargnée chez les cardinaux que chez les autres hommes; son chirurgien lui enfonçait de petites tentes de linon, qu'on appelait du *cambrai* en Italie, comme dans beaucoup d'autres pays. Le cardinal criait. « C'est pourtant du plus fin cambrai, disait le chirurgien. — Quoi! du cambrai encore là? disait le cardinal : n'était-ce pas assez d'en avoir la tête fatiguée? » Heureuses les disputes qui se terminent ainsi! Heureux les hommes, si tous les disputeurs de ce monde, si les hérésiarques s'étaient soumis avec autant de modération, avec une douceur aussi magnanime, que le grand archevêque de Cambrai, qui n'avait nulle envie d'être hérésiarque! Je ne sais pas s'il avait raison de vouloir qu'on aimât Dieu pour lui-même : mais M. de Fénelon méritait d'être aimé ainsi.

Dans les disputes purement littéraires il y a eu souvent autant d'acharnement, autant d'esprit de parti que dans des querelles plus intéressantes. On renouvellerait, si on pouvait, les factions du cirque qui agitèrent l'empire romain. Deux actrices rivales sont capables de diviser une ville. Les hommes ont tous un secret penchant pour la faction. Si on ne peut cabaler, se poursuivre, se nuire pour des couronnes, des tiares, des mitres, nous nous acharnerons les uns contre les autres pour un danseur, pour un musicien. Rameau a eu un violent parti contre lui, qui aurait voulu l'exterminer, et il n'en savait rien. J'ai eu un parti plus violent contre moi-même, et je le savais bien.

HARANGUE

PRONONCÉE LE JOUR DE LA CLÔTURE DU THÉÂTRE.

(1730)

MESSIEURS, vous savez combien il est difficile de représenter dignement nos personnages ; mais oser parler devant vous en notre nom même, dépouillés des ornements et de l'illusion qui nous soutiennent, c'est une hardiesse, je ne le sens que trop ici, qui a besoin de toute votre indulgence.

Jamais le public n'a été si éclairé en tout genre ; jamais les arts n'eurent besoin de plus d'efforts, et peut-être seraient-ils découragés, si vous aviez une sévérité proportionnée à vos lumières ; mais vous apportez ici cette vraie justice qui penche toujours plutôt vers la bonté que vers la rigueur. Plus vous connaissez l'art, plus vous en sentez les difficultés. Le spectateur ordinaire exigerait qu'on lui plût toujours ; semblable à l'homme sans expérience qui attend des plaisirs dans toutes les circonstances de la vie. Le juge éclairé daigne se contenter qu'on le satisfasse quelquefois.

Vous démêlez et vous applaudissez une beauté au milieu même des défauts qui vous choquent ; telle est surtout votre équité qu'il n'y a point de cabale qui puisse soutenir ce que vous condamnez, ni faire tomber ce que vous approuvez.

Que ne puis-je, Messieurs, étudier avec fruit votre goût sage et épuré, qui a banni l'enflure de l'art de réciter comme de celui d'écrire! Vous voulez qu'on vous peigne partout la nature, mais la nature noble et embellie par l'art, telle que vous la représentait cet excellent acteur[1] qui vous plaisait encore au bout d'une si longue carrière.

1. Baron (Michel Boyron dit), né en 1653, retiré du théâtre en 1691, y remonta en 1720, joua pour la dernière fois le 3 septembre 1729, et mourut le 22 décembre de la même année. (*Note de M. Beuchot.*)

ici, Messieurs, je sens que vos regrets redemandent cette actrice inimitable, qui avait presque inventé l'art de parler au cœur, et de mettre du sentiment et de la vérité où l'on ne mettait guère auparavant que de la pompe et de la déclamation.

Mlle Lecouvreur[1], souffrez-nous la consolation de la nommer, faisait sentir dans ses personnages toute la délicatesse, toute l'âme, toutes les bienséances que vous désiriez. Elle était digne de parler devant vous, Messieurs.

Parmi ceux qui daignent ici m'entendre, plusieurs l'honoraient de leur amitié. Ils savent qu'elle faisait l'ornement de la société comme celui du théâtre ; et ceux qui n'ont connu en elle que l'actrice, peuvent bien juger par le degré de perfection où elle était parvenue que non-seulement elle avait beaucoup d'esprit, mais encore l'art de rendre l'esprit aimable.

Vous êtes trop justes, Messieurs, pour ne pas regarder ce tribut de louanges comme un devoir ; j'ose même dire qu'en la regrettant je ne suis que votre interprète.

AUX AUTEURS
DE LA BIBLIOTHÈQUE RAISONNÉE
SUR
L'INCENDIE D'ALTENA.
(1732)

L'extrême difficulté que nous avons en France de faire venir les livres de Hollande, est cause que je n'ai vu que tard le neuvième tome de la *Bibliothèque raisonnée* ; et je dirai en passant que si le reste de ce journal répond à ce que j'en ai parcouru, les gens de lettres sont à plaindre en France de ne pas le connaître.

A la page 449 de ce neuvième tome, seconde partie, j'ai trouvé une lettre contre moi, par laquelle on me reproche d'avoir calomnié la ville de Hambourg dans l'*Histoire de Charles XII*.

Depuis quelques jours, un Hambourgeois, homme de lettres et de mérite, nommé M. Richey, m'ayant fait l'honneur de me venir voir, m'a renouvelé ces plaintes au nom de ses compatriotes.

---

[1]. Adrienne Lecouvreur, née à Fismes en 1690, débuta au Théâtre-Français le 14 mai 1717, par le rôle de *Monime*, et mourut le 20 mars 1730. Languet, curé de Saint-Sulpice, lui refusa la sépulture ecclésiastique ; elle fut enterrée au coin de la rue de Bourgogne, à l'endroit où est la maison qui porte aujourd'hui (1829) le n° 109, dans la rue de Grenelle. Voltaire a fait un petit poëme intitulé : *La mort de mademoiselle Lecouvreur*. (*Note de M. Beuchot*).

nettes. » Le roi, charmé, lui demanda, en l'embrassant, comment il fallait s'y prendre. « Il n'y a, dit Zadig, qu'à faire danser tous ceux qui se présenteront pour la dignité de trésorier, et celui qui dansera avec le plus de légèreté sera infailliblement le plus honnête homme. — Vous vous moquez, dit le roi ; voilà une plaisante façon de choisir un receveur de mes finances ! Quoi ! vous prétendez que celui qui fera le mieux un entrechat sera le financier le plus intègre et le plus habile ! — Je ne vous réponds pas qu'il sera le plus habile, repartit Zadig ; mais je vous assure que ce sera indubitablement le plus honnête homme. » Zadig parlait avec tant de confiance, que le roi crut qu'il avait quelque secret surnaturel pour connaître les financiers. « Je n'aime pas le surnaturel, dit Zadig ; les gens et les livres à prodiges m'ont toujours déplu : si Votre Majesté veut me laisser faire l'épreuve que je lui propose, elle sera bien convaincue que mon secret est la chose la plus simple et la plus aisée. « Nabussan, roi de Serendib, fut bien plus étonné d'entendre que ce secret était simple, que si on le lui avait donné pour un miracle : « Or bien, dit-il, faites comme vous l'entendrez. — Laissez-moi faire, dit Zadig ; vous gagnerez à cette épreuve plus que vous ne pensez. » Le jour même il fit publier, au nom du roi, que tous ceux qui prétendaient à l'emploi de haut receveur des deniers de Sa gracieuse Majesté Nabussan, fils de Nussanab, eussent à se rendre, en habits de soie légère, le premier de la lune du Crocodile, dans l'antichambre du roi. Ils s'y rendirent au nombre de soixante et quatre. On avait fait venir des violons dans un salon voisin ; tout était préparé pour le bal ; mais la porte de ce salon était fermée, et il fallait, pour y entrer, passer par une petite galerie assez obscure. Un huissier vint chercher et introduire chaque candidat, l'un après l'autre, par ce passage, dans lequel on le laissait seul quelques minutes. Le roi, qui avait le mot, avait étalé tous ses trésors dans cette galerie. Lorsque tous les prétendants furent arrivés dans le salon, Sa Majesté ordonna qu'on les fît danser. Jamais on ne dansa plus pesamment et avec moins de grâce ; ils avaient tous la tête baissée, les reins courbés, les mains collées à leurs côtés ? « Quels fripons ! » disait tout bas Zadig. Un seul d'entre eux formait des pas avec agilité, la tête haute, le regard assuré, les bras étendus, le corps droit, le jarret ferme. « Ah ! l'honnête homme ! le brave homme ! » disait Zadig. Le roi embrassa ce bon danseur, le déclara trésorier, et tous les autres furent punis et taxés avec la plus grande justice du monde ; car chacun, dans le temps qu'il avait été dans la galerie, avait rempli ses poches, et pouvait à peine marcher. Le roi fut fâché pour la nature humaine que de ces soixante et quatre danseurs il y eût soixante et trois filous. La galerie obscure fut appelée *le corridor de la Tentation*. On aurait en Perse empalé ces soixante et trois seigneurs ; en d'autres pays on eût fait une chambre de justice qui eût consommé en frais le triple de l'argent volé, et qui n'eût rien remis dans les coffres du souverain ; dans un autre royaume, ils se seraient pleinement justifiés, et auraient fait disgracier ce danseur si léger : à Serendib, ils ne furent condamnés qu'à augmenter le trésor public, car Nabussan était fort indulgent.

Il était aussi fort reconnaissant ; il donna à Zadig une somme d'argent plus considérable qu'aucun trésorier n'en avait jamais volé au roi son maître. Zadig s'en servit pour envoyer des exprès à Babylone, qui devaient l'informer de la destinée d'Astarté. Sa voix trembla en donnant cet ordre, son sang reflua vers son cœur, ses yeux se couvrirent de ténèbres, son âme fut prête à l'abandonner. Le courrier partit, Zadig le vit embarquer; il rentra chez le roi, ne voyant personne, croyant être dans sa chambre, et prononçant le nom d'amour. « Ah! l'amour, dit le roi, c'est précisément ce dont il s'agit; vous avez deviné ce qui fait ma peine. Que vous êtes un grand homme! j'espère que vous m'apprendrez à connaître une femme à toute épreuve, comme vous m'avez fait trouver un trésorier désintéressé. » Zadig, ayant repris ses sens, lui promit de le servir en amour comme en finance, quoique la chose parût plus difficile encore.

Chap. XV. — *Les yeux bleus.*

« Le corps et le cœur, » dit le roi à Zadig.... A ces mots, le Babylonien ne put s'empêcher d'interrompre Sa Majesté. « Que je vous sais bon gré, dit-il, de n'avoir point dit *l'esprit et le cœur!* car on n'entend que ces mots dans les conversations de Babylone : on ne voit que des livres où il est question du cœur et de l'esprit, composés par des gens qui n'ont ni de l'un ni de l'autre; mais de grâce, sire, poursuivez. » Nabussan continua ainsi : « Le corps et le cœur sont chez moi destinés à aimer; la première de ces deux puissances a tout lieu d'être satisfaite : j'ai ici cent femmes à mon service, toutes belles, complaisantes, prévenantes, voluptueuses même, ou feignant de l'être avec moi. Mon cœur n'est pas à beaucoup près si heureux. Je n'ai que trop éprouvé qu'on caresse beaucoup le roi de Sérendib, et qu'on se soucie fort peu de Nabussan. Ce n'est pas que je crois mes femmes infidèles; mais je voudrais trouver une âme qui fût à moi; je donnerais pour un p.... i trésor les cent beautés dont je possède les charmes : voyez si, sur ces cent sultanes, vous pouvez m'en trouver une dont je sois sûr d'être aimé. »

Zadig lui répondit comme il avait fait sur l'article des financiers : « Sire, laissez-moi faire; mais permettez d'abord que je dispose de ce que vous aviez étalé dans la galerie de la Tentation; je vous en rendrai bon compte, et vous n'y perdrez rien. » Le roi le laissa le maître absolu. Il choisit dans Sérendib trente-trois petits bossus des plus vilains qu'il pût trouver, trente-trois pages des plus beaux, et trente-trois bonzes des plus éloquents et des plus robustes. Il leur laissa à tous la liberté d'entrer dans les cellules des sultanes. Chaque petit bossu eut quatre mille pièces d'or à donner, et, dès le premier jour, tous les bossus furent heureux. Les pages, qui n'avaient rien à donner qu'eux-mêmes, ne triomphèrent qu'au bout de deux ou trois jours. Les bonzes eurent un peu plus de peine; mais enfin trente-trois dévotes se rendirent à eux. Le roi, par des jalousies qui avaient vue sur toutes les cellules, vit toutes ces épreuves, et fut émerveillé. De ses cent femmes, quatre-vingt-dix-neuf succombèrent à ses yeux. Il en restait une toute jeune, toute neuve, de qui Sa Majesté n'avait jamais approché. On lui détacha un, deux, trois bossus, qui lui offrirent jusqu'à vingt mille piè-

CHAPITRE XV.

ces; elle fut incorruptible, et ne put s'empêcher de rire de l'idée qu'avaient ces bossus de croire que de l'argent les rendrait mieux faits. On lui présenta les deux plus beaux pages; elle dit qu'elle trouvait le roi encore plus beau. On lui lâcha le plus éloquent des bonzes, et ensuite le plus intrépide; elle trouva le premier un bavard, et ne daigna pas même soupçonner le mérite du second. « Le cœur fait tout, disait-elle je ne céderai jamais ni à l'or d'un bossu, ni aux grâces d'un jeune homme, ni aux séductions d'un bonze : j'aimerai uniquement Nabussan, fils de Nussanab, et j'attendrai qu'il daigne m'aimer. « Le roi fut transporté de joie, d'étonnement et de tendresse. Il reprit tout l'argent qui avait fait réussir les bossus, et en fit présent à la belle Falide (c'était le nom de cette jeune personne). Il lui donna son cœur : elle le méritait bien. Jamais la fleur de la jeunesse ne fut si brillante, jamais les charmes de la beauté ne furent si enchanteurs. La vérité de l'histoire ne permet pas de taire qu'elle faisait mal la révérence, mais elle dansait comme les fées, chantait comme les sirènes, et parlait comme les Grâces : elle était pleine de talents et de vertus.

Nabussan, aimé, l'adora. Mais elle avait les yeux bleus, et ce fut la source des plus grands malheurs. Il y avait une ancienne loi qui défendait aux rois d'aimer une de ces femmes que les Grecs ont appelées depuis βοῶπις. Le chef des bonzes avait établi cette loi il y avait plus de cinq mille ans : c'était pour s'approprier la maîtresse du premier roi de l'île de Serendib que ce premier bonze avait fait passer l'anathème des yeux bleus en constitution fondamentale d'État. Tous les ordres de l'empire vinrent faire à Nabussan des remontrances. On disait publiquement que les derniers jours du royaume étaient arrivés, que l'abomination était à son comble, que toute la nature était menacée d'un événement sinistre; qu'en un mot Nabussan, fils de Nussanab, aimait deux grands yeux bleus. Les bossus, les financiers, les bonzes et les brunes remplirent le royaume de leurs plaintes.

Les peuples sauvages qui habitent le nord de Serendib profitèrent de ce mécontement général. Ils firent une irruption dans les États du bon Nabussan. Il demanda des subsides à ses sujets; les bonzes, qui possédaient la moitié des revenus de l'État, se contentèrent de lever les mains au ciel, et refusèrent de les mettre dans leurs coffres pour aider le roi. Ils firent de belles prières en musique, et laissèrent l'État en proie aux barbares.

« O mon cher Zadig! me tireras-tu encore de cet horrible embarras ? s'écria douloureusement Nabussan. — Très-volontiers, répondit Zadig. Vous aurez de l'argent des bonzes tant que vous en voudrez. Laissez à l'abandon les terres où sont situés leurs châteaux, et défendez seulement les vôtres. » Nabussan n'y manqua pas. Les bonzes vinrent se jeter aux pieds du roi et implorer son assistance. Le roi leur répondit par une belle musique dont les paroles étaient des prières au ciel pour la conservation de leurs terres. Les bonzes, enfin, donnèrent de l'argent, et le roi finit heureusement la guerre. Ainsi Zadig, par ses conseils sages et heureux, et par les plus grands services, s'était attiré l'irréconciliable inimitié des hommes les plus puissants de l'État; les bonzes et les brunes jurèrent sa perte; les financiers et les bossus ne l'épargnèrent pas; on le rendit suspect au bon Nabussan. (Les services rendus restent souvent dans l'antichambre, et les soupçons entrent dans le cabinet, selon la sentence de Zoroastre.) C'était tous les jours de nouvelles accusations : la première est repoussée, la seconde effleure, la troisième blesse, la quatrième tue.

Zadig, intimidé, qui avait bien fait les affaires de son ami Sétoc, et qui lui avait fait tenir son argent, ne songea plus qu'à partir de l'île, et résolut d'aller lui-même chercher des nouvelles d'Astarté. « Car, disait-il, si je reste dans Serendib, les bonzes me feront empaler.... Mais où aller? Je serai esclave, en Egypte; brûlé, selon toutes les apparences, en Arabie; étranglé, à Babylone. Cependant il faut savoir ce qu'Astarté est devenue.... Partons, et voyons à quoi me réserve ma triste destinée. »

CHAP. XVI. — *Le brigand.*

En arrivant aux frontières qui séparent l'Arabie Pétrée de la Syrie, comme il passait près d'un château assez fort, des Arabes armés en sortirent. Il se vit entouré; on lui criait : « Tout ce que vous avez nous appartient, et votre personne appartient à notre maître. » Zadig, pour réponse, tira son épée; son valet, qui avait du courage, en fit autant. Ils renversèrent morts les premiers Arabes qui mirent la main sur eux; le nombre redoubla; ils ne s'étonnèrent point, et résolurent de périr en combattant. On voyait deux hommes se défendre contre une multitude. Un tel combat ne pouvait durer longtemps. Le maître du château, nommé Arbogad, ayant vu d'une fenêtre les prodiges de valeur que faisait Zadig, conçut de l'estime pour lui. Il descendit en hâte, et vint lui-même écarter ses gens et délivrer les deux voyageurs. « Tout ce qui passe sur mes terres est à moi, dit-il, aussi bien que ce que je trouve sur les terres des autres; mais vous me paraissez un si brave homme, que je vous exempte de la loi commune. » Il le fit entrer dans son château, ordonnant à ses gens de le bien traiter, et, le soir, Arbogad voulut souper avec Zadig.

Le seigneur du château était un de ces Arabes qu'on appelle *voleurs*; mais il faisait quelquefois de bonnes actions parmi une foule de mauvaises : il volait avec une rapacité furieuse, et donnait libéralement; intrépide dans l'action, assez doux dans le commerce, débauché à table, gai dans la débauche, et surtout plein de franchise. Zadig lui plut beaucoup; sa conversation, qui s'anima, fit durer le repas. Enfin Arbogad lui dit : « Je vous conseille de vous enrôler sous moi; vous ne sauriez mieux faire; ce métier-ci n'est pas mauvais; vous pourrez un jour devenir ce que je suis. — Puis-je vous demander, dit Zadig, depuis quel temps vous exercez cette noble profession? — Dès ma plus tendre jeunesse, reprit le seigneur : j'étais valet d'un Arabe assez habile; ma situation m'était insupportable; j'étais au désespoir de voir que, dans toute la terre, qui appartient également aux hommes, la destinée ne m'eût pas réservé ma portion. Je confiai mes peines à un vieil Arabe, qui me dit. « Mon fils, ne désespérez pas ; il y avait auc'est un des meilleurs livres qui soient jamais sortis de la main des hommes. Nos ennemis conviennent qu'il est très-dangereux : cela prouve combien il est raisonnable. » Je lui promis de lire ce livre, et mon quaker me crut déjà converti.

Ensuite il me rendit raison en peu de mots de quelques singularités qui exposent cette secte au mépris des autres. « Avoue, dit-il, que tu as bien eu de la peine à t'empêcher de rire quand j'ai répondu à toutes tes civilités avec mon chapeau sur la tête et en te tutoyant ; cependant tu me parais trop instruit pour ignorer que du temps du Christ aucune nation ne tombait dans le ridicule de substituer le pluriel au singulier. On disait à César-Auguste : *Je t'aime, je te prie, je te remercie;* il ne souffrait pas même qu'on l'appelât Monsieur, *Dominus.* Ce ne fut que longtemps après lui que les hommes s'avisèrent de se faire appeler *vous* au lieu de *tu*, comme s'ils étaient doubles, et d'usurper les titres impertinents de grandeur, d'éminence, de sainteté, de divinité même, que des vers de terre donnent à d'autres vers de terre, en les assurant qu'ils sont avec un profond respect, et avec une fausseté infâme, leurs très-humbles et très-obéissants serviteurs. C'est pour être plus sûr nos gardes contre cet indigne commerce de mensonges et de flatteries que nous tutoyons également les rois et les charbonniers, que nous ne saluons personne, n'ayant pour les hommes que de la charité, et du respect que pour les lois.

« Nous portons aussi un habit un peu différent des autres hommes, afin que ce soit pour nous un avertissement continuel de ne leur pas ressembler. Les autres portent les marques de leurs dignités, et nous celles de l'humilité chrétienne ; nous fuyons les assemblées de plaisir, les spectacles, le jeu ; car nous serions bien à plaindre de remplir de ces bagatelles des cœurs en qui Dieu doit habiter ; nous ne faisons jamais de serments, pas même en justice; nous pensons que le nom du Très-Haut ne doit pas être prostitué dans les débats misérables des hommes. Lorsqu'il faut que nous comparaissions devant les magistrats pour les affaires des autres (car nous n'avons jamais de procès), nous affirmons la vérité par un *oui* ou par un *non*, et les juges nous en croient sur notre simple parole, tandis que tant d'autres chrétiens se parjurent sur l'Évangile. Nous n'allons jamais à la guerre : ce n'est pas que nous craignions la mort, au contraire nous bénissons le moment qui nous unit à l'Être des êtres ; mais c'est que nous ne sommes ni loups, ni tigres, ni dogues, mais hommes, mais chrétiens. Notre Dieu, qui nous a ordonné d'aimer nos ennemis et de souffrir sans murmure, ne veut pas sans doute que nous passions la mer pour aller égorger nos frères, parce que des meurtriers vêtus de rouge, coiffés d'un bonnet haut de deux pieds, enrôlent des citoyens en faisant du bruit avec deux petits bâtons sur une peau d'âne bien tendue. Et lorsque, après des batailles gagnées, tout Londres brille d'illuminations, que le ciel est enflammé de fusées, que l'air retentit du bruit des actions de grâces, des cloches, des orgues, des canons, nous gémissons en silence sur ces meurtres qui causent la publique allégresse. »

LETTRE II. — *Sur les quakers.*

Telle fut à peu près la conversation que j'eus avec cet homme singulier ; mais je fus bien plus surpris quand le dimanche suivant il me mena à l'église des quakers. Ils ont plusieurs chapelles à Londres : celle où j'allai est près de ce fameux pilier que l'on appelle *le Monument*. On était déjà assemblé lorsque j'entrai avec mon conducteur. Il y avait environ quatre cents hommes dans l'église, et trois cents femmes : les femmes se cachaient le visage ; les hommes étaient couverts de leurs larges chapeaux ; tous étaient assis, tous dans un profond silence. Je passai au milieu d'eux sans qu'un seul levât les yeux sur moi. Ce silence dura un quart d'heure. Enfin un d'eux se leva, ôta son chapeau, et, après quelques soupirs, débita, moitié avec la bouche, moitié avec le nez, un galimatias tiré, à ce qu'il croyait, de l'Évangile, où ni lui ni personne n'entendait rien. Quand ce faiseur de contorsions eut fini son beau monologue, et que l'assemblée se fut séparée tout édifiée et toute stupide, je demandai à mon homme pourquoi les plus sages d'entre eux souffraient de pareilles sottises. « Nous sommes obligés de les tolérer, me dit-il, parce que nous ne pouvons pas savoir si un homme qui se lève pour parler sera inspiré par l'esprit ou par la folie ; dans le doute, nous écoutons tout patiemment, nous permettons même aux femmes de parler. Deux ou trois de nos dévotes se trouvent souvent inspirées à la fois, et c'est alors qu'il se fait un beau bruit dans la maison du Seigneur. — Vous n'avez donc point de prêtres? lui dis-je. — Non, mon ami, dit le quaker, et nous nous en trouvons bien. » Alors, ouvrant un livre de sa secte, il lut avec emphase ces paroles : « A Dieu ne plaise que nous osions ordonner à quelqu'un de recevoir le Saint-Esprit le dimanche à l'exclusion de tous les autres fidèles ! Grâce au ciel, nous sommes les seuls sur la terre qui n'ayons point de prêtres. Voudrais-tu nous ôter une distinction si heureuse ? pourquoi abandonnerions-nous notre enfant à des nourrices mercenaires, quand nous avons du lait à lui donner? Ces mercenaires domineraient bientôt dans la maison, et opprimeraient la mère et l'enfant. Dieu a dit : « Vous avez reçu *gratis*, donnez *gratis*[1]. » Irons-nous, après cette parole, marchander l'Évangile, vendre l'Esprit saint, et faire d'une assemblée de chrétiens une boutique de marchands? Nous ne donnons point d'argent à des hommes vêtus de noir pour assister nos pauvres, pour enterrer nos morts, pour prêcher les fidèles ; ces saints emplois nous sont trop chers pour nous en décharger sur d'autres.

— Mais comment pouvez-vous discerner, insistai-je, si c'est l'esprit de Dieu qui vous anime dans vos discours? — Quiconque, dit-il, priera Dieu de l'éclairer, et qui annoncera des vérités évangéliques qu'il sentira, que celui-là soit sûr que Dieu l'inspire. » Alors il m'accabla de citations de l'Écriture qui démontraient, selon lui, qu'il n'y a point de christianisme sans une révélation immédiate, et il ajouta ces paroles

1. Matthieu, X, 8. (Éd.)

remarquables : « Quand tu fais mouvoir un de tes membres, est-ce ta propre force qui le remue? non, sans doute, car ce membre a souvent des mouvements involontaires. C'est donc celui qui a créé ton corps qui meut ce corps de terre. Et les idées que reçoit ton âme, est-ce toi qui les formes? encore moins, car elles viennent malgré toi. C'est donc le Créateur de ton âme qui te donne des idées ; mais, comme il a laissé à ton cœur la liberté, il donne à ton esprit les idées que ton cœur mérite ; tu vis dans Dieu, tu agis, tu penses dans Dieu ; tu n'as donc qu'à ouvrir les yeux à cette lumière qui éclaire tous les hommes, alors tu verras la vérité, et la feras voir. — Eh ! voilà le P. Malebranche tout pur! m'écriai-je. — Je connais ton Malebranche, dit-il ; il était un peu quaker, mais il ne l'était pas assez. »

Ce sont là les choses les plus importantes que j'ai apprises touchant la doctrine des quakers. Dans la première lettre, vous aurez leur histoire, que vous trouverez encore plus singulière que leur doctrine.

LETTRE III. — *Sur les quakers.*

Vous avez déjà vu que les quakers datent depuis Jésus-Christ, qui , selon eux, est le premier quaker. La religion, disent-ils, fut corrompue presque après sa mort, et resta dans cette corruption environ seize cents années ; mais il y avait toujours quelques quakers cachés dans le monde qui prenaient soin de conserver le feu sacré éteint partout ailleurs, jusqu'à ce qu'enfin cette lumière s'étendit en Angleterre en l'an 1642.

Ce fut dans le temps que trois ou quatre sectes déchiraient la Grande-Bretagne par des guerres civiles entreprises au nom de Dieu, qu'un nommé George Fox, du comté de Leicester, fils d'un ouvrier en soie, s'avisa de prêcher en vrai apôtre, à ce qu'il prétendait, c'est-à-dire sans savoir ni lire ni écrire; c'était un jeune homme de vingt-cinq ans, de mœurs irréprochables, et saintement fou. Il était vêtu de cuir depuis les pieds jusqu'à la tête; il allait de village en village, criant contre la guerre et contre le clergé. S'il n'avait prêché que contre les gens de guerre, il n'avait rien à craindre, mais il attaquait les gens d'Église : il fut bientôt mis en prison. On le mena à Derby devant le juge de paix. Fox se présenta au juge avec son bonnet de cuir sur la tête. Un sergent lui donna un grand soufflet, en lui disant : « Gueux, ne sais-tu pas qu'il faut paraître tête nue devant monsieur le juge?» Fox tendit l'autre joue, et pria le sergent de vouloir bien lui donner un autre soufflet pour l'amour de Dieu. Le juge de Derby voulut lui faire prêter serment avant de l'interroger. « Mon ami, sache, dit-il au juge, que je ne prends jamais le nom de Dieu en vain. » Le juge en colère d'être tutoyé, et voulant qu'on jurât, l'envoya aux Petites-Maisons de Derby pour y être fouetté. Fox alla, en louant Dieu, à l'hôpital des fous, où l'on ne manqua pas d'exécuter la sentence à la rigueur. Ceux qui lui infligèrent la pénitence du fouet furent bien surpris quand il les pria de lui appliquer encore quelques coups de verges pour le bien de son âme. Ces messieurs ne se firent pas prier ; Fox eut sa double dose, dont il les remercia très-cordialement; puis il se mit à les prêcher. D'abord on rit, ensuite on l'écouta; et, comme l'enthousiasme est une maladie qui se gagne, plusieurs furent persuadés, et ceux qui l'avaient fouetté devinrent ses premiers disciples.

Délivré de la prison, il courut les champs avec une douzaine de prosélytes, prêchant toujours contre le clergé, et fouetté de temps en temps. Un jour étant mis au pilori, il harangua tout le peuple avec tant de force, qu'il convertit une cinquantaine d'auditeurs, et mit le reste tellement dans ses intérêts, qu'on le tira en tumulte du trou où il était ; on alla chercher le curé anglican dont le crédit avait fait condamner Fox à ce supplice, et on le pilloria à sa place.

Il osa bien convertir quelques soldats de Cromwell, qui renoncèrent au métier de tuer, et refusèrent de prêter le serment. Cromwell ne voulait pas d'une secte où l'on ne se battait point, de même que Sixte-Quint augurait mal d'une secte *dove non si chiavava*. Il se servit de son pouvoir pour persécuter ces nouveaux venus. On en remplissait les prisons ; mais les persécutions ne servent presque jamais qu'à faire des prosélytes. Ils sortaient de leurs prisons affermis dans leur créance, et suivis de leurs geôliers, qu'ils avaient convertis. Mais voici ce qui contribua le plus à étendre la secte. Fox se croyait inspiré. Il crut par conséquent devoir parler d'une manière différente des autres hommes. Il se mit à trembler, à faire des contorsions et des grimaces, à retenir son haleine, à la pousser avec violence ; la prêtresse de Delphes n'eût pas mieux fait. En peu de temps il acquit une grande habitude d'inspiration, et bientôt après il ne fut guère en son pouvoir de parler autrement. Ce fut le premier don qu'il communiqua à ses disciples. Ils firent de bonne foi toutes les grimaces de leur maître, ils tremblaient de toutes leurs forces au moment de l'inspiration. De là ils eurent le nom de *quakers*, qui signifie *trembleurs*. Le petit peuple s'amusait à les contrefaire. On tremblait, on parlait du nez, on avait des convulsions, et on croyait avoir le Saint-Esprit. Il leur fallait quelques miracles, ils en firent.

Le patriarche Fox dit publiquement à un juge de paix, en présence d'une grande assemblée : « Ami, prends garde à toi, Dieu te punira bientôt de persécuter les saints. » Ce juge était un ivrogne qui s'enivrait tous les jours de mauvaise bière et d'eau-de-vie ; il mourut d'apoplexie deux jours après, précisément comme il venait de signer un ordre pour envoyer quelques quakers en prison. Cette mort soudaine ne fut point attribuée à l'intempérance du juge; tout le monde la regarda comme un effet des prédictions du saint homme.

Cette mort fit plus de quakers que mille sermons et autant de convulsions n'en auraient pu faire. Cromwell, voyant que leur nombre augmentait tous les jours, voulut les attirer à son parti : il leur fit offrir de l'argent, mais ils furent incorruptibles; et il dit un jour que cette religion était la seule contre laquelle il n'avait pu prévaloir avec des guinées.

Ils furent quelquefois persécutés sous Charles II, non pour leur religion, mais pour ne vouloir pas payer les dîmes au clergé, pour tutoyer les magistrats, et refuser de prêter les serments prescrits par la loi.

Enfin Robert Barclay, Écossais, présenta au roi, en 1675, son *Apologie des Quakers*, ouvrage aussi bon qu'il pouvait l'être. L'épître dédicatoire à Charles II contient, non de basses flatteries, mais des vérités hardies et des conseils justes. « Tu as goûté, dit-il à Charles à la fin de cette épître, de la douceur et de l'amertume, de la prospérité et des plus grands malheurs ; tu as été chassé des pays où tu règnes ; tu as senti le poids de l'oppression, et tu dois savoir combien l'oppresseur est détestable devant Dieu et devant les hommes. Que si, après tant d'épreuves et de bénédictions, ton cœur s'endurcissait et oubliait le Dieu qui s'est souvenu de toi dans tes disgrâces, ton crime en serait plus grand, et ta condamnation plus terrible. Au lieu donc d'écouter les flatteurs de la cour, écoute la voix de ta conscience, qui ne te flattera jamais. Je suis ton fidèle ami et sujet. BARCLAY. »

Ce qui est plus étonnant, c'est que cette lettre, écrite à un roi par un particulier obscur, eut son effet, et que la persécution cessa.

LETTRE IV. — *Sur les quakers.*

Environ ce temps parut l'illustre Guillaume Penn, qui établit la puissance des quakers en Amérique, et qui les aurait rendus respectables en Europe, si les hommes pouvaient respecter la vertu sous des apparences ridicules ; il était fils unique du chevalier Penn, vice-amiral d'Angleterre, et favori du duc d'York, depuis Jacques II.

Guillaume Penn, à l'âge de quinze ans, rencontra un quaker à Oxford, où il faisait ses études ; ce quaker le persuada, et le jeune homme, qui était vif, naturellement éloquent, et qui avait de l'ascendant dans sa physionomie et dans ses manières, gagna bientôt quelques-uns de ses camarades. Il établit insensiblement une société de jeunes quakers qui s'assemblaient chez lui ; de sorte qu'il se trouva chef de la secte à l'âge de seize ans.

De retour chez le vice-amiral son père, au sortir du collège, au lieu de se mettre à genoux devant lui, et de lui demander sa bénédiction, selon l'usage des Anglais, il l'aborda le chapeau sur la tête, et lui dit : « Je suis fort aise, l'ami, de te voir en bonne santé. » Le vice-amiral crut que son fils était devenu fou ; il s'aperçut bientôt qu'il était quaker. Il mit en usage tous les moyens que la prudence humaine peut employer pour l'engager à vivre comme un autre ; le jeune homme ne répondit à son père qu'en l'exhortant à se faire quaker lui-même !

Enfin le père se relâcha à lui demander autre chose, sinon qu'il allât voir le roi et le duc d'York le chapeau sous le bras, et qu'il ne les tutoyât point. Guillaume répondit que sa conscience ne le lui permettait pas ; et le père, indigné et au désespoir, le chassa de sa maison. Le jeune Penn remercia Dieu de ce qu'il souffrait déjà pour sa cause ; il alla prêcher dans la Cité, il y fit beaucoup de prosélytes.

Les prêches des ministres s'éclaircissaient tous les jours ; et comme Penn était jeune, beau, et bien fait, les femmes de la cour et de la ville accouraient dévotement pour l'entendre. Le patriarche George Fox vint, du fond de l'Angleterre, le voir à Londres sur sa réputation ; tous deux résolurent de faire des missions dans les pays étrangers. Ils s'embarquèrent pour la Hollande, après avoir laissé des ouvriers en assez bon nombre pour avoir soin de la vigne de Londres. Leurs travaux eurent un heureux succès à Amsterdam ; mais ce qui leur fit le plus d'honneur, et ce qui mit le plus leur humilité en danger, fut la réception que leur fit la princesse palatine Élisabeth, tante de George Ier, roi d'Angleterre, femme illustre par son esprit et par son savoir, et à qui Descartes avait dédié son roman de philosophie.

Elle était alors retirée à la Haye, où elle vit *les amis*, car c'est ainsi qu'on appelait alors les quakers en Hollande ; elle eut plusieurs conférences avec eux ; ils prêchèrent souvent chez elle, et s'ils ne firent pas d'elle une parfaite quakeresse, ils avouèrent au moins qu'elle n'était pas loin du royaume des cieux.

Les amis semèrent aussi en Allemagne, mais ils y recueillirent peu. On ne goûta pas la mode de tutoyer dans un pays où il faut prononcer toujours les termes d'altesse et d'excellence. Penn repassa bientôt en Angleterre, sur la nouvelle de la maladie de son père ; il vint recueillir ses derniers soupirs. Le vice-amiral se réconcilia avec lui, et l'embrassa avec tendresse, quoiqu'il fût d'une différente religion ; mais Guillaume l'exhorta en vain à ne point recevoir le sacrement, et à mourir quaker; et le vieux bonhomme recommanda inutilement à Guillaume d'avoir des boutons sur ses manches et des ganses à son chapeau.

Guillaume hérita de grands biens, parmi lesquels il se trouvait des dettes de la couronne pour des avances faites par le vice-amiral dans des expéditions maritimes. Rien n'était moins assuré alors que l'argent dû par le roi : Penn fut obligé d'aller tutoyer Charles II et ses ministres plus d'une fois pour son payement. Le gouvernement lui donna, en 1680, au lieu d'argent, la propriété et la souveraineté d'une province d'Amérique, au sud de Maryland : voilà un quaker devenu souverain. Il partit pour ses nouveaux États avec deux vaisseaux chargés de quakers qui le suivirent. On appela dès lors le pays Pensylvanie, du nom de Penn; il y fonda la ville de Philadelphie, qui est aujourd'hui très-florissante. Il commença par faire une ligue avec les Américains ses voisins : c'est le seul traité entre ces peuples et les chrétiens qui n'ait point été juré et qui n'ait point été rompu. Le nouveau souverain fut aussi le législateur de la Pensylvanie : il donna des lois très-sages, dont aucune n'a été changée depuis lui. La première est de ne maltraiter personne au sujet de la religion, et de regarder comme frères tous ceux qui croient un dieu.

A peine eut-il établi son gouvernement, que plusieurs marchands de l'Amérique vinrent peupler cette colonie. Les naturels du pays, au lieu de fuir dans les forêts, s'accoutumèrent insensiblement avec les pacifiques quakers : autant ils détestaient les autres chrétiens conquérants et destructeurs de l'Amérique, autant ils aimaient ces nouveaux venus. En peu de temps ces prétendus sauvages, charmés de leurs nouveaux voisins, vinrent en foule demander à Guillaume Penn de les recevoir au nombre de ses vassaux. C'était un spectacle bien nouveau qu'un souverain que tout le monde tutoyait, et à qui on parlait le chapeau sur la tête, un gouvernement sans prêtres, un peuple sans armes, des citoyens tous égaux, à la magistrature près, et des voisins sans jalousie.

Guillaume Penn pouvait se vanter d'avoir apporté sur la terre l'âge d'or dont on parle tant, et qui n'a vraisemblablement existé qu'en Pensylvanie. Il revint en Angleterre pour les affaires de son nouveau pays, après la mort de Charles II. Le roi Jacques, qui avait aimé son père, eut la même affection pour le fils, et ne le considéra plus comme un sectaire obscur, mais comme un très-grand homme. La politique du roi s'accordait en cela avec son goût; il avait envie de flatter les quakers, en abolissant les lois contre les non-conformistes, afin de pouvoir introduire la religion catholique à la faveur de cette liberté. Toutes les sectes d'Angleterre virent le piége, et ne s'y laissèrent pas prendre; elles sont toujours réunies contre le catholicisme, leur ennemi commun. Mais Penn ne crut pas devoir renoncer à ses principes pour favoriser des protestants qui le haïssaient, contre un roi qui l'aimait. Il avait établi la liberté de conscience en Amérique, il n'avait pas envie de paraître vouloir la détruire en Europe; il demeura donc fidèle à Jacques II, au point qu'il fut généralement accusé d'être jésuite. Cette calomnie l'affligea sensiblement; il fut obligé de s'en justifier par des écrits publics. Cependant le malheureux Jacques II, qui, comme presque tous les Stuarts, était un composé de grandeur et de faiblesse, et qui, comme eux, en fit trop et trop peu, perdit son royaume, sans qu'il y eût une épée de tirée, et sans qu'on pût dire comment la chose arriva.

Toutes les sectes anglaises reçurent de Guillaume III et de son parlement cette même liberté qu'elles n'avaient pas voulu tenir des mains de Jacques. Ce fut alors que les quakers commencèrent à jouir, par la force des lois, de tous les priviléges dont ils sont en possession aujourd'hui. Penn, après avoir vu enfin sa secte établie sans contradiction dans le pays de sa naissance, retourna en Pensylvanie. Les siens et les Américains le reçurent avec des larmes de joie, comme un père qui revenait voir ses enfants. Toutes ses lois avaient été religieusement observées pendant son absence, ce qui n'était arrivé à aucun législateur avant lui. Il resta quelques années à Philadelphie; il en partit enfin malgré lui pour aller solliciter à Londres de nouveaux avantages en faveur du commerce des Pensylvains : il ne les revit plus; il mourut à Londres en 1718. Ce fut sous le règne de Charles II qu'ils obtinrent le noble privilége de ne jamais jurer, et d'être crus en justice sur leur parole. Le chancelier, homme d'esprit, leur parla ainsi : « Mes amis, Jupiter ordonna un jour que toutes les bêtes de somme vinssent se faire ferrer. Les ânes représentèrent que leur loi ne le permettait pas. « Eh bien! dit Jupiter, on ne vous ferrera point; mais, au « premier faux pas que vous ferez, vous aurez cent coups d'étrivières. »

Je ne puis deviner quel sera le sort de la religion des quakers en Amérique; mais je vois qu'elle dépérit tous les jours à Londres. Par tout pays, la religion dominante, quand elle ne persécute point, engloutit à la longue toutes les autres. Les quakers ne peuvent être membres du parlement, ni posséder aucun office, parce qu'il faudrait prêter serment, et qu'ils ne veulent point jurer. Ils sont réduits à la nécessité de gagner de l'argent par le commerce; leurs enfants, enrichis par l'industrie de leurs pères, veulent jouir, avoir des honneurs, des boutons et des manchettes; ils sont honteux d'être appelés quakers, et se font protestants pour être à la mode.

LETTRE V. — *Sur la religion anglicane.*

L'Angleterre est le pays des sectes : *Multæ sunt mansiones in domo patris mei*[1]. Un Anglais, comme homme libre, va au ciel par le chemin qui lui plaît.

Cependant, quoique chacun puisse ici servir Dieu à sa mode, leur véritable religion, celle où l'on fait fortune, est la secte des épiscopaux, appelée l'Église anglicane, ou l'Église par excellence. On ne peut avoir d'emploi, ni en Angleterre ni en Irlande, sans être du nombre des fidèles anglicans; cette raison, qui est une excellente preuve, a converti tant de non-conformistes, qu'aujourd'hui il n'y a pas la vingtième partie de la nation qui soit hors du giron de l'Église dominante.

Le clergé anglican a retenu beaucoup de cérémonies catholiques, et surtout celle de recevoir les dîmes avec une attention très-scrupuleuse. Ils ont aussi la pieuse ambition d'être les maîtres : car quel vicaire de village ne voudrait pas être pape?

De plus ils fomentent autant qu'ils peuvent dans leurs ouailles un saint zèle contre les non-conformistes. Ce zèle était assez vif sous le gouvernement des torys, dans les dernières années de la reine Anne; mais il ne s'étendait pas plus loin qu'à casser quelquefois les vitres des chapelles hérétiques; car la rage des sectes a fini en Angleterre avec les guerres civiles, et ce n'était plus sous la reine Anne que les bruits sourds d'une mer encore agitée longtemps après la tempête. Quand les whigs et les torys déchirèrent leur pays, comme autrefois les guelfes et les gibelins désolèrent l'Italie, il fallut bien que la religion entrât dans les partis. Les torys étaient pour l'épiscopat, les whigs le voulaient abolir, mais ils se sont contentés de l'abaisser quand ils ont été les maîtres.

Du temps que le comte Harley d'Oxford et milord Bolingbroke faisaient boire à la santé des torys, l'Église anglicane les regardait comme les défenseurs de ses saints privilèges. L'assemblée du bas clergé, qui est une espèce de chambre des communes composée d'ecclésiastiques, avait alors quelque crédit; elle jouissait au moins de la liberté de s'assembler, de raisonner de controverse, et de faire brûler de temps en temps quelques livres impies, c'est-à-dire écrits contre elle. Le ministère, qui est whig aujourd'hui, ne permet pas seulement à ces messieurs de tenir leur assemblée; ils sont réduits dans l'obscurité de

1. Saint Jean, xiv, 2 (ÉD.)

leur paroisse au triste emploi de prier Dieu pour le gouvernement, qu'ils ne seraient pas fâchés de troubler. Quant aux évêques, qui sont vingt-six en tout, ils ont séance dans la chambre haute en dépit des whigs, parce que la coutume ou l'abus de les regarder comme barons subsiste encore. Il y a une clause dans le serment que l'on prête à l'État, laquelle exerce bien la patience chrétienne de ces messieurs.

On y promet d'être de l'Église, comme elle est établie par la loi. Il n'y a guère d'évêque, de doyen, d'archiprêtre, qui ne pense être de droit divin ; c'est donc un grand sujet de mortification pour eux d'être obligés d'avouer qu'ils tiennent tout d'une misérable loi faite par des profanes laïques. Un savant religieux (le P. Courayer) a écrit depuis peu un livre pour prouver la validité et la succession des ordinations anglicanes. Cet ouvrage a été proscrit en France ; mais croyez-vous qu'il ait plu au ministère d'Angleterre ? point du tout. Les maudits whigs se soucient très-peu que la succession épiscopale ait été interrompue chez eux ou non, et que l'évêque Parker ait été consacré dans un cabaret (comme on le veut) ou dans une église ; ils aiment mieux que les évêques tirent leur autorité du parlement que des apôtres. Le lord B. dit que cette idée du droit divin ne servirait qu'à faire des tyrans en camail et en rochet, mais que la loi fait des citoyens.

A l'égard des mœurs, le clergé anglican est plus réglé que celui de France ; et en voici la cause. Tous les ecclésiastiques sont élevés dans l'université d'Oxford ou dans celle de Cambridge, loin de la corruption de la capitale ; ils ne sont appelés aux dignités de l'Église que très-tard, et dans un âge où les hommes n'ont d'autres passions que l'avarice, lorsque leur ambition manque d'aliment. Les emplois sont ici la récompense des longs services dans l'Église aussi bien que dans l'armée ; on n'y voit point de jeunes gens évêques ou colonels au sortir du collège. De plus, les prêtres sont presque tous mariés. La mauvaise grâce contractée dans l'université, et le peu de commerce qu'on a ici avec les femmes, font que d'ordinaire un évêque est forcé de se contenter de la sienne. Les prêtres vont quelquefois au cabaret, parce que l'usage le leur permet ; et s'ils s'enivrent, c'est sérieusement et sans scandale.

Cet être indéfinissable, qui n'est ni ecclésiastique ni séculier, en un mot, ce que l'on appelle un abbé, est une espèce inconnue en Angleterre ; les ecclésiastiques sont tous ici réservés et presque tous pédants. Quand ils apprennent qu'en France de jeunes gens connus par leurs débauches, et élevés à la prélature par des intrigues de femmes, font publiquement l'amour, s'égayent à composer des chansons tendres, donnent tous les jours des soupers délicats et longs, et de là vont implorer les lumières du Saint-Esprit, et se nomment hardiment les successeurs des apôtres, ils remercient Dieu d'être protestants. Mais ce sont de vilains hérétiques à brûler à tous les diables, comme dit maître François Rabelais ; c'est pourquoi je ne me mêle point de leurs affaires.

LETTRE VI. — *Sur les presbytériens.*

La religion anglicane ne règne qu'en Angleterre et en Irlande. Le presbytérianisme est la religion dominante en Écosse. Ce presbytérianisme n'est autre chose que le calvinisme pur, tel qu'il avait été établi en France et qu'il subsiste à Genève. Comme les prêtres de cette secte ne reçoivent de leurs églises que des gages très-médiocres, et que par conséquent ils ne peuvent vivre dans le même luxe que les évêques, ils ont pris le parti naturel de crier contre les honneurs où ils ne peuvent atteindre. Figurez-vous l'orgueilleux Diogène qui foulait aux pieds l'orgueil de Platon : les presbytériens d'Écosse ne ressemblent pas mal à ce fier et gueux raisonneur. Ils traitèrent le roi Charles II avec bien moins d'égards que Diogène n'avait traité Alexandre. Car lorsqu'ils prirent les armes pour lui contre Cromwell, qui les avait trompés, ils firent essuyer à ce pauvre roi quatre sermons par jour; ils lui défendaient de jouer; ils le mettaient en pénitence; si bien que Charles se lassa bientôt d'être roi de ces pédants, et s'échappa de leurs mains comme un écolier se sauve du collège.

Devant un jeune et vif bachelier français, criaillant le matin dans les écoles de théologie, et le soir chantant avec les dames, un théologien anglican est un Caton; mais ce Caton paraît un galant devant un presbytérien d'Écosse. Ce dernier affecte une démarche grave, un air fâché, porte un vaste chapeau, un long manteau par-dessus un habit court, prêche du nez, et donne le nom de *prostituée de Babylone* à toutes les églises où quelques ecclésiastiques sont assez heureux pour avoir cinquante mille livres de rente, et où le peuple est assez bon pour le souffrir, et pour les appeler *Monseigneur, Votre Grandeur, Votre Éminence.*

Ces messieurs, qui ont aussi quelques églises en Angleterre, ont mis les airs graves et sévères à la mode en ce pays. C'est à eux qu'on doit la sanctification du dimanche dans les Trois-Royaumes; il est défendu ce jour-là de travailler et de se divertir, ce qui est le double de la sévérité des églises catholiques; point d'opéra, point de comédie, point de concerts à Londres le dimanche; les cartes même y sont si expressément défendues, qu'il n'y a que les personnes de qualité, et ce qu'on appelle les honnêtes gens, qui jouent ce jour-là. Le reste de la nation va au sermon, au cabaret, et chez des filles de joie.

Quoique la secte épiscopale et la presbytérienne soient les deux dominantes dans la Grande-Bretagne, toutes les autres y sont bien venues et vivent assez bien ensemble, pendant que la plupart de leurs prédicants se détestent réciproquement avec presque autant de cordialité qu'un janséniste damne un jésuite.

Entrez dans la bourse de Londres, cette place plus respectable que bien des cours, vous y voyez rassemblés les députés de toutes les nations pour l'utilité des hommes. Là le juif, le mahométan, et le chrétien, traitent l'un avec l'autre comme s'ils étaient de la même religion, et ne donnent le nom d'infidèles qu'à ceux qui font banqueroute; là le presbytérien se fie à l'anabaptiste, et l'anglican reçoit la promesse du quaker. Au sortir de ces pacifiques et libres assemblées, les uns vont à la synagogue, les autres vont boire : celui-ci va se faire baptiser dans une grande cuve au nom du Père, par le Fils, au Saint-Esprit; celui-là fait couper le prépuce de son fils, et fait marmotter sur l'enfant des paroles hébraïques qu'il n'entend point; ces autres vont dans leur église attendre l'inspiration de Dieu leur chapeau sur la tête, et tous sont contents.

S'il n'y avait en Angleterre qu'une religion, son despotisme serait à craindre; s'il n'y en avait que deux, elles se couperaient la gorge; mais il y en a trente, et elles vivent en paix et heureuses.

LETTRE VII. — *Sur les sociniens, ou ariens, ou anti-trinitaires.*

Il y a en Angleterre une petite secte composée d'ecclésiastiques et de quelques séculiers très-savants qui ne prennent ni le nom d'ariens ni celui de sociniens, mais qui ne sont point du tout de l'avis de saint Athanase sur le chapitre de la Trinité, et qui vous disent nettement que le Père est plus grand que le Fils.

Vous souvenez-vous d'un certain évêque orthodoxe qui, pour convaincre un empereur de la consubstantialité, s'avisa de prendre le fils de l'empereur sous le menton, et de lui tirer le nez en présence de Sa Sacrée Majesté? L'empereur allait faire jeter l'évêque par les fenêtres, quand le bonhomme lui dit ces belles et convaincantes paroles : « Seigneur, si Votre Majesté est si fâchée que l'on manque de respect à son fils, comment pensez-vous que Dieu le Père traitera ceux qui refusent à Jésus-Christ les titres qui lui sont dus? » Les gens dont je vous parle disent que le saint évêque était fort malavisé, que son argument n'était rien moins que concluant, et que l'empereur devait lui répondre : « Apprenez qu'il y a deux façons de me manquer de respect : la première, de ne rendre pas assez d'honneur à mon fils; et la seconde, de lui en rendre autant qu'à moi. »

Quoi qu'il en soit, le parti d'Arius commence à revivre en Angleterre aussi bien qu'en Hollande et en Pologne. Le grand Newton faisait à cette opinion l'honneur de la favoriser. Ce philosophe pensait que les unitaires raisonnaient plus géométriquement que nous. Mais le plus ferme patron de la doctrine arienne est l'illustre docteur Clarke. Cet homme est d'une vertu rigide et d'un caractère doux, plus amateur de ses opinions que passionné pour faire des prosélytes, uniquement occupé de calculs et de démonstrations, aveugle et sourd pour tout le reste, une vraie machine à raisonnements.

C'est lui qui est l'auteur d'un livre assez peu entendu, mais estimé, sur l'existence de Dieu; et d'un autre plus intelligible, mais assez méprisé, sur la vérité de la religion chrétienne.

Il ne s'est point engagé dans les belles disputes scolastiques que notre ami.... appelle de vénérables billevesées; il s'est contenté de faire imprimer un livre qui contient tous les témoignages des premiers siècles pour et contre les unitaires; et a laissé au lecteur le soin de compter les voix et de juger. Ce livre du docteur lui a attiré beaucoup de partisans, mais l'a empêché d'être archevêque de Cantorbéry; car lorsque la reine Anne voulut lui donner ce poste, un docteur nommé Gibson, qui avait sans doute ses raisons, dit à la reine : « Madame, M. Clarke est le plus savant et le plus honnête homme du royaume ; il ne lui manque qu'une chose. — Et quoi? dit la reine. — C'est d'être chrétien, » dit le docteur bénévole. Je crois que Clarke s'est trompé dans son calcul, et qu'il valait mieux être primat orthodoxe d'Angleterre que curé arien.

Vous voyez quelles révolutions arrivent dans les opinions comme dans les empires. Le parti d'Arius, après trois cents ans de triomphe et douze siècles d'oubli, renaît enfin de sa cendre; mais il prend très-mal son temps de reparaître dans un âge où tout le monde est rassasié de disputes et de sectes : celle-ci est encore trop petite pour obtenir la liberté des assemblées publiques; elle l'obtiendra sans doute si elle devient plus nombreuse; mais on est si tiède à présent sur tout cela, qu'il n'y a plus guère de fortune à faire pour une religion nouvelle ou renouvelée. N'est-ce pas une chose plaisante que Luther, Calvin, Zwingle, tous écrivains qu'on ne peut lire, aient fondé des sectes qui partagent l'Europe, que l'ignorant Mahomet ait donné une religion à l'Asie et à l'Afrique, et que MM. Newton, Clarke, Locke, Leclerc, les plus grands philosophes et les meilleures plumes de leur temps, aient pu à peine venir à bout d'établir un petit troupeau?

Voilà ce que c'est que de venir au monde à propos. Si le cardinal de Retz reparaissait aujourd'hui, il n'ameuterait pas dix femmes dans Paris.

Si Cromwell renaissait, lui qui a fait couper la tête à son roi et s'est fait souverain, il serait un simple citoyen de Londres.

LETTRE VIII. — *Sur le parlement.*

Les membres du parlement d'Angleterre aiment à se comparer aux anciens Romains autant qu'ils le peuvent.

Il n'y a pas longtemps que M. Shipping, dans la chambre des communes, commença son discours par ces mots : « La majesté du peuple anglais serait blessée, etc. » La singularité de l'expression causa un grand éclat de rire; mais, sans se déconcerter, il répéta les mêmes paroles d'un air ferme, et on ne rit plus. J'avoue que je ne vois rien de commun entre la majesté du peuple anglais et celle du peuple romain, encore moins entre leurs gouvernements; il y a un sénat à Londres dont quelques membres sont soupçonnés, quoique à tort sans doute, de vendre leurs voix dans l'occasion, comme on faisait à Rome : voilà toute la ressemblance. D'ailleurs les deux nations me paraissent entièrement différentes, soit en bien, soit en mal. On n'a jamais connu chez les Romains la folie horrible des guerres de religion; cette abomination était réservée à des dévots prêcheurs d'humilité et de patience. Marius et Sylla, Pompée et César, Antoine et Auguste, ne se battaient point pour décider si le *flamen* devait porter sa chemise par-dessus sa robe, ou sa robe par-dessus sa chemise, et si les poulets sacrés de-

raissez ressembler en rien aux autres hommes : vous volez un bassin d'or garni de pierreries à un seigneur qui vous reçoit magnifiquement, et vous le donnez à un avare qui vous traite avec indignité. — Mon fils, répondit le vieillard, cet homme magnifique, qui ne reçoit les étrangers que par vanité, et pour faire admirer ses richesses, deviendra plus sage; l'avare apprendra à exercer l'hospitalité : ne vous étonnez de rien, et suivez-moi. » Zadig ne savait encore s'il avait affaire au plus fou ou au plus sage de tous les hommes ; mais l'ermite parlait avec tant d'ascendant, que Zadig, lié d'ailleurs par son serment, ne put s'empêcher de le suivre.

Ils arrivèrent le soir à une maison agréablement bâtie, mais simple, où rien ne sentait ni la prodigalité ni l'avarice. Le maître était un philosophe retiré du monde, qui cultivait en paix la sagesse et la vertu, et qui cependant ne s'ennuyait pas. Il s'était plu à bâtir cette retraite dans laquelle il recevait les étrangers avec une noblesse qui n'avait rien de l'ostentation. Il alla lui-même au-devant des deux voyageurs, qu'il fit reposer d'abord dans un appartement commode. Quelque temps après, il les vint prendre lui-même pour les inviter à un repas propre et bien entendu, pendant lequel il parla avec discrétion des dernières révolutions de Babylone. Il parut sincèrement attaché à la reine, et souhaita que Zadig eût paru dans la lice pour disputer la couronne. « Mais les hommes, ajouta-t-il, ne méritent pas d'avoir un roi comme Zadig. » Celui-ci rougissait, et sentait redoubler ses douleurs. On convint dans la conversation que les choses de ce monde n'allaient pas toujours au gré des plus sages. L'ermite soutint toujours qu'on ne connaissait pas les voies de la Providence, et que les hommes avaient tort de juger d'un tout dont ils n'apercevaient que la plus petite partie.

On parla des passions. « Ah ! qu'elles sont funestes ! disait Zadig. — Ce sont les vents qui enflent les voiles du vaisseau, repartit l'ermite : elles le submergent quelquefois ; mais sans elles il ne pourrait voguer. La bile rend colère et malade ; mais sans la bile l'homme ne saurait vivre. Tout est dangereux ici-bas, et tout est nécessaire. »

On parla de plaisir, et l'ermite prouva que c'est un présent de la Divinité. « Car, dit-il, l'homme ne peut se donner ni sensation ni idée, il reçoit tout ; la peine et le plaisir lui viennent d'ailleurs comme son être. »

Zadig admirait comment un homme qui avait fait des choses si extravagantes pouvait raisonner si bien. Enfin, après un entretien aussi instructif qu'agréable, l'hôte reconduisit ses deux voyageurs dans leur appartement, en bénissant le ciel qui lui avait envoyé deux hommes si sages et si vertueux. Il leur offrit de l'argent d'une manière aisée et noble qui ne pouvait déplaire. L'ermite le refusa, et lui dit qu'il prenait congé de lui, comptant partir pour Babylone avant le jour. Leur séparation fut tendre, Zadig surtout se sentait plein d'estime et d'inclination pour un homme si aimable.

Quand l'ermite et lui furent dans leur appartement, ils firent longtemps l'éloge de leur hôte. Le vieillard au point du jour éveilla son camarade. « Il faut partir, dit-il ; mais, tandis que tout le monde dort encore, je veux laisser à cet homme un témoignage de mon estime et de mon affection. » En disant ces mots, il prit un flambeau, et mit le feu à la maison. Zadig épouvanté jeta des cris, et voulut l'empêcher de commettre une action si affreuse. L'ermite l'entraînait par une force supérieure; la maison était enflammée. L'ermite, qui était déjà assez loin avec son compagnon, la regardait brûler tranquillement. « Dieu merci! dit-il, voilà la maison de mon cher hôte détruite de fond en comble! L'heureux homme! » A ces mots Zadig fut tenté à la fois d'éclater de rire, de dire des injures au révérend père, de le battre et de s'enfuir; mais il ne fit rien de tout cela, et toujours subjugué par l'ascendant de l'ermite, il le suivit malgré lui à la dernière couchée.

Ce fut chez une veuve charitable et vertueuse qui avait un neveu de quatorze ans, plein d'agréments et son unique espérance. Elle fit du mieux qu'elle put les honneurs de sa maison. Le lendemain, elle ordonna à son neveu d'accompagner les voyageurs jusqu'à un pont qui, étant rompu depuis peu, était devenu un passage dangereux. Le jeune homme empressé marche au-devant d'eux. Quand ils furent sur le pont: « Venez, dit l'ermite au jeune homme, il faut que je marque ma reconnaissance à votre tante. » Il le prend alors par les cheveux et le jette dans la rivière. L'enfant tombe, reparaît un moment sur l'eau, et est englouti dans le torrent. « O monstre! ô le plus scélérat de tous les hommes! s'écria Zadig. — Vous m'aviez promis plus de patience, lui dit l'ermite en l'interrompant: apprenez que sous les ruines de cette maison où la Providence a mis le feu, le maître a trouvé un trésor immense: apprenez que ce jeune homme dont la Providence a tordu le cou aurait assassiné sa tante dans un an, et vous dans deux. — Qui te l'a dit barbare? cria Zadig; et quand tu aurais lu cet événement dans ton livre des destinées, t'est-il permis de noyer un enfant qui ne t'a point fait de mal? »

Tandis que le Babylonien parlait, il aperçut que le vieillard n'avait plus de barbe, que son visage prenait les traits de la jeunesse. Son habit d'ermite disparut; quatre belles ailes couvraient un corps majestueux et resplendissant de lumière. « O envoyé du ciel! ô ange divin! s'écria Zadig en se prosternant, tu es donc descendu de l'empyrée pour apprendre à un faible mortel à se soumettre aux ordres éternels? — Les hommes, dit l'ange Jesrad, jugent de tout sans rien connaître: tu étais celui de tous les hommes qui méritait le plus d'être éclairé. » Zadig lui demanda la permission de parler. « Je me défie de moi-même, dit-il; mais oserais-je te prier de m'éclairer un doute: ne vaudrait-il pas mieux avoir corrigé cet enfant, et l'avoir rendu vertueux, que de le noyer? » Jesrad reprit: « S'il avait été vertueux, et s'il eût vécu, son destin était d'être assassiné lui-même avec la femme qu'il devait épouser, et le fils qui en devait naître. — Mais quoi! dit Zadig, il est donc nécessaire qu'il y ait des crimes et des malheurs? et les malheurs tombent sur les gens de bien! — Les méchants, répondit Jesrad, sont toujours malheureux: ils servent à éprouver un petit nombre de justes répandus sur la terre, et il n'y a point de mal dont il ne naisse un bien. — Mais, dit Zadig, s'il n'y avait que du bien, et point de mal? — Alors, reprit Jesrad, cette terre serait une autre terre, l'enchaînement des événements serait un autre ordre de sagesse; et cet ordre, qui serait parfait, ne peut être que dans la demeure éternelle de l'Être suprême, de qui le mal ne peut approcher. Il a créé des millions de mondes, dont aucun ne peut ressembler à l'autre. Cette immense variété est un attribut de sa puissance immense. Il n'y a ni deux feuilles d'arbre sur la terre, ni deux globes dans les champs infinis du ciel, qui soient semblables, et tout ce que tu vois sur le petit atome où tu es né devait être dans sa place et dans son temps fixe, selon les ordres immuables de celui qui embrasse tout. Les hommes pensent que cet enfant qui vient de périr est tombé dans l'eau par hasard, que c'est par un même hasard que cette maison est brûlée : mais il n'y a point de hasard; tout est épreuve, ou punition, ou récompense, ou prévoyance. Souviens-toi de ce pêcheur qui se croyait le plus malheureux de tous les hommes. Orosmade t'a envoyé pour changer sa destinée. Faible mortel, cesse de disputer contre ce qu'il faut adorer. — Mais, » dit Zadig.... Comme il disait *mais*, l'ange prenait déjà son vol vers la dixième sphère. Zadig à genoux adora la Providence, et se soumit. L'ange lui cria du haut des airs : « Prends ton chemin vers Babylone. »

Chap. XXI. — *Les énigmes.*

Zadig hors de lui-même, et comme un homme auprès de qui est tombé le tonnerre, marchait au hasard. Il entra dans Babylone le jour où ceux qui avaient combattu dans la lice étaient déjà assemblés dans le grand vestibule du palais pour expliquer les énigmes, et pour répondre aux questions du grand mage. Tous les chevaliers étaient arrivés, excepté l'armure verte. Dès que Zadig parut dans la ville, le peuple s'assembla autour de lui; les yeux ne se rassasiaient point de le voir, les bouches de le bénir, les cœurs de lui souhaiter l'empire. L'Envieux le vit passer, frémit, et se détourna; le peuple le porta jusqu'au lieu de l'assemblée. La reine, à qui on apprit son arrivée, fut en proie à l'agitation de la crainte et de l'espérance; l'inquiétude la dévorait : elle ne pouvait comprendre, ni pourquoi Zadig était sans armes, ni comment Itobad portait l'armure blanche. Un murmure confus s'éleva à la vue de Zadig. On était surpris et charmé de le revoir; mais il n'était permis qu'aux chevaliers qui avaient combattu de paraître dans l'assemblée.

« J'ai combattu comme un autre, dit-il ; mais un autre porte ici mes armes; et en attendant que j'aie l'honneur de le prouver, je demande la permission de me présenter pour expliquer les énigmes. » On alla aux voix : sa réputation de probité était encore si fortement imprimée dans les esprits, qu'on ne balança pas à l'admettre.

Le grand mage proposa d'abord cette question : « Quelle est de toutes les choses du monde la plus longue et la plus courte, la plus prompte et la plus lente, la plus divisible et la plus étendue, la plus négligée et la plus regrettée, sans qui rien ne se peut faire, qui dévore tout ce qui est petit, et qui vivifie tout ce qui est grand? »

C'était à Itobad à parler. Il répondit qu'un homme comme lui n'entendait rien aux énigmes, et qu'il lui suffisait d'avoir vaincu à grands coups de lance. Les uns dirent que le mot de l'énigme était la fortune, d'autres la terre, d'autres la lumière. Zadig dit que c'était le temps : « Rien n'est plus long, ajouta-t-il, puisqu'il est la mesure de l'éternité; rien n'est plus court, puisqu'il manque à tous nos projets; rien n'est plus lent pour qui attend; rien de plus rapide pour qui jouit; il s'étend jusqu'à l'infini en grand; il se divise jusque dans l'infini en petit; tous les hommes le négligent, tous en regrettent la perte; rien ne se fait sans lui; il fait oublier tout ce qui est indigne de la postérité, et il immortalise les grandes choses. » L'assemblée convint que Zadig avait raison.

On demanda ensuite : Quelle est la chose qu'on reçoit sans remercier, dont on jouit sans savoir comment, qu'on donne aux autres quand on ne sait où l'on en est, et qu'on perd sans s'en apercevoir?

Chacun dit son mot : Zadig devina seul que c'était la vie. Il expliqua toutes les autres énigmes avec la même facilité. Itobad disait toujours que rien n'était plus aisé, et qu'il en serait venu à bout tout aussi facilement, s'il avait voulu s'en donner la peine. On proposa des questions sur la justice, sur le souverain bien, sur l'art de régner. Les réponses de Zadig furent jugées les plus solides. « C'est bien dommage, disait-on, qu'un si bon esprit soit un si mauvais cavalier. »

« Illustres seigneurs, dit Zadig, j'ai eu l'honneur de vaincre dans la lice. C'est à moi qu'appartient l'armure blanche. Le seigneur Itobad s'en empara pendant mon sommeil : il jugea apparemment qu'elle lui siérait mieux que la verte. Je suis prêt à lui prouver d'abord devant vous, avec ma robe et mon épée, contre toute cette belle armure blanche qu'il m'a prise, que c'est moi qui ai eu l'honneur de vaincre le brave Otame.

Itobad accepta le défi avec la plus grande confiance. Il ne doutait pas qu'étant casqué, cuirassé, brassardé, il ne vînt aisément à bout d'un champion en bonnet de nuit et en robe de chambre. Zadig tira son épée, en saluant la reine qui le regardait, pénétrée de joie et de crainte. Itobad tira la sienne en ne saluant personne. Il s'avança sur Zadig comme un homme qui n'avait rien à craindre. Il était prêt à lui fendre la tête : Zadig sut parer le coup, en opposant ce qu'on appelle le fort de l'épée au faible de son adversaire, de façon que l'épée d'Itobad se rompit. Alors Zadig, saisissant son ennemi au corps, le renversa par terre; et lui portant la pointe de son épée au défaut de la cuirasse : « Laissez-vous désarmer, dit-il, ou je vous tue. » Itobad, toujours surpris des disgrâces qui arrivaient à un homme comme lui, laissa faire Zadig, qui lui ôta paisiblement son magnifique casque, sa superbe cuirasse, ses beaux brassards, ses brillants cuissards, s'en revêtit, et courut dans cet équipage se jeter aux genoux d'Astarté. Cador prouva aisément que l'armure appartenait à Zadig. Il fut reconnu roi d'un consentement unanime, et surtout de celui d'Astarté, qui goûtait, après tant d'adversités, la douceur de voir son amant digne aux yeux de l'univers d'être son époux. Itobad alla se faire appeler monseigneur dans sa maison. Zadig fut roi, et fut heureux. Il avait présent à l'esprit ce

Vous n'entendez point ici parler de haute, moyenne et basse justice, ni du droit de chasser sur les terres d'un citoyen, lequel n'a pas la liberté de tirer un coup de fusil sur son propre champ[1].

Un homme, parce qu'il est noble ou parce qu'il est prêtre, n'est point exempt de payer certaines taxes; tous les impôts sont réglés par la chambre des communes, qui, n'étant que la seconde par son rang, est la première par son crédit.

Les seigneurs et les évêques peuvent bien rejeter le bill des communes, lorsqu'il s'agit de lever de l'argent, mais il ne leur est pas permis d'y rien changer; il faut qu'ils le reçoivent ou qu'ils le rejettent sans restriction. Quand le bill est confirmé par les lords et approuvé par le roi, alors tout le monde paye; chacun donne, non selon sa qualité (ce qui serait absurde), mais selon son revenu; il n'y a point de taille ni de capitation arbitraire, mais une taxe réelle sur les terres; elles ont été évaluées toutes sous le fameux roi Guillaume III, et mises au-dessous de leur prix.

La taxe subsiste toujours la même, quoique les revenus des terres aient augmenté; ainsi personne n'est foulé, personne ne se plaint. Le paysan n'a point les pieds meurtris par des sabots, il mange du pain blanc, il est bien vêtu, il ne craint point d'augmenter le nombre de ses bestiaux ni de couvrir son toit de tuiles, de peur que l'on ne hausse ses impôts l'année d'après. On y voit beaucoup de paysans qui ont environ cinq ou six cents livres sterling de revenu, et qui ne dédaignent pas de continuer à cultiver la terre qui les a enrichis, et dans laquelle ils vivent libres.

LETTRE X. — *Sur le commerce.*

Depuis le malheur de Carthage, aucun peuple ne fut puissant à la fois par le commerce et par les armes, jusqu'au temps où Venise donna cet exemple. Les Portugais, pour avoir passé le cap de Bonne-Espérance, ont quelque temps été de grands seigneurs sur les côtes de l'Inde, et jamais redoutables en Europe. Les Provinces-Unies n'ont été guerrières que malgré elles; et ce n'est pas comme unies entre elles, mais comme unies avec l'Angleterre, qu'elles ont prêté la main pour tenir la balance de l'Europe au commencement du XVIIIe siècle.

Carthage, Venise et Amsterdam ont été puissantes; mais elles ont fait comme ceux qui, parmi nous, ayant amassé de l'argent par le négoce, achètent des terres seigneuriales. Ni Carthage, ni Venise, ni la Hollande, ni aucun peuple, n'a commencé par être guerrier, et même conquérant, pour finir par être marchand. Les Anglais sont les seuls; ils se sont battus longtemps avant de savoir compter. Ils ne savaient pas, quand ils gagnaient les batailles d'Azincourt, de Crécy et de Poitiers, qu'ils pouvaient vendre beaucoup de blé et fabriquer de beaux draps qui leur vaudraient bien davantage. Ces seules connaissances ont augmenté, enrichi, fortifié la nation. Londres était pauvre et agreste, lorsque Édouard III

---

1. La chasse n'est pas absolument libre en Angleterre; et il y subsiste sur cet objet des lois moins tyranniques que celles de quelques autres nations, mais très-peu dignes d'un peuple qui se croit libre. (*Éd. de Kehl.*)

conquérait la moitié de la France. C'est uniquement parce que les Anglais sont devenus négociants que Londres l'emporte sur Paris par l'étendue de la ville et le nombre des citoyens ; qu'ils peuvent mettre en mer deux cents vaisseaux de guerre et soudoyer des rois alliés. Les peuples d'Écosse sont nés guerriers et spirituels : d'où vient que leur pays est devenu, sous le nom d'union, une province d'Angleterre ? c'est que l'Écosse n'a que du charbon, et que l'Angleterre a de l'étain fin, de belles laines, d'excellents blés, des manufactures et des compagnies de commerce.

Quand Louis XIV faisait trembler l'Italie, et que ses armées, déjà maîtresses de la Savoie et du Piémont, étaient prêtes de prendre Turin, il fallut que le prince Eugène marchât du fond de l'Allemagne au secours du duc de Savoie ; il n'avait point d'argent, sans quoi on ne prend ni ne défend les villes ; il eut recours à des marchands anglais ; en une demi-heure de temps, on lui prêta cinq millions : avec cela il délivra Turin, battit les Français, et écrivit à ceux qui avaient prêté cette somme ce petit billet : « Messieurs, j'ai reçu votre argent, et je me flatte de l'avoir bien employé à votre satisfaction. »

Tout cela donne un juste orgueil à un marchand anglais et fait qu'il ose se comparer, non sans quelque raison, à un citoyen romain. Aussi le cadet d'un pair du royaume ne dédaigne point le négoce. Milord Townshend, ministre d'État, a un frère qui se contente d'être marchand dans la Cité. Dans le temps que milord Orford gouvernait l'Angleterre, son cadet était facteur à Alep, d'où il ne voulut pas revenir et où il est mort.

Cette coutume, qui pourtant commence trop à se passer, paraît monstrueuse à des Allemands entêtés de leurs quartiers ; ils ne sauraient concevoir que le fils d'un pair d'Angleterre ne soit qu'un riche et puissant bourgeois, au lieu qu'en Allemagne tout est prince ; on a vu jusqu'à trente altesses du même nom n'ayant pour tout bien que des armoiries et une noble fierté.

En France est marquis qui veut ; et quiconque arrive à Paris du fond d'une province avec de l'argent à dépenser, et un nom en *ac* ou en *ille*, peut dire : « Un homme comme moi, un homme de ma qualité, » et mépriser souverainement un négociant. Le négociant entend lui-même parler si souvent avec mépris de sa profession, qu'il est assez sot pour en rougir ; je ne sais pourtant lequel est le plus utile à un État, ou un seigneur bien poudré qui sait précisément à quelle heure le roi se lève, à quelle heure il se couche, et qui se donne des airs de grandeur en jouant le rôle d'esclave dans l'antichambre d'un ministre, ou un négociant qui enrichit son pays, donne de son cabinet des ordres à Surate et au Caire, et contribue au bonheur du monde.

SUR L'INSERTION DE LA PETITE VÉROLE.

LETTRE XI. — *Sur l'insertion de la petite vérole*[1].

On dit doucement dans l'Europe chrétienne que les Anglais sont des fous et des enragés : des fous, parce qu'ils donnent la petite vérole à leurs enfants pour les empêcher de l'avoir ; des enragés, parce qu'ils communiquent de gaieté de cœur à ces enfants une maladie certaine et affreuse, dans la vue de prévenir un mal incertain. Les Anglais, de leur côté, disent : « Les autres Européens sont des lâches et des dénaturés : ils sont lâches, en ce qu'ils craignent de faire un peu de mal à leurs enfants ; dénaturés, en ce qu'ils les exposent à mourir un jour de la petite vérole. » Pour juger laquelle des deux nations a raison, voici l'histoire de cette fameuse insertion dont on parle en France avec tant d'effroi.

Les femmes de Circassie sont, de temps immémorial, dans l'usage de donner la petite vérole à leurs enfants même à l'âge de six mois, en leur faisant une incision au bras, et en insérant dans cette incision une pustule qu'elles ont soigneusement enlevée du corps d'un autre enfant. Cette pustule fait, dans le bras où elle est insinuée, l'effet du levain dans un morceau de pâte ; elle y fermente et répand dans la masse du sang les qualités dont elle est empreinte. Les boutons de l'enfant à qui l'on a donné cette petite vérole artificielle servent à porter la même maladie à d'autres. C'est une circulation presque continuelle en Circassie ; et quand malheureusement il n'y a point de petite vérole dans le pays, on est aussi embarrassé qu'on l'est ailleurs dans une mauvaise année.

Ce qui a introduit en Circassie cette coutume, qui paraît si étrange à d'autres peuples, est pourtant une cause commune à tous les peuples de la terre ; c'est la tendresse maternelle et l'intérêt. Les Circassiens sont pauvres et leurs filles sont belles ; aussi ce sont elles dont ils font le plus de trafic. Ils fournissent de beautés les harems du Grand Seigneur, du sophi de Perse et de ceux qui sont assez riches pour acheter et pour entretenir cette marchandise précieuse. Ils élèvent ces filles en tout bien et en tout honneur à caresser les hommes, à former des danses pleines de lasciveté et de mollesse, à rallumer, par tous les artifices les plus voluptueux, le goût des maîtres très-dédaigneux à qui elles sont destinées. Ces pauvres créatures répètent tous les jours leur leçon avec leur mère, comme nos petites filles répètent leur catéchisme sans y rien comprendre. Or il arrivait souvent qu'un père et une mère, après avoir bien pris des peines pour donner une bonne éducation à leurs enfants, se voyaient tout d'un coup frustrés dans leur espérance. La petite vérole se mettait dans la famille, une fille en mourait, une autre perdait un œil, une troisième relevait avec un gros nez ; et les pauvres gens étaient ruinés sans ressource. Souvent même, quand la petite vérole devenait épidémique, le commerce était interrompu pour plusieurs années, ce qui causait une notable diminution dans les sérails de Perse et de Turquie.

Une nation commerçante est toujours fort alerte sur ses intérêts, et

---

1. Cela fut écrit en 1727. Ainsi l'auteur fut le premier en France qui parla de l'insertion de la petite vérole ou variole, comme il fut le premier qui écrivit sur la gravitation.

ne néglige rien des connaissances qui peuvent être utiles à son négoce. Les Circassiens s'aperçurent que sur six mille personnes il s'en trouvait à peine une seul qui fût attaquée deux fois d'une petite vérole bien complète; qu'à la vérité on essuie quelquefois trois ou quatre petites véroles légères, mais jamais deux qui soient décidées et dangereuses; qu'en un mot jamais on n'a véritablement cette maladie deux fois en sa vie. Ils remarquèrent encore que quand les petites véroles sont très-bénignes, et que leur éruption ne trouve à percer qu'une peau délicate et ne, elles ne laissent aucune impression sur le visage. De ces observations naturelles ils conclurent que, si un enfant de six mois ou d'un an avait une petite vérole bénigne, il n'en mourrait pas, il n'en serait pas marqué, et serait quitte de cette maladie pour le reste de ses jours. Il restait donc, pour conserver la vie et la beauté de leurs enfants, de leur donner la petite vérole de bonne heure; c'est ce que l'on fit en insérant dans le corps d'un enfant un bouton que l'on prit de la petite vérole la plus complète, et en même temps la plus favorable qu'on pût trouver. L'expérience ne pouvait pas manquer de réussir. Les Turcs, qui sont gens sensés, adoptèrent bientôt après cette coutume, et aujourd'hui il n'y a point de bacha dans Constantinople qui ne donne la petite vérole à son fils et à sa fille en les faisant sevrer.

Quelques gens prétendent que les Circassiens prirent autrefois cette coutume des Arabes; mais nous laissons ce point d'histoire à éclaircir par quelque bénédictin, qui ne manquera pas de composer là-dessus plusieurs volumes in-folio avec les preuves. Tout ce que j'ai à dire sur cette matière, c'est que dans le commencement du règne de George Ier, Mme de Wortley-Montague, une des femmes d'Angleterre qui ont le plus d'esprit et le plus de force dans l'esprit, étant avec son mari en ambassade à Constantinople, s'avisa de donner sans scrupule la petite vérole à un enfant dont elle était accouchée en ce pays. Son chapelain eut beau lui dire que cette expérience n'était pas chrétienne, et ne pouvait réussir que chez des infidèles, le fils de Mme Wortley s'en trouva à merveille. Cette dame, de retour à Londres, fit part de son expérience à la princesse de Galles, qui est aujourd'hui reine; il faut avouer que, titres et couronnes à part, cette princesse est née pour encourager tous les arts et pour faire du bien aux hommes; c'est un philosophe aimable sur le trône; elle n'a jamais perdu ni une occasion de s'instruire, ni une occasion d'exercer sa générosité. C'est elle qui, ayant entendu dire qu'une fille de Milton vivait encore, et vivait dans la misère, lui envoya sur-le-champ un présent considérable; c'est elle qui protége le savant P. Couraver; c'est elle qui daigna être la médiatrice entre le docteur Clarke et M. Leibnitz. Dès qu'elle eut entendu parler de l'inoculation ou insertion de la petite vérole, elle en fit faire l'épreuve sur quatre criminels condamnés à mort, à qui elle sauva doublement la vie; car non-seulement elle les tira de la potence, mais, à la faveur de cette petite vérole artificielle, elle prévint la naturelle, qu'ils auraient probablement eue, et dont ils seraient morts peut-être dans un âge plus avancé. La princesse, assurée de l'utilité de cette épreuve, fit inoculer ses enfants: l'Angleterre suivit son exemple, et, depuis ce temps, dix mille enfants de famille au moins doivent ainsi la vie à la reine et à Mme Wortley-Montague, et autant de filles leur beauté.

Sur cent personnes dans le monde, soixante au moins ont la petite vérole ; de ces soixante, dix en meurent dans les années les plus favorables et dix en conservent pour toujours de fâcheux restes. Voilà donc la cinquième partie des hommes que cette maladie tue ou enlaidit sûrement. De tous ceux qui sont inoculés en Turquie ou en Angleterre, aucun ne meurt, s'il n'est infirme et condamné à mort ; d'ailleurs personne n'est marqué, aucun n'a la petite vérole une seconde fois, supposé que l'inoculation ait été parfaite. Il est donc certain que, si quelque ambassadrice française avait rapporté ce secret de Constantinople à Paris, elle aurait rendu un service éternel à la nation ; le duc de Villequier, père du duc d'Aumont d'aujourd'hui, l'homme de France le mieux constitué et le plus sain, ne serait pas mort à la fleur de son âge ; le prince de Soubise, qui avait la santé la plus brillante, n'aurait pas été emporté à l'âge de vingt-cinq ans ; Monseigneur, grand-père de Louis XV, n'aurait pas été enterré dans sa cinquantième année ; vingt mille personnes mortes à Paris de la petite vérole en 1723, vivraient encore. Quoi donc! est-ce que les Français n'aiment point la vie ? est-ce que leurs femmes ne se soucient point de leur beauté ? En vérité, nous sommes d'étranges gens ! Peut-être dans dix ans prendra-t-on cette méthode anglaise, si les curés et les médecins le permettent ; ou bien les Français, dans trois mois, se serviront de l'inoculation par fantaisie, si les Anglais s'en dégoûtent par inconstance.

J'apprends que depuis cent ans les Chinois sont dans cet usage ; c'est un grand préjugé que l'exemple d'une nation qui passe pour être la plus sage et la mieux policée de l'univers. Il est vrai que les Chinois s'y prennent d'une façon différente ; ils ne font point d'incision, ils font prendre la petite vérole par le nez comme du tabac en poudre : cette façon est plus agréable, mais elle revient au même, et sert également à confirmer que, si on avait pratiqué l'inoculation en France, on aurait sauvé la vie à des milliers d'hommes.

Il y a quelques années qu'un missionnaire jésuite ayant lu cet article, et se trouvant dans un canton de l'Amérique où la petite vérole exerçait des ravages affreux, s'avisa de faire inoculer tous les petits sauvages qu'il baptisait ; ils lui durent ainsi la vie présente et la vie éternelle. Quels dons pour des sauvages !

Un évêque de Worcester a depuis peu prêché à Londres l'inoculation ; il a démontré en citoyen combien cette pratique avait conservé de sujets à l'État ; il l'a recommandée en pasteur charitable. On prêcherait à Paris contre cette invention salutaire, comme on a écrit vingt ans contre les expériences de Newton : tout prouve que les Anglais sont plus philosophes et plus hardis que nous. Il faut bien du temps pour qu'une certaine raison et un certain courage d'esprit franchissent le Pas-de-Calais.

Il ne faut pourtant pas s'imaginer que depuis Douvres jusqu'aux îles Orcades on ne trouve que des philosophes ; l'espèce contraire compose toujours le grand nombre : l'inoculation fut d'abord combattue à Londres ; et, longtemps avant que l'évêque de Worcester annonçât cet évangile en chaire, un curé s'était avisé de prêcher contre : il dit que Job avait été inoculé par le diable. Ce prédicateur était fait pour être capucin, il n'était guère digne d'être né en Angleterre. Le préjugé monta donc en chaire le premier, et la raison n'y monta qu'ensuite : c'est la marche ordinaire de l'esprit humain.

LETTRE XII. — *Sur le chancelier Bacon.*

Il n'y a pas longtemps que l'on agitait dans une compagnie célèbre cette question usée et frivole, quel était le plus grand homme, de César, d'Alexandre, de Tamerlan, ou de Cromwell. Quelqu'un répondit que c'était sans contredit Isaac Newton. Cet homme avait raison ; car, si la vraie grandeur consiste à avoir reçu du ciel un puissant génie, et à s'en être servi pour s'éclairer soi-même et les autres, un homme comme M. Newton, tel qu'il s'en trouve à peine en dix siècles, est véritablement le grand homme ; et ces politiques et ces conquérants dont aucun siècle n'a manqué, ne sont d'ordinaire que d'illustres méchants. C'est à celui qui domine sur les esprits par la force de la vérité, non à ceux qui font des esclaves par violence, c'est à celui qui connaît l'univers, non à ceux qui le défigurent, que nous devons nos respects.

Le fameux baron de Verulam, connu en Europe sous le nom de Bacon, était fils d'un garde des sceaux, et fut longtemps chancelier sous le roi Jacques Iᵉʳ. Cependant, au milieu des intrigues de la cour et des occupations de sa charge, qui demandaient un homme tout entier, il trouva le temps d'être grand philosophe, bon historien, et écrivain élégant ; et, ce qui est encore plus étonnant, c'est qu'il vivait dans un siècle où l'on ne connaissait guère l'art de bien écrire, encore moins la bonne philosophie. Il a été, comme c'est l'usage parmi les hommes, plus estimé après sa mort que de son vivant. Ses ennemis étaient à la cour de Londres, ses admirateurs étaient les étrangers. Lorsque le marquis d'Effiat amena en Angleterre la princesse Marie, fille de Henri le Grand, qui devait épouser le roi Charles, ce ministre alla visiter Bacon, qui, étant alors malade au lit, le reçut les rideaux fermés. « Vous ressemblez aux anges, lui dit d'Effiat ; on entend toujours parler d'eux, on les croit bien supérieurs aux hommes, et on n'a jamais la consolation de les voir. »

On sait comment Bacon fut accusé d'un crime qui n'est guère d'un philosophe, de s'être laissé corrompre par argent. On sait comment il fut condamné par la chambre des pairs à une amende d'environ quatre cent mille livres de notre monnaie, à perdre sa dignité de chancelier et de pair.

Aujourd'hui les Anglais révèrent sa mémoire au point qu'à peine avouent-ils qu'il ait été coupable. Si on me demande ce que j'en pense, je me servirai pour répondre d'un mot que j'ai ouï dire à milord Bolingbroke. On parlait en sa présence de l'avarice dont le duc de Marlborough avait été accusé, et on en citait des traits sur lesquels on appelait au témoignage de milord Bolingbroke, qui, ayant été d'un parti contraire, pouvait peut-être avec bienséance dire ce qui en était. « C'était un si grand homme, répondit-il, j'ai oublié ses vices. »

Je me bornerai donc à vous parler de ce qui a mérité au chancelier Bacon l'estime de l'Europe.

Le plus singulier et le meilleur de ses ouvrages est celui qui est aujourd'hui le moins lu et le plus inutile : je veux parler de son *Novum scientiarum organum*. C'est l'échafaud avec lequel on a bâti la nouvelle philosophie ; et quand cet édifice a été élevé au moins en partie, l'échafaud n'a plus été d'aucun usage.

Le chancelier Bacon ne connaissait pas encore la nature ; mais il savait et indiquait tous les chemins qui mènent à elle. Il avait méprisé de bonne heure ce que des fous en bonnet carré enseignaient sous le nom de philosophie dans les petites-maisons appelées colléges ; et il faisait tout ce qui dépendait de lui, afin que ces compagnies, instituées pour la perfection de la raison humaine, ne continuassent pas de la gâter par leurs *quiddités*, leurs horreurs du vide, leurs formes substantielles, et tous les mots que non-seulement l'ignorance rendait respectables, mais qu'un mélange ridicule avec la religion avait rendus sacrés.

Il est le père de la philosophie expérimentale : il est bien vrai qu'avant lui on avait découvert des secrets étonnants. On avait inventé la boussole, l'imprimerie, la gravure des estampes, la peinture à l'huile, les glaces, l'art de rendre en quelque façon la vue aux vieillards par les lunettes qu'on appelle besicles, la poudre à canon, etc. On avait cherché, trouvé et conquis un nouveau monde. Qui ne croirait que ces sublimes découvertes eussent été faites par les plus grands philosophes, et dans des temps bien plus éclairés que le nôtre? point du tout : c'est dans le temps de la barbarie scolastique que ces grands changements ont été faits sur la terre. Le hasard seul a produit presque toutes ces innovations ; on a même prétendu que ce qu'on appelle hasard a eu grande part dans la découverte de l'Amérique ; du moins a-t-on cru que Christophe Colomb n'entreprit son voyage que sur la foi d'un capitaine de vaisseau qu'une tempête avait jeté jusqu'à la hauteur des îles Caraïbes.

Quoi qu'il en soit, les hommes savaient aller au bout du monde, ils savaient détruire les villes avec un tonnerre artificiel plus terrible que le tonnerre véritable ; mais ils ne connaissaient pas la circulation du sang, la pesanteur de l'air, les lois du mouvement, la lumière, le nombre de nos planètes, etc. Et un homme qui soutenait une thèse sur les catégories d'Aristote, sur l'universel (*a parte rei*) ou telle autre sottise, était regardé comme un prodige.

Les inventions les plus étonnantes et les plus utiles ne sont pas celles qui font le plus d'honneur à l'esprit humain. C'est à un instinct mécanique, qui est chez la plupart des hommes, que nous devons la plupart des arts, et nullement à la saine philosophie. La découverte du feu, l'art de faire du pain, de fondre et de préparer les métaux, de bâtir des maisons, l'invention de la navette, sont d'une tout autre nécessité que l'imprimerie et la boussole ; cependant ces arts furent inventés par des hommes encore sauvages. Quel prodigieux usage les Grecs et les Romains ne firent-ils pas des mécaniques? Cependant on croyait de leur temps qu'il y avait des cieux de cristal, et que les étoiles étaient de petites lampes qui tombaient quelquefois dans la mer; et un de leurs plus grands philosophes[1], après bien des recherches, avait trouvé que les astres étaient des cailloux qui s'étaient détachés de la terre.

En un mot, personne avant le chancelier Bacon n'avait connu la philosophie expérimentale; et de toutes les épreuves physiques qu'on a faites depuis lui, il n'y en a presque pas une qui ne soit indiquée dans son livre. Il en avait fait lui-même plusieurs; il fit des espèces de machines pneumatiques, par lesquelles il devina l'élasticité de l'air; il a tourné tout autour de la découverte de sa pesanteur, il y touchait; cette vérité fut saisie par Torricelli. Peu de temps après, la physique expérimentale commença tout d'un coup à être cultivée à la fois dans presque toutes les parties de l'Europe. C'était un trésor caché dont Bacon s'était douté, et que tous les philosophes, encouragés par sa promesse, s'efforcèrent de déterrer. Nous avons vu qu'on trouve dans son livre, en termes exprès, cette attraction nouvelle dont Newton passe pour l'inventeur.

Ce précurseur de la philosophie a été aussi un écrivain élégant, un historien, un bel esprit. Ses *Essais de Morale* sont très-estimés; mais ils sont faits pour instruire plutôt que pour plaire; et n'étant ni la satire de la sagesse humaine comme les *Maximes* de La Rochefoucauld, ni l'école du scepticisme comme Montaigne, ils sont moins lus que ces deux livres ingénieux. Sa *Vie de Henri VII* a passé pour un chef-d'œuvre; mais comment se peut-il faire que quelques personnes osent comparer un si petit ouvrage avec l'histoire de notre illustre de Thou?

En parlant de ce fameux imposteur Perkins, fils d'un juif converti, qui prit si hardiment le nom de Richard IV, roi d'Angleterre, encouragé par la duchesse de Bourgogne, et qui disputa la couronne à Henri VII, voici comme le chancelier Bacon s'exprime :

« Environ ce temps, le roi Henri fut obsédé d'esprits malins par la magie de la duchesse de Bourgogne, qui évoqua des enfers l'ombre d'Édouard IV pour venir tourmenter le roi Henri. Quand la duchesse de Bourgogne eut instruit Perkins, elle commença à délibérer par quelle région du ciel elle ferait paraître cette comète, et elle résolut qu'elle éclaterait d'abord sur l'horizon de l'Irlande. »

Il me semble que notre sage de Thou ne donne guère dans ce phébus, qu'on prenait autrefois pour du sublime, mais qu'à présent on nomme avec raison galimatias.

LETTRE XIII. — *Sur M. Locke.*

Jamais il ne fut peut-être un esprit plus sage, plus méthodique, un logicien plus exact que Locke; cependant il n'était pas grand mathématicien. Il n'avait jamais pu se soumettre à la fatigue des calculs ni à

[1] Anaxagoras. (Éd.)

la sécheresse des vérités mathématiques, qui ne présentent d'abord rien de sensible à l'esprit; et personne n'a mieux prouvé que lui qu'on pouvait avoir l'esprit géomètre sans le secours de la géométrie. Avant lui de grands philosophes avaient décidé positivement ce que c'est que l'âme de l'homme; mais, puisqu'ils n'en savaient rien du tout, il est bien juste qu'ils aient tous été d'avis différents.

Dans la Grèce, berceau des arts et des erreurs, et où l'on poussa si loin la grandeur et la sottise de l'esprit humain, on raisonnait comme chez nous sur l'âme. Le divin Anaxagoras, à qui on dressa un autel pour avoir appris aux hommes que le soleil était plus grand que le Péloponèse, que la neige était noire, que les cieux étaient de pierre, affirma que l'âme était un esprit aérien, mais cependant immortel. Diogène, un autre que celui qui devint cynique après avoir été faux-monnayeur, assurait que l'âme était une portion de la substance même de Dieu; et cette idée au moins était brillante. Épicure la composait de parties comme le corps. Aristote, qu'on a expliqué de mille façons, parce qu'il était inintelligible, croyait, si l'on s'en rapporte à quelques-uns de ses disciples, que l'entendement de tous les hommes était une seule et même substance. Le divin Platon, maître du divin Aristote, et le divin Socrate, maître du divin Platon, disaient l'âme corporelle et éternelle. Le démon de Socrate lui avait appris sans doute ce qui en était: Il y a des gens, à la vérité, qui prétendent qu'un homme qui se vantait d'avoir un génie familier était indubitablement un peu fou ou un peu fripon; mais ces gens-là sont trop difficiles.

Quant à nos Pères de l'Église, plusieurs, dans les premiers siècles, ont cru l'âme humaine, les anges et Dieu corporels.

Le monde se raffine toujours. Saint Bernard, selon l'aveu du P. Mabillon, enseigna, à propos de l'âme, qu'après la mort elle ne voyait point Dieu dans le ciel, mais qu'elle conversait seulement avec l'humanité de Jésus-Christ. On ne le crut pas cette fois sur sa parole; l'aventure de la croisade avait un peu décrédité ses oracles. Mille scolastiques sont venus ensuite, comme le docteur irréfragable[1], le docteur subtil[2], le docteur angélique[3], le docteur séraphique[4], le docteur chérubique, qui tous ont été bien sûrs de connaître l'âme très-clairement, mais qui n'ont pas laissé d'en parler comme s'ils avaient voulu que personne n'y entendît rien.

Notre Descartes, né pour découvrir les erreurs de l'antiquité, mais pour y substituer les siennes, et entraîné par cet esprit systématique qui aveugle les plus grands hommes, s'imagina avoir démontré que l'âme était la même chose que la pensée, comme la matière, selon lui, est la même chose que l'étendue. Il assura bien que l'on pense toujours, et que l'âme arrive dans le corps pourvue de toutes les notions métaphysiques, connaissant Dieu, l'espace, l'infini, ayant toutes les idées abstraites, remplie enfin de belles connaissances, qu'elle oublie malheureusement en sortant du ventre de la mère.

1. Alexandre Hales. — 2. Jean Duns Scot. — 3. Saint Thomas d'Aquin. — 4. Saint Bonaventure.

Le P. Malebranche de l'Oratoire, dans ses illusions sublimes, non-seulement n'admet point les idées innées, mais il ne doutait pas que nous ne vissions tout en Dieu, et que Dieu, pour ainsi dire, ne fût notre âme.

Tant de raisonneurs ayant fait le roman de l'âme, un sage est venu qui en a fait modestement l'histoire. Locke a développé à l'homme la raison humaine, comme un excellent anatomiste explique les ressorts du corps humain. Il s'aide partout du flambeau de la physique ; il ose quelquefois parler affirmativement, mais il ose aussi douter. Au lieu de définir tout d'un coup ce que nous ne connaissons pas, il examine par degrés ce que nous voulons connaître. Il prend un enfant au moment de sa naissance, il suit pas à pas les progrès de son entendement ; il voit ce qu'il a de commun avec les bêtes, et ce qu'il a au-dessus d'elles ; il consulte surtout son propre témoignage, la conscience de sa pensée.

« Je laisse, dit-il, à discuter à ceux qui en savent plus que moi, si notre âme existe avant ou après l'organisation de notre corps ; mais j'avoue qu'il m'est tombé en partage une de ces âmes grossières qui ne pensent pas toujours, et j'ai même le malheur de ne pas concevoir qu'il soit plus nécessaire à l'âme de penser toujours, qu'au corps d'être toujours en mouvement. »

Pour moi je me vante de l'honneur d'être en ce point aussi simple que Locke. Personne ne me fera jamais croire que je pense toujours ; et je ne me sens pas plus disposé que lui à imaginer que quelques secondes après ma conception j'étais une fort savante âme, sachant alors mille choses que j'ai oubliées en naissant, et ayant fort inutilement possédé dans l'*uterus* des connaissances qui m'ont échappé dès que j'ai pu en avoir besoin, et que je n'ai jamais bien pu reprendre depuis.

Locke, après avoir ruiné les idées innées, après avoir bien renoncé à la vanité de croire qu'on pense toujours, ayant bien établi que toutes nos idées nous viennent par les sens, ayant examiné nos idées simples, celles qui sont composées, ayant suivi l'esprit de l'homme dans toutes ses opérations, ayant fait voir combien les langues que les hommes parlent sont imparfaites, et quel abus nous faisons des termes à tout moment ; Locke, dis-je, considère enfin l'étendue, ou plutôt le néant des connaissances humaines. C'est dans ce chapitre qu'il ose avancer modestement ces paroles : *Nous ne serons peut-être jamais capables de connaître si un être purement matériel pense ou non*[1].

Ce discours sage parut à plus d'un théologien une déclaration scandaleuse que l'âme est matérielle et mortelle. Quelques Anglais, dévots à leur manière, sonnèrent l'alarme. Les superstitieux sont dans la société ce que les poltrons sont dans une armée ; ils ont et donnent des terreurs paniques. On cria que Locke voulait renverser la religion : il ne s'agissait pourtant point de religion dans cette affaire ; c'était une question purement philosophique, très-indépendante de la foi et de la révélation ; il ne fallait qu'examiner sans aigreur s'il y a de la contra-

---

1. *Essai sur l'entendement humain*, liv. IV, ch. III. (Éd.)

diction à dire : *La matière peut penser*, et Dieu peut communiquer la pensée à la matière. Mais les théologiens commencent trop souvent par dire que Dieu est outragé quand on n'est pas de leur avis. C'est trop ressembler aux mauvais poëtes, qui croyaient que Despréaux parlait mal du roi, parce qu'il se moquait d'eux.

Le docteur Stillingfleet s'est fait une réputation de théologien modéré, pour n'avoir pas dit positivement des injures à Locke. Il entra en lice contre lui, mais il fut battu, car il raisonnait en docteur, et Locke en philosophe instruit de la force et de la faiblesse de l'esprit humain, et qui se battait avec des armes dont il connaissait la trempe.

Si j'osais parler après M. Locke sur un sujet si délicat, je dirais : Les hommes disputent depuis longtemps sur la nature et sur l'immortalité de l'âme ; à l'égard de son immortalité, il est impossible de la démontrer, puisqu'on dispute encore sur sa nature, et qu'assurément il faut connaître à fond un être créé, pour décider s'il est immortel ou non. La raison humaine est si peu capable de démontrer par elle-même l'immortalité de l'âme, que la religion a été obligée de nous la révéler. Le bien commun de tous les hommes demande qu'on croie l'âme immortelle : la foi nous l'ordonne ; il n'en faut pas davantage, et la chose est presque décidée. Il n'en est pas de même de sa nature ; il importe peu à la religion de quelle substance soit l'âme, pourvu qu'elle soit vertueuse. C'est une horloge qu'on nous a donnée à gouverner ; mais l'ouvrier ne nous a pas dit de quoi le ressort de cette horloge est composé.

Je suis corps et je pense, je n'en sais pas davantage. Si je ne consulte que mes faibles lumières, irai-je attribuer à une cause inconnue ce que je puis si aisément attribuer à la seule cause seconde que je connais, un peu ? Ici tous les philosophes de l'école m'arrêtent en argumentant, et disent : « Il n'y a dans le corps que de l'étendue et de la solidité, et il ne peut avoir que du mouvement et de la figure. Or, du mouvement, de la figure, de l'étendue et de la solidité ne peuvent faire une pensée ; donc l'âme ne peut pas être matière. » Tout ce grand raisonnement répété tant de fois se réduit uniquement à ceci : « Je ne connais que très-peu de chose de la matière, j'en devine imparfaitement quelques propriétés : or je ne sais point du tout si ces propriétés peuvent être jointes à la pensée ; donc, parce que je ne sais rien du tout, j'assure positivement que la matière ne saurait penser. » Voilà nettement la manière de raisonner de l'école.

M. Locke dirait avec simplicité à ces messieurs : « Confessez du moins que vous êtes aussi ignorants que moi : votre imagination ni la mienne ne peuvent concevoir comment un corps a des idées ; et comprenez-vous mieux comment une substance, telle qu'elle soit, a des idées ? Vous ne concevez ni la matière ni l'esprit, comment osez-vous assurer quelque chose ? Que vous importe que l'âme soit un de ces êtres incompréhensibles qu'on appelle matière, ou un de ces êtres incompréhensibles qu'on appelle esprit ? Quoi ! Dieu, le créateur de tout, ne peut-il pas éterniser ou anéantir votre âme à son gré, quelle que soit sa substance ? »

Le superstitieux vient à son tour, et dit qu'il faut brûler pour le bien de leurs âmes ceux qui soupçonnent qu'on peut penser avec la seule aide du corps ; mais que dirait-il si c'était lui-même qui fût coupable d'irréligion ? En effet, quel est l'homme qui osera assurer, sans une impiété absurde, qu'il est impossible au Créateur de donner à la matière la pensée et le sentiment ? Voyez, je vous prie, à quel embarras vous êtes réduits, vous qui bornez ainsi la puissance du Créateur. Les bêtes ont les mêmes organes que nous, les mêmes perceptions ; elles ont de la mémoire, elles combinent quelques idées. Si Dieu n'a pas pu animer la matière, et lui donner le sentiment, il faut de deux choses l'une, ou que les bêtes soient de pures machines, ou qu'elles aient une âme spirituelle.

Il me paraît démontré que les bêtes ne peuvent être de simples machines ; voici ma preuve : Dieu leur a fait précisément les mêmes organes de sentiment que les nôtres ; donc si elles ne sentent point, Dieu a fait un ouvrage inutile ; or Dieu, de votre aveu même, ne fait rien en vain ; donc il n'a point fabriqué tant d'organes de sentiment, pour qu'il n'y eût point de sentiment ; donc les bêtes ne sont point de pures machines. Les bêtes, selon vous, ne peuvent pas avoir une âme spirituelle ; donc malgré vous il ne reste autre chose à dire, sinon que Dieu a donné aux organes des bêtes, qui sont matière, la faculté de sentir et d'apercevoir, que vous appelez instinct dans elles. Et qui peut empêcher Dieu de communiquer à nos organes plus déliés cette faculté de sentir, d'apercevoir, et de penser, que nous appelons raison humaine ? De quelque côté que vous vous tourniez, vous êtes obligés d'avouer votre ignorance, et la puissance immense du Créateur. Ne vous révoltez donc plus contre la sage et modeste philosophie de Locke : loin d'être contraire à la religion, elle lui servirait de preuve, si la religion en avait besoin ; car quelle philosophie plus religieuse, que celle qui, n'affirmant que ce qu'elle conçoit clairement, et sachant avouer sa faiblesse, vous dit qu'il faut recourir à Dieu, dès qu'on examine les premiers principes ?

D'ailleurs, il ne faut jamais craindre qu'aucun sentiment philosophique puisse nuire à la religion d'un pays. Nos mystères ont beau être contraires à nos démonstrations, ils n'en sont pas moins révérés par les philosophes chrétiens, qui savent que les objets de la raison et de la foi sont de différente nature. Jamais les philosophes ne feront une secte de religion : pourquoi ? c'est qu'ils n'écrivent point pour le peuple, et qu'ils sont sans enthousiasme. Divisez le genre humain en vingt parts, il y en a dix-neuf composées de ceux qui travaillent de leurs mains, et qui ne sauront jamais s'il y a eu un M. Locke au monde ; dans la vingtième partie qui reste, combien trouve-t-on peu d'hommes qui lisent ! et parmi ceux qui lisent, il y en a vingt qui lisent des romans, contre un qui étudie en philosophie. Le nombre de ceux qui pensent est excessivement petit, et ceux-là ne s'avisent pas de troubler le monde.

Ce n'est ni Montaigne, ni Locke, ni Bayle, ni Spinosa, ni Hobbes, ni milord Shaftesbury, ni M. Collins, ni M. Toland, ni Flud, ni Becker,

vait vu personne. Micromégas lui fit sentir poliment que c'était raisonner assez mal : « Car, disait-il, vous ne voyez pas avec vos petits yeux certaines étoiles de la cinquantième grandeur que j'aperçois très-distinctement; concluez-vous de là que ces étoiles n'existent pas? — Mais, dit le nain, j'ai bien tâté. — Mais répondit l'autre, vous avez mal senti. — Mais, dit le nain, ce globe-ci est si mal construit, cela est si irrégulier et d'une forme qui me paraît si ridicule! tout semble être ici dans le chaos : voyez-vous ces petits ruisseaux dont aucun ne va de droit fil, ces étangs qui ne sont ni ronds, ni carrés, ni ovales, ni sous aucune forme régulière; tous ces petits grains pointus dont ce globe es hérissé, et qui m'ont écorché les pieds? (Il voulait parler des montagnes.) Remarquez-vous encore la forme de tout le globe, comme il est plat aux pôles, comme il tourne autour du soleil d'une manière gauche, de façon que les climats des pôles sont nécessairement incultes? En vérité, ce qui fait que je pense qu'il n'y a ici personne, c'est qu'il me paraît que des gens de bon sens ne voudraient pas y demeurer. — Eh bien! dit Micromégas, ce ne sont peut-être pas non plus des gens de bon sens qui l'habitent. Mais enfin il y a quelque apparence que ceci n'est pas fait pour rien. Tout vous paraît irrégulier ici, dites-vous, parce que tout est tiré au cordeau dans Saturne et dans Jupiter. Eh! c'est peut-être pour cette raison-là même qu'il y a ici un peu de confusion. Ne vous ai-je pas dit que dans mes voyages j'avais toujours remarqué de la variété? » Le Saturnien répliqua à toutes ces raisons. La dispute n'eût jamais fini, si par bonheur Micromégas, en s'échauffant à parler, n'eût cassé le fil de son collier de diamants. Les diamants tombèrent; c'étaient de jolis petits carats assez inégaux, dont les plus gros pesaient quatre cents livres, et les plus petits cinquante. Le nain en ramassa quelques-uns; il s'aperçut, en les approchant de ses yeux, que ces diamants, de la façon dont ils étaient taillés, étaient d'excellents microscopes. Il prit donc un petit microscope de cent soixante pieds de diamètre, qu'il appliqua à sa prunelle; et Micromégas en choisit un de deux mille cinq cents pieds. Ils étaient excellents; mais d'abord on ne vit rien par leur secours, il fallait s'ajuster. Enfin l'habitant de Saturne vit quelque chose d'imperceptible qui remuait entre deux eaux dans la mer Baltique : c'était une baleine. Il la prit avec le petit doigt fort adroitement; et la mettant sur l'ongle de son pouce, il la fit voir au Sirien, qui se prit à rire pour la seconde fois de l'excès de petitesse dont étaient les habitants de notre globe. Le Saturnien, convaincu que notre monde est habité, s'imagina bien vite qu'il ne l'était que par des baleines; et comme il était grand raisonneur, il voulut deviner d'où un si petit atome tirait son origine, son mouvement, s'il avait des idées, une volonté, une liberté. Micromégas y fut fort embarrassé; il examina l'animal fort patiemment, et le résultat de l'examen fut qu'il n'y avait pas moyen de croire qu'une âme fût logée là. Les deux voyageurs inclinaient donc à penser qu'il n'y a point d'esprit dans notre habitation, lorsqu'à l'aide du microscope ils aperçurent quelque chose d'aussi gros qu'une baleine qui flottait sur la mer Baltique. On sait que dans ce temps-là même une volée de philosophes revenait du cercle polaire, sous lequel ils avaient été faire des observations dont personne ne s'était avisé jusqu'alors. Les gazettes dirent que leur vaisseau échoua au golfe de Bothnie, et qu'ils eurent bien de la peine à se sauver ; mais on ne sait jamais dans ce monde le dessous des cartes. Je vais raconter ingénument comme la chose se passa, sans y rien mettre du mien ; ce qui n'est pas un petit effort pour un historien.

CHAP. V. — *Expériences et raisonnements des deux voyageurs.*

Micromégas étendit la main tout doucement vers l'endroit où l'objet paraissait, et avançant deux doigts, et les retirant par la crainte de se tromper, puis les ouvrant et les serrant, il saisit fort adroitement le vaisseau qui portait ces messieurs, et le mit encore sur son ongle sans le trop presser de peur de l'écraser. « Voici un animal bien différent du premier, » dit le nain de Saturne ; le Sirien mit le prétendu animal dans le creux de sa main. Les passagers et les gens de l'équipage, qui s'étaient crus enlevés par un ouragan, et qui se croyaient sur une espèce de rocher, se mettent tous en mouvement ; les matelots prennent des tonneaux de vin, les jettent sur la main de Micromégas, et se précipitent après. Les géomètres prennent leurs quarts de cercle, leurs secteurs, deux filles laponnes, et descendent sur les doigts du Sirien. Ils en firent tant, qu'il sentit enfin remuer quelque chose qui lui chatouillait les doigts ; c'était un bâton ferré qu'on lui enfonçait d'un pied dans l'index : il jugea par ce picotement, qu'il était sorti quelque chose du petit animal qu'il tenait ; mais il n'en soupçonna pas d'abord davantage. Le microscope, qui faisait à peine discerner une baleine et un vaisseau, n'avait point de prise sur un être aussi imperceptible que des hommes. Je ne prétends choquer ici la vanité de personne, mais je suis obligé de prier les importants de faire ici une petite remarque avec moi ; c'est qu'en prenant la taille des hommes d'environ cinq pieds, nous ne faisons pas sur la terre une plus grande figure qu'en ferait sur une boule de dix pieds de tour un animal qui aurait à peu près la six cent millième partie d'un pouce en hauteur. Figurez-vous une substance qui pourrait tenir la terre dans sa main, et qui aurait des organes en proportion des nôtres ; et il se peut très-bien faire qu'il y ait un grand nombre de ces substances ; or concevez, je vous prie, ce qu'elles penseraient de ces batailles qui font gagner au vainqueur un village pour le perdre ensuite.

Je ne doute pas que, si quelque capitaine des grands grenadiers lit jamais cet ouvrage, il ne hausse de deux grands pieds au moins les bonnets de sa troupe ; mais je l'avertis qu'il aura beau faire, que lui et les siens ne seront jamais que des infiniment petits.

Quelle adresse merveilleuse ne fallut-il donc pas à notre philosophe de Sirius, pour apercevoir les atomes dont je viens de parler ? Quand Leuwenhoek et Hartsoëker virent les premiers ou crurent voir la graine dont nous sommes formés, ils ne firent pas, à beaucoup près, une si étonnante découverte. Quel plaisir sentit Micromégas en voyant remuer ces petites machines, en examinant tous leurs tours, en les suivant dans toutes leurs opérations! comme il s'écria! comme il mit avec joie un de ses microscopes dans les mains de son compagnon de voyage! « Je les vois, disaient-ils tous deux à la fois; ne les voyez-vous pas qui portent des fardeaux, qui se baissent, qui se relèvent? » En parlant ainsi, les mains leur tremblaient par le plaisir de voir des objets si nouveaux, et par la crainte de les perdre. Le Saturnien, passant d'un excès de défiance à un excès de crédulité, crut apercevoir qu'ils travaillaient à la propagation. « Ah! disait-il, j'ai pris la nature sur le fait.¹ » Mais il se trompait sur les apparences ; ce qui n'arrive que trop, soit qu'on se serve ou non du microscope.

CHAP. VI. — *Ce qui leur arriva avec les hommes*

Micromégas, bien meilleur observateur que son nain, vit clairement que les atomes se parlaient; et il le fit remarquer à son compagnon, qui, honteux de s'être mépris sur l'article de la génération, ne voulut point croire que de pareilles espèces pussent se communiquer des idées. Il avait le don des langues aussi bien que le Sirien; il n'entendait point parler nos atomes, et il supposait qu'ils ne parlaient pas : d'ailleurs, comment ces êtres imperceptibles auraient-ils les organes de la voix, et qu'auraient-ils à dire? Pour parler, il faut penser, ou à peu près; mais s'ils pensaient, ils auraient donc l'équivalent d'une âme ; or, attribuer l'équivalent d'une âme à cette espèce, cela lui paraissait absurde. « Mais, dit le Sirien, vous avez cru tout à l'heure qu'ils faisaient l'amour; est-ce que vous croyez qu'on puisse faire l'amour sans penser et sans proférer quelque parole, ou du moins sans se faire entendre? Supposez-vous d'ailleurs qu'il soit plus difficile de produire un argument qu'un enfant? Pour moi l'un et l'autre me paraissent de grands mystères : je n'ose plus ni croire ni nier, dit le nain; je n'ai plus d'opinion ; il faut tâcher d'examiner ces insectes, nous raisonnerons après. — C'est fort bien dit, » reprit Micromégas; et aussitôt il tira une paire de ciseaux dont il se coupa les ongles, et d'une rognure de l'ongle de son pouce il fit sur-le-champ une espèce de grande trompette parlante, comme un vaste entonnoir, dont il mit le tuyau dans son oreille. La circonférence de l'entonnoir enveloppait le vaisseau et tout l'équipage. La voix la plus faible entrait dans les fibres circulaires de l'ongle; de sorte que, grâce à son industrie, le philosophe de là-haut entendit parfaitement le bourdonnement de nos insectes de là-bas. En peu d'heures il parvint à distinguer les paroles, et enfin à entendre le français. Le nain en fit autant, quoique avec plus de difficulté. L'étonnement des voyageurs redoublait à chaque instant. Ils entendaient des mites parler d'assez bon sens : ce jeu de la nature leur paraissait inexplicable. Vous croyez bien que le Sirien et son nain brûlaient d'impatience de lier conversation avec les atomes; le nain craignait que sa voix de tonnerre, et surtout celle de

---

1. Expression heureuse et plaisante de Fontenelle, en rendant compte de quelques observations d'histoire naturelle. (ED. de Kehl.)

Micromégas, n'assourdît les mites sans en être entendue. Il fallait en diminuer la force. Ils se mirent dans la bouche des espèces de petits cure-dents, dont le bout fort effilé venait donner auprès du vaisseau. Le Sirien tenait le nain sur ses genoux, et le vaisseau avec l'équipage sur son ongle ; il baissait la tête et parlait bas. Enfin, moyennant toutes ces précautions et bien d'autres encore, il commença ainsi son discours :

« Insectes invisibles que la main du Créateur s'est plu à faire naître dans l'abîme de l'infiniment petit, je le remercie de ce qu'il a daigné me découvrir des secrets qui semblaient impénétrables. Peut-être ne daignerait-on pas vous regarder à ma cour ; mais je ne méprise personne et je vous offre ma protection. »

Si jamais il y eut quelqu'un d'étonné, ce furent les gens qui entendirent ces paroles. Ils ne pouvaient deviner d'où elles partaient. L'aumônier du vaisseau récita les prières des exorcismés, les matelots jurèrent, et les philosophes du vaisseau firent des systèmes ; mais quelque système qu'ils fissent, ils ne purent jamais deviner qui leur parlait. Le nain de Saturne, qui avait la voix plus douce que Micromégas, leur apprit alors en peu de mots à quelles espèces ils avaient affaire. Il leur raconta le voyage de Saturne, les mit au fait de ce qu'était M. Micromégas ; et après les avoir plaints d'être si petits, il leur demanda s'ils avaient toujours été dans ce misérable état si voisin de l'anéantissement, ce qu'ils faisaient dans un globe qui paraissait appartenir à des baleines, s'ils étaient heureux, s'ils multipliaient, s'ils avaient une âme, et cent autres questions de cette nature.

Un raisonneur de la troupe, plus hardi que les autres, et choqué de ce qu'on doutait de son âme, observa l'interlocuteur avec des pinnules braquées sur un quart de cercle, fit deux stations, et à la troisième il parla ainsi : « Vous croyez donc, monsieur, parce que vous avez mille toises depuis la tête jusqu'aux pieds, que vous êtes un....
— Mille toises ! s'écria le nain : juste ciel ! d'où peut-il savoir ma hauteur ? Mille toises ! il ne se trompe pas d'un pouce : quoi ! cet atome m'a mesuré ! il est géomètre, il connaît ma grandeur ; et moi, qui ne le vois qu'à travers un microscope, je ne connais pas encore la sienne !
— Oui, je vous ai mesuré, dit le physicien, et je mesurerai encore bien votre grand compagnon. » La proposition fut acceptée ; Son Excellence se coucha de tout son long ; car, s'il se fût tenu debout, sa tête eût été trop au-dessus des nuages. Nos philosophes lui plantèrent un grand arbre dans un endroit que le docteur Swift nommerait, mais que je me garderai bien d'appeler par son nom, à cause de mon grand respect pour les dames. Puis, par une suite de triangles liés ensemble, ils conclurent que ce qu'ils voyaient était en effet un jeune homme de cent vingt mille pieds de roi.

Alors Micromégas prononça ces paroles : « Je vois plus que jamais qu'il ne faut juger de rien sur sa grandeur apparente. O Dieu ! qui avez donné une intelligence à des substances qui paraissent si méprisables, l'infiniment petit vous coûte autant que l'infiniment grand ; et s'il est possible qu'il y ait des êtres plus petits que ceux-ci, ils peuvent encore

dans la lune, dans les étoiles ; c'est un attribut donné à la matière par la divine Providence. » C'est ainsi qu'il s'explique dans son premier livre *Des révolutions célestes*, sans avoir osé ni peut-être pu aller plus loin.

Kepler, qui suivit Copernic et qui perfectionna l'admirable découverte du vrai système du monde, approcha un peu du système de la pesanteur universelle. On voit, dans son traité de l'étoile de Mars, des veines encore mal formées de cette mine dont Newton a tiré son or. Kepler admet non-seulement une tendance de tous les corps terrestres au centre, mais aussi des astres les uns vers les autres. Il ose entrevoir et dire que si la terre et la lune n'étaient pas retenues dans leurs orbites, elles s'approcheraient l'une de l'autre, elles s'uniraient. Cette vérité étonnante était obscurcie chez lui de tant de nuages et de tant d'erreurs qu'on a dit qu'il l'avait devinée par instinct.

Cependant le grand Galilée, partant d'un principe plus mécanique, examinait quelle est la chute des corps sur la terre ; comment et en quelle proportion cette chute s'accélère ; et le chancelier Bacon voulait qu'on expérimentât si ces chutes se faisaient également aux plus grandes profondeurs et aux plus grandes hauteurs où l'on pût atteindre.

Il est bien singulier que Descartes, le plus grand géomètre de son temps, ne se soit pas servi de ce fil dans le labyrinthe qu'il s'était bâti lui-même. On ne trouve nulle trace de ces vérités dans ses ouvrages ; aussi n'est-il pas surprenant qu'il se soit égaré. Il voulut créer un univers. Il fit une philosophie comme on fait un bon roman ; tout parut vraisemblable, et rien ne fut vrai. Il imagina des éléments, des tourbillons qui semblaient rendre une raison plausible de tous les mystères de la nature ; mais en philosophie, il faut se défier de ce qu'on croit entendre trop aisément aussi bien que des choses qu'on n'entend pas. Descartes était plus dangereux qu'Aristote parce qu'il avait l'air d'être plus raisonnable. M. Conduit, neveu du chevalier Newton, m'a assuré que son oncle avait lu Descartes à l'âge de vingt ans, qu'il crayonna les marges des premières pages, et qu'il n'y mit qu'une seule note, souvent répétée, consistant en ce mot, *error* ; mais que las d'écrire *error* partout, il jeta le livre et ne le relut jamais.

Newton, ayant quitté les abîmes de la théologie dans lesquels il avait été élevé pour les vérités mathématiques, avait déjà trouvé à l'âge de vingt-trois ans son calcul infinitésimal, dont son maître Wallis lui avait ouvert la route. Il s'appliquait à chercher ce principe secret et universel de la nature, indiqué par Copernic, par Kepler, par Bacon, et déjà saisi par le célèbre Hooke ; c'est-à-dire cette cause de la pesanteur et du mouvement de toute la matière. S'étant retiré en 1666, à cause de la peste, à la campagne près de Cambridge, un jour qu'il se promenait dans son jardin, et qu'il voyait des fruits tomber d'un arbre, il se laissa aller à une méditation profonde sur cette pesanteur dont tous les philosophes ont cherché si longtemps la cause en vain, et dans laquelle le vulgaire ne soupçonnait pas même de mystère. Il se dit à lui-même : « De quelque hauteur dans notre hémisphère que tombassent ces corps, leur chute serait certainement dans la progression découverte par Galilée ;

et les espaces parcourus par eux seraient comme les carrés des temps. Ce pouvoir qui fait descendre les corps graves est le même, sans aucune diminution sensible, à quelque profondeur qu'on soit dans terre, et sur la plus haute montagne. Pourquoi ce pouvoir ne s'étendrait-il pas jusqu'à la lune? et, s'il est vrai qu'il pénètre jusque-là, n'y a-t-il pas grande apparence que ce pouvoir la retient dans son orbite et détermine son mouvement? Mais, si la lune obéit à ce principe quel qu'il soit, n'est-il pas encore très-raisonnable de croire que les autres planètes y sont également soumises?

« Si ce pouvoir existe, il doit (ce qui est prouvé d'ailleurs) augmenter en raison renversée des carrés des distances. Il n'y a donc plus qu'à examiner le chemin que ferait un corps grave en tombant sur la terre d'une hauteur médiocre, et le chemin que ferait dans le même temps un corps qui tomberait de l'orbite de la lune. Pour en être instruit, il ne s'agit plus que d'avoir la mesure de la terre et la distance de la lune à la terre. »

Voici comment M. Newton raisonna. Mais on n'avait alors en Angleterre que de très-fausses mesures de notre globe; on s'en rapportait à l'estime incertaine des pilotes, qui comptaient soixante milles d'Angleterre pour un degré, au lieu qu'il en fallait compter près de soixante et dix. Ce faux calcul ne s'accordant pas avec les conclusions que M. Newton voulait tirer, il les abandonna. Un philosophe médiocre et qui n'aurait eu que de la vanité, eût fait cadrer comme il eût pu la mesure de la terre avec son système. M. Newton aima mieux abandonner alors son projet. Mais depuis que M. Picart eut mesuré la terre exactement, en traçant cette méridienne qui fait tant d'honneur à la France, M. Newton reprit ses premières idées, et il trouva son compte avec le calcul de M. Picart.

Les autres planètes doivent être soumises à cette loi générale, et si cette loi existe, ces planètes doivent suivre les règles trouvées par Kepler. Toutes ces règles, tous ces rapports sont en effet gardés par les planètes. Son seul principe des lois de gravitation rend raison de toutes les inégalités apparentes dans le cours des globes célestes. Les variations de la lune deviennent une suite nécessaire de ces lois. Le flux et le reflux de la mer est encore un effet très-simple de cette attraction. La proximité de la lune dans son plein et quand elle est nouvelle, et son éloignement dans ses quartiers, combinés avec l'action du soleil, rendent une raison sensible de l'élévation et de l'abaissement de l'Océan.

Après avoir rendu compte, par sa sublime théorie, du cours et des inégalités des planètes, il assujettit les comètes au frein de la même loi.

Il prouve que ce sont des corps solides, qui se meuvent dans la sphère de l'action du soleil, et décrivent une ellipse si excentrique et si approchante de la parabole, que certaines comètes doivent mettre plus de cinq cents ans dans leur révolution.

Le savant M. Halley croit que la comète de 1680 est la même qui parut du temps de Jules César : celle-là surtout sert plus qu'une autre à faire voir que les comètes sont des corps durs et opaques; car elle descendit si près du soleil qu'elle n'en était éloignée que d'une sixième partie de son disque; elle dut par conséquent acquérir un degré de chaleur deux mille fois plus violent que celui du fer le plus enflammé. Elle aurait été dissoute et consommée en peu de temps, si elle n'avait pas été un corps opaque. La mode commençait alors de deviner le cours des comètes. Le célèbre mathématicien Jacques Bernouilli conclut, par son système, que cette fameuse comète de 1680 reparaîtrait le 17 mai 1719. Aucun astronome de l'Europe ne se coucha cette nuit du 17 mai, mais la fameuse comète ne parut point. Il y a au moins plus d'adresse, s'il n'y a pas plus de sûreté, à lui donner cinq cent soixante-quinze ans pour revenir. Pour M. Wilston, il a sérieusement affirmé que du temps du déluge il y avait eu une comète qui avait inondé notre globe, et il a eu l'injustice de s'étonner qu'on se soit moqué de lui. L'antiquité pensait à peu près dans le goût de Wilston; elle croyait que les comètes étaient toujours les avant-courrières de quelque grand malheur sur la terre. Newton au contraire soupçonne qu'elles sont très-bienfaisantes, et que les fumées qui en sortent ne servent qu'à secourir et vivifier les planètes qui s'imbibent dans leur cours de toutes ces particules que le soleil a détachées des comètes. Ce sentiment est du moins plus probable que l'autre.

Ce n'est pas tout; si cette force de gravitation, d'attraction, agit dans tous les globes célestes, elle agit sans doute sur toutes les parties de ces globes; car, si les corps s'attirent en raison de leurs masses, ce ne peut être qu'en raison de la quantité de leurs parties; et si ce pouvoir est logé dans le tout, il l'est sans doute dans la moitié, il l'est dans le quart, dans la huitième partie, ainsi jusqu'à l'infini. Voilà donc l'attraction qui est le grand ressort qui fait mouvoir toute la nature.

Newton avait bien prévu, après avoir démontré l'existence de ce principe, qu'on se révolterait contre ce seul nom; dans plus d'un endroit de son livre il précautionne son lecteur contre l'attraction même, il l'avertit de ne la pas confondre avec les qualités occultes des anciens, et de se contenter de connaître qu'il y a dans tous les corps une force centrale qui agit d'un bout de l'univers à l'autre sur les corps les plus proches et sur les plus éloignés, suivant les lois immuables de la mécanique.

Il est étonnant qu'après les protestations solennelles de ce grand philosophe, M. Saurin et M. de Fontenelle, qui eux-mêmes méritent ce nom, lui aient reproché nettement les chimères du péripatétisme; M. Saurin dans les mémoires de l'Académie de 1709, et M. de Fontenelle dans l'éloge même de M. Newton.

Presque tous les Français, savants et autres, ont répété ce reproche. On entend dire partout : « Pourquoi Newton ne s'est-il pas servi du mot d'impulsion que l'on comprend si bien, plutôt que du terme d'attraction, que l'on ne comprend pas? »

Newton aurait pu répondre à ces critiques : « Premièrement vous n'entendez pas plus le mot d'impulsion que celui d'attraction, et si vous ne concevez pas pourquoi un corps tend vers le centre d'un autre corps, vous n'imaginez pas plus par quelle vertu un corps en peut pousser un autre.

« Secondement je n'ai pas pu admettre l'impulsion; car il faudrait pour cela que j'eusse connu qu'une matière céleste pousse en effet les planètes; or, non-seulement je ne connais point cette matière, mais j'ai prouvé qu'elle n'existe pas.

« Troisièmement je ne me sers du mot d'attraction que pour exprimer un effet que j'ai découvert dans la nature, effet certain et indisputable d'un principe inconnu, qualité inhérente dans la matière, dont de plus habiles que moi trouveront, s'ils peuvent, la cause.

— Que nous avez-vous donc appris, insiste-t-on encore, et pourquoi tant de calculs pour nous dire ce que vous-même ne comprenez pas?

— Je vous ai appris, pourrait continuer Newton, que la mécanique des forces centrales fait seule mouvoir les planètes et les comètes dans des proportions marquées. Je suis, continuerait-il, dans un cas bien différent des anciens; ils voyaient, par exemple, l'eau monter dans les pompes, et ils disaient : « L'eau monte parce qu'elle a horreur du vide; » mais moi je suis dans le cas de celui qui aurait remarqué le premier que l'eau monte dans les pompes, et qui laisserait à d'autres le soin d'expliquer la cause de cet effet. L'anatomiste qui a dit le premier que le bras se remue parce que les muscles se contractent, enseigna aux hommes une vérité incontestable: lui en aura-t-on moins d'obligation parce qu'il n'a pas su pourquoi les muscles se contractent? La cause du ressort de l'air est inconnue, mais celui qui a découvert ce ressort a rendu un grand service à la physique. Le ressort que j'ai découvert était plus caché, plus universel; ainsi on doit m'en savoir plus de gré. J'ai découvert une nouvelle propriété de la matière, un des secrets du Créateur; j'en ai calculé, j'en ai démontré les effets; peut-on me chicaner sur le nom que je lui donne?

« Ce sont les tourbillons qu'on peut appeler une qualité occulte, puisqu'on n'a jamais prouvé leur existence. L'attraction au contraire est une chose réelle, puisqu'on en démontre les effets, et qu'on en calcule les proportions. La cause de cette cause est dans le sein de Dieu. *Procedes huc, et non ibis amplius.* »

LETTRE XVI. — *Sur l'optique de M. Newton.*

Un nouvel univers a été découvert par les philosophes du dernier siècle, et ce monde nouveau était d'autant plus difficile à connaître, qu'on ne se doutait pas même qu'il existât. Il semblait aux plus sages que c'était une témérité d'oser seulement songer qu'on pût deviner par quelles lois les corps célestes se meuvent, et comment la lumière agit. Galilée, par ses découvertes astronomiques, Kepler par ses calculs, Descartes au moins dans sa Dioptrique, et Newton dans ses ouvrages, ont vu la mécanique des ressorts du monde. Dans la géométrie on a assujetti l'infini au calcul. La circulation du sang dans les animaux et de la sève dans les végétaux a changé pour nous la nature. Une nouvelle manière d'exister a été donnée aux corps dans la machine pneumatique; les objets se sont rapprochés de nos yeux à l'aide des télescopes; enfin ce que Newton a découvert sur la lumière est digne de tout ce que la curiosité des hommes pouvait attendre de plus hardi après tant de nouveautés.

Jusqu'à Antonio de Dominis, l'arc-en-ciel avait paru un miracle inexplicable : ce philosophe devina que c'était un effet nécessaire de la pluie et du soleil. Descartes rendit son nom immortel par l'explication mathématique de ce phénomène si naturel; il calcula les réflexions et les réfractions de la lumière dans les gouttes de pluie, et cette sagacité eut alors quelque chose de divin.

Mais qu'aurait-il dit si on lui avait fait connaître qu'il se trompait sur la nature de la lumière ; qu'il n'avait aucune raison d'assurer que c'était un corps globuleux; qu'il est faux que cette matière, s'étendant par tout l'univers, n'attende pour être mise en action que d'être poussée par le soleil, ainsi qu'un long bâton qui agit à un bout quand il est pressé par l'autre; qu'il est très-vrai qu'elle est dardée par le soleil, et qu'enfin la lumière est transmise du soleil à la terre en près de sept minutes, quoique un boulet de canon conservant toujours sa vitesse ne puisse faire ce chemin qu'en vingt-cinq années ?

Quel eût été son étonnement si on lui avait dit : « Il est faux que la lumière se réfléchisse directement en rebondissant sur les parties solides des corps ; il est faux que les corps soient transparents quand ils ont des pores larges, et il viendra un homme qui démontrera ces paradoxes, et qui anatomisera un seul rayon de lumière avec plus de dextérité que le plus habile artiste ne dissèque le corps humain!

« Il a si bien vu la lumière, qu'il a déterminé à quel point l'art de l'augmenter et d'aider nos yeux par des télescopes doit se borner. »

Descartes, par une noble confiance bien pardonnable à l'ardeur que lui donnaient les commencements d'un art presque découvert par lui, Descartes espérait voir dans les astres, avec des lunettes d'approche, des objets aussi petits que ceux qu'on discerne sur la terre.

Newton a montré qu'on ne peut plus perfectionner les lunettes, à cause de la réfraction même qui, en nous rapprochant les objets, écarte trop les rayons élémentaires ; il a calculé dans ces verres la proportion de l'écartement des rayons rouges et des rayons bleus ; et, portant la démonstration dans des choses dont on ne soupçonnait pas même l'existence, il examine les inégalités que produit la figure du verre, et celle que fait la réfrangibilité. Il trouve que le verre objectif de la lunette, étant convexe d'un côté et plat de l'autre, si le côté plat est tourné vers l'objet, le défaut qui vient de la construction et de la position du verre est cinq mille fois moindre que le défaut qui vient par la réfrangibilité; et qu'ainsi ce n'est pas la figure des verres qui fait qu'on ne peut perfectionner les lunettes d'approche, mais qu'il faut s'en prendre à la matière même de la lumière.

Voilà pourquoi il inventa un télescope qui montre les objets par réflexion, et non point par réfraction.

Il était encore peu connu en Europe, quand il fit cette découverte.

J'ai vu un petit livre composé environ ce temps-là, dans lequel, en parlant du télescope de Newton, on le prend pour un lunetier : *Artifex quidam Anglus nomine Newton*. La postérité l'a bien vengé.

LETTRE XVII. — *Sur l'infini et sur la chronologie.*

Le labyrinthe et l'abîme de l'infini est aussi une carrière nouvelle parcourue par Newton, et on tient de lui le fil avec lequel on s'y peut conduire.

Descartes se trouve encore bon précurseur dans cette étonnante nouveauté ; il allait à grands pas dans sa géométrie jusque vers l'infini, mais il s'arrêta sur le bord. M. Wallis, vers le milieu du dernier siècle, fut le premier qui réduisit une fraction, par une division perpétuelle, à une suite infinie.

Milord Brouncker se servit de cette suite pour carrer l'hyperbole.

Mercator publia une démonstration de cette quadrature. Ce fut à peu près dans ce temps que Newton, à l'âge de vingt-trois ans, avait inventé une méthode générale pour faire sur toutes les courbes ce qu'on venait d'essayer sur l'hyperbole.

C'est cette méthode de soumettre partout l'infini au calcul algébrique, que l'on appelle calcul différentiel ou des fluxions, et calcul intégral. C'est l'art de nombrer et de mesurer avec exactitude ce dont on ne peut pas même concevoir l'existence.

En effet ne croiriez-vous pas qu'on veut se moquer de vous, quand on vous dit qu'il y a des lignes infiniment grandes qui forment un angle infiniment petit ;

Qu'une droite qui est droite tant qu'elle est finie, changeant infiniment de direction, devient courbe infinie ; qu'une courbe peut devenir infiniment moins courbe ;

Qu'il y a des carrés d'infini, des cubes d'infini, et des infinis d'infini, dont le pénultième n'est rien par rapport au dernier ?

Tout cela, qui paraît d'abord l'excès de la déraison, est en effet l'effort de la finesse et de l'étendue de l'esprit humain, et la méthode de trouver des vérités qui étaient jusqu'alors inconnues.

Cet édifice si hardi est même fondé sur des idées simples. Il s'agit de mesurer la diagonale d'un carré, d'avoir l'aire d'une courbe, de trouver une racine carrée à un nombre qui n'en a point dans l'arithmétique ordinaire.

Et, après tout, tant d'ordres d'infinis ne doivent pas plus révolter l'imagination que cette proposition si connue qu'entre un cercle et une tangente on peut toujours faire passer des courbes ; ou cette autre, que la matière est toujours divisible. Ces deux vérités sont depuis longtemps démontrées, et ne sont pas plus compréhensibles que le reste.

On a disputé longtemps à Newton l'invention de ce fameux calcul. M. Leibnitz a passé en Allemagne pour l'inventeur des différences que Newton appelle fluxions, et Bernouilli a revendiqué le calcul intégral ; mais l'honneur de la première découverte a demeuré à Newton, et il est resté aux autres la gloire d'avoir pu faire douter entre eux et lui.

C'est ainsi que l'on contesta à Harvey la découverte de la circulation du sang ; à M. Perrault, celle de la circulation de la sève. Hartsoeker et Leuwenhoek se sont contesté l'honneur d'avoir vu le premier les petits vermisseaux dont nous sommes faits. Ce même Hartsoeker a disputé à M. Huyghens l'invention d'une nouvelle manière de calculer l'éloignement d'une étoile fixe : on ne sait encore quel philosophe trouva le problème de la roulette.

Quoi qu'il en soit, c'est par cette géométrie de l'infini que Newton est parvenu aux plus sublimes connaissances.

Il me reste à vous parler d'un autre ouvrage plus à la portée du genre humain, mais qui se sent toujours de cet esprit créateur que Newton portait dans toutes ses recherches. C'est une chronologie toute nouvelle ; car, dans tout ce qu'il entreprenait, il fallait qu'il changeât les idées reçues par les autres hommes. Accoutumé à débrouiller des chaos, il a voulu porter au moins quelque lumière dans celui de ces fables anciennes confondues avec l'histoire, et fixer une chronologie incertaine. Il est vrai qu'il n'y a point de famille, de ville, de nation, qui ne cherche à reculer son origine. De plus, les premiers historiens sont les plus négligents à marquer les dates. Les livres étant moins communs mille fois qu'aujourd'hui, et par conséquent moins exposés à la critique, on trompait le monde plus impunément ; et puisqu'on a évidemment supposé des faits, il est assez probable qu'on a aussi supposé des dates. En général il parut à Newton que le monde était de cinq cents ans plus jeune que les chronologistes ne le disent ; il fonde son idée sur le cours ordinaire de la nature et sur les observations astronomiques.

On entend ici, par le cours de la nature, le temps de chaque génération des hommes. Les Égyptiens s'étaient servis les premiers de cette manière incertaine de compter, quand ils voulurent écrire les commencements de leur histoire. Ils comptaient trois cent quarante et une générations depuis Ménès jusqu'à Séthon ; et, n'ayant pas de dates fixes, ils évaluèrent trois générations à cent ans. Ainsi ils comptèrent du règne de Ménès au règne de Séthon onze mille trois cent quarante années. Les Grecs, avant de compter par olympiades, suivirent la méthode des Égyptiens, et étendirent même un peu la durée des générations, en poussant chaque génération jusqu'à quarante années. Or en cela les Égyptiens et les Grecs se trompèrent dans leur calcul. Il est bien vrai que, selon le cours ordinaire de la nature, trois générations font environ cent à six-vingts ans ; mais il s'en faut bien que trois règnes tiennent ce nombre d'années. Il est très-évident qu'en général les hommes vivent plus longtemps que les rois ne règnent. Ainsi un homme qui voudra écrire l'histoire sans avoir de dates précises, et qui saura qu'il y a eu neuf rois chez une nation, aura grand tort s'il compte trois cents ans pour ces neuf rois. Chaque génération est d'environ trente ans, chaque règne est environ de vingt l'un portant l'autre. Prenez les trente rois d'Angleterre, depuis Guillaume le Conquérant jusqu'à George 1er ; ils ont régné six cent quarante-huit ans, ce qui, réparti sur les trente rois, donne à chacun vingt et un ans et demi de règne. Soixante-trois rois de France ont régné, l'un portant l'autre, chacun à peu près vingt ans. Voilà le cours ordinaire de la nature. Donc les anciens se sont trompés quand ils ont égalé en général la durée des règnes à la durée des générations; donc ils ont trop compté; donc il est à propos de retrancher un peu de leur calcul.

Les observations astronomiques semblent prêter encore un plus grand secours à notre philosophe; il paraît plus fort en combattant sur son terrain.

Vous savez que la terre, outre son mouvement annuel, qui l'emporte autour du soleil d'occident en orient dans l'espace d'une année, a encore une révolution singulière, plutôt soupçonnée que connue jusqu'à ces derniers temps. Ses pôles ont un mouvement très-lent de rétrogradation d'orient en occident, qui fait que chaque jour leur position ne répond pas précisément aux mêmes points du ciel. Cette différence, insensible en une année, devient assez forte avec le temps, et au bout de soixante et douze ans on trouve que la différence est d'un degré, c'est-à-dire de la trois cent soixantième partie de tout le ciel. Ainsi, après soixante et douze années, le colure de l'équinoxe du printemps, qui passait par une fixe, répond à une autre fixe éloignée de la première d'un degré. De là vient que le soleil, au lieu d'être dans la partie du ciel où était le bélier du temps d'Hipparque, se trouve répondre à cette partie du ciel où sont les poissons, et que les gémeaux sont à la place où le taureau était alors. Tous les signes ont changé de place; cependant nous retenons toujours la manière de parler des anciens; nous disons que le soleil est dans le bélier au printemps, par la même condescendance que nous disons que le soleil tourne.

Hipparque fut le premier chez les Grecs qui s'aperçut de quelques changements dans les constellations par rapport aux équinoxes, ou plutôt qui l'apprit des Égyptiens. Les philosophes attribuèrent ce mouvement aux étoiles; car alors on était bien loin d'imaginer une telle révolution dans la terre, on la croyait en tous sens immobile. Ils créèrent donc un ciel où ils attachèrent toutes les étoiles, et donnèrent à ce ciel un mouvement particulier qui le faisait avancer vers l'orient, pendant que toutes les étoiles semblaient faire leur route journalière d'orient en occident. A cette erreur ils en ajoutèrent une seconde bien plus essentielle; ils crurent que le ciel prétendu des étoiles fixes avançait vers l'orient d'un degré en cent années. Ainsi ils se trompèrent dans leur calcul astronomique aussi bien que dans leur système physique. Par exemple un astronome aurait dit alors : « L'équinoxe du printemps a été, du temps d'un tel observateur, dans un tel signe, à une telle étoile; il a fait deux degrés de chemin depuis cet observateur jusqu'à nous; or deux degrés valent deux cents ans, donc cet observateur vivait deux cents ans avant moi. » Il est certain qu'un astronome qui eût raisonné ainsi se serait trompé environ de cinquante ans. Voilà pourquoi les anciens, doublement trompés, composèrent leur grande année du monde, c'est-à-dire de la révolution de tout le ciel, d'environ trente-six mille ans. Mais les modernes savent que cette révolution imaginaire du ciel et des étoiles n'est autre chose que la révolution des pôles de la terre, qui se fait en vingt-cinq mille neuf cents ans. Il est bon de remarquer ici en passant que Newton, en déterminant la figure de la terre, a très-heureusement expliqué la raison de cette révolution.

Tout ceci posé, il reste, pour expliquer la chronologie, de voir par quelle étoile le colure des équinoxes coupe aujourd'hui l'écliptique au printemps, et de savoir s'il ne se trouve point quelque ancien qui nous ait dit en quel point l'écliptique était coupée de son temps par le même colure des équinoxes.

Clément Alexandrin rapporte que Chiron, qui était de l'expédition des Argonautes, observa les constellations au temps de cette fameuse expédition, et fixa l'équinoxe du printemps au milieu du bélier, l'équinoxe d'automne au milieu de la balance, le solstice de notre été au milieu du cancre, et le solstice d'hiver au milieu du capricorne.

Longtemps après l'expédition des Argonautes et un an avant la guerre du Péloponèse, Méton observa que le point du solstice d'été passait par le huitième degré du cancre.

Or chaque signe du zodiaque est de trente degrés. Du temps de Chiron le solstice était à la moitié du signe, c'est-à-dire au quinzième degré; un an avant la guerre du Péloponèse il était au huitième : donc il avait rétrogradé de sept degrés. Un degré vaut soixante et douze ans : donc du commencement de la guerre du Péloponèse à l'entreprise des Argonautes, il n'y a que sept fois soixante et douze ans, qui font cinq cent quatre ans, et non pas sept cents années, comme le disent les Grecs. Ainsi, en comparant l'état du ciel d'aujourd'hui à l'état où il était alors, nous voyons que l'expédition des Argonautes doit être placée neuf cents ans avant Jésus-Christ, et non pas environ quatorze cents ans; et par conséquent le monde est moins vieux d'environ cinq cents ans qu'on ne pensait. Par là toutes les époques sont rapprochées, et tout s'est fait plus tard qu'on ne le dit. Ce système paraît vrai; je ne sais s'il fera fortune, et si l'on voudra se résoudre sur ces idées à réformer la chronologie du monde. Peut-être les savants trouveront-ils que c'en serait trop d'accorder à un même homme l'honneur d'avoir perfectionné à la fois la physique, la géométrie et l'histoire : ce serait une espèce de monarchie universelle dont l'amour-propre s'accommode malaisément. Aussi, dans le temps que les partisans des tourbillons et de la matière cannelée attaquaient la gravitation démontrée, le R. P. Souciet et M. Fréret écrivaient contre la chronologie de Newton avant qu'elle fût imprimée.

LETTRE XVIII. — *Sur la tragédie.*

Les Anglais avaient déjà un théâtre aussi bien que les Espagnols, quand les Français n'avaient encore que des tréteaux. Shakspeare, que les Anglais prennent pour un Sophocle, florissait à peu près dans le temps de Lope de Véga ; il créa un théâtre; il avait un génie plein de force et de fécondité, de naturel et de sublime, sans la moindre étincelle de bon goût et sans la moindre connaissance des règles. Je vais vous dire une chose hasardée, mais vraie ; c'est que le mérite de cet auteur a perdu le théâtre anglais : il y a de si belles scènes, des morceaux si grands et si terribles répandus dans ses farces monstrueuses qu'on appelle tragédies, que ses pièces ont toujours été jouées avec un grand succès. Le temps, qui fait seul la réputation des hommes, rend à la fin leurs défauts respectables. La plupart des idées bizarres et gigantesques de cet auteur ont acquis au bout de deux cents ans le droit de passer pour sublimes. Les auteurs modernes l'ont presque tous copié; mais ce qui réussissait chez Shakspeare est sifflé chez eux, et vous croyez bien que la vénération qu'on a pour cet ancien augmente à mesure que l'on méprise les modernes. On ne fait pas réflexion qu'il ne faudrait pas l'imiter, et le mauvais succès de ses copistes fait seulement qu'on le croit inimitable.

Vous savez que dans la tragédie du *More de Venise*, pièce très-touchante, un mari étrangle sa femme sur le théâtre; et que, quand la pauvre femme est étranglée, elle s'écrie qu'elle meurt injustement. Vous n'ignorez pas que, dans *Hamlet*, des fossoyeurs creusent une fosse en buvant, en chantant des vaudevilles, et en faisant sur les têtes des morts qu'ils rencontrent des plaisanteries convenables à gens de leur métier; mais, ce qui vous surprendra, c'est qu'on a imité ces sottises. Sous le règne de Charles II, qui était celui de la politesse et l'âge des beaux-arts, Otway, dans sa *Venise sauvée*, introduit le sénateur Antonio et sa courtisane Naki au milieu des horreurs de la conspiration du marquis de Bedmar. Le vieux sénateur Antonio fait auprès de sa courtisane toutes les singeries d'un vieux débauché impuissant et hors du bon sens; il contrefait le taureau et le chien, il mord les jambes de sa maîtresse qui lui donne des coups de pied et des coups de fouet. On a retranché de la pièce d'Otway ces bouffonneries faites pour la plus vile canaille; mais on a laissé dans le *Jules César* de Shakspeare les plaisanteries des cordonniers et des savetiers romains introduits sur la scène avec Brutus et Cassius.

Vous vous plaindrez sans doute que ceux qui, jusqu'à présent, vous ont parlé du théâtre anglais, et surtout de ce fameux Shakspeare, ne vous aient encore fait voir que ses erreurs, et que personne n'ait traduit aucun de ces endroits frappants qui demandent grâce pour toutes ses fautes. Je vous répondrai qu'il est bien aisé de rapporter en prose les sottises d'un poète, mais très-difficile de traduire ses beaux vers. Tous ceux qui s'érigent en critiques des écrivains célèbres compilent des volumes. J'aimerais mieux deux pages qui nous fissent connaître quelques beautés; car je maintiendrai toujours, avec tous les gens de bon goût, qu'il y a plus à profiter dans douze vers d'Homère et de Virgile que dans toutes les critiques qu'on a faites de ces deux grands hommes.

J'ai hasardé de traduire quelques morceaux des meilleurs poètes anglais : en voici un de Shakspeare. Faites grâce à la copie en faveur de l'original; et souvenez-vous toujours, quand vous voyez une traduction, que vous ne voyez qu'une faible estampe d'un beau tableau.

J'ai choisi le monologue de la tragédie d'*Hamlet*, qui est su de tout le monde et qui commence par ces vers :

SUR LA TRAGÉDIE.

To be, or not to be, that is the question.

C'est Hamlet, prince de Danemark, qui parle :

Demeure, il faut choisir, et passer à l'instant
De la vie à la mort, et de l'être au néant.
Dieux justes ! s'il en est, éclairez mon courage.
Faut-il vieillir courbé sous la main qui m'outrage,
Supporter ou finir mon malheur et mon sort?
Qui suis-je ? qui m'arrête? et qu'est-ce que la mort ?
C'est la fin de nos maux, c'est mon unique asile ;
Après de longs transports, c'est un sommeil tranquille ;
On s'endort, et tout meurt. Mais un affreux réveil
Doit succéder peut-être aux douceurs du sommeil.
On nous menace, on dit que cette courte vie
De tourments éternels est aussitôt suivie.
O mort ! moment fatal ! affreuse éternité
Tout cœur à ton seul nom se glace épouvanté.
Eh ! qui pourrait sans toi supporter cette vie,
De nos fourbes puissants bénir l'hypocrisie,
D'une indigne maîtresse encenser les erreurs,
Ramper sous un ministre, adorer ses hauteurs,
Et montrer les langueurs de son âme abattue
A des amis ingrats qui détournent la vue ?
La mort serait trop douce en ces extrémités ;
Mais le scrupule parle, et nous crie : « Arrêtez. »
Il défend à nos mains cet heureux homicide,
Et d'un héros guerrier fait un chrétien timide, etc.

Après ce morceau de poésie, les lecteurs sont priés de jeter les yeux sur la traduction littérale :

Être ou n'être pas, c'est là la question,
S'il est plus noble dans l'esprit de souffrir
Les piqûres et les flèches de l'affreuse fortune,
Ou de prendre les armes contre une mer de trouble,
Et, en s'opposant à eux, les finir ? Mourir, dormir,
Rien de plus, et par ce sommeil dire : « Nous terminons
Les peines du cœur, et dix mille chocs naturels
Dont la chair est héritière ; c'est une consommation
Ardemment désirable. » Mourir, dormir ;
Dormir, peut-être rêver ? ah ! voilà le mal !
Car dans ce sommeil de la mort, quels rêves aura-t-on,
Quand on a dépouillé cette enveloppe mortelle?
C'est là ce qui fait penser : c'est là la raison
Qui donne à la calamité une vie si longue :
Car qui voudrait supporter les coups et les injures du temps,
Les torts de l'oppresseur, les dédains de l'orgueilleux,
Les angoisses d'un amour méprisé, les délais de la justice,
L'insolence des grandes places, et les rebuts.

Que le mérite patient essuie de l'homme indigne,
Quand il peut faire son *quietus*[1]
Avec une simple aiguille à tête? qui voudrait porter ces fardeaux,
Sangloter, suer sous une fatigante vie?
Mais cette crainte de quelque chose après la mort,
Ce pays ignoré, des bornes duquel
Nul voyageur ne revient, embarrasse la volonté,
Et nous fait supporter les maux que nous avons,
Plutôt que de courir vers d'autres que nous ne connaissons pas.
Ainsi la conscience fait des poltrons de nous tous;
Ainsi la couleur naturelle de la résolution
Est ternie par les pâles teintes de la pensée;
Et les entreprises les plus importantes,
Par ce respect, tournent leur courant de travers,
Et perdent leur nom d'action.....

Ne croyez pas que j'aie rendu ici l'anglais mot pour mot; malheur aux faiseurs de traductions littérales, qui, traduisant chaque parole, énervent le sens! C'est bien là qu'on peut dire que la lettre tue, et que l'esprit vivifie[2].

Voici encore un passage d'un fameux tragique anglais : c'est Dryden, poëte du temps de Charles II, auteur plus fécond que judicieux, qui aurait une réputation sans mélange, s'il n'avait fait que la dixième partie de ses ouvrages.

Ce morceau commence ainsi :

> When I consider life, 't is all a cheat,
> Yet fool'd by hope men favour the deceit.

De desseins en regrets, et d'erreurs en désirs,
Les mortels insensés promènent leur folie
Dans des malheurs présents, dans l'espoir des plaisirs.
Nous ne vivons jamais, nous attendons la vie.
Demain, demain, dit-on, va combler tous nos vœux;
Demain vient, et nous laisse encor plus malheureux.
Quelle est l'erreur, hélas! du soin qui nous dévore?
Nul de nous ne voudrait recommencer son cours ;
De nos premiers moments nous maudissons l'aurore,
Et de la nuit qui vient nous attendons encore
Ce qu'ont en vain promis les plus beaux de nos jours, etc.

C'est dans ces morceaux détachés que les tragiques anglais ont jusqu'ici excellé; leurs pièces, presque toutes barbares, dépourvues de bienséance, d'ordre, de vraisemblance, ont des lueurs étonnantes au milieu de cette nuit. Le style est trop ampoulé, trop hors de la nature, trop copié des écrivains hébreux si remplis de l'enflure asiatique; mais aussi les échasses du style figuré, sur lesquelles la langue anglaise

---

1. Ce mot latin, qui signifie *tranquille*, est dans l'original ; on s'en servait et l'on s'en sert encore pour exprimer *quitte à quitte*.
2. Saint Paul, *Corinth.*, II, ch. III, v. 6. (Éd.)

Mme la baronne, qui pesait environ trois cent cinquante livres, s'attirait par là une très-grande considération, et faisait les honneurs de la maison avec une dignité qui la rendait encore plus respectable. Sa fille Cunégonde, âgée de dix-sept ans, était haute en couleur, fraîche, grasse, appétissante. Le fils du baron paraissait en tout digne de son père. Le précepteur Pangloss[1] était l'oracle de la maison, et le petit Candide écoutait ses leçons avec toute la bonne foi de son âge et de son caractère.

Pangloss enseignait la métaphysico-théologo-cosmolo-nigologie. Il prouvait admirablement qu'il n'y a point d'effet sans cause, et que, dans ce meilleur des mondes possibles, le château de Mgr le baron était le plus beau des châteaux, et madame la meilleure des baronnes possibles.

« Il est démontré, disait-il, que les choses ne peuvent être autrement; car tout étant fait pour une fin, tout est nécessairement pour la meilleure fin. Remarquez bien que les nez ont été faits pour porter des lunettes; aussi avons-nous des lunettes. Les jambes sont visiblement instituées pour être chaussées, et nous avons des chausses. Les pierres ont été formées pour être taillées et pour en faire des châteaux; aussi monseigneur a un très-beau château : le plus grand baron de la province doit être le mieux logé; et les cochons étant faits pour être mangés, nous mangeons du porc toute l'année : par conséquent, ceux qui ont avancé que tout est bien ont dit une sottise; il fallait dire que tout est au mieux. »

Candide écoutait attentivement, et croyait innocemment; car il trouvait Mlle Cunégonde extrêmement belle, quoiqu'il ne prît jamais la hardiesse de la lui dire. Il concluait qu'après le bonheur d'être né baron de Thunder-ten-tronckh, le second degré de bonheur était d'être Mlle Cunégonde; le troisième, de la voir tous les jours; et le quatrième, d'entendre maître Pangloss, le plus grand philosophe de la province, et par conséquent de toute la terre.

Un jour Cunégonde, en se promenant auprès du château, dans le petit bois qu'on appelait parc, vit entre des broussailles le docteur Pangloss qui donnait une leçon de physique expérimentale à la femme de chambre de sa mère, petite brune très-jolie et très-docile. Comme Mlle Cunégonde avait beaucoup de disposition pour les sciences, elle observa sans souffler les expériences réitérées dont elle fut témoin; elle vit clairement la raison suffisante du docteur, les effets et les causes, et s'en retourna toute agitée, toute pensive, toute remplie du désir d'être savante, songeant qu'elle pourrait bien être la raison suffisante du jeune Candide, qui pouvait aussi être la sienne.

Elle rencontra Candide en revenant au château, et rougit. Candide rougit aussi. Elle lui dit bonjour d'une voix entrecoupée; et Candide lui parla sans savoir ce qu'il disait. Le lendemain, après le dîner, comme on sortait de table, Cunégonde et Candide se trouvèrent derrière un paravent; Cunégonde laissa tomber son mouchoir, Candide

1. De *pan*, tout, et *glossa*, langue. (ÉD.)

le ramassa; elle lui prit innocemment la main; le jeune homme baisa innocemment la main de la jeune demoiselle avec une vivacité, une sensibilité, une grâce toute particulière; leurs bouches se rencontrèrent, leurs yeux s'enflammèrent, leurs genoux tremblèrent, leurs mains s'égarèrent. M. le baron Thunder-ten-tronckh passa auprès du paravent, et, voyant cette cause et cet effet, chassa Candide du château à grands coups de pied dans le derrière. Cunégonde s'évanouit : elle fut souffletée par Mme la baronne dès qu'elle fut revenue à elle-même; et tout fut consterné dans le plus beau et le plus agréable des châteaux possibles.

CHAP. II. — *Ce que devint Candide parmi les Bulgares.*

Candide, chassé du paradis terrestre, marcha longtemps sans savoir où, pleurant, levant les yeux au ciel, les tournant souvent vers le plus beau des châteaux, qui renfermait la plus belle des baronnettes; il se coucha sans souper au milieu des champs entre deux sillons; la neige tombait à gros flocons. Candide, tout transi, se traîna le lendemain vers la ville voisine, qui s'appelle *Valdberghoff-trarbk-dikdorff*, n'ayant point d'argent, mourant de faim et de lassitude. Il s'arrêta tristement à la porte d'un cabaret. Deux hommes habillés de bleu le remarquèrent : « Camarade, dit l'un, voilà un jeune homme très-bien fait, et qui a la taille requise. » Ils s'avancèrent vers Candide, et le prièrent à dîner très-civilement. « Messieurs, leur dit Candide avec une modestie charmante, vous me faites beaucoup d'honneur, mais je n'ai pas de quoi payer mon écot. — Ah! monsieur, lui dit un des bleus, les personnes de votre figure et de votre mérite ne payent jamais rien : n'avez-vous pas cinq pieds cinq pouces de haut? — Oui, messieurs, c'est ma taille, dit-il en faisant la révérence. — Ah! monsieur, mettez-vous à table; non-seulement nous vous défrayerons, mais nous ne souffrirons jamais qu'un homme comme vous manque d'argent; les hommes ne sont faits que pour se secourir les uns les autres. — Vous avez raison, dit Candide; c'est ce que M. Pangloss m'a toujours dit, et je vois bien que tout est au mieux. » On le prie d'accepter quelques écus, il les prend et veut faire son billet; on n'en veut point, on se met à table. « N'aimez-vous pas tendrement...? — Oh! oui, répond-il, j'aime tendrement Mlle Cunégonde. — Non, dit l'un de ces messieurs, nous vous demandons si vous n'aimez pas tendrement le roi des Bulgares? — Point du tout, dit-il, car je ne l'ai jamais vu. — Comment! c'est le plus charmant des rois, et il faut boire à sa santé. — Oh! très-volontiers, messieurs. » Et il boit. « C'en est assez, lui dit-on, vous voilà l'appui, le soutien, le défenseur, le héros des Bulgares; votre fortune est faite, et votre gloire est assurée. » On lui met sur-le-champ les fers aux pieds, et on le mène au régiment. On le fait tourner à droite, à gauche, hausser la baguette, remettre la baguette, coucher en joue, tirer, doubler le pas, et on lui donne trente coups de bâton; le lendemain, il fait l'exercice un peu moins mal, et il ne reçoit que vingt coups; le surlendemain, on ne lui en donne que dix, et il est regardé par ses camarades comme un prodige.

Candide, tout stupéfait, ne démêlait pas encore trop bien comment il était un héros. Il s'avisa un beau jour de printemps de s'aller promener, marchant tout droit devant lui, croyant que c'était un privilége de l'espèce humaine comme de l'espèce animale, de se servir de ses jambes à son plaisir. Il n'eut pas fait deux lieues, que voilà quatre autres héros de six pieds qui l'atteignent, qui le lient, qui le mènent dans un cachot. On lui demanda juridiquement ce qu'il aimait le mieux, d'être fustigé trente-six fois par tout le régiment, ou de recevoir à la fois douze balles de plomb dans la cervelle. Il eut beau dire que les volontés sont libres, et qu'il ne voulait ni l'un ni l'autre, il fallut faire un choix; il se détermina, en vertu du don de Dieu qu'on nomme *liberté*, à passer trente-six fois par les baguettes; il essuya deux promenades. Le régiment était composé de deux mille hommes. Cela lui composa quatre mille coups de baguettes, qui, depuis la nuque du cou jusqu'au cul, lui découvrirent les muscles et les nerfs. Comme on allait procéder à la troisième course, Candide, n'en pouvant plus, demanda en grâce qu'on voulût bien avoir la bonté de lui casser la tête; il obtint cette faveur; on lui bande les yeux; on le fait mettre à genoux. Le roi des Bulgares passe dans ce moment, s'informe du crime du patient; et comme ce roi avait un grand génie, il comprit par tout ce qu'il apprit de Candide, que c'était un jeune métaphysicien fort ignorant des choses de ce monde, et il lui accorda sa grâce avec une clémence qui sera louée dans tous les journaux et dans tous les siècles. Un brave chirurgien guérit Candide en trois semaines avec les émollients enseignés par Dioscoride. Il avait déjà un peu de peau et pouvait marcher, quand le roi des Bulgares livra bataille au roi des Abares.

CHAP. III. — *Comment Candide se sauva d'entre les Bulgares, et ce qu'il devint.*

Rien n'était si beau, si leste, si brillant, si bien ordonné que les deux armées. Les trompettes, les fifres, les hautbois, les tambours, les canons, formaient une harmonie telle qu'il n'y en eut jamais en enfer. Les canons renversèrent d'abord à peu près six mille hommes de chaque côté; ensuite la mousqueterie ôta du meilleur des mondes environ neuf à dix mille coquins qui en infectaient la surface. La baïonnette fut aussi la raison suffisante de la mort de quelques milliers d'hommes. Le tout pouvait bien se monter à une trentaine de mille âmes. Candide, qui tremblait comme un philosophe, se cacha du mieux qu'il put pendant cette boucherie héroïque. Enfin, tandis que les deux rois faisaient chanter des *Te Deum*, chacun dans son camp, il prit le parti d'aller raisonner ailleurs des effets et des causes. Il passa par-dessus des tas de morts et de mourants, et gagna d'abord un village voisin; il était en cendres : c'était un village abare que les Bulgares avaient brûlé, selon les lois du droit public. Ici des vieillards criblés de coups regardaient mourir leurs femmes égorgées, qui tenaient leurs enfants à leurs mamelles sanglantes; là des filles éventrées, après avoir assouvi les besoins naturels de quelques héros, rendaient les derniers soupirs; d'autres à demi brûlées criaient qu'on achevât de leur donner la mort. Des cervelles étaient répandues sur la terre à côté de bras et de jambes coupés.

Candide s'enfuit au plus vite dans un autre village : il appartenait à des Bulgares, et les héros abares l'avaient traité de même. Candide, toujours marchant sur des membres palpitants, ou à travers des ruines, arriva enfin hors du théâtre de la guerre, portant quelques petites provisions dans son bissac, et n'oubliant jamais Mlle Cunégonde. Ses provisions lui manquèrent quand il fut en Hollande; mais ayant entendu dire que tout le monde était riche dans ce pays-là, et qu'on y était chrétien, il ne douta pas qu'on ne le traitât aussi bien qu'il l'avait été dans le château de M. le baron, avant qu'il en eût été chassé pour les beaux yeux de Mlle Cunégonde.

Il demanda l'aumône à plusieurs graves personnages, qui lui répondirent tous que, s'il continuait à faire ce métier, on l'enfermerait dans une maison de correction pour lui apprendre à vivre.

Il s'adressa ensuite à un homme qui venait de parler tout seul une heure de suite sur la charité dans une grande assemblée. Cet orateur le regardant de travers lui dit : « Que venez-vous faire ici? êtes-vous pour la bonne cause? — Il n'y a point d'effet sans cause, répondit modestement Candide; tout est enchaîné nécessairement, et arrangé pour le mieux. Il a fallu que je fusse chassé d'auprès de Mlle Cunégonde, que j'aie passé par les baguettes, et il faut que je demande mon pain, jusqu'à ce que je puisse en gagner; tout cela ne pouvait être autrement. — Mon ami, lui dit l'orateur, croyez-vous que le pape soit l'antechrist? — Je ne l'avais pas encore entendu dire, répondit Candide : mais qu'il le soit ou qu'il ne le soit pas, je manque de pain. — Tu ne mérites pas d'en manger, dit l'autre : va, coquin, va, misérable, ne m'approche de ta vie. » La femme de l'orateur ayant mis la tête à la fenêtre, et avisant un homme qui doutait que le pape fût antechrist, lui répandit sur le chef un plein.... O ciel ! à quel excès se porte le zèle de la religion dans les dames!

Un homme qui n'avait point été baptisé, un bon anabaptiste, nommé Jacques, vit la manière cruelle et ignominieuse dont on traitait ainsi un de ses frères, un être à deux pieds sans plumes, qui avait une âme; il l'amena chez lui, le nettoya, lui donna du pain et de la bière, lui fit présent de deux florins, et voulut même lui apprendre à travailler dans ses manufactures aux étoffes de Perse qu'on fabrique en Hollande. Candide, se prosternant presque devant lui, s'écriait : « Maître Pangloss me l'avait bien dit, que tout est au mieux dans ce monde, car je suis infiniment plus touché de votre extrême générosité que de la dureté de ce monsieur à manteau noir, et de madame son épouse. »

Le lendemain, en se promenant, il rencontra un gueux tout couvert de pustules, les yeux morts, le bout du nez rongé, la bouche de travers, les dents noires, et parlant de la gorge, tourmenté d'une toux violente, et crachant une dent à chaque effort.

que Charles II et sa cour brillante tâchaient de défaire la nation de son humeur noire. Wicherley, auteur de cet ouvrage, était l'amant déclaré de la duchesse de Cléveland, maîtresse du roi. Cet homme, qui passait sa vie dans le plus grand monde, en peignait les ridicules et les faiblesses avec les couleurs les plus fortes. Les traits de la pièce de Wicherley sont plus hardis que ceux de Molière ; mais aussi ils ont moins de finesse et de bienséance. L'auteur anglais a corrigé le seul défaut qui soit dans la pièce de Molière ; ce défaut est le manque d'intrigue et d'intérêt. La pièce anglaise est intéressante, et l'intrigue en est ingénieuse, mais trop hardie pour nos mœurs.

C'est un capitaine de vaisseau plein de valeur, de franchise, et de mépris pour le genre humain. Il a un ami sage et sincère dont il se défie, et une maîtresse dont il est tendrement aimé, sur laquelle il ne daigne pas jeter les yeux ; au contraire il a mis toute sa confiance dans un faux ami qui est le plus indigne homme qui respire, et il a donné son cœur à la plus coquette et à la plus perfide de toutes les femmes. Il est bien assuré que cette femme est une Pénélope, et ce faux ami un Caton. Il part pour s'aller battre contre les Hollandais, et laisse tout son argent, ses pierreries, et tout ce qu'il a au monde, à cette femme de bien, et recommande cette femme elle-même à cet ami fidèle, sur lequel il compte si fort. Cependant le véritable honnête homme dont il se défie tant s'embarque avec lui ; et la maîtresse qu'il n'a pas seulement daigné regarder se déguise en page, et fait le voyage sans que le capitaine s'aperçoive de son sexe de toute la campagne.

Le capitaine, ayant fait sauter son vaisseau dans un combat, revient à Londres, sans secours, sans vaisseau, et sans argent, avec son page et son ami, ne connaissant ni l'amitié de l'un, ni l'amour de l'autre. Il va droit chez la perle des femmes, qu'il compte retrouver avec sa cassette et sa fidélité : il la retrouve mariée avec l'honnête fripon à qui il s'était confié, et on ne lui a pas plus gardé son dépôt que le reste. Mon homme a toutes les peines du monde à croire qu'une femme de bien puisse faire de pareils tours ; mais, pour l'en convaincre mieux, cette honnête dame devient amoureuse du petit page, et veut le prendre à force. Mais comme il faut que justice se fasse, et que dans une pièce de théâtre le vice soit puni et la vertu récompensée, il se trouve à la fin du compte que le capitaine se met à la place du page, couche avec son infidèle, fait cocu son traître ami, lui donne un bon coup d'épée au travers du corps, reprend sa cassette et épouse son page. Vous remarquerez qu'on a encore lardé cette pièce d'une comtesse de Pimbesche, vieille plaideuse, parente du capitaine, laquelle est bien la plus plaisante créature et le meilleur caractère qui soit au théâtre.

Wicherley a encore tiré de Molière une pièce non moins singulière et non moins hardie ; c'est une espèce d'*École des Femmes*.

Le principal personnage de la pièce est un drôle à bonnes fortunes, la terreur des maris de Londres, qui, pour être plus sûr de son fait, s'avise de faire courir le bruit que dans sa dernière maladie les chirurgiens ont trouvé à propos de le faire eunuque. Avec cette belle réputation tous les maris lui amènent leurs femmes, et le pauvre homme n'est plus embarrassé que du choix. Il donne surtout la préférence à une petite campagnarde qui a beaucoup d'innocence et de tempérament, et qui fait son mari cocu avec une bonne foi qui vaut mieux que la malice des dames les plus expertes. Cette pièce n'est pas, si vous voulez, l'école des bonnes mœurs, mais en vérité c'est l'école de l'esprit et du bon comique.

Un chevalier Van Brugh a fait des comédies encore plus plaisantes, mais moins ingénieuses. Ce chevalier était un homme de plaisir ; et, par-dessus cela, poëte et architecte. On prétend qu'il écrivait avec autant de délicatesse et d'élégance qu'il bâtissait grossièrement. C'est lui qui a bâti le fameux château de Blenheim, pesant et durable monument de notre malheureuse bataille d'Hochstedt. Si les appartements étaient seulement aussi larges que les murailles sont épaisses, ce château serait assez commode.

On a mis dans l'épitaphe de Van Brugh qu'on *souhaitait que la terre ne lui fût point légère, attendu que de son vivant il l'avait si inhumainement chargée.* Ce chevalier, ayant fait un tour en France avant la belle guerre de 1701, fut mis à la Bastille, et y resta quelque temps, sans avoir jamais pu savoir ce qui lui avait attiré cette distinction de la part de notre ministère. Il fit une comédie à la Bastille ; et, ce qui est à mon sens fort étrange, c'est qu'il n'y a dans cette pièce aucun trait contre le pays dans lequel il essuya cette violence.

Celui de tous les Anglais qui a porté le plus loin la gloire du théâtre comique est feu M. Congrève. Il n'a fait que peu de pièces, mais toutes sont excellentes dans leur genre. Les règles du théâtre y sont rigoureusement observées. Elles sont pleines de caractères nuancés avec une extrême finesse ; on n'y essuie pas la moindre mauvaise plaisanterie; vous y voyez partout le langage des honnêtes gens avec des actions de fripon; ce qui prouve qu'il connaissait bien son monde, et qu'il vivait dans ce qu'on appelle la bonne compagnie.

Ses pièces sont les plus spirituelles et les plus exactes; celles de Van Brugh, les plus gaies ; et celles de Wicherley, les plus fortes.

Il est à remarquer qu'aucun de ces beaux esprits n'a mal parlé de Molière. Il n'y a que les mauvais auteurs anglais qui aient dit du mal de ce grand homme.

Au reste, ne me demandez pas que j'entre ici dans le moindre détail de ces pièces anglaises dont je suis si grand partisan, ni que je vous rapporte un bon mot ou une plaisanterie des Wicherley et des Congrève; on ne rit point dans une traduction. Si vous voulez connaître la comédie anglaise, il n'y a d'autre moyen pour cela que d'aller à Londres, d'y rester trois ans, d'apprendre bien l'anglais, et de voir la comédie tous les jours. Je n'ai pas grand plaisir en lisant Plaute et Aristophane : pourquoi ? c'est que je ne suis ni Grec ni Romain. La finesse des bons mots, l'allusion, l'à-propos, tout cela est perdu pour un étranger.

Il n'en est pas de même dans la tragédie. Il n'est question chez elle que de grandes passions et de sottises héroïques consacrées par de vieilles erreurs de fable ou d'histoire. *Œdipe, Électre,* appartiennent aux Espagnols, aux Anglais, et à nous, comme aux Grecs. Mais la bonne comédie est la peinture parlante des ridicules d'une nation ; et, si vous ne connaissez pas la nation à fond, vous ne pouvez guère juger de la peinture.

On reproche aux Anglais leur scène souvent ensanglantée et ornée de corps morts; on leur reproche leurs gladiateurs, qui combattent à moitié nus devant de jeunes filles, et qui s'en retournent quelquefois avec un nez et une joue de moins. Ils disent pour leurs raisons qu'ils imitent les Grecs dans l'art de la tragédie, et les Romains dans l'art de couper des nez. Mais leur théâtre est un peu loin de celui des Sophocle et des Euripide; et, à l'égard des Romains, il faut avouer qu'un nez et une joue sont bien peu de chose en comparaison de cette multitude de victimes qui s'égorgeaient mutuellement dans le cirque pour le plaisir des dames romaines.

Ils ont eu quelquefois des danses dans leurs comédies, et ces danses ont été des allégories d'un goût singulier. Le pouvoir despotique et l'état républicain furent représentés en 1709 par une danse tout à fait galante. On voyait d'abord un roi qui, après un entrechat, donnait un grand coup de pied dans le derrière à son premier ministre; celui-ci le rendait à un second, le second à un troisième; et enfin celui qui recevait le dernier coup figurait le gros de la nation, qui ne se vengeait sur personne : le tout se faisait en cadence. Le gouvernement républicain était figuré par une danse ronde, où chacun donnait et recevait également. C'est pourtant là le pays qui a produit des Addison, des Pope, des Locke, et des Newton!

LETTRE XX. — *Sur les seigneurs qui cultivent les lettres.*

Il a été un temps en France où les beaux-arts étaient cultivés par les premiers de l'État. Les courtisans surtout s'en mêlaient, malgré la dissipation, le goût des riens, la passion pour l'intrigue, toutes divinités du pays.

Il me paraît qu'on est actuellement à la cour dans un tout autre goût que celui des lettres[1]; peut-être dans peu de temps la mode de penser reviendra-t-elle : un roi n'a qu'à vouloir; on fait de cette nation-ci tout ce qu'on veut. En Angleterre communément on pense, et les lettres y sont plus en honneur qu'en France. Cet avantage est une suite nécessaire de la forme de leur gouvernement. Il y a à Londres environ huit cents personnes qui ont le droit de parler en public, et de soutenir les intérêts de la nation. Environ cinq ou six mille prétendent au même honneur à leur tour. Tout le reste s'érige en juge de tous ceux-ci, et chacun peut faire imprimer ce qu'il pense sur les affaires publiques; ainsi toute la nation est dans la nécessité de s'instruire. On n'entend parler que des gouvernements d'Athènes et de Rome; il faut bien, malgré qu'on en ait, lire les auteurs qui en ont traité. Cette étude conduit naturellement aux belles-lettres. En général les hommes ont l'esprit de leur état. Pourquoi d'ordinaire nos magistrats, nos avocats,

1. L'auteur écrivait en 1727.

nos médecins, et beaucoup d'ecclésiastiques, ont-ils plus de lettres, de goût, et d'esprit, que l'on n'en trouve dans toutes les autres professions? c'est que réellement leur état est d'avoir l'esprit cultivé, comme celui d'un marchand est de connaître son négoce. Il n'y a pas longtemps qu'un seigneur anglais fort jeune me vint voir à Paris en revenant d'Italie. Il avait fait en vers une description de ce pays-là aussi poliment écrite que tout ce qu'ont fait le comte de Rochester et nos Chaulieu, nos Sarrasin et nos Chapelle.

La traduction que j'en ai faite est si loin d'atteindre à la force et à la bonne plaisanterie de l'original, que je suis obligé d'en demander sérieusement pardon à l'auteur et à ceux qui entendent l'anglais. Cependant, comme je n'ai pas d'autre moyen de faire connaître les vers de milord Harvey, les voici dans ma langue :

> Qu'ai-je donc vu dans l'Italie?
> Orgueil, astuce, et pauvreté,
> Grands compliments, peu de bonté,
> Et beaucoup de cérémonie.
> L'extravagante comédie,
> Que souvent l'inquisition
> Veut qu'on nomme religion [1],
> Mais qu'ici nous nommons folie.
> La nature, en vain bienfaisante,
> Veut enrichir ces lieux charmants :
> Des prêtres la main désolante
> Étouffe ses plus beaux présents.
> Les monsignor, soi-disant grands,
> Seuls dans leurs palais magnifiques,
> Y sont d'illustres fainéants,
> Sans argent et sans domestiques.
> Pour les petits, sans liberté,
> Martyrs du joug qui les domine,
> Ils ont fait vœu de pauvreté,
> Priant Dieu par oisiveté,
> Et toujours jeûnant par famine.
> Ces beaux lieux, du pape bénis,
> Semblent habités par les diables,
> Et les habitants misérables
> Sont damnés dans le paradis.

Je ne suis pas de l'avis de milord Harvey. Il y a des pays en Italie qui sont très-malheureux, parce que des étrangers s'y battent depuis longtemps à qui les gouvernera ; mais il y en a d'autres où l'on n'est ni si gueux ni si sot qu'il le dit.

---

[1]. Il entend sans doute les farces que certains prédicateurs jouent dans les places publiques.

LETTRE XXI. — *Sur le comte de Rochester et M. Waller.*

Tout le monde connaît la réputation du comte de Rochester. M. de Saint-Évremond en a beaucoup parlé; mais il ne nous a fait connaître du fameux Rochester que l'homme de plaisir, l'homme à bonnes fortunes. Je voudrais faire connaître en lui l'homme de génie et le grand poëte. Entre autres ouvrages qui brillaient de cette imagination ardente qui n'appartenait qu'à lui, il a fait quelques satires sur les mêmes sujets que notre célèbre Despréaux avait choisis. Je ne sais rien de plus utile pour se perfectionner le goût que la comparaison des grands génies qui se sont exercés sur les mêmes matières.

Voici comme M. Despréaux parle contre la raison humaine dans sa satire sur l'homme :

    Cependant à le voir, plein de vapeurs légères,
    Soi-même se bercer de ses propres chimères,
    Lui seul de la nature est la base et l'appui,
    Et le dixième ciel ne brille que pour lui.
    De tous les animaux il est, dit-il, le maître;
    Qui pourrait le nier? poursuis-tu. Moi, peut-être....
    Ce maître prétendu qui leur donne des lois,
    Ce roi des animaux, combien a-t-il de rois?

Voici à peu près comme s'exprime le comte de Rochester dans sa satire sur l'homme; mais il faut que le lecteur se ressouvienne toujours que ce sont ici des traductions libres de poëtes anglais, et que la gêne de notre versification et les bienséances délicates de notre langue ne peuvent donner l'équivalent de la licence impétueuse du style anglais.

    Cet esprit que je hais, cet esprit plein d'erreur,
    Ce n'est pas ma raison, c'est la tienne, docteur.
    C'est ta raison frivole, inquiète, orgueilleuse,
    Des sages animaux rivale dédaigneuse,
    Qui croit entre eux et l'ange occuper le milieu,
    Et pense être ici-bas l'image de son Dieu.
    Vil atome importun, qui croit, doute, dispute,
    Rampe, s'élève, tombe, et nie encor sa chute;
    Qui nous dit : « Je suis libre, » en nous montrant ses fers,
    Et dont l'œil trouble et faux croit percer l'univers;
    Allez, révérends fous, bienheureux fanatiques,
    Compilez bien l'amas de vos riens scolastiques.
    Pères de visions et d'énigmes sacrés,
    Auteurs du labyrinthe où vous vous égarez,
    Allez obscurément éclaircir vos mystères,
    Et courez dans l'école adorer vos chimères.
    Il est d'autres erreurs, il est de ces dévots,
    Condamnés par eux-mêmes à l'ennui du repos,
    Ce mystique encloîtré, fier de son indolence,
    Tranquille au sein de Dieu, qu'y peut-il faire? Il pense,

Non, tu ne penses point, tu végètes, tu dors;
Inutile à la terre, et mis au rang des morts,
Ton esprit énervé croupit dans la mollesse :
Réveille-toi, sois homme, et sors de ton ivresse.
L'homme est né pour agir, et tu prétends penser?

Que ces idées soient vraies ou fausses, il est toujours certain qu'elles sont exprimées avec une énergie qui fait le poète.

Je me garderai bien d'examiner la chose en philosophe, et de quitter ici le pinceau pour le compas. Mon unique but dans cette lettre est de faire connaître le génie des poètes anglais.

On a beaucoup entendu parler du célèbre Waller en France. La Fontaine, Saint-Évremond, et Bayle, ont fait son éloge; mais on ne connaît de lui que son nom. Il eut à peu près à Londres la même réputation que Voiture eut à Paris, et je crois qu'il la méritait mieux. Voiture vint dans un temps où l'on sortait de la barbarie, et où l'on était encore dans l'ignorance. On voulait avoir de l'esprit, et on n'en avait pas encore; on cherchait des tours au lieu de pensées : les faux brillants se trouvent plus aisément que les pierres précieuses. Voiture, né avec un génie frivole et facile, fut le premier qui brilla dans cette aurore de la littérature française. S'il était venu après les grands hommes qui ont illustré le siècle de Louis XIV, il aurait été obligé d'avoir plus que de l'esprit. C'en était assez pour l'hôtel de Rambouillet, et non pour la postérité. Despréaux le loue, mais c'est dans ses premières satires; c'est dans le temps où le goût de Despréaux n'était pas encore formé : il était jeune et dans l'âge où l'on juge des hommes par la réputation, et non point par eux-mêmes. D'ailleurs Despréaux était souvent bien injuste dans ses louanges et dans ses censures. Il louait Segrais, que personne ne lit; il insultait Quinault, que tout le monde sait par cœur; et il ne dit rien de La Fontaine. Waller, meilleur que Voiture, n'était pas encore parfait. Ses ouvrages galants respirent la grâce; mais la négligence les fait languir, et souvent les pensées fausses les défigurent. Les Anglais n'était pas encore parvenus de son temps à écrire avec correction. Ses ouvrages sérieux sont pleins d'une vigueur qu'on n'attendrait pas de la mollesse de ses autres pièces. Il a fait un éloge funèbre de Cromwell, qui, avec ses défauts, passe pour un chef-d'œuvre. Pour entendre cet ouvrage, il faut savoir que Cromwell mourut le jour d'une tempête extraordinaire.

La pièce commence ainsi :

Il n'est plus; c'en est fait, soumettons-nous au sort;
Le ciel a signalé ce jour par des tempêtes,
Et la voix du tonnerre, éclatant sur nos têtes,
Vient d'annoncer sa mort.
Par ses derniers soupirs il ébranle cette île,
Cette île que son bras fit trembler tant de fois,
Quand, dans le cours de ses exploits,
Il brisait la tête des rois,
Et soumettait un peuple à son joug seul docile.
Mer, tu t'en es troublée. O mer! tes flots émus

Semblent dire en grondant aux plus lointains rivages
Que l'effroi de la terre, et ton maître, n'est plus.
Tel au ciel autrefois s'envola Romulus,
Tel il quitta la terre au milieu des orages,
Tel d'un peuple guerrier il reçut les hommages ;
Obéi dans sa vie, à sa mort adoré
Son palais fut un temple, etc.

C'est à propos de cet éloge de Cromwell que Waller fit au roi Charles II cette réponse qu'on trouve dans le dictionnaire de Bayle. Le roi, à qui Waller venait, selon l'usage des rois et des poëtes, de présenter une pièce farcie de louanges, lui reprocha qu'il avait fait mieux pour Cromwell. Waller répondit : « Sire, nous autres poëtes, nous réussissons mieux dans les fictions que dans les vérités. » Cette réponse n'était pas si sincère que celle de l'ambassadeur hollandais, qui, lorsque le même roi se plaignait que l'on avait moins d'égards pour lui que pour Cromwell, répondit : « Ah! sire, ce Cromwell était tout autre chose. » Il y a des courtisans, même en Angleterre, et Waller l'était ; mais je ne considère les gens après leur mort que par leurs ouvrages, tout le reste est anéanti pour moi. Je remarque seulement que Waller, né à la cour avec soixante mille livres de rente, n'eut jamais ni le sot orgueil ni la nonchalance d'abandonner son talent. Les comtes de Dorset et de Roscommon, les deux ducs de Buckingham, milord Hallifax, et tant d'autres, n'ont pas cru déroger en devenant de très-grands poëtes et d'illustres écrivains. Leurs ouvrages leur font plus d'honneur que leurs noms. Ils ont cultivé les lettres comme s'ils en eussent attendu leur fortune. Ils ont, de plus, rendu les arts respectables aux yeux du peuple, qui en tout a besoin d'être mené par les grands, et qui pourtant se règle moins sur eux en Angleterre qu'en aucun lieu du monde.

LETTRE XXII. — *Sur M. Pope et quelques autres poëtes fameux.*

On n'imaginait pas en France que Prior, qui vint de la part de la reine Anne donner la paix à Louis-XIV, avant que le baron Bolingbroke vint la signer ; on ne devinait pas, dis-je, que ce plénipotentiaire fût un poëte. La France paya depuis l'Angleterre en même monnaie ; car le cardinal Dubois envoya notre Destouches à Londres, et il ne passa pas plus pour poëte parmi les Anglais que Prior parmi les Français. Le plénipotentiaire Prior était originairement un garçon cabaretier que le comte de Dorset, bon poëte lui-même et un peu ivrogne, rencontra un jour, lisant Horace sur le banc de la taverne ; de même que milord Aila trouva son garçon jardinier lisant Newton. Aila fit du jardinier un bon géomètre[1], et Dorset fit un très-agréable poëte du cabaretier.

1. Ce géomètre s'appelait Stone. Il a donné, sur le calcul intégral, un ouvrage assez médiocre, mais qui, pour le temps où il a été fait, prouvait des connaissances fort étendues. Au reste, il est presque sans exemple que des hommes qui ont commencé tard à s'instruire aient montré de grands talents, quoique

C'est de Prior qu'est l'*Histoire de l'âme* : cette histoire est la plus naturelle qu'on ait faite jusqu'à présent de cet être si bien senti et si mal connu. L'âme est d'abord aux extrémités du corps, dans les pieds et dans les mains des enfants; et de là elle se place insensiblement au milieu du corps dans l'âge de puberté; ensuite elle monte au cœur, et là elle produit les sentiments de l'amour et de l'héroïsme : elle s'élève jusqu'à la tête dans un âge plus mûr; elle y raisonne comme elle peut, et, dans la vieillesse, on ne sait plus ce qu'elle devient : c'est la sève d'un vieil arbre, qui s'évapore et qui ne se répare plus. Peut-être cet ouvrage est-il trop long ; toute plaisanterie doit être courte, et même le sérieux devrait bien être court aussi.

Ce même Prior fit un petit poëme sur la fameuse bataille d'Hochstedt. Cela ne vaut pas son *Histoire de l'âme*; il n'y a de bon que cette apostrophe à Boileau :

Satirique flatteur, toi qui pris tant de peine
Pour chanter que Louis n'a point passé le Rhin.

Notre plénipotentiaire finit par paraphraser en quinze cents vers ces mots attribués à Salomon, que *Tout est vanité*. On en pourrait faire quinze mille sur ce sujet; mais malheur à qui dit tout ce qu'il peut dire.

Enfin, la reine Anne étant morte, le ministère ayant changé, la paix que Prior avait entamée étant en horreur, Prior n'eut de ressource qu'une édition de ses œuvres par une souscription de son parti; après quoi il mourut en philosophe, comme meurt ou croit mourir tout honnête Anglais.

Je voudrais donner aussi quelques idées des poésies de milord Roscommon, de milord Dorset; mais je sens qu'il me faudrait faire un gros livre, et qu'après bien de la peine je ne vous donnerais qu'une idée fort imparfaite de tous ces ouvrages. La poésie est une espèce de musique; il faut l'entendre pour en juger. Quand je vous traduis quelques morceaux de ces poésies étrangères, je vous note imparfaitement leur musique; mais je ne puis exprimer le goût de leur chant.

Il y a un poëme anglais difficile à faire connaître aux étrangers; il s'appelle *Hudibras*. C'est un ouvrage tout comique, et cependant le sujet est la guerre civile du temps de Cromwell. Ce qui a fait verser tant de sang et tant de larmes a produit un poëme qui force le lecteur le plus sérieux à rire; on trouve un exemple de ce contraste dans notre *Satire Ménippée*. Certainement les Romains n'auraient point fait un poëme burlesque sur les guerres de César et de Pompée, et sur les proscriptions d'Octave et d'Antoine. Pourquoi donc les malheurs affreux que causa la ligue en France, et ceux que les guerres du roi et du parlement étalèrent en Angleterre, ont-ils pu fournir des plaisanteries ? c'est qu'au fond il y avait un ridicule caché dans ces querelles funestes.

les efforts dont ils ont en besoin pour s'élever au-dessus de leur éducation supposent de la sagacité et une grande force de tête. Cette observation suffit pour détruire l'opinion exagérée de Rousseau sur l'éducation négative. (*Éd. de Kehl.*)

Les bourgeois de Paris, à la tête de la faction des seize, mêlaient l'impertinence aux horreurs de la faction. Les intrigues des femmes, des légats et des moines, avaient un côté comique, malgré les calamités qu'elles apportèrent. Les disputes théologiques et l'enthousiasme des puritains en Angleterre étaient très-susceptibles de railleries; et ce fond de ridicule bien développé pouvait devenir plaisant, en écartant les horreurs tragiques qui le couvraient. Si la bulle *Unigenitus* faisait répandre du sang, le petit poëme de *Philotanus*[1] n'en serait pas moins convenable au sujet, et on ne pourrait même lui reprocher que de n'être pas aussi gai, aussi plaisant, aussi varié qu'il pouvait l'être, et de ne pas tenir dans le corps de l'ouvrage ce que promet le commencement.

Le poëme d'*Hudibras*, dont je vous parle, semble être un composé de la *Satire Ménippée* et de *Don Quichotte*; il a sur eux l'avantage des vers. Il a celui de l'esprit : la *Satire Ménippée* n'en approche pas; elle n'est qu'un ouvrage très-médiocre; mais à force d'esprit l'auteur d'*Hudibras* a trouvé le secret d'être fort au-dessous de *Don Quichotte*. Le goût, la naïveté, l'art de narrer, celui de bien entremêler les aventures, celui de ne rien prodiguer, valent bien mieux que de l'esprit : aussi *Don Quichotte* est lu de toutes les nations, et *Hudibras* n'est lu que des Anglais.

L'auteur de ce poëme si extraordinaire s'appelait Butler : il était contemporain de Milton, et eut infiniment plus de réputation que lui, parce qu'il était plaisant, et que le poëme de Milton était fort triste. Butler tournait les ennemis du roi Charles II en ridicule, et toute la récompense qu'il en eut fut que le roi citait souvent ses vers. Les combats du chevalier Hudibras furent plus connus que les combats des anges et des diables du *Paradis perdu*; mais la cour d'Angleterre ne traita pas mieux le plaisant Butler, que la cour céleste ne traita le sérieux Milton, et tous deux moururent de faim ou à peu près.

Le héros du poëme de Butler n'était pas un personnage feint, comme le *Don Quichotte* de Michel Cervantes; c'était un chevalier baronnet très-réel, qui avait été un des enthousiastes de Cromwell et un de ses colonels. Il s'appelait sir Samuel Luke. Pour faire connaître l'esprit de ce poëme unique en son genre, il faut retrancher les trois quarts de tout passage qu'on veut traduire; car ce Butler ne finit jamais. J'ai donc réduit à environ quatre-vingts vers les quatre cents premiers vers d'*Hudibras*, pour éviter la prolixité.

> Quand les profanes et les saints
> Dans l'Angleterre étaient aux prises,
> Qu'on se battait pour des églises
> 'ussi fort que pour des catins;
> Lorsque anglicans et puritains
> Faisaient une si rude guerre,
> Et qu'au sortir du cabaret

1. Poëme de Grécourt. (Éd.)

Les orateurs de Nazareth
Allaient battre la caisse en chaire;
Que partout, sans savoir pourquoi
Au nom du ciel, au nom du roi,
Les gens d'armes couvraient la terre,
Alors monsieur le chevalier,
Longtemps oisif, ainsi qu'Achille,
Tout rempli d'une sainte bile,
Suivi de son grand écuyer,
S'échappa de son poulailler,
Avec son sabre et l'Évangile,
Et s'avisa de guerroyer.

Sire Hudibras, cet homme rare,
Etait, dit-on, rempli d'honneur,
Avait de l'esprit et du cœur :
Mais il en était fort avare.
D'ailleurs, par un talent nouveau,
Il était tout propre au barreau,
Ainsi qu'à la guerre cruelle;
Grand sur les bancs, grand sur la selle,
Dans les camps et dans un bureau;
Semblable à ces rats amphibies,
Qui paraissant avoir deux vies
Sont rats de campagne et rats d'eau.
Mais, malgré sa grande éloquence,
Et son mérite, et sa prudence,
Il passa chez quelques savants
Pour être un de ces instruments
Dont les fripons avec adresse
Savent user sans dire mot,
Et qu'ils tournent avec souplesse :
Cet instrument s'appelle un sot.
Ce n'est pas qu'en théologie,
En logique, en astrologie,
Il ne fût un docteur subtil;
En quatre il séparait un fil,
Disputant sans jamais se rendre,
Changeant de thèse tout à coup,
Toujours prêt à parler beaucoup,
Quand il fallait ne pas s'entendre.

D'Hudibras la religion
Etait, tout comme sa raison,
Vide de sens et fort profonde
Le puritanisme divin,
La meilleure secte du monde,
Et qui certes n'a rien d'humain ;
La vraie Église militante,

Qui prêche un pistolet en main,
Pour mieux convertir son prochain
A grands coups de sabre argumente;
Qui promet les célestes biens
Par le gibet et par la corde,
Et damne sans miséricorde
Les péchés des autres chrétiens,
Pour se mieux pardonner les siens;
Secte qui, toujours détruisante,
Se détruit elle-même enfin :
Tel Samson, de sa main puissante,
Brisa le temple philistin ;
Mais il périt par sa vengeance,
Et lui-même il s'ensevelit
Écrasé dans la chute immense
De ce temple qu'il démolit.

Au nez du chevalier antique
Deux grandes moustaches pendaient,
A qui les Parques attachaient
Le destin de la république.
Il les garde soigneusement,
Et si jamais on les arrache,
C'est la chute du parlement :
L'État entier, en ce moment,
Doit tomber avec sa moustache.
Ainsi Taliacotius,
Grand Esculape d'Étrurie,
Répara tous les nez perdus
Par une nouvelle industrie
Il vous prenait adroitement
Un morceau du cul d'un pauvre homme,
L'appliquait au nez proprement;
Enfin il arrivait qu'en somme,
Tout juste à la mort du prêteur,
Tombait le nez de l'emprunteur :
Et souvent dans la même bière,
Par justice et par bon accord,
On remettait au gré du mort
Le nez auprès de son derrière.

Notre grand héros d'Albion,
Grimpé dessus sa haridelle,
Pour venger la religion,
Avait à l'arçon de sa selle
Deux pistolets et du jambon;
Mais il n'avait qu'un éperon.
C'était de tout temps sa manière;
Sachant que si la talonnière

Pique une moitié du cheval,
L'autre moitié de l'animal.
Ne resterait point en arrière.
Voilà donc Hudibras parti ;
Que Dieu bénisse son voyage,
Ses arguments et son parti,
Sa barbe rousse et son courage !

Un homme qui aurait dans l'imagination la dixième partie de l'esprit comique, bon ou mauvais, qui règne dans cet ouvrage, serait encore très-plaisant : mais il se donnerait bien de garde de traduire *Hudibras*. Le moyen de faire rire des lecteurs étrangers des ridicules déjà oubliés chez la nation même où ils ont été célèbres! On ne lit plus le Dante dans l'Europe, parce que tout y est allusion à des faits ignorés : il en est de même d'*Hudibras*. La plupart des railleries de ce livre tombent sur la théologie et les théologiens du temps. Il faudrait à tout moment un commentaire. La plaisanterie expliquée cesse d'être plaisanterie, et un commentateur de bons mots n'est guère capable d'en dire.

Voilà pourquoi on n'entendra jamais bien en France les livres de l'ingénieux docteur Swift, qu'on appelle le Rabelais d'Angleterre. Il a l'honneur d'être prêtre et de se moquer de tout, comme lui ; mais Rabelais n'était pas au-dessus de son siècle, et Swift est fort au-dessus de Rabelais. Notre curé de Meudon, dans son extravagant et inintelligible livre, a répandu une extrême gaieté et une plus grande impertinence ; il a prodigué l'érudition, les ordures et l'ennui. Un bon conte de deux pages est acheté par des volumes de sottises : il n'y a que quelques personnes d'un goût bizarre qui se piquent d'entendre et d'estimer tout cet ouvrage. Le reste de la nation rit des plaisanteries de Rabelais et méprise le livre. On le regarde comme le premier des bouffons ; on est fâché qu'un homme qui avait tant d'esprit en ait fait un si misérable usage, c'est un philosophe ivre qui n'a écrit que dans le temps de son ivresse.

M. Swift est Rabelais dans son bon sens, et vivant en bonne compagnie. Il n'a pas à la vérité la gaieté du premier, mais il a toute la finesse, la raison, le choix, le bon goût, qui manquent à notre curé de Meudon. Ses vers sont d'un goût singulier et presque inimitable ; la bonne plaisanterie est son partage en vers et en prose ; mais, pour le bien entendre, il faut faire un petit voyage dans son pays.

Dans ce pays, qui paraît si étrange à une partie de l'Europe, on n'a point trouvé trop étrange que le révérend Swift, doyen d'une cathédrale, se soit moqué, dans son *Conte du Tonneau*, du catholicisme, du luthéranisme, et du calvinisme : il dit pour ses raisons qu'il n'a pas touché au christianisme. Il prétend avoir respecté le père en donnant cent coups de fouet aux trois enfants ; des gens difficiles ont cru que les verges étaient si longues qu'elles allaient jusqu'au père.

Ce fameux *Conte du Tonneau* est une imitation de l'ancien conte des trois anneaux indiscernables qu'un père légua à ses trois enfants. Ces trois anneaux étaient la religion juive, la chrétienne, et la mahomé-

CHAP. XII. — *Suite des malheurs de la vieille.*

Étonnée et ravie d'entendre la langue de ma patrie, et non moins surprise des paroles que proférait cet homme, je lui répondis qu'il y avait de plus grands malheurs que celui dont il se plaignait; je l'instruisis en peu de mots des horreurs que j'avais essuyées, et je retombai en faiblesse. Il m'emporta dans une maison voisine, me fit mettre au lit, me fit donner à manger, me servit, me consola, me flatta, me dit qu'il n'avait rien vu de si beau que moi, et que jamais il n'avait tant regretté ce que personne ne pouvait lui rendre. « Je suis né à Na-
« ples, me dit-il, on y chaponne deux ou trois mille enfants tous les
« ans; les uns en meurent, les autres acquièrent une voix plus belle que
« celle des femmes, les autres vont gouverner des États[1]. On me fit cette
« opération avec un très-grand succès, et j'ai été musicien de la cha-
« pelle de Mme la princesse de Palestrine. — De ma mère! m'écriai-je.
« — De votre mère! s'écria-t-il en pleurant : quoi vous seriez cette jeune
« princesse que j'ai élevée jusqu'à l'âge de six ans, et qui promettait déjà
« d'être aussi belle que vous êtes? — C'est moi-même; ma mère est à
« quatre cents pas d'ici coupée en quartiers sous un tas de morts.... »

« Je lui contai tout ce qui m'était arrivé; il me conta aussi ses aventures, et m'apprit comment il avait été envoyé chez le roi de Maroc par une puissance chrétienne, pour conclure avec ce monarque un traité par lequel on lui fournirait de la poudre, des canons et des vaisseaux, pour l'aider à exterminer le commerce des autres chrétiens. « Ma
« mission est faite, dit cet honnête eunuque; je vais m'embarquer à
« Ceuta, et je vous ramènerai en Italie. *Ma che sciagura d'essere senza*
« *coglioni!* »

« Je le remerciai avec des larmes d'attendrissement; et au lieu de me mener en Italie, il me conduisit à Alger, et me vendit au dey de cette province. A peine fus-je vendue, que cette peste qui a fait le tour de l'Afrique, de l'Asie, de l'Europe, se déclara dans Alger avec fureur. Vous avez vu des tremblements de terre; mais, mademoiselle, avez-vous jamais eu la peste?

— Jamais, répondit la baronne.

— Si vous l'aviez eue, reprit la vieille, vous avoueriez qu'elle est bien au-dessus d'un tremblement de terre. Elle est fort commune en Afrique; j'en fus attaquée. Figurez-vous quelle situation pour la fille d'un pape, âgée de quinze ans, qui en trois mois de temps avait éprouvé la pauvreté, l'esclavage, avait été violée presque tous les jours, avait vu couper sa mère en quatre, avait essuyé la faim et la guerre, et mourait pestiférée dans Alger! Je n'en mourus pourtant pas; mais mon eunuque et le dey, et presque tout le sérail d'Alger périrent.

« Quand les premiers ravages de cette épouvantable peste furent passés, on vendit les esclaves du dey. Un marchand m'acheta, et me mena à Tunis; il me vendit à un autre marchand qui me revendit à Tripoli; de Tripoli je fus revendue à Alexandrie, et d'Alexandrie revendue à

1. Farinelli, né à Naples en 1705, gouvernait l'Espagne sous Ferdinand VI. (Éd.)

Smyrne ; de Smyrne à Constantinople. J'appartins enfin à un aga des janissaires, qui fut bientôt commandé pour aller défendre Azof contre les Russes qui l'assiégeaient.

« L'aga, qui était un très-galant homme, mena avec lui tout son sérail, et nous logea dans un petit fort sur les Palus-Méotides, gardé par deux eunuques noirs et vingt soldats. On tua prodigieusement de Russes, mais ils nous le rendirent bien : Azof fut mis à feu et à sang[1], et on ne pardonna ni au sexe, ni à l'âge ; il ne resta que notre petit fort ; les ennemis voulurent nous prendre par famine. Les vingt janissaires avaient juré de ne se jamais rendre. Les extrémités de la faim où ils furent réduits les contraignirent à manger nos deux eunuques, de peur de violer leur serment. Au bout de quelques jours ils résolurent de manger les femmes.

« Nous avions un iman très-pieux et très-compatissant, qui leur fit un beau sermon par lequel il leur persuada de ne nous pas tuer tout à fait. « Coupez, leur dit-il, seulement une fesse à chacune de ces dames, « vous ferez très-bonne-chère ; s'il faut y revenir, vous en aurez encore « autant dans quelques jours ; le ciel vous saura gré d'une action si cha- « ritable, et vous serez secourus. »

« Il avait beaucoup d'éloquence ; il les persuada : on nous fit cette horrible opération ; l'iman nous appliqua le même baume qu'on met aux enfants qu'on vient de circoncire : nous étions toutes à la mort.

« A peine les janissaires eurent-ils fait le repas que nous leur avions fourni, que les Russes arrivent sur des bateaux plats ; pas un janissaire ne réchappa. Les Russes ne firent aucune attention à l'état où nous étions. Il y a partout des chirurgiens français : un d'eux qui était fort adroit prit soin de nous, il nous guérit ; et je me souviendrai toute ma vie que quand mes plaies furent bien fermées, il me fit des propositions. Au reste, il nous dit à toutes de nous consoler ; il nous assura que dans plusieurs sièges pareille chose était arrivée, et que c'était la loi de la guerre.

« Dès que mes compagnes purent marcher, on les fit aller à Moscou ; j'échus en partage à un boïard qui me fit sa jardinière, et qui me donnait vingt coups de fouet par jour ; mais ce seigneur ayant été roué au bout de deux ans avec une trentaine de boïards pour quelque tracasserie de cour, je profitai de cette aventure ; je m'enfuis ; je traversai toute la Russie ; je fus longtemps servante de cabaret à Riga, puis à Rostock, à Vismar, à Leipsick, à Cassel, à Utrecht, à Leyde, à la Haye, à Rotterdam ; j'ai vieilli dans la misère et dans l'opprobre, n'ayant que la moitié d'un derrière, me souvenant toujours que j'étais fille d'un pape ; je voulus cent fois me tuer, mais j'aimais encore la vie. Cette faiblesse ridicule est peut-être un de nos penchants les plus funestes ; car y a-t-il rien de plus sot que de vouloir porter continuellement un fardeau qu'on veut toujours jeter par terre ; d'avoir son être en hor-

---

[1]. Les Russes prirent Azof sous Pierre le Grand, en 1696, et la rendirent à la paix, en 1711 ; la reprirent en 1739, la fortifièrent ; mais à la paix de 1739, ils la rendirent après l'avoir démantelée. La prise d'Azof, sous Catherine II est postérieure de dix ans à *Candide*. (*Note de M. Beuchot.*)

reur, et de tenir à son être; enfin de caresser le serpent qui nous dévore, jusqu'à ce qu'il nous ait mangé le cœur?

« J'ai vu dans les pays que le sort m'a fait parcourir, et dans les cabarets où j'ai servi, un nombre prodigieux de personnes qui avaient leur existence en exécration; mais je n'en ai vu que douze qui aient mis volontairement fin à leur misère, trois nègres, quatre Anglais, quatre Génevois, et un professeur allemand nommé Robeck[1]. J'ai fini par être servante chez le Juif don Issachar; il me mit auprès de vous, ma belle demoiselle; je me suis attachée à votre destinée, et j'ai été plus occupée de vos aventures que des miennes. Je ne vous aurais même jamais parlé de mes malheurs, si vous ne m'aviez pas un peu piquée, et s'il n'était d'usage, dans un vaisseau, de conter des histoires pour se désennuyer. Enfin, mademoiselle, j'ai de l'expérience, je connais le monde; donnez-vous un plaisir, engagez chaque passager à vous conter son histoire, et s'il s'en trouve un seul qui n'ait souvent maudit sa vie, qui ne se soit souvent dit à lui-même qu'il était le plus malheureux des hommes, jetez-moi dans la mer la tête la première. »

CHAP. XIII. — *Comment Candide fut obligé de se séparer de la belle Cunégonde et de la vieille.*

La belle Cunégonde, ayant entendu l'histoire de la vieille, lui fit toutes les politesses qu'on devait à une personne de son rang et de son mérite. Elle accepta la proposition; elle engagea tous les passagers, l'un après l'autre, à lui conter leurs aventures. Candide et elle avouèrent que la vieille avait raison. « C'est bien dommage, disait Candide, que le sage Pangloss ait été pendu contre la coutume dans un auto-dafé; il nous dirait des choses admirables sur le mal physique et sur le mal moral qui couvrent la terre et la mer, et je me sentirais assez de force pour oser lui faire respectueusement quelques objections. »

A mesure que chacun racontait son histoire, le vaisseau avançait. On aborda dans Buénos-Ayres. Cunégonde, le capitaine Candide et la vieille allèrent chez le gouverneur don Fernando d'Ibaraa y Figueora y Mascarenes y Lampourdos y Souza. Ce seigneur avait une fierté convenable à un homme qui portait tant de noms. Il parlait aux hommes avec le dédain le plus noble, portant le nez si haut, élevant si impitoyablement la voix, prenant un ton si imposant, affectant une démarche si altière, que tous ceux qui le saluaient étaient tentés de le battre. Il aimait les femmes à la fureur. Cunégonde lui parut ce qu'il avait jamais vu de plus beau. La première chose qu'il fit fut de demander si elle n'était point la femme du capitaine. L'air dont il fit cette question alarma Candide: il n'osa pas dire qu'elle était sa femme, parce qu'en effet elle ne l'était point; il n'osait pas dire que c'était sa sœur, parce qu'elle ne l'était pas non plus; et quoique ce mensonge officieux eût été autrefois très à la mode chez les anciens, et qu'il pût

---

1. Robeck, né à Calmar en Suède, en 1672, se noya volontairement en 1739. (ED.)

être utile aux modernes, son âme était trop pure pour trahir la vérité. « Mlle Cunégonde, dit-il, doit me faire l'honneur de m'épouser, et nous supplions Votre Excellence de daigner faire notre noce. »

Don Fernando d'Ibaraa y Figueora y Mascarenes y Lampourdos y Souza, relevant sa moustache, sourit amèrement, et ordonna au capitaine Candide d'aller faire la revue de sa compagnie. Candide obéit; le gouverneur demeura avec Mlle Cunégonde. Il lui déclara sa passion, lui protesta que, le lendemain, il l'épouserait à la face de l'Église ou autrement, ainsi qu'il plairait à ses charmes. Cunégonde lui demanda un quart d'heure pour se recueillir, pour consulter la vieille et pour se déterminer.

La vieille dit à Cunégonde : « Mademoiselle, vous avez soixante et douze quartiers et pas une obole; il ne tient qu'à vous d'être la femme du plus grand seigneur de l'Amérique méridionale, qui a une très-belle moustache. Est-ce à vous de vous piquer d'une fidélité à toute épreuve? Vous avez été violée par les Bulgares, un juif et un inquisiteur ont eu vos bonnes grâces : les malheurs donnent des droits. J'avoue que, si j'étais à votre place, je ne ferais aucun scrupule d'épouser M. le gouverneur, et de faire la fortune de M. le capitaine Candide. » Tandis que la vieille parlait avec toute la prudence que l'âge et l'expérience donnent, on vit entrer dans le port un petit vaisseau; il portait un alcade et des alguazils; et voici ce qui était arrivé :

La vieille avait très-bien deviné que ce fût un cordelier à la grande manche qui vola l'argent et les bijoux de Cunégonde dans la ville de Badajoz, lorsqu'elle fuyait en hâte avec Candide. Ce moine voulut vendre quelques-unes des pierreries à un joaillier. Le marchand les reconnut pour celles du grand inquisiteur. Le cordelier, avant d'être pendu, avoua qu'il les avait volées : il indiqua les personnes et la route qu'elles prenaient. La fuite de Cunégonde et de Candide était déjà connue. On les suivit à Cadix : on envoya, sans perdre de temps, un vaisseau à leur poursuite. Le vaisseau était déjà dans le port de Buénos-Ayres. Le bruit se répandit qu'un alcade allait débarquer, et qu'on poursuivait les créanciers de Mgr le grand inquisiteur. La prudente vieille vit dans l'instant tout ce qui était à faire. « Vous ne pouvez fuir, dit-elle, à Cunégonde, et vous n'avez rien à craindre; ce n'est pas vous qui avez tué monseigneur; et d'ailleurs le gouverneur, qui vous aime, ne souffrira pas qu'on vous maltraite... demeurez. » Elle court sur-le-champ à Candide : « Fuyez, dit-elle, ou dans une heure vous allez être brûlé. » Il n'y avait pas un moment à perdre.... mais comment se séparer de Cunégonde, et où se réfugier? »

CHAP. XIV. — *Comment Candide et Cacambo furent reçus chez les jésuites du Paraguay.*

Candide avait amené de Cadix un valet tel qu'on en trouve beaucoup sur les côtes d'Espagne et dans les colonies. C'était un quart d'Espagnol né d'un métis, dans le Tucuman. Il avait été enfant de chœur, sacristain, gastelot, moine, facteur, soldat, laquais. Il s'appelait Caet dans les couvents, qu'on déshonore des jeux où de grands princes ont été acteurs, qu'on déclare œuvre du démon des pièces revues par les magistrats les plus sévères, et représentées devant une reine vertueuse; quand, dis-je, des étrangers apprennent cette insolence, cette barbarie gothique, qu'on ose nommer sévérité chrétienne, que voulez-vous qu'ils pensent de notre nation, et comment peuvent-ils concevoir ou que nos lois autorisent un art déclaré si infâme, ou qu'on ose marquer de tant d'infamie un art autorisé par les lois, récompensé par les souverains, cultivé par les plus grands hommes et admiré des nations; et qu'on trouve chez le même libraire l'impertinente déclamation contre nos spectacles, à côté des ouvrages immortels de Corneille, de Racine, de Molière, de Quinault?

LETTRE XXIV. — *Sur les académies.*

Les grands hommes se sont tous formés ou avant les académies ou indépendamment d'elles. Homère et Phidias, Sophocle et Apelle, Virgile et Vitruve, l'Arioste et Michel-Ange, n'étaient d'aucune académie : le Tasse n'eut que des critiques injustes de la Crusca, et Newton ne dut point à la Société royale de Londres ses découvertes sur l'optique, sur la gravitation, sur le calcul intégral et sur la chronologie. A quoi peuvent donc servir les académies? à entretenir le feu que les grands génies ont allumé.

La Société royale de Londres fut formée en 1660, six ans avant notre Académie des sciences. Elle n'a point de récompenses comme la nôtre, mais aussi elle est libre; point de ces distinctions désagréables inventées par l'abbé Bignon, qui distribua l'Académie des sciences en savants qu'on payait et en honoraires qui n'étaient pas savants. La Société de Londres, indépendante et n'étant encouragée que par elle-même, a été composée de sujets qui ont trouvé le calcul de l'infini, les lois de la lumière, celles de la pesanteur, l'aberration des étoiles, le télescope de réflexion, la pompe à feu, le microscope solaire, et beaucoup d'autres inventions aussi utiles qu'admirables. Qu'auraient fait de plus ces grands hommes s'ils avaient été pensionnaires ou honoraires?

Le fameux docteur Swift forma le dessein, dans les dernières années du règne de la reine Anne, d'établir une académie pour la langue, à l'exemple de l'Académie française. Ce projet était appuyé par le comte d'Oxford, grand trésorier, et encore plus par le vicomte Bolingbroke, secrétaire d'État, qui avait le don de parler sur-le-champ dans le parlement avec autant de pureté que Swift écrivait dans son cabinet, et qui aurait été le protecteur et l'ornement de cette académie. Les membres qui la devaient composer étaient des hommes dont les ouvrages dureront autant que la langue anglaise : c'étaient le docteur Swift, M. Prior, que nous avons vu ici ministre public et qui, en Angleterre, a la même réputation que La Fontaine a parmi nous : c'étaient M. Pope, le Boileau d'Angleterre, M. Congrève, qu'on peut en appeler le Molière : plusieurs autres, dont les noms m'échappent ici, auraient tous fait fleurir cette compagnie dans sa naissance. Mais la reine mourut subitement :

les whigs se mirent dans la tête de faire pendre les protecteurs de l'académie ; ce qui, comme vous croyez bien, fut mortel aux belles-lettres. Les membres de ce corps auraient eu un grand avantage sur les premiers qui composèrent l'Académie française. Swift, Prior, Congrève, Dryden, Pope, Addison, etc., avaient fixé la langue anglaise par leurs écrits ; au lieu que Chapelain, Colletet, Cassaigne, Faret, Cotin, nos premiers académiciens, étaient l'opprobre de notre nation, et que leurs noms sont devenus si ridicules, que, si quelque auteur passable avait le malheur de s'appeler aujourd'hui Chapelain ou Cotin, il serait obligé de changer de nom. Il aurait fallu surtout que l'Académie anglaise se fût proposé des occupations toutes différentes de la nôtre. Un jour un bel esprit de ce pays-là me demanda les mémoires de l'Académie française : « Elle n'écrit point de mémoires, lui répondis-je ; mais elle a fait imprimer soixante ou quatre-vingts volumes de compliments. » Il en parcourut un ou deux ; il ne put jamais entendre ce style, quoiqu'il entendît fort bien tous nos bons auteurs. « Tout ce que j'entrevois, me dit-il, dans ces beaux discours, c'est que le récipiendaire ayant assuré que son prédécesseur était un grand homme, que le cardinal de Richelieu était un très-grand homme, le chancelier Séguier un assez grand homme, le directeur lui répond la même chose, et ajoute que le récipiendaire pourrait bien aussi être une espèce de grand homme, et que, pour lui directeur, il n'en quitte pas sa part. »

Il est aisé de voir par quelle fatalité presque tous ces discours académiques ont fait si peu d'honneur à ce corps : *vitium est temporis potius quam hominis*. L'usage s'est insensiblement établi que tout académicien répéterait ces éloges à sa réception. On s'est imposé une espèce de loi d'ennuyer le public. Si on cherche ensuite pourquoi les plus grands génies qui sont entrés dans ce corps ont fait quelquefois les plus mauvaises harangues, la raison en est encore bien aisée ; c'est qu'ils ont voulu briller, c'est qu'ils ont voulu traiter nouvellement une matière tout usée. La nécessité de parler, l'embarras de n'avoir rien à dire et l'envie d'avoir de l'esprit, sont trois choses capables de rendre ridicule même le plus grand homme. Ne pouvant trouver des pensées nouvelles, ils ont cherché des tours nouveaux, et ont parlé sans penser, comme des gens qui mâcheraient à vide, et feraient semblant de manger en périssant d'inanition.

Au lieu que c'est une loi dans l'Académie française de faire imprimer tous ces discours, par lesquels seule elle est connue, ce devrait être une loi de ne les imprimer pas.

L'Académie des belles-lettres s'est proposé un but plus sage et plus utile : c'est de présenter au public un recueil de mémoires remplis de recherches et de critiques curieuses. Ces mémoires sont déjà estimés chez les étrangers. On souhaiterait seulement que quelques matières y fussent plus approfondies, et qu'on n'en eût point traité d'autres. On se serait, par exemple, fort bien passé de je ne sais quelle dissertation sur les prérogatives de la main droite sur la main gauche[1], et de quelques

[1] Par M. Morin. (Éd.)

autres recherches qui, sous un titre moins ridicule, n'en sont guère moins frivoles.

L'Académie des sciences, dans ses recherches plus difficiles et d'une utilité plus sensible, embrasse la connaissance de la nature et la perfection des arts. Il est à croire que des études si profondes et si suivies, des calculs si exacts, des découvertes si fines, des vues si grandes, produiront enfin quelque chose qui servira au bien de l'univers.

C'est dans les siècles les plus barbares que se sont faites les plus utiles découvertes. Il semble que le partage des temps les plus éclairés et des compagnies les plus savantes soit de raisonner sur ce que des ignorants ont inventé. On sait aujourd'hui, après les longues disputes de M. Huygens et de M. Renaud, la détermination de l'angle le plus avantageux d'un gouvernail de vaisseau avec la quille; mais Christophe Colomb avait découvert l'Amérique sans rien soupçonner de cet angle.

Je suis bien loin d'inférer de là qu'il faille s'en tenir seulement à une pratique aveugle; mais il serait heureux que les physiciens et les géomètres joignissent, autant qu'il est possible, la pratique à la spéculation. Faut-il que ce qui fait le plus d'honneur à l'esprit humain soit souvent ce qui est le moins utile? un homme, avec les quatre règles d'arithmétique et du bon sens, devient un grand négociant, un Jacques Cœur, un Delmet, un Bernard; tandis qu'un pauvre algébriste passe sa vie à chercher dans les nombres des rapports et des propriétés étonnantes, mais sans usage, et qui ne lui apprendront pas ce que c'est que le change. Tous les arts sont à peu près dans ce cas; il y a un point passé lequel les recherches ne sont plus que pour la curiosité. Ces vérités ingénieuses et inutiles ressemblent à des étoiles qui, placées trop loin de nous, ne nous donnent point de clarté.

Pour l'Académie française, quel service ne rendrait-elle pas aux lettres, à la langue et à la nation, si au lieu de faire imprimer tous les ans des compliments, elle faisait imprimer les bons ouvrages du siècle de Louis XIV, épurés de toutes les fautes de langage qui s'y sont glissées? Corneille et Molière en sont pleins, La Fontaine en fourmille : celles qu'on ne pourrait pas corriger seraient au moins marquées. L'Europe, qui lit ces auteurs, apprendrait par eux notre langue avec sûreté. Sa pureté serait à jamais fixée. Les bons livres français, imprimés avec ce soin aux dépens du roi, seraient un des plus glorieux monuments de la nation. J'ai ouï dire que M. Despréaux avait fait autrefois cette proposition, et qu'elle a été renouvelée par un homme dont l'esprit, la sagesse et la saine critique sont connus; mais cette idée a eu le sort de beaucoup d'autres projets utiles d'être approuvée et d'être négligée.

Une chose assez singulière, c'est que Corneille, qui écrivit avec assez de pureté et beaucoup de noblesse les premières de ses bonnes tragédies, lorsque la langue commençait à se former, écrivit toutes les autres très-incorrectement et d'un style très-bas, dans le temps que Racine donnait à la langue française tant de pureté, de vraie noblesse, et de grâces, dans le temps que Despréaux la fixait par l'exactitude la plus correcte, par la précision, la force, et l'harmonie. Que l'on compare la *Bérénice* de Racine avec celle de Corneille, on croirait que celui-ci est du temps de Tristan. Il semblait que Corneille négligeât son style à mesure qu'il avait plus besoin de le soutenir, et qu'il n'eût que l'émulation d'écrire au lieu de l'émulation de bien écrire. Non-seulement ses douze ou treize dernières tragédies sont mauvaises; mais le style en est très-mauvais. Ce qui est encore plus étrange, c'est que de notre temps même nous avons eu des pièces de théâtre, des ouvrages de prose et de poésie, composés par des académiciens qui ont négligé leur langue au point qu'on ne trouve pas chez eux dix vers ou dix lignes de suite sans quelque barbarisme. On peut être un très-bon auteur avec quelques fautes, mais non pas avec beaucoup de fautes. Un jour une société de gens d'esprit éclairés compta plus de six cents solécismes intolérables dans une tragédie qui avait eu le plus grand succès à Paris et la plus grande faveur à la cour. Deux ou trois succès pareils suffiraient pour corrompre la langue sans retour, et pour la faire retomber dans son ancienne barbarie, dont les soins assidus de tant de grands hommes l'ont tirée.

TRAITÉ DE MÉTAPHYSIQUE.

(1734.)

INTRODUCTION. — *Doutes sur l'homme.* — Peu de gens s'avisent d'avoir une notion bien entendue de ce que c'est que l'homme. Les paysans d'une partie de l'Europe n'ont guère d'autre idée de notre espèce que celle d'un animal à deux pieds, ayant une peau bise, articulant quelques paroles, cultivant la terre, payant, sans savoir pourquoi, certains tributs à un autre animal qu'ils appellent *roi*, vendant leurs denrées le plus cher qu'ils peuvent, et s'assemblant certains jours de l'année pour chanter des prières dans une langue qu'ils n'entendent point.

Un roi regarde assez toute l'espèce humaine comme des êtres faits pour obéir à lui et à ses semblables. Une jeune Parisienne qui entre dans le monde, n'y voit que ce qui peut servir à sa vanité; et l'idée confuse qu'elle a du bonheur, et le fracas de tout ce qui l'entoure, empêchent son âme d'entendre la voix de tout le reste de la nature. Un jeune Turc, dans le silence du sérail, regarde les hommes comme des êtres supérieurs, obligés par une certaine loi à coucher tous les vendredis avec leurs esclaves; et son imagination ne va pas beaucoup au delà. Un prêtre distingue l'univers entier en ecclésiastiques et en laïques; et il regarde sans difficulté la portion ecclésiastique comme la plus noble, et faite pour conduire l'autre, etc., etc.

Si on croyait que les philosophes eussent des idées plus complètes de la nature humaine, on se tromperait beaucoup : car si vous en exceptez Hobbes, Locke, Descartes, Bayle, et un très-petit nombre d'esprits sages, tous les autres se font une opinion particulière sur l'homme, aussi resserrée que celle du vulgaire, et seulement plus confuse. Demandez au P. Malebranche ce que c'est que l'homme; il vous répondra que c'est une substance faite à l'image de Dieu, fort gâtée depuis le péché originel, cependant plus unie à Dieu qu'à son corps, voyant tout en Dieu, pensant, sentant tout en Dieu.

Pascal regarde le monde entier comme un assemblage de méchants et de malheureux, créés pour être damnés; parmi lesquels cependant Dieu a choisi de toute éternité quelques âmes, c'est-à-dire une sur cinq ou six millions, pour être sauvées.

L'un dit : « L'homme est une âme unie à un corps; et quand le corps est mort, l'âme vit toute seule pour jamais. »

L'autre assure que l'homme est un corps qui pense nécessairement; et l'un ni l'autre ne prouvent ce qu'ils avancent. Je voudrais, dans la recherche de l'homme, me conduire comme je fais dans l'étude de l'astronomie : ma pensée se transporte quelquefois hors du globe de la terre, de dessus laquelle tous les mouvements célestes paraissent irréguliers et confus. Et après avoir observé le mouvement des planètes comme si j'étais dans le soleil, je compare les mouvements apparents que je vois sur la terre avec les mouvements véritables que je verrais si j'étais dans le soleil. De même je vais tâcher, en étudiant l'homme, de me mettre d'abord hors de sa sphère et hors d'intérêt, et de me défaire de tous les préjugés d'éducation, de patrie, et surtout des préjugés de philosophe.

Je suppose, par exemple, que, né avec la faculté de penser et de sentir que j'ai présentement, et n'ayant point la forme humaine, je descends du globe de Mars ou de Jupiter. Je peux porter une vue rapide sur tous les siècles, tous les pays, et par conséquent sur toutes les sottises de ce petit globe.

Cette supposition est aussi aisée à faire, pour le moins, que celle que je fais quand je m'imagine être dans le soleil pour considérer de là les seize planètes qui roulent régulièrement dans l'espace autour de cet astre.

CHAPITRE I. — *Des différentes espèces d'hommes.* — Descendu sur ce petit amas de boue, et n'ayant pas plus de notion de l'homme que l'homme n'en a des habitants de Mars ou de Jupiter, je débarque vers les côtes de l'Océan, dans le pays de la Cafrerie, et d'abord je me mets à chercher un *homme*. Je vois des singes, des éléphants, des nègres, qui semblent tous avoir quelque lueur d'une raison imparfaite. Les uns et les autres ont un langage que je n'entends point, et toutes leurs actions paraissent se rapporter également à une certaine fin. Si je jugeais des choses par le premier effet qu'elles font sur moi, j'aurais du penchant à croire d'abord que de tous ces êtres c'est l'éléphant qui est l'animal raisonnable; mais pour ne rien décider trop légèrement, je prends des petits de ces différentes bêtes; j'examine un enfant nègre de six mois, un petit éléphant, un petit singe, un petit lion, un petit chien; je vois, à n'en pouvoir douter, que ces jeunes animaux ont incomparablement plus de force et d'adresse, qu'ils ont plus d'idées, plus de passions, plus de mémoire que le petit nègre, qu'ils expriment bien plus sensiblement tous leurs désirs; mais au bout de quelque temps le petit nègre a tout autant d'idées qu'eux tous. Je m'aperçois même que ces animaux nègres ont entre eux un langage bien mieux articulé encore, et bien plus variable que celui des autres bêtes. J'ai eu le temps d'apprendre ce langage; et enfin, à force de considérer le petit degré de supériorité qu'ils ont à la longue sur les singes et sur les éléphants, j'ai hasardé de juger, qu'en effet c'est là l'*homme*; et je me suis fait à moi-même cette définition :

L'homme est un animal noir qui a de la laine sur la tête, marchant sur deux pattes, presque aussi adroit qu'un singe, moins fort que les autres animaux de sa taille, ayant un peu plus d'idées qu'eux, et plus de facilité pour les exprimer; sujet d'ailleurs à toutes les mêmes nécessités; naissant, vivant, et mourant tout comme eux.

Après avoir passé quelque temps parmi cette espèce, je passe dans les régions maritimes des Indes orientales. Je suis surpris de ce que je vois : les éléphants, les lions, les singes, les perroquets, n'y sont pas tout à fait les mêmes que dans la Cafrerie, mais l'homme y paraît absolument différent : ils sont d'un beau jaune, n'ont point de laine; leur tête est couverte de grands crins noirs. Ils paraissent avoir sur toutes les choses des idées contraires à celles des nègres. Je suis donc forcé de changer ma définition et de ranger la nature humaine sous deux espèces : la jaune avec des crins, et la noire avec de la laine.

Mais à Batavia, Goa et Surate, qui sont les rendez-vous de toutes les nations, je vois une grande multitude d'Européans qui sont blancs et qui n'ont ni crins ni laine, mais des cheveux blonds fort déliés avec de la barbe au menton. On m'y montre aussi beaucoup d'Américains qui n'ont point de barbe ; voilà ma définition et mes espèces d'hommes bien augmentées.

Je rencontre à Goa une espèce encore plus singulière que toutes celles-ci : c'est un homme vêtu d'une longue soutane noire, et qui se dit fait pour instruire les autres. « Tous ces différents hommes, me dit-il, que vous voyez, sont tous nés d'un même père; » et de là il me conte une longue histoire. Mais ce que me dit cet animal me paraît fort suspect. Je m'informe si un nègre et une négresse, à la laine noire et au nez épaté, font quelquefois des enfants blancs, portant cheveux blancs, et ayant un nez aquilin et des yeux bleus; si des nations sans barbe sont sorties des peuples barbus, et si les blancs et les blanches n'ont jamais produit des peuples jaunes. On me répond que non; que les nègres transplantés, par exemple, en Allemagne ne font que des nègres, à moins que les Allemands ne se chargent de changer l'espèce, et ainsi du reste. On m'ajoute que jamais homme un peu instruit n'a avancé que les espèces non mélangées dégénérassent, et qu'il n'y a guère que l'abbé Dubos qui ait dit cette sottise dans un livre intitulé : *Réflexions sur la peinture et sur la poésie, etc.*

Il me semble alors que je suis assez bien fondé à croire qu'il en est des hommes comme des arbres; que les poiriers, les sapins, les chênes, et les abricotiers ne viennent point d'un même arbre, et que les blancs barbus, les nègres portant laine, les jaunes portant crins, et les hommes sans barbe, ne viennent pas du même homme[1].

CHAPITRE II. — *S'il y a un Dieu.* — Nous avons à examiner ce que c'est que la faculté de penser dans ces espèces d'homme différentes; comment lui viennent ses idées, s'il a une âme distincte du corps, si cette âme est éternelle, si elle est libre, si elle a des vertus et des vices, etc. : mais la plupart de ces idées ont une dépendance de l'existence ou de la non-existence d'un Dieu. Il faut, je crois, commencer par sonder l'abîme de ce grand principe. Dépouillons-nous ici plus que jamais de toute passion et de tout préjugé, et voyons de bonne foi ce que notre raison peut nous apprendre sur cette question : *Y a-t-il un Dieu, n'y en a-t-il pas ?*

1. Toutes ces différentes races d'hommes produisent ensemble des individus capables de perpétuer, ce qu'on ne peut pas dire des arbres d'espèces différentes; mais y a-t-il eu un temps où il n'existait qu'un ou deux individus de chaque espèce? c'est ce que nous ignorons complétement. (*Ed. de Kehl.*)

Je remarque d'abord qu'il y a des peuples qui n'ont aucune connaissance d'un Dieu créateur ; ces peuples, à la vérité, sont barbares, et en très-petit nombre ; mais enfin ce sont des hommes ; et si la connaissance d'un Dieu était nécessaire à la nature humaine, les sauvages hottentots auraient une idée aussi sublime que nous d'un Être suprême. Bien plus, il n'y a aucun enfant chez les peuples policés qui ait dans sa tête la moindre idée d'un Dieu. On la leur imprime avec peine ; ils prononcent le mot de *Dieu* souvent toute leur vie sans y attacher aucune notion fixe ; vous voyez d'ailleurs que les idées de Dieu diffèrent autant chez les hommes que leurs religions et leurs lois ; sur quoi je ne puis m'empêcher de faire cette réflexion. Est-il possible que la connaissance d'un Dieu notre créateur, notre conservateur, notre tout, soit moins nécessaire à l'homme qu'un nez et cinq doigts ? Tous les hommes naissent avec un nez et cinq doigts, et aucun ne naît avec la connaissance de Dieu : que cela soit déplorable ou non, telle est certainement la condition humaine.

Voyons si nous acquérons avec le temps la connaissance d'un Dieu, de même que nous parvenons aux notions mathématiques et à quelques idées métaphysiques. Que pouvons-nous mieux faire, dans une recherche si importante, que de peser ce qu'on peut dire pour et contre, et de nous décider pour ce qui nous paraîtra plus conforme à notre raison ?

Sommaire des raisons en faveur de l'existence de Dieu.

Il y a deux manières de parvenir à la notion d'un être qui préside à l'univers. La plus naturelle et la plus parfaite pour les capacités communes, est de considérer non-seulement l'ordre qui est dans l'univers, mais la fin à laquelle chaque chose paraît se rapporter. On a composé sur cette seule idée beaucoup de gros livres, et tous ces gros livres ensemble ne contiennent rien de plus que cet argument-ci : « Quand je vois une montre dont l'aiguille marque les heures, je conclus qu'un être intelligent a arrangé les ressorts de cette machine, afin que l'aiguille marquât les heures. Ainsi, quand je vois les ressorts du corps humain, je conclus qu'un être intelligent a arrangé ces organes pour être reçus et nourris neuf mois dans la matrice ; que les yeux sont donnés pour voir, les mains pour prendre, etc. » Mais de ce seul argument je ne peux conclure autre chose, sinon qu'il est probable qu'un être intelligent et supérieur a préparé et façonné la matière avec habileté ; mais je ne peux conclure de cela seul que cet être ait fait la matière avec rien, et qu'il soit infini en tout sens. J'ai beau chercher dans mon esprit la connexion de ces idées : « Il est probable que je suis l'ouvrage d'un être plus puissant que moi ; donc cet être existe de toute éternité, donc il a créé tout, donc il est infini, etc. » Je ne vois pas la chaîne qui mène droit à cette conclusion ; je vois seulement qu'il y a quelque chose de plus puissant que moi, et rien de plus.

Le second argument est plus métaphysique, moins fait pour être saisi par les esprits grossiers, et conduit à des connaissances bien plus vastes ; en voici le précis :

J'existe, donc quelque chose existe. Si quelque chose existe, quelque chose a donc existé de toute éternité ; car ce qui est, ou est par lui-même, ou a reçu son être d'un autre. S'il est par lui-même, il est nécessairement, il a toujours été nécessairement, et c'est Dieu ; s'il a reçu son être d'un autre, et ce second d'un troisième, celui dont ce dernier a reçu son être, doit nécessairement être Dieu. Car vous ne pouvez concevoir qu'un être donne l'être à un autre, s'il n'a le pouvoir de créer ; de plus, si vous dites qu'une chose reçoit, je ne dis pas la forme, mais son existence d'une autre chose, et celle-là d'une troisième, cette troisième d'une autre encore, et ainsi en remontant jusqu'à l'infini, vous dites une absurdité. Car tous ces êtres alors n'auront aucune cause de leur existence. Pris tous ensemble, ils n'ont aucune cause externe de leur existence ; pris chacun en particulier, ils n'en ont aucune interne : c'est-à-dire, pris tous ensemble, ils ne doivent leur existence à rien ; pris chacun en particulier, aucun n'existe par soi-même : donc aucun ne peut exister nécessairement.

« Je suis donc réduit à avouer qu'il y a un être qui existe nécessairement par lui-même de toute éternité, et qui est l'origine de tous les autres êtres. De là, il suit essentiellement que cet être est infini en durée, en immensité, en puissance ; car qui peut le borner? « Mais, me direz-vous, le monde matériel est précisément cet être que nous cherchons. » Examinons de bonne foi si la chose est probable.

Si ce monde matériel est existant par lui-même d'une nécessité absolue, c'est une contradiction dans les termes que de supposer que la moindre partie de cet univers puisse être autrement qu'elle est ; car si elle est en ce moment d'une nécessité absolue, ce mot seul exclut toute autre manière d'être : or, certainement cette table sur laquelle j'écris, cette plume dont je me sers, n'ont pas toujours été ce qu'elles sont ; ces pensées que je trace sur le papier n'existaient pas même il y a un moment : donc elles n'existent pas nécessairement. Or, si chaque partie n'existe pas d'une nécessité absolue, il est donc impossible que le tout existe par lui-même. Je produis du mouvement, donc le mouvement n'existait pas auparavant ; donc le mouvement n'est pas essentiel à la matière : donc la matière le reçoit d'ailleurs, donc il y a un Dieu qui le lui donne. De même l'intelligence n'est pas essentielle à la matière ; car un rocher ou du froment ne pensent point. De qui donc les parties de la matière qui pensent et qui sentent auront-elles reçu la sensation et la pensée ? ce ne peut être d'elles-mêmes, puisqu'elles sentent malgré elles ; ce ne peut être de la matière en général, puisque la pensée et la sensation ne sont point de l'essence de la matière : elles ont donc reçu ces dons de la main d'un Être suprême, intelligent, infini, et la cause originaire de tous les êtres.

Voilà en peu de mots les preuves de l'existence d'un Dieu, et le précis de plusieurs volumes : précis que chaque lecteur peut étendre à son gré.

Voici avec autant de brièveté les objections qu'on peut faire à ce système.

Difficultés sur l'existence de Dieu.

1° Si Dieu n'est pas ce monde matériel, il l'a créé (ou bien si vous voulez, il a donné à quelque autre être le pouvoir de le créer, ce qui revient au même) : mais en faisant ce monde, ou il l'a tiré du néant, ou il l'a tiré de son propre être divin. Il ne peut l'avoir tiré du néant qui n'est rien ; il ne peut l'avoir tiré de soi, puisque ce monde en ce cas serait essentiellement partie de l'essence divine : donc je ne puis avoir d'idée de la création, donc je ne dois point admettre la création.

2° Dieu aurait fait ce monde ou nécessairement ou librement : s'il l'a fait par nécessité, il a dû toujours l'avoir fait ; car cette nécessité est éternelle ; donc, en ce cas, le monde serait éternel, et créé, ce qui implique contradiction. Si Dieu l'a fait librement par pur choix, sans aucune raison antécédente, c'est encore une contradiction ; car c'est se contredire que de supposer l'Être infiniment sage faisant tout sans aucune raison qui le détermine, et l'Être infiniment puissant ayant passé une éternité sans faire le moindre usage de sa puissance.

3° S'il paraît à la plupart des hommes qu'un être intelligent a imprimé le sceau de la sagesse sur toute la nature, et que chaque chose semble être faite pour une certaine fin, il est encore plus vrai, aux yeux des philosophes, que tout se fait dans la nature par les lois éternelles, indépendantes et immuables des mathématiques ; la construction et la durée du corps humain sont une suite de l'équilibre des liqueurs et de la force des leviers. Plus on fait de découvertes dans la structure de l'univers, plus on le trouve arrangé, depuis les étoiles jusqu'au ciron, selon les lois mathématiques. Il est donc permis de croire que ces lois ayant opéré par leur nature, il en résulte des effets nécessaires que l'on prend pour les déterminations arbitraires d'un pouvoir intelligent. Par exemple, un champ produit de l'herbe, parce que telle est la nature de son terrain arrosé par la pluie, et non pas parce qu'il y a des chevaux qui ont besoin de foin et d'avoine ; ainsi du reste.

4° Si l'arrangement des parties de ce monde, et tout ce qui se passe parmi les êtres qui ont la vie sentante et pensante, prouvait un Créateur et un maître, il prouverait encore mieux un être barbare : car si l'on admet des causes finales, on sera obligé de dire que Dieu, infiniment sage et infiniment bon, a donné la vie à toutes les créatures pour être dévorées les unes par les autres. En effet, si l'on considère tous les animaux, on verra que chaque espèce a un instinct irrésistible qui la force à détruire une autre espèce. À l'égard des misères de l'homme, il y a de quoi faire des reproches à la Divinité pendant toute notre vie. On a beau nous dire que la sagesse et la bonté de Dieu ne sont point faites comme les nôtres ; cet argument ne sera d'aucune force sur l'esprit de bien des gens, qui répondront qu'ils ne peuvent juger de la justice que par l'idée même qu'on suppose que Dieu leur en a donnée, que l'on ne peut mesurer qu'avec la mesure que l'on a, et qu'il est aussi impossible que nous ne croyions pas très-barbare un être qui se conduirait comme un homme barbare, qu'il est impossible que nous ne pensions pas qu'un être quelconque a six pieds, quand nous l'avons mesuré avec une toise, et qu'il nous paraît avoir cette grandeur.

« Si on nous réplique, ajouteront-ils, que notre mesure est fautive, on nous dira une chose qui semble impliquer contradiction; car c'est Dieu lui-même qui nous aura donné cette fausse idée : donc Dieu ne nous aura faits que pour nous tromper. Or, c'est dire qu'un être qui ne peut avoir que des perfections jette ses créatures dans l'erreur, qui est, à proprement parler, la seule imperfection ; c'est visiblement se contredire. » Enfin, les matérialistes finiront par dire : « Nous avons moins d'absurdités à dévorer dans le système de l'athéisme que dans celui du déisme : car d'un côté il faut, à la vérité, que nous concevions éternel et infini ce monde que nous voyons; mais de l'autre il faut que nous imaginions un autre être infini et éternel, et que nous y ajoutions la création, dont nous ne pouvons avoir d'idée. Il nous est donc plus facile, concluront-ils, de ne pas croire un Dieu que de le croire. »

Réponse à ces objections.

Les arguments contre la création se réduisent à montrer qu'il nous est impossible de la concevoir, c'est-à-dire d'en concevoir la manière, mais non pas qu'elle soit impossible en soi : car, pour que la création fût impossible, il faudrait d'abord prouver qu'il est impossible qu'il y ait un Dieu ; mais, bien loin de prouver cette impossibilité, on est obligé de reconnaître qu'il est impossible qu'il n'existe pas. Cet argument, qu'il faut qu'il y ait hors de nous un être infini, éternel, immense, tout-puissant, libre, intelligent, et les ténèbres qui accompagnent cette lumière, ne servent qu'à montrer que cette lumière existe; car de cela même qu'un être infini nous est démontré, il nous est démontré aussi qu'il doit être impossible à un être fini de le comprendre.

Il me semble qu'on ne peut faire que des sophismes et dire des absurdités quand on veut s'efforcer de nier la nécessité d'un être existant par lui-même, ou lorsqu'on veut soutenir que la matière est cet être. Mais lorsqu'il s'agit d'établir et de discuter les attributs de cet être, dont l'existence est démontrée, c'est tout autre chose.

Les maîtres dans l'art de raisonner, les Locke, les Clarke, nous disent : « Cet être est un être intelligent; car celui qui a tout produit doit avoir toutes les perfections qu'il a mises dans ce qu'il a produit, sans quoi l'effet serait plus parfait que la cause ; » ou bien d'une autre manière : « Il y aurait dans l'effet une perfection qui n'aurait été produite par rien, ce qui est visiblement absurde. Donc, puisqu'il y a des êtres intelligents, et que la matière n'a pu se donner la faculté de penser, il faut que l'être existant par lui-même, que Dieu soit un être intelligent. » Mais ne pourrait-on pas rétorquer cet argument et dire : Il faut que Dieu soit matière, » puisqu'il y a des êtres matériels; car, sans cela, la matière n'aura été produite par rien, et une cause aura produit un effet dont le principe n'était pas en elle ? On a cru éluder cet argument en glissant le mot perfection ; M. Clarke semble l'avoir prévenu, mais il n'a pas osé le mettre dans tout son jour; il se fait seulement cette objection : « On dira que Dieu a bien communiqué la divisibilité et la figure à la matière, quoiqu'il ne soit ni figuré ni divisible. » Et il fait à cette objection une réponse très-solide et très-aisée, c'est que la divisibilité, la figure, sont des qualités négatives et des limitations; et que, quoiqu'une cause ne puisse communiquer à son effet aucune perfection qu'elle n'a pas, l'effet peut cependant avoir, et doit nécessairement avoir des limitations, des imperfections que la cause n'a pas. Mais qu'eût répondu M. Clarke à celui qui lui aurait dit : « La matière n'est point un être négatif, une limitation, une imperfection; c'est un être réel, positif, qui a ses attributs tout comme l'esprit; or, comment Dieu aura-t-il pu produire un être matériel, s'il n'est pas matériel? » Il faut donc, ou que vous vous avouiez que la cause peut communiquer quelque chose de positif qu'elle n'a pas, ou que la matière n'a point de cause de son existence; ou enfin que vous souteniez que la matière est une pure négation et une limitation; ou bien, si ces trois parties sont absurdes, il faut que vous avouiez que l'existence des êtres intelligents ne prouve pas plus que l'être existant par lui-même est un être intelligent, que l'existence des êtres matériels ne prouve que l'être existant par lui-même est matière; car la chose est absolument semblable. On dira la même chose du mouvement. A l'égard du mot de *perfection*, on en abuse ici visiblement; car, qui osera dire que la matière est une imperfection, et la pensée une perfection? Je ne crois pas que personne ose décider ainsi de l'essence des choses. Et puis, que veut dire *perfection?* Est-ce perfection par rapport à Dieu, ou par rapport à nous?

Je sais que l'on peut dire que cette opinion ramènerait au spinosisme; à cela je pourrais répondre que je n'y puis que faire, et que mon raisonnement, s'il est bon, ne peut devenir mauvais par les conséquences qu'on peut en tirer. Mais, de plus, rien ne serait plus faux que cette conséquence; car cela prouverait seulement que notre intelligence ne ressemble pas plus à l'intelligence de Dieu, que notre manière d'être étendu ne ressemble à la manière dont Dieu remplit l'espace. Dieu n'est point dans le cas des causes que nous connaissons; il a pu créer l'esprit et la matière, sans être ni matière ni esprit; ni l'un ni l'autre ne dérivent de lui, mais sont créés par lui. Je ne connais pas le *quomodo*, il est vrai : j'aime mieux m'arrêter que m'égarer; son existence m'est démontrée; mais pour ses attributs et son essence, il m'est, je crois, démontré que je ne suis pas fait pour les comprendre.

Dire que Dieu n'a pu faire ce monde ni nécessairement ni librement, n'est qu'un sophisme qui tombe de lui-même dès qu'on a prouvé qu'il y a un Dieu et que le monde n'est pas Dieu; et cette objection se réduit seulement à ceci : « Je ne puis comprendre que Dieu ait créé l'univers plutôt dans un temps que dans un autre; donc il ne l'a pu créer. » C'est comme si l'on disait : « Je ne puis comprendre pourquoi un tel homme ou un tel cheval n'a pas existé mille ans auparavant; donc leur existence est impossible. » De plus, la volonté libre de Dieu est une raison suffisante du temps dans lequel il a voulu créer le monde. Si Dieu

— O Pangloss! s'écria Candide, tu n'avais pas deviné cette abomination; c'en est fait, il faudra qu'à la fin je renonce à ton optimisme. — Qu'est-ce qu'optimisme? disait Cacambo. — Hélas! dit Candide, c'est la rage de soutenir que tout est bien quand on est mal; » et il versait des larmes en regardant son nègre; et en pleurant, il entra dans Surinam.

La première chose dont ils s'informent, c'est s'il n'y a point au port quelque vaisseau qu'on pût envoyer à Buénos-Ayres. Celui à qui ils s'adressèrent était justement un patron espagnol qui s'offrit à faire avec eux un marché honnête. Il leur donna rendez-vous dans un cabaret. Candide et le fidèle Cacambo allèrent l'y attendre avec leurs deux moutons.

Candide, qui avait le cœur sur les lèvres, conta à l'Espagnol toutes ses aventures, et lui avoua qu'il voulait enlever Mlle Cunégonde. « Je me garderai bien de vous passer à Buénos-Ayres, dit le patron : je serais pendu, et vous aussi; la belle Cunégonde est la maîtresse favorite de monseigneur. » Ce fut un coup de foudre pour Candide, il pleura longtemps; enfin il tira à part Cacambo. « Voici, mon cher ami, lui dit-il, ce qu'il faut que tu fasses : nous avons chacun dans nos poches pour cinq ou six millions de diamants, tu es plus habile que moi; va prendre Mlle Cunégonde à Buénos-Ayres. Si le gouverneur fait quelque difficulté, donne-lui un million; s'il ne se rend pas, donne-lui en deux; tu n'as point tué d'inquisiteur, on ne se défiera point de toi. J'équiperai un autre vaisseau, j'irai t'attendre à Venise : c'est un pays libre où l'on n'a rien à craindre ni des Bulgares, ni des Abares, ni des juifs, ni des inquisiteurs. » Cacambo applaudit à cette sage résolution. Il était au désespoir de se séparer d'un bon maître devenu son ami intime; mais le plaisir de lui être utile l'emporta sur la douleur de le quitter. Ils s'embrassèrent en versant des larmes. Candide lui recommanda de ne point oublier la bonne vieille. Cacambo partit dès le jour même : c'était un très-bon homme que ce Cacambo.

Candide resta encore quelque temps à Surinam, et attendit qu'un autre patron voulût le mener en Italie, lui et les deux moutons qui lui restaient. Il prit des domestiques, et acheta tout ce qui lui était nécessaire pour un long voyage; enfin M. Vanderdendur, maître d'un gros vaisseau, vint se présenter à lui. « Combien voulez-vous, demanda-t-il à cet homme, pour me mener en droiture à Venise, moi, mes gens, mon bagage et les deux moutons que voilà? » Le patron s'accorda à dix mille piastres : Candide n'hésita pas.

« Oh! oh! dit à part soi le prudent Vanderdendur, cet étranger donne dix mille piastres tout d'un coup! il faut qu'il soit bien riche. » Puis, revenant un moment après, il signifia qu'il ne pouvait partir à moins de vingt mille. « Eh bien! vous les aurez, dit Candide.

—Ouais, se dit tout bas le marchand, cet homme donne vingt mille piastres aussi aisément que dix mille. » Il revint encore, et dit qu'il ne pouvait le conduire à Venise à moins de trente mille piastres. « Vous en aurez donc trente mille, répondit Candide.

— Oh! oh! se dit encore le marchand hollandais, trente mille piastres ne coûtent rien à cet homme-ci; sans doute les deux moutons portent des trésors immenses; n'insistons pas davantage : faisons-nous d'abord payer les trente mille piastres, et puis nous verrons. » Candide vendit deux petits diamants, dont le moindre valait plus que tout l'argent que demandait le patron. Il le paya d'avance. Les deux moutons furent embarqués. Candide suivait dans un petit bateau pour joindre le vaisseau à la rade; le patron prend son temps, met à la voile, démarre; le vent le favorise. Candide éperdu et stupéfait le perd bientôt de vue. « Hélas! cria-t-il, voilà un tour digne de l'ancien monde. » Il retourne au rivage, abîmé dans la douleur; car enfin il avait perdu de quoi faire la fortune de vingt monarques.

Il se transporte chez le juge hollandais; et, comme il était un peu troublé, il frappe rudement à la porte; il entre, expose son aventure, et crie un peu plus haut qu'il ne convenait. Le juge commença par lui faire payer dix mille piastres pour le bruit qu'il avait fait : ensuite il l'écouta patiemment, lui promit d'examiner son affaire sitôt que le marchand serait revenu, et se fit payer dix mille autres piastres pour les frais de l'audience.

Ce procédé acheva de désespérer Candide; il avait à la vérité essuyé des malheurs mille fois plus douloureux; mais le sang-froid du juge, et celui du patron dont il était volé, alluma sa bile, et le plongea dans une noire mélancolie. La méchanceté des hommes se présentait à son esprit dans toute sa laideur, il ne se nourrissait que d'idées tristes. Enfin un vaisseau français étant sur le point de partir pour Bordeaux, comme il n'avait plus de moutons chargés de diamants à embarquer, il loua une chambre du vaisseau à juste prix, et fit signifier dans la ville qu'il payerait le passage, la nourriture, et donnerait deux mille piastres à un honnête homme qui voudrait faire le voyage avec lui, à condition que cet homme serait le plus dégoûté de son état et le plus malheureux de la province.

Il se présenta une foule de prétendants qu'une flotte n'aurait pu contenir. Candide voulant choisir entre les plus apparents, il distingua une vingtaine de personnes qui lui paraissaient sociables, et qui toutes prétendaient mériter la préférence. Il les assembla dans son cabaret, et leur donna à souper, à condition que chacun ferait serment de raconter fidèlement son histoire, promettant de choisir celui qui lui paraîtrait le plus à plaindre et le plus mécontent de son état, à plus juste titre, et de donner aux autres quelques gratifications.

La séance dura jusqu'à quatre heures du matin. Candide, en écoutant toutes leurs aventures, se ressouvenait de ce que lui avait dit la vieille en allant à Buénos-Ayres, et de la gageure qu'elle avait faite, qu'il n'y avait personne sur le vaisseau à qui il ne fût arrivé de très-grands malheurs. Il songeait à Pangloss à chaque aventure qu'on lui contait. « Ce Pangloss, disait-il, serait bien embarrassé à démontrer son système. Je voudrais qu'il fût ici. Certainement, si tout va bien, c'est dans Eldorado, et non pas dans le reste de la terre. » Enfin il se détermina en faveur d'un pauvre savant qui avait travaillé dix ans pour les libraires à Amsterdam. Il jugea qu'il n'y avait point de métier au monde dont on dût être plus dégoûté.

Ce savant, qui était d'ailleurs un bon homme, avait été volé par sa femme, battu par son fils, et abandonné de sa fille, qui s'était fait enlever par un Portugais. Il venait d'être privé d'un petit emploi duquel il subsistait; et les prédicants de Surinam le persécutaient, parce qu'ils le prenaient pour un socinien. Il faut avouer que les autres étaient pour le moins aussi malheureux que lui; mais Candide espérait que le savant le désennuierait dans le voyage. Tous ses autres rivaux trouvèrent que Candide leur faisait une grande injustice, mais il les apaisa en leur donnant à chacun cent piastres.

CHAP. XX. — *Ce qui arriva, sur mer, à Candide et à Martin.*

Le vieux savant, qui s'appelait Martin, s'embarqua donc pour Bordeaux avec Candide. L'un et l'autre avaient beaucoup vu et beaucoup souffert; et quand le vaisseau aurait dû faire voile de Surinam au Japon par le cap de Bonne-Espérance, ils auraient eu de quoi s'entretenir du mal moral et du mal physique pendant tout le voyage.

Cependant Candide avait un grand avantage sur Martin; c'est qu'il espérait toujours revoir Mlle Cunégonde, et que Martin n'avait rien à espérer; de plus, il avait de l'or et des diamants; et, quoiqu'il eût perdu cent gros moutons rouges chargés des plus grands trésors de la terre; quoiqu'il eût toujours sur le cœur la friponnerie du patron hollandais; cependant, quand il songeait à ce qui lui restait dans ses poches, et quand il parlait de Cunégonde, surtout à la fin du repas, il penchait alors pour le système de Pangloss.

« Mais vous, monsieur Martin, dit-il au savant, que pensez-vous de tout cela? quelle est votre idée sur le mal moral et le mal physique? — Monsieur, répondit Martin, mes prêtres m'ont accusé d'être socinien, mais la vérité du fait est que je suis manichéen [1]. — Vous vous moquez de moi, dit Candide : il n'y a plus de manichéens dans le monde. — Il y a moi, dit Martin : je ne sais qu'y faire, mais je ne peux penser autrement. — Il faut que vous ayez le diable au corps, dit Candide. — Il se mêle si fort des affaires de ce monde, dit Martin, qu'il pourrait bien être dans mon corps, comme partout ailleurs : mais je vous avoue qu'en jetant la vue sur ce globe, ou plutôt sur ce globule, je pense que Dieu l'a abandonné à quelque être malfaisant : j'en excepte toujours Eldorado. Je n'ai guère vu de ville qui ne désirât la ruine de la ville voisine, point de famille qui ne voulût exterminer quelque autre famille. Partout les faibles ont en exécration les puissants devant lesquels ils rampent, et les puissants les traitent comme des troupeaux dont on vend la laine et la chair. Un million d'assassins enrégimentés, courant d'un bout de l'Europe à l'autre, exerce le meurtre et le brigandage avec discipline, pour gagner son pain, parce qu'il n'a pas de métier plus honnête; et, dans les villes qui paraissent jouir de la paix, et où les arts fleurissent, les hommes sont dévorés de plus d'envie, de

1. Les Sociniens rejettent les mystères. Les manichéens admettent un bon et un mauvais principe. (ED.)

soins et d'inquiétudes qu'une ville assiégée n'éprouve de fléaux. Les chagrins secrets sont encore plus cruels que les misères publiques. En un mot, j'en ai tant vu et tant éprouvé, que je suis manichéen.

— Il y a pourtant du bon, répliqua Candide.—Cela peut être, disait Martin; mais je ne le connais pas. »

Au milieu de cette dispute, on entendit un bruit de canon. Le bruit redouble de moment en moment. Chacun prend sa lunette. On aperçoit deux vaisseaux qui combattaient à la distance d'environ trois milles : le vent les amena l'un et l'autre si près du vaisseau français, qu'on eut le plaisir de voir le combat tout à son aise. Enfin l'un des deux vaisseaux lâcha à l'autre une bordée si bas et si juste, qu'il le coula à fond. Candide et Martin aperçurent distinctement une centaine d'hommes sur le tillac du vaisseau qui s'enfonçait; ils levaient tous les mains au ciel, et jetaient des clameurs effroyables.... en un moment tout fut englouti.

« Eh bien! dit Martin, voilà comme les hommes se traitent les uns les autres.—Il est vrai, dit Candide, qu'il y a quelque chose de diabolique dans cette affaire. » En parlant ainsi, il aperçut je ne sais quoi d'un rouge éclatant qui nageait auprès de son vaisseau. On détacha la chaloupe pour voir ce que ce pouvait être : c'était un de ses moutons. Candide eut plus de joie de retrouver ce mouton qu'il n'avait été affligé d'en perdre cent tout chargés de gros diamants d'Eldorado. Le capitaine français aperçut bientôt que le capitaine du vaisseau submergeant était espagnol, et que celui du vaisseau submergé était un pirate hollandais; c'était celui-là même qui avait volé Candide. Les richesses immenses dont ce scélérat s'était emparé furent ensevelies avec lui dans la mer, et il n'y eut qu'un mouton de sauvé. « Vous voyez, dit Candide à Martin, que le crime est puni quelquefois : ce coquin de patron hollandais a eu le sort qu'il méritait. — Oui, dit Martin; mais fallait-il que les passagers qui étaient sur son vaisseau périssent aussi ? Dieu a puni ce fripon, le diable a noyé les autres. »

Cependant le vaisseau français et l'espagnol continuèrent leur route, et Candide continua ses conversations avec Martin. Ils disputèrent quinze jours de suite, et, au bout de quinze jours, ils étaient aussi avancés que le premier; mais enfin, ils parlaient, ils se communiquaient des idées, ils se consolaient. Candide caressait son mouton. « Puisque je t'ai retrouvé, dit-il, je pourrai bien retrouver Cunégonde. »

CHAP. XXI. — *Candide et Martin approchent des côtes de France, et raisonnent.*

On aperçut enfin les côtes de France. « Avez-vous jamais été en France, monsieur Martin? dit Candide. — Oui, dit Martin; j'ai parcouru plusieurs provinces. Il y en a où la moitié des habitants est folle, quelques-unes où l'on est trop rusé, d'autres où l'on est communément assez doux et assez bête, d'autres où l'on fait le bel esprit, et, dans toutes, la principale occupation est l'amour, la seconde de méde savoir comment nous pensons, par la même raison qu'il nous est impossible d'avoir l'idée d'un sixième sens; c'est parce qu'il nous manque des organes qui enseignent ces idées. Voilà pourquoi ceux qui ont eu la hardiesse d'imaginer un système sur la nature de l'âme et de nos conceptions, ont été obligés de supposer l'opinion absurde des idées innées, se flattant que, parmi les prétendues idées métaphysiques descendues du ciel dans notre esprit, il s'en trouverait quelques-unes qui découvriraient ce secret impénétrable.

De tous les raisonneurs hardis qui se sont perdus dans la profondeur de ces recherches, le P. Malebranche est celui qui a paru s'égarer de la façon la plus sublime.

Voici à quoi se réduit son système qui a fait tant de bruit :

Nos perceptions, qui nous viennent à l'occasion des objets, ne peuvent être causées par ces objets mêmes, qui certainement n'ont pas en eux la puissance de donner un sentiment; elles ne viennent pas de nous-mêmes, car nous sommes, à cet égard, aussi impuissants que ces objets; il faut donc que ce soit Dieu qui nous les donne. Or Dieu est le lien des esprits, et les esprits subsistent en lui; donc c'est en lui que nous avons nos idées, et que nous voyons toutes choses.

Or, je demande à tout homme qui n'a point d'enthousiasme dans la tête, quelle notion claire ce dernier raisonnement nous donne.

Je demande ce que veut dire *Dieu est le lien des esprits ?* et quand même ces mots *sentir et voir tout en Dieu* formeraient en nous une idée distincte, je demande ce que nous y gagnerions, et en quoi nous serions plus savants qu'auparavant.

Certainement, pour réduire le système du P. Malebranche à quelque chose d'intelligible, on est obligé de recourir au spinosisme, d'imaginer que le total de l'univers est Dieu, que ce Dieu agit dans tous les êtres, sent dans les bêtes, pense dans les hommes, végète dans les arbres, est pensée et caillou, a toutes les parties de lui-même détruites à tout moment, et enfin toutes les absurdités qui découlent nécessairement de ce principe.

Les égarements de tous ceux qui ont voulu approfondir ce qui est impénétrable pour nous doivent nous apprendre à ne pas vouloir franchir les limites de notre nature. La vraie philosophie est de savoir s'arrêter où il faut, et de ne jamais marcher qu'avec un guide sûr.

Il reste assez de terrain à parcourir sans voyager dans les espaces imaginaires. Contentons-nous donc de savoir par l'expérience, appuyée du raisonnement, seule source de nos connaissances, que nos sens sont les portes par lesquelles toutes les idées entrent dans notre entendement; et ressouvenons-nous bien qu'il nous est absolument impossible de connaître le secret de cette mécanique, parce que nous n'avons point d'instruments proportionnés à ses ressorts.

CHAPITRE IV. — *Qu'il y a en effet des objets extérieurs.* — On n'aurait point songé à traiter cette question, si les philosophes n'avaient cherché à douter des choses les plus claires, comme ils se sont flattés de connaître les plus douteuses.

« Nos sens nous font avoir des idées, disent-ils; mais peut-être que notre entendement reçoit ces perceptions sans qu'il y ait aucun objet au dehors. Nous savons que, pendant le sommeil, nous voyons et nous sentons des choses qui n'existent pas : peut-être notre vie est-elle un songe continuel, et la mort sera le moment de notre réveil, ou la fin d'un songe auquel nul réveil ne succédera.

« Nos sens nous trompent dans la veille même; la moindre altération dans nos organes nous fait voir quelquefois des objets et entendre des sons dont la cause n'est que dans le dérangement de notre corps : il est donc très-possible qu'il nous arrive toujours ce qui nous arrive quelquefois. »

Ils ajoutent que quand nous voyons un objet, nous apercevons une couleur, une figure; nous entendons des sons, et il nous a plu de nommer tout cela *les modes de cet objet*; mais la substance de cet objet, quelle est-elle ? c'est là en effet que l'objet échappe à notre imagination : ce que nous nommons si hardiment *la substance* n'est en effet que l'assemblage de ces modes. Dépouillez cet arbre de cette couleur, de cette configuration qui vous donnait l'idée d'un arbre, que lui restera-t-il ? Or ce que j'ai appelé *modes*, ce n'est autre chose que mes perceptions. Je puis bien dire : *J'ai idée de la couleur verte et d'un corps tellement configuré;* mais je n'ai aucune preuve que ce corps et cette couleur existent : voilà ce que dit Sextus Empiricus, et à quoi il ne peut trouver de réponse.

Accordons pour un moment à ces messieurs encore plus qu'ils ne demandent : ils prétendent qu'on ne peut leur prouver qu'il y a des corps; passons-leur qu'ils prouvent eux-mêmes qu'il n'y a point de corps. Que s'ensuivra-t-il là ? nous conduirons-nous autrement dans notre vie ? aurons-nous des idées différentes sur rien ? il faudra seulement changer un mot dans ses discours. Lorsque, par exemple, on aura donné quelque bataille, il faudra dire que dix mille hommes ont paru être tués; qu'un tel officier semble avoir la jambe cassée, et qu'un chirurgien paraîtra la lui couper. De même, quand nous aurons faim, nous demanderons l'apparence d'un morceau de pain pour faire semblant de digérer.

Mais voici ce que l'on pourrait leur répondre plus sérieusement :

1° Vous ne pouvez pas en rigueur comparer la vie à l'état des songes, parce que vous ne songez jamais en dormant qu'aux choses dont vous avez eu l'idée étant éveillés; vous êtes sûrs que vos songes ne sont autre chose qu'une faible réminiscence. Au contraire, pendant la veille, lorsque nous avons une sensation, nous ne pouvons jamais conclure que ce soit par réminiscence. Si, par exemple, une pierre en tombant nous casse l'épaule, il paraît assez difficile que cela se fasse par un effort de mémoire.

2° Il est très-vrai que nos sens sont souvent trompés; mais qu'entend-on par là ? nous n'avons qu'un sens, à proprement parler, qui est celui du toucher; la vue, le son, l'odorat, ne sont que le tact des corps intermédiaires qui partent d'un corps éloigné. Je n'ai l'idée des étoiles que par l'attouchement; et comme cet attouchement de la lumière qui vient frapper mon œil de mille millions de lieues n'est point palpable comme l'attouchement de mes mains, et qu'il dépend du milieu que ces corps ont traversé, cet attouchement est ce qu'on nomme improprement *trompeur*; il ne me fait point voir les objets à leur véritable place; il ne me donne point l'idée de leur grosseur; aucun même de ces attouchements qui ne sont point palpables ne me donne l'idée positive des corps. La première fois que je sens une odeur sans voir l'objet dont elle vient, mon esprit ne trouve aucune relation entre un corps et cette odeur; mais l'attouchement proprement dit, l'approche de mon corps à un autre, indépendamment de mes autres sens, me donne l'idée de la matière; car, lorsque je touche un rocher, je sens bien que je ne puis me mettre à sa place, et que par conséquent il y a là quelque chose d'étendu et d'impénétrable. Ainsi, supposé (car que ne suppose-t-on pas?) qu'un homme eût tous les sens, hors celui du toucher proprement dit, cet homme pourrait fort bien douter de l'existence des objets extérieurs, et peut-être même serait-il longtemps sans en avoir l'idée ? mais celui qui serait sourd et aveugle, et qui aurait le toucher, ne pourrait douter de l'existence des choses qui lui feraient éprouver de la dureté; et cela parce qu'il n'est point de l'essence de la matière qu'un corps soit coloré ou sonore, mais qu'il soit étendu et impénétrable. Mais que répondront les sceptiques outrés à ces deux questions-ci :

1° S'il n'y a point d'objets extérieurs, et si mon imagination fait tout, pourquoi suis-je brûlé en touchant du feu, et ne suis-je point brûlé quand, dans un rêve, je crois toucher du feu?

2° Quand j'écris mes idées sur ce papier, et qu'un autre homme vient me lire ce que j'écris, comment puis-je entendre les propres paroles que j'ai écrites et pensées, si cet autre homme ne me les lit pas effectivement? comment puis-je même les retrouver, si elles n'y sont pas? Enfin, quelque effort que je fasse pour douter, je suis plus convaincu de l'existence des corps que je ne le suis de plusieurs vérités géométriques. Ceci paraîtra étonnant, mais je n'y puis que faire ; j'ai beau manquer de démonstrations géométriques pour prouver que j'ai un père et une mère, et j'ai beau m'avoir démontré, c'est-à-dire n'avoir pu répondre à l'argument qui me prouve qu'une infinité de lignes courbes peuvent passer entre un cercle et sa tangente, je sens bien que, si un être tout-puissant me venait dire : « De ces deux propositions : *Il y a des corps*, et *Une infinité de courbes passent entre le cercle et sa tangente*, il y a une proposition qui est fausse, devinez laquelle, » je devinerais que c'est la dernière; car sachant bien que j'ai ignoré longtemps cette proposition, que j'ai eu besoin d'une attention suivie pour en entendre la démonstration, que j'ai cru y trouver des difficultés, qu'enfin les vérités géométriques n'ont de réalité que dans mon esprit, je pourrais soupçonner que mon esprit s'est trompé.

Quoi qu'il en soit, comme mon principal but est ici d'examiner l'homme sociable, et que je ne puis être sociable s'il n'y a une société, et par conséquent des objets hors de nous, les pyrrhoniens me permettront de commencer par croire fermement qu'il y a des corps, sans quoi il faudrait que je refusasse l'existence à ces messieurs [1].

CHAPITRE V. — *Si l'homme a une âme, et ce que ce peut être.* — Nous sommes certains que nous sommes matière, que nous sentons et que nous pensons; nous sommes persuadés de l'existence d'un Dieu duquel nous sommes l'ouvrage, par des raisons contre lesquelles notre esprit ne peut se révolter. Nous nous sommes prouvé à nous-mêmes que ce Dieu a créé ce qui existe. Nous nous sommes convaincus qu'il nous est impossible et qu'il doit nous être impossible de savoir comment il nous a donné l'être : mais pouvons-nous savoir ce qui pense en nous? quelle est cette faculté que Dieu nous a donnée? est-ce la matière qui sent et qui pense, est-ce une substance immatérielle? en un mot, qu'est-ce qu'une âme? C'est ici où il est nécessaire plus que jamais de me remettre dans l'état d'un être pensant, descendu d'un autre globe, n'ayant aucun des préjugés de celui-ci, et possédant la même capacité que moi, n'étant point ce qu'on appelle homme, et jugeant de l'homme d'une manière désintéressée.

Si j'étais un être supérieur à qui le Créateur eût révélé ses secrets, je dirais bientôt, en voyant l'homme, ce que c'est que cet animal; je définirais son âme et toutes ses facultés en connaissance de cause, avec autant de hardiesse que l'ont défini tant de philosophes qui n'en savaient rien; mais, avouant mon ignorance et essayant ma faible raison, je ne puis faire autre chose que de me servir de la voie de l'analyse, qui est le bâton que la nature a donné aux aveugles : j'examine tout partie à partie, et je vois ensuite si je puis juger du total. Je me suppose donc arrivé en Afrique, et entouré de nègres, de Hottentots, et d'autres animaux. Je remarque d'abord que les organes de la vie sont les mêmes chez eux tous; les opérations de leurs corps partent toutes des mêmes principes de vie; ils ont tous à mes yeux mêmes désirs, mêmes passions, mêmes besoins; ils les expriment tous, chacun dans leurs langues. La langue que j'entends la première est celle des animaux, cela ne peut être autrement; les sons par lesquels ils s'expriment ne semblent point arbitraires, ce sont des caractères vivants de leurs passions; des signes portent l'empreinte de ce qu'ils expriment : le cri d'un chien qui demande à manger, joint à toutes ses attitudes, a une relation sensible à son objet; je le distingue incontinent des cris et des mouvements par lesquels il flatte un autre animal, de ceux avec lesquels il chasse, et de ceux par lesquels il se plaint; je discerne encore si sa plainte exprime l'anxiété de la solitude, ou la douleur d'une blessure, ou les impatiences de l'amour. Ainsi, avec un peu d'attention, j'entends le langage de tous les animaux; ils n'ont aucun sentiment qu'ils n'expriment : peut-être n'en est-il pas de même de leurs idées; mais comme il paraît que la nature ne leur a donné que peu

---

1. Voyez l'article EXISTENCE, par le chevalier de Jaucourt, dans l'*Encyclopédie*; c'est le seul ouvrage où cette question de l'existence des corps ait été jusqu'ici bien traitée, et elle y est complètement résolue. (*Éd. de Kehl.*)

d'idées, il me semble aussi qu'il était naturel qu'ils eussent un langage borné, proportionné à leurs perceptions.

Que rencontré-je de différent dans les animaux nègres? que puis-je y voir, sinon quelques idées et quelques combinaisons de plus dans leur tête, exprimées par un langage différemment articulé ? Plus j'examine tous ces êtres, plus je dois soupçonner que ce sont des espèces différentes d'un même genre. Cette admirable faculté de retenir des idées leur est commune à tous; ils ont tous des songes et des images faibles, pendant le sommeil, des idées qu'ils ont reçues en veillant; leur faculté sentante et pensante croît avec leurs organes, et s'affaiblit avec eux, périt avec eux. Que l'on verse le sang d'un singe et d'un nègre, il y aura bientôt dans l'un et dans l'autre un degré d'épuisement qui les mettra hors d'état de me reconnaître; bientôt après leurs sens extérieurs n'agissant plus, et enfin ils meurent.

Je demande alors ce qui leur donnait la vie, la sensation, la pensée; ce n'était pas leur propre ouvrage, ce n'était pas celui de la matière, comme je me le suis déjà prouvé : c'est donc Dieu qui avait donné à tous ces corps la puissance de sentir et d'avoir des idées dans des degrés différents, proportionnés à leurs organes : voilà assurément ce que je soupçonnerai d'abord.

Enfin je vois des hommes qui me paraissent supérieurs à ces nègres, comme ces nègres le sont aux singes, et comme les singes le sont aux huîtres et aux autres animaux de cette espèce.

Des philosophes me disent : « Ne vous y trompez pas, l'homme est entièrement différent des autres animaux; il a une âme spirituelle et immortelle; car (remarquez bien ceci), si la pensée est un composé de la matière, elle doit être nécessairement cela même dont elle est composée; elle doit être divisible, capable de mouvement, etc.; or la pensée ne peut point se diviser, donc elle n'est point un composé de la matière; elle n'a point de parties, elle est simple, elle est immortelle, elle est l'ouvrage et l'image d'un Dieu. » J'écoute ces maîtres, et je leur réponds, toujours avec défiance de moi-même, mais non avec confiance en eux : « Si l'homme a une âme telle que vous l'assurez, je dois croire que ce chien et cette taupe en ont une toute pareille. « Ils me jurent tous que non. Je leur demande quelle différence il y a entre ce chien et eux. Les uns me répondent : « Ce chien est une forme substantielle ; » les autres me disent : « N'en croyez rien; les formes substantielles sont des chimères; mais ce chien est une machine comme un tournebroche, et rien de plus. » Je demande encore aux inventeurs des formes substantielles ce qu'ils entendent par ce mot; et comme ils ne me répondent que du galimatias, je me retourne vers les inventeurs des tournebroches, et je leur dis : « Si ces bêtes sont de pures machines, vous n'êtes certainement auprès d'elles que ce qu'une montre à répétition est en comparaison du tournebroche dont vous parlez; ou si vous avez l'honneur de posséder une âme spirituelle, les animaux en ont une aussi, car ils sont tout ce que vous êtes, ils ont les mêmes organes avec lesquels vous avez des sensations; et si ces organes ne leur servent pas pour la même fin, Dieu, en leur donnant ces organes, aura fait un ouvrage inutile, et Dieu, selon vous-mêmes, ne fait rien en vain. Choisissez donc, ou d'attribuer une âme spirituelle à une puce, à un ver, à un ciron, ou d'être automate comme eux. » Tout ce que ces messieurs peuvent me répondre, c'est qu'ils conjecturent que les ressorts des animaux, qui paraissent les organes de leurs sentiments, sont nécessaires à leur vie, et ne sont chez eux que les ressorts de la vie; mais cette réponse n'est qu'une supposition déraisonnable.

Il est certain que pour vivre on n'a besoin ni de nez, ni d'oreilles, ni d'yeux. Il y a des animaux qui n'ont point de ces sens, et qui vivent; donc ces organes de sentiment ne sont donnés que pour le sentiment; donc les animaux sentent comme nous; donc ce ne peut être que par un excès de vanité ridicule que les hommes s'attribuent une âme d'une espèce différente que celle qui anime les brutes. Il est donc clair jusqu'à présent que, ni les philosophes, ni moi, ne savons ce que c'est que cette âme; il m'est seulement prouvé que c'est quelque chose de commun entre l'animal appelé *homme*, et celui qu'on nomme *bête*. Voyons si cette faculté commune à tous ces animaux est matière ou non.

Il est impossible, me dit-on, que la matière pense. Je ne vois pas cette impossibilité. Si la pensée était un composé de la matière, comme ils me le disent, j'avouerais que la pensée devrait être étendue et divisible; mais si la pensée est un attribut de Dieu, donné à la matière, je ne vois pas qu'il soit nécessaire que cet attribut soit étendu et divisible; car je vois que Dieu a communiqué d'autres propriétés à la matière, lesquelles n'ont ni étendue ni divisibilité; le mouvement, la gravitation, par exemple, qui agit sans corps intermédiaires, et qui agit en raison directe de la masse, et non des surfaces, et en raison doublée inverse des distances, est une qualité réelle démontrée, et dont la cause est aussi cachée que celle de la pensée.

En un mot, je ne puis juger que d'après ce que je vois, et selon ce qui me paraît le plus probable; je vois que dans toute la nature les mêmes effets supposent une même cause. Ainsi, je juge que la même cause agit dans les bêtes et dans les hommes à proportion de leurs organes; et je crois que ce principe commun aux hommes et aux bêtes est un attribut donné par Dieu à la matière. Car, si ce qu'on appelle *âme* était un être à part, de quelque nature que fût cet être, je devrais croire que la pensée est son essence, ou bien je n'aurais aucune idée de cette substance. Aussi tous ceux qui ont admis une âme immatérielle ont été obligés de dire que cette âme pense toujours; mais j'en appelle à la conscience de tous les hommes : pensent-ils sans cesse? pensent-ils quand ils dorment d'un sommeil plein et profond? les bêtes ont-elles à tous moments des idées? quelqu'un qui est évanoui a-t-il beaucoup d'idées dans cet état, qui est réellement une mort passagère? Si l'âme ne pense pas toujours, il est donc absurde de reconnaître en l'homme une substance dont l'essence est de penser. Que pourrions-nous en conclure, sinon que Dieu a organisé les corps pour penser comme pour manger et pour digérer? En m'informant de l'histoire du genre humain, j'apprends que les hommes ont eu longtemps la même opinion que moi sur cet article. Je lis un des plus anciens livres qui soient au monde, conservé par un peuple qui se prétend le plus ancien peuple ; ce livre me dit que Dieu même semble penser comme moi ; il m'apprend que Dieu a autrefois donné aux Juifs les lois les plus détaillées que jamais nation ait reçues ; il daigne leur prescrire jusqu'à la manière dont ils doivent aller à la garde-robe[1], et il ne leur dit pas un mot de leur âme ; il ne leur parle que des peines et des récompenses temporelles : cela prouve au moins que l'auteur de ce livre ne vivait pas dans une nation qui crût la spiritualité et l'immortalité de l'âme.

On me dit bien que, deux mille ans après, Dieu est venu apprendre aux hommes que leur âme est immortelle ; mais moi, qui suis dans une autre sphère, je ne puis m'empêcher d'être étonné de cette disparate que l'on met sur le compte de Dieu. Il semble étrange à ma raison que Dieu ait fait croire aux hommes le pour et le contre ; mais si c'est un point de révélation où ma raison ne voit goutte, je me tais et j'adore en silence. Ce n'est pas à moi d'examiner ce qui a été révélé ; je remarque seulement que ces livres révélés ne disent point que l'âme soit spirituelle : il nous disent seulement qu'elle est immortelle. Je n'ai aucune peine à le croire ; car il paraît aussi possible à Dieu de l'avoir formée (de quelque nature qu'elle soit) pour la conserver que pour la détruire. Ce Dieu, qui peut, comme il lui plaît, conserver ou anéantir le mouvement d'un corps, peut assurément faire durer à jamais la faculté de penser dans une partie de ce corps ; s'il nous a dit en effet que cette partie est immortelle, il faut en être persuadé.

Mais de quoi cette âme est-elle faite ? c'est ce que l'Être suprême n'a pas jugé à propos d'apprendre aux hommes. N'ayant donc pour me conduire dans ces recherches que mes propres lumières, l'envie de connaître quelque chose, et la sincérité de mon cœur, je cherche avec sincérité ce que ma raison me peut découvrir par elle-même ; j'essaye ses forces, non pour la croire capable de porter tous ces poids immenses, mais pour la fortifier par cet exercice, et pour m'apprendre jusqu'où va son pouvoir. Ainsi, toujours prêt à céder dès que la révélation me présentera ses barrières, je continue mes réflexions et mes conjectures uniquement comme philosophe, jusqu'à ce que ma raison ne puisse plus avancer.

CHAPITRE VI. — *Si ce qu'on appelle âme est immortel.* — Ce n'est pas ici le lieu d'examiner si en effet Dieu a révélé l'immortalité de l'âme. Je me suppose toujours un philosophe d'un autre monde que celui-ci, et qui ne juge que par ma raison. Cette raison m'a appris que toutes les idées des hommes et des animaux leur viennent par les sens ; et j'avoue que je ne peux m'empêcher de rire lorsqu'on me dit que les hommes auront encore des idées quand ils n'auront plus de sens. Lorsqu'un homme a perdu son nez, ce nez perdu n'est non plus une partie de lui-même que l'étoile polaire. Qu'il perde toutes ses parties et qu'il ne soit plus un homme, n'est-il pas un peu étrange alors de dire

---

1. *Deutéronome*, XXIII, 13. (ÉD.)

qu'il lui reste le résultat de tout ce qui a péri? J'aimerais autant dire qu'il boit et mange après sa mort, que de dire qu'il lui reste des idées après sa mort; l'un n'est pas plus inconséquent que l'autre, et certainement il a fallu bien des siècles avant qu'on ait osé faire une si étonnante supposition. Je sais bien, encore une fois, que Dieu ayant attaché à une partie du cerveau la faculté d'avoir des idées, il peut conserver cette petite partie du cerveau avec sa faculté; car de conserver cette faculté sans la partie, cela est aussi impossible que de conserver le rire d'un homme ou le chant d'un oiseau après la mort de l'oiseau et de l'homme. Dieu peut aussi avoir donné aux hommes et aux animaux une âme simple, immatérielle, et la conserver indépendamment de leur corps. Cela lui est aussi possible que de créer un million de mondes de plus qu'il n'en a créé, et de donner aux hommes deux nez et quatre mains, des ailes et des griffes; mais pour croire qu'il a fait en effet toutes ces choses possibles, il me semble qu'il faut les voir.

Ne voyant donc point que l'entendement, la sensation de l'homme, soit une chose immortelle, qui me prouvera qu'elle l'est? Quoi! moi qui ne sais point quelle est la nature de cette chose, j'affirmerai qu'elle est éternelle! moi qui sais que l'homme n'était pas hier, j'affirmerai qu'il y a dans cet homme une partie éternelle par sa nature! et tandis que je refuserai l'immortalité à ce qui anime ce chien, ce perroquet, cette grive, je l'accorderai à l'homme par la raison que l'homme le désire.

Il serait bien doux en effet de survivre à soi-même, de conserver éternellement la plus excellente partie de son être dans la destruction de l'autre, de vivre à jamais avec ses amis, etc.! Cette chimère (à l'envisager en ce sens) serait consolante dans des misères réelles. Voilà peut-être pourquoi on inventa autrefois le système de la métempsycose; mais ce système a-t-il plus de vraisemblance que les *Mille et une nuits?* et n'est-il pas un fruit de l'imagination vive et absurde de la plupart des philosophes orientaux? Mais je suppose, malgré toutes les vraisemblances, que Dieu conserve après la mort de l'homme ce qu'on appelle son *âme*, et qu'il abandonne l'âme de la brute au train de la destruction ordinaire de toutes choses: je demande ce que l'homme y gagnera; je demande ce que l'esprit de Jacques a de commun avec Jacques quand il est mort.

Ce qui constitue la personne de Jacques, ce qui fait que Jacques est soi-même, et le même qu'il était hier à ses propres yeux, c'est qu'il se ressouvient des idées qu'il avait hier, et que dans son entendement il unit une existence d'hier à celle d'aujourd'hui; car s'il avait entièrement perdu la mémoire, son existence passée lui serait aussi étrangère que celle d'un autre homme; il ne serait pas plus le Jacques d'hier, la même personne, qu'il ne serait Socrate ou César. Or, je suppose que Jacques, dans sa dernière maladie, a perdu absolument la mémoire, et meurt par conséquent sans être ce même Jacques qui a vécu: Dieu rendra-t-il à son âme cette mémoire qu'il a perdue? créera-t-il de nouveau ces idées qui n'existent plus? en ce cas, ne sera-ce pas un homme tout nouveau, aussi différent du premier qu'un Indien l'est d'un Européan?

Mais on peut dire aussi que Jacques ayant entièrement perdu la mémoire avant de mourir, son âme pourra la recouvrer de même qu'on la recouvre après l'évanouissement ou après un transport au cerveau; car un homme qui a entièrement perdu la mémoire dans une grande maladie ne cesse pas d'être le même homme lorsqu'il a recouvré la mémoire : donc l'âme de Jacques, s'il en a une et qu'elle soit immortelle, par la volonté du Créateur, comme on le suppose, pourra recouvrer la mémoire après sa mort, tout comme elle la recouvre après l'évanouissement pendant la vie; donc Jacques sera le même homme.

Ces difficultés valent bien la peine d'être proposées; et celui qui trouvera une manière sûre de résoudre l'équation de cette inconnue, sera, je pense, un habile homme.

Je n'avance pas davantage dans ces ténèbres; je m'arrête où la lumière de mon flambeau me manque : c'est assez pour moi que je voie jusqu'où je peux aller. Je n'assure point que j'aie des démonstrations contre la spiritualité et l'immortalité de l'âme; mais toutes les vraisemblances sont contre elles, et il est également injuste et déraisonnable de vouloir une démonstration dans une recherche qui n'est susceptible que de conjectures.

Seulement il faut prévenir l'esprit de ceux qui croiraient la mortalité de l'âme contraire au bien de la société, et les faire souvenir que les anciens Juifs, dont ils admirent les lois, croyaient l'âme matérielle et mortelle, sans compter de grandes sectes de philosophes qui valaient bien les Juifs et qui étaient de fort honnêtes gens.

CHAPITRE VII. — *Si l'homme est libre.* — Peut-être n'y a-t-il pas de question plus simple que celle de la liberté; mais il n'y en a point que les hommes aient plus embrouillée. Les difficultés dont les philosophes ont hérissé cette matière, et la témérité qu'on a toujours eue de vouloir arracher de Dieu son secret, et de concilier sa prescience avec le libre arbitre, sont cause que l'idée de la liberté s'est obscurcie, à force de prétendre l'éclaircir. On s'est bien accoutumé à ne plus prononcer ce mot *liberté* sans se ressouvenir de toutes les difficultés qui marchent à sa suite, qu'on ne s'entend presque plus à présent quand on demande si l'homme est libre.

Ce n'est plus ici le lieu de feindre un être doué de raison, lequel n'est point homme, et qui examine avec indifférence ce que c'est que l'homme; c'est ici au contraire qu'il faut que chaque homme rentre dans soi-même, et qu'il se rende témoignage de son propre sentiment.

Dépouillons d'abord la question de toutes les chimères dont on a coutume de l'embarrasser, et définissons ce que nous entendons par ce mot *liberté*. La liberté est uniquement le pouvoir d'agir. Si une pierre se mouvait par son choix, elle serait libre; les animaux et les hommes ont ce pouvoir : donc ils sont libres. Je puis à toute force contester cette faculté aux animaux; je puis me figurer, si je veux abuser de ma raison, que les bêtes qui me ressemblent en tout le reste different de moi en ce seul point. Je puis les concevoir comme des machines qui n'ont ni sensations, ni désirs, ni volonté, quoiqu'elles en aient toutes les apparences. Je forgerai des systèmes, c'est-à-dire des erreurs, pour expliquer leur nature : mais enfin, quand il s'agira de m'interroger moi-même, il faudra bien que j'avoue que j'ai une volonté, et que j'ai en moi le pouvoir d'agir, de remuer mon corps, d'appliquer ma pensée à telle ou telle considération, etc. Si quelqu'un vient me dire : « Vous croyez avoir cette volonté, mais vous ne l'avez pas; vous avez un sentiment qui vous trompe, comme vous croyez voir le soleil large de deux pieds, quoiqu'il soit en grosseur, par rapport à la terre, à peu près comme un million à l'unité. »

Je répondrai à ce quelqu'un : « Le cas est différent : Dieu ne m'a point trompé en me faisant voir ce qui est éloigné de moi d'une grosseur proportionnée à sa distance: telles sont les lois mathématiques de l'optique, que je ne puis et ne dois apercevoir les objets qu'en raison directe de leur grosseur et de leur éloignement : et telle est la nature de mes organes, que si ma vue pouvait apercevoir la grandeur réelle d'une étoile, je ne pourrais voir aucun objet sur la terre. Il en est de même du sens de l'ouïe et de celui de l'odorat. Je n'ai les sensations plus ou moins fortes, toutes choses égales, que selon que les corps sonores et odoriférants sont plus ou moins loin de moi. Il n'y a en cela aucune erreur : mais si je n'avais point de volonté, croyant en avoir une, Dieu m'aurait créé exprès pour me tromper, de même que s'il me faisait croire qu'il y a des corps hors de moi, quoiqu'il n'y en eût pas; et il ne résulterait rien de cette tromperie, sinon une absurdité dans la manière d'agir d'un Être suprême infiniment sage. »

Et qu'on ne dise pas qu'il est indigne d'un philosophe de recourir ici à Dieu. Car, premièrement, ce Dieu étant prouvé, il est démontré que c'est lui qui est la cause de ma liberté en cas je sois libre, et qu'il est l'auteur absurde de mon erreur, si, m'ayant fait un être purement patient sans volonté, il me fait accroire que je suis agent et que je suis libre.

Secondement, s'il n'y avait point de Dieu, qui est-ce qui m'aurait jeté dans l'erreur? qui m'aurait donné ce sentiment de liberté en me mettant dans l'esclavage? serait-ce une matière qui d'elle-même ne peut avoir l'intelligence? Je ne puis être instruit ni trompé par la matière, ni recevoir d'elle la faculté de vouloir; je ne puis avoir reçu de Dieu le sentiment de ma volonté sans en avoir une; donc j'ai réellement une volonté; donc je suis un agent.

Vouloir et agir, c'est précisément la même chose qu'être libre. Dieu lui-même ne peut être libre que dans ce sens. Il a voulu et il a agi selon sa volonté. Si on supposait sa volonté déterminée nécessairement; si on disait : « Il a été nécessité à vouloir ce qu'il a fait, » on tomberait dans une aussi grande absurdité que si on disait : « Il y a un Dieu, et il n'y a point de Dieu, » car si Dieu était une nécessité, il ne serait plus agent, il serait patient et il ne serait plus Dieu.

Il ne faut jamais perdre de vue ces vérités fondamentales enchaînées les unes aux autres. Il y a quelque chose qui existe, donc quelque être est de toute éternité, donc cet être existe par lui-même d'une nécessité absolue, donc il est infini, donc tous les autres êtres viennent de lui sans qu'on sache comment, donc il a pu leur communiquer la liberté comme il leur a communiqué le mouvement et la vie, donc il nous a donné cette liberté que nous sentons en nous, comme il nous a donné la vie que nous sentons en nous.

La liberté dans Dieu est le pouvoir de penser toujours tout ce qu'il veut, et d'opérer toujours tout ce qu'il veut.

La liberté donnée de Dieu à l'homme est le pouvoir faible, limité et passager, de s'appliquer à quelques pensées, et d'opérer certains mouvements. La liberté des enfants qui ne réfléchissent point encore, et les espèces d'animaux qui ne réfléchissent jamais, consiste à vouloir et à opérer des mouvements seulement. Sur quel fondement a-t-on pu imaginer qu'il n'y a point de liberté? Voici les causes de cette erreur : on a d'abord remarqué que nous avons souvent des passions violentes qui nous entraînent malgré nous. Un homme voudrait ne pas aimer une maîtresse infidèle, et ses désirs, plus forts que sa raison, le ramènent vers elle; on s'emporte à des actions violentes dans des mouvements de colère qu'on ne peut maîtriser; on souhaite de mener une vie tranquille, et l'ambition nous rejette dans le tumulte des affaires.

Tant de chaînes visibles dont nous sommes accablés presque toute notre vie, ont fait croire que nous sommes liés de même dans tout le reste; et on a dit : « L'homme est tantôt emporté avec une rapidité et des secousses violentes dont il sent l'agitation; tantôt il est mené par un mouvement paisible dont il n'est plus le maître ; c'est un esclave qui ne sent pas toujours le poids et la flétrissure de ses fers, mais il est toujours esclave. »

Ce raisonnement, qui n'est que la logique de la faiblesse humaine, est tout semblable à celui-ci : « Les hommes sont malades quelquefois, donc ils n'ont jamais de santé. »

Or, qui ne voit l'impertinence de cette conclusion? qui ne voit au contraire que de sentir sa maladie est une preuve indubitable qu'on a eu de la santé, et que sentir son esclavage et son impuissance prouve invinciblement qu'on a eu de la puissance et de la liberté?

Lorsque vous aviez cette passion furieuse, votre volonté n'était plus obéie par vos sens : alors vous n'étiez pas plus libre que lorsqu'une paralysie vous empêche de mouvoir ce bras que vous voulez remuer. Si un homme était toute sa vie dominé par des passions violentes, ou par des images qui occupassent sans cesse son cerveau, il lui manquerait cette partie de l'humanité qui consiste à pouvoir penser quelquefois ce qu'on veut; et c'est le cas où sont plusieurs fous qu'on renferme, et même bien d'autres qu'on n'enferme pas.

Il est bien certain qu'il y a des hommes plus libres les uns que les autres, par la même raison que nous ne sommes pas tous également éclairés, également robustes, etc. La liberté est la santé de l'âme; peu de gens ont cette santé entière et inaltérable. Notre liberté est faible et bornée, comme toutes nos autres facultés. Nous la fortifions en nous accoutumant à faire des réflexions, et cet exercice de l'âme la rend un peu plus vigoureuse. Mais quelques efforts que nous fassions, **nous ne** pourrons jamais parvenir à rendre notre raison souveraine de tous nos désirs; il y aura toujours dans notre âme comme dans notre corps des mouvements involontaires. Nous ne sommes ni libres, ni sages, ni forts, ni sains, ni spirituels que dans un très-petit degré. Si nous étions toujours libres, nous serions ce que Dieu est. Contentons-nous d'un partage convenable au rang que nous tenons dans la nature. Mais ne nous figurons pas que nous manquons des choses mêmes dont nous sentons la jouissance, et parce que nous n'avons pas les attributs d'un Dieu, ne renonçons pas aux facultés d'un homme.

Au milieu d'un bal ou d'une conversation vive, ou dans les douleurs d'une maladie qui appesantira ma tête, j'aurai beau vouloir chercher combien fait la trente-cinquième partie de quatre-vingt-quinze tiers et demi multipliés par vingt-cinq dix-neuvièmes et trois quarts, je n'aurai pas la liberté de faire une combinaison pareille. Mais un peu de recueillement me rendra cette puissance que j'avais perdue dans le tumulte. Les ennemis les plus déterminés de la liberté sont donc forcés d'avouer que nous avons une volonté qui est obéie quelquefois par nos sens. « Mais cette volonté, disent-ils, est nécessairement déterminée comme une balance toujours emportée par le plus grand poids; l'homme ne veut que ce qu'il juge le meilleur; son entendement n'est pas le maître de ne pas juger bon ce qui lui paraît bon. L'entendement agit nécessairement : la volonté est déterminée par une volonté absolue : donc l'homme n'est pas libre. »

Cet argument, qui est très-éblouissant, mais qui dans le fond n'est qu'un sophisme, a séduit beaucoup de monde, parce que les hommes ne font presque jamais qu'entrevoir ce qu'ils examinent.

Voici en quoi consiste le défaut de ce raisonnement. L'homme ne peut certainement vouloir que les choses dont l'idée lui est présente. Il ne pourrait avoir envie d'aller à l'Opéra, s'il n'avait l'idée de l'Opéra; et il ne souhaiterait point d'y aller et ne se déterminerait point à y aller, si son entendement ne lui représentait point ce spectacle comme une chose agréable. Or, c'est en cela même que consiste sa liberté; c'est dans le pouvoir de se déterminer soi-même à faire ce qui lui paraît bon : vouloir ce qui ne lui ferait pas plaisir, est une contradiction formelle et une impossibilité. L'homme se détermine à ce qui lui semble le meilleur, et cela est incontestable; mais le point de la question est de savoir s'il a en soi cette force mouvante, ce pouvoir primitif de se déterminer ou non. Ceux qui disent : « L'assentiment de l'esprit est nécessaire et détermine nécessairement la volonté, » supposent que l'esprit agit physiquement sur la volonté. Ils disent une absurdité visible; car ils supposent qu'une pensée est un petit être réel qui agit réellement sur un autre être nommé la volonté; et ils ne font pas réflexion que ces mots *la volonté, l'entendement*, etc., ne sont que des idées abstraites, inventées pour mettre de la clarté et de l'ordre dans nos discours, et qui ne signifient autre chose sinon l'homme *pensant* et l'homme *voulant*. L'*entendement* et la *volonté* n'existent donc pas réellement comme des êtres différents, et il est impertinent de dire que l'un agit sur l'autre

On se mit à table, et, après un excellent dîner, on entra dans la bibliothèque. Candide, en voyant un Homère magnifiquement relié, loua l'illustrissime sur son bon goût : « Voilà, dit-il, un livre qui faisait les délices du grand Pangloss, le meilleur philosophe de l'Allemagne. — Il ne fait pas les miennes, dit froidement Pococurante : on me fit accroire autrefois que j'avais du plaisir en le lisant ; mais cette répétition continuelle de combats qui se ressemblent tous, ces dieux qui agissent toujours pour ne rien faire de décisif, cette Hélène qui est le sujet de la guerre, et qui à peine est une actrice de la pièce ; cette Troie qu'on assiége, et qu'on ne prend point : tout cela me causait le plus mortel ennui. J'ai demandé quelquefois à des savants s'ils s'ennuyaient autant que moi à cette lecture : tous les gens sincères m'ont avoué que le livre leur tombait des mains, mais qu'il fallait toujours l'avoir dans sa bibliothèque comme un monument de l'antiquité, et comme ces médailles rouillées qui ne peuvent être de commerce.

— Votre Excellence ne pense pas ainsi de Virgile? dit Candide. — Je conviens, dit Pococurante, que le second, le quatrième et le sixième livre de son Énéide sont excellents ; mais, pour son pieux Énée, et le fort Cloanthe, et l'ami Achate, et le petit Ascanius, et l'imbécile roi Latinus, et la bourgeoise Amata, et l'insipide Lavinia, je ne crois pas qu'il y ait rien de si froid et de plus désagréable. J'aime mieux le Tasse et les contes à dormir de l'Arioste.

— Oserais-je vous demander, monsieur, dit Candide, si vous n'avez pas un grand plaisir à lire Horace? — Il y a des maximes, dit Pococurante, dont un homme du monde peut faire son profit, et qui, étant resserrées dans des vers énergiques, se gravent plus aisément dans la mémoire : mais je me soucie fort peu de son voyage à Brindes, et de sa description d'un mauvais dîner, et de la querelle de crocheteurs entre je ne sais quel Rupilus[1], dont les paroles, dit-il, *étaient pleines de pus*, et un autre dont les paroles *étaient du vinaigre*[2]. Je n'ai lu qu'avec un extrême dégoût ses vers grossiers contre des vieilles et contre des sorcières, et je ne vois pas quel mérite il peut y avoir à dire à son ami Mecænas que, s'il est mis par lui au rang des poëtes lyriques, il frappera les astres de son front sublime[3]. Les sots admirent tout dans un auteur estimé. Je ne lis que pour moi ; je n'aime que ce qui est à mon usage. » Candide, qui avait été élevé à ne jamais juger de rien par lui-même, était fort étonné de ce qu'il entendait, et Martin trouvait la façon de penser de Pococurante assez raisonnable.

« Oh! voici un Cicéron, dit Candide : pour ce grand homme-là, je pense que vous ne vous lassez point de le lire. — Je ne le lis jamais, répondit le Vénitien. Que m'importe qu'il ait plaidé pour Rabirius ou pour Cluentius? j'ai bien assez de procès que je juge. Je me serais mieux accommodé de ses œuvres philosophiques ; mais, quand j'ai vu

1. Rupilius. Horace, livre Ier, satire vii, vers 1. (Éd.)
2. *Id. ib.*, vers 32. — 3. Odes, I, 1. (Éd.)

qu'il doutait de tout, j'ai conclu que j'en savais autant que lui, et que je n'avais besoin de personne pour être ignorant.

— Ah! voilà quatre-vingts volumes de recueils d'une Académie des sciences! s'écria Martin. Il se peut qu'il y ait là du bon. — Il y en aurait, dit Pococuranté, si un seul des auteurs de ces fatras avait inventé seulement l'art de faire des épingles; mais il n'y a, dans tous ces livres, que de vains systèmes et pas une seule chose utile.

— Que de pièces de théâtre je vois là! dit Candide,... en italien, en espagnol, en français.... — Oui, dit le sénateur; il y en a trois mille, et pas trois douzaines de bonnes.... Pour ces recueils de sermons, qui, tous ensemble, ne valent pas une page de Sénèque, et tous ces gros volumes de théologie, vous pensez bien que je ne les ouvre jamais, ni moi, ni personne. »

Martin aperçut des rayons chargés de livres anglais. « Je crois, dit-il, qu'un républicain doit se plaire à la plupart de ces ouvrages écrits si librement. — Oui, répondit Pococuranté, il est beau d'écrire ce qu'on pense; c'est le privilége de l'homme. Dans toute notre Italie, on n'écrit que ce qu'on ne pense pas; ceux qui habitent la patrie des Césars et des Antonins n'osent avoir une idée sans la permission d'un jacobin. Je serais content de la liberté qui inspire les génies anglais, si la passion et l'esprit de parti ne corrompaient pas tout ce que cette précieuse liberté a d'estimable. »

Candide, apercevant un Milton, lui demanda s'il ne regardait pas cet auteur comme un grand homme. « Qui? dit Pococuranté, ce barbare qui fait un long commentaire du premier chapitre de la *Genèse*, en dix livres de vers durs? ce grossier imitateur des Grecs, qui défigure la création et qui, tandis que Moïse représente l'Être éternel produisant le monde par la parole, fait prendre un grand compas par le Messiah dans une armoire du ciel pour tracer son ouvrage?... Moi, j'estimerais celui qui a gâté l'enfer et le diable du Tasse, qui déguise Lucifer tantôt en crapaud, tantôt en pygmée; qui lui fait rebattre cent fois les mêmes discours; qui le fait disputer sur la théologie; qui, en imitant sérieusement l'invention comique des armes à feu de l'Arioste, fait tirer le canon dans le ciel par les diables? Ni moi ni personne, en Italie, n'a pu se plaire à toutes ces tristes extravagances. Le *Mariage du Péché et de la Mort*, et les couleuvres dont le Péché accouche, font vomir tout homme qui a le goût un peu délicat. Et sa longue description d'un hôpital n'est bonne que pour un fossoyeur. Ce poëme obscur, bizarre et dégoûtant, fut méprisé à sa naissance; je le traite aujourd'hui comme il fut traité dans sa patrie par les contemporains. Au reste, je dis ce que je pense, et je me soucie fort peu que les autres pensent comme moi. » Candide était affligé de ces discours : il respectait Homère, il aimait un peu Milton. « Hélas! dit-il tout bas à Martin, j'ai bien peur que cet homme-ci n'ait un souverain mépris pour nos poëtes allemands. — Il n'y aurait pas grand mal à cela, dit Martin. — Oh! quel homme supérieur! disait encore Candide entre ses dents; quel grand génie que ce Pococuranté! rien ne peut lui plaire. »

Après avoir fait ainsi la revue de tous les livres, ils descendirent dans le jardin. Candide en loua toutes les beautés. « Je ne sais rien de si mauvais goût, dit le maître; nous n'avons ici que des colifichets; mais je vais, dès demain, en faire planter un d'un dessin plus noble. »

Quand les deux curieux eurent pris congé de Son Excellence : « Or çà, dit Candide à Martin, vous conviendrez que voilà le plus heureux de tous les hommes, car il est au-dessus de tout ce qu'il possède. — Ne voyez-vous pas, dit Martin, qu'il est dégoûté de tout ce qu'il possède? Platon a dit, il y a longtemps, que les meilleurs estomacs ne sont pas ceux qui rebutent tous les aliments. — Mais, dit Candide, n'y a-t-il pas du plaisir à tout critiquer, à sentir des défauts où les autres hommes croient voir des beautés? — C'est-à-dire, reprit Martin, qu'il y a du plaisir à n'avoir pas de plaisir? — Oh bien! dit Candide, il n'y a donc d'heureux que moi, quand je reverrai Mlle Cunégonde. — C'est toujours bien fait d'espérer, » dit Martin.

Cependant les jours, les semaines s'écoulaient; Cacambo ne revenait point, et Candide était si abîmé dans sa douleur, qu'il ne fit pas même réflexion que Paquette et frère Giroflée n'étaient pas venus seulement le remercier.

CHAP. XXVI. — *D'un souper que Candide et Martin firent avec six étrangers, et qui ils étaient.*

Un soir que Candide, suivi de Martin, allait se mettre à table avec les étrangers qui logeaient dans la même hôtellerie, un homme à visage couleur de suie l'aborda par derrière, et, le prenant par le bras, lui dit : « Soyez prêt à partir avec nous.... n'y manquez pas. » Il se retourne, et voit Cacambo. Il n'y avait que la vue de Cunégonde qui pût l'étonner et lui plaire davantage. Il fut sur le point de devenir fou de joie. Il embrasse son cher ami. « Cunégonde est ici, sans doute? où est-elle?.. mène-moi vers elle, que je meure de joie avec elle! — Cunégonde n'est point ici, dit Cacambo, elle est à Constantinople. — Ah ciel! à Constantinople!... mais fût-elle à la Chine, j'y vole.... partons. — Nous partirons après souper, reprit Cacambo; je ne peux vous en dire davantage; je suis esclave; mon maître m'attend; il faut que j'aille le servir à table.... Ne dites mot, soupez et tenez-vous prêt. »

Candide, partagé entre la joie et la douleur, charmé d'avoir revu son agent fidèle, étonné de le voir esclave, plein de l'idée de retrouver sa maîtresse, le cœur agité, l'esprit bouleversé, se mit à table avec Martin, qui voyait de sang-froid toutes ces aventures, et avec six étrangers, qui étaient venus passer le carnaval à Venise.

Cacambo, qui versait à boire à l'un de ces six étrangers, s'approcha de l'oreille de son maître, sur la fin du repas, et lui dit : « Sire, Votre Majesté partira quand elle voudra, le vaisseau est prêt. » Ayant dit ces mots, il sortit. Les convives, étonnés, se regardaient sans proférer une seule parole, lorsqu'un autre domestique, s'approchant de son maître, lui dit : « Sire, la chaise de Votre Majesté est à Padoue, et la barque est prête. » Le maître fit un signe, et le domestique partit. Tous les convives se regardèrent encore, et la surprise commune redoubla. Un troisième valet, s'approchant aussi d'un troisième étranger, lui dit : « Sire, croyez-moi, Votre Majesté ne doit pas rester ici plus longtemps, je vais tout préparer; » et aussitôt il disparut.

Candide et Martin ne doutèrent pas alors que ce ne fût une mascarade du carnaval. Un quatrième domestique dit au quatrième maître : « Votre Majesté partira quand elle voudra, » et sortit comme les autres. Le cinquième valet en dit autant au cinquième maître. Mais le sixième valet parla différemment au sixième étranger qui était auprès de Candide; il lui dit : « Ma foi, sire, on ne veut plus faire crédit à Votre Majesté ni à moi non plus, et nous pourrions bien être coffrés cette nuit vous et moi; je vais pourvoir à mes affaires : adieu. »

Tous les domestiques ayant disparu, les six étrangers, Candide et Martin, demeurèrent dans un profond silence. Enfin Candide le rompit : « Messieurs, dit-il, voilà une singulière plaisanterie. Pourquoi êtes-vous tous rois? pour moi, je vous avoue que ni moi ni Martin nous ne le sommes. »

Le maître de Cacambo prit alors gravement la parole, et dit en italien : « Je ne suis point plaisant, je m'appelle Achmet III; j'ai été grand sultan plusieurs années; j'ai détrôné mon frère; mon neveu m'a détrôné; on a coupé le cou à mes vizirs; j'achève ma vie dans le vieux sérail; mon neveu le grand sultan Mahmoud me permet de voyager quelquefois pour ma santé; et je suis venu passer le carnaval à Venise. »

Un jeune homme qui était auprès d'Achmet parla après lui, et dit : « Je m'appelle Ivan; j'ai été empereur de toutes les Russies; j'ai été détrôné au berceau; mon père et ma mère ont été enfermés; on m'a élevé en prison; j'ai quelquefois la permission de voyager, accompagné de ceux qui me gardent; et je suis venu passer le carnaval à Venise. »

Le troisième dit : « Je suis Charles-Édouard, roi d'Angleterre; mon père m'a cédé ses droits au royaume; j'ai combattu pour les soutenir; on a arraché le cœur à huit cents de mes partisans, et on leur en a battu les joues; j'ai été mis en prison; je vais à Rome faire une visite au roi mon père, détrôné ainsi que moi et mon grand-père; et je suis venu passer le carnaval à Venise. »

Le quatrième prit alors la parole et dit : « Je suis roi des Polaques; le sort de la guerre m'a privé de mes États héréditaires; mon père a éprouvé les mêmes revers; je me résigne à la Providence comme le sultan Achmet, l'empereur Ivan, et le roi Charles-Édouard, à qui Dieu donne une longue vie; et je suis venu passer le carnaval à Venise. »

Le cinquième dit : « Je suis aussi roi des Polaques¹; j'ai perdu mon royaume deux fois; mais la Providence m'a donné un autre État dans lequel j'ai fait plus de bien que tous les rois des Sarmates ensemble n'en ont jamais pu faire sur les bords de la Vistule. Je me résigne aussi à la Providence; et je suis venu passer le carnaval à Venise. »

1. Auguste, électeur de Saxe et roi de Pologne, chassé de ses États héréditaires pendant la guerre de 1756. (Éd.)
2. Stanislas Leczinski, beau-père de Louis XV. (Éd.)

ce qui est utile ou nuisible à la société; et dans tous les lieux et dans tous les temps, celui qui sacrifie le plus au public est celui qu'on appellera le plus vertueux. Il paraît donc que les bonnes actions ne sont autre chose que les actions dont nous retirons de l'avantage, et les crimes les actions qui nous sont contraires. La vertu est l'habitude de faire de ces choses qui plaisent aux hommes, et le vice l'habitude de faire des choses qui leur déplaisent.

Quoique ce qu'on appelle vertu dans un climat soit précisément ce qu'on appelle vice dans un autre, et que la plupart des règles du bien et du mal diffèrent comme les langages et les habillements, cependant il me paraît certain qu'il y a des lois naturelles dont tous les hommes sont obligés de convenir par tout l'univers, malgré qu'ils en aient. Dieu n'a pas dit à la vérité aux hommes : « Voici des lois que je vous donne de ma bouche, par lesquelles je veux que vous vous gouverniez; » mais il a fait dans l'homme ce qu'il a fait dans beaucoup d'autres animaux : il a donné aux abeilles un instinct puissant par lequel elles travaillent et se nourrissent ensemble, et il a donné à l'homme certains sentiments dont il ne peut jamais se défaire, et qui sont les liens éternels et les premières lois de la société dans laquelle il a prévu que les hommes vivraient. La bienveillance pour notre espèce est née, par exemple, avec nous, et agit toujours en nous, à moins qu'elle ne soit combattue par l'amour-propre, qui doit toujours l'emporter sur elle. Ainsi un homme est toujours porté à assister un autre homme quand il ne lui en coûte rien. Le sauvage le plus barbare, revenant du carnage, et dégouttant du sang des ennemis qu'il a mangés, s'attendrira à la vue des souffrances de son camarade, et lui donnera tous les secours qui dépendront de lui.

L'adultère et l'amour des garçons seront permis chez beaucoup de nations; mais vous n'en trouverez aucune dans laquelle il soit permis de manquer à sa parole; parce que la société peut bien subsister entre des adultères et des garçons qui s'aiment, mais non entre des gens qui se feraient gloire de se tromper les uns les autres.

Le larcin était en honneur à Sparte, parce que tous les biens étaient communs; mais, dès que vous avez établi le *tien* et le *mien*, il vous sera alors impossible de ne pas regarder le vol comme contraire à la société, et par conséquent comme injuste.

Il est si vrai que le bien de la société est la seule mesure du bien et du mal moral, que nous sommes forcés de changer, selon le besoin, ces lois soient justes. Il ne suffit pas que les individus se conforment aux lois établies, il faut que ces lois elles-mêmes se conforment à ce qu'exige le maintien du droit de chacun.

Dire qu'il est arbitraire de faire cette loi ou une loi contraire, ou de n'en pas faire du tout, c'est seulement avouer qu'on ignore si cette loi est conforme ou contraire à la justice. Un médecin peut dire : « Il est indifférent de donner à ce malade de l'émétique ou de l'ipécacuanha; » mais cela signifie : « Il faut lui donner un vomitif, et j'ignore lequel des deux remèdes convient le mieux à son état. » Dans la législation, comme dans la médecine, comme dans tous les travaux des arts physiques, il n'y a d'arbitraire que parce que nous ignorons les conséquences des deux moyens qui dès lors nous paraissent indifférents. L'arbitraire naît de notre ignorance, et non de la nature des choses. (*Éd. de Kehl.*)

toutes les idées que nous nous sommes formées du juste et de l'injuste.

Nous avons de l'horreur pour un père qui couche avec sa fille, et nous flétrissons aussi du nom d'incestueux le frère qui abuse de sa sœur; mais, dans une colonie naissante, où il ne restera qu'un père avec un fils et deux filles, nous regarderons comme une très-bonne action le soin que prendra cette famille de ne point laisser périr l'espèce.

Un frère qui tue son frère est un monstre; mais un frère qui n'aurait eu d'autre moyen de sauver sa patrie que de sacrifier son frère, serait un homme divin.

Nous aimons tous la vérité, et nous en faisons une vertu, parce qu'il est de notre intérêt de n'être pas trompés. Nous avons attaché d'autant plus d'infamie au mensonge, que, de toutes les mauvaises actions, c'est la plus facile à cacher, et celle qui coûte le moins à commettre; mais dans combien d'occasions le mensonge ne devient-il pas une vertu héroïque! Quand il s'agit, par exemple, de sauver un ami, celui qui en ce cas dirait la vérité serait couvert d'opprobre : et nous ne mettons guère de différence entre un homme qui calomnierait un innocent, et un frère qui, pouvant conserver la vie à son frère par un mensonge, aimerait mieux l'abandonner en disant vrai. La mémoire de M. de Thou, qui eut le cou coupé pour n'avoir pas révélé la conspiration de *Cinq-Mars*, est en bénédiction chez les Français : s'il n'avait point menti, elle aurait été en horreur.

« Mais, me dira-t-on, ce ne sera donc que par rapport à nous qu'il y aura du crime et de la vertu, du bien et du mal moral; il n'y aura donc point de bien en soi et indépendant de l'homme? » Je demanderai à ceux qui font cette question, s'il y a du froid et du chaud, du doux et de l'amer, de la bonne et de la mauvaise odeur autrement que par rapport à nous? N'est-il pas vrai qu'un homme qui prétendrait que la chaleur existe toute seule serait un raisonneur très-ridicule? Pourquoi donc celui qui prétend que le bien moral existe indépendamment de nous raisonnerait-il mieux? Notre bien et notre mal physique n'ont d'existence que par rapport à nous; pourquoi notre bien et notre mal moral seraient-ils dans un autre cas?

Les vues du Créateur, qui voulait que l'homme vécût en société, ne sont-elles pas suffisamment remplies? S'il y avait quelque loi tombée du ciel, qui eût enseigné aux humains la volonté de Dieu bien clairement, alors, le bien moral ne serait autre chose que la conformité à cette loi. Quand Dieu aura dit aux hommes : « Je veux qu'il y ait tant de royaumes sur la terre, et pas une république, je veux que les cadets aient tout le bien des pères, et qu'on punisse de mort quiconque mangera des dindons ou du cochon; » alors ces lois deviendront certainement la règle immuable du bien et du mal. Mais comme Dieu n'a pas daigné, que je sache, se mêler ainsi de notre conduite, il faut nous en tenir aux présents qu'il nous a faits. Ces présents sont la raison, l'amour-propre, la bienveillance pour notre espèce, les besoins, les passions, tous moyens par lesquels nous avons établi la société.

Bien des gens sont prêts ici à me dire : « Si je trouve mon bien-être

DE LA VERTU ET DU VICE.

à déranger votre société, à tuer, à voler, à calomnier, je ne serai donc retenu par rien, et je pourrai m'abandonner sans scrupule à toutes mes passions! » Je n'ai autre chose à dire à ces gens-là, sinon que probablement ils seront pendus, ainsi que je ferai tuer les loups qui voudront enlever mes moutons; c'est précisément pour eux que les lois sont faites, comme les tuiles ont été inventées contre la grêle et contre la pluie.

À l'égard des princes qui ont la force en main, et qui en abusent pour désoler le monde, qui envoient à la mort une partie des hommes, et réduisent l'autre à la misère, c'est la faute des hommes s'ils souffrent ces ravages abominables, que souvent même ils honorent du nom de vertu; ils n'ont à s'en prendre qu'à eux-mêmes, aux mauvaises lois qu'ils ont faites, ou au peu de courage qui les empêche de faire exécuter de bonnes lois.

Tous ces princes qui ont fait tant de mal aux hommes, sont les premiers à crier que Dieu a donné des règles du bien et du mal. Il n'y a aucun de ces fléaux de la terre qui ne fasse des actes solennels de religion; et je ne vois pas qu'on gagne beaucoup à avoir de pareilles règles. C'est un malheur attaché à l'humanité que, malgré toute l'envie que nous avons de nous conserver, nous nous détruisons mutuellement avec fureur et avec folie. Presque tous les animaux se mangent les uns les autres, et dans l'espèce humaine les mâles s'exterminent par la guerre. Il semble encore que Dieu ait prévu cette calamité en faisant naître parmi nous plus de mâles que de femelles : en effet, les peuples qui semblent avoir songé de plus près aux intérêts de l'humanité, et qui tiennent des registres exacts des naissances et des morts, se sont aperçus que, l'un portant l'autre, il naît tous les ans un douzième de mâles plus que de femelles.

De tout ceci il sera aisé de voir qu'il est très-vraisemblable que tous ces meurtres et ces brigandages sont funestes à la société, sans intéresser en rien la Divinité. Dieu a mis les hommes et les animaux sur la terre, c'est à eux de s'y conduire de leur mieux. Malheur aux mouches qui tombent dans les filets de l'araignée; malheur au taureau qui sera attaqué par un lion, et aux moutons qui seront rencontrés par les loups! Mais si un mouton allait dire à un loup : « Tu manques au bien moral, » et Dieu te punira; » le loup lui répondrait : « Je fais mon bien physique, et il y a apparence que Dieu ne se soucie pas trop que je te mange ou non. » Tout ce que le mouton avait de mieux à faire, c'était de ne pas trop s'écarter du berger et du chien qui pouvait le défendre.

Plût au ciel qu'en effet un Être suprême nous eût donné des lois, et nous eût proposé des peines et des récompenses! qu'il nous eût dit : « Ceci est vice en soi, ceci est vertu en soi. » Mais nous sommes si loin d'avoir des règles du bien et du mal, que de tous ceux qui ont osé donner des lois aux hommes de la part de Dieu, il n'y en a pas un qui ait donné la dix-millième partie des règles dont nous avons besoin dans la conduite de la vie.

Si quelqu'un infère de tout ceci qu'il n'y a plus qu'à s'abandonner sans réserve à toutes les fureurs de ses désirs effrénés, et que, n'y ayant en soi ni vertu ni vice, il peut tout faire impunément, il faut d'abord que cet homme voie s'il a une armée de cent mille soldats bien affectionnés à son service; encore risquera-t-il beaucoup en se déclarant ainsi l'ennemi du genre humain. Mais si cet homme n'est qu'un simple particulier, pour peu qu'il ait de raison, il verra qu'il a choisi un très-mauvais parti, et qu'il sera puni infailliblement, soit par les châtiments si sagement inventés par les hommes contre les ennemis de la société, soit par la seule crainte du châtiment, laquelle est un supplice assez cruel par elle-même. Il verra que la vie de ceux qui bravent les lois est d'ordinaire la plus misérable. Il est moralement impossible qu'un méchant homme ne soit pas reconnu; et dès qu'il est seulement soupçonné, il doit s'apercevoir qu'il est l'objet du mépris et de l'horreur. Or, Dieu nous a sagement doués d'un orgueil qui ne peut jamais souffrir que les autres hommes nous haïssent et nous méprisent; être méprisé de ceux avec qui l'on vit est une chose que personne n'a jamais pu et ne pourra jamais supporter. C'est peut-être le plus grand frein que la nature ait mis aux injustices des hommes; c'est par cette crainte mutuelle que Dieu a jugé à propos de les lier. Ainsi tout homme raisonnable conclura qu'il est visiblement de son intérêt d'être honnête homme. La connaissance qu'il aura du cœur humain, et la persuasion où il sera qu'il n'y a en soi ni vertu ni vice, ne l'empêchera jamais d'être bon citoyen et de remplir tous les devoirs de la vie. Aussi remarque-t-on que les philosophes (qu'on baptise du nom d'incrédules et de libertins) ont été dans tous les temps les plus honnêtes gens du monde. Sans faire ici une liste de tous les grands hommes de l'antiquité, on sait que La Mothe-Le Vayer, précepteur du frère de Louis XIII, Bayle, Locke, Spinosa, milord Shaftesbury, Collins, etc., étaient des hommes d'une vertu rigide; et ce n'est pas seulement la crainte du mépris des hommes qui a fait leurs vertus; c'était le goût de la vertu même. Un esprit droit est honnête homme par la même raison que celui qui n'a point le goût dépravé préfère d'excellent vin de Nuits à du vin de Brie et des perdrix du Mans à de la chair de cheval. Une saine éducation perpétue ces sentiments chez tous les hommes, et de là est venu ce sentiment universel qu'on appelle *honneur*, dont les plus corrompus ne peuvent se défaire, et qui est le pivot de la société. Ceux qui auraient besoin du secours de la religion pour être honnêtes gens seraient bien à plaindre; et il faudrait que ce fussent des monstres de la société, s'ils ne trouvaient pas en eux-mêmes les sentiments nécessaires à cette société, et s'ils étaient obligés d'emprunter ailleurs ce qui doit se trouver dans notre nature.

FRAGMENT
D'UNE LETTRE SUR DIDON TRAGÉDIE.
(1736.)

Plusieurs personnes ayant à l'envi rendu M. Le Franc de Pompignan célèbre, et tout Paris parlant de lui, j'ai voulu le lire; j'ai trouvé sa *Didon*; je n'ai pu encore aller au delà de sa première scène; mais j'espère poursuivre avec le temps. Cette première scène m'a paru un chef-d'œuvre. Iarbe déclare d'abord,

> Que ses ambassadeurs irrités et confus
> Trop souvent de la reine ont *subi* les refus.....
> Qu'il *contient* cependant la fureur qui l'anime;
> Que déguisant encor son dépit *légitime*,
> Pour la dernière fois en *proie* à ses hauteurs,
> Il vient sous le *faux nom* de ses ambassadeurs,
> Au milieu de la cour d'une reine étrangère,
> D'un refus obstiné pénétrer le mystère;
> Que sait-il? n'écouter qu'un transport amoureux,
> Se découvrir lui-même et déclarer ses feux.

Madherbal, officier de la reine étrangère, lui répond :

> Vos feux! que dites-vous? ciel, quelle est ma surprise!

Ce Madherbal en effet peut être surpris, pour peu qu'il sache la langue française, que des ambassadeurs *subissent* des refus, etc.; que le prince Iarbe,

> . . . . .En proie à des hauteurs,
> Vienne sous le *faux nom* de ses ambassadeurs;

car ce Madherbal doit croire que ces ambassadeurs ont un faux nom, et que ce Iarbe prend les noms de trois ou quatre ambassadeurs à la fois. Iarbe lui réplique :

> Je pardonne sans peine à ton étonnement;
> Mais apprends aujourd'hui l'excès de mon tourment;
> J'ai quitté malgré moi *les bords* de Géthulie.

C'est comme si l'on disait : « J'ai quitté les *bords* de Quercy, » qui est au milieu des terres. Ensuite il apprend à cet officier,

> Qu'il vient, peut-être épris d'une flamme trop vaine,
> *Tenter* lui-même encor cette superbe reine.

Apparemment que la tentation n'a pas réussi, car il ajoute que ses soldats et ses vaisseaux

Couvriront autour d'elle et la terre et les eaux.
L'amour conduit mes pas, la haine peut les suivre, etc.

Madherbal, toujours étonné de ce qu'il entend, et surtout d'une haine qui va suivre les pas de Iarbe, lui répond :

Non, je ne reviens point de ma surprise extrême.

Je suis comme Madherbal ; je ne reviens point de ma surprise, de lire de tels discours et de tels vers : le style est un peu de Gascogne.

. . . . *Je fus* (dit Iarbe) dans nos déserts
Ensevelir la honte et le poids de mes fers.

L'auteur, qui *fut* de Montauban à Paris donner cet ouvrage, fut assez mal conseillé ; je ferai ce que je pourrai pour achever la pièce ; je suis déjà édifié de son Épître dédicatoire, dans laquelle il se compare, avec sa modestie ordinaire, au cardinal de Richelieu ; et j'avoue qu'en fait de vers le Gascon peut s'égaler au Poitevin....

UTILE EXAMEN
DES TROIS DERNIÈRES ÉPITRES DU SIEUR ROUSSEAU.
(1736.)

Les esprits sages, dans le siècle où nous vivons, font peu d'attention aux petits ouvrages de poésie. L'étude sérieuse des mathématiques et de l'histoire, dont on s'occupe plus que jamais, laisse peu de temps pour examiner si une ode nouvelle ou une petite épître sont bonnes ou mauvaises. Il n'y a guère que les grands ouvrages tels qu'un poëme épique, comme la *Henriade*, et des tragédies telles que *Rhadamiste* et *Alzire*, qu'on veut examiner avec soin. Cependant rien n'est à mépriser dans les belles-lettres, et le goût peut s'exercer à proportion sur les plus petits ouvrages comme sur les plus grands.

Voici deux règles, regardées comme infaillibles par de très-bons esprits, pour juger du mérite de ces petites pièces de poésie. Premièrement, il faut examiner si ce qu'on y dit est vrai, et d'une vérité assez importante et assez neuve pour mériter d'être dit. Secondement, si ce vrai est énoncé d'un style élégant et convenable au sujet.

Les nouvelles épîtres de Rousseau qu'on débite depuis peu ne paraissent rien contenir de ce qui mérite l'attention du public : ce n'est pas la peine de faire mille vers pour dire qu'il y a de mauvaises pièces de théâtre, et des ouvrages que l'on voudrait rabaisser ; c'est seulement dire en mille vers : *Je suis mécontent et jaloux*. Or en cela il n'y a rien de neuf ni d'important ; c'est une vérité très-reconnue et très-peu intéressante qu'un auteur est jaloux d'un autre auteur.

On a toujours reproché à Rousseau d'avoir peu de génie inventif et de ne mettre en vers que les pensées des autres. Ce reproche semble assez bien fondé; car si vous examinez la neuvième satire de Despréaux, adressée *à son esprit*, dans laquelle il dépeint si naïvement les inconvénients de la poésie satirique, vous verrez que les épîtres aux Muses et à Marot, composées par Rousseau, n'en sont que des copies. Lisez la satire de Despréaux à Valincour, vous y verrez comment le faux honneur est venu sur la terre prendre les traits et le nom de l'honneur véritable : cette idée est répétée dans la plupart de ces pièces que Rousseau appelle ses *Allégories*.

Un auteur fait excuser en lui ce peu de fécondité quand il ajoute au moins quelque chose à ce qu'il emprunte; mais quand Rousseau mêle de son fonds à ces idées, il y mêle des erreurs.

Y a-t-il, par exemple, rien de plus faux que de dire

Et cherchez bien *de Paris jusqu'à Rome*,
Onc ne verrez sot qui soit honnête homme[1]?

Je ne relève point cette façon de parler, *de Paris jusqu'à Rome*; je ne relève que l'erreur grossière et dangereuse qui règne dans ces vers et dans tout le reste de l'ouvrage. Qui ne sait, par une triste expérience, que beaucoup de gens d'esprit ont été de très-méchants hommes, et qu'un honnête homme est souvent un esprit fort borné?

L'erreur en prose est un monstre, et en vers un monstre ridicule. Les ornements recherchés de la rime ne rendent pas vrai ce qui est faux, mais le rendent impertinent.

Ce n'est pas assez que le vrai soit la base des ouvrages, il faut aussi que la matière soit importante, il faut dire des choses intéressantes et neuves. Quel misérable emploi de passer sa vie à dire du mal de trois ou quatre auteurs, à parler de tragédies, de comédies, à se déchaîner contre ses rivaux! Quel bien peut-on faire aux hommes en choisissant de tels sujets? à qui plaira-t-on? quelle gloire peut-on acquérir? Quelques personnes lisent ces petites satires; elles disent, après les avoir lues, qu'il vaudrait beaucoup mieux instruire en faisant une bonne tragédie et une bonne comédie, qu'en parlant mal de ceux qui en font : mais cette manière d'instruire serait plus difficile.

Il faudrait au moins sauver la petitesse de ces sujets par l'élégance du style : c'est la seule ressource quand le génie est médiocre. Mais le style des dernières épîtres de Rousseau est, ce me semble, beaucoup plus répréhensible encore que les sujets mêmes; et c'est sur quoi on peut faire ici quelques réflexions utiles.

Le style doit être propre au sujet. Le grand mérite des bons auteurs du siècle de Louis XIV est d'avoir tout traité convenablement. Despréaux, en traitant des sujets simples, ne tombe point dans le bas; il est familier, mais toujours élégant. Les termes de sa langue lui suffisent; il ne va point chercher dans la langue qu'on parlait du temps de François Ier de quoi exprimer sa pensée, ni un terme usité par la po-

---

1. *Épître à Marot*, 29-30. (Éd.)

pulace, pour tâcher d'être plus comique. Lisez ce qu'il dit à M. Racine dans cette belle épître¹ qu'il lui adresse :

> Cependant laisse ici gronder quelques censeurs
> Qu'aigrissent de tes vers les charmantes douceurs

Vous ne verrez dans cette simplicité que les termes les plus nobles.

C'est une justice encore que l'on rend à l'auteur de la *Henriade*, de n'avoir mis dans ce poëme rien de bas ni d'ampoulé. Dans la description la plus pompeuse il est simple :

> Alors on n'entend plus ces foudres de la guerre,
> Dont les bouches de bronze épouvantaient la terre :
> Un farouche silence, enfant de la fureur,
> A ces bruyants éclats succède avec horreur.
> D'un bras déterminé, d'un œil brûlant de rage,
> Parmi ses ennemis chacun s'ouvre un passage.
> On saisit, on reprend, par un contraire effort,
> Ce rempart teint de sang, théâtre de la mort.
> Dans ses fatales mains la Victoire incertaine
> Tient encor près de.. lis l'étendard de Lorraine.
> Les assiégeants surpris sont partout renversés,
> Cent fois victorieux, et cent fois terrassés;
> Pareils à l'Océan poussé par les orages,
> Qui couvre à chaque instant et qui fuit ses rivages².

On voit que l'imagination est là dans les choses mêmes, et non dans une expression recherchée.

Qu'on jette les yeux sur les images les plus communes, par exemple, quand l'auteur dit que Paris n'était pas si grand alors qu'aujourd'hui :

> Paris n'était point tel en ces temps orageux
> Qu'il paraît en nos jours aux Français trop heureux.
> Cent forts, qu'avaient bâtis la fureur et la crainte,
> Dans un moins vaste espace enfermaient son enceinte.
> Ces faubourgs aujourd'hui si pompeux et si grands,
> Que la main de la paix tient ouverts en tous temps,
> D'une immense cité superbes avenues,
> Où nos palais dorés se perdent dans les nues
> Étaient de longs hameaux de remparts entourés, etc.

Toute cette image est ennoblie sans le secours d'aucun mot inusité; et c'est là une preuve bien convaincante que la langue française suffit à tout.

Quand le même auteur veut exprimer que Gabrielle d'Estrées était jeune, et qu'elle n'avait point eu d'amant, il dit :

> Elle entrait dans cet âge, hélas! trop redoutable,
> Qui rend des passions le joug inévitable.

1. Épître VII, v. 85-86. (Éd.) — 2. *Henriade*, VI, 147-160. (Éd.)

SUR LE SIEUR ROUSSEAU.

> Son cœur né pour aimer, mais fier et généreux,
> D'aucun amant encor n'avait reçu les vœux :
> Semblable en son printemps à la rose nouvelle,
> Qui renferme en naissant sa beauté naturelle,
> Cache aux vents amoureux les trésors de son sein,
> Et s'ouvre aux doux regards d'un jour pur et serein.

Enfin, on peut dire que le caractère propre d'un auteur raisonnable est de n'être jamais gêné dans ses expressions, soit qu'il soit tendre, soit qu'il soit sublime, soit qu'il soit plaisant, ou qu'il prenne le ton didactique.

On voit dans Rousseau tout le contraire de ce style aisé et naturel; il semble qu'il lui coûte d'écrire en français.

Lorsque Despréaux, dans son *Art poétique*, parle des auteurs du théâtre, quelle simplicité et quelle élégance!

> Vous donc qui d'un beau feu pour le théâtre épris,
> Venez en vers pompeux y disputer le prix,
> Voulez-vous sur la scène étaler des ouvrages
> Où tout Paris en foule apporte ses suffrages,
> Et qui toujours plus beaux, plus ils sont regardés,
> Soient au bout de vingt ans encor redemandés? etc.

Rousseau, qui veut l'imiter, dit dans une de ses nouvelles Épîtres :

> De ces beautés nous déterrer la source,
> Et démêler les détours sinueux
> De ce dédale oblique et tortueux,
> Ouvert jadis par la sœur de Thalie, etc.[1].

Ces trois épithètes *oblique*, *sinueux* et *tortueux*, données au *dédale* de la tragédie, sont aussi forcées qu'inutiles; et *la sœur de Thalie*, au lieu de *Melpomène*, est une affectation que la rime justifierait, si la rime était une excuse. Despréaux dit, avec son harmonie charmante :

> Que devant Troie en flamme Hécube désolée
> Ne vienne point pousser une plainte ampoulée....
> Il faut dans la douleur que vous vous abaissiez;
> Pour me tirer des pleurs il faut que vous pleuriez.
> Tous ces pompeux amas d'expressions frivoles
> Sont d'un déclamateur amoureux des paroles.

Voici comme s'exprime le copiste :

> Cet emphatique et burlesque étalage
> D'un faux sublime enté sur l'assemblage
> De ces grands mots, clinquant de l'oraison,
> Enflés de vent, et vides de raison,
> Dont le concours discordant et barbare
> N'est qu'un vain bruit, une sotte fanfare.

1. *Épître au P. Brumoy*, 10-13.

Il n'y a rien de plus rude que ces vers, ni de plus louche que ces expressions. *Un clinquant enflé de vent*, enté sur *un assemblage*, qui est *une sotte fanfare*, est une phrase digne de Chapelain. C'est le sort des copistes d'imiter les gestes de leurs maîtres par des contorsions.

Voilà ce que le style de Rousseau est très-souvent par rapport à celui de Despréaux. Il était permis, dans l'enfance de la littérature, de dérober quelque chose aux anciens, et de rester au-dessous d'eux; mais si l'on veut imiter un moderne, on n'évite guère le nom de plagiaire qu'en surpassant son modèle. Mais on le surpasse rarement : il y a toujours un tour lâche ou contraint dans le pinceau de l'imitateur.

Voici, par exemple, un endroit de la *Henriade* qu'il faut comparer à l'imitation que Rousseau en a faite, quelques années après l'impression de ce poëme :

    Loin du faste de Rome et des pompes mondaines,
    Des temples consacrés aux vanités humaines,
    Dont l'appareil superbe impose à l'univers,
    L'humble religion se cache en des déserts :
    Elle y vit avec Dieu dans une paix profonde,
    Cependant que son nom, profané dans le monde,
    Est le prétexte saint des fureurs des tyrans,
    Le bandeau du vulgaire et le mépris des grands.

Rousseau, dans une de ses dernières allégories[1], dit de la vertu :

    Dans un désert éloigné des mortels,
    D'un peu d'encens offert sur ses autels,
    Et des douceurs de son humble retraite,
    Elle vivait contente et satisfaite.
    Là, pour défense et pour divinité,
    Elle n'avait que sa sécurité.

On ne peut rien de plus faible que ces vers : d'ailleurs tout y manque de justesse. Si le désert est éloigné des hommes, on n'y peut faire fumer d'encens. Et la divinité de la vertu est-elle la sécurité ?

Ces comparaisons mèneraient trop loin. Le peu qu'on vient de dire suffit pour engager les jeunes auteurs à oser penser d'après eux-mêmes. Celui qui imite toujours ne mérite assurément pas d'être imité.

On les exhorte surtout à respecter la langue dans leurs écrits. La plupart des expressions de Rousseau ne sont pas françaises.

Des débiles phosphores qui brillent dans de grands météores; un docteur intrépide; un océan d'écrits perfides; des aigrefins sur le Parnasse errants; un babil qui tient la joie en échec; une mer de langueurs, etc., etc.

Tout est plein de ces phrases barbares, dans lesquelles on sent l'effort d'un auteur qui veut suppléer par des termes singuliers à la sécheresse des idées.

Mais le défaut qu'il faut le plus soigneusement éviter, et celui qui

---

1. *La Vérité*. (Éd.)

caractérise le plus un esprit faux, c'est de commencer une phrase par une image, et de la finir par une autre image. En voici un exemple dans les Épîtres nouvelles :

> De tout le vent que peut faire souffler
> Dans les fourneaux d'une tête échauffée,
> Fatuité sur sottise greffée [1].

Cette phrase, *fatuité greffée*, est certainement très-mauvaise; mais une greffe qui fait souffler du feu dans un fourneau, est le comble de la déraison. Rousseau tombe très-souvent dans cette faute d'*écolier*: témoin ce *sublime enté qui est du clinquant et une fanfare*.

Dans un autre endroit il dit : *L'orgueil aveugle présentant de perfides amorces, mine les forces par degrés d'un corps orné d'embonpoint*. On ne saurait trop recommander aux jeunes gens d'éviter cet écueil. La justesse est la principale qualité qu'il faut acquérir dans l'esprit. *Sapere est principium et fons*.

La convenance des styles dépend aussi de cette justesse; c'est en manquer que de se servir d'expressions basses; de dire, par exemple, que la fureur d'écrire

> Est une gale, un ulcère tenace,
> Qui de son sang corrompt toute la masse [2].

Le génie de la comédie émancipé par Térence; l'intégrité du théâtre romain, pour dire le bon goût du théâtre romain; la *dissemblance*, pour la différence ; *le flanc d'une façade*; un mur avancé qu'il faut enfoncer, au lieu de reculer; *une symétrie qui vieillit dans la pédanterie; un génie dans un berceau, qui manque d'un maître à l'essayer*. On trouve à chaque ligne de pareilles phrases. Ce n'est pas là, dit-on, le plus grand défaut qui y règne; l'uniformité didactique est encore plus ennuyeuse que ces expressions ne sont révoltantes. Mais j'observerai que cette uniformité et ces termes vicieux partent du même principe, je veux dire, du manque d'invention, du défaut d'idées; car celui qui a beaucoup d'idées nettes a certainement beaucoup d'idées différentes; il exprime naturellement, et d'une manière variée, ce qu'il pense naturellement. Mais celui qui ne pense point ne peut varier son style, puisqu'en effet il n'a rien à dire.

Je ne connais effectivement rien de plus vide que ces trois Épître nouvelles. Mais le plus grand défaut que j'y trouve, c'est le manque d bienséance. Il me semble qu'un poëte qui, pour tous ouvrages de théâtre, a fait le *Café*, la *Ceinture magique*, *Jason*, *Adonis*, le *Capricieux*, le *Flatteur*, et surtout les *Aïeux chimériques*, ouvrages tous ignorés, devait au public le respect de parler avec modestie de l'art dramatique. Il faut avoir eu bien des succès pour être en droit de donner des leçons. Rien n'est si révoltant aux yeux des honnêtes gens qu'un homme qui donne des règles sur un métier auquel il n'a pas réussi.

1. *Épître au P. Brunoy*, 223-24. (ÉD.) — 2. *Épître à Th...lis*. (ÉD.)

C'est pécher encore davantage contre cette bienséance si nécessaire, que de parler *de sa vertu*. Cet éloge de soi-même n'eût pas été souffert dans la vertu même. Quand on a eu le malheur de faire de très-grandes fautes pour lesquelles on a été puni par les tribunaux suprêmes, on doit marquer pour toute vertu du repentir et de l'humilité.

Les jeunes auteurs doivent donc songer que les mauvaises mœurs sont encore plus dangereuses que le mauvais style; ils doivent apprendre à imiter Boileau, non-seulement dans l'art d'écrire, mais même dans sa vie.

CONSEILS A UN JOURNALISTE,

SUR LA PHILOSOPHIE, L'HISTOIRE, LE THÉATRE,
LES PIÈCES DE POÉSIE, LES MÉLANGES DE LITTÉRATURE, LES ANECDOTES
LITTÉRAIRES, LES LANGUES ET LE STYLE.

(10 mai 1737.)

L'ouvrage périodique auquel vous avez dessein de travailler, monsieur, peut très-bien réussir, quoiqu'il y en ait déjà trop de cette espèce. Vous me demandez comment il faut s'y prendre pour qu'un tel journal plaise à notre siècle et à la postérité. Je vous répondrai en deux mots : *Soyez impartial*. Vous avez la science et le goût; si avec cela vous êtes juste, je vous prédis un succès durable. Notre nation aime tous les genres de littérature, depuis les mathématiques jusqu'à l'épigramme. Aucun des journaux ne parle communément de la partie la plus brillante des belles-lettres, qui sont les pièces de théâtre, ni de tant de jolis ouvrages de poésie, qui soutiennent tous les jours le caractère aimable de notre nation. Tout peut entrer dans votre espèce de journal, jusqu'à une chanson qui sera bien faite; rien n'est à dédaigner. La Grèce, qui se vante d'avoir fait naître Platon, se glorifie encore d'Anacréon; et Cicéron ne fait point oublier Catulle.

Sur la philosophie.

Vous savez assez de géométrie et de physique pour rendre un compte exact des livres de ce genre; et vous avez assez d'esprit pour en parler avec cet art qui leur ôte leurs épines, sans les charger de fleurs qui ne leur conviennent pas.

Je vous conseillerais surtout, quand vous ferez des extraits de philosophie, d'exposer d'abord au lecteur une espèce d'abrégé historique des opinions qu'on propose, ou des vérités qu'on établit. Par exemple, s'agit-il de l'opinion du *vide*; dites en deux mots comment Épicure croyait le prouver; montrez comment Gassendi l'a rendu plus vraisemblable; exposez les degrés infinis de probabilité que Newton a ajoutés

marchand de chameaux qui lui dit : « Maître, vous avez là un âne bien malin qui vous mène où vous ne voulez pas aller; si vous voulez me le céder, je vous donnerai quatre de mes chameaux à choisir. » Rustan remercia la Providence de lui avoir procuré un si bon marché. « Topaze avait grand tort, dit-il, de me dire que mon voyage serait malheureux. » Il monte sur le plus beau chameau, les trois autres suivent; il rejoint sa caravane, et se voit dans le chemin de son bonheur.

A peine a-t-il marché quatre parasanges, qu'il est arrêté par un torrent profond, large et impétueux, qui roulait des rochers blanchis d'écume. Les deux rivages étaient des précipices affreux qui éblouissaient la vue et glaçaient le courage. Nul moyen de passer, nul d'aller à droite ou à gauche. « Je commence à craindre, dit Rustan, que Topaze n'ait eu raison de blâmer mon voyage, et moi grand tort de l'entreprendre; encore, s'il était ici, il me pourrait donner quelques bons avis. Si j'avais Ébène, il me consolerait, et il trouverait des expédients; mais tout me manque. » Son embarras était augmenté par la consternation de sa troupe. La nuit était noire; on la passa à se lamenter. Enfin la fatigue et l'abattement endormirent l'amoureux voyageur. Il se réveille au point du jour, et voit un beau pont de marbre élevé sur le torrent d'une rive à l'autre.

Ce furent des exclamations, des cris d'étonnement et de joie. « Est-il possible? est-ce un songe? Quel prodige! quel enchantement!... Oserons-nous passer? » Toute la troupe se mettait à genoux, se relevait, allait au pont, baisait la terre, regardait le ciel, étendait les mains, posait le pied en tremblant, allait, revenait, était en extase; et Rustan disait : « Pour le coup, le ciel me favorise : Topaze ne savait ce qu'il disait; les oracles étaient en ma faveur; Ébène avait raison; mais pourquoi n'est-il pas ici? »

A peine la troupe fut-elle au delà du torrent, que voilà le pont qui s'abîme dans l'eau avec un fracas épouvantable. « Tant mieux! tant mieux! s'écria Rustan; Dieu soit loué! le ciel soit béni! il ne veut pas que je retourne dans mon pays, où je n'aurais été qu'un simple gentilhomme; il veut que j'épouse ce que j'aime : je serai prince de Cachemire; c'est ainsi qu'en *possédant* ma maîtresse, je ne *posséderai* pas mon petit marquisat à Candahar; *je serai Rustan, et je ne le serai pas*, puisque je deviendrai un grand prince. Voilà une grande partie de l'oracle expliquée nettement en ma faveur; le reste s'expliquera de même. Je suis trop heureux...; mais pourquoi Ébène n'est-il pas auprès de moi? je le regrette mille fois plus que Topaze. »

Il avança encore quelques parasanges avec la plus grande allégresse; mais, sur la fin du jour, une enceinte de montagnes plus roides qu'une contrescarpe, et plus hautes que n'aurait été la tour de Babel, si elle avait été achevée, barra entièrement la caravane saisie de crainte.

Tout le monde s'écria : « Dieu veut que nous périssions ici! il n'a brisé le pont que pour nous ôter tout espoir de retour; il n'a élevé la montagne que pour nous priver de tout moyen d'avancer.... O Rustan!

ô malheureux marquis! nous ne verrons jamais Cachemire! nous ne rentrerons jamais dans la terre de Candahar!... »

La plus cuisante douleur, l'abattement le plus accablant succédaient, dans l'âme de Rustan, à la joie immodérée qu'il avait ressentie, aux espérances dont il s'était enivré. Il était bien loin d'interpréter les prophéties à son avantage. « O ciel! ô Dieu paternel! faut-il que j'aie perdu mon ami Topaze!... »

Comme il prononçait ces paroles, en poussant de profonds soupirs et en versant des larmes au milieu de ses suivants désespérés, voilà la base de la montagne qui s'ouvre : une longue galerie en voûte, éclairée de cent mille flambeaux, se présente aux yeux éblouis; et Rustan de s'écrier, et ses gens de se jeter à genoux et de tomber d'étonnement à la renverse, et de crier : « Miracle! » et de dire : « Rustan est le favori de Vitsnou, le bien-aimé de Brama; il sera le maître du monde. » Rustan le croyait; il était hors de lui, élevé au-dessus de lui-même. « Ah! Ébène, mon cher Ébène! où êtes-vous? que n'êtes-vous témoin de toutes ces merveilles!... Comment vous ai-je perdu? Belle princesse de Cachemire, quand reverrai-je vos charmes?... »

Il avance avec ses domestiques, son éléphant, ses chameaux, sous la voûte de la montagne, au bout de laquelle il entre dans une prairie émaillée de fleurs et bordée de ruisseaux. Au bout de la prairie, ce sont des allées d'arbres à perte de vue, et, au bout de ces allées, une rivière, le long de laquelle sont mille maisons de plaisance, avec des jardins délicieux. Il entend partout des concerts de voix et d'instruments; il voit des danses, il se hâte de passer un des ponts de la rivière; il demande au premier homme qu'il rencontre quel est ce beau pays.

Celui auquel il s'adressait lui répondit : « Vous êtes dans la province de Cachemire; vous voyez les habitants dans la joie et dans les plaisirs : nous célébrons les noces de notre belle princesse, qui va se marier avec le seigneur Bababou, à qui son père l'a promise. Que Dieu perpétue leur félicité! » A ces paroles, Rustan tomba évanoui, et le seigneur cachemirien crut qu'il était sujet à l'épilepsie; il le fit porter dans sa maison, où il fut longtemps sans connaissance. On alla chercher les deux plus habiles médecins du canton : ils tâtèrent le pouls du malade, qui, ayant repris un peu ses esprits, poussait des sanglots, roulait les yeux, et s'écriait de temps en temps : « Topaze! Topaze! vous aviez bien raison! »

L'un des deux médecins dit au seigneur cachemirien : « Je vois à son accent que c'est un jeune homme de Candahar, à qui l'air de ce pays ne vaut rien; il faut le renvoyer chez lui; je vois à ses yeux qu'il est devenu fou : confiez-le-moi, je le ramènerai dans sa patrie, et je le guérirai. » L'autre médecin assura qu'il n'était malade que de chagrin, qu'il fallait le mener aux noces de la princesse, et le faire danser. Pendant qu'ils consultaient, le malade reprit ses forces. Les deux médecins furent congédiés, et Rustan demeura tête à tête avec son hôte.

« Seigneur, lui dit-il; je vous demande pardon de m'être évanoui devant vous, je sais que cela n'est pas poli; je vous supplie de vouloir bien accepter mon éléphant en reconnaissance des bontés dont vous m'avez honoré. » Il lui conta ensuite toutes ses aventures, en se gardant bien de lui parler de l'objet de son voyage. « Mais, au nom de Vitsnou et de Brama, lui dit-il, apprenez-moi quel est cet heureux Barbabou qui épouse la princesse de Cachemire, pourquoi son père l'a choisi pour gendre, et pourquoi la princesse l'a accepté pour son époux.

— Seigneur, lui dit le Cachemirien, la princesse n'a point du tout accepté Barbabou; au contraire, elle est dans les pleurs, tandis que toute la province célèbre avec joie son mariage; elle s'est enfermée dans la tour de son palais; elle ne veut voir aucune des réjouissances qu'on fait pour elle. » Rustan, en entendant ces paroles, se sentit renaître; l'éclat de ses couleurs, que la douleur avait flétries, reparut sur son visage. « Dites-moi, je vous prie, continua-t-il, pourquoi le prince de Cachemire s'obstine à donner sa fille à un Barbabou dont elle ne veut pas.

— Voici le fait, répondit le Cachemirien. Savez-vous que notre auguste prince avait perdu un gros diamant et un javelot qui lui tenaient fort au cœur? — Ah! je le sais très-bien, dit Rustan. — Apprenez donc, dit l'hôte, que notre prince, au désespoir de n'avoir point de nouvelles de ses deux bijoux, après les avoir fait longtemps chercher par toute la terre, a promis sa fille à quiconque lui rapporterait l'un ou l'autre. Il est venu un seigneur Barbabou qui était muni du diamant, et il épouse demain la princesse. »

Rustan pâlit, bégaya un compliment, prit congé de son hôte, et courut, sur son dromadaire, à la ville capitale où se devait faire la cérémonie. Il arrive au palais du prince; il dit qu'il a des choses importantes à lui communiquer; il demande une audience. On lui répond que le prince est occupé des préparatifs de la noce. « C'est pour cela même, dit-il, que je veux lui parler. » Il presse tant, qu'il est introduit. « Monseigneur, dit-il, que Dieu couronne tous vos jours de gloire et de magnificence! votre gendre est un fripon.

— Comment, un fripon! Qu'osez-vous dire? Est-ce ainsi qu'on parle à un duc de Cachemire du gendre qu'il a choisi? — Oui, un fripon, reprit Rustan; et, pour le prouver à Votre Altesse, c'est que voici votre diamant que je vous rapporte. »

Le duc, tout étonné, confronta les deux diamants; et, comme il ne s'y connaissait guère, il ne put dire quel était le véritable. « Voilà deux diamants, dit-il, et je n'ai qu'une fille; me voilà dans un étrange embarras! » Il fit venir Barbabou, et lui demanda s'il ne l'avait point trompé. Barbabou jura qu'il avait acheté son diamant d'un Arménien; l'autre ne disait pas de qui il tenait le sien, mais il proposa un expédient : ce fut qu'il plût à Son Altesse de le faire combattre sur-le-champ contre son rival. « Ce n'est pas assez que votre gendre donne un diamant, disait-il, il faut aussi qu'il donne des preuves de valeur.... Ne trouvez-vous pas bon que celui qui tuera l'autre épouse la princesse?— Très-bon, répondit le prince; ce sera un fort beau spectacle pour la cour : battez-vous vite tous deux; le vainqueur prendra les armes du vaincu, selon l'usage de Cachemire, et il épousera ma fille. »

VOLTAIRE. — XX   11

Les deux prétendants descendent aussitôt dans la cour. Il y avait sur l'escalier une pie et un corbeau. Le corbeau criait : « Battez-vous! battez-vous! » La pie : « Ne vous battez pas! » Cela fit rire le prince; les deux rivaux y prirent garde à peine : ils commencent le combat.... Tous les courtisans faisaient un cercle autour d'eux. La princesse, se tenant toujours renfermée dans sa tour, ne voulut point assister à ce spectacle : elle était bien loin de se douter que son amant fût à Cachemire; et elle avait tant d'horreur pour Barbabou, qu'elle ne voulait rien voir. Le combat se passa le mieux du monde : Barbabou fut tué roide, et le peuple en fut charmé, parce qu'il était laid et que Rustan était fort joli : c'est presque toujours ce qui décide de la faveur publique.

Le vainqueur revêtit la cotte de mailles, l'écharpe et le casque du vaincu, et vint, suivi de toute la cour, au son des fanfares, se présenter sous les fenêtres de sa maîtresse. Tout le monde criait : « Belle princesse, venez voir votre beau mari qui a tué son vilain rival! » Ses femmes répétaient ces paroles. La princesse mit par malheur la tête à la fenêtre, et, voyant l'armure d'un homme qu'elle abhorrait, elle courut en désespérée à son coffre de la Chine, et tira le javelot fatal, qui alla percer son cher Rustan au défaut de la cuirasse. Il jeta un grand cri; et, à ce cri, la princesse crut reconnaître la voix de son malheureux amant.

Elle descend échevelée, la mort dans les yeux et dans le cœur. Rustan était déjà tombé tout sanglant dans les bras de son père. Elle le voit.... O moment! ô vue! ô reconnaissance dont on ne peut exprimer ni la douleur, ni la tendresse, ni l'horreur!... Elle se jette sur lui; elle l'embrasse.... « Tu reçois, lui dit-elle, les premiers et les derniers baisers de ton amante et de ta meurtrière! » Elle retire le dard de la plaie, l'enfonce dans son cœur et meurt sur l'amant qu'elle adore. Le père, épouvanté, éperdu, prêt à mourir comme elle, tâche en vain de la rappeler à la vie.... Elle n'était plus! Il maudit ce dard fatal, le brise en morceaux, jette au loin ses deux diamants funestes; et, tandis qu'on prépare les funérailles de sa fille, au lieu de son mariage, il fait transporter dans son palais Rustan ensanglanté, qui avait encore un reste de vie.

On le porte dans un lit. La première chose qu'il voit aux deux côtés de ce lit de mort, c'est Topaze et Ébène. Sa surprise lui rendit un peu de force. « Ah! cruels, dit-il, pourquoi m'avez-vous abandonné? Peut-être la princesse vivrait encore, si vous aviez été près du malheureux Rustan! — Je ne vous ai pas abandonné un seul moment, dit Topaze. — J'ai toujours été près de vous, dit Ébène.

— Ah! que dites-vous? pourquoi insulter à mes derniers moments? répondit Rustan d'une voix languissante. — Vous pouvez m'en croire, dit Topaze; vous savez que je n'approuvai jamais ce fatal voyage dont je prévoyais les horribles suites; c'est moi qui étais l'aigle qui a combattu contre le vautour, et qu'il a déplumé; j'étais l'éléphant qui emportait le bagage, pour vous forcer à retourner dans votre patrie; j'étais l'âne rayé qui vous ramenait malgré vous chez votre père; c'est

le Glorieux, gardez-vous bien de vouloir rabaisser leur succès, sous prétexte que ce ne sont pas des comédies dans le goût de Molière ; évitez ce malheureux entêtement, qui ne prend sa source que dans l'envie ; ne cherchez point à proscrire les scènes attendrissantes qui se trouvent dans ces ouvrages : car, lorsqu'une comédie, outre le mérite qui lui est propre, a encore celui d'intéresser, il faut être de bien mauvaise humeur pour se fâcher qu'on donne au public un plaisir de plus.

J'ose dire que, si les pièces excellentes de Molière étaient un peu plus intéressantes, on verrait plus de monde à leurs représentations ; *le Misanthrope* serait aussi suivi qu'il est estimé. Il ne faut pas que la comédie dégénère en tragédie bourgeoise : l'art d'étendre ses limites, sans les confondre avec celles de la tragédie, est un grand art, qu'il serait beau d'encourager et honteux de vouloir détruire. C'en est un que de savoir bien rendre compte d'une pièce de théâtre. J'ai toujours reconnu l'esprit des jeunes gens au détail qu'ils faisaient d'une pièce nouvelle qu'ils venaient d'entendre ; et j'ai remarqué que tous ceux qui s'en acquittaient le mieux ont été ceux qui depuis ont acquis le plus de réputation dans leurs emplois : tant il est vrai qu'au fond l'esprit des affaires et le véritable esprit des belles-lettres est le même.

Exposer en termes clairs et élégants un sujet qui quelquefois est embrouillé, et, sans s'attacher à la division des actes, éclaircir l'intrigue et le dénoûment, les raconter comme une histoire intéressante, peindre d'un trait les caractères, dire ensuite ce qui a paru plus ou moins vraisemblable, bien ou mal préparé, retenir les vers les plus heureux, bien saisir le mérite ou le vice général du style ; c'est ce que j'ai vu faire quelquefois, mais ce qui est fort rare chez les gens de lettres même qui s'en font une étude : car il est plus facile à certains esprits de suivre leurs propres idées, que de rendre compte de celle des autres.

De la tragédie.

Je dirai à peu près de la tragédie ce que j'ai dit de la comédie. Vous savez quel honneur ce bel art a fait à la France ; art d'autant plus difficile, et d'autant plus au-dessus de la comédie, qu'il faut être vraiment poète pour faire une belle tragédie, au lieu que la comédie demande seulement quelque talent pour les vers.

Vous, monsieur, qui entendez si bien Sophocle et Euripide, ne cherchez point une vaine récompense au travail qu'il vous en a coûté pour les entendre, dans le malheureux plaisir de les préférer, contre votre sentiment, à nos grands auteurs français. Souvenez-vous que, quand je vous ai défié de me montrer, dans les tragiques de l'antiquité, des morceaux comparables à certains traits des pièces de Pierre Corneille, je dis de ses moins bonnes, vous avouâtes que c'était une chose impossible. Ces traits dont je parle étaient, par exemple, ces vers de la tragédie de *Nicomède*. Je veux, dit Prusias[1],

---

1. *Nicomède*, tragédie, acte IV, scène III.

J'y veux mettre d'accord l'amour et la nature,
Être père et mari dans cette conjoncture.

NICOMÈDE.

Seigneur, voulez-vous bien vous en fier à moi ?
Ne soyez l'un ni l'autre.

PRUSIAS.

Eh ! que dois-je être ?

NICOMÈDE.

Roi.

Reprenez hautement ce noble caractère.
Un véritable roi n'est ni mari ni père :
Il regarde son trône, et rien de plus. Régnez.
Rome vous craindra plus que vous ne la craignez.

Vous n'inférerez point que les dernières pièces de ce père du théâtre soient bonnes, parce qu'il s'y trouve de si beaux éclairs : avouez leur extrême faiblesse avec tout le public. *Agésilas* et *Suréna* ne peuvent rien diminuer de l'honneur que *Cinna* et *Polyeucte* font à la France. M. de Fontenelle, neveu du grand Corneille, dit, dans la Vie de son oncle, que, si le proverbe *Cela est beau comme le Cid* passa trop tôt, il faut s'en prendre aux auteurs qui avaient intérêt à l'abolir. Non, les auteurs ne pouvaient pas plus causer la chute du proverbe que celle du *Cid* : c'est Corneille lui-même qui le détruisit ; c'est à *Cinna* qu'il faut s'en prendre. Ne dites point avec l'abbé de Saint-Pierre que dans cinquante ans on ne jouera plus les pièces de Racine. Je plains nos enfants s'ils ne goûtent pas ces chefs-d'œuvre d'élégance. Comment leur cœur sera-t-il donc fait, si Racine ne les intéresse pas ?

Il y a apparence que les bons auteurs du siècle de Louis XIV dureront autant que la langue française ; mais ne découragez pas leurs successeurs en assurant que la carrière est remplie, et qu'il n'y a plus de place. Corneille n'est pas assez intéressant ; souvent Racine n'est pas assez tragique. L'auteur de *Venceslas*, celui de *Rhadamiste* et d'*Électre*, avec leurs grands défauts, ont des beautés particulières qui manquent à ces deux grands hommes ; et il est à présumer que ces trois pièces resteront toujours sur le théâtre français, puisqu'elles s'y sont soutenues avec des acteurs différents ; car c'est la vraie épreuve d'une tragédie. Que dirai-je de *Manlius*, pièce digne de Corneille, et du beau rôle d'*Ariane*, et du grand intérêt qui règne dans *Amasis* ? Je ne vous parlerai point des pièces tragiques faites depuis vingt années : comme j'en ai composé quelques-unes, il ne m'appartient pas d'oser apprécier le mérite des contemporains qui valent mieux que moi ; et à l'égard de mes ouvrages de théâtre, tout ce que je peux en dire, et vous prier d'en dire aux lecteurs, c'est que je les corrige tous les jours.

Mais quand il paraîtra une pièce nouvelle, ne dites jamais comme l'auteur odieux des *Observations* et de tant d'autres brochures : *La pièce est excellente*, ou *elle est mauvaise* ; ou *tel acte est impertinent*, *un tel rôle est pitoyable*. Prouvez solidement ce que vous en pensez, et laissez au public le soin de prononcer. Soyez sûr que l'arrêt sera contre vous toutes les fois que vous déciderez sans preuve, quand même vous auriez raison ; car ce n'est pas votre jugement qu'on demande, mais le rapport d'un procès que le public doit juger.

Ce qui rendra surtout votre journal précieux, c'est le soin que vous aurez de comparer les pièces nouvelles avec celles des pays étrangers qui seront fondées sur le même sujet. Voilà à quoi l'on manqua dans le siècle passé, lorsqu'on fit l'examen du *Cid* : on ne rapporta que quelques vers de l'original espagnol ; il fallait comparer les situations. Je suppose qu'on nous donne aujourd'hui *Manlius* de La Fosse, pour la première fois ; il serait très-agréable de mettre sous les yeux du lecteur la tragédie anglaise dont elle est tirée. Paraît-il quelque ouvrage instructif sur les pièces de l'illustre Racine ; détrompez le public de l'idée où l'on est que jamais les Anglais n'ont pu admettre le sujet de *Phèdre* sur leur théâtre. Apprenez aux lecteurs que la *Phèdre* de Smith est une des plus belles pièces qu'on ait à Londres. Apprenez-leur que l'auteur a imité tout de Racine, jusqu'à l'amour d'Hippolyte ; qu'on a joint ensemble l'intrigue de *Phèdre* et celle de *Bajazet*, et que cependant l'auteur se vante d'avoir tout tiré d'Euripide. Je crois que les lecteurs seraient charmés de voir sous leurs yeux la comparaison de quelques scènes de la *Phèdre* grecque, de la latine, de la française, et de l'anglaise. C'est ainsi, à mon gré, que la sage et saine critique perfectionnerait encore le goût des Français, et peut-être de l'Europe. Mais quelle vraie critique avons-nous depuis celle que l'Académie française fit du *Cid*, et à laquelle il manque encore autant de choses qu'au *Cid* même ?

Des pièces de poésie.

Vous répandrez beaucoup d'agrément sur votre journal, si vous l'ornez de temps en temps de ces petites pièces fugitives marquées au bon coin, dont les portefeuilles des curieux sont remplis. On a des vers du duc de Nevers, du comte Antoine Hamilton, né en France[1], qui respirent tantôt le feu poétique, tantôt la douce facilité du style épistolaire. On a mille petits ouvrages charmants de MM. d'Ussé, de Saint-Aulaire, de Ferrand, de La Faye, de Fieubet, du président Hénault, et de tant d'autres. Ces sortes de petits ouvrages dont je vous parle suffisaient autrefois à faire la réputation des Voiture, des Sarrasin, des Chapelle. Ce mérite était rare alors. Aujourd'hui qu'il est plus répandu, il donne peut-être moins de réputation ; mais il ne fait pas moins de plaisir aux lecteurs délicats. Nos chansons valent mieux que celles d'Anacréon, et le nombre en est étonnant. On en trouve même qui joignent la morale avec la gaieté, et qui, annoncées avec art, n'aviliraient point du tout un journal sérieux. Ce serait perfectionner le goût, sans

1. Élevé en France, mais né en Irlande. (Éd.)

nuire aux mœurs, de rapporter une chanson aussi jolie que celle-ci, qui est de l'auteur du *Double Veuvage* :

> Phyllis, plus avare que tendre,
> Ne gagnant rien à refuser,
> Un jour, exigea de Lisandre
> Trente moutons pour un baiser.

> Le lendemain nouvelle affaire ;
> Pour le berger le troc fut bon,
> Car il obtint de la bergère
> Trente baisers pour un mouton.

> Le lendemain Phyllis plus tendre,
> Craignant de déplaire au berger,
> Fut trop heureuse de lui rendre
> Trente moutons pour un baiser.

> Le lendemain, Phyllis plus sage,
> Aurait donné moutons et chien
> Pour un baiser que le volage
> A Lisette donnait pour rien.

Comme vous n'avez pas tous les jours des livres nouveaux qui méritent votre examen, ces petits morceaux de littérature rempliront très-bien les vides de votre journal. S'il y a quelques ouvrages de prose ou de poésie qui fassent beaucoup de bruit dans Paris, qui partagent les esprits, et sur lesquels on souhaite une critique éclairée, c'est alors qu'il faut oser servir de maître au public sans le paraître ; et, le conduisant comme par la main, lui faire remarquer les beautés sans emphase et les défauts sans aigreur. C'est alors qu'on aime en vous cette critique, qu'on déteste et qu'on méprise dans d'autres.

Un de mes amis, examinant trois épîtres de Rousseau, en vers dissyllabes, qui excitèrent beaucoup de murmure, il y a quelque temps, fit de la seconde, où tous nos auteurs sont insultés, l'examen suivant, dont voici un échantillon qui paraît dicté par la justesse et la modération. Voici le commencement de la pièce qu'il examinait :

> Tout instinct, tout art, toute police
> Subordonnée au pouvoir du caprice,
> Doit être aussi conséquemment pour tous
> Subordonnée à vos différents goûts.
> Mais de ces goûts la dissemblance extrême,
> A le bien prendre, est un faible problème ;
> Et quoi qu'on dise, on n'en saurait jamais
> Compter que deux, l'un bon, l'autre mauvais
> Par des talents que le travail cultive,
> A ce premier pas à pas on arrive,
> Et le public, que sa bonté prévient,
> Pour quelque temps s'y fixe et s'y maintient.

> Mais ébloui enfin par l'étincelle
> De quelque mode inconnue et nouvelle,
> L'ennui du beau nous fait aimer le laid,
> Et préférer le moindre au plus parfait, etc.

Voici l'examen.

Ce premier vers : « Tout institut, tout art, toute police, » semble avoir le défaut, je ne dis pas d'être prosaïque, car toutes ces épîtres le sont, mais d'être une prose un peu trop faible, et dépourvue d'élégance et de clarté.

La *police* semble n'avoir aucun rapport au goût, dont il est question. De plus, le terme de *police* doit-il entrer dans des vers?

Conséquemment est à peine admis dans la prose noble. Cette répétition du mot *subordonnée* serait vicieuse, quand même le terme serait élégant, et semble insupportable, puisque ce terme est une expression plus convenable à des affaires qu'à la poésie.

La *dissemblance* ne paraît pas le mot propre. « La dissemblance des goûts est un faible problème : » je ne crois pas que cela soit français.

A le bien prendre paraît une expression trop inutile et trop basse.

Enfin, il semble qu'un *problème* n'est ni faible ni fort : il peut être aisé ou difficile, et sa solution peut être faible, équivoque, erronée.

> Et quoi qu'on dise, on n'en saurait jamais
> Compter que deux, l'un bon, l'autre mauvais.

Non-seulement la poésie aimable s'accommode peu de cet air de dilemme, et d'une pareille sécheresse ; mais la raison semble peu s'accommoder de voir en huit vers « que tout art est subordonné à nos différents goûts, et que cependant il n'y a que deux goûts.

« Arriver au goût pas à pas » est encore, je crois, une façon de parler peu convenable, même en prose.

> Et le public, que sa bonté prévient.

Est-ce la bonté du public? est-ce la bonté du goût?

> L'ennui du beau nous fait aimer le laid,
> Et préférer le moindre au plus parfait.

1° *Le beau* et *le laid* sont des expressions réservées au bas comique. 2° Si on aime le laid, ce n'est pas la peine de dire ensuite qu'on préfère le *moins parfait*. 3° Le *moindre* n'est point opposé grammaticalement au plus parfait. 4° Le *moindre* est un mot qui n'entre jamais dans la poésie, etc.

C'est ainsi que ce critique faisait sentir, sans amertume, toute la faiblesse de ces épîtres. Il n'y avait pas trente vers, dans tous les ouvrages de Rousseau faits en Allemagne, qui échappassent à sa juste censure. Et pour mieux instruire les jeunes gens, il comparait à cet ouvrage un autre ouvrage du même auteur sur un sujet de littérature à peu près semblable. Il rapportait ces vers de l'*Épître aux Muses*, imitée de Despréaux, et cet objet de comparaison achevait de persuader mieux que les discussions les plus solides et les plus subtiles.

De l'exposé de tous ces vers dissyllabes, il prenait occasion de faire voir qu'il ne faut jamais confondre les vers de cinq pieds avec les vers marotiques. Il prouvait que le style qu'on appelle de Marot ne doit être admis que dans une épigramme et dans un conte, comme les figures de Callot ne doivent paraître que dans des grotesques. Mais quand il faut mettre la raison en vers, peindre, émouvoir, écrire élégamment, alors ce mélange monstrueux de la langue qu'on parlait il y a deux cents ans, et de la langue de nos jours, paraît l'abus le plus condamnable qui se soit glissé dans la poésie. Marot parlait sa langue ; il faut que nous parlions la nôtre. Cette bigarrure est aussi révoltante pour les hommes judicieux que le serait l'architecture gothique mêlée avec la moderne. Vous aurez souvent occasion de détruire ce faux goût. Les jeunes gens s'adonnent à ce style, parce qu'il est malheureusement facile.

Il en a coûté peut-être à Despréaux pour dire élégamment[1] :

> Faites choix d'un censeur solide et salutaire,
> Que la raison conduise et le savoir éclaire,
> Et dont le crayon sûr d'abord aille chercher
> L'endroit que l'on sent faible, et qu'on se veut cacher.

Mais est-il bien difficile, est-il bien élégant de dire :

> Donc si Phébus ses échecs vous adjuge
> Pour bien juger consultez tout bon juge.
> Pour bien jouer, hantez les bons joueurs ;
> Surtout craignez le poison des loueurs ;
> Accostez-vous de fidèles critiques[2].

Ce n'est pas qu'il faille condamner des vers familiers dans ces pièces de poésie ; au contraire, ils sont nécessaires, comme les jointures dans le corps humain, ou plutôt comme des repos dans un voyage :

> Et sermone opus est, modo tristi, sæpe jocoso,
> Defendente vices modo rhetoris, atque poetæ,
> Interdum urbani, parcentis viribus, atque
> Extenuantis eas consulo[3].

Tout ne doit pas être orné, mais rien ne doit être rebutant. Un langage obscur et grotesque n'est pas de la simplicité, c'est de la grossièreté recherchée.

Des mélanges de littérature et des anecdotes littéraires.

Je rassemble ici, sous le nom de *Mélanges de littérature*, tous les morceaux détachés d'histoire, d'éloquence, de morale, de critique, et

---

1. *Art poét.*, chant IV, vers 71-74. (ÉD.)
2. J.-B. Rousseau, *Épître à Marot*, vers 221-25. (ÉD.)
3. Horace, livre I, satire X, vers 11-14. (ÉD.)

ces petits romans qui paraissent si souvent. Nous avons des chefs-d'œuvre en tous ces genres. Je ne crois pas qu'aucune nation puisse se vanter d'un si grand nombre d'aussi jolis ouvrages de belles-lettres. Il est vrai qu'aujourd'hui ce genre facile produit une foule d'auteurs; on en compterait quatre ou cinq mille depuis cent ans. Mais un lecteur en use avec les livres comme un citoyen avec les hommes. On ne vit pas avec tous ses contemporains, on choisit quelques amis. Il ne faut pas plus s'effaroucher de voir cent cinquante mille volumes à la Bibliothèque du roi, que de ce qu'il y a sept cent mille hommes dans Paris. Les ouvrages de pure littérature, dans lesquels on trouve souvent des choses agréables, amusent successivement les honnêtes gens, délassent l'homme sérieux dans l'intervalle de ses travaux, et entretiennent dans la nation cette fleur d'esprit et cette délicatesse qui fait son caractère.

Ne condamnez point avec dureté tout ce qui ne sera pas La Rochefoucauld ou La Fayette, tout ce qui ne sera pas aussi parfait que la *Conspiration de Venise* de l'abbé de Saint-Réal, aussi plaisant et aussi original que la *Conversation du P. Canaye et du maréchal d'Hocquincourt*, écrite par Charleval, et à laquelle Saint-Évremond a ajouté une fin moins plaisante et qui languit un peu; enfin tout ce qui ne sera pas aussi naturel, aussi fin, aussi gai que le *Voyage*, quoique un peu inégal, de Bachaumont et de Chapelle.

> Non, si priores Mæonius tenet
> Sedes Homerus, Pindaricæ latent,
> Cææque, et Alcæi minaces,
> Stesichorique graves Camenæ;
>
> Nec, si quid olim lusit Anacreon,
> Delevit ætas; spirat adhuc amor,
> Viruntque commissi calores
> Æoliæ fidibus puellæ[1].

Dans l'exposition que vous ferez de ces ouvrages ingénieux, badinant, à leur exemple, avec vos lecteurs, et répandant les fleurs avec ces auteurs dont vous parlerez, vous ne tomberez pas dans cette sévérité de quelques critiques, qui veulent que tout soit écrit dans le goût de Cicéron ou de Quintilien. Ils crient que l'éloquence est énervée que le bon goût est perdu, parce qu'on aura prononcé dans une académie un discours brillant qui ne serait pas convenable au barreau. Ils voudraient qu'un conte fût écrit du style de Bourdaloue. Ne distingueront-ils jamais les temps, les lieux et les personnes? Veulent-ils que Jacob, dans le *Paysan parvenu*[2], s'exprime comme Pellisson ou Patru? Une éloquence mâle, noble, ennemie des petits ornements, convient à tous les grands ouvrages. Une pensée trop fine serait une tache dans le *Discours sur l'Histoire universelle* de l'éloquent Bossuet. Mais dans un ouvrage d'agrément, dans un compliment, dans une plaisanterie, tou-

[1]. Horace, livre IV, ode IX, vers 6-12. (Éd.)
[2]. Roman de Marivaux, publié en 1735. (Éd.)

tes les grâces légères, la naïveté ou la finesse, les plus petits ornements, trouvent leur place. Examinons-nous nous-mêmes. Parlons-nous d'affaires du ton des entretiens d'un repas? Les livres sont la peinture de la vie humaine; il en faut de solides, et on en doit permettre d'agréables.

N'oubliez jamais, en rapportant les traits ingénieux de tous ces livres, de marquer ceux qui sont à peu près semblables chez les autres peuples, ou dans nos anciens auteurs. On nous donne peu de pensées que l'on ne trouve dans Sénèque, dans Lucien, dans Montaigne, dans Bacon, dans le *Spectateur anglais*. Les comparer ensemble (et c'est en quoi le goût consiste), c'est exciter les auteurs à dire, s'il se peut, des choses nouvelles; c'est entretenir l'émulation qui est la mère des arts. Quelle satisfaction pour un lecteur délicat de voir d'un coup d'œil ces idées qu'Horace a exprimées dans des vers négligés, mais avec des paroles si expressives; ce que Despréaux a rendu d'une manière si correcte; ce que Dryden et Rochester ont renouvelé avec le feu de leur génie! Il en est de ces parallèles comme de l'anatomie comparée, qui fait connaître la nature. C'est par là que vous ferez voir souvent, non-seulement ce qu'un auteur a dit, mais ce qu'il aurait pu dire; car si vous ne faites que le répéter, à quoi bon faire un journal?

Il y a surtout des anecdotes littéraires sur lesquelles il est toujours bon d'instruire le public, afin de rendre à chacun ce qui lui appartient. Apprenez, par exemple, au public que le *Chef-d'œuvre d'un inconnu*, ou *Mathanasius*, est de feu M. de Sallengre et d'un illustre mathématicien[1] consommé dans tout genre de littérature, et qui joint l'esprit à l'érudition, enfin de tous ceux qui travaillaient à La Haye au *Journal littéraire*, et que M. de Saint-Hyacinthe fournit la chanson avec beaucoup de remarques. Mais si on ajoute à cette plaisanterie une infâme brochure[2] digne de la plus vile canaille, et faite sans doute par un de ces mauvais Français qui vont dans les pays étrangers déshonorer les belles-lettres et leur patrie, faites sentir l'horreur et le ridicule de cet assemblage monstrueux.

Faites-vous toujours un mérite de venger les bons écrivains des zoïles obscurs qui les attaquent; démêlez les artifices de l'envie; publiez, par exemple, que les ennemis de notre illustre Racine firent réimprimer quelques vieilles pièces oubliées, dans lesquelles ils insérèrent plus de cent vers de ce poëte admirable, pour faire accroire qu'il les avait volés. J'en ai vu une intitulée *Saint Jean-Baptiste*, dans laquelle on retrouvait une scène presque entière de *Bérénice*. Ces malheureux, aveuglés par leur passion, ne sentaient pas même la différence des styles, et croyaient qu'on s'y méprendrait : tant la fureur de la jalousie est souvent absurde!

En défendant les bons auteurs contre l'ignorance et l'envie qui leur

---

[1]. Sallengre et S Gravesande peuvent avoir donné quelques conseils ou fourni quelques citations à Saint-Hyacinthe; mais ce dernier est l'auteur du *Chef-d'œuvre d'un inconnu*. (*Note de M. Beuchot.*)

[2]. *Déification de l'incomparable docteur Aristarchus Masso*, qui parut pour la première fois dans l'édition de 1732 du *Chef-d'œuvre d'un inconnu*. (*Id.*)

imputent de mauvais ouvrages, ne permettez pas non plus qu'on attribue à de grands hommes des livres peut-être bons en eux-mêmes, mais qu'on veut accréditer par des noms illustres auxquels ils n'appartiennent point. L'abbé de Saint-Pierre renouvelle un projet hardi et sujet à d'extrêmes difficultés; il le met sous le nom d'un dauphin de France. Faites voir modestement qu'on ne doit pas, sans de très-fortes preuves, attribuer un tel ouvrage à un prince né pour régner.

Ce *Projet* de la prétendue *paix universelle*, attribué à Henri IV par les secrétaires de Maximilien de Sulli, qui rédigèrent ses Mémoires, ne se trouve en aucun autre endroit. Les Mémoires de Villeroi n'en disent mot; on n'en voit aucune trace dans aucun livre du temps. Joignez à ce silence la considération de l'état où l'Europe était alors, et voyez si un prince, aussi sage que Henri le Grand, a pu concevoir un projet d'une exécution impossible.

Si on réimprime, comme on me le mande, le livre fameux connu sous le nom de *Testament politique du cardinal de Richelieu*, montrez combien on doit douter que ce ministre en soit l'auteur.

I. Parce que jamais le manuscrit n'a été vu ni connu chez ses héritiers, ni chez les ministres qui lui succédèrent.

II. Parce qu'il fut imprimé trente ans après sa mort, sans avoir été annoncé auparavant.

III. Parce que l'éditeur n'ose pas seulement dire de qui il tient le manuscrit, ce qu'il est devenu, en quelles mains il l'a déposé.

IV. Parce qu'il est d'un style très-différent des autres ouvrages du cardinal de Richelieu.

V. Parce qu'on lui fait signer son nom d'une façon dont il ne se servait pas.

VI. Parce que dans l'ouvrage il y a beaucoup d'expressions et d'idées peu convenables à un grand ministre qui parle à un grand roi. Il n'y a pas d'apparence qu'un homme aussi poli que le cardinal de Richelieu eût appelé la dame d'honneur de la reine *la du Fargis*, comme s'il eût parlé d'une femme publique. Est-il vraisemblable que le ministre d'un roi de quarante ans lui fasse des leçons plus propres à un jeune dauphin qu'à un monarque âgé de qui l'on dépend?

Dans le premier chapitre il prouve qu'il faut être chaste. Est-ce un discours bienséant dans la bouche d'un ministre qui avait eu publiquement plus de maîtresses que son maître, et qui n'était pas soupçonné d'être aussi retenu avec elles? Dans le second chapitre il avance cette nouvelle proposition, que la raison doit être la règle de la conduite. Dans un autre il dit que l'Espagne, en donnant un million par an aux protestants, rendait les Indes, qui fournissaient cet argent, *tributaires de l'enfer* : expression plus digne d'un mauvais orateur que d'un ministre sage tel que ce cardinal. Dans un autre, il appelle le duc de Mantoue, *ce pauvre prince*. Enfin est-il vraisemblable qu'il eût rapporté au roi des bons mots de Bautru, et cent autres minuties pareilles, dans un testament politique?

VII. Comment celui qui a fait parler le cardinal de Richelieu peut-il lui faire dire, dans les premières pages, que dès qu'il fut appelé au conseil, il promit au roi d'abaisser ses ennemis, les huguenots et les grands du royaume? Ne devait-on pas se souvenir que le cardinal de Richelieu, remis dans le conseil par les bontés de la reine mère, n'y fut que le second pendant plus d'un an, et qu'il était alors bien loin d'avoir de l'ascendant sur l'esprit du roi, et d'être premier ministre?

VIII. On prétend, dans le chapitre deuxième du livre premier, que pendant cinq ans le roi dépensa, pour la guerre, soixante millions par an, qui en valent environ six vingts de notre monnaie, et cela sans cesser de payer les charges de l'État, et sans moyens extraordinaires. Et, d'un autre côté, dans le chapitre IX, partie II, il est dit qu'en temps de paix il entrait par an, à l'épargne, environ trente-cinq millions, dont il fallait encore rabattre beaucoup. Ne paraît-il pas entre ces deux calculs une contradiction évidente?

IX. Est-il d'un ministre d'appeler à tout moment les rentes à huit, à six, à cinq pour cent, des rentes au denier huit, au denier six, au denier cinq? Le denier cinq est vingt pour cent, et le denier vingt est cinq pour cent : ce sont des choses qu'un apprenti ne confondrait pas.

X. Est-il vraisemblable que le cardinal de Richelieu ait appelé les parlements *cours souveraines*, et qu'il propose, chapitre IX, partie II, de faire payer la taille à ces cours souveraines?

XI. Est-il vraisemblable qu'il ait proposé de supprimer les gabelles? et ce projet n'a-t-il pas été fait par un politique oisif plutôt que par un homme nourri dans les affaires?

XII. Enfin, ne voit-on pas combien il est incroyable qu'un ministre, au milieu de la guerre la plus vive, ait intitulé un chapitre : *Succincte narration des actions du roi jusqu'à la paix?*

Voilà bien des raisons de douter que ce grand ministre soit l'auteur de ce livre. Je me souviens d'avoir entendu dire dans mon enfance, à un vieillard très-instruit, que le *Testament politique* était de l'abbé Bourzeis, l'un des premiers académiciens et homme très-médiocre. Mais je crois qu'il est plus aisé de savoir de qui ce livre n'est pas que de connaître son auteur. Remarquez ici quelle est la faiblesse humaine. On admire ce livre parce qu'on le croit d'un grand ministre. Si on savait qu'il est de l'abbé Bourzeis, on ne le lirait pas. En rendant ainsi justice à tout le monde, en pesant tout dans une balance exacte, élevez-vous surtout contre la calomnie.

On a vu, soit en Hollande, soit ailleurs, de ces ouvrages périodiques destinés en apparence à instruire, mais composés en effet pour diffamer; on a vu des auteurs que l'appât du gain et la malignité ont transformés en satiriques mercenaires, et qui ont vendu publiquement leurs scandales, comme Locuste vendait les poisons. Parmi ceux qui ont ainsi déshonoré les lettres et l'humanité, qu'il me soit permis d'en citer un qui, pour prix du plus grand service qu'un homme puisse peut-être rendre à un autre homme, s'est déclaré pendant tant d'années mon plus cruel ennemi. On a vu imprimer publiquement, distribuer et vendre lui-même un libelle infâme, digne de toute la sévérité des lois; on l'a vu ensuite, de cette même main dont il avait écrit et distribué ces calomnies, les désavouer presque avec autant de honte qu'il les avait publiées. « Je me croirais déshonoré, dit-il dans sa déclaration donnée aux magistrats; je me croirais déshonoré, si j'avais eu la moindre part à ce libelle, entièrement calomnieux, écrit contre un homme pour qui j'ai tous les sentiments d'estime, etc. *Signé* l'abbé DESFONTAINES. »

C'est à ces extrémités malheureuses qu'on est réduit lorsqu'on fait de l'art d'écrire un si détestable usage.

J'ai lu dans un livre qui porte le titre de *Journal*, qu'il n'est pas étonnant que les jésuites prennent quelquefois le parti de l'illustre Wolf, parce que les jésuites sont tous athées.

Parlez avec courage contre ces exécrables injustices, et faites sentir à tous les auteurs de ces infamies que le mépris et l'horreur du public seront éternellement leur partage.

Sur les langues.

Il faut qu'un bon journaliste sache au moins l'anglais et l'italien; car il y a beaucoup d'ouvrages de génie dans ces langues, et le génie n'est presque jamais traduit. Ce sont, je crois, les deux langues de l'Europe les plus nécessaires à un Français. Les Italiens sont les premiers qui aient retiré les arts de la barbarie; et il y a tant de grandeur, tant de force d'imagination jusque dans les fautes des Anglais, qu'on ne peut trop conseiller l'étude de leur langue.

Il est triste que le grec soit négligé en France; mais il n'est pas permis à un journaliste de l'ignorer. Sans cette connaissance il y a un grand nombre de mots français dont il n'aura jamais qu'une idée confuse; car depuis l'arithmétique jusqu'à l'astronomie, quel est le terme d'art qui ne dérive de cette langue admirable? A peine y a-t-il un muscle, une veine, un ligament dans notre corps, une maladie, un remède, dont le nom ne soit grec. Donnez-moi deux jeunes gens, dont l'un saura cette langue et dont l'autre l'ignorera; que ni l'un ni l'autre n'ait la moindre teinture d'anatomie: qu'ils entendent dire qu'un homme est malade d'un *diabetès*, qu'il faut faire à celui-ci une *paracentèse*, que cet autre a une *ankylose* ou un *bubonocèle*; celui qui sait le grec entendra tout d'un coup de quoi il s'agit, parce qu'il voit de quoi ces mots sont composés; l'autre ne comprendra absolument rien.

Plusieurs mauvais journalistes ont osé donner la préférence à l'*Iliade* de La Motte sur l'*Iliade* d'Homère. Certainement, s'ils avaient lu Homère en sa langue, ils eussent vu que la traduction est autant au-dessous de l'original, que Segrais est au-dessous de Virgile.

Un journaliste versé dans la langue grecque pourra-t-il s'empêcher de remarquer, dans les traductions que Tourreil a faites de Démosthène, quelques faiblesses au milieu de ses beautés? « Si quelqu'un, dit le traducteur, vous demande: « Messieurs les Athéniens, avez-vous la paix? » — Non, de par Jupiter, répondez-vous; nous avons la guerre avec Philippe. » Le lecteur, sur cet exposé, pourrait croire que Démosthène plaisante à contre-temps; que ces termes familiers et réservés pour le bas comique, *Messieurs les Athéniens, de par Jupiter*, répondent à de pareilles expressions grecques. Il n'en est pourtant rien, et cette faute appartient tout entière au traducteur. Ce sont mille petites inadvertances pareilles qu'un journaliste éclairé peut faire observer, pourvu qu'en même temps il remarque encore plus les beautés.

Il serait à souhaiter que les savants dans les langues orientales nous eussent donné des journaux des livres de l'Orient. Le public ne serait pas dans la profonde ignorance où il est de l'histoire de la plus grande partie de notre globe; nous nous accoutumerions à réformer notre chronologie sur celle des Chinois; nous serions plus instruits de la religion de Zoroastre, dont les sectateurs subsistent encore, quoique sans patrie, à peu près comme les Juifs et quelques autres sociétés superstitieuses répandues de temps immémorial dans l'Asie. On connaîtrait les restes de l'ancienne philosophie indienne; on ne donnerait plus le nom d'Histoire universelle à des recueils de quelques fables d'Égypte, des révolutions d'un pays grand comme la Champagne, nommé la Grèce, et du peuple romain qui, tout étendu et tout victorieux qu'il a été, n'a jamais eu sous sa domination tant d'États que le peuple de Mahomet, et qui n'a jamais conquis la dixième partie du monde.

Mais aussi que votre amour pour les langues étrangères ne vous fasse pas mépriser ce qui s'écrit dans votre patrie; ne soyez point comme ce faux délicat à qui Pétrone fait dire :

Ales Phasiacis petita Colchis,
Atque Afræ volucres placent palato....
Quidquid quæritur optimum videtur.

On ne trouva de poëte français dans la bibliothèque de l'abbé de Longuerue, qu'un tome de Malherbe. Je voudrais, encore une fois, en fait de belles-lettres, qu'on fût de tous les pays, mais surtout du sien. J'appliquerai à ce sujet des vers de M. de La Motte; car il en a quelquefois fait d'excellents :

C'est par l'étude que nous sommes
Contemporains de tous les hommes,
Et citoyens de tous les lieux.

Du style d'un journaliste

Quant au style d'un journaliste, Bayle est peut-être le premier modèle, s'il vous en faut un; c'est le plus profond dialecticien qui ait jamais écrit; c'est presque le seul compilateur qui ait du goût. Cependant dans son style toujours clair et naturel, il y a trop de négligence, trop d'oubli des bienséances, trop d'incorrection. Il est diffus : il fait, à la vérité, conversation avec son lecteur comme Montaigne; et en cela il charme tout le monde; mais il s'abandonne à une mollesse de style, et aux expressions triviales d'une conversation trop simple; et en cela il rebute souvent l'homme de goût.

En voici un exemple qui me tombe sous la main; c'est l'article d'*Abailard*, dans son Dictionnaire. « Abailard, dit-il, s'amusait beaucoup

elle n'avait pas été mangée par un ours. J'ai puni l'ours; j'ai porté longtemps sa peau ; mais cela ne m'a pas consolé. »

Mlle de Saint-Yves, à ce récit, sentait un plaisir secret d'apprendre que l'Ingénu n'avait eu qu'une maîtresse, et qu'Abacaba n'était plus; mais elle ne démêlait pas la cause de son plaisir. Tout le monde fixait les yeux sur l'Ingénu; on le louait beaucoup d'avoir empêché ses camarades de manger un Algonquin.

L'impitoyable bailli, qui ne pouvait réprimer sa fureur de questionner, poussa enfin la curiosité jusqu'à s'informer de quelle religion était M. le Huron : s'il avait choisi la religion anglicane, ou la gallicane, ou la huguenote. « Je suis de ma religion, dit-il, comme vous de la vôtre. — Hélas! s'écria la Kerkabon, je vois bien que ces malheureux Anglais n'ont pas seulement songé à le baptiser. — Eh! mon Dieu! disait Mlle de Saint-Yves, comment se fait-il que les Hurons ne soient pas catholiques? est-ce que les révérends pères jésuites ne les ont pas tous convertis ? » L'Ingénu l'assura que, dans son pays, on ne convertissait personne; que jamais un vrai Huron n'avait changé d'opinion, et que même il n'y avait point dans sa langue de terme qui signifiât *inconstance*. Ces derniers mots plurent extrêmement à Mlle de Saint-Yves.

« Nous le baptiserons! nous le baptiserons! disait la Kerkabon à M. le prieur. Vous en aurez l'honneur, mon cher frère; je veux absolument être sa marraine; M. l'abbé de Saint-Yves le présentera sur les fonts ; ce sera une cérémonie bien brillante ; il en sera parlé dans toute la basse Bretagne; et cela nous fera un honneur infini. » Toute la compagnie seconda la maîtresse de la maison; tous les convives criaient : « Nous le baptiserons ! » L'Ingénu répondit qu'en Angleterre on laissait vivre les gens à leur fantaisie; il témoigna que la proposition ne lui plaisait point du tout, et que la loi des Hurons valait, pour le moins, la loi des bas Bretons; enfin il dit qu'il repartait le lendemain. On acheva de vider sa bouteille d'eau des Barbades, et chacun s'alla coucher.

Quand on eut reconduit l'Ingénu dans sa chambre, Mlle de Kerkabon et son amie Mlle de Saint-Yves ne purent se tenir de regarder par le trou d'une large serrure, pour voir comment dormait un Huron : elles virent qu'il avait étendu la couverture du lit sur le plancher, et qu'il reposait dans la plus belle attitude du monde.

Chap. II. — *Le Huron, nommé l'Ingénu, reconnu de ses parents.*

L'Ingénu, selon sa coutume, s'éveilla avec le soleil, au chant du coq, qu'on appelle, en Angleterre et en Huronie, *la trompette du jour*. Il n'était pas comme la bonne compagnie, qui languit dans un lit oiseux jusqu'à ce que le soleil ait fait la moitié de son tour, qui ne peut ni dormir ni se lever, qui perd tant d'heures précieuses dans cet état mitoyen entre la vie et la mort, et qui se plaint encore que la vie est trop courte.

Il avait déjà fait deux ou trois lieues, il avait tué trente pièces de gibier à balle seuls; lorsqu'en rentrant il trouva M. le prieur de Notre-Dame de la Montagne et sa discrète sœur se promenant, en bonnet de nuit, dans leur petit jardin. Il leur présenta toute sa chasse, et, en tirant de sa chemise une espèce de petit talisman qu'il portait toujours à son cou, il les pria de l'accepter en reconnaissance de leur bonne réception. « C'est ce que j'ai de plus précieux, leur dit-il ; on m'a assuré que je serais toujours heureux tant que je porterais ce petit brimborion sur moi ; et je vous le donne, afin que vous soyez toujours heureux. »

Le prieur et mademoiselle sourirent avec attendrissement de la naïveté de l'Ingénu : ce présent consistait en deux petits portraits assez mal faits, attachés ensemble avec une courroie fort grasse.

Mlle de Kerkabon lui demanda s'il y avait des peintres en Huronie. « Non, dit l'Ingénu ; cette rareté me vient de ma nourrice. Son mari l'avait eue par conquête, en dépouillant quelques Français du Canada qui nous avaient fait la guerre.... C'est tout ce que j'en ai su. »

Le prieur regardait attentivement ces portraits ; il changea de couleur, il s'émut, ses mains tremblèrent. « Par Notre-Dame de la Montagne ! s'écria-t-il, je crois que voilà le visage de mon frère le capitaine et de sa femme ! » Mademoiselle, après les avoir considérés avec la même émotion, en jugea de même. Tous deux étaient saisis d'étonnement et d'une joie mêlée de douleur ; tous deux s'attendrissaient ; tous deux pleuraient ; leur cœur palpitait ; ils poussaient des cris ; ils s'arrachaient les portraits ; chacun d'eux les prenait et les rendait vingt fois en une seconde ; ils dévoraient des yeux les portraits et le Huron ; ils lui demandaient l'un après l'autre, et tous deux à la fois, en quel lieu, en quel temps, comment ces miniatures étaient tombées entre les mains de sa nourrice ; ils rapprochaient, ils comptaient les temps depuis le départ du capitaine ; ils se souvenaient d'avoir eu nouvelle qu'il avait été jusqu'au pays des Hurons, et que, depuis ce temps, ils n'en avaient jamais entendu parler.

L'Ingénu leur avait dit qu'il n'avait connu ni père ni mère. Le prieur, qui était homme de sens, remarqua que l'Ingénu avait un peu de barbe ; il savait très-bien que les Hurons n'en ont point. « Son menton est cotonné, il est donc fils d'un homme d'Europe.... Mon frère et ma belle-sœur ne parurent plus après l'expédition contre les Hurons, en 1669.... Mon neveu devait être alors à la mamelle.... La nourrice huronne lui a sauvé la vie et lui a servi de mère. » Enfin, après cent questions et cent réponses, le prieur et sa sœur conclurent que le Huron était leur propre neveu. Ils l'embrassaient en versant des larmes ; et l'Ingénu riait, ne pouvant s'imaginer qu'un Huron fût neveu d'un prieur bas-breton.

Toute la compagnie descendit. M. de Saint-Yves, qui était grand physionomiste, compara les deux portraits avec le visage de l'Ingénu ; il fit très-habilement remarquer qu'il avait les yeux de sa mère, le front et le nez de feu M. le capitaine de Kerkabon, et des joues qui tenaient de l'un et de l'autre.

CHAPITRE II.

Mlle de Saint-Yves, qui n'avait jamais vu le père ni la mère, assura que l'Ingénu leur ressemblait parfaitement. Ils admirèrent tous là Providence et l'enchaînement des événements de ce monde. Enfin, on était si persuadé, si convaincu de la naissance de l'Ingénu, qu'il consentit lui-même à être neveu de M. le prieur, en disant qu'il aimait autant l'avoir pour oncle qu'un autre.

On alla rendre grâce à Dieu dans l'église de Notre-Dame de la Montagne, tandis que le Huron, d'un air indifférent, s'amusait à boire dans la maison.

Les Anglais qui l'avaient amené, et qui étaient prêts à mettre à la voile, vinrent lui dire qu'il était temps de partir. « Apparemment, leur dit-il, que vous n'avez pas retrouvé vos oncles et vos tantes.... Je reste ici. Retournez à Plymouth : je vous donne toutes mes hardes ; je n'ai plus besoin de rien au monde, puisque je suis le neveu d'un prieur. » Les Anglais mirent à la voile, en se souciant fort peu que l'Ingénu eût des parents ou non en basse Bretagne.

Après que l'oncle, la tante et la compagnie eurent chanté le *Te Deum*; après que le bailli eut encore accablé l'Ingénu de questions ; après qu'on eut épuisé tout ce que l'étonnement, la joie, la tendresse peuvent faire dire, le prieur de la Montagne et l'abbé de Saint-Yves conclurent à faire baptiser l'Ingénu au plus vite. Mais il n'en était pas d'un grand Huron de vingt-deux ans comme d'un enfant qu'on régénère sans qu'il en sache rien. Il fallait l'instruire, et cela paraissait difficile ; car l'abbé de Saint-Yves supposait qu'un homme qui n'était pas né en France n'avait pas le sens commun.

Le prieur fit observer à la compagnie que si, en effet, M. l'Ingénu, son neveu, n'avait pas eu le bonheur de naître en basse Bretagne, il n'en avait pas moins d'esprit ; qu'on en pouvait juger par toutes ses réponses, et que, sûrement, la nature l'avait beaucoup favorisé tant du côté paternel que du maternel.

On lui demanda d'abord s'il avait jamais lu quelque livre. Il dit qu'il avait lu Rabelais traduit en anglais, et quelques morceaux de Shakspeare, qu'il savait par cœur ; qu'il avait trouvé ces livres chez le capitaine du vaisseau qui l'avait amené de l'Amérique à Plymouth, et qu'il en était fort content. Le bailli ne manqua pas de l'interroger sur ces livres. « Je vous avoue, dit l'Ingénu, que j'ai cru en deviner quelque chose, et que je n'ai pas entendu le reste. »

L'abbé de Saint-Yves, à ce discours, fit réflexion que c'était ainsi que lui-même avait toujours lu, et que la plupart des hommes ne lisaient guère autrement. « Vous avez sans doute lu la *Bible*? dit-il au Huron. — Point du tout, monsieur l'abbé : elle n'était pas parmi les livres de mon capitaine... ; je n'en ai jamais entendu parler. — Voilà comme sont ces maudits Anglais! criait Mlle de Kerkabon ; ils feront plus de cas d'une pièce de Shakspeare, d'un plum-pudding et d'une bouteille de rhum que du Pentateuque! Aussi n'ont-ils jamais converti personne en Amérique.... Certainement ils sont maudits de Dieu, et nous leur prendrons la Jamaïque et la Virginie avant qu'il soit peu de temps. »

Quoi qu'il en soit, on fit venir le plus habile tailleur de Saint-Malo pour habiller l'Ingénu de pied en cap.... La compagnie se sépara. Le bailli alla faire ses questions ailleurs. Mlle de Saint-Yves, en partant, se retourna plusieurs fois pour regarder l'Ingénu; et il lui fit des révérences plus profondes qu'il n'en avait jamais fait à personne en sa vie.

Le bailli, avant de prendre congé, présenta à Mlle de Saint-Yves un grand nigaud de fils qui sortait du collége; mais à peine le regardait-elle, tant elle était occupée de la politesse du Huron.

CHAP. III. — *Le Huron, nommé l'Ingénu, converti.*

M. le prieur, voyant qu'il était un peu sur l'âge, et que Dieu lui envoyait un neveu pour sa consolation, se mit en tête qu'il pourrait lui résigner son bénéfice, s'il réussissait à le baptiser et à le faire entrer dans les ordres.

L'Ingénu avait une mémoire excellente. La fermeté des organes de basse Bretagne, fortifiée par le climat du Canada, avait rendu sa tête si vigoureuse que, quand on frappait dessus, à peine le sentait-il, et, quand on gravait dedans, rien ne s'effaçait. Il n'avait jamais rien oublié. Sa conception était d'autant plus vive et plus nette, que son enfance n'ayant point été chargée des inutilités et des sottises qui accablent la nôtre, les choses entraient dans sa cervelle sans nuage. Le prieur résolut enfin de lui faire lire le Nouveau Testament. L'Ingénu le dévora avec beaucoup de plaisir; mais, ne sachant ni dans quel temps ni dans quel pays toutes les aventures rapportées dans ce livre étaient arrivées, il ne douta point que le lieu de la scène ne fût en basse Bretagne; et il jura qu'il couperait le nez et les oreilles à Caïphe et à Pilate, si jamais il rencontrait ces marauds-là.

Son oncle, charmé de ces bonnes dispositions, le mit au fait en peu de temps; il loua son zèle; mais il lui apprit que ce zèle était inutile, attendu que ces gens-là étaient morts il y avait environ seize cent quatre-vingt-dix années. L'Ingénu sut bientôt presque tout le livre par cœur. Il proposait quelquefois des difficultés qui mettaient le prieur fort en peine. Il était obligé souvent de consulter l'abbé de Saint-Yves, qui, ne sachant que répondre, fit venir un jésuite bas breton pour achever la conversion du Huron.

Enfin la grâce opéra; l'Ingénu promit de se faire chrétien; il ne douta pas qu'il ne dût commencer par être circoncis : « Car, disait-il, je ne vois pas, dans le livre qu'on m'a fait lire, un seul personnage qui ne l'ait été; il est donc évident que je dois faire le sacrifice de mon prépuce : le plus tôt, c'est le mieux. » Il ne délibéra point : il envoya chercher le chirurgien du village, et le pria de lui faire l'opération, comptant réjouir infiniment Mlle de Kerkabon et toute la compagnie, quand une fois la chose serait faite. Le frater, qui n'avait point encore fait cette opération, en avertit la famille, qui jeta les hauts cris. La bonne Kerkabon trembla que son neveu, qui paraissait résolu et expéditif, ne se fît lui-même l'opération très maladroitement, et qu'il

vous paraît sous un angle deux fois plus petit ; donc il faut de nécessité recourir aux autres lois dont je parle.

Sur un cas très-singulier de catoptrique.

3° Voici un cas très-singulier, entre autres, où l'expérience dément une des plus grandes lois de la catoptrique ; elle mérite toute l'attention des philosophes.

(*Fig. 1**) Soit, par exemple, votre montre X réfléchie dans ce miroir concave ; par toutes les lois de l'optique, vous devez voir votre montre dans l'endroit où son rayon réfléchi se réunira avec une autre ligne nommée cathète, passant du point d'incidence au centre de la sphère du miroir concave. Mais ici ce cathète et ce rayon réfléchi peuvent se réunir à une distance infinie : par exemple, soit votre œil en A, plus vous vous éloignez de ce point A, plus vous devez voir l'objet petit et éloigné, puisqu'il vient à vous par des rayons convergents, vous devez le voir comme un point, s'il est possible qu'il soit vu.

Il y a plus, vous devez ne le point voir du tout ; car c'est derrière vous qu'est le point visible, le point qui détermine la vision selon toutes les lois : cependant vous le voyez de A, de B, de C, beaucoup plus gros à mesure que vous reculez un peu, jusqu'à ce que vous soyez enfin en un point où la confusion des rayons fait disparaître l'objet. Le P. Tacquet, accablé de cette espèce de prodige, dit qu'il est tenté d'abandonner toutes les règles de l'optique. Le P. Grimaldi n'y trouve aucune solution. Barrow n'ose tenter de l'expliquer. Molineux l'explique en vain. Newton n'en a jamais parlé, et peut-être sa profonde application aux plus sublimes mathématiques ne lui laissait pas le temps de se transporter dans la métaphysique, à laquelle le géomètre et le physicien ont besoin quelquefois d'avoir recours. La solution de ce problème se trouve encore très-aisément par les mêmes explications que j'apporte. Elles sont tirées d'un petit traité sur la *Théorie de la vision*, écrit par M. Berkeley, évêque de Cloyne ; il est imprimé à la suite de ses *Dialogues* sur la religion chrétienne contre les incrédules ; ouvrage plein de la plus pressante dialectique, et que, par la plus absurde méprise qu'on puisse concevoir, l'auteur d'une feuille, sous le nom d'*Observations sur les écrits modernes*, traite de livre impie et d'ouvrage de libertin. J'apprends que plusieurs philosophes anglais sont mécontents de moi, parce que je me suis servi des principes de ce prélat. Il a eu le malheur d'écrire contre Newton, et de lui reprocher mal à propos quelques sophismes. Il a traité les géomètres anglais de gens incrédules dans la religion, et trop crédules dans la géométrie de l'infini, qu'il a combattu : ils se sont tous réunis contre lui.

Mais faut-il, parce qu'il se sera trompé dans un point, qu'il ait tort dans tous les autres ? Faudra-t-il haïr le vrai, parce qu'un homme qu'on n'aime point nous le présente ? J'ose dire que, dans sa *Théorie de la vision*, la profondeur et la subtilité ne se trouvent point aux dépens de la vérité.

4° J'aurais encore beaucoup de choses à dire sur la première partie de mon livre qui regarde la lumière, et sur la table des rapports entre les tons de la musique et les couleurs primitives ; sur des fautes considérables qui se sont glissées dans l'édition de Hollande ; mais ces discussions mèneraient trop loin, et je viens d'envoyer aux libraires hollandais les corrections dont le livre avait besoin.

5° Je passe à la partie qui regarde la grande découverte de l'attraction, et ce qu'on appelle le système planétaire.

Apparemment que les libraires de Hollande, parmi plusieurs additions que je leur ai envoyées, n'ont point reçu celle dont je vais parler ici, et qui est une des plus fortes démonstrations qu'on puisse apporter contre les tourbillons.

Sur les preuves contre l'existence des tourbillons.

Il est prouvé que si un corps nage dans un fluide, le fluide et le corps sont en équilibre, sont de même densité.

Mais Newton a démontré qu'un corps, mû dans un fluide de même densité que lui, perd la moitié de sa vitesse avant d'avoir parcouru seulement trois fois son diamètre, parce que ce mobile déplace nécessairement les parties qu'il choque, etc. Dans cette démonstration, il a négligé de considérer la résistance du fluide qui vient de la ténacité de ses parties, résistance qui sert à faire perdre encore beaucoup de vitesse au mobile ; ainsi, ces deux causes jointes ensemble, ce déplacement des parties du fluide et sa ténacité auraient nécessairement arrêté tout mouvement dans toutes les planètes. Cette démonstration est une de celles qui ne laissent aucun subterfuge aux partisans des tourbillons. Cependant, quoiqu'on ne trouve pas dans mes *Éléments* cet argument invincible, et ceux qui sont tirés encore des longueurs des pendules comparées avec les temps de leurs vibrations, je crois en avoir assez dit pour mettre tout commençant et tout homme d'un sens droit en état de rejeter le plein et les tourbillons de Descartes avec assez de connaissance de cause.

Gassendi, Bernier, le P. Daniel, etc., avaient combattu ces hypothèses en France ; mais ils ne les avaient point attaquées avec les armes qui devaient les détruire ; ils ne voyaient dans Descartes que des nuages, mais ils n'avaient pas la lumière pour les dissiper ; ils disaient des choses de très-bon sens, sans les pouvoir démontrer ; ils attaquaient vaguement, on leur répondait de même ; et ce palais enchanté de Descartes subsistait dans l'imagination des hommes, parce que les philosophes qui sentaient cette illusion, n'avaient pas encore de quoi rompre le charme.

Ce charme est tout à fait rompu par tant de démonstrations : j'ai donné fidèlement la substance de quelques-unes ; je ne me suis guère enfoncé dans les détails géométriques ; j'ai écrit pour ceux qui, n'ayant pas le loisir de s'appesantir sur ces matières, ont un esprit assez juste pour en sentir le résultat. Le nombre de ces sortes d'esprits est beaucoup plus grand qu'on ne pense. Il est bien vrai que ce livre n'est pas pour tout le monde, malgré le titre séducteur que les éditeurs lui ont donné; mais s'il n'est pas pour tous, il est pour un assez grand nombre. J'ai fait aisément comprendre à quelques personnes sans études, non-seulement toute la théorie de la lumière, mais celle de la gravitation; et tel homme qui a facilement entendu dans ces *Éléments* comment un corps qui tombe dans la première seconde de 15 pieds, parcourt, dans la deuxième, 45, etc., a été embarrassé, lorsque, sans géométrie préliminaire, il s'est servi des triangles de Galilée.

Je crois donc qu'avec un peu d'attention on verra nettement comment la gravitation, l'attraction est un principe indubitable du cours de toutes les planètes et de la pesanteur sur la terre; cette idée charme l'esprit par un spectacle aussi vaste que la théorie de la lumière l'amuse par la finesse des expériences.

6° Je dois avertir que vers la fin du vingt-troisième chapitre on trouvera plus de profondeur, des recherches plus mathématiques et d'un détail plus délicat que dans le reste de l'ouvrage. Je loue hardiment cette dernière partie, parce qu'elle n'est pas de moi. La promesse que j'avais faite à M. le marquis de Maffei de traduire sa *Mérope*, promesse que je viens d'exécuter avant de prendre congé des vers, m'avait empêché de préparer, pour l'impression, les dernières feuilles de ma *Philosophie*. Une maladie qui m'a laissé dans une extrême langueur, et qui me permet à peine de travailler, a retardé encore en dernier lieu la fin de mon ouvrage; j'avais ébauché la théorie planétaire et la cause d'un mouvement de la terre qui s'achève en 26 000 années ou environ, et celle du flux et du reflux de l'Océan, et enfin l'examen de ce que l'attraction opère sensiblement dans une infinité de corps.

Le savant mathématicien qui a cédé à l'empressement des libraires, et qui a fini le vingt-troisième chapitre de cet ouvrage, n'a pas traité de la période intéressante de 26 000 ans; il croit qu'on ne la peut pas déduire des principes de Newton : pour moi, il me paraît prouvé que si la regression des nœuds de la lune et sa période de dix-neuf ans est visiblement opérée par l'attraction de la terre et du soleil, la regression des nœuds de la terre et sa période de 26 000 ans est causée par l'attraction du soleil et de la lune.

Il est aussi vrai que le soleil opère une attraction sur la terre, qu'il est vrai que les trois angles d'un triangle sont égaux à deux droits; et si cette attraction est prouvée, il est prouvé qu'elle est la cause du petit mouvement contre l'ordre des signes par lequel la terre s'éloigne chaque année de l'endroit où l'écliptique coupait l'équateur l'année d'auparavant, ce qui opère cette période de 26 000 années.

Sur la période de 26 000 ans et sur la figure de la terre.

Il y a ici une remarque très-importante à faire, c'est que cette période de la terre ne peut être causée par l'attraction qu'en cas que la terre soit plus élevée à l'équateur et aplatie aux pôles. Cette question de la figure de la terre ne pouvait être décidée nettement et sans retour que par le voyage et les observations de messieurs de l'Académie qui reviennent du cercle polaire.

On sait combien, avant leurs expériences décisives, cette matière était contestée : enfin voilà la question terminée, et les démonstrations de ces savants hommes, en prouvant que la terre est élevée à l'équateur, prouvent également, et la rotation de la terre sur son axe, et l'attraction, deux grandes vérités tant combattues.

Sur le flux et le reflux de la mer.

7° Le savant continuateur n'a pas parlé du flux et du reflux de la mer ; c'est pourtant une matière très-intéressante ; et comme j'ai retrouvé le chapitre entier que j'avais ébauché sur ce sujet, je viens de l'envoyer aux libraires hollandais et en Angleterre.

8° Si le continuateur m'avait consulté, je l'aurais peut-être prié de ne point employer le chapitre vingt-quatre à traiter la lumière zodiacale, parce que c'est une question qui semble assez étrangère aux découvertes qui dépendent de l'attraction; de plus, je ne voudrais pas, dans un livre qui exclut toutes les hypothèses, en avancer une aussi hardie que celle d'une infinité de petites planètes, dont on compose cette atmosphère solaire. On assure, dans ce vingt-quatrième chapitre, que nous avons obligation de cette idée au célèbre Fatio : j'ai sous les yeux le tome VII de l'Académie, où le grand M. Cassini rapporte les idées de Fatio; il est question, ce me semble, d'atomes et non de planètes; mais, quoi qu'il en soit, ce chapitre est digne d'être lu de tous les savants.

Sur les comètes.

9° On a parlé des comètes dans ce chapitre qui traite de la lumière zodiacale. Les comètes appartiennent essentiellement à la *Philosophie de Newton* ; ce que j'avais préparé est absolument conforme à ce que dit le continuateur ; j'aurais voulu seulement une figure, et je n'aurais point dit avec lui qu'il y a des matières animées dans les comètes, comme M. Huyghens a prouvé qu'il y en a dans les planètes ; car je ne vois pas que N. Huyghens ait donné plus de preuves de cette imagination riante et sensée, que n'en ont donné le cardinal Cusa, Kepler, Brunus, et tant d'autres, et surtout M. de Fontenelle. Autre chose est rendre une opinion vraisemblable, autre chose est la prouver. Nous pouvons soupçonner que des planètes, semblables à la nôtre, sont peuplées d'animaux ; mais nous n'avons pas sur cela d'autre degré de probabilité, exactement parlant, qu'en aurait un homme qui aurait des puces et qui conclurait que tous ceux qu'il voit passer dans la rue ont des puces aussi bien que lui : il se peut très-bien faire que ces passants aient des puces, mais il n'est point du tout prouvé qu'ils en aient.

Sur l'attraction de tous les corps.

Je devais finir l'*Essai sur les éléments de Newton* par faire voir que l'attraction agit sensiblement sur la matière, et devient une qualité palpable, bien loin d'être une qualité occulte. Je me bornerai ici à un seul exemple. Il n'y a personne qui ne voie tous les jours de l'eau monter, soit entre deux glaces de miroir presque collées l'une auprès de l'autre, soit dans des tuyaux de verre fort étroits, ouverts par les deux bouts. Il est démontré que ce n'est ni l'air ni un fluide quelconque, pressant sur cette eau, qui la puisse faire monter ainsi : cette expérience se fait fort bien dans la machine pneumatique purgée d'air ; qu'on plonge d'ailleurs ces tuyaux dans du mercure, jamais le mercure n'y montera. Pourquoi l'eau s'y introduit-elle donc ? pourquoi, malgré toutes les lois des fluides et des mécaniques, l'eau monte-t-elle dans un tube capillaire de quarante pieds, et monterait-elle dans un de mille pieds, si ce n'est qu'en effet cette eau est réellement attirée par ce verre et gravite vers lui au point de contact ? Il y a sur cela beaucoup de choses à dire et d'expériences à faire ; mais il faut partout reconnaître l'attraction, quel qu'en soit le principe, comme autrefois on était forcé d'admettre la réfraction sans en savoir la cause, comme on admet l'adhésion, l'élasticité, la fluidité, la direction de l'aimant, et même son espèce d'attraction sensible, sans qu'on sache les raisons de toutes ces propriétés de la matière. Toute la différence entre ces qualités et celles de l'attraction, c'est que la nature présente les unes à nos yeux, et que Newton a découvert l'autre à notre esprit.

Sur Descartes et Malebranche.

10° Il est juste de satisfaire ici la délicatesse de quelques personnes qui se sont choquées de ce que j'ose dire sans détour que Descartes et Malebranche se sont très-souvent trompés : oui, il est démontré qu'ils se sont trompés ; on respecte leur personne, on admire leur très-grand génie ; mais le premier respect doit être pour la vérité. Il n'y a aucun philosophe qui ose soutenir les éléments, les lois du mouvement, les tourbillons, l'homme de Descartes ; et ceux qui veulent encore, malgré les lois mathématiques, conserver des tourbillons, sont obligés d'en imaginer d'autres qui ne sont pas sujets à de moindres difficultés. Descartes et Malebranche ont combattu Aristote sans ménagement et avec raison ; mais ils auraient eu grand tort de le mépriser. C'était un génie qui avait, au-dessus des Descartes, des Malebranche et des Newton, l'avantage de joindre à une science immense et à la philosophie de son temps, la plus profonde connaissance de l'éloquence et de la poésie. Cependant on dit tous les jours et on doit dire que sa physique est un tissu d'erreurs et d'absurdités. Pourquoi donc, en estimant Descartes comme le meilleur géomètre de son temps, comme le créateur de la dioptrique, ne pas avouer qu'il s'est trompé, et sur la dioptrique même, et dans tout le reste de ses systèmes ?

11° Je conclurai cette préface en priant les libraires de faire un *errata* plus exact, ou plutôt quelques cartons.

Ils peuvent aisément consulter en cela le mathématicien éclairé auquel ils se sont adressés pendant ma maladie. Ce qu'il a ajouté à mon ouvrage peut servir même à des savants, et ce qui est de moi pourra instruire les commençants, pour qui seuls il m'appartient de travailler.

FRAGMENT
D'UN MÉMOIRE ENVOYÉ A DIVERS JOURNAUX.
(1738.)

On vient de m'avertir qu'on fait une application aussi mal fondée qu'injurieuse de ces mots par lesquels j'avais commencé ces Essais sur les éléments de Newton : *Ce n'est point ici une marquise ni une philosophe imaginaire.* Je suis si éloigné d'avoir eu en vue l'auteur de la *Pluralité des mondes*, que je déclare ici publiquement que je regarde son livre comme un des meilleurs qu'on ait jamais faits, et l'auteur comme un des hommes les plus estimables qui aient jamais été. Je ne suis pas accoutumé à trahir mes sentiments. D'ailleurs, je ne crois pas qu'il soit possible de penser autrement.

Lorsque j'eus l'honneur d'entendre à Cirey les dialogues italiens de M. Algarotti [1], dans lesquels les principaux fondements de la philosophie de Newton me paraissent établis avec beaucoup d'esprit, et ceux de Descartes ruinés avec beaucoup de force, je m'engageai de mon côté à combattre en français pour la même cause, quoique avec des armes extrêmement inégales. Je suppliai la personne respectable [2] chez qui nous étions de souffrir que je misse son nom à la tête d'une philosophie qu'elle entend si bien; et M. Algarotti nous dit que pour lui, puisque son ouvrage était un dialogue avec une marquise supposée et dans le goût de la *Pluralité des mondes*, il le dédierait à M. de Fontenelle. Je dis à M. Algarotti que j'étais très-fâché de voir une marquise en l'air dans son ouvrage, et qu'il ne fallait pas mettre un être imaginaire à la tête de vérités solides. Voilà ce qui donna lieu à ce commencement de mes *Éléments*, comme la dame illustre à qui ils sont dédiés et M. Algarotti peuvent en rendre témoignage.

VOLTAIRE.

1. Le *Newtonianisme pour les dames.* (Ed.) — 2. Mme la marquise du Châtelet. (Ed.)

ESSAI SUR LA NATURE DU FEU
ET SUR SA PROPAGATION.
(1738.)

*Ignis ubique latet, naturam amplectitur omnem
Cuncta parit, renovat, dividit, unit, alit* [1]

Introduction. — Les hommes ont dû être longtemps sans avoir l'idée du feu, et ils ne l'auraient jamais eue, si des forêts embrasées par la foudre, ou l'éruption des volcans, ou le choc et le mouvement violent de quelques corps, n'eussent enfin produit pour eux, en apparence, ce nouvel être. Le soleil, tel qu'il nous luit, ne donne aux hommes que la sensation de la lumière et de la chaleur; et sans l'invention des miroirs ardents, personne n'aurait pu ni dû assurer que les rayons du soleil sont un feu véritable qui divise, qui brûle, qui détruit, comme notre feu que nous allumons.

Nous ne connaissons guère plus la nature intime du feu que les premiers hommes n'ont dû connaître son existence.

Nous avons des expériences qui, quoique très-fines pour nous, sont encore très-grossières, par rapport aux premiers principes des choses : ces expériences nous ont conduits à quelques vérités, à des vraisemblances, et surtout à des doutes en grand nombre; car le doute doit être souvent en physique ce que la démonstration est en géométrie, la conclusion d'un bon argument.

Voyons donc sur la nature du feu et sur sa propagation le peu que nous connaissons de certain, sans oser donner pour vrai ce qui n'est que douteux, ou tout au plus vraisemblable.

PREMIÈRE PARTIE.

DE LA NATURE DU FEU.

ARTICLE I. — *Ce que c'est que la substance du feu et à quoi on peut la connaître.*

Ou le feu est un mixte produit par le mouvement et l'arrangement des autres corps, et en ce cas, ce qui n'est pas le feu le devient, et ce

---

[1] Ces vers sont de Voltaire. (Éd.)

qui l'est devenu se change ensuite en une autre substance, par une vicissitude continuelle.

Ou bien c'est une substance simple, existant indépendamment des autres êtres, laquelle n'attend que du mouvement et de l'arrangement pour se manifester; et c'est ce que l'on appelle *élément;* en ce cas, le feu est toujours feu, il ne change aucune substance en la sienne propre, et n'est transformé en aucune des substances auxquelles il se mêle.

Descartes, dans les *Principes de sa Philosophie* (IV° partie, article 89), paraît croire que le feu n'est que le résultat du mouvement et de l'arrangement; que toute matière, réduite en *matière subtile* par le frottement, peut devenir ce corps de feu, et que cette matière subtile, qu'il appelle son *premier élément,* est le feu même.

Le même Descartes, dans tout son *Traité de la Lumière,* dans sa *Dioptrique,* dans ses *Lettres,* assure que la lumière, qu'il appelle son *second élément,* est un composé de petites boules qui ont une tendance au tournoiement.

Mais comme il est constant, par l'expérience des verres brûlants, que le feu et la lumière sont le même être, et ne diffèrent que du plus au moins, il paraît que cette substance ne peut à la fois être cette *matière subtile* et cette *matière globuleuse,* ce premier et ce second élément de Descartes.

Ni le temps, ni le sujet qu'on traite ici, ne permettent d'examiner ces éléments de Descartes, et la foule des arguments qu'on leur oppose.

On discutera seulement, sans se charger d'aucun système, s'il est possible que l'arrangement et le mouvement de la matière produisent la substance du feu.

1° Les mixtes, par leur mouvement, etc., ne peuvent jamais produire que leurs composés, ou laisser échapper de leurs substances les corps dont eux-mêmes étaient composés : or le feu, par toutes les expériences que l'on a faites, n'est composé d'aucun corps connu; donc on ne doit point le croire produit d'eux; donc il faut ou que, le feu sortant d'une matière quelconque soit un élément simple, enfermé auparavant dans cette matière, ou que cet élément soit formé tout d'un coup par cette matière dans laquelle il n'était point; mais être produit par un être dans lequel il n'était point, ce serait être créé par cet être, ce serait être formé de rien; donc le feu est un élément existant indépendamment de tous les autres corps.

2° Si l'arrangement et le mouvement des corps pouvaient produire une substance aussi pure, aussi simple que le feu semble être, il faudrait qu'ils pussent produire à plus forte raison des corps mixtes; mais le mouvement et l'arrangement ne feront jamais croître un brin d'herbe, si ce brin d'herbe n'existe déjà dans son germe; donc le feu existe en effet avant que les autres corps sur la terre servent à le faire paraître.

3° Si le mouvement seul pouvait produire du feu, comment est-ce que le vent du midi nous apporterait toujours de la chaleur en temps serein, et le vent du nord toujours du froid en temps serein? Un vent du nord violent devrait échauffer l'air, l'eau et la terre, plus qu'un vent du midi médiocre : il faut donc que l'air venu du Nord apporte la glace dont il est chargé, et que l'air du Midi, qui nous vient de la zone torride nous apporte le feu dont le soleil l'a rempli.

4° Si le mouvement des parties des corps faisait le feu, et par conséquent la chaleur, comment pourrait-on concevoir ces fermentations excitées dans la machine pneumatique, qui ne font ni hausser ni baisser le thermomètre? Comment concevoir ces autres fermentations qui n'excitent aucune chaleur ni dans le vide ni dans l'air libre? Comment enfin concevoir les fermentations froides qui font tant baisser les thermomètres? Le mouvement peut donner du froid comme du chaud ; la chaleur n'est donc pas produite par un mouvement intestin et circulaire des parties, comme plusieurs auteurs l'ont supposé; il faut donc qu'il y ait une substance particulière qui seule puisse donner la chaleur.

5° Si le mouvement des corps peut produire quelque nouvel être, le mouvement, qui n'est jamais le même deux instants de suite dans la nature, produirait-il toujours un être qui est toujours le même, qui a des propriétés si subtiles et si inaltérables, qui s'étend toujours suivant les mêmes lois, qui éclaire en raison renversée des carrés des distances, qui se plie toujours avec inflexion vers les bords des objets, que l'on peut diviser toujours en sept faisceaux primordiaux, dont chacun est le véhicule immuable d'une couleur primitive, etc. ? Il paraît, par tout ce qu'on vient de dire, que le feu est une substance élémentaire.

Newton ne semble être une seule fois du sentiment de Descartes qu'en ce qu'il dit[1] que « la terre peut se changer en feu comme l'eau est changée en terre; » s'il entend que l'eau et le feu ne paraissent plus à nos yeux sous la forme de feu et d'eau, qu'ils entrent dans la terre, où ils sont emprisonnés et déguisés, ce n'est pas là une transformation véritable; c'est seulement un mélange; et, en ce cas, cette idée de Newton n'est qu'une confirmation du sentiment qu'on expose ici.

Mais, supposé qu'il entende une transformation véritable, on ose dire qu'il aurait corrigé cette idée s'il avait eu le temps de la revoir : on sait qu'il ne proposait ces questions à la fin de son *Optique* que comme les doutes d'un grand homme.

Ce qui l'avait induit dans cette opinion était une expérience incertaine rapportée par Boyle. Un chimiste, ami de Boyle, avait distillé longtemps de l'eau pure ; et, après plusieurs observations réitérées, il prétendait qu'un peu de cette eau était devenu terre.

Newton se fonde encore sur cette même expérience, dans le troisième livre de ses *Principes*, pour prouver que la masse sèche de la terre doit augmenter, et que la masse aqueuse doit diminuer petit à petit; mais enfin les travaux d'un philosophe[2] de nos jours ont découvert la méprise du chimiste qui avait trompé Boyle et ensuite Newton.

Il a été prouvé par des expériences réitérées qu'en effet l'eau pure ne se transforme point en terre[3]; et il n'y a d'ailleurs aucun exemple que

1. *Optique*, page 361, seconde édition. — 2. M. Boerhaave.
3. L'eau est une substance qui reste dans l'état de liquidité à un degré de chaleur connu ; il faudrait, pour qu'elle se changeât en terre, que, sans perdre aucun de ses principes, ou sans se combiner avec un principe étranger, elle

jamais rien se soit changé en feu, ni que le feu ait produit autre chose que du feu.

Il résulte donc que le feu est un être élémentaire, dont les parties constituantes sont des éléments inaltérables; il ne se change en aucune autre substance, et aucune n'est changée en lui.

Il est donc à croire que l'air pur dégagé de tout le chaos de l'atmosphère, l'eau pure, la terre simple, ne se changeant en aucun autre corps, sont les éléments primitifs de toute matière, au moins connue.

Les éléments que la chimie a découverts ne paraissent être autre chose que ces quatre éléments; car tout soufre, tout sel, toute huile, toute tête morte, contient toujours quelqu'un des quatre éléments, ou les quatre ensemble; et à l'égard de ce qu'on a nommé l'*esprit* ou le *mercure*, ou ce n'est rien, ou c'est du feu.

Ainsi il semble qu'après toutes les recherches de la philosophie moderne, on peut revenir à ces quatre éléments que l'antiquité avait admis sans les trop connaître, et ce ne serait pas la seule idée ancienne que les travaux du dernier siècle auraient justifiée en l'approfondissant.

Il paraît en effet qu'il est nécessaire que la matière, telle qu'elle est, soit composée d'éléments inaltérables : tout le mouvement imaginable n'en ferait jamais que la même substance mue différemment : on ne voit pas comment un morceau de bois, par exemple, divisé et atténué, serait jamais autre chose que du bois ou poussière.

Ne suit-il pas de tout ce qui a été dit que le feu est une substance inaltérable dans la constitution présente des choses; qu'il n'est jamais ni détruit ni augmenté par aucune autre substance; que par conséquent il y a toujours dans la nature la même quantité de feu; qu'ainsi, lorsqu'un corps est plus échauffé, il faut qu'il y en ait quelque autre qui se refroidisse ; que par conséquent le feu dardé à tout moment du soleil sur les planètes doit augmenter la substance de ces globes et diminuer celle

perdit cette propriété, soit par l'action du feu, soit par l'effet de la végétation. Si on met de l'eau distillée dans un vase de verre fermé hermétiquement, et qu'on l'expose à une chaleur modérée pendant un long temps, l'eau se trouble, diminue de volume, et on voit une terre fine et légère qui, après être restée répandue dans la liqueur, se précipite au fond du vase. Mais on a observé que le vase était attaqué par l'eau, qu'il avait perdu de son poids, et que cette terre était produite, du moins en très-grande partie, par la combinaison de l'eau avec la substance du vase. Si l'on plante une branche de saule dans de l'eau distillée, et qu'on l'arrose avec de l'eau aussi distillée, elle croît, et acquiert par conséquent plus de terre qu'elle n'en contenait d'abord. Mais cette quantité de terre est très-peu de chose; et comme l'eau distillée contient elle-même un peu de terre qui s'enlève dans la distillation, comme il peut s'en trouver aussi dans l'air que la plante absorbe, on peut expliquer cette augmentation de terre dans la plante, sans être obligé de recourir à une véritable transformation de l'eau. On pourrait dire aussi que l'eau, dans la végétation, perdant quelques-uns de ces principes, ou se combinant avec ceux que l'air peut fournir, devient une substance infusible à un degré de chaleur plus grand que celui qu'elle avait.

Les expériences, les observations ne prouvent donc point que l'eau se transforme en terre : cependant, dans les détails des expériences, il se présente plusieurs circonstances qui paraissent favorables à cette opinion. (*Ed. de Kehl.*)

du soleil, qui doit avoir des ressources d'ailleurs pour renouveler sa substance? etc.

Sans chercher à présent à tirer plus de conséquences, et nous reposant sur cette idée que le feu est une *substance élémentaire*, à quoi le reconnaîtrons-nous? quels effets établissent son caractère distinctif?

Sera-ce la dissolution des corps? mais l'eau dissout à la longue jusqu'aux métaux. Sera-ce la dilatation? mais l'air dilate visiblement tous les corps minces et élastiques dans lesquels on le comprime. L'eau dilate les corps, le bois sec, et le feu au contraire les resserre.

Le feu, en général, *est le seul être qui éclaire et qui brûle* : ces deux effets ne s'accompagnent pas toujours; le feu du soleil répercuté sur la lune, renvoyé vers nous et réuni au foyer d'un verre ardent, jette une grande lumière : il éclaire beaucoup; mais il ne peut rien échauffer, encore moins brûler, parce qu'il y a trop peu de rayons. Le feu, au contraire, dans une barre de fer non encore ardente, échauffe, brûle, et ne peut éclairer nos yeux, parce que le feu n'a pu encore s'échapper assez de la surface du fer, pour venir en rayons divergents former sur nos yeux des cônes de lumière dont le sommet doit être dans chaque point de cette barre.

C'est donc, en général, de la quantité de sa masse et de la quantité de son mouvement que dépendent sa chaleur et sa lumière; mais il est le seul être connu qui *puisse éclairer et échauffer*; voilà simplement sa définition.

ARTICLE II. — *Si le feu est un corps qui ait toutes les propriétés générales de la matière.*

Le feu a-t-il les autres propriétés primordiales de la matière? Il est mobile, puisqu'il vient à nos yeux en si peu de temps : il est divisible et plus divisible par nous que les autres corps, puisqu'on sépare le moindre de ses traits en sept faisceaux de rayons différents.

Il est étendu par conséquent : mais a-t-il la pesanteur et la pénétrabilité de la matière? est-il en effet un corps tel que les autres corps? Plusieurs philosophes très-respectables en ont douté.

Newton, p. 207 de ses *Principes*, scolie de la proposition XCVI, dit qu'il n'examine pas si « les rayons du soleil sont un corps ou non; qu'il détermine seulement des trajectoires des corps semblables aux trajectoires des rayons du soleil. »

Or, puisqu'il est constant par l'expérience que les rayons du soleil réunis sont le feu le plus pur et le plus violent, douter s'ils sont un corps, c'est douter si le feu est un corps.

D'autres physiciens, dont la raison s'est éclairée par quarante ans d'études et d'expériences, après avoir cherché si le feu a quelque poids, ne lui en ont jamais trouvé. Le célèbre Boerhaave dit dans sa *Chimie*, qu'ayant pesé huit livres de fer froid, puis tout ardent, puis refroidi encore, il a toujours trouvé son même poids de huit livres.

Cette épreuve semble réclamer contre d'autres épreuves faites par des mains non moins habiles et non moins exercées. On sait que cent livres de plomb produisent, après la calcination, jusqu'à cent dix livres de *minium*.

On sait que quatre onces d'antimoine, exposées près du foyer du verre ardent du Palais-Royal, après avoir été calcinées au feu élémentaire, ont pesé aussi près d'un dixième plus qu'auparavant, quoique cet antimoine eût perdu beaucoup de sa substance dans l'exhalaison de sa fumée, etc.

Il ne s'agit à présent que de savoir si cette augmentation de poids dans cette expérience peut prouver la pesanteur du feu, et si l'égalité du poids, dans l'expérience de M. Boerhaave, peut prouver que le feu ne pèse point.

Qu'il me soit permis de rapporter ici ce que je viens de faire pour m'éclairer sur cette difficulté.

Le respect que l'on doit au corps qui jugera ce faible essai [1] est un garant de l'exactitude avec laquelle j'ai tâché de m'instruire, et de la fidélité avec laquelle je rapporte ce que j'ai vu, dont d'ailleurs j'ai dix témoins oculaires.

J'ai été exprès à une forge de fer, et là, ayant fait réformer toutes les balances, et en ayant fait apporter d'autres, toutes les balances de fer ayant des chaînes de fer au lieu de cordes, j'ai fait peser depuis une livre jusqu'à deux mille livres de métal ardent et refroidi ; et, n'ayant jamais trouvé la moindre différence dans le poids, voici comme je raisonnais : Ces masses énormes de fer ardent avaient acquis par leur dilatation une plus grande surface ; elles devaient donc avoir alors moins de pesanteur spécifique. Je puis donc, de cela même qu'elles pèsent également chaudes comme froides, conclure que le feu qui les pénétrait leur donnait précisément autant de poids que leur dilatation leur en faisait perdre, et que par conséquent le feu est réellement pesant.

Mais, disais-je, toutes les calcinations après lesquelles les matières ont augmenté de poids n'ont-elles pas aussi dilaté ces matières ? Il leur arrive donc la même chose qu'à mon fer ardent. Cependant ces matières pèsent brûlantes et calcinées un dixième de plus qu'avant d'avoir été exposées au feu ; et deux milliers de fer ardent et froid conservent toujours leur même poids. Se peut-il que dans quatre onces de poudre d'antimoine exposées quelques minutes au feu du soleil, ou calcinées quelques heures au fourneau de réverbère, il soit entré incomparablement plus de matière ignée que dans ces masses pénétrées pendant vingt-quatre heures du feu le plus violent ?

Je songeai donc à peser quelque chose de beaucoup plus chaud encore que le fer embrasé ; je suspendis près d'un fourneau où l'on fait la fonte trois marmites de fer très-épaisses, à trois balances bien exactes ; je fis puiser de la fonte en fusion ; je fis porter cent livres de ce feu liquide dans une marmite, trente-cinq livres dans une autre, vingt-cinq livres dans la troisième. Il se trouva, au bout de six heures, que les cent livres avaient acquis quatre livres étant refroidies, les vingt-cinq

---

[1] L'Académie des sciences. (ÉD.)

CHAP. X. — *L'Ingénu renfermé à la Bastille avec un janséniste.*

M. Gordon était un vieillard frais et serein, qui savait deux grandes choses : supporter l'adversité, et consoler les malheureux. Il s'avança d'un air ouvert et compatissant vers son compagnon, et lui dit en l'embrassant : « Qui que vous soyez, qui venez partager mon tombeau, soyez sûr que je m'oublierai toujours moi-même pour adoucir vos tourments dans l'abîme infernal où nous sommes plongés. Adorons la Providence qui nous y a conduits, souffrons en paix, et espérons. » Ces paroles firent sur l'âme de l'Ingénu l'effet des gouttes d'Angleterre, qui rappellent un mourant à la vie, et lui font entr'ouvrir des yeux étonnés.

Après les premiers compliments, Gordon, sans le presser de lui apprendre la cause de son malheur, lui inspira par la douceur de son entretien, et par cet intérêt que prennent deux malheureux l'un à l'autre, le désir d'ouvrir son cœur et de déposer le fardeau qui l'accablait; mais il ne pouvait deviner le sujet de son malheur; cela lui paraissait un effet sans cause; et le bonhomme Gordon était aussi étonné que lui-même.

« Il faut, dit le janséniste au Huron, que Dieu ait de grands desseins sur vous, puisqu'il vous a conduit du lac Ontario en Angleterre et en France, qu'il vous a fait baptiser en basse Bretagne, et qu'il vous a mis ici pour votre salut. — Ma foi, répondit l'Ingénu, je crois que le diable s'est mêlé seul de ma destinée. Mes compatriotes d'Amérique ne m'auraient jamais traité avec la barbarie que j'éprouve; ils n'en ont pas d'idée. On les appelle *sauvages*; ce sont des gens de bien grossiers, et les hommes de ce pays-ci sont des coquins raffinés. Je suis, à la vérité, bien surpris d'être venu d'un autre monde pour être enfermé dans celui-ci sous quatre verrous avec un prêtre; mais je fais réflexion au nombre prodigieux d'hommes qui partent d'un hémisphère pour aller se faire tuer dans l'autre, ou qui font naufrage en chemin, et qui sont mangés des poissons : je ne vois pas les gracieux desseins de Dieu sur tous ces gens-là. »

On leur apporta à dîner par un guichet. La conversation roula sur la Providence, sur les lettres de cachet, et sur l'art de ne pas succomber aux disgrâces auxquelles tout homme est exposé dans ce monde. « Il y a deux ans que je suis ici, dit le vieillard, sans autre consolation que moi-même et des livres; je n'ai pas eu un moment de mauvaise humeur.

— Ah! monsieur Gordon, s'écria l'Ingénu, vous n'aimez donc pas votre marraine? Si vous connaissiez comme moi Mlle de Saint-Yves, vous seriez au désespoir. » A ces mots, il ne put retenir ses larmes, et il se sentit alors un peu moins oppressé. « Mais, dit-il, pourquoi donc les larmes soulagent-elles? Il me semble qu'elles devraient faire un effet contraire. — Mon fils, tout est physique en nous, dit le bon vieillard; toute sécrétion fait du bien au corps; et tout ce qui le soulage soulage l'âme : nous sommes les machines de la Providence. »

L'Ingénu, qui, comme nous avons dit plusieurs fois, avait un grand fonds d'esprit, fit de profondes réflexions sur cette idée, dont il semblait qu'il avait la semence en lui-même. Après quoi il demanda à son compagnon pourquoi sa machine était depuis deux ans sous quatre verrous. « Par la grâce efficace, répondit Gordon : je passe pour janséniste; j'ai connu Arnauld et Nicole; les jésuites nous ont persécutés. Nous croyons que le pape n'est qu'un évêque comme un autre; et c'est pour cela que le P. de La Chaise a obtenu du roi, son pénitent, un ordre de me ravir, sans aucune formalité de justice, le bien le plus précieux des hommes, la liberté. — Voilà qui est bien étrange, dit l'Ingénu; tous les malheureux que j'ai rencontrés ne le sont qu'à cause du pape.

« A l'égard de votre grâce efficace, je vous avoue que je n'y entends rien; mais je regarde comme une grande grâce que Dieu m'ait fait trouver dans mon malheur un homme comme vous, qui verse dans mon cœur des consolations dont je me croyais incapable. »

Chaque jour la conversation devenait plus intéressante et plus instructive. Les âmes des deux captifs s'attachaient l'une à l'autre. Le vieillard savait beaucoup, et le jeune homme voulait beaucoup apprendre. Au bout d'un mois il étudia la géométrie; il la dévorait. Gordon lui fit lire la physique de Rohault, qui était encore à la mode, et il eut le bon esprit de n'y trouver que des incertitudes. Ensuite il lut le premier volume de la *Recherche de la vérité*. Cette nouvelle lumière l'éclaira. « Quoi! dit-il, notre imagination et nos sens nous trompent à ce point! Quoi! les objets ne forment point nos idées, et nous ne pouvons nous les donner nous-mêmes! » Quand il eut lu le second volume, il ne fut plus si content, et il conclut qu'il est plus aisé de détruire que de bâtir.

Son confrère, étonné qu'un jeune ignorant fit cette réflexion, qui n'appartient qu'aux âmes exercées, conçut une grande idée de son esprit, et s'attacha à lui davantage.

« Votre Malebranche, lui dit un jour l'Ingénu, me paraît avoir écrit la moitié de son livre avec sa raison, et l'autre avec son imagination et ses préjugés. »

Quelques jours après, Gordon lui demanda : « Que pensez-vous donc de l'âme, de la manière dont nous recevons nos idées, de notre volonté, de la grâce, du libre arbitre? — Rien, lui repartit l'Ingénu: si je pensais quelque chose, c'est que nous sommes sous la puissance de l'Être éternel, comme les astres et les éléments; qu'il fait tout en nous, que nous sommes de petites roues de la machine immense dont il est l'âme; qu'il agit par des lois générales, et non par des vues particulières. Cela seul me paraît intelligible; tout le reste est pour moi un abîme de ténèbres.

— Mais, mon fils, ce serait faire Dieu auteur du péché. — Mais, mon père, votre grâce efficace ferait Dieu auteur du péché aussi; car il est certain que tous ceux à qui cette grâce serait refusée pécheraient; et celui qui nous livre au mal n'est-il pas l'auteur du mal? »

Cette naïveté embarrassait fort le bonhomme; il sentait qu'il faisait de vains efforts pour se tirer de ce bourbier, et il entassait tant de paroles qui paraissaient avoir du sens et qui n'en avaient point (dans le goût de la prémotion physique), que l'Ingénu en avait pitié. Cette question tenait évidemment à l'origine du bien et du mal; et alors il fallait que le pauvre Gordon passât en revue la boîte de Pandore, l'œuf d'Orosmade percé par Arimane, l'inimitié entre Typhon et Osiris, et enfin le péché originel; et ils couraient l'un et l'autre dans cette nuit profonde, sans jamais se rencontrer. Mais enfin ce roman de l'âme détournait leur vue de la contemplation de leur propre misère, et, par un charme étrange, la foule des calamités répandues sur l'univers diminuait la sensation de leurs peines; ils n'osaient se plaindre quand tout souffrait.

Mais, dans le repos de la nuit, l'image de la belle Saint-Yves effaçait dans l'esprit de son amant toutes les idées de métaphysique et de morale. Il se réveillait les yeux mouillés de larmes; et le vieux janséniste oubliait sa grâce efficace, et l'abbé de Saint-Cyran, et Jansénius, pour consoler un jeune homme qu'il croyait en péché mortel.

Après leurs lectures, après leurs raisonnements, ils parlaient encore de leurs aventures; et, après en avoir inutilement parlé, ils lisaient ensemble ou séparément. L'esprit du jeune homme se fortifiait de plus en plus. Il serait surtout allé très-loin en mathématiques, sans les distractions que lui donnait Mlle de Saint-Yves.

Il lut des histoires, elles l'attristèrent. Le monde lui parut trop méchant et trop misérable. En effet, l'histoire n'est que le tableau des crimes et des malheurs. La foule des hommes innocents et paisibles disparaît toujours sur ces vastes théâtres. Les personnages ne sont que des ambitieux pervers. Il semble que l'histoire ne plaise que comme la tragédie, qui languit si elle n'est animée par les passions, les forfaits, et les grandes infortunes. Il faut armer Clio du poignard, comme Melpomène.

Quoique l'histoire de France soit remplie d'horreurs, ainsi que toutes les autres, cependant elle lui parut si dégoûtante dans ses commencements, si sèche dans son milieu, si petite enfin, même du temps de Henri IV, toujours si dépourvue de grands monuments, si étrangère à ces belles découvertes qui ont illustré d'autres nations, qu'il était obligé de lutter contre l'ennui pour lire tous ces détails de calamités obscures resserrées dans un coin du monde.

Gordon pensait comme lui. Tous deux riaient de pitié quand il était question des souverains de Fezensac, de Fesansaguet, et d'Astarac. Cette étude, en effet, ne serait bonne que pour leurs héritiers, s'ils en avaient. Les beaux siècles de la république romaine le rendirent quelque temps indifférent pour le reste de la terre. Le spectacle de Rome victorieuse et législatrice des nations occupait son âme entière. Il s'échauffait en contemplant ce peuple qui fut gouverné sept cents ans par l'enthousiasme de la liberté et de la gloire.

Ainsi se passaient les jours, les semaines, les mois; et il se serait cru heureux dans le séjour du désespoir, s'il n'avait point aimé.

Son bon naturel s'attendrissait encore sur le prieur de Notre-Dame de la Montagne, et sur la sensible Kerkabon. « Que penseront-ils, répétait-il souvent, quand ils n'auront point de mes nouvelles? Ils me croiront un ingrat. » Cette idée le tourmentait; il plaignait ceux qui l'aimaient, beaucoup plus qu'il ne se plaignait lui-même.

CHAP. XI. — *Comment l'Ingénu développe son génie.*

La lecture agrandit l'âme, et un ami éclairé la console. Notre captif jouissait de ces deux avantages, qu'il n'avait pas soupçonnés auparavant. « Je serais tenté, dit-il, de croire aux métamorphoses; car j'ai été changé de brute en homme. » Il se forma une bibliothèque choisie, d'une partie de son argent dont on lui permettait de disposer. Son ami l'encouragea à mettre par écrit ses réflexions. Voici ce qu'il écrivit sur l'histoire ancienne :

« Je m'imagine que les nations ont été longtemps comme moi, qu'elles ne se sont instruites que fort tard, qu'elles n'ont été occupées pendant des siècles que du moment présent qui coulait, très-peu du passé, et jamais de l'avenir. J'ai parcouru cinq ou six cents lieues du Canada ; je n'y ai pas trouvé un seul monument ; personne n'y sait rien de ce qu'a fait son bisaïeul. Ne serait-ce pas là l'état naturel de l'homme? L'espèce de ce continent-ci me paraît supérieure à celle de l'autre. Elle a augmenté son être depuis plusieurs siècles par les arts et par les connaissances. Est-ce parce qu'elle a de la barbe au menton, et que Dieu a refusé la barbe aux Américains? Je ne le crois pas; car je vois que les Chinois n'ont presque point de barbe, et qu'ils cultivent les arts depuis plus de cinq mille années. En effet, s'ils ont plus de quatre mille ans d'annales, il faut bien que la nation ait été rassemblée et florissante depuis plus de cinquante siècles.

« Une chose me frappe surtout dans cette ancienne histoire de la Chine, c'est que presque tout y est vraisemblable et naturel. Je l'admire en ce qu'il n'y a rien de merveilleux.

« Pourquoi toutes les autres nations se sont-elles donné des origines fabuleuses? Les anciens chroniqueurs de l'histoire de France, qui ne sont pas fort anciens, font venir les Français d'un Francus, fils d'Hector; les Romains se disaient issus d'un Phrygien, quoiqu'il n'y eût pas dans leur langue un seul mot qui eût le moindre rapport à la langue de Phrygie. Les dieux avaient habité dix mille ans en Égypte, et les diables en Scythie, où ils avaient engendré les Huns. Je ne vois avant Thucydide que des romans semblables aux Amadis, et beaucoup moins amusants. Ce sont partout des apparitions, des oracles, des prodiges, des sortiléges, des métamorphoses, des songes expliqués, et qui font la destinée des plus grands empires et des plus petits États. Ici des bêtes qui parlent, là des bêtes qu'on adore, des dieux transformés en hommes, et des hommes transformés en dieux. Ah! s'il nous faut des fables, que ces fables soient du moins l'emblème de la vérité! J'aime les fables des philosophes, je ris de celles des enfants, et je hais celles des imposteurs. »

Il tomba un jour sur une histoire de l'empereur Justinien. On y li-

De même l'air dilaté par le moyen du feu, de quelque manière que ce puisse être, soit par des exhalaisons, soit par l'action immédiate des rayons du soleil; cet air, dis-je, nous apporte du Nord des sels coagulés; et pourquoi ces sels se coagulent-ils dans un air que la chaleur dilate? N'est-ce point que ces sels contiennent en eux moins de feu que les autres parties de l'atmosphère, et qu'ainsi ils s'unissent quand l'atmosphère se dilate? Ils excitent alors un vent froid, qui n'est autre chose qu'une fermentation froide; le feu, par son mouvement, peut donc unir ensemble des matières qui par là même deviennent froides.

Que l'on jette des morceaux de glace dans l'air, ils seront toujours froids, quoique en mouvement; les exhalaisons du Nord, le vent, qui n'est autre chose que l'air dilaté, doivent être considérés comme une puissance qui pousse des parties de glace.

Le feu, par son mouvement, contribue donc même au froid, puisque avec le feu nous glaçons des liqueurs; puisque des fluides empreints de matière ignée, tels que le sel volatil d'urine et le vinaigre, tels que le sel ammoniac et le mercure sublimé, font baisser prodigieusement le thermomètre; puisque l'air dilaté par l'action du feu nous apporte du Nord des particules froides[1].

SECTION. II. — *N'est-il pas la cause de l'élasticité ?* — Le feu étant en mouvement dans tous les corps, le feu agissant par ce mouvement, la réaction étant toujours égale à l'action, ne suit-il pas que le feu doit causer l'élasticité?

Être élastique, c'est revenir par le mouvement au point dont on est parti, c'est être repoussé en proportion de ce qu'on presse. Pour que les mixtes aient cette propriété, il faut qu'ils ne soient pas entièrement durs, que l'adhésion de leurs parties constituantes ne soit pas invincible; car alors rien ne pourrait presser et refouler leurs parties, ni en dedans ni en dehors.

Une balle fait ressort en tombant sur une pierre, parce que les parties qui touchent la pierre en sont repoussées; parce que la réaction de la pierre est égale à l'action de la balle; quand cette balle, ayant cédé à cet effort qui lui a ôté sa rondeur, la reprend ensuite, c'est

1. Ces phénomènes paraissent indiquer un nouveau principe qu'on ne soupçonnait pas lorsque M. de Voltaire écrivait cet *Essai*. Les corps, en passant de l'état de solide à l'état de liquide, de celui de liquide à l'état de vapeurs, en se combinant, en se dissolvant dans les menstrues, paraissent acquérir la propriété de s'unir à une quantité de feu plus ou moins grande que dans leur état antérieur; en sorte qu'ils peuvent refroidir ou échauffer les corps avec lesquels ils communiquent, tandis que, s'ils étaient restés dans leur premier état, ils n'auraient rien changé à la température de ces mêmes corps. On a fait depuis quelques années des expériences très-suivies et très-bien faites sur cette classe de phénomènes. Il parait donc que le feu s'applique aux corps de trois manières différentes : 1° en sorte qu'il puisse en être séparé sans y rien changer que leur température ; 2° de manière à ne pouvoir en être séparé que lorsque l'état de ces corps vient à changer ; 3° par une véritable combinaison qu'on ne peut détruire sans changer la nature du corps. On peut consulter sur cet objet les ouvrages de MM. Scheele, Black, Crawford; on y trouvera des expériences bien faites, bien combinées, et des vues ingénieuses. (*Éd. de Kehl.*)

parce que ses parties, qui étaient pressées, se renflent, s'étendent. Il y a donc de toute nécessité un pouvoir qui distend toutes ces parties: ce pouvoir n'est que du mouvement, le feu qui est dans ce corps est en mouvement, le feu cause donc l'élasticité.

Que le feu soit l'origine de cette propriété, c'est une chose d'autant plus probable que le feu lui-même semble parfaitement élastique; ses parties élémentaires étant nécessairement très-solides, se choquant continuellement, et se repoussant avec une force proportionnée à leur choc, doivent faire des vibrations continuelles dans les corps. Un corps serait parfaitement dur s'il était absolument privé de feu.

S'il en était tout pénétré, et que ses parties ne pussent résister aucunement à l'action du feu, ses parties auraient encore moins de cohérence que les fluides les plus subtils, et il serait entièrement mou; un corps n'est donc élastique qu'autant que ses parties constituantes résistent au mouvement du feu qu'il renferme.

C'est ce que l'expérience confirme dans tous les corps élastiques. Plus on a augmenté l'adhésion, la cohérence des parties d'un métal, en le comprimant sous le marteau, plus alors cette adhésion surpasse l'action du feu que contient ce métal; alors son ressort est toujours plus grand; qu'il soit échauffé, le ressort diminue; qu'il soit ensuite en fusion, ce ressort est perdu entièrement. Laissez refroidir ce corps fondu, c'est-à-dire laissez exhaler le feu étranger et surabondant qui le pénétrait, ne lui laissez que la quantité de substance de feu qui était naturellement dans les pores de ses parties constituantes, le ressort se rétablit.

Section III. — *L'air ne reçoit-il pas aussi son ressort du feu ?* — L'air, ce corps si singulièrement élastique, paraît recevoir son ressort du feu par les mêmes raisons.

L'air de notre atmosphère est un assemblage de vapeurs de toute espèce qui lui laissent très-peu de matière propre.

Otez de cet air l'eau dans laquelle il nage, et dont la pesanteur spécifique est au moins huit cent cinquante fois plus grande que celle de cet air; ôtez-en toutes les exhalaisons de la terre, que restera-t-il à l'air pur pour sa pesanteur? Il est impossible d'assigner ce peu que l'air pur pèse par lui-même ; il reçoit donc certainement d'une autre matière cette grande pesanteur qui soutient trente-trois pieds d'eau, ou vingt-neuf pouces de mercure : cette force qui surprit tant le siècle passé, ne lui appartient pas en propre [1].

Si cette pesanteur n'est pas à lui, pourquoi son ressort ne lui viendra-t-il pas aussi d'ailleurs ?

Il est constant que la chaleur augmente beaucoup le ressort d'un air

---

[1]. M. de Voltaire est un des premiers qui aient annoncé que l'air, c'est-à-dire le fluide expansible qui entoure la terre, n'est point un élément simple, mais un composé d'un grand nombre de substances dans l'état d'expansibilité. On a prouvé depuis que cet air contenait non-seulement une grande quantité d'eau, et d'autres substances dans l'état de dissolution, mais qu'il était encore le résultat du mélange ou de la combinaison d'un grand nombre de substances expansibles à tous les degrés de température connus. Voyez l'art. Air dans le *Dictionnaire philosophique*. (*Éd. de Kehl.*)

enfermé; on connaît les découvertes fines d'Amontons sur l'augmentation de puissance qu'un air comprimé acquiert par la chaleur de l'eau bouillante.

La chaleur étend l'air et augmente sensiblement son élasticité dans l'instant que cet air s'étend : ainsi l'air, se dilatant par le feu, casse les vaisseaux qui le renferment ; ainsi, échauffé dans une vessie, il la fait crever ; ainsi il fait monter le mercure et les liqueurs dans les tubes d'autant plus qu'il s'échauffe, etc.

Tant qu'il y aura du feu dans cet air comprimé, les corpuscules de l'air, écartés en tous sens, pressent en tous sens tout ce qu'ils rencontrent. Voilà l'augmentation de son ressort.

L'air libre, étant échauffé, se distend, s'écarte de tous côtés ; et alors ce ressort qui agissait par la dilatation s'épuise en proportion de ce que l'air s'est dilaté ; ce plein air libre, échauffé, n'est plus si élastique, parce qu'alors il y a moins d'air dans le même espace.

De même, quand le métal pénétré de feu s'étend de tous côtés, alors il y a moins de métal dans le même espace ; et quand il est fondu, il s'est étendu autant qu'il est possible : alors son ressort est perdu autant qu'il est possible.

Ce métal refroidi redevient élastique : aussi l'air libre refroidi, revenu dans son premier état, reprend son élasticité première ; mais si l'air est plus refroidi encore, si le froid le condense trop, alors son ressort s'affaiblit : n'est-ce pas que l'air n'a plus alors la quantité de feu nécessaire pour faire jouer toutes ses parties, et pour le dégager de l'atmosphère engourdie qui le renferme ?

Si l'air était absolument privé de feu, il serait sans mouvement et sans action.

SECTION IV. — *Suite de l'examen comment le feu cause l'élasticité.* — Tous les liquides, quoique d'une autre nature que l'air, ne doivent-ils pas aussi au feu leur plus ou moins d'élasticité ? Le feu, qui subsiste dans l'eau, retient les parties de l'eau dans une désunion continuelle. L'eau est alors, par rapport à la quantité de feu qu'elle contient, ce qu'est un métal enflammé par rapport à la quantité de feu qui le pénètre. Ce métal en fusion perd son ressort. L'eau coulante est aussi dans une espèce de fusion, et par conséquent sans élasticité ; mais dès qu'elle contient moins de feu, dès qu'elle est glacée, elle fait ressort comme le métal refroidi, parce qu'alors elle peut réagir comme le métal contre l'action d'un moindre feu qu'elle contient : or, que la glace contienne du feu, on ne peut en douter, puisqu'on peut rendre la glace trente à quarante fois plus froide encore qu'au premier degré de congélation ; et si on pouvait trouver le dernier terme de la glace, on trouverait celui de l'extrême dureté des corps.

Ceux qui, pour expliquer l'élasticité, ont employé la matière subtile, de l'existence de laquelle on n'a de preuve que le besoin qu'on croit en avoir ; ceux-là, dis-je, ont toujours eu dans leur système quelque contradiction à dévorer.

S'ils disent, par exemple, qu'une lame d'acier courbée fait ressort, parce que cette matière subtile, qu'on suppose être partout, fait un effort violent pour repasser par les pores de cet acier que sa courbure vient de rétrécir, ils s'aperçoivent aussitôt que la loi des fluides les contredit, car tout fluide libre presse également partout ; et de plus, si la matière subtile est supposée faire tourner notre globe d'occident en orient, comment causera-t-elle un ressort dans un sens contraire ?

S'ils disent que la matière subtile, remplissant tous les pores des corps et tout l'univers, est composée de petits tourbillons logés dans les corps ; que les parties de ces tourbillons, tendant toujours à s'échapper par la tangente, sont la cause du ressort, que de difficultés et de contradictions encore! Ces petits tourbillons sont-ils composés d'autres tourbillons? il le faut bien, puisqu'ils ont des parties. La dernière de ces particules sera-t-elle un tourbillon ? en quelle direction se mouvront-ils? est-ce en un seul sens? est-ce en tous sens ? Qu'on songe bien qu'ils remplissent l'univers, et qu'on voie ce qui en résulterait. Il faudrait que tout suivît cette direction de leur mouvement. Sont-ils durs? sont-ils mous? S'ils sont durs, comment laisseront-ils venir à nous un rayon de lumière? s'ils sont mous, comment ne se confondront-ils pas tous ensemble? De quelque côté qu'on se tourne, on est environné d'obscurités.

Je demande simplement si, dans les incertitudes où nous laisse la physique, il ne vaut pas mieux s'en tenir aux substances dont au moins on connaît l'existence et quelques propriétés, que de rechercher des êtres dont il faut deviner l'existence. Nous sommes tous des étrangers sur la terre que nous habitons ; ne devons-nous pas plutôt examiner ce qui nous entoure que de faire la carte des pays inconnus ? Nous voyons du feu sortir des corps où il était enveloppé ; nous voyons qu'il est dans tous les corps connus, qu'il imprime évidemment des vibrations à leurs parties ; que quand ces vibrations sont finies par la dissolution du corps, tout ressort cesse ; nous sentons que l'air devient plus élastique quand il s'échauffe, et moins quand il est très-froid ; pourquoi donc chercher ailleurs que dans cet élément du feu l'élasticité qu'il donne si sensiblement? Par là on ne se chargerait du fardeau d'aucune hypothèse ; et certainement on n'avancerait pas moins dans la connaissance de la nature¹.

Section V. — *N'est-il pas la cause de l'électricité?* — S'il est vrai

1. Il n'est point prouvé que la cause de l'élasticité des ressorts soit la même que celle de la force par laquelle les corps dans l'état d'expansion tendent à occuper un plus grand espace. Il semble que la première force peut être l'effet de celle qui produit la cohésion. Les molécules d'un corps ont pris un certain ordre en vertu de cette force ; vous changez cet ordre en pressant le corps ou en le pliant ; si vous cessez d'agir, les molécules dérangées de cet état, qui était, relativement à cette force, l'état d'équilibre, tendront à s'y restituer. Quant à la force des substances expansibles, elle paraît inexplicable par la force d'attraction, par la tendance à l'équilibre d'un système de molécules qui s'attirent ; peut-être a-t-elle pour cause quelque propriété du feu encore inconnue. Du moins, comme la chaleur augmente cette force et que le froid la diminue, comme le feu est dans l'état d'expansibilité des substances liquides ou solides, on ne peut nier qu'il n'agisse comme cause ou comme moyen dans les phénomènes que présente la force expansive. (*Ed. de Kehl.*)

semblable que le feu est la cause de l'élasticité, il ne l'est pas moins que l'électricité soit aussi un de ses effets.

La marche de l'esprit humain doit être, ce semble, de se contenter d'attribuer les mêmes effets aux mêmes causes, jusqu'à ce que l'expérience découvre une cause nouvelle; or l'électricité paraît toujours produite par la cause qui produit toujours du feu dans les corps durs; c'est-à-dire qui développe le feu que ces corps durs contiennent : cette cause est le frottement, l'attrition des parties. Il n'y a aucun corps dur frotté qui ne s'échauffe; il n'y a aucun corps électrique qui ne doive être frotté avant d'exercer cette électricité.

Quelques corps durs frottés s'enflamment ; quelques corps électriques ettent des étincelles brûlantes ; tous, après un long et violent frottement, jettent de la lumière.

Il est vrai que les métaux, quelque attrition qu'ils puissent éprouver, n'attirent point les corps minces à eux, n'exercent point d'électricité ; mais on ne dit point que tout ce qui prend feu soit électrique ; on remarque seulement que tout ce qui devient électrique jette du feu plus ou moins : donc le feu paraît avoir très-grande part à cette électricité. Au moins il est indubitable qu'il n'y a point d'électricité sans mouvement, et qu'il n'y a point dans la nature de mouvement sans le feu [1].

ARTICLE IV. — *Suite des autres propriétés générales par lesquelles on cherche à déterminer la nature du feu.*

Le feu, comme tout autre fluide, se meut également en tous sens ; ou plutôt ne pouvant se mouvoir qu'avec cette égalité, parce que l'action et la réaction de ses parties élémentaires sont égales, il semble être l'unique cause pour laquelle les autres fluides se meuvent ainsi.

Il doit donc échauffer également dans toutes ses parties un corps homogène qu'il pénètre; sa flamme doit être ronde, et l'est toujours quand l'air ne presse pas sur le mixte qui brûle. Qu'une boule de fer soit bien enflammée dans un fourneau où l'air très-raréfié a épuisé son ressort, cette boule de fer jette des flammes également en haut et en bas; la flamme de l'esprit-de-vin s'arrondit quand on la plonge dans une autre flamme.

v. Lorsqu'on approche deux corps dans lesquels l'électricité n'est pas en équilibre, il arrive qu'à l'instant où l'équilibre se rétablit, soit lentement, soit dans un seul instant, il se manifeste du feu; ce feu est visible dans l'air et dans le vide, produit de la chaleur, allume les corps inflammables, fond les métaux. Ce feu paraît moins simple que celui des rayons de lumière rassemblés au foyer d'un miroir; il a une odeur propre, et d'ailleurs il produit sur les corps qu'il traverse des effets chimiques que les rayons du miroir ardent ne paraissent point produire. On peut observer que, comme les corps changent de température sensible en passant de l'état de solide à celui de liquide, de l'état de liquide à celui de vapeurs, de même ce changement influe sur leur état relativement à l'électricité. Le plus ou le moins de chaleur agit aussi sur l'électricité; la glace devient électrique par frottement, comme le verre, à un certain degré de froid ; le verre devient électrique par communication, comme les métaux, à un certain degré de chaleur.

On ne savait presque rien sur l'électricité en 1738. (*Éd. de Khel.*)

De cette propriété inhérente dans le feu de se répandre également s'il ne trouve point d'obstacle, il suit que tout corps enflammé doit envoyer les traits de feu également de tous les côtés, et qu'ainsi tout point lumineux est un centre dont les rayons partent et aboutissent à la surface d'une sphère.

C'est par cette propriété que le feu échauffe et éclaire en raison inverse ou réciproque du carré des distances.

Le feu a donc la propriété d'envoyer au corps une quantité de sa substance dans cette proportion.

Il a encore la propriété d'être attiré sensiblement par les corps.

1° Cette attraction est démontrée par cette expérience connue d'une lame de couteau ou de verre, dont la pointe est rasée par les rayons du soleil dans une chambre obscure (fig. 2).

On sait que les rayons s'infléchissent, se portent vers cette lame en proportion des distances; c'est-à-dire que le rayon qui passe le plus près de cette pointe est celui qui s'infléchit le plus vers le couteau. Toutes les autres expériences de l'inflexion de la lumière près des corps se rapportent à celle-ci. On les connaît; on n'en grossira pas ce mémoire.

2° La réfraction est encore une preuve évidente de cette attraction; on sait assez que quand le verre ou l'eau, etc., reçoit un rayon oblique, ce rayon commence à se briser en approchant de ce milieu, et qu'il se brise toujours tant qu'il est entre les lignes AB, CD (fig. 3), qui sont les termes de cette attraction; après quoi il continue à aller en ligne droite: cette inflexion et ce brisement, avant d'entrer dans ce corps, et en y entrant, est toujours d'autant plus grand que la matière qui reçoit ce rayon a plus de densité, à moins que cette matière ne soit un corps oléagineux, sulfureux, inflammable: car alors ce corps oléagineux, sulfureux, rempli de feu, agit davantage sur ce rayon que ne fera un corps de même densité, mais qui contiendra moins de parties inflammables.

3° Tout rayon tombant obliquement d'un milieu moins épais dans un milieu plus épais, va plus rapidement dans le corps qui l'attire davantage, et cela en raison inverse de la grandeur des sinus; et non-seulement il accélère son mouvement dans ce corps en tombant en ligne oblique, mais aussi en tombant en ligne perpendiculaire[1]. Il est donc aussi indubitable qu'il y a une attraction entre les particules du feu et les autres corps, qu'il est difficile d'assigner la cause de cette attraction.

---

1. La différence de réfrangibilité des milieux n'est point proportionnelle à leur densité, quoique dans des corps de la même nature elle paraisse en dépendre, du moins en partie. Elle dépend surtout de la nature de ces corps, mais sans qu'on ait pu assigner jusqu'ici les causes de cette dépendance, ni saisir aucun rapport entre cette force et la quantité de phlogistique contenu dans les corps, ou leur facilité à se combiner avec cette substance.

On sait que des rayons différents sont différemment réfrangibles dans le même milieu, et chaque rayon ne suit pas dans les différents milieux la même loi de réfrangibilité. Autre phénomène plus compliqué dont on ignore absolument la cause et la loi. On peut consulter sur ces objets une suite de recherches sur l'optique, publiées par M. l'abbé Rochon. (*Ed. de Khel.*)

Ayant reconnu cette propriété singulière du feu d'être attiré par les corps, de se plier vers eux, d'accélérer son mouvement vers eux, et dans eux, sitôt qu'ils sont dans la sphère de l'attraction, on ne doit plus être si étonné qu'il rejaillisse des corps solides avant de les avoir touchés; car, si les corps ont le pouvoir de l'attirer à quelque distance, pourquoi n'auront-ils pas aussi celui de le repousser à cette même distance?

Or, que des parties du feu soient repoussées de dessus la surface des corps sans la toucher, c'est un phénomène dont il n'est plus permis de douter.

On sait que la lumière tombant sur un prisme, et faisant avec sa perpendiculaire un angle de près de 40 degrés, passe au travers de ce prisme et va dans l'air; mais qu'à un angle de 41 elle ne passe plus, elle est réfléchie tout entière; mais alors si l'on met de l'eau sous ce prisme, la même lumière qui ne passait point dans l'air à 41 degrés passe à cette même obliquité dans l'eau; elle trouve pourtant dans l'eau plus de parties solides que dans l'air; elle ne rejaillit point de dessus cette eau, et elle rejaillit de dessus cet air; donc elle n'est pas réfléchie en ce cas par les parties solides.

Ajoutez à cette expérience celle des corps réduits en lames minces, qui réfléchissent certains rayons de lumière, et qui laissent passer ces mêmes rayons quand leurs lames sont épaisses. Ajoutez les inégalités extrêmes des miroirs les plus polis, qui cependant réfléchissent la lumière également et avec régularité, et qui par conséquent ne peuvent renvoyer avec régularité ce qu'ils reçoivent si irrégulièrement; on conviendra que la lumière, qui n'est autre chose que du feu, rejaillit sans toucher aux corps dont elle semble rejaillir.

De cette attraction et de cette répulsion de la matière du feu à quelque distance des corps solides n'est-il pas prouvé qu'il y a une action et une réaction entre tous les corps et le feu, telle qu'il y en a une entre les corps qui s'attirent et qui se repoussent? La différence est (comme dit à peu près le grand Newton dans son *Optique*) qu'il ne faut que des yeux pour voir l'attraction et la répulsion de l'électricité, et qu'il faut les yeux de l'esprit pour voir l'attraction et la répulsion du feu et des corps.

Il reste à examiner la figure du feu et sa couleur.

La figure de ses parties constituantes doit être ronde; c'est la seule qui s'accorde avec un mouvement égal en tous sens, et la seule qui puisse produire des angles d'incidence égaux aux angles de réflexion. Il est bien vrai que ces angles d'incidence et de réflexion ne sont pas produits sur la surface des corps solides; mais ils sont produits près de ces surfaces par quelque cause que ce puisse être.

Or cette cause inconnue, et qui peut-être est de la matière électrique, ne peut renvoyer ainsi les rayons, s'ils ne sont pas propres à former toujours ces angles, et il n'y a que la figure ronde qui puisse les former[1].

1. Ces idées sur la forme des éléments des corps sont un reste de cartésia-

Pour la couleur qui résulte du feu, j'entends du feu pur et sans mélange, cette couleur dépend des rayons différents qui composent le feu : l'assemblage des sept rayons primordiaux réfléchis donne du blanc ; cependant la couleur de la lumière du soleil tire sur le jaune ; et de là on pourrait croire que le soleil est un corps solide dans lequel les rayons jaunes dominent. Il n'est nullement impossible que le feu dans d'autres soleils ait d'autres couleurs ; et la quantité des rayons rouges ou jaunes dominant dans ce feu élémentaire pourrait très-vraisemblablement opérer de nouvelles propriétés dans la matière.

Voilà donc à peu près un assemblage des propriétés principales qui peuvent servir à donner une faible idée de la nature du feu.

C'est un élément qui a tous les attributs généraux de la matière, et qui a par-dessus encore le pouvoir d'agir sur toute matière, d'être toujours en mouvement, de se répandre en tout sens, d'être élastique, de contribuer à l'élasticité des corps, à leur électricité ; d'être attiré et d'être repoussé par les corps ; enfin c'est le seul qui puisse nous éclairer et nous échauffer. Et cette propriété de nous donner le sentiment de lumière et de chaleur n'est autre chose qu'une suite de la proportion établie entre ses mouvements et nos organes ; et il est très-vraisemblable que cette proportion est nécessaire pour nous causer ces sentiments ; car l'Auteur de la nature ne fait rien en vain, et ces rapports admirables de la nature du feu avec nos organes seraient un ouvrage vain si, dans la constitution présente des choses, nous pouvions voir sans yeux et sans lumière, et être chauffés sans feu.

SECONDE PARTIE

DE LA PROPAGATION DU FEU.

On tâchera, dans cette seconde partie, d'expliquer ses doutes en autant d'articles :

1° Sur la manière dont nous produisons du feu ;
2° Sur la manière dont le feu agit ;
3° Sur les proportions dans lesquelles le feu embrase un corps quelconque ;
4° Sur la manière et les proportions dont le feu se communique d'un corps à un autre ;
5° Sur ce qu'on nomme *pabulum ignis*, et ce qui est nécessaire pour l'action du feu ;
6° Sur ce qui éteint le feu.

nisme dont M. de Voltaire n'avait pu se débarrasser totalement, quoiqu'il en fût alors plus dégagé que la plupart des savants de l'Europe.

La seule manière plausible d'expliquer les phénomènes de la réflexion des surfaces opaques est de les considérer comme formées de corpuscules transparents, dans lesquels la réflexion se fait comme dans les sphères transparentes, comme dans les gouttes de l'arc-en-ciel. Mais il reste à expliquer ce dernier phénomène, qui semble dépendre de l'attraction et dont on n'a point donné d'explication précise et calculée. (*Éd. de Kehl.*)

ARTICLE I. — *Comment produisons-nous le feu?*

Les hommes ne peuvent réellement produire du feu, parce qu'ils ne peuvent rien produire du tout; ils peuvent mêler les espèces des choses, mais non changer une espèce en une autre. On décèle, on manifeste le feu que la nature a mis dans les corps, on lui donne de nouveaux mouvements, mais on ne peut produire réellement une étincelle.

Nous ne pouvons développer ce feu élémentaire que par l'un des cinq moyens suivants :

1° En rendant les rayons du soleil convergents, et les assemblant en assez grand nombre;

2° En frottant violemment des corps durs;

3° En exposant tous les corps possibles au feu tiré de ces corps durs, comme aux charbons ardents, à la flamme, aux étincelles de l'acier, etc.;

4° En mêlant des matières fluides, comme des espèces d'huiles qui fermentent ensemble avec explosion et qui s'enflamment;

5° En composant des phosphores avec des matières sulfureuses et salines qui s'enflamment à l'air, comme avec du sang, des excréments, de l'alun, de l'urine, etc., ou bien en faisant de la poudre fulminante, et autres opérations semblables.

Dans toutes ces opérations il est aisé de voir qu'on ne fait autre chose que d'ajouter un feu nouveau aux corps qui n'en ont point assez, ou de mettre en mouvement une quantité de feu suffisante qui était dans ces corps sans mouvement sensible.

ARTICLE II. — *Comment le feu agit-il?*

Le feu étant une substance élémentaire répandue dans tous les corps, et jusque dans la glace la plus dure, ne peut agir sur ces corps qu'en agitant leurs parties. Si cette agitation est modérée, comme celle qu'un air tempéré communique aux végétaux, leurs pores ouverts reçoivent alors l'eau, l'air et la terre qui les entourent, et les quatre éléments unis ensemble étendent le germe de la plante qu'ils nourrissent. Si l'agitation est trop forte, les parties du végétal désunies sont dispersées, et tout peut en être aisément détruit jusqu'au germe.

Ce mouvement, qui fait la vie et la destruction de tout, ne peut, ce me semble, être imprimé aux corps par le feu qu'en vertu de ces deux raisons-ci : ou parce qu'ils reçoivent une plus grande quantité de feu qu'ils n'en avaient, ou parce que la même quantité de feu quelconque est mise dans un mouvement plus violent; et comme une quantité de feu quelconque appliquée aux corps n'agit que par le mouvement, il est clair que c'est le mouvement seul qui échauffe, consume et détruit les corps.

Il n'y a aucun corps sur la terre qui ait dans sa masse assez de feu pour faire de soi-même un effet sensible sans fermenter avec d'autres corps : voilà pourquoi du marbre et de la laine, du fer et des plumes, du plomb et du coton, de l'huile et de l'eau, du soufre et du sable, de la poudre à canon, appliqués au thermomètre, ensemble ou séparément, ne le font ni hausser, ni baisser, lorsque ces divers corps ont été exposés longtemps à une égale température d'air, ainsi que le thermomètre.

De grands philosophes infèrent de cette expérience qu'il y a également du feu dans tous les corps; mais on ose être d'une opinion différente.

1° Parce que si cette égale distribution du feu qu'ils supposent était réelle, la glace factice en aurait autant que l'alcool le plus pur.

2° Parce que les corps s'enflamment beaucoup plus aisément les uns que les autres; et comme il est certain que nous mettons plus de feu dans les matières que nous préparons, dans de la chaux, par exemple, que dans les mélanges d'autres pierres; aussi paraît-il vraisemblable que la nature agit en cela comme nous, et distribue plus de feu dans le soufre que dans de l'eau [1].

Il paraît donc très-probable, par toutes les expériences et par le raisonnement, que de deux corps, celui qui s'enflammera le plus vite à feu égal, contenait dans sa masse plus de substance de feu que l'autre, et qu'ainsi un pied cubique de soufre contient certainement plus de feu qu'un pied cubique de marbre.

Pourquoi donc tous les corps inégalement remplis de feu élémentaire ont-ils cependant un égal degré de chaleur, selon cette expérience faite au thermomètre?

N'est-ce pas pour ces raisons-ci? Le feu n'agit dans les corps que par un mouvement proportionnel à sa quantité; chaque corps résiste à l'action de ce feu qu'il contient; et quand cette résistance est en équilibre avec l'action du feu, c'est précisément comme si le feu n'agissait pas. Or, dans tous les corps en repos, la résistance de leurs parties et l'action du feu contenu sont en équilibre (car sans cela il n'y aurait point de repos); donc tous les corps en repos doivent avoir un égal degré de chaleur.

Il faut remarquer qu'il n'y a point de repos parfait; mais le mouvement interne des corps est si insensible, qu'il ne peut faire un effet sensible sur la petite quantité de liqueur contenue dans un thermomètre. On sent assez pourquoi au thermomètre cette chaleur est égale, et ne l'est pas au tact de nos mains.

Pour qu'un corps s'échauffe et ensuite s'enflamme, etc., il s'agit donc de le pénétrer d'un nouveau feu, et de mettre dans un grand mouvement celui qu'il a.

Des charbons ardents, ou les rayons du soleil réunis, appliqués, par exemple, à du fer, produisent le premier effet; l'attrition seule produit le second.

Les rayons du soleil, ou le feu ordinaire, ajoutent une nouvelle substance de matière ignée à ce fer; l'attrition causée par un caillou n'y ajoute que du mouvement sans nouvelle matière. Ce mouvement seul fait un si grand effet par les vibrations qu'il excite dans ce fer, qu'une partie de lui-même en tombe incontinent brûlante, lumineuse et vitrifiée.

[1]. Voyez l'article IV de cette seconde partie.

L'action presque instantanée des rayons du soleil par le plus grand miroir ardent produit un effet entièrement semblable.

Il faut voir à présent si une nouvelle quantité de traits de feu qui pénètrent dans un mixte, agit par le nombre de ses traits et par le mouvement avec lequel chaque trait pénètre ce mixte; ou bien si cette force augmente encore par l'action de ces traits les uns sur les autres.

Par exemple mille rayons arrivent d'un verre ardent à un morceau de bois; dans le foyer de ce verre ardent, je demande si ces mille rayons agissent seulement par leur masse multipliée par leur vitesse (on n'entre point ici dans la question si la force est mesurée par la masse multipliée par le carré de la vitesse), ou si à cette action il faut encore ajouter une force résultante de l'action mutuelle de ces rayons les uns sur les autres.

Il paraît probable que la masse seule des rayons, multipliée par leur vitesse, sans autre augmentation, fait tout l'effet du verre ardent : car s'il y avait une autre action quelconque, cette action ne pourrait être que latérale, c'est-à-dire que les rayons augmenteraient mutuellement leur puissance en se touchant par les côtés; mais cette prétendue action ne ferait que détourner les rayons qui vont tous en ligne droite, et par conséquent affaiblirait leur pouvoir au lieu de le fortifier. Plusieurs coins enfoncés à la fois dans un morceau de bois, plusieurs flèches lancées à la fois dans un rond se nuiront si elles se touchent; et comment agiront-elles sensiblement les unes sur les autres si elles ne se touchent pas?

J'ajouterai encore que, si les rayons du feu augmentaient leur force par cette action mutuelle (ce qui n'est pas assurément conforme aux lois mécaniques), les rayons de la lune, reçus sur un miroir ardent, sembleraient devoir au moins faire sentir quelque chaleur à leur foyer, mais c'est ce qui n'arrive jamais; donc on paraît très-bien fondé à penser que les rayons n'agissent point réciproquement l'un sur l'autre en partant d'un même lieu, et allant frapper le même corps. Il s'en faut beaucoup que le nombre des traits de flamme qui pénètrent un corps reçoive une nouvelle action par leur agitation mutuelle.

Qu'on mette sous un métal quelconque une mèche allumée trempée d'esprit-de-vin, et qu'on observe, à l'aide de l'ingénieuse invention du pyromètre, le degré d'expansion, de raréfaction, que ce métal aura acquis dans un temps donné; si le feu augmentait son action par le choc mutuel de ses parties, deux mèches pareilles devraient raréfier ce métal beaucoup plus du double; mais il est prouvé, par les expériences les plus exactes, que deux mèches pareilles ne font pas seulement un effet double de celui d'une simple mèche.

Une simple mèche allumée, mise sous le milieu d'une lame de fer longue de 5 pouces $\frac{1}{12}$, et épaisse de $\frac{1}{12}$, allonge cette lame comme 80; deux mèches mises au milieu, l'une auprès de l'autre, ne l'allongent que comme 117; et les deux mêmes flammes, mises à 2 pouces $\frac{1}{2}$ l'une de l'autre, ne l'allongent que comme 109.

On ne prétend pas répéter ici le détail de toutes ces expériences vérifiées; on essayera seulement d'en tirer quelques conclusions.

Si le feu agissait dans ce cas par la force d'une action mutuelle de ses parties les unes contre les autres, la flamme de ses deux mèches devrait se joindre pour produire ces effets réunis; et ces deux flammes devraient échauffer, raréfier cette lame beaucoup au delà de 160; mais ces deux flammes voisines, au lieu de se réunir, s'écartent; chacune se dissipe de côté et d'autre.

On peut donc, encore une fois, conclure que les rayons du feu n'agissent point l'un sur l'autre pour augmenter leur puissance, soit qu'ils viennent du soleil en parallélisme, soit qu'ils soient réunis au foyer d'un verre ardent, soit qu'ils s'échappent en cercle d'un charbon ardent, etc.

Voici donc ce qui arrive dans un corps auquel on applique un feu étranger : plus ce corps résiste, plus la quantité de ce feu, multipliée par sa vitesse, agit sur lui; et tant que l'action de ce feu et la réaction de ce corps subsistent, la chaleur augmente, jusqu'à ce qu'enfin de nouveau feu entrant toujours, les parties solides de ce corps qui résistaient, par exemple, à 1000 parties de feu, ne pouvant résister à 10 000, à 100 000, se désunissent et s'évaporent. Un madrier de bois de 100 pouces carrés pourra très-aisément être percé dans 100 demi-pouces d'étendue sans perdre sa figure; mais s'il est percé dans 144 000, il est réduit en poussière.

Voici maintenant ce qui arrive à un corps dont on met en mouvement le feu propre qu'il contenait. Qu'un morceau de fer, par exemple, soit conçu partagé en mille lamines élastiques, que chaque lamine contienne dix parties de feu, que ce corps reçoive un choc violent qui ébranle ces mille lamines, et que ce choc réitéré augmente cent fois le ressort de chaque partie de feu; ces atomes de feu qui ne pouvaient agir auparavant, vu le poids dont ils étaient accablés, prennent une force égale à celle des mille lamines : que ce ressort soit augmenté encore, on voit aisément comment enfin cette centième partie du feu, contenue dans cette masse, l'enflammera toute, et la dissipera à la fin, sans qu'il y soit intervenu une seule particule de feu étranger.

Les corps sont donc échauffés, enflammés, consumés, ou par le feu qui est en eux, et dont on a augmenté le mouvement, ou par la quantité d'un feu étranger qu'on leur a appliqué, et qui par son mouvement vient agir sur ces corps; et, dans les deux cas, le feu agit toujours par les lois du mouvement.

ARTICLE III. — *Proportions dans lesquelles le feu embrase un corps quelconque.*

On a essayé, dans ce troisième article, de rassembler quelques lois générales sur les proportions dans lesquelles le feu agit.

Première loi. — Le feu étant un corps, et agissant sur les autres corps par sa masse et par son mouvement, selon les lois du choc, « il communique son mouvement aux corps homogènes, suivant une loi qui dépend de leur grosseur. » Soit une lamine de plomb échauffée, dilatée comme 154, par un feu donné; une autre lamine de même longueur,

et dans la vertu un charme invincible qui fait tomber les portes de fer, et qui amollit les cœurs de bronze! »

A ce mot de *vertu*, des sanglots échappèrent à la belle Saint-Yves. Elle ne savait pas combien elle était vertueuse dans le crime qu'elle se reprochait.

Son amant continua ainsi : « Ange, qui avez rompu mes liens, si vous avez eu (ce que je ne comprends pas encore) assez de crédit pour me faire rendre justice, faites-la donc rendre aussi à un vieillard qui m'a le premier appris à penser, comme vous m'avez appris à aimer. La calamité nous a unis; je l'aime comme un père, je ne peux vivre ni sans vous ni sans lui.

— Moi! que je sollicite le même homme qui.... — Oui, je veux tout vous devoir, et je ne veux devoir jamais rien qu'à vous : écrivez à cet homme puissant, comblez-moi de vos bienfaits, achevez ce que vous avez commencé, achevez vos prodiges. » Elle sentait qu'elle devait faire tout ce que son amant exigeait : elle voulut écrire, sa main ne pouvait obéir. Elle recommença trois fois sa lettre, la déchira trois fois; elle écrivit enfin, et les deux amants sortirent après avoir embrassé le vieux martyr de la grâce efficace.

L'heureuse et désolée Saint-Yves savait dans quelle maison logeait son frère; elle y alla; son amant prit un appartement dans la même maison.

A peine y furent-ils arrivés que son protecteur lui envoya l'ordre de l'élargissement du bonhomme Gordon et lui demanda un rendez-vous pour le lendemain. Ainsi à chaque action honnête et généreuse qu'elle faisait, son déshonneur en était le prix. Elle regardait avec exécration cet usage de vendre le malheur et le bonheur des hommes. Elle donna l'ordre de l'élargissement à son amant, et refusa le rendez-vous d'un bienfaiteur qu'elle ne pouvait plus voir sans expirer de douleur et de honte. L'Ingénu ne pouvait se séparer d'elle que pour aller délivrer un ami : il y vola. Il remplit ce devoir en réfléchissant sur les étranges événements de ce monde, et en admirant la vertu courageuse d'une jeune fille à qui deux infortunés devaient plus que la vie.

CHAP. XIX. — *L'Ingénu, la belle Saint-Yves et leurs parents sont rassemblés.*

La généreuse et respectable infidèle était avec son frère l'abbé de Saint-Yves, le bon prieur de la Montagne, et la dame de Kerkabon. Tous étaient également étonnés; mais leur situation et leurs sentiments étaient bien différents. L'abbé de Saint-Yves pleurait ses torts aux pieds de sa sœur, qui lui pardonnait. Le prieur et sa tendre sœur pleuraient aussi, mais de joie; le vilain bailli et son insupportable fils ne troublaient point cette scène touchante. Ils étaient partis au premier bruit de l'élargissement de leur ennemi; ils couraient ensevelir dans leur province leur sottise et leur crainte.

Les quatre personnages, agités de cent mouvements divers, attendaient que le jeune homme revînt avec l'ami qu'il devait délivrer

L'abbé de Saint-Yves n'osait lever les yeux devant sa sœur. La bonne Kerkabon disait : « Je reverrai donc mon cher neveu ! — Vous le reverrez, dit la charmante Saint-Yves, mais ce n'est plus le même homme ; son maintien, son ton, ses idées, son esprit, tout est changé. Il est devenu aussi respectable qu'il était naïf et étranger à tout. Il sera l'honneur et la consolation de votre famille.... que ne puis-je être aussi le bonheur de la mienne !—Vous n'êtes point non plus la même, dit le prieur ; que vous est-il donc arrivé qui ait fait en vous un si grand changement ? »

Au milieu de cette conversation, l'Ingénu arrive, tenant par la main son janséniste. La scène alors devint plus neuve et plus intéressante. Elle commença par les tendres embrassements de l'oncle et de la tante. L'abbé de Saint-Yves se mettait presque aux genoux de l'Ingénu, qui n'était plus l'Ingénu. Les deux amants se parlaient par des regards qui exprimaient tous les sentiments dont ils étaient pénétrés. On voyait éclater la satisfaction, la reconnaissance, sur le front de l'un ; l'embarras était peint dans les yeux tendres et un peu égarés de l'autre. On était étonné qu'elle mêlât de la douleur à tant de joie.

Le vieux Gordon devint en peu de moments cher à toute la famille. Il avait été malheureux avec le jeune prisonnier, et c'était un grand titre. Il devait sa délivrance aux deux amants, cela seul le réconciliait avec l'amour ; l'âpreté de ses anciennes opinions sortait de son cœur : il était changé en homme, ainsi que le Huron. Chacun raconta ses aventures avant le souper. Les deux abbés, la tante écoutaient comme des enfants qui entendent des histoires de revenants, et comme des hommes qui s'intéressaient tous à tant de désastres. « Hélas ! dit Gordon, il y a peut-être plus de cinq cents personnes vertueuses qui sont à présent dans les mêmes fers que Mlle de Saint-Yves a brisés : leurs malheurs sont inconnus. On trouve assez de mains qui frappent sur la foule des malheureux, et rarement une secourable. » Cette réflexion si vraie augmentait sa sensibilité et sa reconnaissance : tout redoublait le triomphe de la belle Saint-Yves ; on admirait la grandeur et la fermeté de son âme. L'admiration était mêlée de ce respect qu'on sent malgré soi pour une personne qu'on croit avoir du crédit à la cour. Mais l'abbé de Saint-Yves disait quelquefois : « Comment ma sœur a-t-elle pu faire pour obtenir sitôt ce crédit ? »

On allait se mettre à table de très-bonne heure : voilà que la bonne amie de Versailles arrive, sans rien savoir de tout ce qui s'était passé ; elle était en carrosse à six chevaux, et on voit bien à qui appartient l'équipage. Elle entre avec l'air imposant d'une personne de cour qui a de grandes affaires, salue très-légèrement la compagnie, et tirant la belle Saint-Yves à l'écart : « Pourquoi vous faire tant attendre ? Suivez-moi ; voilà vos diamants que vous aviez oubliés. » Elle ne put dire ces paroles si bas que l'Ingénu ne les entendît : il vit les diamants ; le frère fut interdit ; l'oncle et la tante n'éprouvèrent qu'une surprise de bonnes gens qui n'avaient jamais vu une telle magnificence. Le jeune homme, qui s'était formé par un an de réflexions, en fit malgré lui, et parut troublé un moment. Son amante s'en aperçut ; une pâ-

CHAPITRE XIX.

leur mortelle se répandit sur son beau visage, un frisson la saisit, elle se soutenait à peine. « Ah! madame, dit-elle à la fatale amie, vous m'avez perdue! vous me donnez la mort! » Ces paroles percèrent le cœur de l'ingénu; mais il avait déjà appris à se posséder; il ne les releva point, de peur d'inquiéter sa maîtresse devant son frère, mais il pâlit comme elle.

Saint-Yves, éperdue de l'altération qu'elle apercevait sur le visage de son amant, entraîne cette femme hors de la chambre dans un petit passage, jette les diamants à terre devant elle : « Ah! ce ne sont pas eux qui m'ont séduite, vous le savez; mais celui qui les a donnés ne me reverra jamais. » L'amie les ramassait et Saint-Yves ajoutait : « Qu'il les reprenne ou qu'il vous les donne; allez, ne me rendez plus honteuse de moi-même. » L'ambassadrice enfin s'en retourna, ne pouvant comprendre les remords dont elle était témoin.

La belle Saint-Yves, oppressée, éprouvant dans son corps une révolution qui la suffoquait, fut obligée de se mettre au lit; mais pour n'alarmer personne elle ne parla point de ce qu'elle souffrait; et, ne prétextant que sa lassitude, elle demanda la permission de prendre du repos; mais ce fut après avoir rassuré la compagnie par des paroles consolantes et flatteuses, et jeté sur son amant des regards qui portaient le feu dans son âme.

Le souper, qu'elle n'animait pas, fut triste dans le commencement, mais de cette tristesse intéressante qui fournit de ces conversations attachantes et utiles si supérieures à la frivole joie qu'on recherche, et qui n'est d'ordinaire qu'un bruit importun.

Gordon fit en peu de mots l'histoire et du jansénisme et du molinisme, et des persécutions dont un parti accablait l'autre, et de l'opiniâtreté de tous les deux. L'ingénu en fit la critique, et plaignit les hommes qui, non contents de tant de discordes que leurs intérêts allument, se font de nouveaux maux pour des intérêts chimériques, et pour des absurdités inintelligibles. Gordon racontait, l'autre jugeait; les convives écoutaient avec émotion et s'éclairaient d'une lumière nouvelle. On parla de la longueur de nos infortunes et de la brièveté de la vie. On remarqua que chaque profession avait un vice et un danger qui lui sont attachés, et que, depuis le prince jusqu'au dernier des mendiants, tout semble accuser la nature. Comment se trouve-t-il tant d'hommes qui, pour si peu d'argent, se font les persécuteurs, les satellites, les bourreaux des autres hommes? Avec quelle indifférence inhumaine un homme en place signe la destruction d'une famille, et avec quelle joie plus barbare des mercenaires l'exécutent!

« J'ai vu dans ma jeunesse, dit le bonhomme Gordon, un parent du maréchal de Marillac, qui, étant poursuivi dans sa province pour la cause de cet illustre malheureux, se cachait dans Paris sous un nom supposé. C'était un vieillard de soixante et douze ans. Sa femme, qui l'accompagnait, était à peu près de son âge. Ils avaient eu un fils libertin qui, à l'âge de quatorze ans, s'était enfui de la maison paternelle; devenu soldat, puis déserteur, il avait passé par tous les degrés de la débauche et de la misère; enfin, ayant pris un nom de terre, il était dans les gardes du cardinal de Richelieu (car ce prêtre, ainsi que le Mazarin, avait des gardes); il avait obtenu un bâton d'exempt dans cette compagnie de satellites. Cet aventurier fut chargé d'arrêter le vieillard et son épouse, et s'en acquitta avec toute la dureté d'un homme qui voulait plaire à son maître. Comme il les conduisait, il entendit ces deux victimes déplorer la longue suite des malheurs qu'elles avaient éprouvés depuis leur berceau. Le père et la mère comptaient parmi leurs plus grandes infortunes les égarements et la perte de leur fils. Il les reconnut; il ne les conduisit pas moins en prison, en les assurant que Son Éminence devait être servie de préférence à tout. Son Éminence récompensa son zèle.

« J'ai vu un espion du P. de La Chaise trahir son propre frère, dans l'espérance d'un petit bénéfice qu'il n'eut point; et je l'ai vu mourir, non de remords, mais de douleur d'avoir été trompé par le jésuite.

« L'emploi de confesseur que j'ai longtemps exercé, m'a fait connaître l'intérieur des familles; je n'en ai guère vu qui ne fussent plongées dans l'amertume, tandis qu'au dehors, couvertes du masque du bonheur, elles paraissaient nager dans la joie; et j'ai toujours remarqué que les grands chagrins étaient le fruit de notre cupidité effrénée.

— Pour moi, dit l'Ingénu, je pense qu'une âme noble, reconnaissante et sensible, peut vivre heureuse; et je compte bien jouir d'une félicité sans mélange avec la belle et généreuse Saint-Yves; car je me flatte, ajouta-t-il, en s'adressant à son frère avec le sourire de l'amitié, que vous ne me refuserez pas, comme l'année passée, et que je m'y prendrai d'une manière plus décente. » L'abbé se confondit en excuses du passé et en protestations d'un attachement éternel.

L'oncle Kerkabon dit que ce serait le plus beau jour de sa vie. La bonne tante, en s'extasiant et en pleurant de joie, s'écriait : « Je vous l'avais bien dit que vous ne seriez jamais sous-diacre! ce sacrement-ci vaut mieux que l'autre; plût à Dieu que j'en eusse été honorée! mais je vous servirai de mère. » Alors ce fut à qui renchérirait sur les louanges de la tendre Saint-Yves.

Son amant avait le cœur trop plein de ce qu'elle avait fait pour lui, il l'aimait trop pour que l'aventure des diamants eût fait sur son cœur une impression dominante. Mais ces mots qu'il avait trop entendus : *Vous me donnez la mort*, l'effrayaient encore en secret, et corrompaient toute sa joie, tandis que les éloges de sa belle maîtresse augmentaient encore son amour. Enfin on n'était plus occupé que d'elle; on ne parlait que du bonheur que ces deux amants méritaient; on s'arrangeait pour vivre tous ensemble dans Paris; on faisait des projets de fortune et d'agrandissement; on se livrait à toutes ces espérances que la moindre lueur de félicité fait naître si aisément. Mais l'Ingénu, dans le fond de son cœur, éprouvait un sentiment secret qui repoussait cette illusion. Il relisait ces promesses signées Saint-Pouange, et les brevets signés Louvois; on lui dépeignit ces deux hommes tels qu'ils étaient, ou qu'on les croyait être. Chacun parla des ministres et du ministère

L'on ne peut fixer rien d'exact sur cela que pour le climat que nous habitons, et pour une température déterminée de ce climat : car les rayons du soleil en moindre ou plus grand nombre, ou dardés plus ou moins obliquement, les vents, les exhalaisons, altèrent la tissure de tous les corps.

Surtout le ressort et la pesanteur de l'air, par leurs variétés, augmentent et diminuent l'action du feu. Plus l'air est pesant, plus les corps acquièrent de chaleur à feu égal; trois onces de plus de pesanteur dans la colonne de l'atmosphère rendent l'eau bouillante plus chaude d'un neuvième.

On sait déjà, par le pyromètre qu'un philosophe excellent vient d'inventer, les dilatations comparatives des métaux à feu égal, en temps égal, le baromètre étant à telle hauteur.

On sait par le thermomètre de Fahrenheit, le philosophe des artisans, les degrés comparatifs de la chaleur de plusieurs liqueurs, et les termes de leur chaleur.

Or, dans une température d'air déterminé, tout a son degré de chaleur déterminé. Les liqueurs bouillantes, les métaux en fusion, les minéraux calcinés, les végétaux ardents, comme les bois, etc., acquièrent un degré de chaleur passé lequel on ne peut les échauffer.

Ce dernier degré absolu et les degrés comparatifs de chaleur des fluides, des minéraux, des végétaux, peuvent, je crois, être connus à l'aide du seul thermomètre construit sur les principes de M. de Réaumur.

Il n'y a qu'une seule précaution à prendre, c'est que l'esprit-de-vin ne bouille pas dans le thermomètre. Pour cet effet, je ne plonge qu'à moitié la boule du thermomètre dans les liqueurs bouillantes.

Je mets le même thermomètre à une telle distance de chaque métal en fusion, que le métal le plus ardent fait monter l'esprit-de-vin plus haut sans le faire bouillir. Je fais une table en trois colonnes : la première colonne marque le temps où la liqueur bout en un vase égal, à feu égal ; la seconde marque le degré où est monté le thermomètre, dont la boule est à moitié plongée dans la liqueur bouillante ; la troisième colonne marque le temps dans lequel le thermomètre est monté depuis la marque 0, ayant soin d'avoir toujours de la glace auprès de moi.

Une autre table sert pour les métaux en fusion.

La première colonne marque le temps qu'il a fallu pour fondre les divers métaux à feu égal, en vase égal ;

La seconde, les degrés où s'est élevé le thermomètre, depuis la marque 0, à égale distance des métaux fondus

Je fais la même opération pour les calcinations.

A l'égard des plantes, je fais couper en un même jour des branches de tous les arbres d'une pépinière ; j'en fais tourner au tour des morceaux d'égale dimension, et les rangeant tous sur une plaque de fer poli, également épaisse, rougie au feu également, j'observe avec un pendule à secondes les temps où chaque morceau est réduit en cendre, et il y a entre ces temps des différences très-considérables.

J'en fais autant avec les légumes

Mais, s'il est utile de savoir quel degré de feu est nécessaire pour détruire, il ne l'est pas moins de savoir quel degré il faut pour animer, et quel feu et quel froid peuvent soutenir les animaux et les plantes ; par exemple, quel degré de feu peut faire mûrir le blé, et en combien de temps quel degré de feu le fait périr.

C'est de quoi je prépare encore une table, et je joindrai toutes ces tables à ce petit essai, si messieurs de l'Académie le jugent digne de l'impression, et s'ils pensent que l'utilité de ces opérations puisse suppléer aux défauts de l'écrit[1].

ARTICLE IV. — *De la communication du feu ; comment et en quelle proportion le feu se communique d'un corps à un autre.*

Les lois du mouvement doivent toujours nous servir de règle. Un corps en mouvement, qui choque un corps en repos, perd de son mouvement autant qu'il en donne : il en est ainsi du feu qui échauffe un corps quelconque.

Tout corps échauffé communique sa chaleur également et en tous sens aux corps environnants, c'est-à-dire leur donne le feu qui est dans lui, jusqu'à ce qu'eux et lui soient à un même degré de température.

Le vulgaire, qui voit monter la flamme, pense que le feu se communique plus tôt en haut qu'en bas, sans songer que la flamme ne monte que parce que l'air, plus pesant qu'elle, presse sur le corps combustible.

Quelques philosophes, observant que le feu descend presque toujours quand on met des matières enflammées au milieu de pareilles matières sèches, ont décidé que le feu tend à descendre, sans considérer que le feu ne descend en ce cas plus qu'il ne monte, que parce que d'ordinaire la matière enflammée, un morceau de bois, par exemple, qu'on mettra au milieu d'un bûcher, touche les bois de dessous en plus de points que les bois de dessus, et que de plus le bûcher étant déjà allumé par le bas, la partie basse du bûcher est déjà plus échauffée que la partie haute.

On donne pour constant, dans un nouveau *Traité de physique sur la pesanteur universelle* (seconde partie, chap. II), que le feu tend toujours en bas. J'en ai fait l'épreuve en faisant rougir un fer que je posai ensuite entre deux fers entièrement semblables ; au bout d'un demi-quart d'heure je retirai ces deux fers semblables, je mis deux thermomètres, construits sur les principes de M. de Réaumur, à quatre pouces de chaque fer, les liqueurs montèrent également en temps égaux : ainsi il est démontré que le feu se communique également en tous sens, quand il ne trouve point d'obstacles.

Il ne faut pas sans doute inférer de là que deux corps égaux homogènes communiquent également de chaleur à deux corps égaux hétérogènes en temps égal.

1. M. de Voltaire n'a point publié les tables qu'il annonce ici ; ce fut vers ce temps qu'il renonça aux sciences physiques. (*Éd. de Kehl.*)

Par exemple deux cubes de fer égaux, échauffés à pareil degré, étant posés l'un sur un cube de marbre, l'autre sur un cube de bois d'égale température, le fer posé sur le marbre perdra plus de chaleur, et communiquera cependant moins de sa chaleur à ce marbre que l'autre fer n'en communiquera à ce bois ; et cette différence vient évidemment de l'excès de pesanteur et de cohérence du marbre, et du tissu de ses parties qui composent un tout, lequel résiste plus au choc des parties de feu qu'un morceau de bois de pareil volume.

Mais, comme on l'a déjà dit (article II, II° partie), ces quatre corps, au bout d'un temps considérable, sont dans le même air d'une température égale, quelque changement que le feu ait apporté en eux.

Cette température égale de tous les corps, après un certain temps dans un même air, ne prouve pas qu'il y ait alors également de feu dans tous les corps ; elle prouve seulement que l'action du feu qui est en eux est égale. Voici, ce semble, comme on peut concevoir cet effet.

Je considère toujours le feu comme un corps qui agit par les lois du choc : quand l'action du feu est supérieure à la résistance des parties d'un corps, ce corps acquiert des degrés de chaleur; quand la résistance d'un corps, au contraire, est supérieure, il acquiert des degrés de froid.

Quand l'action et la réaction sont égales, c'est comme s'il n'y avait aucune action. Il y a plus de feu dans un pied cubique d'esprit-de-vin que dans un pied cubique d'eau ; mais le feu est en équilibre avec l'eau et avec l'esprit-de-vin, il n'agit ni dans l'un ni dans l'autre ; par conséquent il n'y a point de raison pour laquelle l'un soit alors plus chaud que l'autre.

Que deux ressorts dont l'un peut agir comme dix et l'autre comme un soient retenus, leur action, ou plutôt leur inaction, sera égale jusqu'à ce que leur force se déploie.

Le feu est ce ressort, la force qui le déploie est le mouvement ou la masse qu'on peut lui ajouter ; la puissance qui le retient est la matière qui le comprime.

Il paraît donc que les corps ne deviennent d'une égale température que parce que le feu qu'ils contiennent n'agit point sensiblement dans eux.

Il serait, ce semble, très-utile de savoir en quelle proportion le feu se communique d'un corps aux autres, comme des liqueurs aux liqueurs, des minéraux aux minéraux, des végétaux aux végétaux.

Par exemple l'eau bouillante fait monter à 92 degrés un bon thermomètre de M. de Réaumur, dont la boule est à moitié plongée dans cette eau.

L'huile bouillante, qui seule doit faire monter le même thermomètre à près de trois fois cette hauteur, mêlée avec pareille quantité d'eau fraîche, ne le fait monter qu'à 43 degrés.

Même quantité d'huile bouillante, mêlée avec même quantité d'huile froide, le fait monter à 79 degrés, la boule toujours à moitié plongée.

Même quantité d'huile bouillante, mêlée avec même quantité de vinaigre, le fait monter à 51 degrés; c'est 6 degrés de chaleur plus que le mélange d'huile et d'eau n'en donne, et cependant le vinaigre seul bouillant n'est pas plus chaud que l'eau bouillante¹.

J'ai préparé des expériences sur la quantité de chaleur que les liqueurs communiquent aux liqueurs, les solides aux solides, et j'en donnerai la table si messieurs de l'Académie jugent que cette petite peine puisse être de quelque utilité.

Il y aurait plus d'avantage à connaître en quelle proportion le feu se communique dans les incendies ; cette proportion dépend principalement du vent qui règne : le feu allumé dans une forêt n'est nullement à craindre, quelque violent qu'il soit, quand l'air est entièrement calme. J'en ai fait l'expérience sur un terrain de 80 pieds de long et de 20 de large, lequel je fis couvrir de bois taillis debout nouvellement coupés, entremêlés de baliveaux : je fis allumer avec de la paille toute la surface de 20 pieds ; l'air était sec et entièrement calme ; le feu en une heure ne consuma que 20 pieds sur 80, après quoi il s'éteignit de lui-même ; mais le lendemain, par un grand vent qui faisait plus de vingt-cinq pieds par seconde, la même étendue de bois, c'est-à-dire de 80 pieds de long sur 20 de large, fut entièrement consumée en une heure.

ARTICLE V. — *Ce que c'est que l'aliment du feu, et ce qui est nécessaire pour qu'un corps s'embrase et demeure embrasé.*

Ce qu'on nomme le *pabulum ignis*, l'aliment du feu, est ce qu'il y a de combustible dans les corps. Qu'entend-on par combustible ? si on entend la division, la séparation des parties, tout mixte peut être ainsi divisé tôt ou tard par le feu, et tout mixte est entièrement combustible ; les éléments même le sont aussi : le feu divise et l'air principe, et l'eau et la terre principes.

Si on entend par aliment du feu, par ce mot *combustible*, des parties qui se transforment en feu, il n'y en a aucune de cette espèce, et nul corps ne devient feu.

Si on entend par *combustible* ce qui prend la forme du feu, ce qui s'embrase, il est clair que rien ne pouvant prendre cette forme que le feu lui-même, le *pabulum ignis*, le corps qui s'embrase, n'est autre chose qu'un corps qui contient la matière ignée dans ses pores ; et de quelque façon qu'on s'y prenne, il n'y a que le mouvement qui puisse déceler cette matière ignée².

Mais quelles parties des corps contiennent le feu? Les moindres opérations chimiques nous apprennent que les sels, les flegmes, la tête-morte ne s'enflamment point, la seule matière inflammable qu'on retire des corps est ce qu'on appelle l'*huile* ou le *soufre*. Ainsi les corps

---

1. Ces expériences sont curieuses; elles tendent au même but que celles de MM. Scheele, Black, Crawford, dont nous avons déjà parlé. Elles prouvent que les différents corps mêlés ensemble ne prennent point la température qu'ils devraient acquérir, si les particules de feu qu'ils contiennent s'y répandaient proportionnellement à leurs masses. (*Éd. de Kehl.*)

2. Le *pabulum ignis* ne peut être que le phlogistique de Stahl ; M. de Voltaire paraît le sentir. Voyez la note de la page 209. L'expression *qui contient le feu dans ses pores* tient à la physique d'un temps où l'on ne savait pas assez

ne sont donc l'aliment du feu qu'à proportion qu'ils contiennent de ce soufre, de cette huile.

Mais qu'est-ce que ce soufre lui-même? C'est un principe en chimie; mais ce principe n'est physiquement qu'un mixte, dans lequel il entre encore de l'eau, de la terre, de l'air et du feu : or ce n'est ni par l'eau, ni par l'air, ni par la terre, qu'il est inflammable; ce n'est donc que par le feu élémentaire qu'il contient; aussi l'infatigable Homberg disait que ce qu'on appelle le *soufre principe* n'est autre chose que le feu lui-même; tout se réduit toujours ici à ce feu élémentaire, lequel s'échappe des mixtes, et dont la quantité et le mouvement font la force.

Or, pour que ce feu élémentaire embrase les mixtes et continue à les embraser, on demande si l'air est nécessaire.

On sait que nous ne pouvons guère ni produire ni conserver notre feu factice sans air, ni même avec le même air : il nous faut toujours un air renouvelé; de sorte que le feu ainsi que les animaux meurent souvent dans la machine pneumatique en très-peu de temps, si le récipient est vide et si le récipient est plein de même air.

J'ai eu la curiosité d'entasser quatre livres de charbons noirs dans une boîte de tôle, que je fermai très-bien; cette boîte était haute de cinq pouces, large d'un pied et longue d'environ deux pieds; je la fis rougir de tous côtés au feu le plus violent pendant une heure et demie; au bout de ce temps le tout pesait quatre onces de moins, les charbons étaient très-chauds, pas un n'était allumé, et plusieurs s'embrasèrent dès qu'ils reçurent l'action de l'air extérieur.

Mais il y a souvent en physique expérience contre expérience; du fer enfermé dans cette même boîte s'embrase et rougit très-bien.

Si un métal très-chaud se refroidit dans l'air, pareil volume de même métal se refroidit dans le vide en temps égal.

Suivant l'expérience exacte rapportée dans les *Additamenta experimentis Florentinis*, le soufre avec le salpêtre sur un feu ardent y jette des flammes; la poudre à canon s'y est enflammée quelquefois aux rayons réunis du soleil, etc. La difficulté est donc de savoir quand l'air est nécessaire au feu et quand il ne l'est pas.

Il faut, je crois, partir toujours de ce principe que le feu agit par son mouvement et par sa masse, et qu'il agit autant qu'on lui résiste.

Sur ce principe, la poudre à canon ne s'enflammera que difficilement dans le vide, ne fera point d'explosion parce qu'elle manquera d'air qui la repousse.

Ainsi je concevrai le feu agissant dans l'air et dans le vide, comme un ressort quelconque qui pousse un corps dur, et qui se perd dans un corps mou.

Que l'on allume un feu de bois d'un pied carré, ce feu agité conti-

distinguer une véritable combinaison d'un simple mélange. Ce n'est point que nous sachions en quoi consiste essentiellement ce que l'on nomme combinaison. En ce genre nous avons fait peu de progrès dans la connaissance des causes, des lois mécaniques des phénomènes, mais nous en avons fait d'immenses dans la connaissance des faits; nous avons appris à les observer avec bien plus d'exactitude et de précision, et à en tirer des règles générales que l'on peut regarder comme des lois empiriques des phénomènes. *(Bd. de Kehl.)*

nuellement contre un poids d'environ 2000 livres d'air, c'est-à-dire contre un ressort qui a la force de 2000 livres, ce ressort se déploie à chaque instant, et augmente ainsi le mouvement du feu, et par conséquent sa force : si le ressort de l'air qui presse sur un feu allumé s'épuisait par sa dilatation, le feu contre lequel il n'agirait plus s'éteindrait; si l'on pompe l'air, le feu s'éteint encore plus vite. L'air fait donc uniquement l'office d'un soufflet qui est nécessaire à un feu médiocre[1].

C'est la seule raison pour laquelle, toutes choses égales, la chaleur au haut et au bas d'une montagne est en raison réciproque de la hauteur de la montagne.

Plus la montagne est haute, plus son sommet est froid, parce que la masse des particules de feu émanées du soleil est pressée par beaucoup moins d'air au haut de cette montagne qu'au pied; ce feu manque d'un soufflet assez fort.

Mais le feu agit par sa masse aussi bien que par son mouvement, le soufflet ne fait rien à sa masse : si donc cette masse est assez grande pour se passer du mouvement du soufflet, en ce cas il peut très-bien subsister sans air. Voilà pourquoi une boîte de fer rouge conserve sa chaleur aussi longtemps dans le vide que dans l'air.

Aussi, quand le mouvement est assez grand indépendamment de la masse, le soufflet est encore inutile, le feu subsiste, la matière s'enflamme sans air.

Du soufre entouré de salpêtre s'enflamme dans le vide, parce que la réaction du salpêtre tient lieu de la réaction de l'air.

Il est à croire que les verres ardents brûleront dans le vide comme dans l'air, pourvu qu'ils puissent transmettre une assez grande quantité de rayons; ils ne feront pas les mêmes explosions dans le récipient que dans l'air *libre* ; mais ils consumeront, ils enflammeront aussi bien tous les corps; car la masse du feu suppléera au mouvement nouveau que l'air réagissant lui donnerait.

Mais pourquoi, dira-t-on, ces charbons enfermés dans votre boîte de fer ne sont-ils point enflammés par l'action du feu ?

---

1. On a ignoré jusqu'à ces dernières années la cause de l'observation si ancienne que la présence de l'air est nécessaire pour que les corps puissent brûler. C'est depuis peu qu'on a découvert qu'une espèce d'air, le seul dans lequel la vie des animaux se conserve, est aussi le seul dans lequel les corps puissent brûler; que dans la combustion il y a une grande quantité de cet air qui est absorbé, et qui se combine soit avec les parties fixes du corps inflammable, soit avec les parties volatiles; que le feu s'éteint du moment où cet air, en se combinant, cesse de favoriser le dégagement de la matière ignée; qu'un courant d'air augmente le feu, parce qu'il facilite ce dégagement en multipliant le nombre des parties de cet air qui touchent le corps embrasé; en sorte qu'en soufflant avec un courant de cet air dans son état de pureté, on donne au feu une activité prodigieuse. Une masse d'air de l'atmosphère ne contient qu'environ un quart de cet air; la combustion, la respiration, l'absorbent; d'autres opérations de la nature le restituent. Sans cet équilibre, les animaux terrestres cesseraient bientôt de vivre. Il se dégage en grande quantité du nitre de la destruction de l'acide nitreux dont il paraît une des parties; c'est à la production rapide de cet air, et à sa propriété de détoner quand il est mêlé avec l'air inflammable qui se dégage des corps qui brûlent, que l'on doit attribuer les effets terribles de la poudre à canon, et en général de toutes les combinaisons semblables. (*Éd. de Kehl.*)

J'ose croire que c'est uniquement par ce même principe, parce que la masse du feu qui les choquait n'était point assez puissante, il fallait que la quantité du feu vainquît la quantité de résistance de l'atmosphère de ces charbons : cette atmosphère est très-dense et très-sensible. Tous les corps en ont une; mais celle du charbon est beaucoup plus épaisse, elle augmente à mesure qu'ils sont échauffés, elle les défend contre l'action de ce feu qui n'est que médiocre. Je suis très-persuadé que, si on avait jeté ma boîte de fer dans un feu plus violent qui eût pu la fondre, ces charbons se seraient embrasés dans leur boîte sans le secours de l'air extérieur.

Il paraît donc qu'il ne s'agit dans tout ceci que du plus et du moins dans tous les cas possibles; on peut donc admettre cette règle « qu'un petit feu a besoin d'air et qu'un grand feu n'en a nul besoin. »

Il n'y a pas d'apparence que le feu du soleil subsiste par le secours d'aucune matière environnante semblable à l'air; car cette matière, étant dilatée en tous sens par ce feu prodigieux d'un globe un million de fois plus gros que le nôtre, perdrait bientôt tout son ressort et toute sa force.

ARTICLE VI. — *Comment le feu s'éteint.*

Nous avons déjà été obligés de prévenir cet article en parlant de l'aliment du feu (article précédent); car il était impossible de traiter de ce qui le nourrit, sans supposer ce qui l'éteint.

On dit d'ordinaire que le feu est éteint, et le vulgaire croit qu'il cesse de subsister, quand on cesse de le voir et de le sentir; cependant la même quantité de feu subsiste toujours : ce qui s'est exhalé d'une forêt embrasée s'est répandu dans l'air et dans les corps circonvoisins; il ne se perd pas un atome de feu, il en reste toujours beaucoup dans les corps dont on fait cesser l'embrasement.

Ce que l'on doit entendre par l'extinction du feu n'est autre chose que la matière embrasée, réduite à ne contenir que la quantité de masse et de mouvement de feu proportionnelle à la quantité de matière qui reste.

Un métal en fusion, par exemple, ne contient plus, quand il est refroidi, qu'une masse de feu déterminée, dont l'action est surmontée par la masse du métal; et il s'est exhalé la masse de feu étrangère, dont l'action avait surmonté la résistance de ce métal.

Si ce métal ne s'est enflammé que par le mouvement, comme l'essieu d'un carrosse, il n'a point acquis de feu étranger; mais la masse de feu contenue dans sa substance a acquis un mouvement nouveau; et la vitesse multipliée par cette même masse de feu ayant échauffé le corps, la cessation de ce mouvement étranger le refroidit. Pour éteindre un feu quelconque, il faut donc diminuer sa masse ou son mouvement.

L'air incessamment renouvelé, servant de soufflet pour entretenir tout feu médiocre, l'absence de cet air suffit pour que le feu s'éteigne.

L'eau jetée sur le feu l'éteint pour deux raisons : premièrement, parce qu'elle touche la matière embrasée et se met entre l'air et elle · secondement, parce qu'elle contient bien moins de feu que le corps embrasé qu'elle touche.

L'huile, au contraire, contenant beaucoup de feu, augmente l'embrasement au lieu de l'éteindre.

Comme l'extinction du feu dépend toujours de la quantité de la force de cet élément, et de la force qu'on lui oppose, un charbon ardent, un fer ardent même, s'éteignent dans l'huile la plus bouillante comme dans l'eau froide.

La raison en est que ces petites masses de feu n'ont pas la force de séparer les flegmes de l'huile, et que cette huile bouillante n'ayant qu'une chaleur déterminée qui la rend froide, par comparaison au fer ardent, elle le refroidit en le touchant, en appliquant à sa surface des parties froides qui diminuent le mouvement du feu qui pénétrait ce fer ardent.

Le même fer embrasé s'éteindra dans l'alcool le plus pur, quoique cet alcool soit empreint de feu; et cela précisément par la même raison qu'il s'éteint dans l'huile : mais pour que du fer embrasé s'éteigne dans l'alcool, il faut que ce fer ne jette point de flamme; car s'il en jette, cette flamme touchera l'alcool avant que le fer soit plongé, et alors la liqueur s'enflammera.

La raison en est que les vapeurs légères de l'alcool sont aisément divisées par les parties fines de la flamme; mais le feu du fer ardent, tout chargé de grosses molécules de fer, entre brusquement dans cet esprit-de-vin, dont la partie aqueuse le touche en tous ses points, et refroidit tout ce qu'elle touche.

Un charbon ardent, et tout feu médiocre, s'éteint plus vite aux rayons du soleil et dans un air chaud que dans un air froid, par la raison ci-dessus alléguée, que l'air est un soufflet nécessaire à tout feu médiocre, et que ce charbon est plus pressé dans un air froid moins dilaté, que dans un air chaud, plus dilaté.

Un flambeau s'éteint dans l'air non renouvelé par la même raison, et parce que la fumée retombant sur la flamme, s'y applique, et ralentit le mouvement du feu.

Un flambeau s'éteint dans la machine du vide, parce que l'air n'y a plus aucune force qui puisse faire monter la cire dans la mèche en pressant sur elle.

Ce qu'on aurait encore à dire sur cette matière se trouve en partie à l'article précédent; et l'on craint d'abuser de la patience des juges.

VIE DE M. J. B. ROUSSEAU.

(1738.)

I. *Sa naissance, son éducation et sa comédie du Café.*

Jean-Baptiste Rousseau naquit à Paris dans la rue des Noyers, en 1670[1]. Dieu, qui donne comme il lui plaît ce que les hommes appellent la grandeur et la bassesse, le fit naître dans un état très-humilié. Sa mère avait été longtemps servante et son père garçon cordonnier. Mais une petite succession étant venue au père, il devint maître cordonnier et acquit même de la réputation dans son métier et dans son corps. Il en fut syndic, et il était regardé par ceux avec qui il vivait comme un très-honnête homme; réputation aussi difficile à acquérir parmi le peuple que chez les gens du monde. Le père n'épargna rien pour donner à son fils une éducation qui pût le mettre au-dessus de sa naissance. Il le destinait d'abord à l'Église, profession où l'on fait souvent fortune avec du mérite sans naissance, et même sans l'un et sans l'autre; mais les mœurs du jeune homme n'étaient pas tournées de ce côté-là.

Le père de Rousseau, par une destinée assez singulière, chaussait depuis longtemps M. Arouet, trésorier de la chambre des comptes, père de celui qui a été depuis si célèbre dans le monde sous le nom de Voltaire et qui a eu avec Rousseau de si grands démêlés. Le sieur Arouet se chargea de placer le jeune Rousseau chez un procureur nommé Gentil. Rousseau ne se sentait pas plus destiné aux lois qu'à l'Église : il lisait Catulle chez son maître : il allait aux spectacles, et ne travaillait point.

Un jour son maître lui ayant ordonné d'aller porter des papiers chez un conseiller du parlement, le petit Rousseau dit à ce conseiller, avec la vanité d'un jeune homme : « M. Gentil, mon ami, m'a prié, monsieur, de vous rendre ces papiers en passant dans votre quartier. » Le conseiller étant venu le jour même chez le procureur, et voyant ce jeune homme dans les fonctions de son emploi, avertit le maître de la petite vanité du clerc : le procureur battit son clerc, lequel sortit et renonça à la pratique. Cette aventure valut à la France un poëte distingué.

Rousseau débuta, l'an 1694[2], par la comédie du *Café*, petite pièce d'un jeune homme sans aucune expérience, ni du monde, ni des lettres, ni du théâtre, et qui semblait même n'annoncer aucun génie; un jeune officier fit cet impromptu en ma présence à cette comédie :

Le Café toujours nous réveille;
Cher Rousseau, par quel triste effort,

---

1. Jean-Baptiste Rousseau est né à Paris le 6 avril 1671. (ÉD.)
2. Le 2 août. (ÉD.)

Fais-tu qu'ici chacun sommeille
Le Café chez toi seul endort.

Cette comédie valut à l'auteur quelque argent, mais nulle réputation. Il avait une écriture assez bonne, qui lui fut alors plus utile que l'esprit; elle lui procura une place de copiste dans la secrétairerie de M. de Tallard, ambassadeur en Angleterre et depuis maréchal de France.

Son génie pour les vers et pour la satire commençait déjà à se développer; il eut l'impudence de faire une épigramme contre M. de Tallard, qui se contenta de le chasser de sa maison.

II. *Ses premiers maîtres et ses premières satires.*

Revenu en France assez pauvre, il fut domestique chez un évêque de Viviers. Ce fut là qu'il composa la *Moïsade*[1]; et l'évêque, ayant vu cet ouvrage écrit de la main de Rousseau, le chassa très-ignominieusement. Obligé de chercher un maître, il entra dans la secrétairerie de l'ambassade de Suède et n'y resta que très-peu de temps : son goût et ses talents le voulaient à Paris; chargé à son retour d'une lettre pour le baron de Breteuil, introducteur des ambassadeurs, il lui récita quelques-uns de ses vers. M. de Breteuil avait beaucoup de goût et de culture d'esprit. Il retint Rousseau chez lui en qualité de secrétaire et d'homme de lettres; il eut pour lui beaucoup de bontés.

Dans les maisons un peu grandes, il y a souvent des querelles et castilles entre les principaux domestiques. Rousseau, qui avait cet amour-propre dangereux qu'inspire la supériorité du génie, quand la raison ne le retient point, fut assez maltraité dans un voyage qu'il faisait avec eux à Preuilly, terre du baron en Touraine. Rousseau fit retomber sur le maître le désagrément qu'il recevait de ses gens. Il composa contre lui une petite satire intitulée la *Baronnade*, comme il avait intitulé sa pièce contre Moïse, la *Moïsade*; et comme depuis il appela celle contre M. de Francine, la *Francinade*; il l'avoua quelques années après à Mme la duchesse de Saint-Pierre, sœur de M. de Torcy. Le bruit de cette satire vint aux oreilles du baron; mais Rousseau lui protesta avec serment que c'était une calomnie. Il lui fut aisé de persuader son maître, car il n'avait donné aucune copie de cette satire. Son maître resta son protecteur; il le mit chez M. Rouillé, intendant des finances, dans l'espérance que M. Rouillé lui procurerait un emploi, à l'aide duquel il pourrait cultiver son talent. M. Rouillé avait lui-même quelque disposition à la poésie; il faisait des chansons de table assez passablement, et ce fut chez lui que Rousseau fit ses premières épigrammes dans le goût de Marot, et quelques vaudevilles.

M. Rouillé avait une maîtresse, nommée Mlle de Louvancourt, qui avait une très-jolie voix et qui quelquefois composa les paroles de ses chansons. Rousseau apprit un peu de musique pour leur plaire, il composa

---

[1] Elle est de Lourdet. (ÉD.)

aussi les paroles des cantates que Bernier, maître de la Sainte-Chapelle, mit en musique, et ce sont les premières cantates que nous ayons eues en français. Il les retoucha depuis. Il y en a de très-belles; c'est un genre nouveau dont nous lui avons l'obligation.

Cette vie qu'il menait chez M. Rouillé eût été délicieuse; mais le malheureux penchant qu'il avait pour la satire lui fit perdre bientôt son bonheur et ses espérances. M. Rouillé avait fait une chanson qui commençait ainsi :

> Charmante Louvancourt,
> Qui donnez chaque jour
> Quelque nouvel amour, etc.

Rousseau la parodia d'une manière injurieuse :

> Catin de Louvancourt,
> Qui prenez chaque jour
> Quelque nouvel amour.

Le reste contient des expressions que la pudeur ne permet pas de rapporter.

Voilà donc encore Rousseau chassé de chez ce nouveau patron; et c'est pourquoi, dans les éditions qu'il a faites en Hollande de ses ouvrages, il a ôté le nom de M. Rouillé de la dédicace d'une ode qu'il lui avait adressée, qui commence ainsi :

> Digne et noble héritier des premières vertus
> Qu'on adora jadis sous l'empire de Rhée.

Il désigna aussi, dans une satire très-violente, Mlle de Louvancourt et ses deux sœurs, par ces vers :

> Et ces trois louves surannées,
> Qui tour à tour à me mordre acharnées, etc.

III. *Sa comédie du Flatteur; ses opéras.*

Rousseau, privé de toute ressource dans le monde, songea à réussir au théâtre. Il ne jouait pas mal la comédie : son dessein était d'abord d'établir une troupe et d'y jouer; mais cette idée n'eut aucune suite. Cependant, dans les intervalles de ses aventures, il avait fait la comédie du *Flatteur*, dans laquelle on voit un style très-supérieur à la comédie du *Café*. La pièce fut jouée en 1695. Elle était bien écrite, naturelle, sagement conduite; elle eut une espèce de succès, quoique un peu froide, et qu'elle fût une imitation assez faible du *Tartuffe* de Molière.

Son père, qui vivait encore et qui tenait toujours sa boutique rue des Noyers, ayant entendu dire que son fils avait fait une pièce de théâtre où tout Paris courait, se crut trop payé des peines qu'il avait prises pour l'éducation d'un fils qui lui faisait tant d'honneur. Quoique l'auteur, depuis qu'il était répandu dans le monde, eût méprisé le cordonnier, et que le fils eût oublié le père, cependant la tendresse paternelle fit voler ce vieillard à la comédie. Il entra dans le parterre pour son argent. Là, il se vanta à tout le monde d'être le père de l'auteur, avec cette complaisance qu'on imagine bien dans un artisan simple et dans un père tendre. Rousseau, qui se trouva dans le parterre, remonta vite en haut, craignant une vue qui l'humiliait. Le père le suivit, et en présence de La Torilière, bon comédien, qui était une de ses pratiques, il se jeta au cou de son fils en versant des larmes : « Ah! pour le coup, dit-il, vous ne me méconnaîtrez pas pour votre père. — Vous, mon père! » s'écria Rousseau; et il le quitta brusquement, laissant tout le monde consterné et le père au désespoir.

Cette action fit plus de tort à Rousseau que toutes les comédies du monde n'eussent pu lui faire d'honneur. M. Boindin, procureur général des trésoriers de France, jeune encore et présent à cette scène, lui dit hautement « que cette action était détestable, et qu'il n'entendait pas même les intérêts de sa vanité; qu'il y aurait eu de la gloire à reconnaître son père, et qu'il ne devait rougir que de l'avoir méconnu. » Ce fut là l'origine de l'inimitié que Rousseau conserva toute sa vie contre M. Boindin, qu'il désigna bientôt par des vers cruels dans son *Épître à Marot*.

Rousseau alors changea de nom; il prit celui de Verniettes. C'était le nom d'un jeune homme avec qui il avait été clerc. Il se fit produire sous ce nom chez M. le prince d'Armagnac, grand écuyer de France; mais malheureusement pour lui, le prince d'Armagnac avait le père de Rousseau pour cordonnier. Celui-ci vint un jour pour chausser le prince, dans le temps que le fils était assis auprès de lui. Le père indigné et attendri se mit à pleurer, et se plaignit au prince, qui fit à Rousseau la réprimande la plus humiliante; et ce qu'il y a de cruel, c'est qu'elle fut inutile : le père mourut de chagrin bientôt après, et le fils ne porta pas le deuil.

Un jeune page qui était dans la chambre du prince lorsque Rousseau, sous le nom de Verniettes, fut reconnu par son père, cita sur-le-champ l'anagramme de Verniettes, mot dans lequel quelques ennemis de Rousseau avaient trouvé *Tu te renies*.

Je me souviens d'une fin d'épigramme que fit M. Boindin en ce temps-là; elle finissait ainsi :

> Le dieu, dans sa juste colère,
> Ordonna qu'au bas du coupeau
> On fit écorcher le faux frère,
> Et que l'on envoyât sa peau
> Pour servir de cuir à son père.

Après la comédie du *Flatteur*, Rousseau eut accès chez M. de Francine, maître d'hôtel du roi, gendre du célèbre Lulli, et alors directeur de l'Opéra : M. de Francine engagea Rousseau à composer l'opéra de *Jason*[1]. Cette tragédie, mise en musique par Colasse, n'eut aucun suc-

---

1. *Jason ou la Toison d'or*, en cinq actes, joué le 17 janvier 1696. (ÉD.)

une préparation, c'est le vestibule de l'édifice, c'est l'arbre qui n'a pas encore donné de fruits, c'est le crépuscule d'un jour. Retranchez des treize années qui vous restent le temps du sommeil et celui de l'ennui, c'est au moins la moitié ; reste six ans et demi que vous passez dans le chagrin, les douleurs, quelques plaisirs, et l'espérance[1].

L'HOMME AUX QUARANTE ÉCUS. — Miséricorde! votre compte ne va pas à trois ans d'une existence supportable.

LE GÉOMÈTRE. — Ce n'est pas ma faute. La nature se soucie fort peu des individus. Il y a d'autres insectes qui ne vivent qu'un jour, mais dont l'espèce dure à jamais. La nature est comme ces grands princes qui comptent pour rien la perte de quatre cent mille hommes, pourvu qu'ils viennent à bout de leurs augustes desseins.

L'HOMME AUX QUARANTE ÉCUS. — Quarante écus et trois ans à vivre ! quelle ressource imagineriez-vous contre ces deux malédictions ?

LE GÉOMÈTRE. — Pour la vie, il faudrait rendre dans Paris l'air plus pur, que les hommes mangeassent moins, qu'ils fissent plus d'exercice, que les mères allaitassent leurs enfants, qu'on ne fût plus assez malavisé pour craindre l'inoculation ; c'est ce que j'ai dit : et pour la fortune, il n'y a qu'à se marier, faire des garçons et des filles.

L'HOMME AUX QUARANTE ÉCUS. — Quoi! le moyen de vivre commodément est d'associer ma misère à celle d'un autre ?

LE GÉOMÈTRE. — Cinq ou six misères ensemble font un établissement très-tolérable. Ayez une brave femme, deux garçons et deux filles seulement, cela fait sept cent vingt livres pour votre petit ménage, supposé que justice soit faite, et que chaque individu ait cent vingt livres de rente.

Vos enfants en bas âge ne vous coûtent presque rien ; devenus grands, ils vous soulagent ; leurs secours mutuels vous sauvent presque toutes les dépenses, et vous vivez très-heureusement en philosophe, pourvu que ces messieurs qui gouvernent l'État n'aient pas la barbarie de vous extorquer à chacun vingt écus par an[2]; mais le malheur est que nous ne sommes plus dans l'âge d'or, où les hommes, nés tous égaux, avaient également part aux productions succulentes d'une terre non cultivée. Il s'en faut beaucoup aujourd'hui que chaque être à deux mains et à deux pieds possède un fonds de cent vingt livres de revenu.

[1]. S'il est question de la vie physique et individuelle de l'homme considéré comme un être doué de raison, ayant des idées, de la mémoire, des affections morales, elle doit commencer avant dix ans. S'il est question de la vie considérée par rapport à la société, on doit la commencer plus tard. D'ailleurs, pour évaluer la durée de la vie prise dans un de ces deux sens, il faudrait prendre une autre méthode : évaluer la durée de la vie réelle par toutes les durées de la vie physique, et en former ensuite une vie mitoyenne ; on aurait un résultat différent, mais qui conduirait aux mêmes réflexions. Le temps où la jouissance entière de nos facultés nous permet de prétendre au bonheur, se réduirait toujours à un bien petit nombre d'années. (Éd. de Kehl.)

[2]. C'est une plaisanterie. Ceux qui ont dit que la puissance législatrice et exécutrice était copropriétaire de tous les biens, n'ont pas prétendu qu'elle eût le droit d'en prendre la moitié, mais seulement la portion nécessaire pour défendre l'État et le bien gouverner. Il n'y a que l'expression qui soit ridicule. (Éd. de Kehl.)

L'HOMME AUX QUARANTE ÉCUS. — Ah! vous nous ruinez. Vous nous disiez tout à l'heure que dans un pays où il y a quatre-vingts millions d'arpents de terre assez bonne, et vingt millions d'habitants, chacun doit jouir de cent vingt livres de rente, et vous nous les ôtez.

LE GÉOMÈTRE. — Je comptais suivant les registres du siècle d'or, et il faut compter suivant le siècle de fer. Il y a beaucoup d'habitants qui n'ont que la valeur de dix écus de rente, d'autres qui n'en ont que quatre ou cinq, et plus de six millions d'hommes qui n'ont absolument rien.

L'HOMME AUX QUARANTE ÉCUS. — Mais ils mourraient de faim au bout de trois jours.

LE GÉOMÈTRE. — Point du tout : les autres qui possèdent leurs portions les font travailler, et partagent avec eux; c'est ce qui paye le théologien, le confiturier, l'apothicaire, le prédicateur, le comédien, le procureur et le fiacre. Vous vous êtes cru à plaindre de n'avoir que cent vingt livres à dépenser par an, réduites à cent huit livres à cause de votre taxe de douze francs; mais regardez les soldats qui donnent leur sang pour la patrie; ils ne disposent, à quatre sous par jour, que de soixante et treize livres, et ils vivent gaiement en s'associant par chambrée.

L'HOMME AUX QUARANTE ÉCUS. — Ainsi donc un ex-jésuite a plus de cinq fois la paye d'un soldat. Cependant les soldats ont rendu plus de services à l'État sous les yeux du roi à Fontenoy, à Laufelt, au siège de Fribourg, que n'en a jamais rendu le R. P. La Valette.

LE GÉOMÈTRE. — Rien n'est plus vrai; et même chaque jésuite devenu libre a plus à dépenser qu'il ne coûtait à son couvent : il y en a même qui ont gagné beaucoup d'argent à faire des brochures contre les parlements, comme le R. P. Patouillet et le R. P. Nonotte. Chacun s'ingénie dans ce monde : l'un est à la tête d'une manufacture d'étoffes; l'autre de porcelaine; un autre entreprend l'opéra; celui-ci fait la gazette ecclésiastique; cet autre une tragédie bourgeoise, ou un roman dans le goût anglais; il entretient le papetier, le marchand d'encre, le libraire, le colporteur, qui sans lui demanderaient l'aumône. Ce n'est enfin que la restitution de cent vingt livres à ceux qui n'ont rien qui fait fleurir l'État.

L'HOMME AUX QUARANTE ÉCUS. — Plaisante manière de fleurir!

LE GÉOMÈTRE. — Il n'y en a point d'autre : par tout pays le riche fait vivre le pauvre. Voilà l'unique source de l'industrie du commerce. Plus la nation est industrieuse, plus elle gagne sur l'étranger. Si nous attrapions de l'étranger dix millions par an pour la balance du commerce, il y aurait dans vingt ans deux cents millions de plus dans l'État; ce serait dix francs de plus à répartir loyalement sur chaque tête, c'est-à-dire que les négociants feraient gagner à chaque pauvre dix francs de plus, dans l'espérance de faire des gains encore plus considérables; mais le commerce a ses bornes, comme la fertilité de la terre; autrement la progression irait à l'infini; et puis il n'est pas sûr que la balance de notre commerce nous soit toujours favorable; il y a des temps où nous perdons.

L'HOMME AUX QUARANTE ÉCUS. — J'ai entendu parler beaucoup de population. Si nous nous avisions de faire le double d'enfants de ce que nous en faisons; si notre patrie était peuplée du double; si nous avions quarante millions d'habitants au lieu de vingt, qu'arriverait-il?

LE GÉOMÈTRE. — Il arriverait que chacun n'aurait à dépenser que vingt écus, l'un portant l'autre, et qu'il faudrait que la terre rendît le double de ce qu'elle rend, ou qu'il y aurait le double de pauvres, ou qu'il faudrait avoir le double d'industrie, et gagner le double sur l'étranger, ou envoyer la moitié de la nation en Amérique, ou que la moitié de la nation mangeât l'autre.

L'HOMME AUX QUARANTE ÉCUS. — Contentons-nous donc de nos vingt millions d'hommes, et de nos cent vingt livres par tête, réparties comme il plaît à Dieu; mais cette situation est triste, et votre siècle de fer est bien dur.

LE GÉOMÈTRE. — Il n'y a aucune nation qui soit mieux, et il en est beaucoup qui sont plus mal. Croyez-vous qu'il y ait dans le Nord de quoi donner la valeur de cent vingt livres à chaque habitant? S'ils avaient eu l'équivalent, les Huns, les Goths, les Vandales, et les Francs, n'auraient pas déserté leur patrie pour aller s'établir ailleurs, le fer et la flamme à la main.

L'HOMME AUX QUARANTE ÉCUS. — Si je vous laissais dire, vous me persuaderiez bientôt que je suis heureux avec mes cent vingt francs.

LE GÉOMÈTRE. — Si vous pensiez être heureux, en ce cas vous le seriez.

L'HOMME AUX QUARANTE ÉCUS. — On ne peut s'imaginer être ce qu'on n'est pas, à moins qu'on ne soit fou.

LE GÉOMÈTRE. — Je vous ai déjà dit que, pour être plus à votre aise et plus heureux que vous n'êtes, il faut que vous preniez une femme; mais j'ajouterai qu'elle doit avoir comme vous cent vingt livres de rente, c'est-à-dire quatre arpents à dix écus l'arpent. Les anciens Romains n'en avaient chacun que trois. Si vos enfants sont industrieux, ils pourront en gagner chacun autant en travaillant pour les autres.

L'HOMME AUX QUARANTE ÉCUS. — Ainsi ils ne pourront avoir de l'argent sans que d'autres en perdent.

LE GÉOMÈTRE. — C'est la loi de toutes les nations; on ne respire qu'à ce prix.

L'HOMME AUX QUARANTE ÉCUS. — Et il faudra que ma femme et moi nous donnions chacun la moitié de notre récolte à la puissance législatrice et exécutrice, et que les nouveaux ministres d'État nous enlèvent la moitié du prix de nos sueurs et de la substance de nos pauvres enfants avant qu'ils puissent gagner leur vie! Dites-moi, je vous prie, combien nos nouveaux ministres font entrer d'argent de droit divin dans les coffres du roi.

LE GÉOMÈTRE. — Vous payez vingt écus pour quatre arpents qui vous en rapportent quarante. L'homme riche qui possède quatre cents arpents payera deux mille écus par ce nouveau tarif, et les quatre-vingts millions d'arpents rendront au roi douze cents millions de livres par année, ou quatre cents millions d'écus.

L'HOMME AUX QUARANTE ÉCUS. — Cela me paraît impraticable et impossible.

LE GÉOMÈTRE. — Vous avez très-grande raison, et cette impossibilité est une démonstration géométrique qu'il y a un vice fondamental de raisonnement dans nos nouveaux ministres.

L'HOMME AUX QUARANTE ÉCUS. — N'y a-t-il pas aussi une prodigieuse injustice démontrée à me prendre la moitié de mon blé, de mon chanvre, de la laine de mes moutons, etc., et de n'exiger aucun secours de ceux qui auront gagné dix ou vingt, ou trente mille livres de rente avec mon chanvre, dont ils ont tissu de la toile; avec ma laine, dont ils ont fabriqué des draps; avec mon blé, qu'ils auront vendu plus cher qu'ils ne l'ont acheté?

LE GÉOMÈTRE. — L'injustice de cette administration est aussi évidente que son calcul est erroné. Il faut que l'industrie soit favorisée; mais il faut que l'industrie opulente secoure l'État. Cette industrie vous a certainement ôté une partie de vos cent vingt livres, et se les est appropriées en vous vendant vos chemises et votre habit vingt fois plus cher qu'ils ne vous auraient coûté, si vous les aviez faits vous-même. Le manufacturier, qui s'est enrichi à vos dépens, a, je l'avoue, donné un salaire à ses ouvriers qui n'avaient rien par eux-mêmes; mais il a retenu pour lui, chaque année, une somme qui lui a valu enfin trente mille livres de rente : il a donc acquis cette fortune à vos dépens; vous ne pourrez jamais lui vendre vos denrées assez cher pour vous rembourser de ce qu'il a gagné sur vous; car, si vous tentiez ce surhaussement, il en ferait venir de l'étranger à meilleur prix. Une preuve que cela est ainsi, c'est qu'il reste toujours possesseur de ses trente mille livres de rente, et vous restez avec vos cent vingt livres, qui diminuent souvent, bien loin d'augmenter.

Il est donc nécessaire et équitable que l'industrie raffinée du négociant paye plus que l'industrie grossière du laboureur. Il en est de même des receveurs des deniers publics. Votre taxe avait été jusqu'ici de douze francs, avant que nos grands ministres vous eussent pris vingt écus. Sur ces douze francs, le publicain retenait dix sous pour lui. Si dans votre province il y a cinq cent mille âmes, il aura gagné deux cent cinquante mille francs par an. Qu'il en dépense cinquante, il est clair qu'au bout de dix ans il aura deux millions de bien. Il est très-juste qu'il contribue à proportion, sans quoi tout serait perverti et bouleversé[1].

---

[1]. Voici deux nouvelles objections contre l'idée de réduire tous les impôts à un seul. Celle des financiers n'est qu'une plaisanterie, puisqu'il n'y aurait plus alors de financiers, mais seulement des hommes chargés, moyennant des appointements modiques, de recevoir les deniers publics. Restent les commerçants, les manufacturiers; mais il est clair que si les objets de leur commerce et de leur industrie n'étaient plus assujettis à aucun droit, leur profit resterait le même, parce qu'ils vendraient meilleur marché ou achèteraient plus cher les matières premières. Ce ne sont point eux qui payent ces impôts, ce sont ceux qui achètent d'eux ou qui leur vendent ; et ils continueraient de les payer sous une autre forme. Si c'est au contraire un impôt personnel, une capitation dont on les délivra, il fallait déduire cet impôt, petite capitation de l'intérêt qu'ils tireraient de leurs fonds: ainsi supposons cet intérêt de dix pour cent et cet impôt d'un dixième, ils ne retireraient donc réellement que neuf pour cent; et cet

> Seuls, aux plus pompeuses louanges
> Donnent leur véritable prix.

Il nous reste deux strophes de l'ode de Rousseau; il n'osa point en faire imprimer davantage. En voici une :

> France, à ces images illustres,
> Reconnais ce roi glorieux,
> Éprouvé durant tant de lustres
> Par des succès victorieux.
> Rappelle ces temps qu'on admire,
> Ces temps qui de ton ferme empire
> Font encor l'immortel appui,
> Où par lui la Fortune altière
> Triomphait de l'Europe entière,
> Sans pouvoir triompher de lui.

Les autres strophes de l'ode étaient bien différentes; je me souviens de les avoir entendu dire à feu de Brie. Mais quoique Rousseau fût fort au-dessous de La Motte dans cette ode, aussi bien que dans ses opéras, il était fort supérieur dans ses autres odes, et il passera toujours pour un meilleur poëte.

Rousseau était depuis quelque temps de l'Académie des inscriptions et belles-lettres. C'était une espèce de noviciat pour obtenir une place à l'Académie française. Il était entré dans celle des inscriptions par le crédit de M. l'abbé Bignon, protecteur déclaré des lettres; mais il eut le malheur d'encourir presque en même temps la disgrâce de M. l'abbé Bignon, et celle de M. le duc de Noailles. Il fit des vers contre eux, précisément dans le temps qu'ils allaient lui rendre les meilleurs offices. Je ne sais si M. le duc de Noailles et M. l'abbé Bignon furent informés de ces vers; mais je sais bien que M. de Longepierre montra à M. le duc de Noailles une lettre pleine d'ingratitude et de railleries, que Rousseau avait écrite à M. d'Ussé contre M. le duc son bienfaiteur.

M. d'Ussé était un homme de beaucoup de mérite, aimant tous les arts. Il avait fait la tragédie de *Pélopés*, qu'il n'a jamais donnée au théâtre, quoiqu'elle soit estimée des connaisseurs; et il avait donné celle de *Cosroès*, corrigée d'après Rotrou, laquelle ne vaut pas sa *Pélopée*. Il protégeait beaucoup Rousseau. Il l'avait produit chez M. le maréchal de Vauban, son beau-père; mais enfin il ne put le soutenir contre le ressentiment de M. le duc de Noailles. Dans ce temps-là même, Rousseau s'attira encore l'inimitié de M. de Fontenelle par des épigrammes, lesquelles, sans beaucoup de sel pour le public, ne laissaient pas d'être fort piquantes pour celui qu'elles attaquaient. Dans ces circonstances il sollicita une place à l'Académie française, ayant fait tout ce qu'il fallait pour n'en être pas, et parlant même avec mépris de ce corps. Chose étrange, que presque tous les beaux-esprits aient fait des épigrammes contre l'Académie française, et aient fait des brigues pour y être admis! On ne connaît guère que M. de Voltaire qui n'en ait jamais médit satiriquement, et qui n'ait fait aucune démarche pour en être.

M. de La Motte, auteur de plusieurs ouvrages qui avaient du cours, et qui n'avait point d'ennemis, se mettait sur les rangs. Rousseau faisait des vers contre La Motte et le décriait partout; et La Motte se contentait de faire des adresses à chaque académicien, qu'il louait de son mieux. La Motte flattait avec un peu de bassesse, il le faut avouer. Rousseau déchirait avec emportement les académiciens, La Motte et ses amis. Enfin, La Motte outré répondit à Rousseau par une très-belle *Ode sur le mérite personnel*. Il y avait des traits que l'indignation avait arrachés à son caractère doux.

Cette ode récitée au café y fut extrêmement applaudie, et Rousseau fut au désespoir. Il répondit par de nouveaux couplets, qu'il fit distribuer sous main, contre tous ceux qui venaient alors au café, et surtout contre La Motte. Il n'est pas permis à un honnête homme de rapporter les paroles de ces satires : tout était dans la tournure de ce couplet que nous avons rapporté contre Pécour et Campra; mais les expressions étaient plus cyniques.

Dans cette guerre, si déshonorante pour l'esprit humain, un nommé Autreau, homme assez franc, d'ailleurs mauvais peintre et mauvais poête, fit contre Rousseau une chanson, qui fut pour lui le plus cuisant de tant d'affronts. Cette chanson, que nous rapportons, était dans le goût le plus naïf de celles du Pont-Neuf, et par là même n'était que plus outrageante, comme on va le voir.

Histoire véritable et remarquable arrivée à l'endroit d'un nommé Leroux, fils d'un cordonnier, lequel ayant renié son père, le diable en prit possession; sur l'air des Pendus.

Or, écoutez, petits et grands,
L'histoire d'un ingrat enfant,
Fils d'un cordonnier honnête homme;
Et vous allez apprendre comme
Le diable, pour punition,
Le prit en sa possession.

Ce fut un beau jour à midi
Que sa mère au monde le mit;
Sa naissance est assez publique,
Car il naquit dans la boutique,
Dieu ne voulant qu'il pût nier
Qu'il était fils d'un cordonnier.

Le père, n'ayant qu'un enfant,
L'éleva très-soigneusement;
Aimant ce fils d'un amour tendre,
Au collége lui fit apprendre
Le latin comme un grand seigneur,
Tant qu'il le savait tout par cœur.

Puis il apprit pareillement
A jouer sur les instruments,

A faire des airs en musique ;
Et puis il apprit la pratique ;
Car le père n'épargnait rien
Pour en faire un homme de bien.

A peine eut-il atteint quinze ans
Qu'il renia tous ses parents ;
Il fut en Suède, en Angleterre,
Pour éviter monsieur son père ;
Plus traître, plus ingrat, hélas !
Que ne fut le rousseau Judas.

Pour s'introduire auprès des grands,
Fit le flatteur, le chien couchant ;
Mais, par permission divine,
Il fut reconnu à la mine ;
Et chacun disait en tous lieux :
« Que ce flatteur est ennuyeux !

Et pour faire le bel esprit,
Se mit à coucher par écrit
Des opéras, des comédies,
Des couplets remplis d'infamies,
Chantant ordures en tout lieu
Contre les serviteurs de Dieu.

Un jour en honnête maison
Il se vernissait d'un faux nom ;
On l'honorait sans le connaître :
Son père vint chausser le maître ;
S'écrie, en le voyant : *Mon fils !*
Aussitôt le coquin s'enfuit.

Aussitôt entra dans son corps
Le diable nommé Couplegor ;
Son poil devint roux, son œil louche.
Il lui mit de travers la bouche ;
Et de sa bouche de travers
Sortaient des crapauds et des vers.

Un jour chez M. Francinois,
Il y vomit tout à la fois
Des serpents avec des vipères,
Tout couverts d'une bile noire ;
Et chez monsieur l'abbé Piquant
Il en a vomi tout autant.

Or donc ayant mordu quelqu'un,
Qui n'était pas gens du commun,
Ses gens lui cassèrent les côtes
Avec une canne fort grosse,

Dont il eut très-grande douleur,
Tant sur le dos que sur le cœur.

Vous, père et mère, honnêtes gens,
A qui Dieu donna des enfants,
Gardez-vous bien qu'ils ne l'approchent;
Vous en recevrez du reproche;
Il les rendrait, pour votre ennui,
Aussi grands scélérats que lui.

Or, prions le doux Rédempteur
Qu'il marque au front cet imposteur,
Afin qu'on fuie ce détestable,
Comme le précurseur du diable;
Car Nostradamus a prédit
Qu'il doit engendrer l'antechrist.

On avait résolu de faire chanter cette chanson sur le Pont-Neuf, et à la porte de Rousseau, par les aveugles de la ville; mais La Motte, revenant à son caractère doux, aima mieux se réconcilier avec Rousseau, malgré les conseils de MM. de Fontenelle, Saurin et Boindin. Ce qu'il y eut d'assez plaisant, c'est que la réconciliation des deux poètes qui s'étaient attaqués par des satires se fit chez M. Despréaux.

Enfin, après la mort de Thomas Corneille et d'un autre académicien, La Motte obtint une place à l'Académie française, et Rousseau fut refusé. Ce refus aigrit Rousseau; de nouveaux couplets en furent le fruit: ce fut cette dernière démarche qui causa dans Paris un scandale dont il y a peu d'exemples, et qui finit par perdre, sans retour, un homme qui eût pu faire beaucoup d'honneur à son pays par ses talents, s'il en eût fait un autre usage.

Cette chanson, si abominable et si connue, contient quatorze couplets contre La Motte, Saurin et Boindin, La Faye, l'abbé de Bragelongne, Crébillon, et enfin contre tous les amis de M. de La Motte. On envoya secrètement des copies chez les principaux intéressés, pour les outrager. Ce fut vers Pâques de l'année 1710 que cette aventure éclata.

Un des plus offensés dans ces couplets était M. de La Faye, capitaine aux gardes, et bon géomètre de l'Académie des sciences. Il venait d'épouser une femme très-respectable, et la chanson reprochait à cette dame les choses les plus infâmes et les maladies les plus honteuses. M. de La Faye rencontra Rousseau un matin vers le Palais-Royal. Il sort d'une chaise à porteur (c'était sa voiture ordinaire); il court sur Rousseau la canne haute, lui en donne vingt coups sur le visage. Rousseau s'enfuit dans le Palais-Royal; La Faye l'y poursuit, et le bat encore sur la porte. Rousseau informe contre La Faye, comme auteur de violences commises dans une maison royale. La Faye informe contre Rousseau, comme auteur de libelles infâmes et dignes du feu. M. de Contades, alors major des gardes, se chargea d'accommoder l'affaire. Rousseau se désista de son procès, moyennant cinquante louis que La Faye devait donner; mais la suite de cette aventure priva encore Rousseau de ces cinquante louis.

Il se sentait perdu dans le public; il voulut se disculper de l'infamie de ces couplets, et perdre en même temps un de ses cruels ennemis, qui s'était déclaré contre lui avec plus de hauteur et avec ces traits outrageants qui offensent presque autant que l'insulte qu'il avait reçue de M. de La Faye.

V. *Accusation de Rousseau contre Saurin; bannissement de ce poëte par arrêt du Parlement.*

Cet ennemi était Saurin, homme d'un caractère le plus dur que j'aie jamais connu. Il pensait assez mal des hommes et le leur disait en face très-souvent avec beaucoup d'énergie. Il avait empêché Rousseau de revenir au café. Il affectait d'ailleurs une philosophie rigide, beaucoup d'aversion pour le caractère de Rousseau, et une estime très-médiocre pour ses talents.

Rousseau crut que le caractère de Saurin, qui avait peu d'amis, pourrait l'aider à le perdre. De plus, Saurin avait été autrefois ministre à Lausanne dans sa jeunesse; il avait fait des fautes publiques. Réfugié en France, il s'était fait catholique; il ne passait que pour philosophe. Rousseau espérait, avec assez de fondement, que s'il pouvait parvenir à le faire arrêter, on découvrirait sûrement dans ses papiers de quoi l'accabler. Ce qu'il y a de certain, c'est que Rousseau avait totalement perdu la tête; et sa conduite fait voir qu'une imprudence attire toujours une nouvelle folie, et un crime un autre crime.

Il fit suborner un malheureux garçon savetier nommé Arnould pour déposer que Saurin lui avait donné secrètement les couplets à porter chez les intéressés. Quand il eut suborné ce misérable, il alla se jeter aux pieds de Mme Voisin, femme du ministre de la guerre, depuis chancelier. Cette dame fit écrire au lieutenant criminel Le Comte, pour appuyer Rousseau. Il y eut un décret de prise de corps contre Saurin, le 24 septembre 1710. Le même jour il est arrêté chez lui au milieu de sept enfants, conduit au Châtelet, interrogé sur-le-champ; nul intervalle entre l'interrogatoire, le récolement et la confrontation; tout se faisait avec une rapidité et une partialité marquées, capables de faire trembler l'homme le plus ferme. Cette procédure violente du lieutenant criminel fut sévèrement condamnée, même avant la conclusion du procès, par M. le chancelier de Pontchartrain; et le lieutenant criminel en eut une remontrance si dure qu'il en versa des larmes.

Quoique Saurin fût sans aucune protection, il eut pour amis dans cette affaire tous les ennemis de Rousseau, et ce fut presque tout le public. M. de Fontenelle alla dans la prison offrir sa bourse à M. Saurin. Tout le monde l'aida et sollicita pour lui. Ce qui gagnait le plus tous les esprits en sa faveur, c'est que lui-même était outragé indignement dans ces couplets, dont Rousseau l'accusait d'être l'auteur; et il gémissait à la fois sous la honte des horreurs que la chanson lui attribuait et sous l'opprobre d'être accusé de cette chanson

Il fit un factum, moins pour se justifier que pour remercier le public qui prenait ainsi sa défense : je ne crois pas qu'il ait aucun ouvrage de ce genre plus adroit et plus véritablement éloquent.

Je ne comprends pas comment M. Rollin peut dire, dans son *Traité des Études*, que nous n'avons aucun plaidoyer digne d'être transmis à la postérité, et que cette disette vient de la modestie des avocats, qui n'ont point publié leurs factums. Nous avons plus de cinquante plaidoyers imprimés et plus de mille factums; mais il n'y en a aucun de comparable à celui de M. Saurin : l'effet qu'il fit ne peut se comprendre; je me souviens surtout que M. Gaillard, un des juges, en lisant l'endroit que je vais rapporter, s'écria : « Si je tenais Rousseau, je le ferais pendre tout à l'heure. » Voici le morceau qui fit tant d'impression à ce juge :

« J'avoue que ce n'est point là l'essai d'un scélérat, et qu'il faut être bien habitué à la perfidie pour le pouvoir pousser jusqu'à ces excès mais qui en croira-t-on plus capable, qu'un homme qui a désavoué son père dès son enfance, qui l'a fait mourir de chagrin par ses ingratitudes, qui lui a refusé les derniers devoirs, qui a calomnié ses maîtres, ses amis, ses bienfaiteurs, qui fait trophée de satires, d'impudence et d'impiété, et qui pousse enfin l'audace jusqu'à me faire demander par mon juge : comment je nie d'avoir fait les couplets en question, moi qui conserve des épigrammes infâmes? et ces épigrammes qu'il me reproche de conserver, ce sont les siennes ! »

Pendant qu'on instruisait ce procès, auquel tout Paris s'intéressait, Rousseau parut au Châtelet. Le peuple fut prêt de le lapider. Il était avec un nommé de Brie, contre lequel il avait fait autrefois cette sanglante épigramme :

L'usure et la poésie
Ont fait jusques aujourd'hui,
La Fesse-Matthieu de Brie,
Les délices et l'ennui;
Ce rimailleur à la glace
N'a fait qu'un saut de ballet
Du Châtelet au Parnasse,
Du Parnasse au Châtelet.

C'était un spectacle instructif pour les hommes de voir dans cette occasion un accusateur qui n'avait pour toute ressource et pour toute compagnie qu'un malheureux qu'il avait outragé, et un accusé dont cent mille voix prenaient la défense.

Le 12 décembre 1710, M. Saurin fut élargi par sentence du Châtelet; et permis à lui d'informer criminellement contre Rousseau et contre les témoins.

Plus de trente personnes se trouvèrent à sa sortie de prison ; M. de **La** Motte-Houdart et lui allèrent le lendemain dîner chez M. de Mesmes, premier président : le procès criminel fut instruit contre Rousseau. Je ne peux m'empêcher de rapporter ici une plaisanterie du jeune Voltaire. Une servante de la maison de son père était impliquée au procès. Elle était mère de ce malheureux garçon savetier que Rousseau avait suborné. Cette pauvre femme, craignant que son fils ne fût pendu, étourdissait tout le quartier de ses cris : « Consolez-vous, ma bonne, lui dit le jeune homme, il n'y a rien à craindre. Rousseau, fils d'un cordonnier, suborne un savetier, qui, dites-vous, est complice d'un décrotteur ; tout cela ne passera pas la cheville du pied. »

Rousseau fut à son tour décrété de prise de corps; il fallut prendre le parti de la retraite et de la fuite. Mme de Fériol, distinguée dans le monde pour son esprit, le retira chez elle pendant quelques jours. Le mari de cette dame, qui ne savait pas qu'il fût chez lui et qui était animé contre lui de la haine du public, n'eût pas souffert qu'on lui donnât asile dans sa maison. Mme de Fériol dit à Rousseau : « Ne craignez rien, mettez une perruque noire au lieu de la blonde que vous portez; placez-vous à souper à côté de lui : je vous réponds qu'il ne vous reconnaîtra pas. » En effet, M. de Fériol, fatigué des affaires du jour, se mettait à table le soir sans trop considérer qui était auprès de lui. Il soupa trois fois à côté de Rousseau, lui disant à lui-même qu'il le ferait pendre s'il était son juge; et Rousseau défendait de son mieux la cause de Rousseau que M. de Fériol attaquait si violemment.

Il ne sortit de cette retraite que pour en aller faire une autre au noviciat des jésuites. Il crut que, s'il pouvait mettre la religion dans ses intérêts, il serait sauvé. Il s'adressa au vieux P. Sanadon, qui était à la tête de ces retraites de dévotion. Il se confessa à lui et lui jura qu'il n'était auteur d'aucune des choses qu'on lui attribuait. Il lui demanda la communion, prêt à faire serment sur l'hostie qu'il n'était point coupable. Le P. Sanadon ne crut devoir l'admettre ni à la communion, ni à cet étrange serment. C'est un fait que j'ai entendu conter au P. Sanadon, et dont plusieurs jésuites ont été informés.

Enfin, pendant que son procès s'instruisait, il se déroba à la justice, et se retira en Suisse à Soleure, auprès du comte du Luc, ambassadeur de France, avec des lettres de recommandation de Mme de Bouzoles, de Mme de Fériol et de quelques autres personnes.

Le Parlement, saisi de l'affaire, le jugea le 7 avril 1712. Il y eut trois voix qui le condamnèrent à la corde, et le reste fut pour le bannissement. Voici l'arrêt qui fut rendu par la Tournelle criminelle :

ARRÊT DU PARLEMENT CONTRE J. B. ROUSSEAU.

De par le roi et nos seigneurs de la cour du Parlement. — On fait à savoir « que, par arrêt de ladite cour du 7 avril 1712, la contumace a été déclarée bien instruite contre Jean-Baptiste Rousseau, de l'Académie royale des inscriptions; et adjugeant le profit d'icelle, a été déclaré dûment atteint et convaincu d'avoir composé et distribué les vers impurs, satiriques et diffamatoires qui sont au procès, et fait de mauvaises pratiques pour faire réussir l'accusation calomnieuse qu'il a intentée contre Joseph Saurin, de l'Académie des sciences, pour raison de l'envoi desdits vers diffamatoires au café de la veuve Laurent.

« Pour réparation de quoi, ledit Rousseau est banni à perpétuité du royaume ; enjoint à lui de garder son ban, sous les peines portées par la déclaration du roi. Tous et un chacun ses biens, situés en pays de confiscation, déclarés acquis et confisqués à qui il appartiendra; sur iceux, et autres non sujets à confiscation, préalablement pris cinquante livres d'amende, et cent livres de réparation civile vers ledit Saurin ; et condamné aux dépens : et ladite condamnation sera écrite dans un tableau attaché dans un poteau qui sera planté en place de Grève. »

VI. *Sa retraite en Suisse; édition de ses ouvrages; son passage à Vienne auprès du prince Eugène.*

Cet arrêt n'empêcha pas le comte du Luc de retirer Rousseau dans sa maison à Soleure. Il s'y comporta d'abord avec la sagesse qui devait être le fruit de tant d'imprudences, de crimes et de malheurs. Mais enfin son penchant l'emporta ; il fit des vers contre un homme de la maison que le fils du comte du Luc aimait beaucoup. Il resta protégé du père, mais totalement brouillé avec le fils. C'est alors qu'il fit imprimer à Soleure une partie de ses ouvrages, dans lesquels on estime beaucoup les mêmes choses dont j'ai déjà parlé ; c'est-à-dire, plusieurs psaumes, quelques cantates et des épigrammes.

Il eut la sagesse de ne point faire imprimer une ode très-bien tournée, qu'il avait faite à Paris contre une de ses protectrices; mais les mêmes raisons qui l'engagèrent à la supprimer ne subsistant plus, je crois faire plaisir au lecteur de la rapporter.

Quel charme, Hélène dangereuse,
Assoupit ton nouveau Pâris?
Dans quelle oisiveté honteuse
De tes yeux la douceur flatteuse
A-t-elle plongé ses esprits?

Pourquoi ce guerrier inutile
Cherche-t-il l'ombre et le repos?
D'où vient que, déjà vieux Achille,
Il suit le modèle stérile
De l'enfance de ce héros?

En proie au plaisir qui l'enchante,
Il laisse enivrer sa raison ;
Et dans la coupe séduisante,
Que le fol amour lui présente,
Il boit à longs traits le poison.

Ton accueil, qui le sollicite,
Le nourrit dans ce doux état.
Ah! qu'il est beau de voir écrite
La mollesse d'un sybarite
Sur le front brûlé d'un soldat !

De ses langueurs efféminées
Il recevra bientôt le prix;
Et déjà ses mains basanées,
Aux palmes de Mars destinées,
Cueillent les myrtes de Cypris.

Mais qu'il connaît peu quel orage
Suivra ce calme séducteur !
Qu'il va regretter le rivage !
Que je plains le triste naufrage
Que lui prépare son bonheur !

Quand les vents, maintenant paisibles,
Enfleront la mer en courroux,
Quand pour lui les dieux inflexibles
Changeront en des nuits horribles
Des jours qu'il a trouvés si doux !

Insensé, qui sur des promesses
Croit fonder son fragile appui !
Sans songer que mêmes tendresses,
Mêmes serments, mêmes caresses,
Trompèrent un autre avant lui.

L'Amour a marqué son supplice;
Je vois cet amant irrité,
Des dieux accusant l'injustice
Détester son lâche caprice,
Et pleurer sa fidélité;

Tandis qu'au mépris de ses larmes,
Oubliant qu'il se put venger,
Tu mets tes attraits sous les armes,
Pour profiter des nouveaux charmes
De quelque autre amour passager.

Beaucoup de pièces fugitives qu'il imprima n'étaient pas de cette force; mais le bon l'emportait infiniment sur le mauvais. Ce qu'on blâma le plus dans cette édition, ce fut la préface dans laquelle il attaqua indignement M. du Fresny, mon camarade chez le roi [1], homme d'esprit et de talent, auteur de plusieurs comédies charmantes, qui n'avait envers Rousseau d'autre crime que d'avoir publié plusieurs de ses pièces fugitives dans le *Mercure galant*.

Rousseau se donne, dans cette préface, pour un homme du monde qui n'a fait des vers que par amusement, et qui est devenu auteur malgré lui. « Voici enfin, dit-il, le petit nombre d'ouvrages qui m'ont donné malgré moi la qualité d'auteur.... » Il faut avouer que cette vanité était intolérable dans un homme de cette espèce, qui avait passé une **partie**

[1] Du Fresny était valet de chambre du roi, contrôleur de ses jardins. (ÉD.)

de sa vie à faire des opéras et des comédies pour subsister. Ce qu'il y a peut-être encore de plus honteux, c'est d'avoir, dans cette préface, traité M. de Francine d'*homme divin*, après lui avoir prodigué dans *la Francinade* les injures les plus grossières.

La raison de cette apothéose de M. de Francine était, comme je l'ai déjà insinué, une quête faite en faveur de Rousseau par Mme de Bouzoles; M. de Francine donna vingt louis d'or. J'ai lu dans un journal que le jeune Voltaire en avait aussi donné quelques-uns. Ce fait est très-vraisemblable; car on remarque qu'il s'est toujours fait un mérite d'aider les gens de lettres. Mais, en vérité, diviniser M. de Francine parce qu'il en avait reçu vingt louis, et l'avoir accablé d'injures parce que l'opéra de *Jason* n'avait été payé que cent pistoles, c'étaient deux bassesses également méprisables.

Rousseau ne quitta la maison de M. du Luc que pour passer au service du prince Eugène, auprès de qui il resta quelques années. On espérait même qu'il écrirait la vie de ce prince, qui a joué un si grand rôle; mais, soit qu'il manquât de mémoires, soit qu'il ne se sentît pas les mêmes talents pour la prose que pour les vers, il n'a jamais commencé cette histoire.

VII. *Son séjour à Bruxelles; ses brouilleries avec Voltaire.*

De Vienne, Rousseau passa à Bruxelles, dans l'espérance que le marquis de Prié, commandant aux Pays-Bas, lui ferait avoir quelque emploi. Mais sa principale ressource fut l'Angleterre : car dans un voyage en Hollande, ayant fait sa cour à milord Cadogan, qui était à la Haye, ce seigneur anglais le mena à Londres et lui procura des souscriptions pour l'impression de ses œuvres. Il revint d'Angleterre avec environ cinq cents guinées; mais ses vers furent très-peu goûtés des Anglais, et plusieurs qui avaient souscrit deux guinées revendirent pour une.

La raison de cette indifférence de la nation anglaise pour les vers de ce poëte vient de ce que le mérite de Rousseau consiste dans un grand choix d'expressions, et dans la richesse des rimes plutôt que des pensées. D'ailleurs tout ce qui est en style marotique demande une intelligence très-fine de notre langue pour être, je ne dis pas goûté, mais entendu. Enfin, la plupart des sujets que Rousseau a traités le regardent assez personnellement; presque toutes ses épîtres roulent sur lui et sur ses ennemis : objets peu intéressants pour des lecteurs anglais, et qui cessent bientôt de l'être pour la postérité.

Revenu à Bruxelles, il lui arriva ce qu'il avait presque toujours éprouvé : il se brouilla avec son protecteur. Il y avait déjà quelque temps que le prince Eugène s'était refroidi envers lui, sur des plaintes que des personnes de distinction de France lui avaient faites. Mais la véritable raison de la disgrâce de Rousseau auprès de son protecteur vient de ce misérable penchant à la satire, qu'il ne put jamais réprimer. Il semble qu'il y ait, dans certains hommes, une prédétermination invincible et absolue à certaines fautes. Lorsque le comte de

Bonneval eut à Bruxelles cette malheureuse querelle avec le marquis de Prié, laquelle enfin conduisit un excellent officier chrétien à se faire mahométan, et à commander les armées des Turcs; au temps, dis-je, de cette querelle, le comte de Bonneval fit quelques couplets contre le prince Eugène, et Rousseau eut la criminelle complaisance d'aiguiser ses traits, et d'ajouter une demi-douzaine de rimes à ces injures. Le prince Eugène le sut, et se contenta de lui retrancher la gratification annuelle qu'il lui faisait, et de le priver de l'emploi qu'il lui avait promis dans les Pays-Bas.

Rousseau passa alors en Hollande, où il fut fort mal reçu, à cause d'une épigramme contre un Suisse, qui attaquait à la fois les nations suisse et hollandaise. Le sel de cette épigramme, s'il y en a, consiste dans ces deux vers:

C'est la politesse d'un Suisse
En Hollande civilisé.

Les choses changèrent à Bruxelles; le marquis de Prié, qui voulait punir Rousseau, fut disgracié; l'archiduchesse gouverna le Pays-Bas flamand. Le duc d'Aremberg, prince de l'empire, établi à Bruxelles, ami du général de Bonneval, protégeait Rousseau, et lui donna retraite à Bruxelles, au petit hôtel d'Aremberg. Il y vécut assez paisiblement, jusqu'à ce qu'une nouvelle querelle l'en fit chasser.

Cette querelle publique fut contre M. de Voltaire, déjà connu par le seul poëme épique dont la France puisse se vanter; par plusieurs tragédies d'un goût nouveau, dont la plupart sont applaudies; par l'*Histoire de Charles XII*, peut-être mieux écrite qu'aucune histoire française; par quantité de pièces fugitives, qui sont entre les mains des curieux; et enfin par la *Philosophie de Newton*, qu'il nous promet depuis plusieurs années. Je ne saurais dire positivement quel fut le sujet de l'inimitié si publique entre ces deux hommes célèbres. Il y a grande apparence qu'il n'y en a point d'autre que cette malheureuse jalousie, qui brouille toujours les gens qui prétendent aux mêmes honneurs. Ils ont écrit, l'un contre l'autre, des espèces de factums fort sanglants, imprimés dans la *Bibliothèque française*. Rousseau imprima qu'une des sources de leur querelle venait de ce que son adversaire l'avait beaucoup décrié un jour chez M. le duc d'Aremberg; M. de Voltaire se plaignit à ce prince de cette accusation: le prince lui répondit que c'était une calomnie; et il fut si fâché d'être compris dans cette imposture par Rousseau, qu'il le chassa de chez lui. La preuve de ce fait est une lettre de M. le prince d'Aremberg, rapportée dans la *Bibliothèque* en l'année 1736.

Rousseau, vers ce temps-là, fit imprimer à Paris trois épîtres nouvelles: la première adressée au P. Brumoi, jésuite, sur la tragédie, la seconde, à Thalie, sur le genre comique; la troisième, au sieur Rollin, ancien professeur au collége de Beauvais, auteur d'un livre estimé, concernant les études de la jeunesse, et d'une compilation de l'*Histoire ancienne*, dont les premiers tomes ont eu beaucoup de vogue en leur temps.

Rousseau, dans sa première épître, semblait désigner par des traits fort piquants son ennemi, M. de Voltaire. Dans la seconde, il attaquait tous les auteurs comiques, et prétendait que, depuis Molière, nous n'avons rien de bon en fait de comédie. Il se trompait en cela visiblement : car, sans parler de la comédie inimitable du *Joueur*[1], de l'excellente pièce du *Grondeur*[2], de l'*Esprit de contradiction*, du *Double veuvage*[3], de la *Pupille*[4], nous avons eu en dernier lieu le *Glorieux*, de M. Destouches, ci-devant ministre du roi à Londres, et le *Préjugé à la mode*, de M. de La Chaussée, qui sont de très-bons ouvrages dans leur genre, et infiniment goûtés, surtout le *Glorieux*. A l'égard de la tragédie, nous ne conviendrons pas aisément que *Manlius*[5], *Ariane*[6], *Electre*, *Rhadamiste*[7], *OEdipe*, *Brutus*, *Zaïre*, *Alzire*, *Maximien*[8], soient des pièces médiocres.

Les trois épîtres de Rousseau se sentaient de sa vieillesse : parmi quelques traits forts et bien tournés, on remarquait ce style dur et dépourvu de grâces, qui caractérise d'ordinaire l'épuisement d'un homme avancé en âge. Ce qu'il y avait de pis, c'est qu'en prétendant donner des règles du théâtre, il composa dans ce temps-là même une comédie, intitulée *les Aïeux chimériques*, qui est dans le goût de la pièce du *Café*; c'était en quelque façon retomber en enfance.

La comédie des *Aïeux chimériques* fut totalement oubliée en naissant; mais les trois épîtres causèrent une nouvelle guerre sur le Parnasse. Un nommé l'abbé Guyot Desfontaines, qui faisait une espèce de gazette littéraire (homme extrêmement caustique, bon littérateur, mais manquant de finesse et de goût), fit un éloge outré de ces nouvelles satires, et aggrava encore le coup que Rousseau voulait porter aux auteurs modernes. On répondit par plusieurs pièces à Rousseau et à ce Desfontaines; mais ce qu'il y eut de plus vif et de plus emporté, ce furent deux pièces attribuées à M. de Voltaire. L'une est une *Ode sur l'ingratitude*, et l'autre une espèce d'allégorie et de conte[9]. Je ne sais si effectivement le conte est de M. de Voltaire; mais pour l'ode elle est sûrement de sa façon, et il est difficile de l'y méconnaître. Il est triste qu'un homme comme M. de Voltaire, qui jusque-là avait eu la gloire de ne se jamais servir de son talent pour accabler ses ennemis, eût voulu perdre cette gloire.

Il est vrai qu'il se croyait outragé par Rousseau, et encore plus par ce Desfontaines, qui lui avait en effet les dernières obligations; car on disait que Desfontaines ne lui devait pas moins que la vie. Il est certain qu'il l'avait retiré de Bicêtre, où cet homme avait été enfermé pour des crimes infâmes; et on assurait que, depuis ce temps, l'abbé Desfontaines avait fait beaucoup de libelles contre son bienfaiteur : mais enfin il eût été plus beau au chantre du grand Henri de ne se point abaisser à de si indignes sujets. Quoi qu'il en soit, voici l'ode telle

---

1. De Regnard. (ÉD.) — 2. Par Brueys et Palaprat. (ÉD.) — 3. L'*Esprit de contradiction* et le *Double veuvage* sont de du Fresny. (ÉD.) — 4. Par Fagan. (ÉD.) — 5. Par La Fosse. (ÉD.) — 6. Par Th. Corneille. (ÉD.) — 7. *Electre* et *Rhadamiste* sont de Crébillon. (ÉD.) — 8. Tragédie de La Chaussée. (ÉD.) — 9. La *Crépinade*. (ÉD.)

maux. Le célèbre Harvey, qui le premier démontra la circulation, et qui était digne de découvrir le secret de la nature, crut l'avoir trouvé dans les poules : elles pondent des œufs ; il jugea que les femmes pondaient aussi. Les mauvais plaisants dirent que c'est pour cela que les bourgeois, et même quelques gens de cour, appellent leur femme ou leur maîtresse *ma poule*, et qu'on dit que toutes les femmes sont coquettes, parce qu'elles voudraient que les coqs les trouvassent belles. Malgré ces railleries, Harvey ne changea point d'avis, et il fut établi dans toute l'Europe que nous venons d'un œuf.

L'HOMME AUX QUARANTE ÉCUS. — Mais, monsieur, vous m'avez dit que la nature est toujours semblable à elle-même, qu'elle agit toujours par le même principe dans le même cas : les femmes, les juments, les ânesses, les anguilles, ne pondent point ; vous vous moquez de moi.

LE GÉOMÈTRE. — Elles ne pondent point en dehors, mais elles pondent en dedans ; elles ont des ovaires comme tous les oiseaux ; les juments, les anguilles, en ont aussi. Un œuf se détache de l'ovaire ; il est couvé dans la matrice. Voyez tous les poissons écaillés, les grenouilles ; ils jettent des œufs que le mâle féconde. Les baleines et les autres animaux marins de cette espèce font éclore leurs œufs dans leur matrice. Les mites, les teignes, les plus vils insectes, sont visiblement formés d'un œuf : tout vient d'un œuf ; et notre globe est un grand œuf qui contient tous les autres.

L'HOMME AUX QUARANTE ÉCUS. — Mais vraiment ce système porte tous les caractères de la vérité ; il est simple, il est uniforme, il est démontré aux yeux dans plus de la moitié des animaux ; j'en suis fort content, je n'en veux point d'autre ; les œufs de ma femme me sont fort chers.

LE GÉOMÈTRE. — On s'est lassé à la longue de ce système : on a fait les enfants d'une autre façon.

L'HOMME AUX QUARANTE ÉCUS. — Et pourquoi, puisque celle-là est si naturelle ?

LE GÉOMÈTRE. — C'est qu'on a prétendu que nos femmes n'ont point d'ovaire, mais seulement de petites glandes.

L'HOMME AUX QUARANTE ÉCUS. — Je soupçonne que des gens qui avaient un autre système à débiter ont voulu décréditer les œufs.

LE GÉOMÈTRE. — Cela pourrait bien être. Deux Hollandais s'avisèrent d'examiner la liqueur séminale au microscope, celle de l'homme, celle de plusieurs animaux, et ils crurent y apercevoir des animaux déjà tout formés qui couraient avec une vitesse inconcevable. Ils en virent même dans le fluide séminal du coq. Alors on jugea que les mâles faisaient tout, et les femelles rien ; elles ne servirent plus qu'à porter le trésor que le mâle leur avait confié.

L'HOMME AUX QUARANTE ÉCUS. — Voilà qui est bien étrange. J'ai quelques doutes sur tous ces petits animaux qui frétillent si prodigieusement dans une liqueur, pour être ensuite immobiles dans les œufs des oiseaux, et pour être non moins immobiles neuf mois, à quelques culbutes près, dans le ventre de la femme ; cela ne me paraît pas conséquent. Ce n'est pas, autant que j'en puis juger, la marche de la nature. Comment sont faits, s'il vous plaît, ces petits hommes qui sont si bons nageurs dans la liqueur dont vous me parlez?

LE GÉOMÈTRE. — Comme des vermisseaux. Il y avait surtout un médecin nommé Andry, qui voyait des vers partout, et qui voulait absolument détruire le système d'Harvey. Il aurait, s'il l'avait pu, anéanti la circulation du sang, parce qu'un autre l'avait découverte. Enfin deux Hollandais et M. Andry, à force de tomber dans le péché d'Onan et de voir les choses au microscope, réduisirent l'homme à être chenille. Nous sommes d'abord un ver comme elle; de là, dans notre enveloppe, nous devenions comme elle, pendant neuf mois, une vraie chrysalide, que les paysans appellent *fève*. Ensuite, si la chenille devient papillon, nous devenons hommes : voilà nos métamorphoses.

L'HOMME AUX QUARANTE ÉCUS. — Eh bien! s'en est-on tenu là? n'y a-t-il point eu depuis de nouvelle mode?

LE GÉOMÈTRE. — On s'est dégoûté d'être chenille. Un philosophe extrêmement plaisant a découvert dans une *Vénus physique*[1] que l'attraction faisait les enfants; et voici comment la chose s'opère. Le sperme étant tombé dans la matrice, l'œil droit attire l'œil gauche, qui arrive pour s'unir à lui en qualité d'œil ; mais il en est empêché par le nez, qu'il rencontre en chemin, et qui l'oblige de se placer à gauche. Il en est de même des bras, des cuisses, et des jambes, qui tiennent aux cuisses. Il est difficile d'expliquer, dans cette hypothèse, la situation des mamelles et des fesses. Ce grand philosophe n'admet aucun dessein de l'Être créateur dans la formation des animaux; il est bien loin de croire que le cœur soit fait pour recevoir le sang et pour le chasser, l'estomac pour digérer, les yeux pour voir, les oreilles pour entendre; cela lui paraît trop vulgaire; tout se fait par attraction.

L'HOMME AUX QUARANTE ÉCUS. — Voilà un maître fou. Je me flatte que personne n'a pu adopter une idée aussi extravagante.

LE GÉOMÈTRE. — On en rit beaucoup; mais ce qu'il y eut de triste, c'est que cet insensé ressemblait aux théologiens, qui persécutent autant qu'ils le peuvent ceux qu'ils font rire.

« D'autres philosophes ont imaginé d'autres manières qui n'ont pas fait une plus grande fortune : ce n'est plus le bras qui va chercher le bras; ce n'est plus la cuisse qui court après la cuisse ; ce sont de petites molécules, de petites particules de bras et de cuisse qui se placent les unes sur les autres. On sera peut-être enfin obligé d'en revenir aux œufs, après avoir perdu bien du temps.

L'HOMME AUX QUARANTE ÉCUS. — J'en suis ravi; mais quel a été le résultat de toutes ces disputes?

LE GÉOMÈTRE. — Le doute. Si la question avait été débattue entre des théologaux, il y aurait eu des excommunications et du sang répandu; mais entre des physiciens la paix est bientôt faite : chacun a couché avec sa femme, sans penser le moins du monde à son ovaire,

1. Titre d'un ouvrage de Maupertuis. (ÉD.)

ni à ses trompes de Fallope. Les femmes sont devenues grosses ou enceintes, sans demander seulement comment ce mystère s'opère. C'est ainsi que vous semez du blé, et que vous ignorez comment le blé germe en terre[1].

L'HOMME AUX QUARANTE ÉCUS. — Oh! je le sais bien; on me l'a dit il y a longtemps; c'est par pourriture[2]. Cependant il me prend quelquefois envie de rire de tout ce qu'on m'a dit.

LE GÉOMÈTRE. — C'est une fort bonne envie. Je vous conseille de douter de tout, excepté que les trois angles d'un triangle sont égaux à deux droits, et que les triangles qui ont même base et même hauteur sont égaux entre eux, ou autres propositions pareilles, comme, par exemple, que deux et deux font quatre.

L'HOMME AUX QUARANTE ÉCUS. — Oui, je crois qu'il est fort sage de douter; mais je sens que je suis curieux depuis que j'ai fait fortune et que j'ai du loisir. Je voudrais, quand ma volonté remue mon bras ou ma jambe, découvrir le ressort par lequel ma volonté les remue; car sûrement il y en a un. Je suis quelquefois tout étonné de pouvoir lever et abaisser mes yeux, et de ne pouvoir dresser mes oreilles. Je pense, et je voudrais connaître un peu.... là.... toucher au doigt ma pensée. Cela doit être fort curieux. Je cherche si je pense par moi-même, si Dieu me donne mes idées, si mon âme est venue dans mon corps à six semaines ou à un jour, comment elle s'est logée dans mon cerveau; si je pense beaucoup quand je dors profondément, et quand je suis en léthargie. Je me creuse la cervelle pour savoir comment un corps en pousse un autre. Mes sensations ne m'étonnent pas moins; j'y trouve du divin, et surtout dans le plaisir.

« J'ai fait quelquefois mes efforts pour imaginer un nouveau sens, et je n'ai jamais pu y parvenir. Les géomètres savent toutes ces choses; ayez la bonté de m'instruire.

LE GÉOMÈTRE. — Hélas! nous sommes aussi ignorants que vous; adressez-vous à la Sorbonne. »

VIII. — *L'homme aux quarante écus, devenu père, raisonne sur les moines.*

Quand l'homme aux quarante écus se vit père d'un garçon, il commença à se croire un homme de quelque poids dans l'État; il espéra donner au moins dix sujets au roi qui seraient tous utiles. C'était

---

1. Les observations de Haller et de Spallanzani semblent avoir prouvé que l'embryon existe avant la fécondation dans l'œuf des oiseaux, et, par analogie, dans la femelle vivipare; que la substance du sperme est nécessaire pour la fécondation, et qu'une quantité presque infiniment petite peut suffire. Mais comment, dans ce système, expliquer la ressemblance des mulets avec leurs pères? Comment cet embryon et cet œuf se forment-ils dans la femelle? Comment le sperme agit-il sur cet embryon? Voilà ce qu'on ignore encore. Peut-être quelque jour en saura-t-on davantage. Les vers spermatiques ne deviennent plus du moins des hommes, ni des lapins. Quant aux molécules organiques, elles ressemblent trop aux monades; mais remarquons, à l'honneur de Leibnitz, que jamais il ne s'est avisé de prétendre avoir vu des monades dans son microscope. (*Éd. de Kehl.*)
2. Saint Paul, *Corinth.*, XV, 36; et Saint Jean, XII, 24, (ÉD.)

l'homme du monde qui faisait le mieux des paniers; et sa femme était une excellente couturière. Elle était née dans le voisinage d'une grosse abbaye de cent mille livres de rente. Son mari me demanda un jour pourquoi ces messieurs, qui étaient en petit nombre, avaient englouti tant de parts de quarante écus. « Sont-ils plus utiles que moi à la patrie? — Non, mon cher voisin. — Servent-ils comme moi à la population du pays? — Non, au moins en apparence. — Cultivent-ils la terre? défendent-ils l'État quand il est attaqué? — Non, ils prient Dieu pour vous. — Eh bien! je prierai Dieu pour eux; partageons.

« Combien croyez-vous que les couvents renferment de ces gens utiles, soit en hommes, soit en filles, dans le royaume? »

— Par les mémoires des intendants, faits sur la fin du dernier siècle, il y en avait environ quatre-vingt-dix mille.

— Par notre ancien compte, ils ne devraient, à quarante écus par tête, posséder que dix millions huit cent mille livres : combien en ont-ils?

— Cela va à cinquante millions, en comptant les messes et les quêtes des moines mendiants, qui mettent réellement un impôt considérable sur le peuple. Un frère quêteur d'un couvent de Paris s'est vanté publiquement que sa besace valait quatre-vingt mille livres de rente.

— Voyons combien cinquante millions répartis entre quatre-vingt-dix mille têtes tondues donnent à chacun. — Cinq cent cinquante-cinq livres.

« C'est une somme considérable dans une société nombreuse, où les dépenses diminuent par la quantité même des consommateurs; car il en coûte bien moins à dix personnes pour vivre ensemble, que si chacun avait séparément son logis et sa table.

« Les ex-jésuites, à qui on donne aujourd'hui quatre cents livres de pension, ont donc réellement perdu à ce marché?

— Je ne le crois pas; car ils sont presque tous retirés chez des parents qui les aident; plusieurs disent la messe pour de l'argent, ce qu'ils ne faisaient pas auparavant; d'autres se sont faits précepteurs; d'autres ont été soutenus par des dévotes; chacun s'est tiré d'affaire; et peut-être y en a-t-il peu aujourd'hui qui, ayant goûté du monde et de la liberté, voulussent reprendre leurs anciennes chaînes! La vie monacale, quoi qu'on en dise, n'est point du tout à envier. C'est une maxime assez connue que les moines sont des gens qui s'assemblent sans se connaître, vivent sans s'aimer, et meurent sans se regretter.

1. Les jésuites n'auraient point été à plaindre si on eût doublé cette pension de quatre cents livres en faveur de ceux qui auraient eu des infirmités, ou plus de soixante ans; si les autres eussent pu posséder des bénéfices, ou remplir des emplois sans faire un serment qu'ils ne pouvaient prêter avec honneur; si l'on avait permis à ceux qui auraient voulu vivre en commun de se réunir sous l'inspection du magistrat; mais la haine des jansénistes pour les jésuites, le préjugé qu'ils pouvaient être à craindre, et leur insolent fanatisme dans le temps de leur destruction, et même après qu'elle eut été consommée, ont empêché de remplir, à leur égard, ce qu'eussent exigé la justice et l'humanité. (Éd. de Kehl.)

Nous autres Français, il le faut avouer, nous sommes venus bien tard en tout genre ; nos premiers pas dans les arts ont été de nous opposer à l'introduction des vérités qui nous venaient d'ailleurs ; nous avons soutenu des thèses contre la circulation du sang démontrée en Angleterre [1], contre le mouvement de la terre prouvé en Allemagne [2]; on a proscrit par arrêt jusqu'à des remèdes salutaires [3]. Annoncer des vérités, proposer quelque chose d'utile aux hommes, c'est une recette sûre pour être persécuté. Jean Law, cet Écossais à qui nous devons notre compagnie des Indes et l'intelligence du commerce, a été chassé de France, et est mort dans la misère à Venise ; et cependant nous avions à peine trois cents gros vaisseaux marchands quand il proposa son système, nous en avons aujourd'hui [4] dix-huit cents. Nous les lui devons, et nous sommes loin de la reconnaissance.

Les principes du commerce sont à présent connus de tout le monde : nous commençons à avoir de bons livres sur cette matière. L'*Essai sur le commerce* [5] de M. Melon est l'ouvrage d'un homme d'esprit, d'un citoyen, d'un philosophe ; il se sent de l'esprit du siècle ; et je ne crois pas que du temps même de M. Colbert il y eût en France deux hommes capables de composer un tel livre. Cependant il y a bien des erreurs dans ce bon ouvrage : tant le chemin vers la vérité est difficile ! Il est bon de relever les méprises qui se trouvent dans un livre utile ; ce n'est même que là qu'il les faut chercher. C'est respecter un bon ouvrage que de le contredire ; les autres ne méritent pas cet honneur.

Voici quelques propositions qui ne m'ont point paru vraies :

I. Il dit que les pays où il y a le plus de mendiants sont les plus barbares. Je pense qu'il n'y a point de ville moins barbare que Paris, et pourtant où il y ait plus de mendiants. C'est une vermine qui s'attache à la richesse ; les fainéants accourent du bout du royaume à Paris, pour y mettre à contribution l'opulence et la bonté. C'est un abus difficile à déraciner, mais qui prouve seulement qu'il y a des hommes lâches, qui aiment mieux demander l'aumône que de gagner leur vie. C'est une preuve de richesse et de négligence, et non point de barbarie.

II. Il répète dans plusieurs endroits que l'Espagne serait plus puissante sans l'Amérique. Il se fonde sur la dépopulation de l'Espagne, et sur la faiblesse où ce royaume a langui longtemps. Cette idée que l'Amérique affaiblit l'Espagne se voit dans près de cent auteurs : mais s'ils avaient voulu considérer que les trésors du Nouveau-Monde ont été le ciment de la puissance de Charles-Quint, et que par eux Philippe II aurait été le maître de l'Europe, si Henri le Grand, Élisabeth, et les princes d'Orange n'eussent été des héros, ces auteurs auraient changé de sentiment. On a cru que la monarchie espagnole était

---

[1]. Par Harvey, en 1619. (Éd.) — [2]. Par Copernic. (Éd.).
[3]. L'émétique (Éd.) — [4]. Ceci était écrit en 1738.
[5]. L'*Essai politique sur le commerce* parut en 1734, sous la date de 1735 ; une nouvelle édition est de 1736 ; Melon, secrétaire du régent, est mort le 24 janvier 1738. (*Note M. Beuchot.*)

anéantie, parce que les rois Philippe III, Philippe IV et Charles II, ont été malheureux ou faibles. Mais que l'on voie comme cette monarchie a repris tout d'un coup une nouvelle vie sous le cardinal Alberoni; que l'on jette les yeux sur l'Afrique et sur l'Italie, théâtres des conquêtes du présent gouvernement espagnol; il faudra bien convenir alors que les peuples sont ce que les rois ou les ministres les font être. Le courage, la force, l'industrie, tous les talents restent ensevelis, jusqu'à ce qu'il paraisse un génie qui les ressuscite. Le Capitole est habité aujourd'hui par des récollets, et on distribue des chapelets au même endroit où des rois vaincus suivaient le char de Paul-Émile. Qu'un empereur siége à Rome, et que cet empereur soit un Jules-César, tous les Romains redeviendront des Césars eux-mêmes.

Quant à la dépopulation de l'Espagne, elle est moindre qu'on ne le dit; et, après tout, ce royaume et les États de l'Amérique qui en dépendent sont aujourd'hui des provinces d'un même empire, divisées par un espace qu'on franchit en deux mois; enfin leurs trésors deviennent les nôtres, par une circulation nécessaire; la cochenille, l'indigo, le quinquina, les mines du Mexique et du Pérou, sont à nous, et par là nos manufactures sont espagnoles. Si l'Amérique leur était à charge, persisteraient-ils si longtemps à défendre aux étrangers l'entrée de ce pays? Garde-t-on avec tant de soin le principe de sa ruine, quand on a deux cents ans pour faire ses réflexions¹?

III. Il dit que la perte des soldats n'est point ce qu'il y a de plus funeste dans les guerres; que cent mille hommes tués sont une bien petite portion sur vingt millions; mais que les augmentations des impositions rendent vingt millions d'hommes malheureux. Je lui passe qu'il y ait vingt millions d'âmes en France; mais je ne lui passe point qu'il vaille mieux égorger cent mille hommes que de faire payer quelques impôts au reste de la nation. Ce n'est pas tout; il y a ici un étrange et funeste mécompte. Louis XIV a eu, en comptant tout le corps de la marine, quatre cent quarante mille hommes à sa solde pendant la guerre de 1701. Jamais l'empire romain n'en a eu tant. On a observé que le cinquième d'une armée périt au bout d'une campagne, soit par les maladies, soit par les accidents, soit par le fer et le feu. Voilà quatre-vingt-huit mille hommes robustes que la guerre détruisait chaque année; donc au bout de dix ans l'État perdit huit cent quatre-vingt mille hommes, et avec eux les enfants qu'ils auraient produits. Maintenant, si la France contient environ dix-huit millions d'âmes, ôtez-en

---

1. Le produit des colonies a été d'abord une richesse réelle pour le roi d'Espagne; mais le produit des mines est maintenant si peu au-dessus des frais d'exploitation, que l'impôt sur ces mines est presque nul. La mauvaise législation du commerce de ces colonies et les vices de leur administration intérieure les empêchent d'être utiles à la nation, soit comme moyen d'y augmenter la culture et l'industrie, soit comme des provinces dont l'union augmente la puissance de l'empire. Il n'y aurait d'ailleurs rien d'étonnant qu'une nation sacrifiât pendant deux siècles ses intérêts réels à ses préjugés et à son orgueil. Mais il est très-vrai de dire que la dépopulation et la faiblesse de l'Espagne sont l'ouvrage de ses mauvaises lois, et non la suite de la possession de ses colonies. (Ed. de Kehl.)

près d'une moitié pour les femmes, retranchez les vieillards, les enfants, le clergé, les religieux, les magistrats et les laboureurs, que reste-t-il pour défendre la nation? Sur dix-huit millions à peine trouverez-vous dix-huit cent mille hommes, et la guerre en dix ans en détruit près de neuf cent mille; elle fait périr dans une nation la moitié de ceux qui peuvent combattre pour elle; et vous dites qu'un impôt est plus funeste que leur mort?

Après avoir relevé ces inadvertances, que l'auteur eût relevées lui-même, souffrez que je me livre au plaisir d'estimer tout ce qu'il dit sur la liberté du commerce, sur les denrées, sur le change et principalement sur le luxe. Cette sage apologie du luxe est d'autant plus estimable dans cet auteur, et a d'autant plus de poids dans sa bouche, qu'il vivait en philosophe.

Qu'est-ce en effet que le luxe? c'est un mot sans idée précise, à peu près comme lorsque nous disons les climats d'orient et d'occident : il n'y a en effet ni orient ni occident ; il n'y a pas de point où la terre se lève et se couche; ou, si vous voulez, chaque point est orient et occident. Il en est de même du luxe; ou il n'y en a point, ou il est partout. Transportons-nous au temps où nos pères ne portaient point de chemises. Si quelqu'un leur eût dit : « Il faut que vous portiez sur la peau des étoffes plus fines et plus légères que le plus fin drap ; blanches comme de la neige, et que vous en changiez tous les jours; il faut même, quand elles seront un peu salies, qu'une composition faite avec art leur rende leur première blancheur, » tout le monde se serait écrié : « Ah! quel luxe! quelle mollesse! une telle magnificence est à peine faite pour les rois! vous voulez corrompre nos mœurs et perdre l'État. » Entend-on par le luxe la dépense d'un homme opulent? Mais faudrait-il donc qu'il vécût comme un pauvre, lui, dont le luxe seul fait vivre les pauvres? La dépense doit être le thermomètre de la fortune d'un particulier, et le luxe général est la marque infaillible d'un empire puissant et respectable. C'est sous Charlemagne, sous François Ier, sous le ministère du grand Colbert, et sous celui-ci, que les dépenses ont été les plus grandes, c'est-à-dire que les arts ont été le plus cultivés.

Que prétendait l'amer, le satirique La Bruyère, que voulait dire ce misanthrope forcé, en s'écriant : « Nos ancêtres ne savaient point préférer le faste aux choses utiles; on ne les voyait point s'éclairer avec des bougies, la cire était pour l'autel et pour le Louvre.... Ils ne disaient point : « Qu'on mette les chevaux à mon carrosse. »... L'étain brillait sur la table et sur les buffets, l'argent était dans les coffres, etc. » (Chap. VII, *De la ville*.) Ne voilà-t-il pas un plaisant éloge à donner à nos pères, de ce qu'ils n'avaient ni abondance, ni industrie, ni goût, ni propreté! L'argent était dans les coffres. Si cela était, c'était une très-grande sottise. L'argent est fait pour circuler, pour faire éclore tous les arts, pour acheter l'industrie des hommes. Qui le garde est mauvais citoyen, et même est mauvais ménager. C'est en ne le gardant pas qu'on se rend utile à la patrie et à soi-même. Ne se lassera-t-on jamais de louer les défauts du temps passé, pour insulter aux avantages du nôtre?

Ce livre de M. Melon en a produit un de M. Dutot[1], qui l'emporte de beaucoup pour la profondeur et pour la justesse; et l'ouvrage de M. Dutot en va produire un autre, par l'illustre M. Duverney, lequel probablement vaudra beaucoup mieux que les deux autres, parce qu'il sera fait par un homme d'État[2]. Jamais les belles-lettres n'ont été si liées avec la finance, et c'est encore un des mérites de notre siècle.

On sait que toute mutation de monnaie a été onéreuse au peuple et au roi sous le dernier règne. Mais n'y a-t-il point de cas où une augmentation de monnaie devienne nécessaire?

Dans un État, par exemple, qui a peu d'argent et peu de commerce (et c'est ainsi que la France a été longtemps), un seigneur a cent marcs de rente. Il emprunte, pour marier ses filles ou pour aller à la guerre, mille marcs, dont il paye cinquante marcs annuellement. Voilà sa maison réduite à la dépense annuelle de cinquante marcs pour fournir à tous ses besoins. Cependant la nation se rend plus industrieuse; elle fait un commerce, l'argent devient plus abondant. Alors, comme il arrive toujours, la main-d'œuvre devient plus chère; les dépenses du luxe convenable à la dignité de cette maison doublent, triplent, quadruplent, pendant que le blé, qui fait la ressource de la terre, n'augmente pas dans cette proportion, parce qu'on ne mange pas plus de pain qu'auparavant, mais on consomme plus en magnificence. Ce qu'on achetait cinquante marcs en coûtera deux cents; et le possesseur de la terre, obligé de payer cinquante marcs de rente, sera réduit à vendre sa terre. Ce que je dis du seigneur, je le dis du magistrat, de l'homme de lettres, etc., comme du laboureur, qui achète plus cher sa vaisselle d'étain, sa tasse d'argent, son lit, son linge. Enfin le chef de la nation est dans ce cas, lorsqu'il n'a qu'un certain fonds réglé et certains droits qu'il n'ose trop augmenter de peur d'exciter des murmures. Dans cette situation pressante, il n'y a certainement qu'un parti à prendre, c'est de soulager le débiteur. On peut le favoriser en abolissant les dettes : c'est ainsi qu'on en usait chez les Égyptiens et chez plusieurs peuples de l'Orient, au bout de cinquante ou de trente années. Cette coutume n'était point si dure qu'on le pense; car les créanciers avaient pris leurs mesures suivant cette loi, et une perte prévue de loin n'est plus une perte. Quoique cette loi ne soit point en vigueur chez nous, il a bien fallu y revenir pourtant en effet, quelque détour que l'on ait pris : car trouver le moyen de ne payer que le quart de ce que je devais, n'est-ce pas une espèce de jubilé? Or on a trouvé ce moyen très-aisément en donnant aux espèces une valeur idéale et en disant : « Cette pièce d'or qui valait six francs en vaudra aujourd'hui vingt-quatre; et quiconque devait quatre de ces pièces d'or, sous le nom de six francs chacune, s'acquittera en payant une seule pièce d'or qu'on appellera *vingt-quatre francs.* » Comme ces opérations se sont faites petit à petit, ce changement n'a point effrayé. Tel qui était à la fois

---

1. Le livre de Dutot est intitulé : *Réflexions politiques sur les finances et le commerce, etc.*, 1738. (Éd.)
2. Ce livre de M. Duverney n'a jamais paru. M. de Voltaire parle ici suivant l'opinion publique du temps où il écrivait. (*Éd. de Kehl.*)

débiteur et créancier gagnait d'un côté ce qu'il perdait de l'autre; tel autre faisait le commerce; tel autre enfin en souffrait et se réduisait à épargner[1].

C'est ainsi que toutes les nations européennes en ont usé avant d'avoir établi un commerce réglé et puissant. Examinons les Romains; nous verrons que l'as, la livre de cuivre de douze onces, fut réduite à six liards de notre monnaie d'aujourd'hui. Chez les Anglais, la livre sterling de seize onces d'argent est réduite à vingt-deux francs de notre monnaie. La livre de gros des Hollandais n'est plus qu'environ douze francs, ou douze de nos livres numéraires; mais c'est notre livre qui a souffert les plus grands changements.

Nous appelions du temps de Charlemagne une monnaie courante, faisant la vingtième partie d'une livre, un *solide*, du nom romain *solidum*; c'est ce *solide* que nous nommons un *sou*, comme nous appelons le mois d'*Auguste* barbarement *août*, que nous prononçons *ou*, à force de politesse; de façon que dans notre langue si polie,

« .... Hodieque manent vestigia ruris[2]. »

Enfin ce *solide*, ce *sou*, qui était la vingtième partie d'une livre et la dixième partie d'un marc d'argent, est aujourd'hui une chétive monnaie de cuivre, qui représente la dix-neuf-cent-soixantième partie d'une livre, l'argent supposé à quarante-neuf francs le marc. Ce calcul est presque incroyable; et il se trouve, par ce calcul, qu'une famille qui aurait eu autrefois cent *solides* de rente, et qui aurait très-bien vécu, n'aurait aujourd'hui que cinq sixièmes d'un écu de six francs à dépenser par an.

Qu'est-ce que cela prouve? que de toutes les nations nous avons longtemps été la plus changeante et non la plus heureuse; que nous avons poussé à un excès intolérable l'abus d'une loi naturelle, qui ordonne à la longue le soulagement des débiteurs opprimés. Or, puisque M. Dutot a si bien fait voir les dangers de ces promptes secousses que donnent aux États les changements des valeurs numéraires dans les monnaies, il est à croire que, dans un temps aussi éclairé que le nôtre, nous n'aurons plus à essuyer de pareils orages.

Ce qui m'a le plus étonné dans le livre de M. Dutot, c'est d'y voir que Louis XII, François Ier, Henri II, Henri III, étaient plus riches que Louis XV. Qui eût cru que Henri III, à compter comme aujourd'hui, avait cent soixante et trois millions au delà du revenu de notre roi? J'avoue que je ne sors point de surprise : car comment avec ces richesses immenses Henri III pouvait-il à peine résister aux Espagnols? comment était-il opprimé par les Guises? comment la France était-elle

---

1. Voy. sur cet objet, une note des éditeurs sur le *Siècle de Louis XIV* (chap. II). Nous observerons seulement que, si, au lieu d'obliger à observer les conventions à la lettre, la loi se croyait en droit de les interpréter, il serait permis tout au plus d'obliger les créanciers à recevoir leur remboursement proportionnellement au prix moyen du blé, aux différentes époques. Les lois ridicules des Égyptiens avec leur jubilé ne méritent point d'être citées dans un ouvrage sérieux. (*Éd. de Kehl.*)

2. Horace, livre II, épître I, vers 160. (ÉD.)

dénuée d'arts et de manufactures? pourquoi nulle belle maison dans Paris, nul beau palais bâti par les rois, aucune magnificence, aucun goût, qui sont la suite de la richesse? Aujourd'hui, au contraire, trois cents forteresses, toujours bien réparées, bordent nos frontières; deux cent mille hommes au moins les défendent. Les troupes qui composent la maison du roi sont comparables à ces dix mille hommes couverts d'or qui accompagnaient les chars de Xerxès et de Darius. Paris est deux fois plus peuplé et cent fois plus opulent que sous Henri III. Le commerce qui languissait, qui n'était rien alors, fleurit aujourd'hui à notre avantage.

Depuis la dernière refonte des espèces, on trouve qu'il a passé à la Monnaie plus de douze cents millions en or et en argent. On voit, par la ferme du marc, qu'il y a en France pour environ autant de ces métaux orfévris. Il est vrai que ces immenses richesses n'empêchent pas que le peuple ne soit près quelquefois de mourir de faim dans les années stériles; mais ce n'est pas de quoi il s'agit : la question est de savoir comment, la nation étant incomparablement plus riche que dans les siècles précédents, le roi serait beaucoup moins.

Comparons d'abord les richesses de Louis XV à celles de François Ier. Les revenus de l'État étaient alors de seize millions numéraires de livres, et la livre numéraire de ce temps-là était à celle de ce temps-ci comme un est à quatre et demi. Donc seize millions en valaient soixante et douze des nôtres; donc, avec soixante et douze de nos millions seulement, on serait aussi riche qu'alors. Mais les revenus de l'État sont supposés de deux cents millions[1]; donc de ce chef, Louis XV est plus riche de cent vingt-huit de nos millions que François Ier; donc le roi est environ trois fois aussi riche que François Ier; donc il tire de ses peuples trois fois autant que François Ier en tirait. Cela est déjà bien éloigné du compte de M. Dutot.

Il prétend, pour prouver son système, que les denrées sont quinze fois plus chères qu'au XVIe siècle. Examinons ces prix des denrées. Il faut s'en tenir au prix du blé dans les capitales, année commune. Je trouve beaucoup d'années, au XVIe siècle, dans lesquelles le blé est à cinquante sous, à vingt-cinq, à vingt, à dix-huit sous, à quatre francs, et j'en forme une année commune à trente sous. Le froment vaut aujourd'hui environ douze livres. Les denrées n'ont donc augmenté que huit fois en valeur numéraire; et c'est la proportion dans laquelle elles ont augmenté en Angleterre et en Allemagne; mais ces trente sous du XVIe siècle valaient cinq livres quinze sous des nôtres. Or cinq livres quinze sous font, à cinq sous près, la moitié de douze livres; donc en effet Louis XV, trois fois plus riche que François Ier, n'achète les choses, en poids de marc, que le double de ce qu'on les achetait alors. Or un homme qui a neuf cents francs et qui achète une denrée de six cents francs, reste certainement plus riche de cent écus que celui qui, n'ayant que trois cents livres, achète cette même den-

1. C'est la supposition que fait M. Dutot. Mais en 1750 les revenus du roi montaient à près de trois cents millions, à quarante-neuf livres dix sous le marc.

rée trois cents livres; donc Louis XV reste plus riche d'un tiers que François Ier.

Mais ce n'est pas tout : au lieu d'acheter toutes les denrées le double, il achète les soldats, la plus nécessaire denrée des rois, à beaucoup meilleur marché que tous ses prédécesseurs. Sous François Ier et sous Henri II, les forces des armées consistaient en une gendarmerie nationale et en fantassins étrangers que nous ne pouvons plus comparer à nos troupes; mais l'infanterie, sous Louis XV, est payée à peu près sur le même pied, au même prix numéraire que sous Henri IV. Le soldat vend sa vie six sous par jour en comptant son habit : ces six sous en valaient douze pareils du temps de Henri IV. Ainsi, avec le même revenu que Henri le Grand, on peut entretenir le double de soldats; et avec le double d'argent on peut en soudoyer le quadruple. Ce que je dis ici suffit pour faire voir que, malgré les calculs de M. Dutot, les rois, aussi bien que l'État, sont plus riches qu'ils n'étaient. Je ne nie pas qu'ils ne soient plus endettés.

Louis XIV a laissé à sa mort plus de deux fois dix centaines de millions de dettes, à trente francs le marc, parce qu'il voulut à la fois avoir cinq cent mille hommes sous les armes, deux cents vaisseaux, et bâtir Versailles; et parce que, dans la guerre de la succession d'Espagne, ses armes furent longtemps malheureuses. Mais les ressources de la France sont beaucoup au-dessus de ses dettes. Un État qui ne doit qu'à lui-même ne peut s'appauvrir; et ces dettes mêmes sont un nouvel encouragement de l'industrie[1].

LE PRÉSERVATIF[2]

(1738.)

1. — Il est juste de détromper le public quand il est à craindre qu'on ne l'abuse. On ne connaît que trop les guerres des auteurs. La plupart des journalistes qui s'érigent en arbitres font souvent eux-mêmes les plus violents actes d'hostilité. Je peux dire, par l'expérience que j'ai dans la littérature, qu'il se forme autant d'intrigues pour faire valoir ou pour détruire un livre, dont souvent personne ne se soucie, que pour obtenir un poste important.

On sait que le *Journal des savants* de Paris, père de cette multitude de journaux, enfants très-souvent peu semblables à leur père, s'est assez préservé de la contagion des cabales.

1. Ceci n'est pas exact : 1° parce que lorsque la dette nationale est considérable, il est impossible que des étrangers ne soient pour des capitaux considérables parmi les créanciers de l'État; 2° parce que les créanciers de l'État ne sont point directement intéressés comme les propriétaires de terre, ou ceux qui font valoir leurs fonds dans les manufactures, à faire servir une partie de leurs capitaux aux progrès de l'agriculture et de l'industrie. (*Ed de Kehl*.)

2. La première édition de cet ouvrage a paru sous le nom de M. le chevalier de Mouhy. (*Ed. de Kehl.*)

Mais parmi les auteurs de ces petites gazettes volantes, qu'on débite tantôt sous le nom de *Nouvelliste du Parnasse*[1], tantôt sous le nom d'*Observations*[2], on ne trouve ni le même goût, ni la même science, ni la même équité. J'ai donc cru rendre quelque service aux amateurs des lettres, en rassemblant des bévues que j'ai trouvées dans plusieurs feuilles, intitulées *Observations*, que j'ai lues par hasard.

Nombre 200. — Le faiseur d'observations dit qu'un grand prince[3] a condamné le genre comique larmoyant, dans la pièce de *Don Sanche d'Aragon* de Pierre Corneille, et assure que ce goût ne doit point subsister parmi nous après cette condamnation.

Il y a en cela trois fautes : la première, que le goût d'un prince ne suffit pas pour régler celui du public; la seconde, que le *Don Sanche d'Aragon* de Pierre Corneille n'est point d'un genre comique attendrissant, et qui fasse verser des larmes, comme certaines scènes du *Bourreau de soi-même* de Térence[4], la scène très-tendre entre une mère et une fille dans *Ésope à la cour*[5], celle du *Préjugé à la mode*[6], de l'*Enfant prodigue*[7], etc. *Don Sanche d'Aragon* est une comédie héroïque et non larmoyante, comme le dit l'Observateur. Ce fut la froideur et non l'intérêt qui la fit tomber : jamais une pièce intéressante ne tombe.

La troisième faute, et plus grande, est de s'ériger en juge d'un art qu'on ne connaît pas, et de dire avec hardiesse que ce qui a plu dans Paris et dans l'ancienne Rome n'a pas dû plaire. Des scènes attendrissantes ont toujours été bien reçues à la comédie, de tous les temps, parce que les actions des particuliers peuvent être touchantes aussi bien que ridicules, et on peut leur appliquer ce que dit Horace :

« Interdum tamen et vocem comœdia tollit. »

II. — Dans la même feuille l'auteur rapporte une longue critique sur un problème d'optique qu'il n'entend point; on lui a fait accroire qu'il s'agissait dans ce problème de la trisection de l'angle, et il n'en est point du tout question. L'auteur que le critique reprend, sans le comprendre, est M. de Voltaire. J'ai lu soigneusement l'endroit en question dans la préface de l'édition de Londres des *Éléments de Newton*.

L'Observateur n'a point lu cet ouvrage qu'il ose critiquer; car il reproche à M. de Voltaire d'avoir donné des règles pour partager un angle en trois avec le compas, et c'est de quoi M. de Voltaire n'a pas dit un mot dans ses *Éléments*. L'Observateur s'est fié en cela à un géomètre qui s'est moqué de lui; il a cru que M. de Voltaire ne savait pas

---

1. *Le Nouvelliste du Parnasse*, ou *Réflexions sur les ouvrages nouveaux*, ouvrage auquel coopérait l'abbé Granet, fut commencé en 1731, et arrêté par le ministère public à la quatrième feuille du quatrième volume (15 mars 1732). Une réimpression de 1734 a 2 vol. in-12. (*Note de M. Beuchot.*)
2. Les *Observations sur les écrits modernes* furent commencées en 1735. Le privilège fut retiré par arrêt du conseil du 6 septembre 1743. La collection forme trente-trois volumes et trois feuilles. Les collaborateurs de Desfontaines furent l'abbé Granet, Mairault, l'abbé d'Estrées, Fréron, etc. (Ed.)
3. Le grand Condé. (Ed.)
4. *Heautontimorumenos*, comédie de Térence. (Ed.) — 5. Comédie de Boursault. (Ed.) — 6. De La Chaussée. (Ed.) — 7. De Voltaire lui-même. (Ed.)

qu'on ne peut trouver la trisection de l'angle que par les sections coniques ou par l'algèbre ; il a rapporté de bonne foi, dans sa feuille, une critique qu'on lui a suggérée pour le faire donner dans le panneau : c'est un exemple pour ceux qui parlent de ce qu'ils ignorent[1].

III. — Je prends les feuilles de l'Observateur indifféremment à mesure qu'on me les prête à lire : je trouve une étrange bévue dans la lettre vingt-septième. « Brutus, dit-il, plus quaker que stoïcien, a des sentiments plus monstrueux qu'héroïques. » Ne dirait-on pas, à ces paroles, que les quakers sont une secte d'hommes sanguinaires? Cependant tout le monde sait qu'une des premières lois des quakers est de ne porter jamais d'armes offensives, sous quelque prétexte que ce soit, et de ne jamais repousser une injure. La méprise est aussi grande que s'il avait dit : « Le cruel Brutus, plus capucin que stoïcien. »

IV. — Nombre 199. — En rendant compte d'une hypothèse de M. l'abbé de Molières, il dit que « ce physicien se conforme aux expériences de Newton ; par exemple, que les corps parcourent, en tombant, quinze pieds dans la première seconde, et qu'à des distances différentes du centre de la terre, le même mobile n'aurait pas le même degré de vitesse accélératrice. »

Il y a ici trois fautes. Newton n'a point trouvé par expérience que les corps tombent de quinze pieds dans la première seconde : c'est Huygens qui a déterminé cette chute dans ses beaux théorèmes sur le pendule, après que Galilée en eut donné une valeur approchée par des expériences directes, mais moins précises.

Secondement, ce n'est qu'à des distances très-considérables et inaccessibles aux hommes que cette différence serait sensible.

Troisièmement, cette différence de la force accélératrice à des distances différentes n'est fondée sur aucune expérience, mais sur une démonstration géométrique. Voilà les bévues où l'on s'expose quand on veut juger de ce qui n'est pas à notre portée.

V. — Nombre 17. — L'Observateur rapporte une ancienne dispute littéraire entre M. Dacier et le marquis de Sévigné, au sujet de ce passage d'Horace[2] :

« Difficile est proprie communia dicere.... »

Il rapporte le factum ingénieux de M. de Sévigné : « Et pour M. Da-

---

[1]. Les diamètres apparents des objets sont comme les cordes des angles sous lesquels ils sont vus, et non comme ces angles à une distance triple. Les diamètres apparents, et par conséquent les cordes des angles, sont trois fois plus petits ; mais l'angle n'est point partagé en trois. Comme en général dans les expériences ou dans les raisonnements que font les physiciens sur cet objet, ils considèrent de petits angles, et qu'alors on peut substituer, sans erreur sensible, le rapport des angles à celui des cordes, on dit ordinairement que la grandeur apparente des objets est proportionnelle à l'angle sous lequel ils sont vus. C'est une mauvaise plaisanterie d'un géomètre sur cette manière de parler inexacte en elle-même, mais généralement reçue, que l'abbé Desfontaines, qui était fort ignorant, a prise pour une critique sérieuse. (*Ed. de Kehl*.)

[2]. *Art poétique*, 128. (Ed.)

cier, dit-il, il se défend en savant, et c'est tout dire : des expressions maussades et injurieuses font les ornements de son érudition. »

Il y a dans ce discours de l'Observateur trois fautes bien étranges.

Premièrement, il est faux que ce soit le caractère des savants du siècle de Louis XIV, d'employer des injures pour toutes raisons.

Secondement, il est très-faux que M. Dacier en ait usé ainsi avec le marquis de Sévigné : il le comble de louanges et il conclut son mémoire par lui demander son amitié : apparemment que l'Observateur n'a pas lu cet écrit.

Troisièmement, il est indubitable que M. Dacier a raison pour le fond, et qu'il a très-bien traduit ce vers d'Horace :

« Difficile est proprie communia dicere.... »

« Il est très-difficile de bien traiter des sujets d'invention.... » Car si vous mettez sous les yeux du lecteur la phrase entière d'Horace, vous verrez que la fin explique le commencement.

« Difficile est proprie communia dicere, tuque
Rectius Iliacum carmen deducis in actus,
Quam si proferres ignota, indictaque primus. »

« Il est difficile de bien traiter un sujet d'invention, et vous composerez plus aisément une tragédie tirée de l'*Iliade*, que de votre propre tête. »

Voilà qui fait un sens clair, et qui prouve que *communia* veut dire en cet endroit *intactum*, un sujet neuf.

Ainsi l'abbé Desfontaines n'a pas entendu Horace, n'a pas lu l'écrit de M. Dacier qu'il critique, et a tort dans tous les points.

VI. — Nombre 201, etc. — Il dit que Cicéron est moins serré que Sénèque, et que Sénèque est plus verbeux. Peu importe, à la vérité, au public, qu'on ait tort ou raison sur cette bagatelle ; mais les jeunes gens qui étudient seraient trompés, s'ils croyaient que Sénèque exprime sa pensée en plus de mots que Cicéron : car c'est ce que signifie *verbeux*. Il n'y a personne qui ne sache que le défaut de Sénèque est d'être, au contraire, trop concis dans ses expressions.

VII. — Même nombre. — « Si les Anglais, dit-il, continuent d'encenser encore leur vide, et d'attribuer de merveilleuses propriétés au néant, etc. »

Qui a jamais dit que M. Newton ait encensé le vide? cette expression est très-mauvaise en tout sens. Il est faux que M. Newton ait attribué de merveilleuses propriétés au vide ; il a démontré que les corps, et non le vide, agissent à des distances immenses les uns sur les autres, dans un milieu non résistant. Il faudrait au moins se faire informer de l'état de la question avant que d'insulter de grands hommes dont on n'a lu ni pu lire les ouvrages.

VIII. — Nombre 187. — Il se fait écrire une lettre par un Anglais pour se louer lui-même, et il fait proposer dans cette lettre de faire une nouvelle édition d'un libelle de sa façon, intitulé *Dictionnaire néologique* : ce libelle est l'ouvrage auquel il donne le plus d'éloges dans sa gazette littéraire. Il est bon qu'on sache que ce *Dictionnaire néologique* est une satire dans laquelle on prend la peine inutile de relever des fautes connues de tout le monde, et de critiquer de très-belles choses à la faveur des mauvaises qu'on reprend. C'est un libelle où l'auteur veut faire passer sa fausse monnaie parmi la bonne qui n'est pas de lui. Je vais en donner quelques exemples.

M. de Fontenelle, dans ses *Éloges des académiciens*, livre plein d'esprit et de raison, et qui rend les sciences respectables, dit dans l'Éloge de M. de Varignon : « Nos journées passaient comme des moments, grâce à ces plaisirs qui ne sont pourtant pas compris dans ce qu'on appelle ordinairement les plaisirs. Nous parlions à nous quatre une bonne partie des différentes langues de l'empire des lettres, et tous les sujets de cette petite société se sont dispersés de là dans toutes les académies. »

Ailleurs il dit très à propos :

« N'est-il pas juste, en effet, que la science ait des ménagements pour l'ignorance, qui est son aînée, et qu'elle trouve toujours en possession?

« Malebranche fait un partage si net entre la raison et la foi, et assigne à chacune des objets si séparés, qu'elles ne peuvent plus avoir aucune occasion de se brouiller.

« On ne ferait pas tout ce que l'on peut, sans l'espérance de faire plus qu'on ne pourra.

« Il ne s'instruisait pas par une grande lecture, mais par une profonde méditation ; un peu de lecture jetait dans son esprit des germes de pensées que la méditation faisait ensuite éclore, et qui rapportaient au centuple. Il devinait, quand il en avait besoin, ce qu'il eût trouvé dans les livres ; et pour s'épargner la peine de les lire, il se les faisait lire.

« Il semblait ne plus voir par ses yeux, mais par sa raison seule. La persuasion artificielle de la philosophie, quoique formée par de longs circuits, égalait en lui la persuasion la plus naturelle et causée par les impressions les plus promptes et les plus vives : les autres croient ce qu'ils voient ; pour lui, ce qu'il croyait, il le voyait.

« M. de Varignon m'a fait l'honneur de me léguer tous ses papiers par son testament ; j'en rendrai au public le meilleur compte qu'il me sera possible.... du reste, je promets de ne rien détourner à mon usage particulier des trésors que j'ai entre les mains, et je compte que j'en serai cru ; il faudrait un plus habile homme pour faire sur ce sujet quelque mauvaise action avec quelque espérance de succès. »

Ce sont là les morceaux qu'un écrivain tel que l'abbé Desfontaines ose essayer de tourner en ridicule. Le plus grand des ridicules est assurément d'en vouloir donner à ceux à qui on est si prodigieusement inférieur.

IX. — Dans ce même *Dictionnaire néologique* il reprend *génie conséquent*, *esprit conséquent* : il ne sait pas que c'est une expression très-juste et très-usitée.

Il veut tourner en ridicule ces vers de feu M. de La Motte, sous prétexte que dans Richelet le mot *contemporain* n'est pas féminin.

> D'une estime contemporaine
> Mon cœur eût été plus jaloux;
> Mais, hélas! elle est aussi vaine
> Que celle qui vient après nous[1].

Il trouve impertinents ces deux vers très-sensés

> Et notre être même est un point
> Que nous sentons sans connaissance.

Il ridiculise encore cette belle expression de M. Racine le fils, dans une épître didactique :

> Les signes du plaisir, les couleurs de la joie[2].

Il ne voit pas que, dans cette expression, il y a à la fois de la vérité et de l'imagination, et que par conséquent elle est belle.

Il reprend le P. Catrou d'avoir dit que les pourceaux *paissent le gland*, et il ajoute qu'ils paissent encore quelque chose qu'il ne peut pas dire. C'est ainsi qu'avec la plus basse des grossièretés il reprend une expression noble : mais revenons aux *Observations*.

X. — Nombre 197. == En faisant l'extrait d'une certaine harangue latine de M. Turretin, *il se plaint de la disette des Mécènes*, et de la malheureuse situation des savants; et il répète cette plainte dans tous ses livres.

Il devrait savoir que jamais les sciences n'ont été plus encouragées en France. Le voyage au pôle et à l'équateur, entrepris à si grands frais; les pensions données à M. de Réaumur, à M. de Voltaire, à nos meilleurs auteurs, et en dernier lieu à M. de Crébillon, en sont une preuve. Il est vrai qu'un homme qui n'a de mérite que celui de la satire est très-méprisé parmi nous, et est souvent puni au lieu d'être récompensé; et cela est très-juste.

XI. — Nombre 185. — Un homme de goût[3] avait trouvé peu de justesse dans cette phrase de l'Oraison funèbre de la reine d'Angleterre, par M. Bossuet : « L'Angleterre.... plus agitée en sa terre et dans ses ports mêmes, que l'Océan qui l'environne.... » Il est clair qu'*agitée en sa terre* n'est pas une bonne expression; il est clair que s'il y a de l'agitation, elle doit être dans les ports, comme au milieu des terres, et que cette phrase n'est pas digne de l'éloquent et admirable M. Bossuet.

L'Observateur se moque du goût de celui qui a repris avec raison cette phrase; ainsi l'Observateur se trompe, et quand il approuve et quand il condamne.

XII. — Nombre 202. — En rendant compte du voyage de messieurs les académiciens au cercle polaire : « Vénus, dit-il, a été observée au méridien au-dessous du pôle. » Il ignore qu'une planète n'est ni au-dessous ni au-dessous du pôle, mais toujours dans le zodiaque, et tan-

---

1. La Motte, la *Réputation*, ode, 41-44. (ÉD.)
2. Dans la *Première épître sur l'âme des bêtes*. (ÉD.)
3. L'abbé Leroy, auteur de la *Lettre d'un provincial à un ami, sur le discours de M. Crevier*, 1738. (ÉD.)

XII. — Grande querelle.

Pendant le séjour de M. André à Paris, il y eut une querelle importante[1]. Il s'agissait de savoir si Marc Antonin était un honnête homme, et s'il était en enfer ou en purgatoire, ou dans les limbes, en attendant qu'il ressuscitât. Tous les honnêtes gens prirent le parti de Marc Antonin. Ils disaient : « Antonin a toujours été juste, sobre, chaste, bienfaisant. Il est vrai qu'il n'a pas en paradis une place aussi belle que celle de saint Antoine; car il faut des proportions, comme nous l'avons vu; mais certainement l'âme de l'empereur Antonin n'est point à la broche dans l'enfer. Si elle est en purgatoire, il faut l'en tirer; il n'y a qu'à dire des messes pour lui. Les jésuites n'ont plus rien à faire; qu'ils disent trois mille messes pour le repos de l'âme de Marc Antonin; ils y gagneront, à quinze sous la pièce, deux mille deux cent cinquante livres. D'ailleurs on doit du respect à une tête couronnée; il ne faut pas la damner légèrement. »

Les adversaires de ces bonnes gens prétendaient au contraire qu'il ne fallait accorder aucune composition à Marc Antonin; qu'il était un hérétique; que les carpocratiens et les aloges n'étaient pas si méchants que lui; qu'il était mort sans confession; qu'il fallait faire un exemple; qu'il était bon de le damner pour apprendre à vivre aux empereurs de la Chine et du Japon, à ceux de Perse, de Turquie et de Maroc, aux rois d'Angleterre, de Suède, de Danemark, de Prusse, au stathouder de Hollande, et aux avoyers du canton de Berne, qui n'allaient pas plus à confesse que l'empereur Marc Antonin; et qu'enfin c'est un plaisir indicible de donner des décrets contre des souverains morts, quand on ne peut en lancer contre eux de leur vivant, de peur de perdre ses oreilles.

La querelle devint aussi sérieuse que le fut autrefois celle des ursulines et des annonciades, qui disputèrent à qui porterait plus longtemps des œufs à la coque entre les fesses sans les casser. On craignit un schisme, comme du temps des cent et un contes de ma mère l'oie, et de certains billets payables au porteur dans l'autre monde. C'est une chose bien épouvantable qu'un schisme; cela signifie division dans les opinions, et, jusqu'à ce moment fatal, tous les hommes avaient pensé de même.

M. André, qui est un excellent citoyen, pria les chefs des deux partis à souper. C'est un des bons convives que nous ayons; son humeur est douce et vive, sa gaieté n'est point bruyante; il est facile et ouvert; il n'a point cette sorte d'esprit qui semble vouloir étouffer celui des autres; l'autorité qu'il se concilie n'est due qu'à ses grâces, à sa modération, à une physionomie ronde qui est tout à fait persuasive. Il aurait fait souper gaiement ensemble un Corse et un Génois, un représentant de Genève et un négatif, le muphti et un archevêque. Il fit tomber habilement les premiers coups que les disputants se portaient, en détournant la conversation, et en faisant un conte très-agréable qui ré-

1. La condamnation du Bélisaire de Marmontel. (Note de M. Beuchot.)

jouit également les damnants et les damnés. Enfin, quand ils furent un peu en pointe de vin, il leur fit signer que l'âme de l'empereur Marc Antonin resterait *in statu quo*, c'est-à-dire je ne sais où, en attendant un jugement définitif.

Les âmes des docteurs s'en retournèrent dans leurs limbes paisiblement après le souper : tout fut tranquille. Cet accommodement fit un très-grand honneur à l'homme aux quarante écus; et toutes les fois qu'il s'élevait une dispute bien acariâtre, bien virulente entre des gens lettrés ou non lettrés, on disait aux deux partis : « Messieurs, allez souper chez M. André. »

Je connais deux factions acharnées qui, faute d'avoir été souper chez M. André, se sont attiré de grands malheurs.

XIII. — *Scélérat chassé.*

La réputation qu'avait acquise M. André d'apaiser les querelles en donnant de bons soupers, lui attira, la semaine passée, une singulière visite. Un homme noir, assez mal mis, le dos voûté, la tête penchée sur une épaule, l'œil hagard, les mains fort sales, vint le conjurer de lui donner à souper avec ses ennemis.

« Quels sont vos ennemis, lui dit M. André, et qui êtes-vous ? — Hélas ! dit-il, j'avoue, monsieur, qu'on me prend pour un de ces maroufles qui font des libelles pour gagner du pain, et qui crient, *Dieu, Dieu, Dieu, religion, religion*, pour attraper quelque petit bénéfice. On m'accuse d'avoir calomnié les citoyens les plus véritablement religieux, les plus sincères adorateurs de la divinité, les plus honnêtes gens du royaume. Il est vrai, monsieur, que, dans la chaleur de la composition, il échappe souvent aux gens de mon métier de petites inadvertances, qu'on prend pour des erreurs grossières, des écarts que l'on qualifie de mensonges impudents. Notre zèle est regardé comme un mélange affreux de friponnerie et de fanatisme. On assure que, tandis que nous surprenons la bonne foi de quelques vieilles imbéciles, nous sommes le mépris et l'exécration de tous les honnêtes gens qui savent lire.

« Mes ennemis sont les principaux membres des plus illustres académies de l'Europe, des écrivains honorés, des citoyens bienfaisants. Je viens de mettre en lumière un ouvrage que j'ai intitulé *Antiphilosophique*. Je n'avais que de bonnes intentions; mais personne n'a voulu acheter mon livre. Ceux à qui je l'ai présenté l'ont jeté dans le feu, en me disant qu'il n'était pas seulement anti-raisonnable, mais antichrétien et très-antihonnête.

— Eh bien ! lui dit M. André, imitez ceux à qui vous avez présenté votre libelle; jetez-le dans le feu, et qu'il n'en soit plus parlé. Je loue fort votre repentir; mais il n'est pas possible que je vous fasse souper avec des gens d'esprit qui ne peuvent être vos ennemis, attendu qu'ils ne vous liront jamais.

— Ne pourriez-vous pas du moins, monsieur, dit le cafard, me réconcilier avec les parents de feu M. de Montesquieu, dont j'ai outragé la mémoire, pour glorifier le révérend P. Routh, qui vint assiéger ses derniers moments, et qui fut chassé de sa chambre?

— Morbleu! lui dit M. André, il y a longtemps que le R. P. Routh est mort : allez-vous-en souper avec lui. »

C'est un rude homme que M. André, quand il a affaire à cette espèce méchante et sotte. Il sentit que le cafard ne voulait souper chez lui avec des gens de mérite que pour engager une dispute, pour les aller ensuite calomnier, pour écrire contre eux, pour imprimer de nouveaux mensonges. Il le chassa de sa maison, comme on avait chassé Routh de l'appartement du président de Montesquieu[1].

On ne peut guère tromper M. André. Plus il était simple et naïf quand il était l'homme aux quarante écus, plus il est devenu avisé quand il a connu les hommes.

XIV. — *Le bon sens de M. André.*

Comme le bon sens de M. André s'est fortifié depuis qu'il a une bibliothèque! Il vit avec les livres comme avec les hommes; il choisit, et il n'est jamais la dupe des noms. Quel plaisir de s'instruire et d'agrandir son âme pour un écu, sans sortir de chez soi!

Il se félicite d'être né dans un temps où la raison humaine commence à se perfectionner. « Que je serais malheureux, dit-il, si l'âge où je vis était celui du jésuite Garasse, du jésuite Guignard, ou du docteur Boucher, du docteur Aubri, du docteur Guincestre, ou des gens qui condamnaient aux galères ceux qui écrivaient contre les catégories d'Aristote! »

La misère avait affaibli les ressorts de l'âme de M. André; le bien-être leur a rendu leur élasticité. Il y a mille Andrés dans le monde auxquels il n'a manqué qu'un tour de roue de la fortune pour en faire des hommes d'un vrai mérite.

Il est aujourd'hui au fait de toutes les affaires de l'Europe, et surtout des progrès de l'esprit humain.

« Il me semble, me disait-il mardi dernier, que la Raison voyage à petites journées, du nord au midi, avec ses deux intimes amies, l'Expérience et la Tolérance. L'Agriculture et le Commerce l'accompagnent. Elle s'est présentée à l'Italie; mais la congrégation de l'Indice l'a repoussée. Tout ce qu'elle a pu faire a été d'envoyer secrètement quelques-uns de ses facteurs, qui ne laissent pas de faire du bien. Encore quelques années, et le pays des Scipions ne sera plus celui des arlequins enfroqués.

1. Il s'agit ici du jésuite Paulian, qui envoya un mauvais dictionnaire de physique à M. de Voltaire, en lui écrivant qu'il le regardait comme un des plus grands hommes de son siècle, et fit l'année d'après un dictionnaire antiphilosophique digne de son titre, dans lequel M. de Voltaire était insulté avec la grossièreté d'un moine et l'insolence d'un jésuite. Il n'est pas rigoureusement vrai que Routh ait été chassé de la chambre de Montesquieu mourant; on ne l'osa point, parce que les jésuites avaient encore du crédit ; mais il est très-vrai qu'il troubla les derniers moments de cet homme célèbre, qu'il voulut le forcer à lui livrer ses papiers, et qu'il ne put y réussir; peu d'heures avant que Montesquieu expirât, on renvoya Routh et son compagnon ivres morts dans leur couvent. (Éd. de Kehl).

« Elle a de temps en temps de cruels ennemis en France; mais elle y a tant d'amis, qu'il faudra bien à la fin qu'elle y soit premier ministre.

« Quand elle s'est présentée en Bavière et en Autriche, elle a trouvé deux ou trois grosses têtes à perruque qui l'ont regardée avec des yeux stupides et étonnés. Ils lui ont dit : « Madame, nous n'avons jamais entendu parler de vous; nous ne vous connaissons pas. — Messieurs, » leur a-t-elle répondu, avec le temps vous me connaîtrez et vous m'aimerez[1]. Je suis très-bien reçue à Berlin, à Moscou, à Copenhague, à Stockholm. Il y a longtemps que, par le crédit de Locke, de Gordon, de Trenchard, de milord Shaftesbury, et de tant d'autres, j'ai reçu mes lettres de naturalité en Angleterre. Vous m'en accorderez un jour. Je suis la fille du Temps, et j'attends tout de mon père. »

« Quand elle a passé sur les frontières de l'Espagne et du Portugal, elle a béni Dieu de voir que les bûchers de l'inquisition n'étaient plus si souvent allumés; elle a espéré beaucoup en voyant chasser les jésuites; mais elle a craint qu'en purgeant le pays des renards, on ne le laissât exposé aux loups.

« Si elle fait encore des tentatives pour entrer en Italie, on croit qu'elle commencera par s'établir à Venise, et qu'elle séjournera dans le royaume de Naples, malgré toutes les liquéfactions de ce pays-là, qui lui donnent des vapeurs. On prétend qu'elle a un secret infaillible pour détacher les cordons d'une couronne qui sont embarrassés, je ne sais comment, dans ceux d'une tiare, et pour empêcher les haquenées d'aller faire la révérence aux mules. »

Enfin la conversation de M. André me réjouit beaucoup; et, plus je le vois, plus je l'aime.

XV. — *D'un bon souper chez M. André.*

Nous soupâmes hier ensemble avec un docteur de Sorbonne, M. Pinto, célèbre juif, le chapelain de la chapelle réformée de l'ambassadeur batave, le secrétaire de M. le prince Gallitzin du rit grec, un capitaine suisse calviniste, deux philosophes, et trois dames d'esprit.

Le souper fut fort long, et cependant on ne disputa pas plus sur la religion que si aucun des convives n'en avait jamais eu : tant il faut avouer que nous sommes devenus polis; tant on craint à souper de contrister ses frères! Il n'en est pas ainsi du régent Cogé, et de l'ex-jésuite Nonotte, et de l'ex-jésuite Patouillet, et de l'ex-jésuite Rotalier[2], et de tous les animaux de cette espèce. Ces croquants-là vous disent plus de sottises dans une brochure de deux pages que la meilleure compagnie de Paris ne peut dire de choses agréables et instructives dans un souper de quatre heures; et, ce qu'il y a d'étrange, c'est qu'ils n'oseraient dire en face à personne ce qu'ils ont l'impudence d'imprimer.

1. Et ce temps est venu. — Cette note parut pour la première fois dans les éditions de Kehl. Alors régnait, en Autriche l'empereur Joseph II. (Ép.)
2. Riballier. (Ép.)

Nous arrivâmes au Spireback dans le temps que les généraux alliés étaient à table. Leur armée se rangea en bataille avec beaucoup de confusion, et nous fondîmes sur eux pendant qu'ils se formaient, quoique toutes nos troupes ne fussent pas arrivées. Je n'ai jamais vu tant de célérité dans l'exécution : les ennemis firent un feu très-vif, et obligèrent même M. de Puignon de reculer à leur droite ; mais M. le maréchal fit charger, la baïonnette au bout du fusil ; méthode excellente, et qui nous réussit presque toujours : alors les ennemis ne firent plus aucune résistance. »

Eh bien ! monsieur le journaliste, est-ce là gagner une bataille par méprise? M. de Feuquières, ennemi personnel de M. de Tallard, a pu le dire ; il a fait par envie ce que vous faites par ignorance.

XXV. — L'Observateur (nombre 69) parle de vers comme de guerre et de philosophie ; il critique ce vers de M. Gresset[1] :

Au sein des mers, dans une île enchantée.

« Le sein de la mer, dit-il, ne peut s'entendre de sa surface. » Il devrait au moins savoir qu'en poésie on dit : *Au sein des mers*, au lieu d'*au milieu des mers*; *au sein de la France*, au lieu d'*au milieu de la France*; *au sein des beaux-arts* dont on médit; *au sein de la bassesse, de l'envie, de l'ignorance, de l'avarice*, etc.

XXVI. — Nombre 8. — On m'apporte dans le moment cette feuille ; elle est curieuse et mérite une attention singulière. Voici comme il parle d'un livre intitulé *le Petit Philosophe* :

« J'en ai trop dit pour vous faire mépriser un livre qui dégrade également l'esprit et la probité de l'auteur;... c'est un tissu de sophismes libertins, forgés à plaisir pour détruire les principes de la morale, de la politique et de la religion.... Comment pourrait-on être séduit par un écrivain qui franchit toutes sortes de bornes et qui avoue d'un air cavalier qu'il n'a étudié que dans les cafés et dans les cabarets ? »

Ne croirait-on pas sur cet exposé que cet ouvrage, intitulé le *Petit Philosophe* ou *Alciphron*, est la production de quelque coquin enfermé dans un hôpital pour ses mauvaises mœurs ? On sera bien surpris quand on saura que c'est un livre saint, rempli des plus forts arguments contre les libertins, composé par M. l'évêque de Cloyne, ci-devant missionnaire en Amérique. Celui qui a fait cet infâme portrait de ce saint livre, fait bien voir par là qu'il n'a aucun des livres dont il a la hardiesse de parler.

XXVII. — Ayant lu dans ces *Observations* plusieurs traits contre M. de Voltaire et une lettre qu'il se vante que M. de Voltaire lui a écrite, j'ai pris la liberté d'écrire à M. de Voltaire sans le connaître; voici ce qu'il m'a répondu :

« Je ne connais l'abbé Guyot Desfontaines que parce que M. Thiriot l'amena chez moi en 1724, comme un homme qui avait été ci-devant jésuite, et qui, par conséquent, était un homme d'étude ; je le reçus avec amitié, comme je reçois tous ceux qui cultivent les lettres. Je fus étonné

---

[1]. *Épître à ma muse*, vers 222. (ÉD.)

au bout de quinze jours de recevoir une lettre de lui, datée de Bicêtre, où il venait d'être renfermé. J'appris qu'il avait été mis trois mois auparavant au Châtelet pour le même crime dont il était accusé, et qu'on lui faisait son procès dans les formes. J'étais alors assez heureux pour avoir quelques amis très-puissants que la mort m'a enlevés. Je courus à Fontainebleau, tout malade que j'étais, me jeter à leurs pieds; je pressai, je sollicitai de toutes parts; enfin j'obtins son élargissement et la discontinuation du procès où il s'agissait de sa vie; je lui fis avoir la permission d'aller à la campagne chez M. le président de Bernières mon ami. Il y alla avec M. Thiriot. Savez-vous ce qu'il y fit? un libelle contre moi. Il le montra même à M. Thiriot, qui l'obligea de le jeter dans le feu; il me demanda pardon en me disant que le libelle était fait un peu avant la date de Bicêtre. J'eus la faiblesse de lui pardonner, et cette faiblesse m'a valu en lui un ennemi mortel, qui m'a écrit des lettres anonymes et qui a envoyé vingt libelles en Hollande contre moi. Voilà, monsieur, une partie des choses que je peux vous dire sur son compte, etc. »

Je ne crois pas qu'une pareille lettre ait besoin de commentaire, aussi je n'en ferai point.

XXVIII. — On m'apporte le nombre 58. Le satirique auteur essaye d'avilir la *Mérope* du marquis Maffei. Cette tragédie a sans doute des défauts, mais ce n'est pas ceux que le satirique lui reproche. Il traduit *gentile aspetto*, aspect aimable, par *jolie figure*; *genitori innocenti*, les auteurs vertueux de mes jours, par *mes parents gens de bien*; *ben complesso*, taille avantageuse, par *bonne complexion*. Ainsi, dans une traduction que ce critique fit en français d'un ouvrage anglais de M. de Voltaire[1], il prit le mot *cake*, qui signifie *gâteau*, pour le géant *Cacus*.... Il est plaisant, il faut l'avouer, qu'un pareil homme s'avise de juger les autres.

XXIX. — Voici les expressions qu'on m'a fait voir dans ses feuilles :
« La fréquence fastidieuse d'un clinquant métaphysique. »
« Les rustiques contempteurs qui méprisent les *Révolutions de Pologne*, le second *Gulliver*, le *Nouvelliste du Parnasse*, etc. »
« Un sage militaire enchanté d'un auteur connu par les admirables saillies d'une délicate inintelligibilité. »
« Une hypocrisie corporifiée par la grâce. »
« La nouvelle faculté d'un esprit paradoxal, érigée dans le beau monde. »
« Un savoyard qui décrotte des lambeaux de métaphysique. »
« La vérité habilement distillée par un avocat général, qui en tire l'essence du problématique judiciaire. »

Je n'en copierai pas davantage; je me contenterai de demander s'il sied bien à l'auteur de ce *galimatias* plein de bassesse, d'insulter au style de M. de Marivaux et à tant d'autres?

XXX. — Je crains de fatiguer le public par les citations d'un ouvrage dont les feuilles sont oubliées à mesure qu'elles paraissent. Je crois que

---

1. *L'Essai sur la poésie.* (ÉD.)

le peu que j'ai dit servira de *préservatif*. Je continuerai si la chose est nécessaire ; j'avertis, en attendant, que le même auteur donne sous main, depuis quelque temps, une autre brochure intitulée : *Réflexions sur les ouvrages de littérature*. On dit qu'il combat souvent dans cette feuille ce qu'il a dit dans les *Observations*. Cela fait souvenir de gens d'une profession à peu près semblable, qui font semblant de se battre pour ameuter les passants. N'est-il pas déplorable de voir un tel brigandage dans les lettres ?

MÉMOIRE

IMPRIMÉ DANS LE JOURNAL DES SAVANTS, OCTOBRE 1738.

Je suis obligé de déclarer qu'ayant fait présent de mes ouvrages aux sieurs Ledet, libraires, étant ensuite retombé très-malade à la campagne, pendant qu'on imprimait les *Éléments* de Newton, et n'ayant pu finir cet ouvrage, lesdits libraires ont fait achever le xxiiie chapitre et faire le xxive par un mathématicien habile, sans m'en avertir. Loin que je m'en sois plaint, j'ai rendu justice publiquement à la science du continuateur, et je crois que cette partie de l'ouvrage sera la plus utile aux physiciens. Il est vrai que je ne suis pas du sentiment du continuateur sur la lumière zodiacale, que M. Fatio compose, dit-on, de petites planètes. Je ne saurais surtout admettre l'hypothèse du continuateur sur l'anneau de Saturne, après avoir lu l'excellent livre de M. de Maupertuis sur la figure des astres[1], où l'on explique si bien la formation de cet anneau par les principes des forces centrifuges. Mais j'ai trouvé tant de mérite dans le reste de ces chapitres, que je me suis cru honoré de les voir dans mon ouvrage. Il paraît qu'ils ne sont pas assez à la portée des commençants ; mais ce que j'ai fait étant destiné aux personnes sans études, et les chapitres de ce savant étant faits pour des physiciens consommés, il se trouvera par là qu'en effet ces *Éléments* seront pour tout le monde et que le livre en sera plus utile.

On fait à Paris depuis peu, sous le nom de Londres, une édition d'après celle de Hollande, dans laquelle on a mis en forme de préface des *Éclaircissements* qui avaient déjà paru dans le journal de Trévoux[2] et en Angleterre. J'ai envoyé aux éditeurs beaucoup d'additions et de corrections absolument nécessaires.

Je souhaite que les éditeurs d'Amsterdam se conforment entièrement à cette édition, qui est sous le nom de Londres, et qu'on observe d'en corriger les fautes très-grandes qui se trouvent réformées dans l'*errata*. Moyennant cette attention, les libraires de Hollande auront leur édi-

---

1. *Discours sur les différentes figures des astres*, 1738, in-8°.
2. Juillet 1738. (ÉD.)

tion complète. Je ne prends aucun parti entre les intérêts des libraires de France et de Hollande. J'achète comme les autres l'édition qui me paraît la meilleure. Tout ce que je demande, c'est que le public soit servi avec exactitude et que les libraires se donnent la peine de faire des cartons quand il le faut. Une faute à laquelle le lecteur supplée aisément a besoin tout au plus d'un *errata*; mais quand elle est considérable, il faut un carton. Ce que je dis ici est uniquement pour la perfection des arts, à laquelle on doit toujours tendre.

Je me suis aperçu en dernier lieu, par mon expérience et par celle des personnes qui lisaient avec moi la géométrie et les mathématiques du grand philosophe M. Volfius, édition de Genève, 1732, combien il est désagréable d'avoir si souvent des erreurs de calcul et d'être obligé de consulter à chaque instant un *errata* de huit pages entières, tandis que dans le tome de l'*Infini* de M. de Fontenelle, il n'y a qu'une seule faute d'impression.

Beaucoup d'erreurs viennent aussi des copistes; et voilà pourquoi la plupart des livres imprimés loin des yeux de l'auteur fourmillent de tant de fautes.

Ces inconvénients en attirent encore un autre très-fréquent; ceux qui travaillent à cette multitude de journaux dont l'Europe est remplie, n'ont pas toujours l'équité de distinguer entre les fautes qu'on peut attribuer à l'auteur et celles qu'on peut imputer à l'éditeur : et de là viennent des pages entières d'invectives, de railleries, souvent même d'accusations les plus graves. On m'a fait voir par hasard, depuis peu, un ancien journal où il y a une longue dissertation très-amère contre moi, sur ce que j'avais dit, à ce qu'on prétend, que le P. Malebranche *admit les idées innées*. Si l'auteur de ces invectives avait daigné lire *n'admit point*, qui fait un sens avec le reste de la phrase, au lieu d'*admit* qui n'en fait point, il se serait épargné le repentir d'avoir dit des injures injustes à un honnête homme qu'il ne connaît pas. Il en est ainsi de la personne qui vient d'insérer des invectives, sous le nom d'un libraire, dans le *Journal des savants*, mois de juin, édition d'Amsterdam, et qui veut ravir à ce journal la gloire qu'il a eue d'être toujours écrit avec politesse. Il ne faut répondre à ces injustices, dont sans doute leurs auteurs rougiront un jour, que ce que répondit le P. Bouhours à Ménage. Il recueillit une centaine d'injures que Ménage lui avait dites et il mit au bas : « Il faut convenir que M. Ménage est un homme bien poli. »

On ne saurait encore trop avertir le public d'un abus bien contraire à la société civile, qui s'accrédite depuis quelques années. Plusieurs personnes qui font métier d'envoyer des nouvelles, soit politiques, soit littéraires, en Hollande, étant souvent mal informées, inspirées par de mauvais conseils ou par le désir dangereux de mieux faire valoir leurs nouvelles, écrivent quelquefois des choses également contraires à la vérité et à la probité. Ces mensonges, qui ne peuvent être imprimés à Paris, grâce à la sage vigilance des magistrats, sont quelquefois imprimés dans huit ou neuf journaux français et plus de vingt gazettes françaises qui se composent en pays étranger; ainsi une imposture fait bientôt le tour de l'Europe, et ces fausses nouvelles sont devenues réellement une branche du commerce.

C'est un inconvénient attaché au progrès des belles-lettres, et peut-être y aurait-il un plus grand inconvénient à le détruire tout à fait. Le public n'y peut apporter d'autre remède qu'une défiance extrême en lisant ces ouvrages; et c'est ainsi presque toujours qu'il faut tout lire.

Je ne répondrai point ici à toutes ces objections que l'on fait en France contre les vérités indiquées dans les *Éléments* de Newton. Je dirai seulement avec le journal de Trévoux que, pour attaquer la plupart des choses que j'ai expliquées, il faut attaquer Newton lui-même, et que ce n'est pas une petite entreprise.

CONSEILS A M. HELVÉTIUS
SUR LA COMPOSITION ET SUR LE CHOIX DU SUJET D'UNE ÉPITRE MORALE.

(1738.)

Première règle. — Le choix d'une épître doit intéresser le cœur et éclairer l'esprit. Une vérité qui n'est pas lieu commun, qui touche au bonheur des hommes, qui fournit des images propres à émouvoir, est le meilleur choix qu'on puisse faire. S'il s'y trouve des peintures qui éveillent et flattent l'imagination, des maximes, des préceptes qu'on puisse présenter de la manière la plus séduisante, c'est le moyen d'éclairer l'esprit en l'amusant.

Deuxième règle. — Les idées doivent être rangées dans l'ordre le plus naturel, de façon qu'elles se succèdent sans effort, et qu'une pensée serve toujours à développer l'autre : c'est épargner de la peine au lecteur, soutenir son attention, et ménager sa curiosité. Les peintures y doivent être tellement variées, que l'imagination soit toujours surprise et charmée.

Troisième règle. — Il faut que les liaisons soient courtes, claires, et fassent aisément passer d'un objet à un autre. Elles sont souvent difficiles à trouver; on ne les rencontre pas du premier coup : en général on doit beaucoup se méfier de son premier jet. Pour éviter de sacrifier des vers, des morceaux qui ont coûté du travail, peut-être conviendrait-il mieux de commencer par mettre sa première façon en prose.

Quatrième règle. — Se hâter d'aller à la fin de son sujet, y entraîner son lecteur par la route la plus courte; ne peindre d'un objet que ce qui est nécessaire à votre dessein principal; ne pas trop s'appesantir sur les détails, quand les masses suffisent pour faire les impressions que vous désirez produire; finir toujours, s'il est possible, par quelque morceau brillant et d'effet.

Cinquième règle. — Ne pas établir la vérité qu'on veut prouver par des lieux communs de pensées triviales, d'images trop familières, et de maximes rebattues. Le détail des preuves doit être aussi soigneusement travaillé que toutes les autres parties de l'ouvrage. On peut toujours être neuf par la nouveauté des tours et la correction du style.

SIXIÈME RÈGLE. — Tourner autant que l'on peut en sentiment les réflexions sur les folies ou les malheurs des hommes. Il n'est point de meilleure manière d'embellir un ouvrage didactique et de le rendre intéressant, alors que chaque partie, traitée comme il convient à l'effet de l'ensemble, est soignée de façon qu'on imagine avoir atteint le mieux possible.

SEPTIÈME RÈGLE. — Quant aux peintures, leur effet dépend de la grandeur, de l'éclat, et de la manière neuve de faire voir un objet, et d'y faire remarquer ce que l'œil inattentif n'y voit pas. Peindre des objets inconnus à beaucoup de monde, c'est manquer son but. Peu de personnes peuvent les saisir ou les sentir, à moins qu'ils ne soient si vastes qu'on ne puisse s'empêcher de les voir.

HUITIÈME RÈGLE. — Quant à l'expression, il faut avoir grande attention au mot et au tour le plus propre. Il n'y en a qu'une pour bien rendre une idée; il la faut nette et forte; choisir des verbes de mouvement; avoir attention de varier ses tours; conserver l'harmonie; ne prendre que des syllabes pleines, et ne pas faire de trop fortes inversions; avoir encore égard à la liaison du mot et du tour; travailler chacune des parties de toutes les forces de son esprit, en l'y appliquant successivement.

NEUVIÈME RÈGLE. — Dans les arts du génie, surtout en poésie, le meilleur moyen d'y être habile est, dans les premières pièces qu'on fait, de les recommencer jusqu'à ce qu'elles soient parfaites. On en tire l'avantage de se bien pénétrer de son sujet, de l'envisager sous ses formes les plus heureuses, et d'apprendre toutes les règles de la perfection, dont on ne déchoit guère après, quand elles sont tournées en principes habituels.

DIXIÈME RÈGLE. — Il faut encore examiner si un sujet est susceptible d'invention, et ne pas l'en croire dépourvu parce qu'il n'aura pas cédé au premier effort. Dans une épître souvent elle n'a pas lieu; mais c'est la première partie dans le poëme épique et la tragédie.

ONZIÈME RÈGLE. — Le choix du sujet dans les ouvrages est bien important. Plusieurs mémoires et plaidoyers d'avocats célèbres sont des chefs-d'œuvre : on ne les lit plus; ils n'intéressent personne. En poésie didactique, il faut prouver d'une manière neuve des choses non-seulement que les hommes ont intérêt à savoir; mais il est bien plus heureux d'avoir à leur prouver ce qu'ils pensent déjà, c'est-à-dire ce qui est bon au plus grand nombre.

DOUZIÈME RÈGLE. — On est sûr d'avoir rencontré le meilleur ordre possible, quand les pensées se prêtent un jour successif. Il doit produire deux effets : l'auteur n'est jamais obligé de revenir sur ses pas; et le lecteur, en se fortifiant dans la première idée, apprend toujours quelque chose de nouveau; ce qui est une espèce d'intérêt.

REMARQUES
SUR DEUX ÉPITRES D'HELVÉTIUS.

PREMIÈRE ÉPITRE.
SUR L'ORGUEIL ET LA PARESSE D'ESPRIT.

La première leçon donnait à cette épitre un titre trop développé. Helvétius y annonçait qu'il se proposait de prouver « que tout est rapport ; que les philosophes se sont perdus dans le vague des idées absolues ; qu'ils eussent mieux fait de travailler au bien de la société ; que Locke nous a ouvert la route de la vérité, qui est celle du bonheur. »
Voici la note que Voltaire adressait à ce sujet à son jeune élève :
« Ce titre est un peu long et ne paraît pas extrêmement clair. Le mot d'*idées absolues* ne donne pas une idée bien nette. D'ailleurs, en général, la chose n'est pas vraie. Il y a un temps *absolu*, un espace *absolu*, etc. Locke les considère comme tels, et vous êtes ici partisan de Locke. Locke n'est point regardé comme un philosophe moral, qui ait abandonné l'étude des choses abstraites pour envisager seulement la vertu. La route de la vérité n'est pas toujours celle du bonheur. On peut être très-malheureux, et savoir mesurer des courbes ; on peut être très-heureux, et ignorant. »
Helvétius, en conséquence de cet avis judicieux, a rendu son titre plus simple. Il avait mis d'abord « que c'est par les effets qu'on doit remonter aux causes, en physique, métaphysique, et morale. » Mais il a bien vu que ceci était encore trop long, et il donne enfin à l'épitre ce dernier titre clair et simple : *Sur l'orgueil et la paresse de l'esprit*.

Ire LEÇON. — Les six premiers vers paraissaient à Voltaire un peu embrouillés ; il dit à cette occasion : « Mettez les six premiers vers en prose, et demandez à quelqu'un s'il entendra cette prose : la poésie demande la même clarté au moins. »

. . . .
. . . .
De la droite raison les rapports sont les guides[1].
Ils ont sondé les mers[2], ils ont percé les cieux.
Les plus vastes esprits, sans leur secours heureux,
Sont, entre les écueils, des vaisseaux sans boussoles.

1. Diriez-vous, dans un discours : « Les rapports sont les guides de la raison ? » Vous diriez : « Ce n'est que par comparaison que l'esprit peut juger ; c'est en examinant les rapports des choses que l'on parvient à les connaître. » Mais les rapports en général, et les rapports qui sont les guides, font un sens confus. Ce qu'on examine peut-il être un guide ?
2. Des *rapports* qui ont sondé des mers !

De là ces dogmes vains si savamment frivoles,
De ces célèbres fous ingénieux romans¹.
« Mon œil, s'écriait l'un, perce au delà des temps².
Écoutez-moi; je vais, sagement téméraire,
De la création dévoiler le mystère. »

. . . .

Helvétius disait ensuite, en parlant du système inventé par les mages :

Un Dieu, tel autrefois qu'une araignée immense,
Dévida l'univers de sa propre substance,
Alluma les soleils, fila l'air et les cieux,
Prit sa place au milieu de ces orbes de feux, etc.³

. . . .

« Les mages, dit Burnet, sont des visionnaires
Dont le faible Persan adopte les chimères⁴. »

. . . .

Ainsi sous de grands mots la superbe sagesse,
A ses propres regards dérobant sa faiblesse,
Étayant son orgueil de dogmes imposteurs,
Disputa si longtemps pour le choix des erreurs⁵.
Ainsi l'orgueil s'égare en de vagues pensées :
Ainsi notre univers, par ses mains insensées
Tant de fois tour à tour détruit, rédifié,
N'est encore qu'un temple à l'erreur dédié⁶.
Heureux si l'homme encor, moins souple à l'imposture,
Maître de s'égarer au champ de la nature,
Par delà ses confins n'eût puisé ses erreurs⁷ !

1. Ceci me paraît bien écrit.
2. Quoi ! tout d'un coup passer de cette exposition, *qu'il faut examiner les rapports*, aux systèmes sur la formation de l'univers ! il faudrait vingt liaisons pour amener cela; c'est un saut épouvantable ! voilà le principe de continuité bien violé.
N'est-il pas tout naturel de commencer votre ouvrage par dire en beaux vers qu'il y a des choses qui ne sont pas à la portée de l'homme ? Ce tour vous menait tout droit à ces différents systèmes sur la création, sans parler des rapports, qui n'ont aucun rapport à ces belles rêveries des philosophes.
3. Les Indiens ont inventé la comparaison de l'araignée ; mais, outre qu'une araignée immense fait en vers un fort vilain tableau, comment est-ce qu'une araignée qui dévide peut allumer un soleil ? Quand on s'asservit à une métaphore, il faut la suivre. Jamais araignée n'alluma rien : elle file et tapisse; elle ne dévide pas même.
4. Ça croit que des mages vous allez passer aux Égyptiens, aux Grecs, etc.; vous sautez à Burnet; le saut est périlleux.
Le reste du système ridicule de Burnet me paraît bien exprimé.
5. Très-beau, et l'imitation de Corneille en cet endroit est un coup de maître.
6. Me paraît excellent.
7. *Ce puisé ne me paraît pas propre*. J'aimerais mieux *cherché*. Ce qui précède est beau

SUR DEUX ÉPITRES D'HELVÉTIUS.

Un autre peint de Dieu les attributs, l'essence
Remet tout au destin, dit son pouvoir, son nom
Croit donner une idée, et ne forme qu'un son [1].

. . . .
Sans les rapports, enfin [2], la raison qui s'égare
Prend souvent pour idée un son vain et bizarre [3]
Et ce ne fut jamais que dans l'obscurité
Que l'Erreur s'écria : « Je suis la Vérité. »

. . . . Pourquoi donc le malheur
Est-il chez les humains le seul législateur [4] ?
Pourquoi créer le nom de vertus absolues [5] ?

. . . .
Locke [6] étudia l'homme. Il le prend au berceau,
L'observa en ses progrès, le suit jusqu'au tombeau,
Cherche par quel agent nos âmes sont guidées ;
Si les sens ne sont point les germes des idées.
Le mensonge jamais, sous l'appui d'un grand nom,
Ne put en imposer aux yeux de sa raison.

. . . .
Malbranche [7], plein d'esprit et de subtilité,
Partout étincelant de brillantes chimères,
Croit en vain échapper à ses regards sévères.
Dans ses détours obscurs, Locke le joint, le suit ;
Il raisonne, il combat ; le système est détruit.

. . . .
Locke vit les effets de l'orgueil impuissant,
Rendit l'homme moins vain, et l'homme en fut plus grand [8].

1. Ce derniers vers est très-beau ; mais prenez garde qu'il appartient à tous les rêveurs dont il est question. Il faut, pour qu'une idée soit parfaitement belle, qu'elle soit tellement à sa place qu'elle ne puisse pas être ailleurs.
2. Il semble par ces *rapports enfin* que vous ayez parlé une heure des rapports ; mais vous n'en avez pas dit un seul mot. Je vois bien qu'en faisant votre épître, vous pensiez que tous ces philosophes prétendus n'avaient point examiné les rapports et la chaîne des choses de ce monde, qu'ils n'avaient point raisonné par analyse, que ce défaut était la source de leurs erreurs. Mais comment le lecteur devinera-t-il que ce soit là votre pensée ?
3. Ce *son vain et bizarre* n'a nulle analogie à l'obscurité, et cela forme des métaphores incohérentes. C'est le défaut de la plupart des poètes anglais. Jamais les Romains n'y ont tombé. Jamais ni Boileau ni Racine ne se sont permis ces amas d'idées incompatibles.
4. Ce n'est point le malheur qui est le législateur des humains, c'est l'amour-propre. On dit bien que le malheur instruit ; mais alors il est précepteur, et non législateur.
5. *Vertus absolues* ne s'entend point du tout. Tout cet endroit manque encore de liaison et de clarté ; et, sans ces deux qualités nécessaires, il n'y a jamais de beauté.
6. L'endroit de Locke est bien ; aussi les idées en sont-elles liées, les mots sont propres, et cela serait beau en prose.
7. L'endroit de Malebranche, bien écrit, parce qu'il est sagement écrit.
8. Ce n'est pas grande merveille que l'homme moins vain soit plus grand,

. . . .
Du chemin des erreurs Locke nous arracha
Dans le sentier du vrai devant nous il marcha¹.
D'un bras il apaisa l'orgueil du platonisme,
De l'autre il rétrécit le champ du pyrrhonisme².

II⁰ LEÇON. — Helvétius corrigea son épître; il la commença ainsi

Quel funeste pouvoir, quelle invisible chaîne,
Loin de la vérité retient l'homme et l'enchaîne?
Est-il esclave-né des mensonges divers?
Non, sans doute, et lui-même il peut briser ses fers
Il peut, sourd à l'erreur, écouter la sagesse,
S'il connaît ses tyrans, l'orgueil et la paresse³.

. . . .
Zoroastre prétend⁴ dévoiler les secrets
Au sein de la nature enfoncés à jamais.
Le premier en Egypte il attesta les mages
Que Dieu lui révélait la science des sages.

. . . .
Amant du merveilleux, faible, ignorant, crédule,
Le mage crut longtemps ce conte ridicule;
Et Zoroastre ainsi, par l'orgueil inspiré,
Egara tout un peuple après s'être égaré⁵.
Je ne viens point tracer à la raison humaine
La suite des erreurs où son orgueil l'entraîne;
Mais lui montrer encor qu'en des siècles savants,
Burnet substitua sa fable à ces romans.

. . . .
⁶ Heureux si l'homme encor, moins souple à l'imposture,
Maître de s'égarer au champ de la nature,

cela ne rend pas la belle devise de Locke : *Scientiam minuit ut certiorem faceret :* « Il diminua la science pour augmenter la certitude. »
1. Ce vers est beau.
2. Voilà deux vers admirables et que je retiendrai par cœur toute ma vie. Je vous demande même la permission de les citer dans une nouvelle édition des *Eléments de Newton*, à laquelle j'ajoute un petit traité de ce que pensait Newton en métaphysique. Ces deux vers valent mieux qu'une épître de Boileau.
3. Ce commencement me paraît bien; il est clair, il est exprimé comme il faut. Peut-être le dernier vers est-il un peu brusque.
4. Je n'aime point Zoroastre au présent. Il me semble que ce *prétend* ne convient qu'à un auteur qu'on lit tous les jours.
D'ailleurs Zoroastre n'est pas connu en Egypte, mais en Asie; il n'attesta pas les mages, il les fonda.
5. Ces quatre vers sont beaux; mais je dois vous redire que le saut de Zoroastre, fondateur d'une religion et d'une philosophie, à Burnet dont on se moque, est un saut périlleux, et c'est aller d'un océan dans un crachat.
Burnet parle du déluge, etc. On se soucie fort peu de tout cela. J'aimerais bien mieux mettre en beaux vers le sentiment de tous les philosophes grecs sur l'éternité de la matière, et dire quelque chose d'Epicure.
6. Les six vers suivants sont très-beaux.

Par delà tous les cieux n'eût poursuivi l'erreur.
Mais d'un fougueux esprit qui peut calmer l'ardeur ?
Qui peut le retenir dans les bornes prescrites?
L'univers est borné, l'orgueil est sans limites.
Que n'ose point l'orgueil? il passe jusqu'à Dieu.
L'un dit qu'il est partout sans être en aucun lieu,
Dans un long argument qu'à l'école il propose,
Prétend que rien n'est Dieu, mais qu'il est chaque chose;
Et le pédant ainsi, tyran de la raison,
Croit donner une idée, et ne forme qu'un son.

Helvétius fait ensuite le portrait de la Paresse :

Elle seule (la Paresse) s'admire en sa propre ignorance,
Par un faux ridicule avilit la science[2],
Et parée au dehors d'un dédain affecté,
Dans son dépit jaloux prêche l'oisiveté.
« Loin des travaux, dit-elle, au sein de la mollesse,
Vivez et soyez tous ignorants par sagesse.
Votre esprit n'est point fait pour pénétrer, pour voir;
C'est assez s'il apprend qu'il ne peut rien savoir. »
. . . .
Sachons que, s'il nous faut consentir d'ignorer
Les secrets où l'esprit ne saurait pénétrer,
Que[3] la nature aussi, trop semblable à Protée,
N'ouvrit jamais son sein qu'aux yeux d'un Aristée.

IIIe LEÇON. — Quel funeste pouvoir, quelle invisible chaîne,
Loin de la vérité, retient l'homme ou l'entraîne !
Esclave infortuné des mensonges divers,
Doit-il subir leur joug, peut-il briser leurs fers [4]?
Peut-il, sourd à l'erreur, écouter la sagesse ?
Oui, s'il fuit deux tyrans, l'orgueil et la paresse.
L'un, Icare insensé, veut s'élever aux cieux,
S'asseoir, loin des mortels, sur le trône des dieux,
D'où l'univers entier se découvre à sa vue.

1. A merveille !
2. Ces deux vers sont à la Molière, les deux suivants à la Boileau, les quatre à la Helvétius et très-beaux.
3. Il y a deux *que* pour un. Prenez garde aux *que* et aux *qui*. Ces maudits *qui* énervent tout. D'ailleurs Protée et Aristée viennent là trop *abrupto*. Cela serait bon si cette seconde partie de la période avait quelque rapport avec la première. On pourrait dire : « Sachons que, si la nature est un Protée qui se cache aux paresseux, elle se découvre aux Aristée. » Sans cette attention à toutes vos périodes, vous n'écrirez jamais clairement; et sans la clarté, il n'y a jamais de beauté. Souvenez-vous du vers de Despréaux (ép. IX, 59) :

Ma pensée au grand jour toujours s'offre et s'expose.

Voltaire, à la fin de l'épître, ajoute pour dernière note : « Cette fin tourne trop court, est trop négligée. En rimaillant cet ouvrage, vous pouvez le rendre excellent. »

4. Très-bien.

Il le veut, il s'élance, et se perd dans la nue¹.
L'autre, tyran moins fier, sybarite hébété,
Conduit par l'ignorance à l'imbécillité,
Ne désire, ne veut, n'agit qu'avec faiblesse.
Si d'un pas chancelant il marche à la sagesse,
Trop lâche, il se rebute à son premier effort;
Au sein des voluptés il tombe et se rendort².
De l'univers captif si l'erreur est la reine,
Jadis ces deux tyrans en ont forgé la chaîne.
C'est par le fol orgueil qu'autrefois emportés,
De sublimes esprits, amants des vérités,
Nés pour vaincre l'erreur, pour éclairer le monde,
Le couvrirent encor d'une nuit plus profonde.
Un Persan le premier prétendit dans les cieux
Avoir enfin ravi tous les secrets des dieux³.
Le premier en Asie il assembla des mages,
Enseigna follement la science des sages;
Raconta quel pouvoir préside aux éléments,
Quel bras leur imprima les premiers mouvements.
« Le grand Dieu, disait-il, sur son aile rapide,
Fendait superbement les vastes mers du vide;
Une fleur y flottait de toute éternité;
Dieu l'aperçoit, en fait une divinité,
Elle a pour nom Brama, la bonté pour essence;
L'ordre et le mouvement sont fils de sa puissance.
. . . .
. . . .
Du sédiment des eaux sa main pétrit la terre⁵.
Les nuages épais, ces prisons du tonnerre,
Sur les ailes des vents s'élèvent dans les airs.
Le brûlant équateur ceint le vaste univers⁶.

1. Bien ces six vers.
2. Les deux vers auxquels vous avez substitué ces deux-ci étaient bien, et ceux-ci sont mieux.
3. Bien.
4. *Ici étaient des vers sur lesquels Voltaire disait :* « Je trancherais ces quatre vers; on ne se soucie pas de savoir à fond le système de Zoroastre, qui peut-être, n'est rien de tout cela.

Loin d'épuiser une matière,
On n'en doit prendre que la fleur.

« Il ne faut peindre que ce qui mérite de l'être, *et quæ desperat tractata nitescere posse relinquit.* » — Les deux vers français cités dans cette remarque sont de La Fontaine, épilogue du livre VI des FABLES; les mots latins sont d'Horace, *Art poétique*, 149-50.
5. Bon.
6. Vers admirable. Je vous dirai en passant que le roi de Prusse en fut extasié; je ne vous dis pas cela pour vous faire honneur, mais pour lui en faire beaucoup.
Ce vers, il est vrai, appartient à tous les systèmes; mais on peut très-bien

père aimait beaucoup. La princesse dit qu'il fallait le porter devant Sa Majesté : aussitôt l'oiseau se saisit du plat avec une dextérité merveilleuse, et va le présenter au roi. Jamais on ne fut plus étonné à souper. Bélus lui fit autant de caresses que sa fille. L'oiseau reprit ensuite son vol pour retourner auprès d'elle. Il déployait, en volant, une si belle queue, ses ailes étendues étalaient tant de brillantes couleurs, l'or de son plumage jetait un éclat si éblouissant, que tous les yeux ne regardaient que lui. Tous les concertants cessèrent leur musique et devinrent immobiles. Personne ne mangeait, personne ne parlait : on n'entendait qu'un murmure d'admiration. La princesse de Babylone le baisa pendant tout le souper, sans songer seulement s'il y avait des rois dans le monde. Ceux des Indes et d'Égypte sentirent redoubler leur dépit et leur indignation, et chacun d'eux se promit bien de hâter la marche de ses trois cent mille hommes pour se venger.

Pour le roi des Scythes, il était occupé à entretenir la belle Aldée : son cœur altier, méprisant sans dépit les inattentions de Formosante, avait conçu pour elle plus d'indifférence que de colère. « Elle est belle, disait-il, je l'avoue; mais elle me paraît de ces femmes qui ne sont occupées que de leur beauté, et qui pensent que le genre humain doit leur être bien obligé quand elles daignent se laisser voir en public. On n'adore point des idoles dans mon pays. J'aimerais mieux une laideron complaisante et attentive que cette belle statue. Vous avez, madame, autant de charmes qu'elle, et vous daignez au moins faire conversation avec les étrangers. Je vous avoue, avec la franchise d'un Scythe, que je vous donne la préférence sur votre cousine. » Il se trompait pourtant sur le caractère de Formosante; elle n'était pas si dédaigneuse qu'elle le paraissait; mais son compliment fut très-bien reçu de la princesse Aldée. Leur entretien devint fort intéressant : ils étaient très-contents et déjà sûrs l'un de l'autre avant qu'on sortît de table.

Après le souper, on alla se promener dans les bosquets. Le roi des Scythes et Aldée ne manquèrent pas de chercher un cabinet solitaire. Aldée, qui était la franchise même, parla ainsi à ce prince :

« Je ne hais point ma cousine, quoiqu'elle soit plus belle que moi, et qu'elle soit destinée au trône de Babylone : l'honneur de vous plaire me tient lieu d'attraits. Je préfère la Scythie avec vous à la couronne de Babylone sans vous; mais cette couronne m'appartient de droit, s'il y a des droits dans le monde; car je suis de la branche aînée de Nembrod, et Formosante n'est que de la cadette. Son grand-père détrôna le mien, et le fit mourir.

— Telle est donc la force du sang dans la maison de Babylone! dit le Scythe. Comment s'appelait votre grand-père? — Il se nommait Aldée, comme moi : mon père avait le même nom; il fut relégué au fond de l'empire avec ma mère, et Bélus, après leur mort, ne craignant rien de moi, voulut bien m'élever auprès de sa fille; mais il a décidé que je ne serais jamais mariée.

— Je veux venger votre père, votre grand-père et vous, dit le roi des Scythes. Je vous réponds que vous serez mariée.... Je vous enlèverai après-demain, de grand matin; car il faut dîner demain avec le roi de Babylone, et je reviendrai soutenir vos droits avec une armée de trois cent mille hommes. — Je le veux bien, dit la belle Aldée; » et, après s'être donné leur parole d'honneur, ils se séparèrent.

Il y avait longtemps que l'incomparable Formosante s'était allée coucher. Elle avait fait placer à côté de son lit un petit oranger, dans une caisse d'argent, pour y faire reposer son oiseau. Ses rideaux étaient fermés; mais elle n'avait nulle envie de dormir : son cœur et son imagination étaient trop éveillés.... Le charmant inconnu était devant ses yeux; elle le voyait tirant une flèche avec l'arc de Nembrod; elle le contemplait coupant la tête du lion; elle récitait son madrigal; enfin elle le voyait s'échapper de la foule, monté sur sa licorne. Alors elle éclatait en sanglots, elle s'écriait, avec larmes : « Je ne le reverrai donc plus!... il ne reviendra pas!

— Il reviendra, madame, lui répondit l'oiseau du haut de son oranger.... Peut-on vous avoir vue et ne pas vous revoir?

— O ciel! ô puissances éternelles! mon oiseau parle le pur chaldéen! » En disant ces mots, elle tire ses rideaux, lui tend les bras, se met à genoux sur son lit : « Êtes-vous un dieu descendu sur la terre? êtes-vous le grand Orosmade caché sous ce beau plumage? Si vous êtes un dieu, rendez-moi ce beau jeune homme.

— Je ne suis qu'un volatile, répliqua l'autre; mais je naquis dans le temps que toutes les bêtes parlaient encore, et que les oiseaux, les serpents, les ânesses, les chevaux et les griffons s'entretenaient familièrement avec les hommes. Je n'ai pas voulu parler devant le monde, de peur que vos dames d'honneur ne me prissent pour un sorcier : je ne veux me découvrir qu'à vous. »

Formosante, interdite, égarée, enivrée de tant de merveilles, agitée de l'empressement de faire cent questions à la fois, lui demanda d'abord quel âge il avait : « Vingt-sept mille neuf cents ans et six mois, madame; je suis de l'âge de la petite révolution du ciel que vos mages appellent *la précession des équinoxes*, et qui s'accomplit en près de vingt-huit mille de vos années. Il y a des révolutions infiniment plus longues; aussi nous avons des êtres beaucoup plus vieux que moi. Il y a vingt-deux mille ans que j'appris le chaldéen dans un de mes voyages : j'ai toujours conservé beaucoup de goût pour la langue chaldéenne, mais les autres animaux mes confrères ont renoncé à parler dans vos climats. — Et pourquoi cela, mon divin oiseau? — Hélas! c'est parce que les hommes ont pris enfin l'habitude de nous manger, au lieu de converser et de s'instruire avec nous.... Les barbares! ne devaient-ils pas être convaincus qu'ayant les mêmes organes qu'eux, les mêmes sentiments, les mêmes besoins, les mêmes désirs, nous avions ce qui s'appelle *une âme* tout comme eux; que nous étions leurs frères, et qu'il ne fallait cuire et manger que les méchants? Nous sommes tellement vos frères, que le grand Être, l'Être éternel et formateur, ayant fait un pacte avec les hommes[1], nous comprit expressé-

---

1. Voyez le chapitre IX, v. 10, de la *Genèse*; et le chapitre III, v. 18 et 19, de l'*Ecclésiaste*.

ment dans le traité. Il vous défendit de vous nourrir de notre sang, et à nous de sucer le vôtre[1].

« Les fables de votre ancien Locman, traduites en tant de langues, seront un témoignage éternellement subsistant de l'heureux commerce que vous avez eu autrefois avec nous; elles commencent toutes par ces mots : *Du temps que les bêtes parlaient*. Il est vrai qu'il y a beaucoup de femmes parmi vous qui parlent toujours à leurs chiens; mais ils ont résolu de ne point répondre, depuis qu'on les a forcés, à coups de fouet, d'aller à la chasse et d'être les complices du meurtre de nos anciens amis communs : les cerfs, les daims, les lièvres et les perdrix.

« Vous avez encore d'anciens poëmes dans lesquels les chevaux parlent, et vos cochers leur adressent la parole tous les jours; mais c'est avec tant de grossièreté, et en prononçant des mots si infâmes, que les chevaux, qui vous aimaient tant autrefois, vous détestent aujourd'hui.

« Le pays où demeure votre charmant inconnu, le plus parfait des hommes, est demeuré le seul où votre espèce sache encore aimer la nôtre et lui parler, et c'est la seule contrée de la terre où les hommes soient justes. »

— Et où est-il ce pays de mon cher inconnu? quel est le nom de ce héros? comment se nomme son empire? car je ne croirai pas plus qu'il est un berger que je ne crois que vous êtes une chauve-souris.

— Son pays, madame, est celui des Gangarides, peuple vertueux et invincible qui habite la rive orientale du Gange. Le nom de mon ami est Amazan. Il n'est pas roi, et je ne sais même s'il voudrait s'abaisser à l'être; il aime trop ses compatriotes : il est berger comme eux. Mais n'allez pas vous imaginer que ces bergers ressemblent aux vôtres, qui, couverts à peine de lambeaux déchirés, gardent des moutons infiniment mieux habillés qu'eux, qui gémissent sous le fardeau de la pauvreté, et qui payent à un exacteur la moitié des gages chétifs qu'ils reçoivent de leurs maîtres. Les bergers gangarides, nés tous égaux, sont les maîtres des troupeaux innombrables qui couvrent leurs prés éternellement fleuris. On ne les tue jamais; c'est un crime horrible vers le Gange de tuer et de manger son semblable. Leur laine, plus fine et plus brillante que la plus belle soie, est le plus grand commerce de l'Orient. D'ailleurs la terre des Gangarides produit tout ce qui peut flatter les désirs de l'homme. Ces gros diamants qu'Amazan a eu l'honneur de vous offrir sont d'une mine qui lui appartient. Cette licorne que vous m'avez vu monter est la monture ordinaire des Gangarides. C'est le plus bel animal, le plus fier, le plus terrible et le plus doux qui orne la terre. Il suffirait de cent Gangarides et de cent licornes pour dissiper des armées innombrables. Il y a environ deux siècles qu'un roi des Indes fut assez fou pour vouloir conquérir cette nation : il se présenta suivi de dix mille éléphants et d'un million de guerriers. Les

1. Chap. IX, v. 4. (Éd.)

licornes percèrent les éléphants, comme j'ai vu sur votre tabl[e]
mauviettes enfilées dans des brochettes d'or. Les guerriers toml[èrent]
sous le sabre des Gangarides comme les moissons de riz sont co[upées]
par les mains des peuples de l'Orient. On prit le roi prisonnier
plus de six cent mille hommes. On le baigna dans les eaux salu[taires]
du Gange; on le mit au régime du pays, qui consiste à ne se nourr[ir]
de végétaux prodigués par la nature pour nourrir tout ce qui re[spire].
Les hommes alimentés de carnage, et abreuvés de liqueurs forte[s, ont]
tous un sang aigri et adusté qui les rend fous en cent manières [diffé]-
rentes. Leur principale démence est la fureur de verser le sang de [leurs]
frères, et de dévaster des plaines fertiles pour régner sur des [cime]-
tières. On employa six mois entiers à guérir le roi des Indes de s[a ma]-
ladie. Quand les médecins eurent enfin jugé qu'il avait le poul[s]
tranquille et l'esprit plus rassis, ils en donnèrent le certificat au [con]-
seil des Gangarides. Ce conseil, ayant pris l'avis des licornes, re[nvoya]
humainement le roi des Indes, sa sotte cour et ses imbéciles guer[riers]
dans leur pays. Cette leçon les rendit sages, et, depuis ce temp[s les]
Indiens respectèrent les Gangarides, comme les ignorants qui [vou]-
draient s'instruire respectent parmi vous les philosophes chald[éens]
qu'ils ne peuvent égaler. — A propos, mon cher oiseau, lui [dit la]
princesse, y a-t-il une religion chez les Gangarides? — S'il y [en a]
une, madame! nous nous assemblons pour rendre grâce à Die[u les]
jours de la pleine lune, les hommes dans un grand temple de c[èdre,]
les femmes dans un autre, de peur des distractions; tous les o[iseaux]
dans un bocage, les quadrupèdes sur une belle pelouse; nous r[emer]-
cions Dieu de tous les biens qu'il nous a faits. Nous avons surtou[t des]
perroquets qui prêchent à merveille.

« Telle est la patrie de mon cher Amazan; c'est là que je dem[eure;]
j'ai autant d'amitié pour lui qu'il vous a inspiré d'amour. Si vous [m'en]
croyez, nous partirons ensemble et vous irez lui rendre sa visite.

— Vraiment, mon oiseau, vous faites là un joli métier, ré[pliqua]
en souriant la princesse, qui brûlait d'envie de faire le voyage, [et qui]
n'osait le dire. — Je serai mon ami, dit l'oiseau; et, après le bonhe[ur de]
vous aimer, le plus grand est celui de servir vos amours. »

Formosante ne savait plus où elle en était; elle se croyait transp[ortée]
hors de la terre. Tout ce qu'elle avait vu dans cette journée, to[ut ce]
qu'elle voyait, tout ce qu'elle entendait, et surtout ce qu'elle s[entait]
dans son cœur, la plongeait dans un ravissement qui passait de [bien]
loin celui qu'éprouvent aujourd'hui les fortunés musulmans, qu[i,]
dégagés de leurs liens terrestres, ils se voient dans la neuvièm[e ciel]
entre les bras de leurs houris, environnés et pénétrés de la glo[ire et]
de la félicité célestes.

§ IV.

Elle passa toute la nuit à parler d'Amazan. Elle ne l'appelait p[lus que]
son *berger*; et c'est depuis ce temps-là que les noms de *berger* et [d'a]-
mant sont toujours employés l'un pour l'autre chez quelque[s na]-
tions.

SUR DEUX ÉPÎTRES D'HELVÉTIUS.

Toi qui verse[1] en son sein ton assoupissement,
Qui, pour la dévorer, suspend[2] son mouvement,
Étouffe[3] ses pensées et la tient[4] enchaînée :
O monstre, en ta fureur semblable à l'araignée[5],
Qui de ses fils gluants[6] s'efforce d'entourer
L'insecte malheureux qu'elle veut dévorer[7]!
Contre tes vains efforts mon âme est affermie ;
Dans les esprits oisifs[8] porte ta léthargie,
Ou refoule[9] en ton sein ton impuissant poison ;
J'ai su de tes venins préserver ma raison.
Esprit[10] vaste et fécond, lumière vive et pure,
Qui, dans l'épaisse nuit qui couvre la nature,
Prends, pour guider tes pas, le flambeau de Newton ;
Qui, d'un vain préjugé dégageant la raison,
Sais d'un sophisme adroit dissiper les prestiges :
Aux yeux de ton génie il n'est point de prodiges ;
L'univers se dévoile à ta sagacité,
Et par toi le Français marche à la vérité.
Des lois qu'aux éléments le Tout-Puissant impose
Achève à nos regards de découvrir la cause ;
Vole au sein de Dieu même, et connais les ressorts
Que sa main a forgés pour mouvoir tous les corps.
Ou plutôt dans sa course arrête ton génie :
Viens servir ton pays, viens, sublime Émilie,
Enseigner aux Français l'art de vivre avec eux :
Qu'ils te doivent encor le grand art d'être heureux ;
Viens, dis-leur que tu sus, dès la plus tendre enfance,
Au faste de ton rang préférer la science ;
Que tes yeux ont toujours discerné chez les grands
De l'éclat du dehors le vide du dedans.
Dis-leur que rien ici n'est à soi que soi-même,

est à la fois la gloire et le malheur de l'âme ; ces oppositions sont belles. Mais entre rouille et honte il n'y a point d'opposition.

1. *Toi qui verse en son sein ton assoupissement.*
Il faut *verses* et non *verse*. Mais on ne verse point un assoupissement.
2-3-4. *Suspends* et non *suspend*, etc. Il ne faut point tant retourner sa pensée.
5. On peut peindre l'araignée, mais il ne faut pas la nommer. Rien n'est si beau que de ne pas appeler les choses par leur nom.
6. *Gluants* forme une image plus désagréable que vraie.
7. Je ne sais si l'âme oisive peut être comparée à une mouche dans une toile d'araignée.
8. *Dans les esprits oisifs porte ta léthargie.*
L'oisiveté est déjà léthargie.
9. *Refoule* en ton sein. *Refoule* n'est pas le mot propre. Elle peut reprendre, ravaler, etc. son poison. Mais ces images sont dégoûtantes.
10. Les vers à Émilie sont beaux, mais ne sont pas liés au sujet. Il s'agit de travail, d'oisiveté. Il manque là un enchaînement d'idées.

« Tantum series juncturaque pollet. »
Hor., *Art poét.*, 242.

Que le sage dans lui trouve le bien suprême,
Et que l'étude enfin peut seule dans un cœur[1],
En l'ornant de vertus, enfanter le bonheur.
Et toi, mortel divin[2], dont l'univers s'honore,
Être que l'on admire et qu'on ignore encore,
Toi dont l'immensité te dérobe à nos yeux,
Tiens le milieu, Voltaire, entre l'homme et les dieux!
Soleil levé sur nous verse tes influences,
Fais germer à la fois les arts et les sciences.
Telle on voit chaque année, aux rayons du printemps,
La terre se parer de nouveaux ornements,
Fouler dans les canaux[3] des arbres et des fleurs
La sève qui produit leurs fruits et leurs couleurs.
J'ai vu des ennemis acharnés à te nuire,
Ne pouvant t'égaler, chercher à te détruire;
Des amis contre toi s'armer de tes bienfaits.
J'ai vu des envieux, jaloux de tes succès,
T'attaquer sourdement, craignant de te combattre;
J'ai vu leurs vains efforts t'ébranler sans t'abattre;
Ainsi que le nageur renversé dans les flots
Peut paraître un moment englouti dans les eaux;
Mais, se rendant bientôt maître de sa surprise,
Il nage et sort vainqueur de l'onde qu'il maîtrise.
Qui peut armer ton cœur de tant de fermeté?
Et quel fut ton appui dans ton adversité?
L'amour seul de l'étude. Au fort de cet orage,
Ce fut lui qui sauva ta raison du naufrage;
C'est lui seul à présent qui t'arrache aux mortels,
Et c'est lui seul à qui tu devras tes autels[4].
Regardez Scipion[5], ce bouclier de Rome,
Cet ami des vertus, lui qui fut trop grand homme
Pour n'être pas en butte à de jaloux complots;
L'étude en son exil assure son repos.
Si le chagrin parvient à l'âme de ce sage[6],
Du moins au fond du cœur il ne peut pénétrer:
L'étude est à sa porte, et l'empêche d'entrer.
C'est un nom sur le sable[7]; un vent souffle et l'efface.
Plaisir[8] dans ta fortune, abri dans ta disgrâce,

1. Il faudrait que ces derniers vers fussent plus serrés et ausi plus rapprochés du commencement du portrait d'Émilie.
2. Pour Dieu, point de mortel divin; le mot d'ami vaut bien mieux. Conservez la beauté des vers, et ôtez l'excès des louanges.
3. Il manque ici deux vers.
4. Ne gâtez point ces beaux vers par des autels.
5. Scipion n'est pas amené. Il faudrait auparavant passer imperceptiblement de la carrière des sciences à celle des héros. La distance est grande; il faut un pont qui joigne les deux rivages.
6. L'âme de ce sage. Ce fait languir, et est dur. Il manque un vers.
7. Il manque là quelque chose.
8. Tout cela est incohérent. Fiat lux.

SUR DEUX ÉPÎTRES D'HELVÉTIUS. 277

Conviens-en[1], Scipion, l'étude seule a pu
Achever ton bonheur qu'ébaucha ta vertu.
» Malheureux courtisan! âme rampante et vile,
Des faiblesses des grands adulateur servile;
Pour toi[2] ce sont des dieux, va donc les encenser
Ose appeler vertu[4] l'art de n'oser penser.
Sais-tu ce que tu perds? sais-tu que l'esclavage
Rétrécit ton esprit, énerve ton courage?
Eh bien! ton bonheur dure autant que ta faveur;
Mais, dis, quelle ressource[5] as-tu dans le malheur?
Nulle que la douleur[6] : j'en sonde les blessures[5].
Tu crois la soutenir, esclave tu l'endures.

Funeste ambition[8]! c'est en vain qu'un mortel
Cherche en toi son bonheur, fait fumer ton autel;
Ses mains t'offrent l'encens[9], son cœur est la victime.
Plus il marche aux grandeurs, et plus sa soif s'anime.
Il désirait ce rang, il vient de l'obtenir;
De sa passion[10] naît un nouveau désir.
Un autre après[11] le suit; jamais rien ne l'arrête;
Sa vaste ambition[12] est un pin dont la tête
S'élève[13] d'autant plus qu'il semble en approcher.
Va, le bonheur n'est pas où tu vas le chercher.
[14] Malheureux en effet, heureux en apparence,
Tu n'as d'autre bonheur que ta vaine espérance,
Que tes vœux soient remplis : la crainte, aux yeux ouverts,

1. *Conviens-en, Scipion.* Convenez que cela est trop prosaïque, et que cela gâte ce beau vers, et très-beau :
Achever ton bonheur qu'ébaucha ta vertu.
2. Encore manque de liaison, et trop d'apostrophes coup sur coup. C'est un défaut dans lequel je tombe quelquefois, mais je ne veux pas que vous ayez mes défauts.
3. Pour toi *ce sont*. Ce n'est pas supportable. Ces idées communes ne sont pas bien amenées.
4. Beau vers qu'il faut mieux préparer.
5-6. La douleur n'est point une ressource. Encore une fois, il faut que ces lieux communs soient plus pressés, touchés d'une manière plus neuve.
« Difficile est proprie communia dicere. »
Hor., *Art poét.*, 128.
7. *Esclave* ne va point avec *blessures*, *sonder* jure avec *soutenir*, et tout cela fait un tableau peu dessiné.
8. Encore une apostrophe.
9. Encore un lieu commun.
10. Il manque une syllabe, mais il y a là trop de vers.
11. Un autre *après le suit*. Sans doute quand on suit on est *après*. Mettez plus de force et de précision, élaguez beaucoup.
12. Ces désirs qui se *suivent* jurent avec ce pin. *L'ambition est un pin*, est une expression mauvaise.
13. La tête d'un pin ne s'élève pas d'autant plus qu'on en approche; passe pour une montagne escarpée.
14. Lieux communs encore : gardez-vous-en.

Te présente aussitôt le miroir des revers.
Aux traits de tes rivaux tu demeures' en butte;
Ton élévation te fait craindre ta chute :
Chargé de ta grandeur, tu te plains de son poids,
Et tu souffres déjà les maux que tu prévois².
Politiques profonds, allez ourdir vos trames;
Enfantez des projets, lisez au fond des âmes;
Domptez vos passions³, et maîtrisez vos vœux.
Au milieu des tourments⁴, criez : « Je suis heureux⁵; »
Et, de tous vos chagrins déguisant l'amertume,
Redoublez la douleur dont le feu vous consume.
Voyez cette montagne⁶ où paissent les troupeaux,
Où la vigne avec pompe étale ses rameaux;
La source qui jaillit y roule l'abondance⁷.
Tout d'un calme profond présente l'apparence :
Ses coteaux sont fleuris, sa tête est dans les airs,
Et son superbe pied sert de voûte aux enfers.
C'est là qu'avec transport, les plus tendres bergères,
Conduites par l'Amour, célèbrent ses mystères.
Ce bosquet fut témoin de leurs premiers soupirs.
Ce bosquet est témoin de leurs premiers plaisirs.
Flore vient y cueillir⁸ les robes qu'elle étale.
C'est là qu'en doux parfums la volupté s'exhale,
Et c'est là qu'on n'entend d'autres gémissements
Que les soupirs poussés par les heureux amants :
Autels de leurs plaisirs , théâtre de l'ivresse,
Où les jeux de l'Amour consacrent leur faiblesse.
Tel⁹ paraît au dehors ce mont audacieux
Qui roule le tonnerre en ses flancs caverneux.
Un phosphore pétri de soufre et de bitume
Par le souffle des vents avec fureur s'allume :
Ce feu, d'autant plus vif qu'il est plus comprimé,
Dévore la prison qui le tient enfermé.
Sois le plaisir des yeux¹⁰, et l'ivresse de l'âme,
Doris, porte la joie où tu portes la flamme;
Vois l'Amour à tes pieds , vois naître ses désirs

1. Tu *demeures*, terme trop faible qui fait languir le vers.
2. Cela a été trop souvent dit.
3. *Domptez vos passions*, n'est pas fait pour les politiques rongés de la passion de l'envie, de l'ambition, de l'avarice, de l'intrigue, etc.
4. Au milieu des *tourments*. Quels tourments? vous n'en avez pas parlé.
5. Jamais politique n'a crié : « Je suis heureux! »
6. Encore des apostrophes, encore ce manque de jointure, encore du lieu commun.
7. Qu'a de commun l'abondance d'une prairie avec ces politiques? Gare l'églogue dans tout ce qui suit, *non erat his locus*. Quatre vers suffiront, mais il faut qu'ils disent beaucoup en peu, et il faut surtout des jointures.
8. Flore ne cueille point des robes; cela est trop fort.
9. Déclamation sans but. C'est le plus grand des défauts.
10. Il manque un vers.

Sur ton sein, sur ta bouche, il cueille ses plaisirs;
Ton orgueil est flatté du tribut de ses larmes :
Règne sur les mortels; tes titres sont tes charmes;
Embellis l'univers d'un seul de tes regards,
Un sourire de Vénus fit éclore les arts ¹.
Amour²! ô toi qui meurs le jour qui t'a vu naître³!
O toi qui pourrais seul déifier notre être⁴,
Étincelle ravie à la divinité;
Image de l'excès de sa félicité;
Le plus bel attribut de l'essence suprême;
Amour! enivre l'homme et l'arrache⁵ à lui-même.
Tes plaisirs sont⁶ les biens les seuls à désirer,
Si tes heureux transports pouvaient toujours durer;
Mais sont-ils échappés, en vain on les rappelle;
Le désir fuit, s'envole, et l'Amour sur son aile.
C'est en vain qu'un instant sa faveur nous séduit :
Le transport l'accompagne, et le vide le suit.
Doris⁷, à ton amant prodigue ta tendresse :
Prolonge, si tu peux, le temps de son ivresse.
L'ennui va te saisir au sortir de ses bras;
Tu cherches le bonheur⁸, et ne le connais pas.
Ce dieu⁹ que tu poursuis, recueilli dans lui-même,
Ne va point au dehors chercher le bien suprême;
Il commande à ses vœux; il fuit également
Et l'agitation et l'assoupissement.
Ami des voluptés, sans en être l'esclave,
Il goûte leur faveur¹⁰, et brise leur entrave;
Il jouit des plaisirs, et les perd sans douleurs
Vois Daphné¹¹, dans nos champs, se couronner de fleurs :
Elle aime à se parer d'une rose nouvelle;
Ne s'en trouve-t-il point¹², Daphné n'est pas moins belle.

1. Qu'est-ce que les arts ont à faire là? Tout ce morceau est décousu. *Ægri somnia.*
2. Comment! encore une apostrophe, point d'autre figure, point d'autre transition?... le fouet.
3-4. Ce n'est point en mourant si vite qu'il ressemble à la divinité : contradiction intolérable dans des très-beaux vers mal amenés.
5. Ce mot *arracher* ne signifie point transporter hors de soi-même; il donne l'idée de la souffrance, et non l'idée du plaisir.
6. *Sont.* Il faut *seraient*; mais il ne faut rien dire de cela, il faut éviter cette déclamation mille fois rebattue.
7. Encore apostrophe sans transition! est-il possible ?
8. Chercher le bonheur, et ne le pas connaître, ne sont pas deux idées assez opposées. C'est parce qu'on ne le connaît pas bien qu'on le cherche. On cherche tous les jours un inconnu.
9. *Ce dieu.* On n'a jamais dit que le bonheur fût un dieu. Cette hardiesse, supportable dans une ode, n'est pas convenable à une épître; il faut à chaque genre son style.
10. *Faveur* n'est pas bien en opposition avec *entrave.* On ne dit point *entrave* au singulier.
11. Eh bien ! autre apostrophe sans liaison! Ah !
12. *Ne s'en trouve-t-il point.* Le style de l'épître, tout familier qu'il est,

D'un œil indifférent le tranquille bonheur[1]
Voit l'aveugle mortel esclave de l'erreur,
Courir au précipice en cherchant sa demeure;
Ivre de passion[2] l'invoquer à toute heure;
Voler incessamment de désirs en désirs,
Et passer tour à tour des douleurs aux plaisirs;
Et tantôt il le voit, constamment misérable,
Gémir sous le fardeau de l'ennui qui l'accable.

Étude[3], en tous les temps prête-moi ton secours!
Ami de la vertu, bonheur de tous les jours,
Aliment de l'esprit, trop[4] heureuse habitude,
Venge-moi de l'Amour, brise ma servitude;
Allume dans mon cœur un plus noble désir,
Et viens en mon printemps m'arracher au plaisir.
Je t'appelle, et déjà ton ardeur me dévore;
Tels ces flambeaux éteints, et qui fument encore,
A l'approche du feu s'embrasent de nouveau.
Leur flamme se ranime, et son jour[5] est plus beau.
Conserve dans mon cœur le désir qui m'enflamme :
Sois mon soutien, ma joie, et l'âme de mon âme.
Étude, par toi l'homme est libre dans les fers[6] :
Par toi l'homme est heureux au milieu des revers :
Avec toi l'homme a tout[7] : le reste est inutile[8],
Et sans toi ce même homme[9] est un roseau fragile[10],
Jouet des passions, victime de l'ennui :
C'est un lierre rampant, qui reste sans appui[11].

n'admet point ces tours trop communs : on dit sans s'avilir les plus petites choses.

1. Le bonheur est là personnifié *ab abrupto*, sans aucun adoucissement. Ce sont des images incohérentes.

2. *Ivre de passion*, *l'invoquer* : il semble qu'on invoque sa passion. Et puis *chercher sa demeure*, *courir au précipice*, *invoquer!* lieux communs mal assortis. Ces deux pages précédentes devraient être resserrées en vingt vers bien frappés, et ensuite on viendrait à l'Étude, qui est le but de l'épître.

3. *Étude.* Toujours même défaut, toujours une apostrophe qui n'est point amenée.

4. *Trop heureuse*, terme oiseux. Ce *trop* est de trop.

5. On ne dit point tout cru *le jour d'un flambeau*.

6. Les vers n'y viennent pas. *Non erat his locus.* (Hor., *Art poét.*, 31.)

7-8. S'il a tout, l'hémistiche qui suit est inutile.

9. *Ce même homme*, faible et traînant.

10. *Roseau fragile*, image peu liée avec *avoir tout*.

11. Trop de comparaisons entassées. Il ne faut prendre que la fleur d'une idée, il faut fuir le style de déclamateur. Les vers qui ne disent pas plus, et mieux, et plus vite, que ce que dirait la prose, sont de mauvais vers.

Enfin, il faut venir à une conclusion qui manque à l'ouvrage; il faut un petit mot à la personne à qui il est adressé. Le milieu a besoin d'être beaucoup élagué. Le commencement doit être retouché, et il faut finir par quelques vers qui laissent des traces dans l'esprit du lecteur.

ÉLÉMENTS
DE LA PHILOSOPHIE DE NEWTON,
DIVISÉS EN TROIS PARTIES.

ÉPITRE DÉDICATOIRE
A MADAME LA MARQUISE DU CHATELET[1].
(1745.)

MADAME, Lorsque je mis pour la première fois votre nom respectable à la tête de ces Éléments de philosophie, je m'instruisais avec vous. Mais vous avez pris depuis un vol que je ne peux plus suivre. Je me trouve à présent dans le cas d'un grammairien qui aurait présenté un essai de rhétorique ou à Démosthène ou à Cicéron. J'offre de simples Éléments à celle qui a pénétré toutes les profondeurs de la géométrie transcendante, et qui seule parmi nous a traduit et commenté le grand Newton.

1. *Dédicace de l'édition de 1738.*
A MADAME LA MARQUISE DU CH...
Avant-propos.

« MADAME, Ce n'est point ici une marquise, ni une philosophie imaginaire. L'étude solide que vous avez faite de plusieurs vérités, et le fruit d'un travail respectable, sont ce que j'offre au public pour votre gloire, pour celle de votre sexe, et pour l'utilité de quiconque voudra cultiver sa raison et jouir sans peine de vos recherches. Toutes les mains ne savent pas couvrir de fleurs les épines des sciences; je dois me borner à tâcher de bien concevoir quelques vérités, et à les faire voir avec ordre et clarté; ce serait à vous à leur prêter des ornements.

« Ce nom de *Nouvelle Philosophie* ne serait que le titre d'un roman nouveau, s'il n'annonçait que les conjectures d'un moderne opposées aux fantaisies des anciens. Une philosophie qui ne serait établie que sur des explications hasardées ne mériterait pas, en rigueur, le moindre examen; car il y a un nombre innombrable de manières d'arriver à l'erreur, et il n'y a qu'une seule route vers la vérité : il y a donc l'infini contre un à parier qu'un philosophe qui ne s'appuiera que sur des hypothèses ne dira que des chimères. Voilà pourquoi tous les anciens qui ont raisonné sur la physique, sans avoir le flambeau de l'expérience, n'ont été que des aveugles qui expliquaient la nature des couleurs à d'autres aveugles.

« Cet écrit ne sera point un cours de physique complet. S'il était tel, il serait immense; une seule partie de la physique occupe la vie de plusieurs hommes, et les laisse souvent mourir dans l'incertitude.

« Vous vous bornez dans cette étude, dont je rends compte, à vous faire seulement une idée nette de ces ressorts si déliés et si puissants, de ces lois primitives de la nature que Newton a découvertes; à examiner jusqu'où l'on a été avant lui, d'où il est parti, et où il s'est arrêté. Nous commencerons, comme lui, par la lumière : c'est, de tous les corps qui se font sentir à nous, le plus

Ce philosophe recueillit pendant sa vie toute la gloire qu'il méritait ; il n'excita point l'envie, parce qu'il ne put avoir de rival. Le monde savant fut son disciple, le reste l'admira sans oser prétendre à le concevoir. Mais l'honneur que vous lui faites aujourd'hui est sans doute le plus grand qu'il ait jamais reçu. Je ne sais qui des deux je dois admirer davantage, ou Newton, l'inventeur du calcul de l'infini, qui découvrit de nouvelles lois de la nature, et qui anatomisa la lumière, ou vous, madame, qui, au milieu des dissipations attachées à votre état possédez si bien tout ce qu'il a inventé. Ceux qui vous voient à la cour ne vous prendraient assurément pas pour un commentateur de philosophie ; et les savants qui sont assez savants pour vous lire se douteront encore moins que vous descendez aux amusements de ce monde avec la même facilité que vous vous élevez aux vérités les plus sublimes. Ce naturel et cette simplicité, toujours si estimables, mais si rares avec des talents et avec la science, feront au moins qu'on vous pardonnera votre mérite. C'est en général tout ce qu'on peut espérer des personnes avec lesquelles on passe sa vie ; mais le petit nombre d'esprits supérieurs qui se sont appliqués aux mêmes études que vous aura pour vous la plus grande vénération, et la postérité vous regardera avec étonnement. Je ne suis pas surpris que des personnes de votre sexe aient régné glorieusement sur de grands empires : une femme avec un bon conseil peut gouverner comme Auguste ; mais pénétrer par un travail infatigable dans des vérités dont l'approche intimide la plupart des hommes, approfondir dans ses heures de loisir ce que les philosophes les plus profonds étudient sans relâche, c'est ce qui n'a été donné qu'à vous, madame, et c'est un exemple qui sera bien peu imité, etc.

délié, le plus approchant de l'infini en petit ; c'est pourtant celui que nous connaissons davantage. On l'a suivi dans ses mouvements, dans ses effets ; on est parvenu à l'anatomiser, à le séparer en toutes ses parties possibles. C'est celui de tous les corps dont la nature intime est le plus développée ; c'est celui qui nous approche le plus près des premiers ressorts de la nature. »

(Ici se trouvaient les deux derniers des trois alinéa qui, depuis 1741, composent l'*Introduction de la deuxième partie*.)

« On trouvera ici toutes celles qui conduisent à établir la nouvelle propriété de la matière découverte par Newton. On sera obligé de parler de quelques singularités qui se sont trouvées sur la route dans cette carrière ; mais on ne s'écartera point du but.

« Ceux qui voudront s'instruire davantage liront les excellentes *Physiques* des s'Gravesande, des Keill, des Musschenbroek, des Pemberton, et s'approcheront de Newton par degrés »

Dédicace de l'édition de 1741.

« MADAME, La philosophie est de tout état et de tout sexe : elle est compatible avec la culture des belles-lettres, et même avec ce que l'imagination a de plus brillant, pourvu qu'on n'ait point permis à cette imagination de s'accoutumer à orner des faussetés, ni de trop voltiger sur la surface des objets.

« Elle s'accorde encore très-bien avec l'esprit d'affaires, pourvu que, dans les emplois de la vie civile, on se soit accoutumé à ramener les choses à des principes, et qu'on n'ait point trop appesanti son esprit dans les détails.

« Elle est certainement du ressort des femmes, lorsqu'elles ont su mêler aux

PREMIÈRE PARTIE
MÉTAPHYSIQUE.

Chap. 1. — *De Dieu.* — *Raisons que tous les esprits ne goûtent pas. Raisons des matérialistes.*

Newton était intimement persuadé de l'existence d'un Dieu, et il entendait par ce mot, non-seulement un Être infini, tout-puissant, éternel et créateur, mais un maître qui a mis une relation entre lui et ses créatures; car, sans cette relation, la connaissance d'un Dieu n'est qu'une idée stérile qui semblerait inviter au crime, par l'espoir de l'impunité, tout raisonneur né pervers.

Aussi ce grand philosophe fait une remarque singulière à la fin de ses principes. C'est qu'on ne dit point, *mon éternel*, *mon infini*, parce que ces attributs n'ont rien de relatif à notre nature; mais on dit, et on doit dire, mon Dieu, et par là il faut entendre le maître et le conservateur de notre vie, et l'objet de nos pensées. Je me souviens que dans plusieurs conférences que j'eus, en 1726, avec le docteur Clarke, jamais ce philosophe ne prononçait le nom de Dieu qu'avec un air de recueillement et de respect très-remarquable. Je lui avouai l'impression que cela faisait sur moi, et il me dit que c'était de Newton qu'il avait pris insensiblement cette coutume, laquelle doit être en effet celle de tous les hommes.

Toute la philosophie de Newton conduit nécessairement à la connaissance d'un Être suprême, qui a tout créé, tout arrangé librement. Car

amusements de leur sexe cette application constante, qui est peut-être le don de l'esprit le plus rare.

« Qui jamais a mieux prouvé que vous, madame, cette vérité? Qui a fait plus d'usage de son esprit et plus d'honneur aux sciences, sans négliger aucun des devoirs de la vie civile? Votre exemple doit encourager ou faire rougir ceux qui donnent pour excuse de leur paresseuse ignorance ces vaines occupations qu'on appelle plaisirs ou devoirs de la société, et qui presque jamais ne sont ni l'un ni l'autre.

« Avant que je donne sous vos yeux une idée des découvertes de Newton en physique, comme je l'avais déjà essayé dans les éditions précédentes, permettez que je fasse d'abord connaître ce qu'il pensait en métaphysique; non que je veuille seulement apprendre au public de vaines anecdotes dont il aime à repaître sa curiosité sur ce qui regarde les hommes extraordinaires, mais parce que ses pensées sur ce qui est le moins à la portée des hommes leur peuvent encore être très-utiles; en effet, il est à croire que celui qui a découvert tant de vérités admirables dans le monde sensible, ne s'est pas beaucoup égaré dans le monde intellectuel. Je veux faire connaître de lui et les opinions que vous admettez, et celles que vous combattez. Sûr de me trouver dans la route du vrai quand je marche après Newton et après vous, incertain quand vous n'êtes pas de son avis, je dirai fidèlement soit ce que j'ai recueilli en Angleterre de la bouche de ses disciples, et particulièrement du philosophe Clarke, soit ce que j'ai puisé dans les écrits même de Newton, et dans la fameuse dispute de Clarke et de Leibnitz. Je soumets le compte que je vais rendre, et surtout mes propres idées, à votre jugement et à celui du petit nombre d'esprits éclairés, qui sont, comme vous, juges de ces matières. »

si selon Newton (et selon la raison) le monde est fini, s'il y a du vide, la matière n'existe donc pas nécessairement, elle a donc reçu l'existence d'une cause libre. Si la matière gravite, comme cela est démontré, elle ne gravite pas de sa nature, ainsi qu'elle est étendue de sa nature : elle a donc reçu de Dieu la gravitation [1]. Si les planètes tournent en un sens, plutôt qu'en un autre, dans un espace non résistant, la main de leur créateur a donc dirigé leur cours en ce sens avec une liberté absolue.

Il s'en faut bien que les prétendus principes physiques de Descartes conduisent ainsi l'esprit à la connaissance de son Créateur. A Dieu ne plaise que, par une calomnie horrible, j'accuse ce grand homme d'avoir méconnu la suprême intelligence à laquelle il devait tant, et qui l'avait élevé au-dessus de presque tous les hommes de son siècle ! je dis seulement que l'abus qu'il a fait quelquefois de son esprit a conduit ses disciples à des précipices, dont le maître était fort éloigné ; je dis que le système cartésien a produit celui de Spinosa ; je dis que j'ai connu beaucoup de personnes que le cartésianisme a conduites à n'admettre d'autre Dieu que l'immensité des choses, et que je n'ai vu au contraire aucun newtonien qui ne fût théiste dans le sens le plus rigoureux.

Dès qu'on s'est persuadé, avec Descartes, qu'il est impossible que le monde soit fini, que le mouvement est toujours dans la même quantité ; dès qu'on ose dire : « Donnez-moi du mouvement et de la matière, et je vais faire un monde ; » alors, il le faut avouer, ces idées semblent exclure, par des conséquences trop justes, l'idée d'un être seul infini, seul auteur du mouvement, seul auteur de l'organisation des substances.

Plusieurs personnes s'étonneront ici, peut-être, que de toutes les preuves de l'existence d'un Dieu, celle des causes finales fût la plus forte aux yeux de Newton. Le dessein, ou plutôt les desseins variés à l'infini qui éclatent dans les plus vastes et les plus petites parties de l'univers, font une démonstration qui, à force d'être sensible, est presque méprisée par quelques philosophes ; mais enfin Newton pensait que ces rapports infinis, qu'il apercevait plus qu'un autre, étaient l'ouvrage d'un artisan infiniment habile.

Il ne goûtait pas beaucoup la grande preuve qui se tire de la succession des êtres. On dit communément que si les hommes, les animaux, les végétaux, tout ce qui compose le monde, était éternel, on serait forcé d'admettre une suite de générations sans cause. Ces êtres, dit-on, n'auraient point d'origine de leur existence : ils n'en auraient point d'extérieure, puisqu'ils sont supposés remonter de génération en génération, sans commencement ; ils n'en auraient point d'intérieure, puisque aucun d'eux n'existerait par soi-même. Ainsi tout serait effet, et rien ne serait cause.

1. Ce raisonnement n'est pas rigoureux, il est possible que la gravitation soit essentielle à la matière, comme l'impénétrabilité, quoique cette propriété générale nous frappe moins, et ait été observée plus tard. L'équation qui a lieu entre l'ordonnée d'une parabole et son aire, est aussi essentielle à cette courbe que sa relation avec la sous-tangente, quoique l'on ait connu la parabole et cette seconde propriété longtemps avant de connaître la première. (*Éd. de Kehl.*)

Il trouvait que cet argument n'était fondé que sur l'équivoque de *générations* et *d'êtres formés les uns par les autres;* car les athées, qui admettent le plein, répondent que, à proprement parler, il n'y a point de générations, il n'y a point d'êtres produits, il n'y a point plusieurs substances. L'univers est un tout, existant nécessairement, qui se développe sans cesse ; c'est un même être dont la nature est d'être immuable dans sa substance, et éternellement varié dans ses modifications; ainsi l'argument tiré seulement des êtres qui se succèdent prouverait peut-être peu contre l'athée, qui nierait la pluralité des êtres. L'athée appellerait à son secours ces anciens axiomes que rien ne naît de rien, qu'une substance n'en peut produire une autre, que tout est éternel et nécessaire. Il faudrait donc le combattre avec d'autres armes ; il faudrait lui prouver que la matière ne peut avoir d'elle-même aucun mouvement; il faudrait lui faire entendre que si elle avait le moindre mouvement par elle-même, ce mouvement lui serait essentiel, il serait alors contradictoire qu'il y eût du repos. Mais si l'athée répond qu'il n'y a rien en repos, que le repos est une fiction, une idée incompatible avec la nature de l'univers ; qu'une matière infiniment déliée circule éternellement dans tous les pores des corps ; s'il soutient qu'il y a toujours également des forces motrices dans la nature, et que cette permanente égalité de forces semble prouver un mouvement nécessaire ; alors il faut encore recourir contre lui à d'autres armes, et il peut prolonger le combat : en un mot, je ne sais s'il y a aucune preuve métaphysique plus frappante, et qui parle plus fortement à l'homme que cet ordre admirable qui règne dans le monde ; et si jamais il y a eu un plus bel argument que ce verset : *Cœli enarrant gloriam Dei.* Aussi, vous voyez que Newton n'en apporte point d'autre à la fin de son *Optique* et de ses *Principes.* Il ne trouvait point de raisonnement plus convaincant et plus beau en faveur de la Divinité que celui de Platon , qui fait dire à un de ses interlocuteurs : « Vous jugez que j'ai une âme intelligente, parce que vous apercevez de l'ordre dans mes paroles et dans mes actions ; jugez donc, en voyant l'ordre de ce monde, qu'il y a une âme souverainement intelligente. »

S'il est prouvé qu'il existe un Être éternel, infini, tout-puissant, il n'est pas prouvé de même que cet Être soit infiniment bienfaisant dans le sens que nous donnons à ce terme.

C'est là le grand refuge de l'athée : « Si j'admets un Dieu, dit-il, ce Dieu doit être la bonté même : qui m'a donné l'être me doit le bien-être ; or je ne vois dans le genre humain que désordre et calamité ; la nécessité d'une matière éternelle me répugne moins qu'un Créateur qui traite si mal ses créatures. On ne peut satisfaire, continue-t-il, à mes justes plaintes et à mes doutes cruels, en me disant qu'un premier homme, composé d'un corps et d'une âme, irrita le Créateur, et que le genre humain en porte la peine ; car premièrement, si nos corps viennent de ce premier homme, nos âmes n'en viennent point, et quand même elles en pourraient venir, la punition du père dans tous les enfants paraît la plus horrible de toutes les injustices. Secondement, il semble évident que les Américains et les peuples de l'ancien monde, les Nègres et les Lapons ne sont point descendus du premier homme. La constitution intérieure des organes des Nègres en est une démonstration palpable ; nulle raison ne peut donc apaiser les murmures qui s'élèvent dans mon cœur contre les maux dont ce globe est inondé. Je suis donc forcé de rejeter l'idée d'un Être suprême, d'un Créateur que je concevrais infiniment bon, et qui aurait fait des maux infinis, et j'aime mieux admettre la nécessité de la matière, et des générations, et des vicissitudes éternelles, qu'un Dieu qui aurait fait librement des malheureux. »

On répond à cet athée : « Le mot de bon, de *bien-être*, est équivoque. Ce qui est mauvais par rapport à vous est bon dans l'arrangement général. L'idée d'un Être infini, tout-puissant, tout intelligent et présent partout, ne révolte point votre raison : nierez-vous un Dieu, parce que vous aurez eu un accès de fièvre ? Il vous devait le *bien-être*, dites-vous ; quelle raison avez-vous de penser ainsi ? Pourquoi vous devait-il ce bien-être ? Quel traité avait-il fait avec vous ? Il ne vous manque donc que d'être toujours heureux dans la vie pour reconnaître un Dieu ? Vous, qui ne pouvez être parfait en rien, pourquoi prétendriez-vous être parfaitement heureux ? Mais je suppose que, dans un bonheur continu de cent années, vous ayez un mal de tête ; ce moment de peine vous fera-t-il nier un Créateur ? Il n'y a pas d'apparence. Or si un quart d'heure de souffrance ne vous arrête pas, pourquoi deux heures, pourquoi un jour, pourquoi une année de tourment vous feront-ils rejeter l'idée d'un artisan suprême et universel ?

« Il est prouvé qu'il y a plus de bien que de mal dans ce monde, puisqu'en effet peu d'hommes souhaitent la mort ; vous avez donc tort de porter des plaintes au nom du genre humain, et plus grand tort encore de renier votre souverain sous prétexte que quelques-uns de ses sujets sont malheureux. Lorsque vous avez examiné les rapports qui se trouvent dans les ressorts d'un animal, et les desseins qui éclatent de toutes parts dans la manière dont cet animal reçoit la vie, dont il la soutient, et dont il la donne, vous reconnaissez sans peine cet artisan souverain : changerez-vous de sentiment parce que les loups mangent les moutons, et que les araignées prennent des mouches ? Ne voyez-vous pas, au contraire, que ces générations continuelles, toujours dévorées et toujours reproduites, entrent dans le plan de l'univers ? « J'y « vois de l'habileté et de la puissance, répondez-vous, et je n'y vois « point de bonté. » Mais quoi ! lorsque dans une ménagerie vous élevez des animaux que vous égorgez, vous ne voulez pas qu'on vous appelle méchant, et vous accusez de cruauté le maître de tous les animaux, qui les a faits pour être mangés dans leur temps ? Enfin, si vous pouvez être heureux dans toute l'éternité, quelques douleurs dans cet instant passager qu'on nomme la vie valent-elles la peine qu'on en parle ?

« Vous ne trouvez pas que le Créateur soit *bon*, parce qu'il y a du *mal* sur la terre. Mais la nécessité, qui tiendrait lieu d'un Être suprême, serait-elle quelque chose de meilleur ? Dans le système qui admet un Dieu, on n'a que des difficultés à surmonter, et dans tous les autres systèmes on a des absurdités à dévorer.

les faveurs de la plus belle Scythe de toute la Scythie; il partit hier après lui avoir écrit une lettre dont elle a été désespérée. Pour lui, il est allé chez les Cimmériens.—Dieu soit loué! s'écria Formosante; encore un refus en ma faveur! Mon bonheur a passé mon espoir, comme mon malheur a surpassé toutes mes craintes. Faites-moi donner cette lettre charmante, que je parte, que je le suive les mains pleines de ses sacrifices.... Adieu, ma cousine.... Amazan est chez les Cimmériens... j'y vole. »

Aldée trouva que la princesse sa cousine était encore plus folle que son frère Amazan; mais, comme elle avait senti elle-même les atteintes de cette épidémie, comme elle avait quitté les délices et la magnificence de Babylone pour le roi des Scythes, comme les femmes s'intéressent toujours aux folies dont l'amour est cause, elle s'attendrit véritablement pour Formosante, lui souhaita un heureux voyage, et lui promit de servir sa passion, si jamais elle était assez heureuse pour revoir son frère.

§ VI.

Bientôt la princesse de Babylone et le phénix arrivèrent dans l'empire des Cimmériens, bien moins peuplé, à la vérité, que la Chine, mais deux fois plus étendu; autrefois semblable à la Scythie, et devenu, depuis quelque temps, aussi florissant que les royaumes qui se vantaient d'instruire les autres États.

Après quelques jours de marche, on entra dans une très-grande ville que l'impératrice régnante[1] faisait embellir; mais elle n'y était pas : elle voyageait alors des frontières de l'Europe à celles de l'Asie pour connaître ses États par ses yeux, pour juger des maux et porter les remèdes, pour accroître les avantages, pour semer l'instruction.

Un des principaux officiers de cette ancienne capitale, instruit de l'arrivée de la Babylonienne et du phénix, s'empressa de rendre ses hommages à la princesse et de lui faire les honneurs du pays, bien sûr que sa maîtresse, qui était la plus polie et la plus magnifique des reines, lui saurait gré d'avoir reçu une si grande dame avec les mêmes égards qu'elle aurait prodigués elle-même.

On logea Formosante au palais, dont on écarta une foule importune de peuple; on lui donna des fêtes ingénieuses. Le seigneur cimmérien, qui était un grand naturaliste, s'entretint beaucoup avec le phénix dans les temps où la princesse était retirée dans son appartement. Le phénix lui avoua qu'il avait autrefois voyagé chez les Cimmériens, et qu'il ne reconnaissait plus le pays. « Comment de si prodigieux changements, disait-il, ont-ils pu être opérés dans un temps si court? Il n'y a pas trois cents ans que je vis ici la nature sauvage dans toute son horreur; j'y trouve aujourd'hui les arts, la splendeur, la gloire et la politesse. — Un seul homme[2] a commencé ce grand ouvrage, répondit le Cimmérien, une femme l'a perfectionné; une femme a été meilleure lé-

---

1. Catherine II a régné de 1762 à 1776. (Éd.)
2. Pierre Ier. (Éd.)

gislatrice que l'Isis des Égyptiens et la Cérès des Grecs. La plupart des législateurs ont eu un génie étroit et despotique qui a resserré leurs vues dans le pays qu'ils ont gouverné; chacun a regardé son peuple comme étant seul sur la terre, ou comme devant être l'ennemi du reste de la terre. Ils ont formé des institutions pour ce seul peuple, introduit des usages pour lui seul, établi une religion pour lui seul. C'est ainsi que les Égyptiens, si fameux par des monceaux de pierres, se sont abrutis et déshonorés par leurs superstitions barbares. Ils croient les autres nations profanes, ils ne communiquent point avec elles, et, excepté la cour, qui s'élève quelquefois au-dessus des préjugés vulgaires, il n'y a pas un Égyptien qui voulût manger dans un plat dont un étranger se serait servi. Leurs prêtres sont cruels et absurdes. Il vaudrait mieux n'avoir point de lois, et n'écouter que la nature, qui a gravé dans nos cœurs les caractères du juste et de l'injuste, que de soumettre la société à des lois si insociables.

« Notre impératrice embrasse des projets entièrement opposés; elle considère son vaste État, sur lequel tous les méridiens viennent se joindre, comme devant correspondre à tous les peuples qui habitent sous ces différents méridiens. La première de ces lois a été la tolérance de toutes les religions et la compassion pour toutes les erreurs. Son puissant génie a connu que, si les cultes sont différents, la morale est partout la même; par ce principe, elle a lié sa nation à toutes les nations du monde, et les Cimmériens vont regarder le Scandinavien et le Chinois comme leurs frères. Elle a fait plus; elle a voulu que cette précieuse tolérance, le premier lien des hommes, s'établît chez ses voisins : ainsi elle a mérité le titre de mère de la patrie, et elle aura celui de bienfaitrice du genre humain, si elle persévère.

« Avant elle, des hommes malheureusement puissants envoyaient des troupes de meurtriers ravir à des peuplades inconnues et arroser de leur sang les héritages de leurs pères; on appelait ces assassins des héros; leur brigandage était de la gloire. Notre souveraine a une autre gloire : elle a fait marcher des armées pour apporter la paix, pour empêcher les hommes de se nuire, pour les forcer à se supporter les uns les autres; et ses étendards ont été ceux de la concorde publique. »

Le phénix, enchanté de tout ce que lui apprenait ce seigneur, lui dit : « Monsieur, il y a vingt-sept mille neuf cents années et sept mois que je suis au monde; je n'ai encore rien vu de comparable à ce que vous me faites entendre. » Il lui demanda des nouvelles de son ami Amazan; le Cimmérien lui conta les mêmes choses qu'on avait dites à la princesse chez les Chinois et chez les Scythes. Amazan s'enfuyait de toutes les cours qu'il visitait, sitôt qu'une dame lui avait donné un rendez-vous auquel il craignait de succomber. Le phénix instruisit bientôt Formosante de cette nouvelle marque de fidélité qu'Amazan lui donnait, fidélité d'autant plus étonnante, qu'il ne pouvait pas soupçonner que sa princesse en fût jamais informée.

Il était parti pour la Scandinavie. Ce fut dans ces climats que des spectacles nouveaux frappèrent encore ses yeux. Ici la royauté et la liberté subsistaient ensemble par un accord qui paraît impossible dans d'autres États : les agriculteurs avaient part à la législation, aussi bien que les grands du royaume; et un jeune prince donnait les plus grandes espérances d'être digne de commander à une nation libre. Là c'était quelque chose de plus étrange : le seul roi qui fût despotique de droit sur la terre par un contrat formel avec son peuple était en même temps le plus jeune et le plus juste des rois.

Chez les Sarmates, Amazan vit un philosophe[1] sur le trône; on pouvait l'appeler le roi de l'anarchie; car il était le chef de cent mille petits rois dont un seul pouvait, d'un mot, anéantir les résolutions de tous les autres. Éole n'avait pas plus de peine à contenir tous ses vents, qui se combattent sans cesse, que ce monarque n'en avait à concilier les esprits : c'était un pilote environné d'un éternel orage; et cependant le vaisseau ne se brisait pas; car le prince était un excellent pilote.

En parcourant tous ces pays si différents de sa patrie, Amazan refusait constamment toutes les bonnes fortunes qui se présentaient à lui, toujours désespéré du baiser que Formosante avait donné au roi d'Égypte, toujours affermi dans son inconcevable résolution de donner à Formosante l'exemple d'une fidélité unique et inébranlable.

La princesse de Babylone avec le phénix le suivait partout à la piste, et ne le manquait jamais que d'un jour ou deux, sans que l'un se lassât de courir, et sans que l'autre perdît un moment à le suivre.

Ils traversèrent ainsi toute la Germanie; ils admirèrent les progrès que la raison et la philosophie faisaient dans le Nord : tous les princes y étaient instruits, tous autorisaient la liberté de penser; leur éducation n'avait point été confiée à des hommes qui eussent intérêt de les tromper ou qui fussent trompés eux-mêmes : on les avait élevés dans la connaissance de la morale universelle et dans le mépris des superstitions; on avait banni dans tous ces États un usage insensé, qui énervait et dépeuplait plusieurs pays méridionaux; cette coutume était d'enterrer tout vivants, dans de vastes cachots, un nombre infini des deux sexes éternellement séparés l'un de l'autre, et de leur faire jurer de n'avoir jamais de communication ensemble. Cet excès de démence, accrédité pendant des siècles, avait dévasté la terre autant que les guerres les plus cruelles.

Les princes du Nord avaient à la fin compris que, si on voulait avoir des haras, il ne fallait pas séparer les plus forts chevaux des cavales. Ils avaient détruit aussi des erreurs non moins bizarres et non moins pernicieuses. Enfin les hommes osaient être raisonnables dans ces vastes pays, tandis qu'ailleurs on croyait encore qu'on ne peut les gouverner qu'autant qu'ils sont imbéciles.

§ VII.

Amazan arriva chez les Bataves; son cœur éprouva, dans son chagrin, une douce satisfaction d'y retrouver quelque faible image du pays

---

[1]. Stanislas Poniatowski, né en 1732, élu roi de Pologne en 1764, mort en 1798.

des heureux Gangarides : la liberté, l'égalité, la propreté, l'abondance, la tolérance ; mais les dames du pays étaient si froides, qu'aucune ne lui fit d'avances comme on lui en avait fait partout ailleurs : il n'eut pas la peine de résister. S'il avait voulu attaquer ces dames, il les aurait toutes subjuguées l'une après l'autre, sans être aimé d'aucune ; mais il était bien éloigné de songer à faire des conquêtes.

Formosante fut sur le point de l'attraper chez cette nation insipide : il ne s'en fallut que d'un moment.

Amazan avait entendu parler chez les Bataves avec tant d'éloges d'une certaine île, nommée Albion, qu'il s'était déterminé à s'embarquer lui et ses licornes sur un vaisseau qui, par un vent d'orient favorable, l'avait porté en quatre heures au rivage de cette terre plus célèbre que Tyr et que l'île Atlantique.

La belle Formosante, qui l'avait suivi au bord de la Duina, de la Vistule, de l'Elbe, du Véser, arrive enfin aux buches du Rhin, qui portait alors ses eaux rapides dans la mer Germanique.

Elle apprend que son cher amant a vogué aux côtes d'Albion ; elle croit voir son vaisseau ; elle pousse des cris de joie dont toutes les dames furent surprises, n'imaginant pas qu'un jeune homme pût causer tant de joie ; et à l'égard du phénix, elles n'en firent pas grand cas, parce qu'elles jugèrent que ses plumes ne pourraient probablement se vendre aussi bien que celles des canards et des oisons de leurs marais. La princesse de Babylone loua ou nolisa deux vaisseaux pour la transporter avec tout son monde dans cette bienheureuse île, qui allait posséder l'unique objet de tous ses désirs, l'âme de sa vie, le dieu de son cœur.

Un vent funeste d'occident s'éleva tout à coup dans le moment même où le fidèle et malheureux Amazan mettait pied à terre en Albion ; les vaisseaux de la princesse de Babylone ne purent démarrer. Un serrement de cœur, une douleur amère, une mélancolie profonde saisirent Formosante : elle se mit au lit, dans sa douleur, en attendant que le vent changeât ; mais il souffla huit jours entiers avec une violence désespérante. La princesse, pendant ce siècle de huit jours, se faisait lire par Irla des romans : ce n'est pas que les Bataves en sussent faire ; mais, comme ils étaient les facteurs de l'univers, ils vendaient l'esprit des autres nations, ainsi que leurs denrées. La princesse fit acheter chez Marc-Michel Rey tous les contes que l'on avait écrits chez les Ausoniens et chez les Welches, et dont le débit était défendu sagement chez ces peuples pour enrichir les Bataves ; elle espérait qu'elle trouverait, dans ces histoires, quelque aventure qui ressemblerait à la sienne, et qui charmerait sa douleur. Irla lisait, le phénix disait son avis, et la princesse ne trouvait rien dans *la Paysanne parvenue*, ni dans *le Tansaï*, ni dans *le Sofa*, ni dans *les quatre Facardins*[1]

[1]. Dans une édition que je possède, et que je crois sortie des presses de Cramer, au lieu de ces mots, *ni dans les quatre Facardins*, on lit : *ni dans Candide*. Cette variante est-elle une épigramme d'un ennemi de Voltaire? est-ce une plaisanterie de Voltaire pour donner l'idée qu'il n'était pas l'auteur de la *Princesse de Babylone*? Je n'ose prononcer. (*Note de M. Beuchot.*)

qu'à gauche, vers l'occident plutôt que vers l'orient, en ce point de la durée plutôt qu'en un autre point? Ne faut-il pas alors recourir à la volonté d'indifférence dans le Créateur? C'est ce qu'on laisse à examiner à tout lecteur impartial.

Chap. IV. — *De la liberté dans l'homme.* — *Excellent ouvrage contre la liberté; si bon que le docteur Clarke y répondit par des injures. Liberté d'indifférence. Liberté de spontanéité. Privation de liberté chose très-commune. Objections puissantes contre la liberté.*

Selon Newton et Clarke, l'Être infiniment libre a communiqué à l'homme sa créature une portion limitée de cette liberté : et on n'entend pas ici par liberté la simple puissance d'appliquer sa pensée à tel ou tel objet, et de commencer le mouvement; on n'entend pas seulement la faculté de vouloir, mais celle de vouloir très-librement avec une volonté pleine et efficace, et de vouloir même quelquefois sans autre raison que sa volonté. Il n'y a aucun homme sur la terre qui ne sente quelquefois qu'il possède cette liberté. Plusieurs philosophes pensent d'une manière opposée; ils croient que toutes nos actions sont nécessitées, et que nous n'avons d'autre liberté que celle de porter quelquefois de bon gré les fers auxquels la fatalité nous attache.

De tous les philosophes qui ont écrit hardiment contre la liberté, celui qui sans contredit l'a fait avec plus de méthode, de force et de clarté, c'est Collins, magistrat de Londres, auteur du livre *De la liberté de penser*, et de plusieurs autres ouvrages aussi hardis que philosophiques.

Clarke, qui était entièrement dans le sentiment de Newton sur la liberté, et qui d'ailleurs en soutenait les droits autant en théologien d'une secte singulière qu'en philosophe, répondit vivement à Collins, et mêla tant d'aigreur à ses raisons, qu'il fit croire qu'au moins il sentait toute la force de son ennemi. Il lui reproche de confondre toutes les idées, parce que Collins appelle l'homme un agent nécessaire. Il dit qu'en ce cas l'homme n'est point agent; mais qui ne voit que c'est là une vraie chicane? Collins appelle agent nécessaire tout ce qui produit des effets nécessaires. Qu'on l'appelle agent ou patient, qu'importe? le point est de savoir s'il est déterminé nécessairement.

Il semble que si l'on peut trouver un seul cas où l'homme soit véritablement libre d'une liberté d'indifférence, cela seul suffit pour décider la question. Or, quel cas prendrons-nous, sinon celui où l'on voudra éprouver notre liberté? Par exemple, on me propose de me tourner à droite ou à gauche, ou de faire telle autre action à laquelle aucun plaisir ne m'entraîne, et dont aucun dégoût ne me détourne. Je choisis alors, et je ne suis pas le *dictamen* de mon entendement, qui me représente le meilleur; car il n'y a ici ni meilleur, ni pire. Que faisje donc? J'exerce le droit que m'a donné le Créateur de vouloir et d'agir en certains cas sans autre raison que ma volonté même. J'ai le droit et le pouvoir de commencer le mouvement, et de le commencer du côté que je veux. Si on ne peut assigner en ce cas d'autre cause de ma volonté, pourquoi la chercher ailleurs que dans ma volonté même? Il paraît donc probable que nous avons la liberté d'indifférence dans les choses indifférentes. Car qui pourra dire que Dieu ne nous a pas fait, ou n'a pas pu nous faire ce présent? Et s'il l'a pu, et si nous sentons en nous ce pouvoir, comment assurer que nous ne l'avons pas?

J'ai souvent entendu traiter de chimère cette liberté d'indifférence : on dit que se déterminer sans raison, ne serait que le partage des insensés; mais on ne songe pas que les insensés sont des malades, qui n'ont aucune liberté. Ils sont déterminés nécessairement par le vice de leurs organes; ils ne sont point les maîtres d'eux-mêmes, ils ne choisissent rien. Celui-là est libre qui se détermine soi-même. Or pourquoi ne nous déterminerons-nous pas nous-mêmes par notre seule volonté dans les choses indifférentes?

Nous possédons la liberté que j'appelle de *spontanéité* dans tous les autres cas; c'est-à-dire que, lorsque nous avons des motifs, notre volonté se détermine par eux; et ces motifs sont toujours le dernier résultat de l'entendement, ou de l'instinct : ainsi, quand mon entendement se représente qu'il vaut mieux pour moi obéir à la loi que la violer, j'obéis à la loi avec une liberté spontanée, je fais volontairement ce que le dernier *dictamen* de mon entendement m'oblige de faire.

On ne sent jamais mieux cette espèce de liberté que quand notre volonté combat nos désirs. J'ai une passion violente, mais mon entendement conclut que je dois résister à cette passion; il me représente un plus grand bien dans la victoire que dans l'asservissement à mon goût. Ce dernier motif l'emporte sur l'autre, et je combats mon désir par ma volonté; j'obéis nécessairement, mais de bon gré, à cet ordre de ma raison; je fais, non ce que je désire, mais ce que je veux, et en ce cas je suis libre de toute la liberté dont une telle circonstance peut me laisser susceptible.

Enfin je ne suis libre en aucun sens, quand ma passion est trop forte, et mon entendement trop faible, ou quand mes organes sont dérangés; et malheureusement c'est là le cas où se trouvent très-souvent les hommes : ainsi il me paraît que la liberté spontanée est à l'âme ce que la santé est au corps; quelques personnes l'ont tout entière et durable; plusieurs la perdent souvent, d'autres sont malades toute leur vie; je vois que toutes les autres facultés de l'homme sont sujettes aux mêmes inégalités. La vue, l'ouïe, le goût, la force, le don de penser, sont tantôt plus forts, tantôt plus faibles; notre liberté est comme tout le reste, limitée, variable, en un mot très-peu de chose, parce que l'homme est très-peu de chose.

La difficulté d'accorder la liberté de nos actions avec la prescience éternelle de Dieu n'arrêtait point Newton, parce qu'il ne s'engageait pas dans ce labyrinthe; la liberté une fois établie, ce n'est pas à nous à déterminer comment Dieu prévoit ce que nous ferons librement. Nous ne savons pas de quelle manière Dieu voit actuellement ce qui se passe. Nous n'avons aucune idée de sa façon de voir; pourquoi en aurions-nous de sa façon de prévoir? Tous ses attributs nous doivent être également incompréhensibles.

Il faut avouer qu'il s'élève contre cette idée de liberté des objections qui effrayent.

D'abord on voit que cette liberté d'indifférence serait un présent bien frivole, si elle ne s'étendait qu'à cracher à droite et à gauche, et à choisir pair ou impair. Ce qui importe, c'est que Cartouche et Sha-Nadir aient la liberté de ne pas répandre le sang humain. Il importe peu que Cartouche et Sha-Nadir soient libres d'avancer le pied gauche ou le pied droit.

Ensuite on trouve cette liberté d'indifférence impossible : car comment se déterminer sans raison? Tu veux, mais pourquoi veux-tu? on te propose pair ou non, tu choisis pair, et tu n'en vois pas le motif; mais ton motif est que pair se présente à ton esprit à l'instant qu'il faut faire un choix.

Tout a sa cause : ta volonté en a donc une. On ne peut donc vouloir qu'en conséquence de la dernière idée qu'on a reçue.

Personne ne peut savoir quelle idée il aura dans un moment; donc personne n'est le maître de ses idées, donc personne n'est le maître de vouloir et de ne pas vouloir.

Si on en était le maître, on pourrait faire le contraire de ce que Dieu a arrangé dans l'enchaînement des choses de ce monde. Ainsi chaque homme pourrait changer et changerait en effet à chaque instant l'ordre éternel.

Voilà pourquoi le sage Locke n'ose pas prononcer le nom de liberté; une volonté libre ne lui paraît qu'une chimère. Il ne connaît d'autre liberté que la puissance de faire ce qu'on veut. Le goutteux n'a pas la liberté de marcher, le prisonnier n'a pas celle de sortir. L'un est libre quand il est guéri, l'autre quand on lui ouvre la porte.

Pour mettre dans un plus grand jour ces horribles difficultés, je suppose que Cicéron veut prouver à Catilina qu'il ne doit pas conspirer contre sa patrie. Catilina lui dit qu'il n'en est pas le maître; que ses derniers entretiens avec Céthégus lui ont imprimé dans la tête l'idée de la conspiration; que cette idée lui plaît plus qu'une autre, et qu'on ne peut vouloir qu'en conséquence de son dernier jugement. Mais vous pourriez, dirait Cicéron, prendre avec moi d'autres idées, appliquer votre esprit à m'écouter, et à voir qu'il faut être bon citoyen. — J'ai beau faire, répond Catilina; vos idées me révoltent, et l'envie de vous assassiner l'emporte. — Je plains votre frénésie, lui dit Cicéron; tâchez de prendre de mes remèdes. — Si je suis frénétique, reprend Catilina, je ne suis pas le maître de tâcher de guérir. — Mais, lui dit le consul, les hommes ont un fonds de raison qu'ils peuvent consulter, et qui peut remédier à ce dérangement d'organes qui fait de vous un pervers, surtout quand ce dérangement n'est pas trop fort. — Indiquez-moi, répond Catilina, le point où ce dérangement peut céder au remède. Pour moi, j'avoue que depuis le premier moment où j'ai conspiré, toutes mes réflexions m'ont porté à la conjuration. — Quand avez-vous commencé à prendre cette funeste résolution? lui demande le consul. — Quand j'eus perdu mon argent au jeu. — Eh bien, ne pouviez-vous pas vous empêcher de jouer? — Non; car cette idée de jeu l'emporta dans moi ce jour-là sur toutes les autres idées; et si je n'avais pas joué, j'aurais dérangé l'ordre de l'univers, qui portait que Quarsilla me gagnerait quatre cent mille sesterces, qu'elle en achèterait une maison et un amant, que de cet amant il naîtrait un fils, que Céthégus et Lentulus viendraient chez moi, et que nous conspirerions contre la république. Le destin m'a fait un loup, et il vous a fait un chien de berger; le destin décidera qui des deux doit égorger l'autre. » A cela Cicéron n'aurait répondu que par une Catilinaire : en effet, il faut convenir qu'on ne peut guère répondre que par une éloquence vague aux objections contre la liberté; triste sujet sur lequel le plus sage craint même d'oser penser.

Une seule réflexion console; c'est que, quelque système qu'on embrasse, à quelque fatalité qu'on croie toutes nos actions attachées, on agira toujours comme si on était libre [1].

[1]. L'édition de 1756 contenait de plus un chapitre v que voici :

CHAP. V. — *Doutes sur la liberté qu'on nomme d'indifférence.*

« 1. Les plantes sont des êtres organisés dans lesquels tout se fait nécessairement. Quelques plantes tiennent au règne animal, et sont en effet des animaux attachés à la terre.

« 2. Ces animaux plantes qui ont des racines, des feuilles et du sentiment, auraient-ils une liberté? Il n'y a pas grande apparence.

« 3. Les animaux n'ont-ils pas un sentiment, un instinct, une raison commencée, une mesure d'idées et de mémoire? Qu'est-ce en fond que cet instinct? N'est-il pas un de ces ressorts secrets que nous ne connaîtrons jamais? On ne peut rien connaître que par l'analyse, ou par une suite de ce qu'on appelle *les premiers principes*; or quelle analyse ou quelle synthèse peut nous faire connaître la nature de l'instinct? Nous voyons seulement que cet instinct est toujours nécessairement accompagné d'idées. Un ver à soie a la perception de la feuille qui le nourrit; la perdrix, du ver qu'elle cherche et qu'elle avale; le renard, de la perdrix qu'il mange; le loup, du renard qu'il dévore. Il n'est pas vraisemblable que ces êtres possèdent ce qu'on appelle *la liberté*. On peut donc avoir des idées sans être libre.

« 4. Les hommes reçoivent et combinent des idées dans leur sommeil. On ne peut pas dire qu'ils soient libres alors. N'est-ce pas une nouvelle preuve qu'on peut avoir des idées sans être libre?

« 5. L'homme a par-dessus les animaux le don d'une mémoire plus vaste. Cette mémoire est l'unique source de toutes les pensées. Cette source commune aux animaux et aux hommes pourrait-elle produire la liberté? Des idées réfléchies dans un cerveau seraient-elles absolument d'une autre nature que des idées non réfléchies dans un autre cerveau?

« 6. Les hommes ne sont-ils pas tous déterminés par leur instinct? et n'est-ce pas la raison pourquoi ils ne changent jamais de caractère? Cet instinct n'est-il pas ce qu'on appelle *le naturel*?

« 7. Si on était libre, quel est l'homme qui ne changeât pas son naturel? Mais a-t-on jamais vu sur la terre un homme se donner seulement un goût? a-t-on jamais vu un homme, né avec de l'aversion pour danser, se donner du goût pour la danse? ou l'homme sédentaire et paresseux, rechercher le mouvement? et l'âge et les aliments ne diminuent-ils pas les passions que la raison croit avoir domptées?

« 8. La volonté n'est-elle pas toujours la suite des dernières idées qu'on a reçues? Ces idées étant nécessaires, la volonté ne l'est-elle pas aussi?

« 9. La liberté est-elle autre chose que le pouvoir d'agir, ou de n'agir pas? et Locke n'a-t-il pas eu raison d'appeler la liberté *puissance*?

« 10. Le loup a la perception de quelques moutons paissants dans une campagne; son instinct le porte à les dévorer; les chiens l'en empêchent. Un conquérant a la perception d'une province que son instinct le porte à envahir; y

CHAP. V. — *De la religion naturelle.* — *Reproche de Leibnitz à Newton, peu fondé. Réfutation d'un sentiment de Locke. Le bien de la société. Religion naturelle. Humanité.*

Leibnitz, dans sa dispute avec Newton, lui reprocha de donner de Dieu des idées fort basses, et d'anéantir la religion naturelle. Il prétendait que Newton faisait Dieu corporel, et cette imputation, comme nous l'avons vu, était fondée sur ce mot *sensorium organe*. Il ajoutait que le Dieu de Newton avait fait de ce monde une fort mauvaise machine, qui a besoin d'être décrassée (c'est le mot dont se sert Leibnitz). Newton avait dit : *Manum emendatricem desiderarct.*

Ce reproche est fondé sur ce que Newton dit, qu'avec le temps les mouvements diminueront, les irrégularités des planètes augmenteront, et l'univers périra, ou sera remis en ordre par son auteur.

Il est trop clair par l'expérience que Dieu a fait des machines pour être détruites. Nous sommes l'ouvrage de sa sagesse, et nous périssons ; pourquoi n'en serait-il pas de même du monde? Leibnitz veut que ce monde soit parfait ; mais si Dieu ne l'a formé que pour durer un certain temps, sa perfection consiste alors à ne durer que jusqu'à l'instant fixé pour sa dissolution.

Quant à la religion naturelle, jamais homme n'en a été plus partisan que Newton, si ce n'est Leibnitz lui-même, son rival en science et en vertu. J'entends par religion naturelle, les principes de morale com-

trouvé des forteresses et des armées qui lui barrent le passage. Y a-t-il une grande différence entre ce loup et ce prince?

« 11. Cet univers ne paraît-il pas assujetti dans toutes ses parties, à des lois immuables? Si un homme pouvait diriger à son gré sa volonté, n'est-il pas clair qu'il pourrait alors déranger ces lois immuables?

« 12. Par quel privilège l'homme ne serait-il pas soumis à la même nécessité que les astres, les animaux, les plantes, et tout le reste de la nature?

« 13. A-t-on raison de dire que dans le système de cette fatalité universelle les peines et les récompenses seraient inutiles et absurdes? N'est-ce pas plutôt évidemment dans le système de la liberté que paraît l'inutilité et l'absurdité des peines et des récompenses? En effet, si un voleur de grand chemin possède une volonté libre, se déterminant par elle-même, la crainte du supplice peut fort bien ne le pas déterminer à renoncer au brigandage ; mais si les causes physiques agissent uniquement, si l'aspect de la potence et de la roue fait une impression nécessaire et violente, elle corrige alors nécessairement le scélérat, témoin du supplice d'un autre scélérat.

« 14. Pour savoir si l'âme est libre, ne faudrait-il pas savoir ce que c'est que l'âme? Y a-t-il un homme qui puisse se vanter que sa raison seule lui démontre la spiritualité, l'immortalité de cette âme? Presque tous les physiciens conviennent que le principe du sentiment est à l'endroit où les nerfs se réunissent dans le cerveau. Mais cet endroit n'est pas un point mathématique. L'origine de chaque nerf est étendue. Il y a là un timbre sur lequel frappent les cinq organes de nos sens. Quel est l'homme qui concevra que ce timbre ne tienne point de place? Ne sommes-nous pas des automates nés pour vouloir toujours, pour faire quelquefois ce que nous voulons, et quelquefois le contraire? Des étoiles au centre de la terre, hors de nous et dans nous, toute substance nous est inconnue. Nous ne voyons que des apparences ; nous sommes dans un songe.

« 15. Que dans un songe on croie la volonté libre ou esclave, la fange organisée dont nous sommes pétris, douée d'une faculté immortelle ou périssable ; qu'on pense comme Épicure ou comme Socrate, les roues qui font mouvoir la machine de l'univers seront toujours les mêmes.

muns au genre humain. Newton n'admettait, à la vérité, aucune notion innée avec nous, ni idées, ni sentiments, ni principes. Il était persuadé avec Locke que toutes les idées nous viennent par les sens, à mesure que les sens se développent; mais il croyait que Dieu ayant donné les mêmes sens à tous les hommes, il en résulte chez eux les mêmes besoins, les mêmes sentiments, par conséquent les mêmes notions grossières, qui sont partout le fondement de la société. Il est constant que Dieu a donné aux abeilles et aux fourmis quelque chose pour les faire vivre en commun, qu'il n'a donné ni aux loups, ni aux faucons; il est certain, puisque tous les hommes vivent en société, qu'il y a dans leur être un lien secret, par lequel Dieu a voulu les attacher les uns aux autres. Or si, à un certain âge, les idées venues par les mêmes sens à des hommes tous organisés de la même manière, ne leur donnaient pas peu à peu les mêmes principes nécessaires à toute société, il est encore très-sûr que ces sociétés ne subsisteraient pas. Voilà pourquoi de Siam jusqu'au Mexique, la vérité, la reconnaissance, l'amitié etc., sont en honneur.

J'ai toujours été étonné que le sage Locke, dans le commencement de son Traité de l'Entendement humain, en réfutant si bien *les idées innées*, ait prétendu qu'il n'y a aucune notion du bien et du mal qui soit commune à tous les hommes. Je crois qu'il est tombé là dans une erreur. Il se fonde sur des relations de voyageurs, qui disent que dans certains pays la coutume est de manger les enfants, et de manger aussi les mères, quand elles ne peuvent plus enfanter ; que dans d'autres on honore du nom de saluts certains enthousiastes qui se servent d'ânesses au lieu de femmes ; mais un homme comme le sage Locke ne devait-il pas tenir ces voyageurs pour suspects? Rien n'est si commun parmi eux que de mal voir, de mal rapporter ce qu'on a vu, de prendre surtout dans une nation, dont on ignore la langue, l'abus d'une loi pour la loi même, et enfin de juger des mœurs de tout un peuple par un fait particulier, dont on ignore encore les circonstances.

Qu'un Persan passe à Lisbonne, à Madrid, ou à Goa, le jour d'un *auto-da-fé*; il croira, non sans apparence de raison, que les chrétiens sacrifient des hommes à Dieu; qu'il lise les almanachs qu'on débite dans toute l'Europe au petit peuple, il pensera que nous croyons tous aux effets de la lune; et cependant nous en rions, loin d'y croire. Ainsi tout voyageur qui me dira, par exemple, que des sauvages mangent leur père et leur mère par piété, me permettra de lui répondre qu'en premier lieu le fait est fort douteux ; secondement, si cela est vrai, loin de détruire l'idée du respect qu'on doit à ses parents, c'est probablement une façon barbare de marquer sa tendresse, un abus horrible de la loi naturelle ; car apparemment qu'on ne tue son père et sa mère par devoir, que pour les délivrer, ou des incommodités de la vieillesse, ou des fureurs de l'ennemi ; et si alors on lui donne un tombeau dans le sein filial, au lieu de le laisser manger par des vainqueurs, cette coutume, tout effroyable qu'elle est à l'imagination, vient pourtant nécessairement de la bonté du cœur. La religion naturelle n'est autre chose que cette loi qu'on connaît dans tout l'univers :

Fais ce que tu voudrais qu'on te fit; or le barbare qui tue son père pour le sauver de son ennemi, et qui l'ensevelit dans son sein, de peur qu'il n'ait son ennemi pour tombeau, souhaite que son fils le traite de même en cas pareil. Cette loi de traiter son prochain comme soi-même découle naturellement des notions les plus grossières, et se fait entendre tôt ou tard au cœur de tous les hommes ; car ayant tous la même raison, il faut bien que tôt ou tard les fruits de cet arbre se ressemblent; et ils se ressemblent en effet, en ce que dans toute société on appelle du nom de vertu ce qu'on croit utile à la société.

Qu'on me trouve un pays, une compagnie de dix personnes sur la terre, où l'on n'estime pas ce qui sera utile au bien commun ; et alors je conviendrai qu'il n'y a point de règle naturelle. Cette règle varie à l'infini sans doute : mais qu'en conclure, sinon qu'elle existe ? La matière reçoit partout des formes différentes, mais elle retient partout sa nature.

On a beau nous dire, par exemple, qu'à Lacédémone le larcin était ordonné ; ce n'est là qu'un abus des mots. La même chose que nous appelons *larcin* n'était point commandée à Lacédémone ; mais dans une ville où tout était en commun, la permission qu'on donnait de prendre habilement ce que des particuliers s'appropriaient contre la loi, était une manière de punir l'esprit de propriété défendu chez ces peuples. *Le tien et le mien* était un crime, dont ce que nous appelons *larcin* était la punition ; et chez eux et chez nous il y avait de la règle pour laquelle Dieu nous a faits, comme il a fait les fourmis pour vivre ensemble.

Newton pensait donc que cette disposition que nous avons tous à vivre en société est le fondement de la loi naturelle que le christianisme perfectionne.

Il y a surtout dans l'homme une disposition à la compassion aussi généralement répandue que nos autres instincts : Newton avait cultivé ce sentiment d'humanité, et il l'étendait jusqu'aux animaux ; il était fortement convaincu avec Locke, que Dieu a donné aux animaux (qui semblent n'être que matière) une mesure d'idées, et les mêmes sentiments qu'à nous. Il ne pouvait penser que Dieu, qui ne fait rien en vain, eût donné aux bêtes des organes de sentiment, afin qu'elles n'eussent point de sentiment.

Il trouvait une contradiction bien affreuse à croire que les bêtes sentent, et à les faire souffrir. Sa morale s'accordait en ce point avec sa philosophie ; il ne cédait qu'avec répugnance à l'usage barbare de nous nourrir du sang et de la chair des êtres semblables à nous, que nous caressons tous les jours ; et il ne permit jamais dans sa maison qu'on les fît mourir par des morts lentes et recherchées, pour en rendre la nourriture plus délicieuse.

Cette compassion qu'il avait pour les animaux se tournait en vraie charité pour les hommes. En effet, sans l'humanité, vertu qui comprend toutes les vertus, on ne mériterait guère le nom de philosophe

CHAP. VI. — *De l'âme, et de la manière dont elle est unie au corps, et dont elle a ses idées. — Quatre opinions sur la formation des idées : celle des anciens matérialistes, celle de Malebranche, celle de Leibnitz. Opinion de Leibnitz combattue.*

Newton était persuadé, comme presque tous les bons philosophes, que l'âme est une substance incompréhensible ; et plusieurs personnes qui ont beaucoup vécu avec Locke m'ont assuré que Newton avait avoué à Locke : que nous n'avons pas assez de connaissance de la nature pour oser prononcer qu'il soit impossible à Dieu d'ajouter le don de la pensée à un être étendu quelconque. La grande difficulté est plutôt de savoir comment un être (quel qu'il soit) peut penser, que de savoir comment la matière peut devenir pensante. La pensée, il est vrai, semble n'avoir rien de commun avec les attributs que nous connaissons dans l'être étendu qu'on appelle corps ; mais connaissons-nous toutes les propriétés des corps ? C'est une chose qui paraît bien hardie, que de dire à Dieu : « Vous avez pu donner le mouvement, la gravitation, la végétation, la vie à un être, et vous ne pouvez lui donner la pensée ! »

Ceux qui disent que si la matière pouvait recevoir le don de la pensée, l'âme ne serait pas immortelle, raisonnent-ils bien conséquemment ? Est-il plus difficile à Dieu de conserver que de faire ?

De plus, si un atome insécable dure éternellement, pourquoi le don de penser en lui ne durera-t-il pas comme lui ? Si je ne me trompe, ceux qui refusent à Dieu le pouvoir de joindre des idées à la matière sont obligés de dire que ce qu'on appelle esprit est un être dont l'essence est de penser à l'exclusion de tout être étendu. Or, s'il est de la nature de l'esprit de penser essentiellement, il pense donc nécessairement, et il pense toujours, comme tout triangle a nécessairement et toujours trois angles, indépendamment de Dieu. Quoi ! dès que Dieu crée quelque chose, qui n'est pas matière, il faut absolument que ce quelque chose pense ? Faibles et hardis que nous sommes ! savons-nous si Dieu n'a pas formé des millions d'êtres qui n'ont ni les propriétés de l'esprit ni celles de la matière à nous connues ? Nous sommes dans le cas d'un pâtre qui, n'ayant jamais vu que des bœufs, dirait : *Si Dieu veut faire d'autres animaux, il faut qu'ils aient des cornes et qu'ils ruminent.* Qu'on juge donc ce qui est le plus respectueux pour la Divinité, ou d'affirmer qu'il y a des êtres qui ont sans lui l'attribut divin de la pensée, ou de soupçonner que Dieu peut accorder cet attribut à l'être qu'il daigne choisir.

On voit par cela seul combien injustes sont ceux qui ont voulu faire à Locke un crime de ce sentiment, et combattre, par une malignité cruelle, avec les armes de la religion, une idée purement philosophique.

Au reste, Newton était bien loin de hasarder une définition de l'âme, comme tant d'autres ont osé le faire. Il croyait qu'il était possible qu'il y eût des millions d'autres substances pensantes, dont la nature pouvait être absolument différente de la nature de notre âme. Ainsi la division que quelques-uns ont faite de toute la nature entre corps et esprit paraît la définition d'un sourd et d'un aveugle qui, en définissant les sens, ne soupçonneraient ni la vue, ni l'ouïe : de quel droit en effet pourrait-on dire que Dieu n'a pas rempli l'espace immense d'une infinité de substances qui n'ont rien de commun avec nous?

Newton ne s'était point fait de système sur la manière dont l'âme est unie au corps, et sur la formation des idées. Ennemi des systèmes, il ne jugeait de rien que par analyse ; et lorsque ce flambeau lui manquait, il savait s'arrêter.

Il y a eu jusqu'ici dans le monde quatre opinions sur la formation des idées. La première est celle de presque toutes les anciennes nations qui, n'imaginant rien au delà de la matière, ont regardé nos idées dans notre entendement comme l'impression du cachet sur la cire. Cette opinion confuse était plutôt un instinct grossier qu'un raisonnement : les philosophes qui ont voulu ensuite prouver que la matière pense par elle-même, ont erré bien davantage ; car le vulgaire se trompait sans raisonner, et ceux-ci erraient par principes ; aucun d'eux n'a pu jamais rien trouver dans la matière qui pût prouver qu'elle a l'intelligence par elle-même.

Locke paraît le seul qui ait ôté la contradiction entre la matière et la pensée, en recourant tout d'un coup au créateur de toute pensée et de toute matière, et en disant modestement : *Celui qui peut tout ne peut-il pas faire penser un être matériel, un atome, un élément de la matière ?* Il s'en tient à cette possibilité en homme sage : affirmer que la matière pense en effet, parce que Dieu a pu lui communiquer ce don, serait le comble de la témérité ; mais affirmer le contraire est-il moins hardi ?

Le second sentiment, et le plus généralement reçu, est celui qui, établissant l'âme et le corps comme deux êtres qui n'ont rien de commun, affirme cependant que Dieu les a créés pour agir l'un sur l'autre. La seule preuve qu'on ait de cette action est l'expérience que chacun croit en avoir : nous éprouvons que notre corps tantôt obéit à notre volonté, tantôt la maîtrise ; nous imaginons qu'ils agissent l'un sur l'autre réellement, parce que nous le sentons, et il nous est impossible de pousser la recherche plus loin. On fait à ce système une objection qui paraît sans réplique : c'est que si un objet extérieur, par exemple, communique un ébranlement à nos nerfs, ce mouvement va à notre âme, ou n'y va pas ; s'il y va, il lui communique du mouvement, ce qui supposerait l'âme corporelle ; s'il n'y va point, en ce cas il n'y a plus d'action. Tout ce qu'on peut répondre à cela, c'est que cette action est du nombre des choses dont le mécanisme sera toujours ignoré : triste manière de conclure, mais presque la seule qui convienne à l'homme, en plus d'un point de métaphysique.

Le troisième système est celui des causes occasionnelles de Descartes, poussé encore plus loin par Malebranche. Il commence par supposer que l'âme ne peut avoir aucune influence sur le corps, et de là il s'avance trop ; car de ce que l'influence de l'âme sur le corps ne peut être conçue, il ne s'ensuit point qu'elle soit impossible. Il suppose ensuite que la matière, comme cause occasionnelle fait impression sur notre corps, et qu'alors Dieu produit une idée dans notre âme, et que réciproquement l'homme produit un acte de volonté, et Dieu agit immédiatement sur le corps en conséquence de cette volonté; ainsi l'homme n'agit, ne pense que dans Dieu : ce qui ne peut, me semble, recevoir un sens clair qu'en disant que Dieu seul agit et pense pour nous.

On est accablé sous le poids des difficultés qui naissent de cette hypothèse; car comment, dans ce système, l'homme peut-il vouloir lui-même, et ne peut-il pas penser lui-même? Si Dieu ne nous a pas donné la faculté de produire du mouvement et des idées, si c'est lui seul qui agit et pense, c'est lui seul qui veut. Non-seulement nous ne sommes plus libres, mais nous ne sommes rien, ou bien nous sommes des modifications de Dieu même. En ce cas il n'y a plus une âme, une intelligence dans l'homme, et ce n'est pas la peine d'expliquer l'union du corps et de l'âme, puisqu'elle n'existe pas, et que Dieu seul existe.

Le quatrième sentiment est celui de l'harmonie préétablie de Leibnitz. Dans son hypothèse l'âme n'a aucun commerce avec son corps; ce sont deux horloges que Dieu a faites, et qui ont chacune un ressort, et qui vont un certain temps dans une correspondance parfaite; l'une montre les heures, l'autre sonne. L'horloge qui montre l'heure ne la montre pas parce que l'autre sonne; mais Dieu a établi leur mouvement de façon que l'aiguille et la sonnerie se rapportent continuellement. Ainsi l'âme de Virgile produisait l'*Énéide*, et sa main écrivait l'*Énéide*, sans que cette main obéît en aucune façon à l'intention de l'auteur; mais Dieu avait réglé de tout temps que l'âme de Virgile ferait des vers, et qu'une main attachée au corps de Virgile les mettrait par écrit.

Sans parler de l'extrême embarras qu'on a encore à concilier la liberté avec cette harmonie préétablie, il y a une objection bien forte à faire; c'est que si, selon Leibnitz, rien ne se fait sans une raison suffisante, prise du fond des choses, quelle raison a eue Dieu d'unir ensemble deux êtres incommensurables, deux êtres aussi hétérogènes, aussi infiniment différents que l'âme et le corps, et dont l'un n'influe en rien sur l'autre? Autant valait placer mon âme dans Saturne que dans mon corps; l'union de l'âme et du corps est ici une chose très-superflue. Mais le reste du système de Leibnitz est bien plus extraordinaire; on en peut voir les fondements dans le *Supplément aux Actes de Leipsick*, tome VII; et on peut consulter les commentaires que plusieurs Allemands en ont faits amplement avec une méthode toute géométrique.

Selon Leibnitz, il y a quatre sortes d'êtres simples, qu'il nomme *monades*, comme on le verra au chapitre VIII; on ne parle ici que de l'espèce *monade* qu'on appelle notre âme. L'âme, dit-il, est une concentration, un *miroir vivant de tout l'univers*, qui a en soi toutes les idées confuses de toutes les modifications de ce monde, présentes, passées et futures. Newton, Locke et Clarke, quand ils entendirent parler d'une telle opinion, marquèrent pour elle un aussi grand mépris que si Leibnitz n'en avait pas été l'auteur; mais puisque de très-grands philosophes allemands se sont fait gloire d'expliquer ce qu'aucun Anglais n'a jamais voulu entendre, je suis obligé d'exposer avec clarté cette hypothèse du fameux Leibnitz, devenue pour moi plus respectable depuis que vous en avez fait l'objet de vos recherches.

Tout être simple, créé, dit-il, est sujet au changement, sans quoi il serait Dieu : l'âme est un être simple, créé; elle ne peut donc rester dans un même état : mais les corps, étant composés, ne peuvent faire aucune altération dans un être simple; il faut donc que ses changements prennent leur source dans sa propre nature. Ses changements sont donc des idées successives des choses de cet univers; elle en a quelques-unes de claires : mais toutes les choses de cet univers, dit Leibnitz, sont tellement dépendantes l'une de l'autre, tellement liées entre elles à jamais, que si l'âme a une idée claire d'une de ces choses, elle a nécessairement des idées confuses et obscures de tout le reste.

On pourrait, pour éclaircir cette opinion, apporter l'exemple d'un homme qui a une idée claire d'un jeu; il a en même temps plusieurs idées confuses de plusieurs combinaisons de ce jeu. Un homme qui a actuellement une idée claire d'un triangle, a une idée de plusieurs propriétés du triangle, lesquelles peuvent se présenter à leur tour plus clairement à son esprit. Voilà en quel sens la *monade* de l'homme est *un miracle vivant de cet univers.*

Il est aisé de répondre à une telle hypothèse, que si Dieu a fait de l'âme un miroir, il en a fait un miroir bien terne; et que si on n'a d'autres raisons pour avancer des suppositions si étranges que cette liaison prétendue indispensable de toutes les choses de ce monde, on bâtit cet édifice hardi sur des fondements qu'on n'aperçoit guère; car quand nous avons une idée claire du triangle, c'est que nous avons une connaissance des propriétés essentielles du triangle; et si les idées de toutes ces propriétés ne s'offrent pas tout d'un coup lumineusement à notre esprit, elles y sont cependant, elles sont renfermées dans cette idée claire, parce qu'elles ont un rapport nécessaire l'une avec l'autre. Mais tout l'assemblage de l'univers est-il dans ce cas? Si vous ôtez une propriété au triangle, vous lui ôtez tout; mais si vous ôtez à l'univers un grain de sable, le reste sera-t-il tout changé? Si de cent millions d'êtres qui se suivent deux à deux, les deux premiers changent entre eux de place, les autres en changent-ils nécessairement? Ne conservent-ils pas entre eux les mêmes rapports? De plus, les idées d'un homme ont-elles entre elles la même chaîne que l'on suppose dans les choses de ce monde? Quelle liaison, quel milieu nécessaire y a-t-il entre l'idée de la nuit et des objets inconnus que je vois en m'éveillant? Quelle chaîne y a-t-il entre la mort passagère de l'âme dans un profond sommeil, ou dans un évanouissement, et les idées que l'on reçoit en reprenant ses esprits? Quand même il serait possible que Dieu eût fait tout ce que Leibnitz imagine, faudrait-il le croire sur une simple possibilité? Qu'a-t-il prouvé par tous ces nouveaux efforts? qu'il avait un très-grand génie : mais s'est-il éclairé, et a-t-il éclairé les autres? Chose étrange! nous ne savons pas comment la terre produit un brin d'herbe, comment une femme fait un enfant, et on croit savoir comment **nous faisons des idées.**

Si l'on veut savoir ce que Newton pensait sur l'âme, et sur la manière dont elle opère, et lequel de tous ces sentiments il embrassait, je répondrai qu'il n'en suivait aucun. Que savait donc sur cette matière celui qui avait soumis l'infini au calcul, et qui avait découvert les lois de la pesanteur ? Il savait douter.

CHAP. VII. — *Des premiers principes de la matière.* — *Examen de la matière première. Méprise de Newton. Il n'y a point de transmutations véritables. Newton admet des atomes.*

Il ne s'agit pas ici d'examiner quel système était plus ridicule, ou celui qui faisait l'eau principe de tout, ou celui qui attribuait tout au feu, ou celui qui imagina des dés unis sans intervalle les uns auprès des autres, et tournant je ne sais comment sur eux-mêmes.

Le système le plus plausible a toujours été qu'il y a une matière première indifférente à tout, uniforme et capable de toutes les formes, laquelle, différemment combinée, constitue cet univers. Les éléments de cette matière sont les mêmes; elle se modifie selon les différents moules où elle passe, comme un métal en fusion devient tantôt une urne, tantôt une statue; c'était l'opinion de Descartes, et elle s'accorde très-bien avec la chimère de ses trois éléments. Newton pensait en ce point sur la matière comme Descartes; mais il était arrivé à cette conclusion par une autre voie. Comme il ne formait presque jamais de jugement qui ne fût fondé, ou sur l'évidence mathématique, ou sur l'expérience, il crut avoir l'expérience pour lui dans cet examen. L'illustre Robert Boy's, le fondateur de la physique en Angleterre, avait longtemps tenu de l'eau dans une cornue à un feu égal; le chimiste qui travaillait avec lui crut que l'eau s'était enfin changée en terre : le fait était faux, comme l'a depuis prouvé Boerhaave, physicien aussi exact que médecin habile; l'eau s'était évaporée, et la terre qui avait paru en sa place venait d'ailleurs¹.

A quel point faut-il se défier de l'expérience, puisque celle-ci trompa Boyle et Newton? Ces grands philosophes n'ont pas fait difficulté de croire que, puisque les parties primitives de l'eau se changeaient en parties primitives de terre, les éléments des choses ne sont que la même matière, différemment arrangée.

Si une fausse expérience n'avait pas conduit Newton à cette conclusion, il est à croire qu'il eût raisonné tout autrement.

Je supplie qu'on lise avec attention ce qui suit.

La seule manière qui appartienne à l'homme de raisonner sur ses objets, c'est l'analyse. Partir tout d'un coup des premiers principes,

---

1. Cette conversion de l'eau en terre est encore une question, quelque l'opinion de Boerhaave soit la plus vraisemblable. Au reste, ce ne serait pas une vraie transmutation : l'eau est une espèce de terre fusible à très-petit degré de chaleur, et cette terre pourrait perdre cette propriété par la digestion dans les vaisseaux clos, soit en se combinant avec le feu libre qui passe à travers les vaisseaux, soit en vertu d'une nouvelle combinaison de ses propres éléments. (*Éd. de Kehl.*)

S'il entendit quelques chansons de loin à loin, elles étaient toutes sur un ton triste; les habitants marchaient gravement, avec des grains enfilés et un poignard à leur ceinture. La nation, vêtue de noir, semblait être en deuil. Si les domestiques d'Amazan interrogeaient les passants, ceux-ci répondaient par signes; si on entrait dans une hôtellerie, le maître de la maison enseignait aux gens, en trois paroles, qu'il n'y avait rien dans la maison, et qu'on pouvait envoyer chercher, à quelques milles, les choses dont on avait un besoin pressant.

Quand on demandait à ces silenciaires s'ils avaient vu passer la belle princesse de Babylone, ils répondaient avec moins de brièveté : « Nous l'avons vue; elle n'est pas si belle!... il n'y a de beau que les teints basanés.... elle étale une gorge d'albâtre, qui est la chose du monde la plus dégoûtante, et qu'on ne connaît presque point dans nos climats. »

Amazan avançait vers la province arrosée du Bétis. Il ne s'était pas écoulé plus de douze mille années depuis que ce pays avait été découvert par les Tyriens, vers le même temps qu'ils firent la découverte de la grande île Atlantique, submergée quelques siècles après. Les Tyriens cultivèrent la Bétique, que les naturels du pays laissaient en friche, prétendant qu'ils ne devaient se mêler de rien, et que c'était aux Gaulois, leurs voisins, à venir cultiver leurs terres. Les Tyriens avaient amené avec eux des Palestins[1] qui, dès ce temps-là, couraient dans tous les climats, pour peu qu'il y eût de l'argent à gagner. Ces Palestins, en prêtant sur gages à cinquante pour cent, avaient attiré à eux presque toutes les richesses du pays. Cela fit croire aux peuples de la Bétique que les Palestins étaient sorciers; et tous ceux qui étaient accusés de magie étaient brûlés sans miséricorde par une compagnie de druides qu'on appelait *les rechercheurs* ou *les anthropokaies*. Ces prêtres les revêtaient d'abord d'un habit de masque, s'emparaient de leurs biens, et récitaient dévotement les propres prières des Palestins, tandis qu'on les cuisait à petit feu *por l'amor de Dios*.

La princesse de Babylone avait mis pied à terre dans la ville qu'on appela, depuis, *Sevilla*. Son dessein était de s'embarquer sur le Bétis pour retourner, par Tyr, à Babylone revoir le roi Bélus son père, et oublier, si elle pouvait, son infidèle amant, ou bien le demander en mariage. Elle fit venir chez elle deux Palestins qui faisaient toutes les affaires de la cour. Ils devaient lui fournir trois vaisseaux. Le phénix fit avec eux tous les arrangements nécessaires, et convint du prix après avoir un peu disputé.

L'hôtesse était fort dévote, et son mari, non moins dévôt, était familier, c'est-à-dire espion des druides anthropokaies : il ne manqua pas de les avertir qu'il avait dans sa maison une sorcière et deux Palestins qui faisaient un pacte avec le diable déguisé en gros oiseau doré. Les rechercheurs, apprenant que la dame avait une prodigieuse quantité de diamants, la jugèrent incontinent sorcière : ils attendirent la nuit pour renfermer les deux cents cavaliers et les licornes, qui dormaient dans de vastes écuries; car les rechercheurs sont poltrons.

---

1. Palestins désigne les Juifs originaires de la Palestine ou Judée. (ÉD.)

Après avoir bien barricadé les portes, ils se saisirent de la princesse et d'Irla ; mais ils ne purent prendre le phénix, qui s'envola à tire-d'aile : il se doutait bien qu'il trouverait Amazan sur le chemin des Gaules à Sevilla.

Il le rencontra sur la frontière de la Bétique, et lui apprit le désastre de la princesse. Amazan ne put parler, il était trop saisi, trop en fureur. Il s'arme d'une cuirasse d'acier damasquinée d'or, d'une lance de douze pieds, de deux javelots et d'une épée tranchante appelée *la fulminante*, qui pouvait fendre des arbres, des rochers et des druides ; il couvre sa belle tête d'un casque d'or ombragé de plumes de héron et d'autruche. C'était l'ancienne armure de Magog, dont sa sœur Aldée lui avait fait présent dans son voyage en Scythie ; le peu de suivants qui l'accompagnaient montent, comme lui, chacun sur sa licorne.

Amazan, en embrassant son cher phénix, ne lui dit que ces tristes paroles : « Je suis coupable ; si je n'avais pas couché avec une fille d'affaire dans la ville des oisifs, la belle princesse de Babylone ne serait pas dans cet état épouvantable.... Courons aux anthropokaies ! » Il entre bientôt dans Sevilla ; quinze cents alguazils gardaient les portes de l'enclos où les deux cents Gangarides et leurs licornes étaient renfermés sans avoir à manger. Tout était préparé pour le sacrifice qu'on allait faire de la princesse de Babylone, de sa femme de chambre Irla et des deux riches Palestins.

Le grand anthropokaie, entouré de ses petits anthropokaies, était déjà sur son tribunal sacré ; une foule de Sévillois, portant des grains enfilés dans leurs ceintures, joignaient les deux mains sans dire un mot, et l'on amenait la belle princesse, Irla et les deux Palestins, les mains liées derrière le dos et vêtus d'un habit de masque.

Le phénix entre par une lucarne dans la prison où les Gangarides commençaient déjà à enfoncer les portes. L'invincible Amazan les brisait en dehors. Ils sortent tout armés, tous sur leurs licornes ; Amazan se met à leur tête. Il n'eut pas de peine à renverser les alguazils, les familiers, les prêtres anthropokaies ; chaque licorne en perçait des douzaines à la fois. La fulminante d'Amazan coupait en deux tous ceux qu'il rencontrait ; le peuple fuyait en manteau noir et en fraise sale, toujours tenant à la main ses grains bénits *por l'amor de Dios*.

Amazan saisit de sa main le grand rechercheur sur son tribunal, et le jette sur le bûcher qui était préparé à quarante pas ; il y jeta aussi les autres petits rechercheurs l'un après l'autre. Il se prosterne ensuite aux pieds de Formosante. « Ah ! que vous êtes aimable, dit-elle, et que je vous adorerais, si vous ne m'aviez pas fait une infidélité avec une fille d'affaire ! »

Tandis qu'Amazan faisait sa paix avec la princesse, tandis que les Gangarides entassaient dans le bûcher les corps de tous les anthropokaies, et que les flammes s'élevaient jusqu'aux nues, Amazan vit de loin comme une armée qui venait à lui. Un vieux monarque, la couronne en tête, s'avançait sur un char traîné par huit mules attelées avec des cordes ; cent autres chars suivaient. Ils étaient accompagnés de graves personnages en manteau noir et en fraise, montés sur de très-beaux chevaux; une multitude de gens à pied suivait en cheveux gras et en silence.

D'abord Amazan fit ranger autour de lui ses Gangarides, et s'avança la lance en arrêt. Dès que le roi l'aperçut, il ôta sa couronne, descendit de son char, embrassa l'étrier d'Amazan, et lui dit : « Homme envoyé de Dieu, vous êtes le vengeur du genre humain, le libérateur de ma patrie, mon protecteur. Ces monstres sacrés dont vous avez purgé la terre étaient mes maîtres au nom du *vieux des sept montagnes*; j'étais forcé de subir leur puissance criminelle. Mon peuple m'aurait abandonné, si j'avais voulu seulement modérer leurs abominables atrocités. D'aujourd'hui, je respire, je règne, et je vous le dois. »

Ensuite il baisa respectueusement la main de Formosante, et la supplia de vouloir bien monter avec Amazan, Irla, et le phénix, dans son carrosse à huit mules. Les deux Palestins, banquiers de la cour, encore prosternés à terre de frayeur et de reconnaissance, se relevèrent, et la troupe des licornes suivit le roi de la Bétique dans son palais.

Comme la dignité du roi d'un peuple grave exigeait que ses mules allassent au petit pas, Amazan et Formosante eurent le temps de lui conter leurs aventures. Il entretint aussi le phénix; il l'admira et le baisa cent fois. Il comprit combien les peuples d'Occident, qui mangeaient les animaux, et qui n'entendaient plus leur langage, étaient ignorants, brutaux et barbares : que les seuls Gangarides avaient conservé la nature et la dignité primitive de l'homme; mais il convenait surtout que les plus barbares des mortels étaient ces chercheurs anthropokaies dont Amazan venait de purger le monde. Il ne cessait de le bénir et de le remercier. La belle Formosante oubliait déjà l'aventure de la fille d'affaire, et n'avait l'âme remplie que de la valeur du héros qui lui avait sauvé la vie. Amazan, instruit de l'innocence du baiser donné au roi d'Égypte, et de la résurrection du phénix, goûtait une joie pure, et était enivré du plus violent amour.

On dîna au palais, et on y fit assez mauvaise chère. Les cuisiniers de la Bétique étaient les plus mauvais de l'Europe : Amazan conseilla d'en faire venir des Gaules. Les musiciens du roi exécutèrent pendant le repas cet air célèbre qu'on appela dans la suite des siècles *Les Folies d'Espagne*. Après le repas on parla d'affaires.

Le roi demanda au bel Amazan, à la belle Formosante, et au beau phénix, ce qu'ils prétendaient devenir. « Pour moi, dit Amazan, mon intention est de retourner à Babylone, dont je suis l'héritier présomptif, et de demander à mon oncle Bélus ma cousine issue de germaine, l'incomparable Formosante, à moins qu'elle n'aime mieux vivre avec moi chez les Gangarides.

— Mon dessein, dit la princesse, est assurément de ne jamais me séparer de mon cousin issu de germain; mais je crois qu'il convient que je me rende auprès du roi mon père, d'autant plus qu'il ne m'a donné permission que d'aller en pèlerinage à Bassora, et qu' j'ai couru le monde. — Pour moi, dit le phénix, je suivrai partout ces deux tendres et généreux amants.

— Vous avez raison, dit le roi de la Bétique; mais le retour à Babylone n'est pas si aisé que vous le pensez. Je sais tous les jours des nouvelles de ce pays-là par les vaisseaux tyriens, et par mes banquiers palestins, qui sont en correspondance avec tous les peuples de la terre. Tout est en armes vers l'Euphrate et le Nil. Le roi de Scythie redemande l'héritage de sa femme, à la tête de trois cent mille guerriers tous à cheval. Le roi d'Égypte et le roi des Indes désolent aussi les bords du Tigre et de l'Euphrate, chacun à la tête de trois cent mille hommes, pour se venger de ce qu'on s'est moqué d'eux. Pendant que le roi d'Égypte est hors de son pays, son ennemi le roi d'Éthiopie ravage l'Égypte avec trois cent mille hommes, et le roi de Babylone n'a encore que six cent mille hommes sur pied pour se défendre.

« Je vous avoue, continua le roi, que lorsque j'entends parler de ces prodigieuses armées que l'Orient vomit de son sein, et de leur étonnante magnificence; quand je les compare à nos petits corps de vingt à trente mille soldats qu'il est si difficile de vêtir et de nourrir, je suis tenté de croire que l'Orient a été fait bien longtemps avant l'Occident. Il semble que nous soyons sortis avant-hier du chaos, et hier de la barbarie.

— Sire, dit Amazan, les derniers venus l'emportent quelquefois sur ceux qui sont entrés les premiers dans la carrière. On pense dans mon pays que l'homme est originaire de l'Inde; mais je n'en ai aucune certitude.

— Et vous, dit le roi de la Bétique au phénix, qu'en pensez-vous?
— Sire, répondit le phénix, je suis encore trop jeune pour être instruit de l'antiquité. Je n'ai vécu qu'environ vingt-sept mille ans; mais mon père, qui avait vécu cinq fois cet âge, me disait qu'il avait appris de son père que les contrées de l'Orient avaient toujours été plus peuplées et plus riches que les autres. Il tenait de ses ancêtres que les générations de tous les animaux avaient commencé sur les bords du Gange. Pour moi je n'ai pas la vanité d'être de cette opinion; je ne puis croire que les renards d'Albion, les marmottes des Alpes, et les loups de la Gaule, viennent de mon pays; de même que je ne crois pas que les sapins et les chênes de vos contrées descendent des palmiers et des cocotiers des Indes.

— Mais d'où venons-nous? dit le roi. — Je n'en sais rien, dit le phénix; je voudrais seulement savoir où la belle princesse de Babylone et mon cher ami Amazan pourront aller. — Je doute fort, repartit le roi, qu'avec ses deux cents licornes il soit en état de percer à travers tant d'armées de trois cent mille hommes chacune. — Pourquoi non? » dit Amazan.

Le roi de Bétique sentit le sublime du « pourquoi non; » mais il crut que le sublime seul ne suffisait pas contre des armées innombrables. « Je vous conseille, dit-il, d'aller trouver le roi d'Éthiopie; je suis en relation avec ce prince noir par le moyen de mes Palestins; je vous donnerai des lettres pour lui : puisqu'il est l'ennemi du roi d'Égypte, il sera trop heureux d'être fortifié par votre alliance. Je puis vous aider de deux mille hommes très-sobres et très-braves; il ne tiendra qu'à

Les philosophes anglais, je l'ai déjà dit, qui ne respectent point les noms, ont répondu à tout cela en riant; mais il ne m'est permis de réfuter Leibnitz qu'en raisonnant. Il me semble que je prendrais la liberté de dire à ceux qui ont accrédité de telles opinions : Tout le monde convient avec vous du principe de la raison suffisante ; mais en tirez-vous ici une conséquence bien juste? 1° Vous admettez la matière actuellement divisible à l'infini ; la plus petite partie n'est donc pas possible à trouver. Il n'y en a point qui n'ait des côtés, qui n'occupe un lieu, qui n'ait une figure : comment donc voulez-vous qu'elle ne soit formée que d'êtres sans figure, sans lieu, et sans côtés? Ne heurtez-vous pas le grand principe de la *contradiction* en voulant suivre celui de la *raison suffisante?*

2° Est-il bien suffisamment raisonnable qu'un composé n'ait rien de semblable à ce qui le compose? Que dis-je rien de semblable ! il y a l'infini entre un être simple et un être étendu; et vous voulez que l'un soit fait de l'autre : celui qui dirait que plusieurs éléments de fer forment de l'or, que les parties constituantes du sucre font de la coloquinte, dirait-il quelque chose de plus révoltant?

3° Pouvez-vous bien avancer qu'une goutte d'urine soit une infinité de *monades*, et que chacune d'elles ait les idées, quoique obscures, de l'univers entier; et cela parce que, selon vous, tout est plein, parce que dans le plein tout est lié, parce que tout étant lié ensemble, et une *monade* ayant nécessairement des idées, elle ne peut avoir une perception qui ne tienne à tout ce qui est dans le monde?

Mais est-il prouvé que tout est plein, malgré la foule des arguments métaphysiques et physiques en faveur du vide? Est-il prouvé que, tout étant plein, votre prétendue *monade* doive avoir les inutiles idées de tout ce qui se passe dans ce plein? J'en appelle à votre conscience : ne sentez-vous pas combien un tel système est purement d'imagination? L'aveu de l'humaine ignorance sur les éléments de la matière n'est-il pas au-dessus d'une science si vaine? Quel emploi de la logique et de la géométrie, lorsqu'on fait servir ce fil à s'égarer dans un tel labyrinthe, et qu'on marche méthodiquement vers l'erreur avec le flambeau même destiné à nous éclairer!

CHAP. IX. — *De la force active, qui met tout en mouvement dans l'univers.* — *S'il y a toujours même quantité de forces dans le monde. Examen de la force. Manière de calculer la force. Conclusion des deux partis.*

Je suppose d'abord que l'on convient que la matière ne peut avoir .a mouvement par elle-même; il faut donc qu'elle le reçoive d'ailleurs : mais elle ne peut le recevoir d'une autre matière, car ce serait une contradiction ; il faut donc qu'une cause immatérielle produise le mouvement. Dieu est cette cause immatérielle, et on doit ici bien prendre garde que cet axiome vulgaire : Qu'il ne faut point recourir à Dieu en philosophie, n'est bon que dans les choses que l'on doit expliquer par les causes prochaines physiques. Par exemple, je veux expliquer pourquoi un poids de quatre livres est contre-pesé par un poids d'une livre : si je dis que Dieu l'a ainsi réglé, je suis un ignorant ; mais je satisfai à la question, si je dis que c'est parce que le poids d'une livre est quatre fois autant éloigné du point d'appui que le poids de quatre livres. Il n'en est pas de même des premiers principes des choses : c'est alors que ne pas recourir à Dieu, est d'un ignorant ; car ou il n'y a point de Dieu, ou il n'y a de premiers principes que dans Dieu. C'est lui qui a imprimé aux planètes la force avec laquelle elles vont d'occident en orient ; c'est lui qui fait mouvoir ces planètes et le soleil sur leurs axes.

Il a imprimé une loi à tous les corps, par laquelle ils tendent tous également à leur centre. Enfin il a formé des animaux auxquels il a donné une force active avec laquelle ils font naître du mouvement.

La grande question est de savoir si cette force donnée de Dieu pour commencer le mouvement est toujours la même dans la nature.

Descartes, sans faire mention de la force, avançait sans preuve qu'il y a toujours quantité égale de mouvement ; et son opinion était d'autant moins fondée, que les lois mêmes du mouvement lui étaient absolument inconnues.

Leibnitz, venu dans un temps plus éclairé, a été obligé d'avouer, avec Newton, qu'il se perd du mouvement ; mais il prétend que, quoique la même quantité de mouvement ne subsiste pas, la force subsiste toujours la même.

Newton, au contraire, était persuadé qu'il implique contradiction que le mouvement ne soit pas proportionnel à la force.

Avant que d'entrer sur cela dans aucune discussion mécanique, il faut prendre les choses dans leur nature même ; car le métaphysicien doit toujours conduire le géomètre. Un homme a une certaine quantité de force active : mais où était cette force avant sa naissance ? Si on dit qu'elle était dans le germe de l'enfant, qu'est-ce qu'une force qu'on ne peut exercer ? Mais quand il est devenu homme, n'est-il pas libre ? ne peut-il pas employer plus ou moins de sa force ? Je suppose qu'il exerce une force de trois cents livres pour mouvoir une machine ; je suppose, comme il est possible, qu'il a exercé cette force en baissant un levier, et que la machine attachée à ce levier est dans le récipient du vide ; la machine peut acquérir aisément une force de deux mille livres.

L'opération étant faite, le bras retiré, le levier ôté, le poids immobile, je demande si le peu de matière qui était dans le récipient a reçu de la machine une force de deux mille livres. Toutes ces considérations ne font-elles pas voir que la force active se répare et se perd continuellement dans la nature ? Que l'on fasse un peu d'attention à cet argument-ci.

Il ne peut y avoir de mouvement sans vide ; or, qu'un corps A B C D reçoive une impression dans toutes ses parties, je demande si les parties B C D derrière lesquelles il n'y aura aucun corps ne perdront point de mouvement ; et si les parties B C perdent leur mouvement, ne perdent-elles pas évidemment leur force ?

Écoutons maintenant Newton et l'expérience pour terminer cette dispute métaphysique. Le mouvement, dit-il, se produit et se perd. Mais à cause de la ténacité des fluides et du peu d'élasticité des solides, il se perd beaucoup plus de mouvement qu'il n'en renaît dans la nature.

Cela posé, si on considère cet axiome indubitable, que l'effet est toujours proportionnel à la cause, là où le mouvement diminue, la force diminue nécessairement aussi ; il faudrait donc, pour conserver toujours la même quantité de forces dans l'univers, que ce principe (que la cause est proportionnelle à l'effet) cessât d'être vrai.

On a cru que, pour conserver toujours cette même force dans la nature, il suffisait de changer la manière ordinaire d'estimer cette force : au lieu donc que Mersenne, Descartes, Newton, Mariotte, Varignon, etc., ont toujours, après Archimède, mesuré le mouvement d'un corps en multipliant sa masse par sa vitesse, les Leibnitz, les Bernouilli, les Herman, les Polenis, les s'Gravesande, les Wolff, etc., ont multiplié la masse par le carré de la vitesse.

Cette dispute a partagé l'Europe ; mais enfin il me semble qu'on reconnaît que c'est au fond une dispute de mots. Il est impossible que ces grands philosophes, quoique diamétralement opposés, se trompent dans leurs calculs. Ils sont également justes ; les effets mécaniques répondent également à l'une et à l'autre manière de compter. Il y a donc indubitablement un sens dans lequel ils ont tous raison. Or, ce point où ils ont raison est celui qui doit les réunir ; et le voici, comme le docteur Clarke l'a indiqué le premier, quoique un peu durement.

Si vous considérez le temps dans lequel un mobile agit, sa force est au bout de ce temps comme le carré de sa vitesse par sa masse. Pourquoi ? parce que l'espace parcouru par sa masse est comme le carré du temps dans lequel il est parcouru. Or, le temps est comme la vitesse ; donc alors le corps qui a parcouru cet espace dans ce temps agit au bout de ce temps par sa masse, multipliée par le carré de sa vitesse ; ainsi lorsque la masse 2 parcourt en deux temps un espace quelconque avec deux degrés de vitesse, au bout de ce temps sa force est 2, multipliée par le carré de sa vitesse 2 ; le tout fait 8, et le corps fait une impression comme 8 ; en ce cas les leibnitiens n'ont pas tort. Mais aussi les cartésiens et les newtoniens réunis ont grande raison quand ils considèrent la chose d'un autre sens ; car ils disent : en temps égal un corps du poids de quatre livres, avec un degré de vitesse, agit précisément comme un poids d'une livre avec quatre degrés de vitesse, et les corps élastiques qui se choquent rejaillissent toujours en raison réciproque de leur vitesse et de leur masse ; c'est-à-dire qu'une boule double avec un mouvement comme un, et une boule sous-double avec un mouvement comme deux, lancées l'une contre l'autre, arrivent en temps égal et rejaillissent à des hauteurs égales ; donc il ne faut pas considérer ce qui arrive à des mobiles dans des temps inégaux, mais dans des temps égaux, et voilà la source du malentendu. Donc la nouvelle manière d'envisager les forces est vraie en un sens et fausse en un autre ; donc elle ne sert qu'à compliquer, qu'à embrouiller une idée simple; donc il faut s'en tenir à l'ancienne règle. Que conclure de ces deux manières d'envisager les choses? Il faut que tout le monde convienne que l'effet est toujours proportionnel à la cause ; or, s'il périt du mouvement dans l'univers, donc la force qui en est cause périt aussi. Voilà ce que pensait Newton sur la plupart des questions qui tiennent à la métaphysique : c'est à vous à juger entre lui et Leibnitz.

Je vais passer à ses découvertes en physique [1].

SECONDE PARTIE.
PHYSIQUE NEWTONIENNE.

Introduction. — Mon principal but, dans la recherche que je vais faire, est de me donner à moi-même, et peut-être à quelques lecteurs, des idées nettes de ces lois primitives de la nature que Newton a trouvées. J'examinerai jusqu'où on a été avant lui, d'où il est parti, où il s'est arrêté, et quelquefois ce qu'on a encore trouvé après lui-même. Je commencerai par la lumière qu'il a seul bien connue; je finirai par l'examen de la pesanteur, et de cette loi générale de la gravitation ou de l'attraction, ressort universel de la nature, dont on ne doit qu'à lui la découverte.

On tâchera de mettre ces *Éléments* à la portée de ceux qui ne connaissent de Newton et de la philosophie que le nom seul. La science de la nature est un bien qui appartient à tous les hommes. Tous voudraient avoir connaissance de leur bien, peu ont le temps ou la patience de le calculer; Newton a compté pour eux. Il faudra ici se contenter quelquefois de la somme de ces calculs. Tous les jours un homme public, un ministre, se forme une idée juste du résultat des opérations que lui-même n'a pu faire; d'autres yeux ont vu pour lui, d'autres mains ont travaillé, et le mettent en état, par un compte fidèle, de

---

1. Le principe de la conservation des forces vives a lieu en général, dans la nature, toutes les fois qu'on supposera que les changements se feront par degrés insensibles; c'est-à-dire, tant que la loi de continuité y est observée. Il en est de même du principe de la conservation d'action. Celui de la moindre action est vrai aussi en général, dans ce sens que le mouvement est déterminé par les mêmes équations générales qu'on aurait trouvées, en supposant que l'action est un minimum; mais cela ne suffit pas pour que l'action soit réellement un minimum; elle peut être un maximum, ou n'être ni l'un ni l'autre, quoique ces équations aient lieu. L'accord de ces équations avec la nature prouve seulement que, dans les changements infiniment petits qui ont lieu dans un temps infiniment petit, la quantité d'action reste la même.

Au reste, ce serait en vain qu'on croirait voir des causes finales dans ces différentes lois; elles ne sont, comme l'a démontré M. d'Alembert, que la conséquence nécessaire des principes essentiels et mathématiques du mouvement. La découverte de ces principes, qu'il a étendus aux corps solides, flexibles et fluides, en trouvant en même temps le nouveau calcul qui était nécessaire pour y appliquer l'analyse mathématique, doit être regardée comme le plus grand effort que l'esprit humain ait fait dans ce siècle. (*Éd. de Kehl.*)

porter son jugement. Tout homme d'esprit sera à peu près dans le cas de ce ministre.

La philosophie de Newton a semblé jusqu'à présent à beaucoup de personnes aussi inintelligible que celle des anciens : mais l'obscurité des Grecs venait de ce qu'en effet ils n'avaient point de lumière, et les ténèbres de Newton viennent de ce que sa lumière était trop loin de nos yeux. Il a trouvé des vérités, mais il les a cherchées et placées dans un abîme : il faut y descendre et les apporter au grand jour.

CHAP. I*er*. — *Premières recherches sur la lumière, et comment elle vient à nous. Erreurs de Descartes à ce sujet. — Définition singulière par les péripatéticiens. L'esprit systématique a égaré Descartes. Son système. Faux. Du mouvement progressif de la lumière. Erreur du Spectacle de la nature. Démonstration du mouvement de la lumière, par Roëmer. Expérience de Roëmer contestée et combattue mal à propos. Preuves de la découverte de Roëmer par les découvertes de Bradley. Histoire de ces découvertes. Explication et conclusion.*

Les Grecs, et ensuite tous les peuples barbares qui ont appris d'eux à raisonner et à se tromper, ont dit de siècle en siècle : « La lumière est un accident, et cet accident est l'acte du transparent en tant que transparent ; les couleurs sont ce qui meut les corps transparents. Les corps lumineux et colorés ont des qualités semblables à celles qu'ils excitent en nous, par la grande raison que rien ne donne ce qu'il n'a pas. Enfin la lumière et les couleurs sont un mélange du chaud, du froid, du sec et de l'humide ; car l'humide, le sec, le froid et le chaud, étant les principes de tout, il faut bien que les couleurs en soient un composé. »

C'est cet absurde galimatias que des maîtres d'ignorance, payés par le public, ont fait respecter à la crédulité humaine pendant tant d'années : c'est ainsi qu'on a raisonné presque sur tout jusqu'aux temps des Galilée et des Descartes. Longtemps même après eux, ce jargon, qui déshonore l'entendement humain, a subsisté dans plusieurs écoles. J'ose dire que la raison de l'homme, ainsi obscurcie, est bien au-dessous de ces connaissances si bornées, mais si sûres, que nous appelons *instinct* dans les brutes. Ainsi nous ne pouvons trop nous féliciter d'être nés dans un temps et chez un peuple où l'on commence à ouvrir les yeux et à jouir du plus bel apanage de l'humanité, l'usage de la raison.

Tous les prétendus philosophes ayant donc deviné au hasard à travers le voile qui couvrait la nature, Descartes est venu, qui a levé un coin de ce grand voile. Il a dit : « La lumière est une matière fine et déliée, et qui frappe nos yeux. Les couleurs sont les sensations que Dieu excite en nous, selon les divers mouvements qui portent cette matière à nos organes. » Jusque-là Descartes a eu raison ; il fallait ou qu'il s'en tînt là, ou qu'en allant plus loin l'expérience fût son guide. Mais il était possédé de l'envie d'établir un système. Cette passion fit dans ce grand homme ce que font les passions dans tous les hommes ; elles les entraînent au delà de leurs principes.

Il avait posé pour premier fondement de sa philosophie, qu'il ne fallait rien croire sans évidence ; et cependant, au mépris de sa propre règle, il imagine trois éléments formés des cubes prétendus qu'il suppose avoir été faits par le Créateur, et s'être brisés en tournant sur eux-mêmes, lorsqu'ils sortirent des mains de Dieu. Ces trois éléments imaginaires sont, comme on sait :

La partie la plus épaisse de ces cubes, et c'est cet élément grossier dont se formèrent, selon lui, les corps solides des planètes, les mers, l'air même ;

La poussière impalpable que le brisement de ces dés avait produite, et qui remplit à l'infini les interstices de l'univers infini dans lequel il ne suppose aucun vide ;

Les milieux de ces prétendus dés brisés, atténués également de tous côtés, et enfin arrondis en boules, dont il lui plaît de faire la lumière, et qu'il répand gratuitement dans l'univers.

Plus ce système était ingénieusement imaginé, plus vous sentez qu'il était indigne d'un philosophe ; et puisque rien de tout cela n'est prouvé, autant valait adopter le froid et le chaud, le sec et l'humide. Erreur pour erreur, qu'importe laquelle domine ?

Selon Descartes, la lumière ne vient point à nos yeux du soleil ; mais c'est une matière globuleuse répandue partout, que le soleil pousse et qui presse nos yeux, comme un bâton poussé par un bout presse à l'instant à l'autre bout. Il était tellement persuadé de ce système que, dans sa dix-septième lettre du troisième tome, il dit et répète positivement : *J'avoue que je ne sais rien en philosophie, si la lumière du soleil n'est pas transmise à nos yeux en un instant.*

En effet, il faut avouer que, tout grand génie qu'il était, il savait encore peu de chose en vraie philosophie ; il lui manquait l'expérience du siècle qui l'a suivi. Ce siècle est autant supérieur à Descartes, que Descartes l'était à l'antiquité.

1° Si la lumière était un fluide toujours répandu dans l'air, nous verrions clair la nuit, puisque le soleil, sous l'hémisphère, pousserait toujours ce fluide de la lumière en tous sens, et que l'impression en viendrait à nos yeux. La lumière circulerait comme le son. Nous verrions un objet au delà d'une montagne ; enfin nous n'aurions jamais un si beau jour que dans une éclipse centrale du soleil, car la lune, en passant entre nous et cet astre, presserait (au moins selon Descartes) les globules de la lumière, et ne ferait qu'augmenter leur action.

2° Les rayons qu'on détourne par un prisme, et qu'on force de prendre un nouveau chemin, démontrent que la lumière se meut effectivement et n'est pas un amas de globules simplement pressés. La lumière suit trois chemins différents en entrant dans un prisme ; ses trois routes dans l'air, dans le prisme et au sortir du prisme, sont différentes ; bien plus, elle accélère son mouvement dans le corps du prisme : n'est-il donc pas un peu étrange de dire qu'un corps qui change visiblement trois fois de place, et qui augmente son mouvement, ne remuë point ? et cependant il vient de paraître un livre dans lequel on ose dire que la progression de la lumière est une absurdité.

3° Si la lumière était un amas de globules, un fluide existant dans l'air et en tout lieu, un petit trou qu'on pratique dans une chambre obscure devrait l'illuminer tout entière, car la lumière, poussée alors en tout sens dans ce petit trou, agirait en tout sens comme des boules d'ivoire rangées en rond ou en carré s'écarteraient toutes, si une seule d'elles était fortement pressée : mais il arrive tout le contraire; la lumière reçue par un petit orifice, lequel ne laisse passer qu'un petit cône de rayons, et va à vingt-cinq pieds, éclaire à peine un demi-pied de l'endroit qu'elle frappe.

4° On sait que la lumière, qui émane du soleil jusqu'à nous, traverse à peu près en huit minutes ce chemin immense qu'un boulet de canon conservant sa vitesse ne ferait pas en vingt-cinq années.

L'auteur du *Spectacle de la Nature*, ouvrage très-estimable, est tombé ici dans une méprise qui peut égarer les commençants pour lesquels son livre est fait. Il dit que la lumière vient en *sept minutes des étoiles, selon Newton;* il a pris les étoiles pour le soleil. La lumière émane des étoiles les plus prochaines en six mois, selon un certain calcul fondé sur des expériences très-délicates et très-fautives. Ce n'est point Newton, c'est Huygens et Hartsoeker qui ont fait cette supposition. Il dit encore, pour prouver que Dieu créa la lumière avant le soleil, *que la lumière est répandue par toute la nature, et qu'elle se fait sentir quand les astres lumineux la poussent*; mais il est démontré qu'elle arrive des étoiles fixes en un temps très-long. Or, si elle fait ce chemin, elle n'était donc point répandue auparavant. Il est bon de se précautionner contre ces erreurs, que l'on répète tous les jours dans beaucoup de livres qui sont l'écho les uns des autres.

Voici en peu de mots la substance de la démonstration sensible de Rœmer, que la lumière emploie sept à huit minutes dans son chemin du soleil à la terre.

On observe de la terre en C ce satellite de Jupiter (fig. 1), qui s'éclipse régulièrement une fois en quarante-deux heures et demie. Si la terre était immobile, l'observateur en E verrait, en trente fois quarante-deux heures et demie, trente émersions de ce satellite; mais au bout de ce temps, la terre se trouve en D; alors l'observateur ne voit plus cette émersion précisément au bout de trente fois quarante-deux heures et demie, mais il faut ajouter le temps que la lumière met à se mouvoir de C en D, et ce temps est sensiblement considérable. Mai cet espace C D est encore moins grand que l'espace G H dans ce cercle. Or ce cercle est le grand orbe que décrit la terre, le soleil est au milieu; la lumière, en venant du satellite de Jupiter, traverse C D en dix minutes, et G H en quinze ou seize minutes. Le soleil est entre G et H ; donc la lumière vient du soleil en sept ou huit minutes.

Cette belle observation fut longtemps contestée; enfin on a été forcé de convenir de l'expérience, et le préjugé a tâché d'éluder l'expérience même. Elle prouve tout au plus, dit-on, que la matière de la lumière existant dans l'espace, et contigué du soleil à nos yeux, met sept à huit minutes à nous transmettre l'impression du soleil ; mais ne devrait-on pas voir qu'une telle réponse, faite au hasard, contredit manifestement tous les principes mécaniques? Descartes savait bien, et il avait dit que si la matière lumineuse était comme un long bâton pressé par le soleil à un bout, l'impression s'en communiquerait à l'instant à l'autre bout. Donc si un satellite de Jupiter pressait une prétendue matière lumineuse considérée comme un fil de globules, roide, étendu jusqu'à nos yeux, nous ne verrions point l'émersion de ce satellite après plusieurs minutes, mais dans l'instant de l'émersion même.

Si pour dernier subterfuge on se retranche à dire que la matière lumineuse doit être regardée, non comme un corps roide, mais comme un fluide, on retombe alors dans l'erreur indigne de tout physicien, laquelle suppose l'ignorance de l'action des fluides ; car ce fluide agirait en tout sens, et il n'y aurait, comme on l'a dit, jamais de nuit ni d'éclipse. Le mouvement serait bien autrement lent dans ce fluide, et il faudrait des siècles au lieu de sept minutes pour nous faire sentir la lumière du soleil.

La découverte de Roëmer prouvait donc incontestablement la propagation et la progression de la lumière.

Si l'ancien préjugé se débat encore contre une telle vérité, qu'il cède du moins aux nouvelles découvertes de M. Bradley, qui le confirment d'une matière si admirable. L'expérience de Bradley est peut-être le plus bel effort qu'on ait fait en astronomie.

On sait que cent quatre-vingt-dix millions de nos lieues, que parcourt au moins la terre dans son année, ne sont qu'un point par rapport à la distance des étoiles fixes à la terre. La vue ne saurait apercevoir si au bout du diamètre de cette orbite immense une étoile a changé de place à notre égard; il est pourtant bien certain qu'après six mois, il y a entre nous et une étoile située près du pôle, environ soixante-six millions de lieues de différence; et ce chemin qu'un boulet de canon ne ferait pas en cinquante ans en conservant sa vitesse, est anéanti dans la prodigieuse distance de notre globe à la plus prochaine étoile; car, lorsque l'angle visuel devient d'une certaine petitesse, il n'est plus mesurable, il devient nul.

Trouver le secret de mesurer cet angle, en connaître la différence, lorsque la terre est au Cancer et lorsqu'elle est au Capricorne, avoir par ce moyen ce qu'on appelle la parallaxe de la terre, paraissait un problème aussi difficile que celui des longitudes.

Le fameux Hooke, si connu par sa *Micrographie*, entreprit de résoudre le problème ; il fut suivi de l'astronome Flamstead, qui avait donné la position de trois mille étoiles; ensuite le chevalier Molineux, avec l'aide du célèbre mécanicien Graham, inventa une machine pour servir à cette opération ; il n'épargna ni peines, ni temps, ni dépenses; enfin le docteur Bradley mit la dernière main à ce grand ouvrage.

La machine qu'on employa fut appelée télescope parallactique. On en peut voir la description dans l'excellent *Traité d'optique* de M. Smith. Une longue lunette suspendue, perpendiculaire à l'horizon, était tellement disposée qu'on pouvait avec facilité diriger l'axe de la vision dans le plan du méridien, soit un peu plus au nord, soit un peu plus au sud, et connaître par le moyen d'une roue et d'un indice, avec la plus grande exactitude, de combien on avait porté l'instrument au sud ou au nord. On observa plusieurs étoiles avec ce télescope, et entre autres on y suivit une étoile du Dragon pendant une année entière.

Que devait-il arriver de cette recherche assidue ? certainement si la terre, depuis le commencement de l'été jusqu'au commencement de l'hiver, avait changé de place, si elle avait parcouru ces soixante et six millions de lieues, le rayon de lumière, qui avait été dardé six mois auparavant dans l'axe de vision de ce télescope, devait s'en être détourné; il fallait donc imprimer un mouvement nouveau à ce tube pour recevoir ce rayon, et on savait, par le moyen de la roue et de l'indice, quelle quantité de mouvement on lui avait donnée; et par une conséquence infaillible, de combien l'étoile était plus septentrionale ou plus méridionale que six mois auparavant.

Ces admirables opérations commencèrent le 3 décembre 1725; la terre alors s'approchait du solstice d'hiver; il paraissait vraisemblable que si l'étoile pouvait donner, dès le mois de décembre, quelque marque d'aberration, elle paraîtrait jeter sa lumière plus vers le nord, puisque la terre, vers le solstice d'hiver, allait alors au midi. Mais, dès le 17 décembre, l'étoile observée parut être avancée dans le méridien vers le sud. On fut fort étonné[1]. On avait précisément le contraire de ce qu'on espérait ; mais par la suite constante des observations on eut plus qu'on n'aurait jamais osé espérer. On connut sensiblement la parallaxe de cette étoile fixe, le mouvement annuel de la terre, et la progression de la lumière.

Si la terre tourne dans son orbite autour du soleil, et que la lumière soit instantanée, il est clair que l'étoile observée doit paraître aller toujours un peu vers le nord, quand la terre marche vers le côté opposé, mais si la lumière est envoyée de cette étoile, s'il lui faut un certain temps pour arriver, il faut comparer ce temps avec la vitesse dont marche la terre, il n'y a plus qu'à calculer ; par là on vit que la vitesse de la lumière de cette étoile était dix mille deux cents fois plus prompte que le moyen mouvement de la terre. On vit, par des observations sur d'autres étoiles, que non-seulement la lumière se meut avec cette énorme vitesse, mais qu'elle se meut toujours uniformément, quoiqu'elle vienne d'étoiles fixes placées à des distances très-inégales. On vit que la lumière de chaque étoile parcourt en même temps l'espace déterminé par Roëmer, c'est-à-dire environ trente-trois millions de lieues en près de huit minutes.

1. Picard, longtemps auparavant, en cherchant de même la parallaxe du grand orbe, trouva aussi dans l'étoile polaire un mouvement apparent en sens contraire de celui que la parallaxe aurait dû causer. Roëmer, qui, en cherchant la même parallaxe, observa aussi ces mouvements des étoiles, n'imagina point de les expliquer par le mouvement progressif de la lumière qu'il avait découvert. Il ne s'agissait cependant que de cette remarque fort simple. Si le temps que la lumière met à traverser l'orbite terrestre retarde l'apparition d'un phénomène, il doit influer également sur le lieu apparent des étoiles. (Éd. de Kehl.)

On vit, en mesurant la parallaxe annuelle, que l'étoile observée dans le Dragon est quatre cent mille fois plus éloignée de nous que le soleil. Maintenant je supplie tout lecteur attentif, et qui aime la vérité, de considérer que si la lumière nous arrive du soleil uniformément en près de huit minutes, elle arrive de cette étoile du Dragon en six années et plus d'un mois; et que si les étoiles six fois moins grandes sont six fois plus éloignées de nous, elles nous envoient leurs rayons en plus de trente-six années et demie. Or, le cours de ces rayons est toujours uniforme. Qu'on juge maintenant si cette machine uniforme est compatible avec une prétendue matière répandue partout. Qu'on se demande à soi-même si cette matière ne dérangerait pas un peu cette progression uniforme des rayons; et enfin quand on lira le chapitre des tourbillons, qu'on se souvienne de cette étendue énorme que franchit la lumière en tant d'années, qu'on juge de bonne foi si un plein absolu ne s'opposerait pas à son passage. Qu'on voie enfin dans combien d'erreurs ce système a dû entraîner Descartes. Il n'avait fait aucune expérience, il imaginait : il n'examinait point ce monde, il eût créait un. Newton, au contraire, Roëmer, Bradley, etc., n'ont fait que des expériences, et n'ont jugé que d'après les faits.

CHAP. II. — *Système de Malebranche aussi erroné que celui de Descartes; nature de la lumière; ses routes; sa rapidité.* — *Erreur du P. Malebranche. Expérience qui détruit la chimère des tourbillons lumineux. Définition de la matière de la lumière. Feu et lumière sont le même être. Rapidité de la lumière. Petitesse de ses atomes. Fausse idée de la manière dont elle nous vient. Progression de la lumière. Preuve de l'impossibilité du plein. Obstination contre ces vérités. Abus de la sainte Écriture contre ces vérités.*

Le P. Malebranche qui, en examinant les erreurs des sens, ne fut pas exempt de celles que la subtilité du génie peut causer, adopta sans preuve les trois éléments de Descartes; mais il changea beaucoup de choses à ce château enchanté, et en faisant moins d'expériences encore que Descartes, il fit comme lui un système.

Des vibrations du corps lumineux impriment, selon lui, des secousses à de petits tourbillons mous, capables de compression, et tous composés de matière subtile. Mais si on avait demandé à Malebranche comment ces petits tourbillons mous auraient transmis à nos yeux la lumière, comment l'action du soleil pourrait passer en un instant à travers tant de petits corps comprimés les uns par les autres, et dont un très-petit nombre suffirait pour amortir cette action; comment ces tourbillons mous ne seraient point mis en tournant les uns sur les autres; comment ces tourbillons mous seraient élastiques; enfin, pourquoi il supposait des tourbillons, qu'aurait répondu le P. Malebranche? sur quel fondement posait-il cet édifice imaginaire? Faut-il que des hommes, qui ne parlaient que de vérité, n'aient jamais écrit que des romans!

Une expérience paraît détruire absolument tous ces prétendus tourbillons de matière lumineuse, qu'on suppose si gratuitement. Recevez la lumière du soleil sur un miroir concave; opposez autant que vous le pourrez un verre lenticulaire à ce miroir concave, de façon que les deux pointes des deux cônes lumineux se joignent dans l'air; vous opérez par cet artifice la plus violente chaleur qu'il soit possible de former sur la terre. Si les pointes de ces cônes étaient des tourbillons tendants à s'échapper de tous côtés, comme on le prétend, n'est-il pas vrai qu'ils feraient au point de rencontre un combat prodigieux? N'est-il pas vrai que l'effet en serait sensible à quelque distance de la pointe des cônes? cependant à un pouce de cette pointe vous ne sentez pas la moindre chaleur : imaginez après cela de petits tourbillons.

Qu'est-ce donc enfin que la matière de la lumière? *c'est le feu lui-même*, lequel brûle à une petite distance lorsque ses parties sont moins ténues, ou plus ou moins rapides, ou plus réunies, et qui éclaire doucement nos yeux quand il agit de plus loin, quand ses particules sont plus fines et moins rapides, et moins réunies.

Ainsi une bougie allumée brûlerait l'œil qui ne serait qu'à quelques lignes d'elle, et éclaire l'œil qui en est à quelques pouces; ainsi les rayons du soleil épars dans l'espace de l'air illuminent les objets, et, réunis dans un verre ardent, fondent le plomb et l'or.

Si on demande ce que c'est que le feu, je répondrai que c'est un élément que je ne connais que par ses effets, et je dirai ici comme partout ailleurs, que l'homme n'est point fait pour connaître la nature intime des choses, qu'il peut seulement calculer, mesurer, peser, et expérimenter.

Le feu n'éclaire pas toujours, et la lumière ne brille pas toujours; mais il n'y a que l'élément du feu qui puisse éclairer et brûler. Le feu qui n'est pas développé, soit dans une barre de fer, soit dans du bois, ne peut envoyer de rayons de la surface de ce bois ni de ce fer, par conséquent il ne peut être lumineux; il ne le devient que quand cette surface est embrasée.

Les rayons de la pleine lune ne donnent aucune chaleur sensible au foyer d'un verre ardent, quoiqu'ils donnent une assez grande lumière. La raison en est palpable : les degrés de chaleur sont toujours en proportion de la densité des rayons. Or il est prouvé que le soleil, à pareille hauteur, darde quatre-vingt-dix mille fois plus de rayons que la pleine lune ne nous en réfléchit sur l'horizon.

Ainsi, pour que les rayons de la lune, au foyer d'un verre ardent, pussent donner seulement autant de chaleur que les rayons du soleil en donneraient sur un terrain de pareille grandeur que ce verre, il faudrait qu'il y eût à ce foyer quatre-vingt-dix mille fois plus de rayons qu'il n'y en a.

Ceux qui ont voulu faire deux êtres de la lumière et du feu se sont donc trompés en se fondant sur ce que tout feu n'éclaire pas, et toute lumière n'échauffe pas; c'est comme si on faisait deux êtres de chaque chose qui peut servir à deux usages.

Ce feu est dardé en tous sens du point rayonnant; c'est ce qui fait qu'il est aperçu de tous les côtés à la fois ; il faut donc toujours le considérer avec les géomètres comme des lignes partant d'un centre à la circonférence. Ainsi tout faisceau, tout amas, tout trait de rayons venant du soleil ou d'un feu quelconque, doit être considéré comme un cône dont la base est sur notre prunelle, et dont la pointe est dans le feu qui le darde.

Cette matière de feu s'élance du soleil jusqu'à nous et jusqu'à Saturne, etc., avec une rapidité qui épouvante l'imagination.

Le calcul apprend que, si le soleil est à vingt-quatre mille demi-diamètres de la terre, il s'ensuit que la lumière parcourt de cet astre à nous (en nombres ronds) mille millions de pieds par seconde. Or un boulet d'une livre de balle, poussé par une demi-livre de poudre, ne fait en une seconde que six cents pieds; ainsi donc la rapidité d'un rayon du soleil est, en nombre rond, seize cent soixante-six mille six cents fois plus forte que celle d'un boulet de canon; il est donc constant que si un atome de lumière était seulement la seize cent millième partie à peu près d'une livre, il en résulterait nécessairement que des rayons de lumière feraient l'effet du canon; et ne fussent-ils que mille milliards plus petits encore, un seul moment d'émanation de lumière détruirait tout ce qui végète sur la surface de la terre. De quelle inconcevable petitesse faut-il donc que soient ces rayons pour entrer dans nos yeux sans nous blesser?

Le soleil qui nous darde cette matière lumineuse en sept ou huit minutes, et les étoiles, ces autres soleils, qui nous l'envoient en plusieurs années, en fournissent éternellement sans paraître s'épuiser, à peu près comme le musc élance sans cesse autour de lui des corps odoriférants, sans rien perdre sensiblement de son poids.

Enfin la rapidité avec laquelle le soleil darde ses rayons est probablement en proportion avec sa grosseur, qui surpasse environ un million de fois celle de la terre, et avec la vitesse dont ce corps de feu immense roule sur lui-même en vingt-cinq jours et demi.

Quelques personnes se sont imaginé que je prétendais que cette lumière était attirée par la terre, de la substance du soleil; mais je n'ai jamais rien dit qui ait pu donner le moindre prétexte à une telle idée.

D'autres ont prétendu que le soleil devait perdre en peu de jours toute sa substance, et qu'il doit envoyer des millions de livres pesant de lumière à chaque minute; mais si on faisait attention qu'à peine la lumière pèse, qu'à peine le soleil en fournit peut-être une once par an, et qu'il en reçoit de tous les autres soleils, on ne ferait pas de ces critiques précipitées.

Nous pouvons en passant conclure de la célérité avec laquelle la substance du soleil s'échappe ainsi vers nous en ligne droite, combien le plein de Descartes est inadmissible. Car, 1° comment une ligne droite pourrait-elle parvenir à nous à travers tant de millions de couches de matières mues en ligne courbe, et à travers tant de mouvements divers? 2° Comment un corps si délié pourrait-il en sept ou huit minutes parcourir l'espace de quatre cent mille fois trente-trois millions de lieues d'une étoile à nous, s'il avait à pénétrer dans cet espace une matière résistante? Il faudrait que chaque rayon dérangeât en un moment trente-trois millions de lieues de matière subtile quatre cent mille fois.

de l'hospitalité, celui des gens, celui de la nature?—C'est notre sainte religion qui exige de nous ces petites sévérités. Vous et votre mari, vous êtes accusés d'avoir renoncé tous deux à notre baptême. »

Je me suis écriée alors : « Que voulez-vous dire? Nous n'avons jamais été baptisés à votre mode! Nous l'avons été dans le Gange, au nom de Brama. Est-ce vous qui avez persuadé cette exécrable imposture aux spectres qui m'ont interrogée? quel pouvait être votre dessein? »

Il a rejeté bien loin cette idée; il m'a parlé de vertu, de vérité, de charité; il a presque dissipé un moment mes soupçons, en m'assurant que ces spectres sont des gens de bien, des hommes de Dieu, des juges de l'âme, qui ont partout de saints espions, et principalement auprès des étrangers qui abordent dans Goa. « Ces espions ont, dit-il, juré à ses confrères, les juges de l'âme, devant le tableau de l'homme tout nu, qu'Amabed et moi, nous avons été baptisés à la mode des brigands portugais; qu'Amabed est *apostato*, et que je suis *apostata*.

O vertueux Shastasid! ce que j'entends, ce que je vois de moment en moment, me saisit d'épouvante depuis la racine des cheveux jusqu'à l'ongle du petit doigt du pied.

« Quoi! vous êtes, ai-je dit au P. Fa tutto, un des cinq hommes de Dieu, un des juges de l'âme?—Oui, ma chère Adaté, oui, Charme des yeux, je suis un des cinq dominicains délégués par le vice-dieu de l'univers pour disposer souverainement des âmes et des corps. — Qu'est-ce qu'un dominicain? qu'est-ce qu'un vice-dieu? — Un dominicain est un prêtre, enfant de saint Dominique, inquisiteur pour la foi; et un vice-dieu est un prêtre que Dieu a choisi pour le représenter, pour jouir de dix millions de roupies par an, et pour envoyer dans toute la terre des dominicains vicaires du vicaire de Dieu. »

J'espère, grand Shastasid, que tu m'expliqueras ce galimatias infernal, ce mélange incompréhensible d'absurdités et d'horreurs, d'hypocrisie et de barbarie.

Fa tutto me disait tout cela avec un air de componction, avec un ton de vérité qui, dans un autre temps, aurait pu produire quelque effet sur mon âme simple et ignorante. Tantôt il levait les yeux au ciel, tantôt il les arrêtait sur moi : ils étaient animés et remplis d'attendrissement; mais cet attendrissement jetait dans tout mon corps un frissonnement d'horreur et de crainte. Amabed est continuellement dans ma bouche comme dans mon cœur. « Rendez-moi mon cher Amabed ! » c'était le commencement, le milieu et la fin de tous mes discours.

Ma bonne Déra arrive dans ce moment : elle m'apporte des eaux de cinnamum et d'amomum. Cette charmante créature a trouvé le moyen de remettre au marchand Coursom mes trois lettres précédentes. Coursom part cette nuit; il sera dans peu de jours à Maduré. Je serai plainte du grand Shastasid; il versera des pleurs sur le sort de mon mari; il me donnera des conseils; un rayon de sa sagesse pénétrera dans la nuit de mon tombeau.

RÉPONSE DU BRAME SHASTASID AUX TROIS LETTRES PRÉCÉDENTES D'ADATÉ.

Vertueuse et infortunée Adaté, épouse de mon cher disciple Amabed, charme des yeux, les miens ont versé sur tes trois lettres des ruisseaux de larmes. Quel démon ennemi de la nature a déchaîné du fond des ténèbres de l'Europe les monstres à qui l'Inde est en proie ! Quoi ! tendre épouse de mon cher disciple, tu ne vois pas que le P. Fa tutto est un scélérat qui t'a fait tomber dans le piége ! tu ne vois pas que c'est lui seul qui a fait enfermer ton mari dans une fosse, et qui t'y a plongée toi-même pour que tu lui eusses l'obligation de t'en avoir tirée ! Que n'exigera-t-il pas de ta reconnaissance ! je tremble avec toi : je donne part de cette violation du droit des gens à tous les pontifes de Brama, à tous les omras, à tous les raias, aux nababs, au grand empereur des Indes lui-même, le sublime Babar, roi des rois, cousin du soleil et de la lune, fils de Mirsamachamed, fils de Semcor, fils d'Abouchaïd, fils de Miracha, fils de Timur, afin qu'on s'oppose de tous côtés aux brigandages des voleurs d'Europe. Quelle profondeur de scélératesse ! Jamais les prêtres de Timur, de Gengis-kan, d'Alexandre, d'Ogus-kan, de Sésac, de Bacchus, qui tour à tour vinrent subjuguer nos saintes et paisibles contrées, ne permirent de pareilles horreurs hypocrites ; au contraire, Alexandre laissa partout des marques éternelles de sa générosité. Bacchus ne fit que du bien ; c'était le favori du ciel ; une colonne de feu conduisait son armée pendant la nuit, et une nuée marchait devant elle pendant le jour[1] ; il traversait la mer Rouge à pied sec ; il commandait au soleil et à la lune de s'arrêter quand il le fallait ; deux gerbes de rayons divins sortaient de son front : l'ange exterminateur était debout à ses côtés ; mais il employait toujours l'ange de joie. Votre Albuquerque, au contraire, n'est venu qu'avec des moines, des fripons de marchands et des meurtriers. Coursom le juste m'a confirmé le malheur d'Amabed et le vôtre. Puissé-je avant ma mort vous sauver tous deux, ou vous venger ! Puisse l'éternel Birma vous tirer des mains du moine Fa tutto ! Mon cœur saigne des blessures du vôtre.

---

1. Il est indubitable que les fables concernant Bacchus étaient fort communes en Arabie et en Grèce, longtemps avant que les nations fussent informées si les Juifs avaient une histoire ou non. Josèphe avoue même que les Juifs tinrent toujours leurs livres cachés à leurs voisins. Bacchus était révéré en Égypte, en Arabie, en Grèce, longtemps avant que le nom de Moïse pénétrât dans ces contrées. Les anciens vers orphiques appellent Bacchus *Misa* ou *Mesa*. Il fut élevé sur la montagne de Nisa, qui est précisément le mont Sina : il s'enfuit vers la mer Rouge ; il y rassembla une armée, et passa avec elle cette mer à pied sec. Il arrêta le soleil et la lune ; son chien le suivait dans toutes ses expéditions, et le nom de *Caleb*, l'un des conquérants hébreux, signifie *chien*.

Les savants ont beaucoup disputé, et ne sont pas convenus si Moïse est antérieur à Bacchus, ou Bacchus à Moïse. Ils sont tous deux de grands hommes ; mais Moïse, en frappant un rocher avec sa baguette, n'en fit sortir que de l'eau ; au lieu que Bacchus, en frappant la terre de son thyrse, en fit sortir du vin. C'est de là que toutes les chansons de table célèbrent Bacchus, et qu'il n'y a peut-être pas deux chansons en faveur de Moïse.

N. B. Cette lettre ne parvint à Charme des yeux que longtemps après, lorsqu'elle partit de la ville de Goa.

CINQUIÈME LETTRE D'ADATÉ AU GRAND BRAME SHASTASID.

De quels termes oserai-je me servir pour t'exprimer mon nouveau malheur? comment la pudeur pourra-t-elle parler de la honte? Birma a vu le crime, et il l'a souffert! Que deviendrai-je? La fosse où j'étais enterrée est bien moins horrible que mon état.

Le P. Fa tutto est entré ce matin dans ma chambre, tout parfumé, et couvert d'une simarre de soie légère. J'étais dans mon lit. « Victoire! m'a-t-il dit, l'ordre de délivrer votre mari est signé. » A ces mots, les transports de la joie se sont emparés de tous mes sens; je l'ai nommé *mon protecteur, mon père* : il s'est penché vers moi; il m'a embrassée. J'ai cru d'abord que c'était une caresse innocente, un témoignage chaste de ses bontés pour moi; mais, dans le même instant, écartant ma couverture, dépouillant sa simarre, se jetant sur moi comme un oiseau de proie sur une colombe, me pressant du poids de son corps, ôtant de ses bras nerveux tout mouvement à mes faibles bras, arrêtant sur mes lèvres ma voix plaintive par des baisers criminels, enflammé, invincible, inexorable.... quel moment! et pourquoi ne suis-je pas morte!

Déra presque nue est venue à mon secours, mais lorsque rien ne pouvait plus me secourir qu'un coup de tonnerre : ô Providence de Birma! il n'a point tonné, et le détestable Fa tutto a fait pleuvoir dans mon sein la brûlante rosée de son crime. Non, Drugha elle-même, avec ses dix bras célestes, n'aurait pu déranger ce Mosasor[1] indomptable.

Ma chère Déra le tirait de toutes ses forces, mais figurez-vous un passereau qui becquèterait le bout des plumes d'un vautour acharné sur une tourterelle; c'est l'image du P. Fa tutto, de Déra et de la pauvre Adaté.

Pour se venger des importunités de Déra, il la saisit elle-même, la renverse d'une main en me retenant de l'autre; il la traite comme il m'a traitée, sans miséricorde; ensuite il sort fièrement comme un maître qui a châtié deux esclaves, et nous dit : « Sachez que je vous punirai ainsi toutes deux quand vous ferez les mutines. »

Nous sommes restées Déra et moi un quart d'heure sans oser dire un mot, sans oser nous regarder. Enfin Déra s'est écriée : « Ah! ma chère maîtresse, quel homme! tous les gens de son espèce sont-ils aussi cruels que lui? »

Pour moi, je ne pensais qu'au malheureux Amabed. On m'a promis de me le rendre, et on ne me le rend point. Me tuer, c'était l'abandonner; ainsi je ne me suis pas tuée.

---

1. Ce Mosasor est l'un des principaux anges rebelles qui combattirent contre l'Éternel, comme le rapporte l'*Autorashasta*, le plus ancien livre des brachmanes; et c'est là probablement l'origine de la guerre des Titans et de toutes les fables imaginées depuis sur ce modèle.

Je ne m'étais nourri depuis un jour que de ma douleur. On ne nous a point appporté à manger à l'heure accoutumée. Déra s'en étonnait, et s'en plaignait. Il me paraissait bien honteux de manger après ce qui nous était arrivé : cependant nous avions un appétit dévorant : rien ne venait ; et, après nous être pâmées de douleur, nous nous évanouissions de faim.

Enfin, sur le soir, on nous a servi une tourte de pigeonneaux, une poularde, et deux perdrix, avec un seul petit pain ; et, pour comble d'outrage, une bouteille de vin sans eau. C'est le tour le plus sanglant qu'on puisse jouer à deux femmes comme nous, après tout ce que nous avions souffert ; mais que faire ? je me suis mis à genoux : « O Birma ! ô Vistnou ! ô Brama ! vous savez que l'âme n'est point souillée de ce qui entre dans le corps ; si vous m'avez donné une âme, pardonnez-lui la nécessité funeste où est mon corps de n'être pas réduit aux légumes ; je sais que c'est un péché horrible de manger du poulet ; mais on nous y force. Puissent tant de crimes retomber sur la tête du P. Fa tutto ! Qu'il soit, après sa mort, changé en une jeune malheureuse Indienne ; que je sois changée en dominicain ; que je lui rende tous les maux qu'il m'a faits, et que je sois plus impitoyable encore pour lui qu'il ne l'a été pour moi ! » Ne sois point scandalisé ; pardonne, vertueux Shastasid ! nous nous sommes mises à table : qu'il est dur d'avoir des plaisirs qu'on se reproche !

Postcrit. Immédiatement après dîner, j'écris au modérateur de Goa, qu'on appelle le corrégidor. Je lui demande la liberté d'Amabed et la mienne ; je l'instruis de tous les crimes du P. Fa tutto. Ma chère Déra dit qu'elle lui fera parvenir ma lettre par cet alguazil des inquisiteurs pour la foi, qui vient quelquefois la voir dans mon antichambre, et qui a pour elle beaucoup d'estime. Nous verrons ce que cette démarche hardie pourra produire.

SIXIÈME LETTRE D'ADATÉ.

Le croirais-tu, sage instructeur des hommes ! il y a des justes à Goa, et don Jéronimo le corrégidor en est un. Il a été touché de mon malheur et de celui d'Amabed. L'injustice le révolte, le crime l'indigne. Il s'est transporté avec des officiers de justice à la prison qui nous renferme. J'apprends qu'on appelle ce repaire *le palais du saint-office* ; mais, ce qui t'étonnera, on lui a refusé l'entrée. Les cinq spectres, suivis de leurs hallebardiers, se sont présentés à la porte, et ont dit à la justice : « Au nom de Dieu, tu n'entreras pas. — J'entrerai au nom du roi, dit le corrégidor ; c'est un cas royal. — C'est un cas sacré, » ont répondu les spectres. Don Jéronimo le juste a dit : « Je dois interroger Amabed, Adaté, Déra, et le P. Fa tutto. — Interroger un inquisiteur, un dominicain ! s'est écrié le chef des spectres, c'est un sacrilège ; *scommunicao, scommunicao !* » On dit que ce sont des mots terribles, et qu'un homme sur qui on les a prononcés meurt ordinairement au bout de trois jours.

Les deux partis se sont échauffés ; ils étaient près d'en venir aux mains : enfin ils s'en sont rapportés à l'obispo de Goa. Un obispo est à

ce morceau de cristal, alors il ne passerait plus de rayons, et que toute la lumière se réfléchirait : j'en ai fait l'expérience ; j'ai fait enchâsser un excellent prisme dans le milieu d'une platine de cuivre ; j'ai appliqué cette platine au haut d'un récipient ouvert, posé sur la machine pneumatique; j'ai fait porter la machine dans ma chambre obscure. Là, recevant la lumière par un trou sur le prisme, et la faisant tomber à l'angle requis, je pompai l'air très-longtemps ; ceux qui étaient présents virent qu'à mesure qu'on pompait l'air, il passait moins de lumière dans le récipient, et qu'enfin il n'en passa presque plus du tout. C'était un spectacle très-agréable de voir cette lumière se réfléchir par le prisme, tout entière au plancher.

L'expérience démontre donc que la lumière, en ce cas, rejaillit du vide; mais on sait bien que ce vide ne peut avoir d'action. Que peut-on donc conclure de cette expérience? deux choses très-palpables : la première, que la surface des solides ne renvoie pas la lumière; la seconde, qu'il y a dans les corps solides un pouvoir inconnu qui agit sur la lumière; et c'est cette seconde propriété que nous examinerons à sa place.

Il ne s'agit que de prouver ici que la lumière ne nous est point réfléchie par les parties solides.

Voici encore une preuve de cette vérité.

Tout corps opaque, réduit en lame mince, laisse passer à travers sa substance des rayons d'une certaine espèce, et réfléchit les autres rayons; or si la lumière était renvoyée par les corps, tous les rayons qui tombent également sur ces lames seraient réfléchis sur ces lames. Enfin nous verrons que jamais si étonnant paradoxe n'a été prouvé en plus de manières. Commençons donc par nous familiariser avec ces vérités.

1° Cette lumière, qu'on croit réfléchie par la surface solide des corps, rejaillit en effet sans avoir touché à cette surface.

2°. La lumière n'est point renvoyée de derrière un miroir par la surface solide du vif-argent; mais elle est renvoyée du sein des pores du miroir, et des pores du vif-argent même.

3° Il ne faut point, comme on l'a pensé jusqu'à présent, que les pores de ce vif-argent soient très-petits pour réfléchir la lumière; au contraire il faut qu'ils soient larges.

Ce sera encore un nouveau sujet de surprise pour ceux qui n'ont pas étudié cette philosophie, d'entendre dire que le secret de rendre un corps opaque est souvent d'élargir ses pores, et que le moyen de le rendre transparent est de les étrécir. L'ordre de la nature paraîtra tout changé en apparence : ce qui semblait devoir faire l'opacité est précisément ce qui opérera la transparence, et ce qui paraissait rendre les corps transparents sera ce qui les rendra opaques. Cependant rien n'est si vrai, et l'expérience la plus grossière le démontre.

Un papier sec, dont les pores sont très-larges, est opaque, nul rayon de lumière ne le traverse : étrécissez ses pores en l'imbibant, ou d'eau ou d'huile, il devient transparent; la même chose arrive au linge, au sel.

Il est bon d'apprendre au public qu'un homme qui a écrit depuis peu contre ces vérités, avec beaucoup plus de hauteur et de mépris que de connaissances, a voulu railler Newton sur ces découvertes. *Si le secret*, dit-il, *de rendre un corps transparent, est d'étrécir ses pores, il faudra donc rendre les fenêtres plus petites pour avoir plus de jour dans sa chambre*, etc. Je réponds qu'il est bien indécent de faire le plaisant quand on prétend parler en philosophe; et que de tourner Newton en ridicule est une entreprise trop forte : je réponds surtout que ce plaisant devait songer qu'il est très-vrai que de larges ouvertures dont le jour serait intercepté ne rendraient pas de lumière ; et qu'un corps mince, percé d'une infinité de petits trous exposés au soleil, nous éclaire beaucoup. Le papier huilé, le linge mouillé, par exemple, sont des corps minces, dont l'huile ou l'eau ont rétréci et rectifié les pores, et la lumière passe à travers de ces pores rendus plus droits, mais elle ne passera point à travers les plus grands cribles qui se croiseront et qui intercepteront les rayons.

Il faudrait, avant que de prendre le ton railleur, être bien sûr qu'on a raison ; et lorsqu'on est assuré enfin d'avoir raison, il ne faut point railler.

Revenons, et résumons qu'il y a donc des principes ignorés qui opèrent ces merveilles, des causes qui font rejaillir la lumière avant qu'elle ait touché une surface, qui la renvoient des pores du corps transparent, qui la ramènent du milieu même du vide ; nous sommes invinciblement obligés d'admettre ces faits, quelle qu'en puisse être la cause.

Étudions donc les autres mystères de la lumière ; et voyons si de ces effets surprenants on remonte jusqu'à quelque principe incontestable, qu'il faille admettre aussi bien que ces effets mêmes

Chap. IV. — *De la propriété que la lumière a de se briser en passant d'une substance dans une autre, et de prendre un nouveau chemin.* — *Comment la lumière se brise.*

La seconde propriété des rayons de la lumière qu'il faut bien examiner, est celle de se détourner de leur chemin en passant du soleil dans l'air, de l'air dans le verre, du verre dans l'eau, etc. C'est cette nouvelle direction dans ces différents milieux, c'est ce brisement de la lumière qu'on appelle réfraction ; c'est par cette propriété qu'une rame plongée dans l'eau paraît courbée au matelot qui la manie ; c'est ce qui fait que dans une jatte nous apercevrons, en y jetant de l'eau, l'objet que nous n'apercevions pas auparavant en nous tenant à la même place.

Enfin c'est par le moyen de cette réfraction que nos yeux jouissent de la vue. Les secrets admirables de la réfraction étaient ignorés de l'antiquité, qui cependant l'avait sous les yeux, et dont on faisait usage tous les jours, sans qu'il soit resté un seul écrit qui puisse faire croire qu'on en eût deviné la raison. Ainsi encore aujourd'hui nous ignorons la cause des mouvements mêmes de notre corps et des penaires de notre âme; mais cette ignorance est différente. Nous n'avons et nous n'aurons jamais d'instrument assez fin pour voir les premiers ressorts de nous-mêmes : mais l'industrie humaine s'est fait de nouveaux yeux, qui nous ont fait apercevoir, sur les effets de la lumière, presque tout ce qu'il est permis aux hommes d'en savoir.

Il faut se faire ici une idée nette d'une expérience très-commune (*fig.* 4). Une pièce d'or est dans ce bassin : votre œil est placé au bord du bassin à telle distance, que vous ne voyez point cette pièce.

Qu'on y verse de l'eau : vous ne l'apercevriez point d'abord où elle était; maintenant vous la voyez où elle n'est pas : qu'est-il arrivé?

L'objet A réfléchit un rayon qui vient frapper contre le bord du bassin (*fig.* 5), et qui n'arrivera jamais à votre œil; il réfléchit aussi ce rayon AB, qui passe par-dessus votre œil : or à présent vous recevez ce rayon AB, ce n'est point votre œil qui a changé de place, c'est donc le rayon AB; il s'est manifestement détourné au bord de ce bassin, en passant de l'eau dans l'air; ainsi il frappe votre œil en C.

Mais vous voyez toujours les objets en ligne droite, donc vous voyez l'objet suivant la ligne droite CD, donc vous voyez l'objet au point D au-dessus du lieu où il est en effet.

Si ce rayon se brise en un sens quand il passe de l'eau dans l'air (*fig.* 6), il doit se briser en un sens contraire quand il entre de l'air dans l'eau.

J'élève sur cette eau une perpendiculaire, le rayon A, qui, partant du point lumineux, se brise au point B et s'approche dans l'eau de cette perpendiculaire en suivant le chemin BD; et ce même rayon DB, en passant de l'eau dans l'air, se brise en allant vers A et en s'éloignant de cette même perpendiculaire : la lumière se réfracte donc selon les milieux qu'elle traverse. C'est sur ce principe que la nature a disposé les humeurs différentes qui sont dans nos yeux, afin que les traits de lumière qui passent à travers ces humeurs se brisent de façon qu'ils se réunissent après dans un point sur notre *rétine*; c'est enfin sur ce principe que nous fabriquons des lunettes, dont les verres éprouvent des réfractions encore plus grandes qu'il ne s'en fait dans nos yeux; et qui, apportant ainsi plus de rayons réunis, peuvent étendre jusqu'à deux cents fois la force de notre vue; de même que l'invention des leviers a donné une nouvelle force à nos bras, qui sont des leviers naturels. Avant que d'expliquer la raison que Newton a trouvée de cette propriété de la lumière, vous voulez que je dise comment cette réfraction agit dans nos yeux, et comment le sens de la vue, le plus étendu de tous nos sens, doit son existence à la réfraction. Quelque connue que soit cette matière, les commençants qui pourront lire ce petit ouvrage seront bien aises de ne point chercher ailleurs ce qu'ils désiraient savoir touchant la vue.

Chap. V. — *De la conformation de nos yeux; comment la lumière entre et agit dans cet organe. — Description de l'œil. OEil presbyte. OEil myope.*

Pour connaître l'œil de l'homme en physicien qui ne considère que la vision, il faut d'abord savoir que la première enveloppe blanche, le rempart et l'ornement de l'œil, ne transmet aucun rayon. Plus ce blanc de l'œil est fort et uni, plus il réfléchit la lumière; et lorsque quelque passion vive porte au visage de nouveaux esprits, qui viennent encore tendre et ébranler cette tunique, alors des étincelles semblent en sortir.

Au milieu de cette membrane s'élève un peu la *cornée*, mince, dure et transparente, telle précisément que le verre de votre montre que vous placeriez sur une boule.

Sous cette *cornée* est l'*iris*, autre membrane qui, colorée par elle-même, répand ses couleurs sur cette *cornée* transparente qui la couvre; c'est cette *iris* qui rend les yeux bleus ou noirs. Elle est percée dans son milieu, qui ainsi paraît toujours noir; et ce milieu est la prunelle de l'œil. C'est par cette ouverture que sont introduits les rayons de la lumière : elle s'agrandit par un mouvement involontaire dans les endroits obscurs, pour recevoir plus de rayons; elle se resserre ensuite lorsqu'une grande clarté l'offense.

Les rayons admis par cette prunelle ont déjà souffert une réfraction assez forte en passant à travers la *cornée* dont elle est couverte. Imaginez cette *cornée* comme le verre de votre montre; il est convexe en dehors, et concave en dedans : tous les rayons obliques se sont brisés dans l'épaisseur de ce verre; mais ensuite sa concavité rétablit à peu près ce que sa convexité a brisé. La même chose arrive dans notre *cornée*. Les rayons, ainsi rompus et brisés, trouvent, après avoir franchi la *cornée*, une humeur transparente dans laquelle ils passent. Cette eau est nommée l'humeur aqueuse. Les anatomistes ne s'accordent point encore entre eux sur la forme de ce petit réservoir; mais, quelle que soit sa figure, la nature semble avoir placé là cette humeur claire et limpide, pour opérer des réfractions, pour transmettre purement la lumière, pour que le *cristallin*, qui est derrière, puisse s'avancer sans effort, et changer librement de figure, pour que l'humidité nécessaire s'entretienne, etc.

Enfin, les rayons étant sortis de cette eau trouvent une espèce de diamant liquide, taillé en lentille, et enchâssé dans une membrane déliée et diaphane elle-même. Ce diamant est le *cristallin*; c'est lui qui rompt tous les rayons obliques : c'est un principal organe de la réfraction et de la vue, parfaitement semblable en cela à un verre lenticulaire de lunette. Soit ce cristallin ou ce verre lenticulaire (*fig.* 7).

Le rayon perpendiculaire A le pénètre sans se détourner; mais les rayons obliques BC se détournent dans l'épaisseur du verre en s'approchant des perpendiculaires qu'on tirerait sur les endroits où ils tombent; ensuite, quand ils sortent du verre pour passer dans l'air, ils se brisent encore en s'éloignant du perpendicule; ce nouveau brisement est précisément ce qui les fait converger en D, foyer du verre lenticulaire.

Or la *rétine*, cette membrane légère, cette expansion du nerf optique, qui tapisse le fond de notre œil, est le foyer du cristallin; c'est à cette *rétine* que les rayons aboutissent; mais avant que d'y parvenir, ils rencontrent encore un nouveau milieu qu'ils traversent; ce nouveau milieu est l'humeur vitrée, moins solide que le *cristallin*, moins fluide que l'humeur aqueuse.

C'est dans cette humeur vitrée que les rayons ont le temps de s'assembler, avant que de venir faire leur dernière réunion sur les points du fond de notre œil. Figurez-vous donc, sous cette lentille du *cristallin*, cette humeur vitrée sur laquelle le *cristallin* s'appuie; cette humeur tient le *cristallin* dans sa concavité, et est arrondie vers la *rétine*.

Les rayons, en s'échappant de cette dernière humeur, achèvent donc de converger. Chaque faisceau de rayons parti d'un point de l'objet vient frapper un point de notre *rétine*.

Une figure, où chaque partie de l'œil se voit sous son propre nom, expliquera mieux tout cet artifice qui ne pourraient faire des lignes, des A et des B (*fig.* 8).

Plusieurs philosophes de l'antiquité avaient cru que, bien loin que les traits de lumière réfléchis sur les objets vinssent en dessiner l'image au fond de nos yeux, il partait au contraire de nos yeux mêmes des traits de lumière qui allaient chercher les objets, et en rapportaient je ne sais quelles espèces intentionnelles. Cette idée était digne du reste de la physique des Grecs: je ne dis pas des Romains, car les Romains n'en eurent presque jamais.

Ce fut Jean-Baptiste Porta, Italien, qui, en 1560, développa le premier les véritables causes de la vue, et, par la simple expérience d'un drap blanc exposé à un rayon de soleil dans une chambre obscure, soupçonna qu'il devait arriver dans l'œil la même chose que dans cette chambre. Il n'osa pas imaginer que les rayons pénétraient jusqu'à la rétine; il crut que les objets se peignaient sur le cristallin, et tout le monde le crut avec lui, jusqu'à ce qu'enfin Kepler et Descartes expliquèrent tout l'artifice de la vision, toutes les réfractions qui s'opèrent dans nos yeux, et ce qui rend la vue courte, et ce qui peut l'aider. Le docteur Hooke, précurseur de Newton, parvint depuis jusqu'à faire voir par l'expérience qu'il faut qu'un objet, pour être aperçu, trace au moins sur la rétine une image qui soit la huit-millième partie d'un pouce.

La structure des yeux ainsi développée seulement pour l'usage de l'optique, on peut connaître aisément pourquoi on a si souvent besoin du secours d'un verre, et quel est l'usage des lunettes.

Souvent un œil sera trop plat, soit par la conformation de sa *cornée*, soit par son cristallin, que l'âge ou la maladie aura desséché; alors les réfractions seront plus faibles et en moindre quantité, les rayons ne se rassembleront plus sur la *rétine*. Considérez cet œil trop plat que l'on nomme œil de *presbyte*.

Ne regardons, pour plus de facilité, que trois faisceaux, trois cônes des rayons, qui de l'objet tombent sur cet œil; ils se réuniront aux points AAA, par delà la *rétine*, il verra les objets confus (*fig.* 9).

La nature a fourni un secours contre cet inconvénient, par la force qu'elle a donnée aux muscles de l'œil d'allonger ou d'aplatir l'œil, de l'approcher ou de le reculer de la *rétine*. Ainsi dans cet œil de vieillard, ou dans cet œil malade, le *cristallin* a la faculté de s'avancer un peu et d'aller vers DD; alors l'espace entre le *cristallin* et le fond de la *rétine* devient plus grand, les rayons ont le temps de venir se réunir sur la *rétine*, au lieu d'aller au delà : mais lorsque cette force est perdue, l'industrie humaine y supplée, un verre lenticulaire est mis entre l'objet et l'œil affaibli. L'effet de ce verre est de rapprocher les rayons qu'il a reçus, l'œil les reçoit donc et plus rassemblés et en plus grand nombre : ils viennent aboutir à un point de la *rétine* comme il le faut; alors la vue est nette et distincte.

Regardez cet autre œil, qui a une maladie contraire (*fig.* 10); il est trop rond : les rayons se réunissent trop tôt, comme vous le voyez au point B; ils se croisent trop vite, ils se séparent en B, et vont faire une tache sur la *rétine*. C'est là ce qu'on appelle un œil *myope*. Cet inconvénient diminue à mesure que l'âge en amène d'autres, qui sont la sécheresse et la faiblesse : elles aplatissent insensiblement cet œil trop rond; et voilà pourquoi on dit que les vues courtes durent plus longtemps. Ce n'est pas qu'en effet elles durent plus que les autres; mais c'est qu'à un certain âge, l'œil desséché s'aplatit : alors celui qui était obligé auparavant d'approcher son livre à trois ou quatre pouces de son œil, peut lire quelquefois à un pied de distance; mais aussi sa vue devient bientôt trouble et confuse, il ne peut voir les objets éloignés : telle est notre condition, qu'un défaut ne se répare presque jamais que par un autre.

Or, tandis que cet œil est trop rond, il lui faut un verre qui empêche les rayons de se réunir si vite : ce verre fera le contraire du premier; au lieu d'être convexe des deux côtés, il sera un peu concave des deux côtés, et les rayons divergeront dans celui-ci, au lieu qu'ils convergeraient dans l'autre. Ils viendront par conséquent se réunir plus loin qu'ils ne faisaient auparavant dans l'œil; et alors cet œil jouira d'une vue parfaite. On proportionne la convexité et la concavité des verres aux défauts de nos yeux : c'est ce qui fait que les mêmes lunettes qui rendent la vue nette à un vieillard, ne seront d'aucun secours à un autre; car il n'y a ni deux maladies, ni deux hommes, ni deux choses au monde égales, excepté les premiers principes des corps homogènes.

On dit que l'antiquité ne connaissait point ces lunettes, cependant elle connaissait les miroirs ardents : une vérité découverte n'est pas toujours une raison pour qu'on découvre les autres vérités qui y tiennent. L'attraction de l'aimant était connue, et sa direction échappait aux yeux. La démonstration de la circulation du sang était dans la saignée même que pratiquaient tous les médecins grecs; et cependant personne ne se doutait que le sang circulât. Mais comment les Grecs et les Romains ont-ils pu sans loupe graver ces pierres dont nous ne pouvons aujourd'hui admirer les détails qu'avec une loupe? D'un autre côté, si l'art de faire des lunettes fut connu des anciens, comment a-t-il péri? Un secret peut se perdre, mais tout art utile se perpétue. On croit que c'est du temps de Roger Bacon, au commencement du XIIIe siècle, que l'on trouva ces lunettes appelées besicles, et les loupes qui donnent de nouveaux yeux aux vieillards; car il est le premier qui en parle avec quelque netteté, et on ne commença à en parler que dans e temps-là; on s'est servi pendant près de quatre cents ans de ces lunettes, sans qu'on sût précisément par quelle mécanique elles aidaient nos yeux, à peu près comme nous nous servons encore de la boussole sans connaître la cause qui dirige l'aiguille aimantée.

Vous venez de voir les effets que la réfraction fait dans nos yeux, soit que les rayons arrivent sans secours intermédiaire, soit qu'ils aient traversé des cristaux : vous concevez que sans cette réfraction opérée dans nos yeux, et sans cette réflexion des rayons de dessus les surfaces des corps vers nous, les organes de la vue nous seraient inutiles. Les moyens que la nature emploie pour faire cette réfraction, les lois qu'elle suit, sont des mystères que nous allons développer. Il faut auparavant achever ce que nous avons à dire touchant la vue; il faut satisfaire à ces questions si naturelles : Pourquoi nous voyons les objets au delà d'un miroir, et non sur le miroir même? Pourquoi un miroir concave rend l'objet plus grand? Pourquoi le miroir convexe rend l'objet plus petit? Pourquoi les télescopes rapprochent et agrandissent les choses? Par quel artifice la nature nous fait connaître les grandeurs, les distances, les situations? Quelle est enfin la véritable raison qui fait que nous voyons les objets tels qu'ils sont, quoique dans nos yeux ils se peignent renversés? Il n'y a rien là qui ne mérite la curiosité de tout être pensant; mais nous ne nous étendrions pas sur ces sujets, que tant d'illustres écrivains ont traités, et nous renverrions à eux, si nous n'avions pas à faire connaître quelques vérités assez nouvelles et curieuses pour un petit nombre de lecteurs.

CHAP. VI. — *Des miroirs, des télescopes, des raisons que les mathématiques donnent des mystères de la vision; que ces raisons ne sont point suffisantes.* — *Miroir plan. Miroir convexe. Miroir concave. Explications géométriques de la vision. Nul rapport immédiat entre les règles d'optique et nos sensations. Exemple en preuve.*

Les rayons qu'une puissance, jusqu'à nos jours inconnue, fait rejaillir à vos yeux de dessus la surface d'un miroir, sans toucher à cette surface, et des pores de ce miroir, sans toucher aux parties solides; ces rayons, dis-je, retournent à vos yeux dans le même sens qu'ils sont arrivés à ce miroir. Si c'est votre visage que vous regardez, les rayons partis de votre visage parallèlement et en perpendiculaire sur le miroir, y retournent de même qu'une balle qui rebondit perpendiculairement sur le plancher.

Si vous regardez dans ce miroir M (fig. 11) un objet qui est à côté de vous comme A, il arrive aux rayons partis de cet objet la même chose qu'à une balle qui rebondirait en B, où est votre œil. C'est ce qu'on appelle l'angle d'incidence égal à l'angle de réflexion.

La ligne AC est la ligne d'incidence, la ligne CB est la ligne de réflexion. On sait assez, et le seul énoncé le démontre, que ces lignes forment des angles égaux sur la surface de la glace; maintenant pourquoi ne vois-je l'objet ni en A, où il est, ni dans C, d'où viennent à mes yeux les rayons, mais en D, derrière le miroir même?

La géométrie vous dira (*fig.* 12) : C'est que l'angle d'incidence est égal à l'angle de réflexion; c'est que votre œil en B rapporte l'objet en D; c'est que les objets ne peuvent agir sur vous qu'en ligne droite, et que la ligne droite continuée dans votre œil B jusque derrière le miroir en D, est aussi longue que la ligne AC et la ligne CB prises ensemble.

Enfin elle vous dira encore : Vous ne voyez jamais les objets que du point où les rayons commencent à diverger. Soit ce miroir MI. Les faisceaux des rayons qui partent de chaque point de l'objet A commencent à diverger dès l'instant qu'ils partent de l'objet; ils arrivent sur la surface du miroir : là chacun de ces rayons tombe, s'écarte, et se réfléchit vers l'œil. Cet œil les rapporte aux points DD, au bout des lignes droites, où ces mêmes rayons se rencontreraient; mais, en se rencontrant aux points DD, ces rayons feraient la même chose qu'aux points AA; ils commenceraient à diverger; donc vous voyez l'objet AA aux points DD.

Ces angles et ces lignes servent sans doute à vous donner une intelligence de cet artifice de la nature; mais il s'en faut beaucoup qu'elles puissent vous apprendre la raison physique efficiente, pourquoi votre âme rapporte sans hésiter l'objet au delà du miroir à la même distance qu'il est au deçà. Ces lignes vous représentent ce qui arrive, mais elles ne vous apprennent point pourquoi cela arrive[1].

Si vous voulez savoir comment un miroir convexe diminue les objets, et comment un miroir concave les augmente, ces lignes d'incidence et de réflexion vous en rendront la même raison.

On vous dit : Ce cône de rayons qui diverge des points A (*fig.* 13), et qui tombe sur ce miroir convexe, y fait des angles d'incidence égaux aux angles de réflexion, dont les lignes vont dans notre œil. Or ces angles sont plus petits que s'ils étaient tombés sur une surface plane; donc s'ils sont supposés passer en B, ils y convergeront bien plus tôt, donc l'objet qui serait en BB serait plus petit.

Or votre œil rapporte l'objet en B B aux points d'où les rayons commenceraient à diverger; donc l'objet doit vous paraître plus petit, comme il l'est en effet dans cette figure. Par la même raison qu'il paraît plus

---

[1]. Cette explication montre que nous voyons l'objet AA précisément comme nous verrions un objet semblable placé en DD, s'il n'y avait point de miroir. Nous le rapportons donc à ce point, parce que l'impression est la même que si nous l'y voyions réellement. Ce secret jugement de l'âme, qui nous fait conclure la lieu des objets de l'impression qu'ils font sur nos sens, a été formé d'après la vision directe; et c'est par conséquent comme si elle l'était toujours que nous devons juger. (*Éd. de Kehl.*)

tit', il vous paraît plus près, puisqu'en effet les points où aboutissent les rayons BB sont plus près du miroir que ne le sont les rayons AA.

Par la raison des contraires, vous devez voir les objets plus grands plus éloignés dans un miroir concave, en plaçant l'objet assez près du miroir (fig. 14).

Car les cônes des rayons AA venant à diverger sur le miroir aux points où ces rayons tombent, s'ils se réfléchissaient à travers ce miroir, ils ne se réuniraient qu'en BB; donc c'est en BB que vous les voyez. Or BB est plus grand et plus éloigné du miroir que n'est AA; donc vous verrez l'objet plus grand et plus loin.

Voilà en général ce qui se passe dans les rayons réfléchis à vos yeux; et ce seul principe, que l'angle d'incidence est toujours égal à l'angle de réflexion, est le premier fondement de tous les mystères de la catoptrique.

Maintenant il s'agit de savoir comment les lunettes augmentent ces grandeurs et rapprochent ces distances; enfin pourquoi les objets se peignant renversés dans vos yeux, vous les voyez cependant comme ils sont.

A l'égard des grandeurs et des distances, voici ce que les mathématiques nous en apprendront. Plus un objet fera dans votre œil un grand angle, plus l'objet vous paraîtra grand : rien n'est plus simple. Cette pomme HK, que vous voyez à cent pas, trace un angle dans l'œil A (fig. 15); à deux cents pas, elle trace un angle la moitié plus petit dans l'œil B (fig. 16). Or l'angle qui se forme dans votre *rétine*, et dont votre *rétine* est la base, est comme l'angle dont l'objet est la base. Ce sont des angles opposés au sommet : donc par les premières notions des éléments de la géométrie ils sont égaux ; donc si l'angle formé dans l'œil A est double de l'angle formé dans l'œil B, cet objet doit paraître une fois plus grand à l'œil A qu'à l'œil B.

Maintenant, pour que l'œil étant en B voie l'objet aussi grand que le voit l'œil en A, il faut faire en sorte que cet œil B reçoive un angle aussi grand que celui de l'œil A, qui est une fois plus près. Les verres d'un télescope feront cet effet (fig. 17).

Ne mettons ici qu'un seul verre pour plus de facilité, et faisons abstraction des autres effets de plusieurs verres. L'objet HK envoie ses rayons à ce verre. Ils se réunissent à quelque distance du verre. Convenons un verre taillé de sorte que ces rayons se croisent pour aller former dans l'œil en C un angle aussi grand que celui de l'œil en A; alors l'œil, nous dit-on, juge par cet angle. Il voit donc alors l'objet de même grandeur que le voit l'œil en A. Mais en A, il le voit à cent pas de distance : donc en C, recevant le même angle, il le verra encore à cent pas de distance. Tout l'effet des verres de lunettes multipliés, et des télescopes divers, et des microscopes qui agrandissent les objets, consiste donc à faire voir les choses sous un plus grand angle. L'objet AB (fig. 18) est vu par le moyen de ce verre sous l'angle DCD, qui est bien plus grand que l'angle ACB.

Vous demandez encore aux règles d'optique pourquoi vous voyez les objets dans leur situation, quoiqu'ils se peignent renversés sur notre rétine?

Le rayon qui part de la tête de cet homme A (fig. 19) vient au point inférieur de votre rétine A; ses pieds B sont vus par les rayons BB, au point supérieur de votre rétine B. Ainsi cet homme est peint réellement la tête en bas et les pieds en haut au fond de vos yeux. Pourquoi donc ne voyez-vous pas cet homme renversé, mais droit, et tel qu'il est?

Pour résoudre cette question, on se sert de la comparaison de l'aveugle qui tient des bâtons croisés avec lesquels il devine très-bien la position des objets.

Car le point qui est à gauche, étant senti par la main droite à l'aide du bâton, il le juge aussitôt à gauche; et le point que sa main gauche a senti par l'entremise de l'autre bâton, il le juge à droite sans se tromper.

Tous les maîtres d'optique nous disent donc que la partie inférieure de l'œil rapporte tout d'un coup sa sensation à la partie supérieure de l'objet, et que la partie supérieure de la rétine rapporte aussi naturellement la sensation à la partie inférieure; ainsi on voit l'objet dans sa situation véritable [1].

Mais quand vous aurez connu parfaitement tous ces angles, et toutes ces lignes mathématiques, par lesquelles on suit le chemin de la lumière jusqu'au fond de l'œil, ne croyez pas pour cela savoir comment vous apercevez les grandeurs, les distances, les situations des choses. Les proportions géométriques de ces angles et de ces lignes sont justes, il est vrai; mais il n'y a pas plus de rapport entre elles et nos sensations, qu'entre le son que nous entendons et la grandeur, la distance, la situation de la chose entendue. Par le son, mon oreille est frappée; j'entends des tons, et rien de plus. Par la vue, mon œil est ébranlé; je vois des couleurs, et rien de plus. Non-seulement les proportions de ces angles et de ces lignes ne peuvent en aucune manière être la cause immédiate du jugement que je forme des objets, mais en plusieurs cas ces proportions ne s'accordent point du tout avec la façon dont nous voyons les objets.

Par exemple, un homme vu à quatre pas, et à huit pas, est vu de même grandeur. Cependant l'image de cet homme, à quatre pas, est, à très-peu de chose près, double dans votre œil, de celle qu'il y trace à huit pas. Les angles sont différents, et vous voyez l'objet toujours également grand; donc il est évident par ce seul exemple, choisi entre plusieurs, que ces angles et ces lignes ne sont point du tout la cause immédiate de la manière dont nous voyons.

1. M. l'abbé Rochon a prouvé rigoureusement par l'expérience, que, suivant la conjecture ingénieuse de M. d'Alembert, nous voyons les objets dans la direction de la perpendiculaire menée de l'objet au fond de l'œil; d'où il résulte que nous devons rapporter en haut l'objet dont l'image est tracée dans le bas de l'œil, et en bas celui dont l'image est tracée dans le haut de l'œil. Le jugement de l'âme n'est donc pas nécessaire pour redresser les images des objets, quoiqu'il puisse l'être pour nous apprendre à les rapporter en général à un lieu de l'espace. (Éd. de Kehl.)

Avant donc que de continuer les recherches que nous avons commencées sur la lumière, et sur les lois mécaniques de la nature, vous m'ordonnez de dire ici comment les idées des distances, des grandeurs, des situations, des objets, sont reçues dans notre âme. Cet examen nous fournira quelque chose de nouveau et de vrai; c'est la seule excuse d'un livre.

CHAP. VII. — *Comment nous connaissons les distances, les grandeurs, les figures, les situations. — Les angles ni les lignes optiques ne peuvent nous faire connaître les distances. Exemple en preuve. Ces lignes optiques ne font connaître ni les grandeurs ni les figures. Exemple en preuve. Preuve par l'expérience de l'aveugle-né, guéri par Cheselden. Comment nous connaissons les distances et les grandeurs. Exemple. Nous apprenons à voir comme à lire. La vue ne peut faire connaître l'étendue.*

Commençons par la distance. Il est clair qu'elle ne peut être aperçue immédiatement par elle-même; car la distance n'est qu'une ligne de l'objet à nous. Cette ligne se termine à un point; nous ne sentons donc que ce point; et soit que l'objet existe à mille lieues, ou qu'il soit à un pied, ce point est toujours le même.

Nous n'avons donc aucun moyen immédiat pour apercevoir tout d'un coup la distance, comme nous en avons pour sentir par l'attouchement si un corps est dur ou mou; par le goût, s'il est doux ou amer; par l'ouïe, si des deux sons l'un est grave et l'autre aigu. Car, qu'on y prenne bien garde, les parties d'un corps qui cèdent à mon doigt sont la plus prochaine cause de ma sensation de mollesse, et les vibrations de l'air excitées par le corps sonore sont la plus prochaine cause de ma sensation du son; or si je ne puis avoir ainsi immédiatement une idée de distance, il faut donc que je connaisse cette distance par le moyen d'une autre idée intermédiaire : mais il faut au moins que j'aperçoive cette intermédiaire; car une idée que je n'aurai point, ne servira certainement pas à m'en faire avoir une autre. Je dis qu'une telle maison est à un mille d'une telle rivière; mais si je ne sais pas où est cette rivière, je ne sais certainement pas où est cette maison. Un corps cède aisément à l'impression de ma main, je conclus immédiatement sa mollesse; un autre résiste, je sens immédiatement sa dureté : il faudrait donc que je sentisse les angles formés dans mon œil, pour en conclure immédiatement les distances des objets. Mais la plupart des hommes ne savent pas même si ces angles existent : donc il est évident que ces angles ne peuvent être la cause immédiate de ce que vous connaissez les distances.

Celui qui, pour la première fois de sa vie, entendrait le bruit du canon, ou le son d'un concert, ne pourrait juger si on tire ce canon, ou si on exécute ce concert à une lieue, ou à trente pas. Il n'y a que l'expérience qui puisse l'accoutumer à juger de la distance qui est entre lui et l'endroit d'où part ce bruit. Les vibrations, les ondulations de l'air portent un son à ses oreilles, ou plutôt à son âme; mais ce bruit n'avertit pas plus son âme de l'endroit où le bruit commence, qu'il ne lui apprend la forme du canon ou des instruments de musique.

C'est la même chose précisément par rapport aux rayons de lumière qui partent d'un objet : ils ne nous apprennent point du tout où est cet objet.

Ils ne nous font pas connaître davantage les grandeurs, ni même les figures.

Je vois de loin une espèce de petite tour. J'avance, j'aperçois, et je touche un grand bâtiment quadrangulaire. Certainement ce que je vois et ce que je touche n'est pas ce que je voyais. Ce petit objet rond, qui était dans mes yeux, n'est point ce grand bâtiment carré.

Autre chose est donc l'objet mesurable et tangible, autre chose est l'objet visible. J'entends de ma chambre le bruit d'un carrosse : j'ouvre ma fenêtre, et je le vois ; je descends, et j'entre dedans. Or, ce carrosse que j'ai entendu, ce carrosse que j'ai vu, ce carrosse que j'ai touché, sont trois objets absolument divers de trois de mes sens, qui n'ont aucun rapport immédiat les uns avec les autres.

Il y a bien plus : il est démontré, comme je l'ai dit, qu'il se forme dans mon œil un angle une fois plus grand, à très-peu de chose près, quand je vois un homme à quatre pieds de moi, que quand je vois le même homme à huit pieds de moi. Cependant je vois toujours cet homme de la même grandeur : comment mon sentiment contredit-il ainsi le mécanisme de mes organes? L'objet est réellement une fois plus petit dans mes yeux, et je le vois une fois plus grand. C'est en vain qu'on veut expliquer ce mystère par le chemin, ou par la forme que prend le cristallin dans nos yeux. Quelque supposition que l'on fasse, l'angle sous lequel je vois un homme à quatre pieds de moi est toujours double de l'angle sous lequel je le vois à huit pieds; et la géométrie ne résoudra jamais ce problème ; la physique y est également impuissante ; car vous avez beau supposer que l'œil prend une nouvelle conformation, que le cristallin s'avance, que l'angle s'agrandit, tout cela s'opérera également pour l'objet qui est à huit pas et pour l'objet qui est à quatre. La proportion sera toujours la même : si vous voyez l'objet à huit pas sous un angle de moitié plus grand, vous voyez aussi l'objet à quatre pas sous un angle de moitié plus grand ou environ. Donc ni la géométrie ni la physique ne peuvent expliquer cette difficulté.

Ces lignes et ces angles géométriques ne sont pas plus réellement la cause de ce que nous voyons les objets à leur place, que de ce que nous les voyons de telle grandeur, et à telle distance.

L'âme ne considère pas si telle partie va se peindre au bas de l'œil; elle ne rapporte rien à des lignes qu'elle ne voit point. L'œil se baisse seulement pour voir ce qui est près de la terre, et se relève pour voir ce qui est au-dessus de la terre.

Tout cela ne pouvait être éclairci, et mis hors de toute contestation, que par quelque aveugle-né à qui on aurait donné le sens de la vue. Car si cet aveugle, au moment qu'il eût ouvert les yeux, eût jugé des distances, des grandeurs et des situations, il eût été vrai que les an-

vernement, la même religion, pouvaient avoir tant de douceur et d'agrément dans Roume, et exercer au loin tant d'horreurs.

TREIZIÈME LETTRE D'AMABED.

Tandis que cette ville est partagée sourdement en petites factions pour élire un vice-dieu, que ces factions, animées de la plus forte haine, se ménagent toutes avec une politesse qui ressemble à l'amitié, que le peuple regarde les PP. Fa tutto et Fa molto comme les favoris de la Divinité, qu'on s'empresse autour de nous avec une curiosité respectueuse, je fais, mon cher Shastasid, de profondes réflexions sur le gouvernement de Roume.

Je le compare au repas que nous a donné la princesse de Piombino. La salle était propre, commode et parée; l'or et l'argent brillaient sur les buffets; la gaieté, l'esprit et les grâces animaient les convives; mais, dans les cuisines, le sang et la graisse coulaient; les peaux des quadrupèdes, les plumes des oiseaux et leurs entrailles pêle-mêle amoncelées, soulevaient le cœur, et répandaient l'infection.

Telle est, ce me semble, la cour romaine : polie et flatteuse chez elle, ailleurs brouillonne et tyrannique. Quand nous disons que nous espérons avoir justice de Fa tutto, on se met doucement à rire; on nous dit que nous sommes trop au-dessus de ces bagatelles; que le gouvernement nous considère trop pour souffrir que nous gardions le souvenir d'une telle facétie; que les Fa tutto et les Fa molto sont des espèces de singes élevés avec soin pour faire des tours de passe-passe devant le peuple; et on finit par des protestations de respect et d'amitié pour nous. Quel parti veux-tu que nous prenions, grand Shastasid? Je crois que le plus sage est de rire comme les autres, et d'être poli comme eux. Je veux étudier Roume : elle en vaut la peine.

QUATORZIÈME LETTRE D'AMABED.

Il y a un assez grand intervalle entre ma dernière lettre et la présente. J'ai lu, j'ai vu, j'ai conversé, j'ai médité. Je te jure qu'il n'y eut jamais sur la terre une contradiction plus énorme qu'entre le gouvernement romain et sa religion. J'en parlais hier à un théologien du vice-dieu. Un théologien est, dans cette cour, ce que sont les derniers valets dans une maison; ils font la grosse besogne, portent les ordures; et, s'ils y trouvent quelque chiffon qui puisse servir, ils le mettent à part pour le besoin.

Je lui disais : « Votre Dieu est né dans une étable entre un bœuf et un âne; il a été élevé, a vécu, est mort dans la pauvreté; il a ordonné expressément la pauvreté à ses disciples; il leur a déclaré qu'il n'y aurait parmi eux ni premier ni dernier, et que celui qui voudrait commander aux autres les servirait; cependant je vois ici qu'on fait exactement tout le contraire de ce que veut votre Dieu. Votre culte même est tout différent du sien. Vous obligez les hommes à croire des choses dont il n'a pas dit un seul mot.

— Tout cela est vrai, m'a-t-il répondu. Notre Dieu n'a pas commandé à nos maîtres formellement de s'enrichir aux dépens des peuples, et de ravir le bien d'autrui ; mais il l'a commandé virtuellement. Il est né entre un bœuf et un âne ; mais trois rois sont venus l'adorer dans une écurie. Les bœufs et les ânes figurent les peuples que nous enseignons, et les trois rois figurent tous les monarques qui sont à nos pieds. Ses disciples étaient dans l'indigence ; donc nos maîtres doivent aujourd'hui regorger de richesses ; car, si ces premiers vice-dieu n'eurent besoin que d'un écu, ceux d'aujourd'hui ont un besoin pressant de dix millions d'écus ; or, être pauvre, c'est n'avoir précisément que le nécessaire ; donc nos maîtres, n'ayant pas même le nécessaire, accomplissent la loi de la pauvreté à la rigueur.

« Quant aux dogmes, notre Dieu n'écrivit jamais rien, et nous savons écrire ; donc c'est à nous d'écrire les dogmes : aussi les avons-nous fabriqués avec le temps selon le besoin. Par exemple, nous avons fait du mariage le signe visible d'une chose invisible : cela fait que tous les procès suscités pour cause de mariage ressortissent de tous les coins de l'Europe à notre tribunal de Roume, parce que nous seuls pouvons voir des choses invisibles. C'est une source abondante de trésors qui coule dans notre chambre sacrée des finances pour étancher la soif de notre pauvreté. »

Je lui demandai si la chambre sacrée n'avait pas encore d'autres ressources. « Nous n'y avons pas manqué, dit-il ; nous tirons parti des vivants et des morts. Par exemple, dès qu'une âme est trépassée, nous l'envoyons dans une infirmerie ; nous lui faisons prendre médecine dans l'apothicairerie des âmes, et vous ne sauriez croire combien cette apothicairerie nous vaut d'argent. — Comment cela, monsignor ? car il me semble que la bourse d'une âme est d'ordinaire assez mal garnie. — Cela est vrai, signor ; mais elles ont des parents qui sont bien aises de retirer leurs parents morts de l'infirmerie, et de les faire placer dans un lieu plus agréable. Il est triste pour une âme de passer toute une éternité à prendre médecine. Nous composons avec les vivants ; ils achètent la santé des âmes de leurs défunts parents, les uns plus cher, les autres à meilleur compte, selon leurs facultés. Nous leur délivrons des billets pour l'apothicairerie. Je vous assure que c'est un de nos meilleurs revenus.

— Mais, monsignor, comment ces billets parviennent-ils aux âmes ? » Il se mit à rire. « C'est l'affaire des parents, dit-il ; et puis, ne vous ai-je pas dit que nous avons un pouvoir incontestable sur les choses invisibles ? »

Ce monsignor me paraît bien dessalé ; je me forme beaucoup avec lui, et je me sens déjà tout autre.

QUINZIÈME LETTRE D'AMABED.

Tu dois savoir, mon cher Shastasid, que le cicérone à qui monsignor m'a recommandé, et dont je t'ai dit un mot dans mes précédentes lettres, est un homme fort intelligent qui montre aux étrangers les curiosités de l'ancienne Roume et de la nouvelle. L'une et l'autre, comme tu le vois, ont commandé aux rois; mais les premiers Romains acquirent leur pouvoir par leur épée, et les derniers par leur plume. La discipline militaire donna l'empire aux césars, dont tu connais l'histoire : la discipline monastique donne une autre espèce d'empire à ces vice-dieu qu'on appelle *papes*. On voit des processions dans la même place où l'on voyait autrefois des triomphes. Les cicérons expliquent tout cela aux étrangers; ils leur fournissent des livres et des filles. Pour moi, qui ne veux pas faire d'infidélité à ma belle Adaté, tout jeune que je suis, je me borne aux livres, et j'étudie principalement la religion du pays, qui me divertit beaucoup.

Je lisais avec mon cicéron l'histoire de la vie du dieu du pays : elle est fort extraordinaire. C'était un homme qui séchait les figuiers d'une seule parole[1], qui changeait l'eau en vin[2], et qui noyait des cochons[3]. Il avait beaucoup d'ennemis : tu sais qu'il était né dans une bourgade appartenante à l'empereur de Roume. Ses ennemis étaient malins; ils lui demandèrent un jour s'ils devaient payer le tribut à l'empereur; il leur répondit : « Rendez au prince ce qui est au prince; mais rendez à Dieu ce qui est à Dieu[4]. » Cette réponse me paraît sage; nous en parlions, mon cicéron et moi, lorsque monsignor est entré. Je lui ai dit beaucoup de bien de son dieu, et je l'ai prié de m'expliquer comment sa chambre des finances observait ce précepte en prenant tout pour elle, et en ne donnant rien à l'empereur; car tu dois savoir que bien que les Romains aient un vice-dieu, ils ont un empereur aussi auquel même ils donnent le titre de roi des Romains. Voici ce que cet homme très-avisé m'a répondu :

« Il est vrai que nous avons un empereur; mais il ne l'est qu'en peinture; il est banni de Roume; il n'y a pas seulement une maison; nous le laissons habiter auprès d'un grand fleuve[5], qui est gelé quatre mois de l'année, dans un pays dont le langage écorche nos oreilles. Le véritable empereur est le pape, puisqu'il règne dans la capitale de l'empire. Ainsi, rendez à l'empereur veut dire rendez au pape, rendez à Dieu signifie encore rendez au pape, puisqu'en effet il est vice-dieu. Il est seul le maître de tous les cœurs et de toutes les bourses. Si l'autre empereur, qui demeure sur un grand fleuve, osait seulement dire un mot, alors nous soulèverions contre lui tous les habitants des rives du grand fleuve, qui sont, pour la plupart, de gros corps sans esprit, et nous armerions contre lui les autres rois, qui partageraient avec nous ses dépouilles.

« Te voilà au fait, divin Shastasid, de l'esprit de Roume. Le pape est en grand ce que le dalaï-lama est en petit; s'il n'est pas immortel comme le lama, il est tout-puissant pendant sa vie, ce qui vaut bien mieux. Si quelquefois on lui résiste, si on le dépose, si on lui donne des soufflets, ou si même on le tue[6] entre les bras de sa maîtresse,

---

1. Mathieu, XXI, 19. — 2. Jean, II, 7-9. (ÉD.) — 3. Matthieu, VIII, 32; Marc, V 13; Luc, VIII, 33. (ÉD.) — 4. Matthieu, XXII, 21; Marc, XII, 17; Luc, XX, 25. (ÉD.)
5. Le Danube. (ÉD.)
6. Jean VIII, assassiné à coups de marteau par un mari jaloux;
Jean X, amant de Théodora, étranglé dans son lit;
Étienne VIII, enfermé au château qu'on appelle aujourd'hui *Saint-Ange*;
Étienne IX, sabré au visage par les Romains;

comme il est arrivé quelquefois, ces inconvénients n'attaquent jamais son divin caractère. On peut lui donner cent coups d'étrivières; mais il faut toujours croire tout ce qu'il dit. Le pape meurt, la papauté est immortelle. Il y a eu trois ou quatre vice-dieu à la fois qui disputaient cette place. Alors la divinité était partagée entre eux : chacun en avait sa part; chacun était infaillible dans son parti.

J'ai demandé à monsignor par quel art sa cour est parvenue à gouverner toutes les autres cours. « Il faut peu d'art, me dit-il, aux gens d'esprit pour conduire les sots. » J'ai voulu savoir si on ne s'était jamais révolté contre les décisions du vice-dieu. Il m'a avoué qu'il y avait eu des hommes assez téméraires pour lever les yeux, mais qu'on les leur avait crevés aussitôt ou qu'on avait exterminé ces misérables, et que ces révoltes n'avaient jamais servi, jusqu'à présent, qu'à mieux affermir l'infaillibilité sur le trône de la vérité.

On vient enfin de nommer un vice-dieu : les cloches sonnent, on frappe les tambours, les trompettes éclatent, le canon tire, cent mille voix lui répondent. Je t'informerai de tout ce que j'aurai vu.

SEIZIÈME LETTRE D'AMABED.

Ce fut le 25 du mois du crocodile, et le 13 de la planète de Mars (comme on dit ici), que des hommes vêtus de rouge, et inspirés, élurent l'homme infaillible devant qui je dois être jugé, aussi bien que Charme des yeux, en qualité d'apostata.

Ce dieu en terre s'appelle *Leone*[1], dixième du nom. C'est un très-bel homme de trente-quatre à trente-cinq ans, et fort aimable : les femmes sont folles de lui. Il était attaqué d'un mal immonde qui n'est bien connu encore qu'en Europe, mais dont les Portugais commencent à faire part à l'Indoustan. On croyait qu'il en mourrait, et c'est pourquoi on l'a élu, afin que cette sublime place fût bientôt vacante; mais il est guéri, et il se moque de ceux qui l'ont nommé.

Rien n'a été si magnifique que son couronnement; il y a dépensé cinq millions de roupies pour subvenir aux nécessités de son dieu, qui a été si pauvre. Je n'ai pu t'écrire dans le fracas de nos fêtes : elles se sont succédé si rapidement, il a fallu passer par tant de plaisirs, que le loisir a été impossible.

Le vice-dieu Leone a donné des divertissements dont tu n'as point d'idée; il y en a un surtout, qu'on appelle *comédie*, qui me plaît beaucoup plus que tous les autres ensemble : c'est une représentation de la vie humaine; c'est un tableau vivant; les personnages parlent et agissent; ils exposent leurs intérêts, ils développent leurs passions, ils remuent l'âme des spectateurs.

Jean XII, déposé par l'empereur Othon 1ᵉʳ, assassiné chez une de ses maîtresses ;
Benoît V, exilé par l'empereur Othon 1ᵉʳ;
Benoît VII, étranglé par le bâtard de Jean X ;
Benoît IX, qui acheta le pontificat, lui troisième, et revendit sa part. Ils étaient tous infaillibles.
1. Léon X. (Éd.)

par M. Smith, me tomba entre les mains, et m'épargna les erreurs d'une hypothèse. Voici cette explication, qui mérite d'être étudiée.

Il faut d'abord établir que, suivant les règles de l'optique, le ciel nous doit paraître une voûte surbaissée. En voici une preuve familière.

Notre vue s'étend distinctement jusqu'au point où les objets font dans notre œil un angle de la huit-millième partie d'un pouce au moins, selon les observations de Hooke. Un homme OP (*fig.* 20) haut de 5 pieds regarde l'objet AB aussi haut de 5 pieds, et distant de 25 000 pieds; il le voit sous l'angle AOB; mais cet angle AOB n'étant pas dans l'œil de la huit-millième partie d'un pouce, il ne le distingue pas; mais s'il regarde l'objet C, l'angle est encore plus petit; il le voit comme si cet objet était en AD; ainsi tout ce qui est derrière devient encore moins distinct, les maisons, les nuages qui seront derrière C doivent paraître raser l'horizon vers C; tous les nuages s'abaissent donc pour nous à l'horizon à la distance de 25 000 pieds, c'est-à-dire, à environ une lieue de 3000 pas et deux tiers, et ils s'abaissent par degrés : par conséquent, tous les nuages qui s'élèvent en G (*fig.* 21), à environ trois quarts de lieue de hauteur, doivent nous paraître raser notre horizon; ainsi, au lieu de voir les nuages G aussi hauts que le nuage N, nous voyons les nuages G toucher la terre, et le nuage N élevé environ à trois quarts de lieue au-dessus de notre tête; nous ne devons donc voir le ciel ni comme un plafond, ni comme un cintre circulaire, mais comme une voûte surbaissée, dont le grand diamètre BB est environ six fois plus grand que le petit AD.

Nous voyons donc le ciel en cette manière BAB; et quand le soleil ou la lune sont en B à l'horizon, ils nous paraissent plus éloignés (à nous qui sommes en D) d'environ un tiers, que quand ces astres sont en A; or, nous devons les voir sous les angles qui viendront à nos yeux de B et de A; il reste donc à examiner ces angles (*fig.* 22). Il semblerait d'abord qu'ils devraient être plus petits quand l'objet est plus éloigné, et plus grands quand il est plus proche; mais c'est ici tout le contraire.

L'astre réel, l'astre tangible roule en BDRE; mais l'astre apparent va dans la courbe BACG. Or les angles se forment par l'objet apparent; tirez donc des angles de l'œil qui est en P aux places réelles de l'astre D, ces angles viendraient nécessairement raser les astres apparents : vous voyez, par exemple, que l'angle est considérablement grand à l'horizon en G, et qu'il devient assez petit en C; la différence est plus grande au méridien. L'astre au méridien a son disque comme 3, et à l'horizon à peu près comme 9; car les diamètres de l'astre sont comme ses distances apparentes : or, la distance apparente de l'astre est environ 9 à l'horizon, et 3 au méridien; ainsi est sa grandeur apparente.

Cette vérité se confirme par une autre expérience d'un genre semblable : regardez deux étoiles distantes entre elles réellement d'un dixième de degré; elles vous paraissent beaucoup plus éloignées à l'horizon, et beaucoup plus rapprochées vers le méridien.

Ces deux étoiles toujours également distantes sont vues sous l'angle

FCD vers l'horizon (fig. 23), lequel est beaucoup plus grand que l'angle FAB au méridien : vous voyez que cette différence apparente vient précisément par la même raison que je viens de rapporter.

Voici donc, selon cette règle et selon les observations qui la confirment, les proportions des grandeurs et des distances apparentes du soleil et de la lune.

À l'horizon, ces astres sont vus de la grandeur 100.
À 15 degrés au-dessus, de la grandeur 68.
À 30 degrés, de la grandeur 50.
À 90 degrés de la grandeur 30.

De même deux étoiles quelconques qui conservent toujours entre elles leur même distance, paraissent à l'horizon éloignées l'une de l'autre comme 100, et au méridien comme 30; ce qui est toujours, comme vous voyez, la proportion d'environ 9 à 3.

Cette théorie est encore confirmée par une autre observation. La lune paraît considérablement plus grande en certains temps de l'année qu'en d'autres; le soleil paraît aussi plus grand en hiver qu'en été; et les différences de cette grandeur apparente étant plus sensibles vers l'horizon qu'au méridien, elles sont plus aisément remarquées. La raison de cette augmentation de grandeur, c'est que quand le diamètre de la lune et du soleil paraissent plus grands, ces astres sont en effet plus près de nous : le soleil est plus près de la terre en hiver qu'en été, d'environ douze cent mille lieues; ainsi en hiver il paraît plus grand; mais cette largeur de son disque est un peu diminuée par les réfractions de l'air épais : la lune en été est dans son périgée; ainsi elle paraît sous un plus grand diamètre, et la largeur de son disque à l'horizon est encore moins diminuée en été qu'en hiver, parce que l'air, dans l'été, est plus subtil et plus rare.

Ce phénomène est donc entièrement du ressort de la géométrie et de l'optique, et le docteur Smith a la gloire d'avoir enfin trouvé la solution d'un problème sur lequel les plus grands génies avaient fait des systèmes inutiles[1].

---

1. Cette solution de Smith revient exactement à celle du P. Malebranche, puisque dans les deux opinions nous ne voyons les astres plus grands à l'horizon que parce que nous les jugeons plus éloignés. Ces deux philosophes ne diffèrent que dans la manière d'expliquer pourquoi nous jugeons plus éloignés les astres placés à l'horizon : mais ils se rapprochent encore beaucoup. Malebranche paraît regarder comme la cause immédiate de ce jugement les objets interposés dans le plan de l'horizon. Selon Smith, ces objets interposés nous ont accoutumés à juger la voûte du ciel comme si elle était surbaissée, et cette apparence est la cause immédiate du jugement que nous formons sur la grandeur des astres. (*Éd. de Kehl.*)

CHAP. IX. — *De la cause qui fait briser les rayons de la lumière en passant d'une substance dans une autre; que cette cause est une loi générale de la nature inconnue avant Newton; que l'inflexion de la lumière est encore un effet de cette cause, etc.*—*Ce que c'est que réfraction. Proportion des réfractions trouvée par Snellius. Ce que c'est que sinus de réfraction. Grande découverte de Newton. Lumière brisée avant d'entrer dans les corps. Examen de l'attraction. Il faut examiner l'attraction avant que de se révolter contre ce mot. Impulsion et attraction également certaines et inconnues. En quoi l'attraction est une qualité occulte. Preuves de l'attraction. Inflexion de la lumière auprès des corps qui l'attirent.*

Nous avons déjà vu l'artifice presque incompréhensible de la réflexion de la lumière, que l'impulsion connue ne peut causer. Celui de la réfraction, dont nous allons reprendre l'examen, n'est pas moins surprenant.

Commençons par nous bien affermir dans une idée nette de la chose qu'il faut expliquer. Souvenons-nous bien que, quand la lumière tombe d'une substance plus rare, plus légère, comme l'air, dans une substance plus pesante, plus dense, comme l'eau, et qui semble lui devoir résister davantage, la lumière alors quitte son chemin, et se brise en s'approchant d'une perpendiculaire qu'on élèverait sur la surface de cette eau.

M. Leclerc, dans sa *Physique*, a dit tout le contraire, faute d'attention. En son livre V, chapitre VIII : « Plus la résistance des corps est grande, dit-il, plus la lumière qui tombe dans eux s'éloigne de la perpendicule. Ainsi le rayon s'éloigne de la perpendicule en passant de l'air dans l'eau. »

Ce n'est pas la seule méprise qui soit dans Leclerc; et un homme qui aurait le malheur d'étudier la physique dans les écrits de cet auteur n'aurait guère que des idées fausses ou confuses.

Pour avoir une idée bien nette de cette vérité, regardez ce rayon qui tombe de l'air dans ce cristal (*fig.* 24).

Vous savez comme il se brise. Ce rayon AE fait un angle avec cette perpendiculaire BE en tombant sur la surface de ce cristal. Ce même rayon, réfracté dans ce cristal, fait un autre angle avec cette même perpendiculaire qui règle sa réfraction. Il fallut mesurer cette incidence et ce brisement de la lumière. Il semble que ce soit une chose fort aisée; cependant le géomètre arabe Alhazen, Vitellio, Kepler même, y échouèrent. Snellius Villebrod est le premier, au rapport d'Huygens, témoin oculaire, qui trouva cette proportion constante dans laquelle la lumière se rompt dans des milieux donnés. Il se servit des sécantes. Descartes se servit ensuite des sinus, ce qui est précisément la même proportion, le même théorème, sous d'autres noms. Cette proportion est très-aisée à entendre de ceux qui sont les plus étrangers dans la géométrie.

Plus la ligne AB que vous voyez est grande, plus la ligne CD sera grande aussi. Cette ligne AB est ce qu'on appelle *sinus* d'incidence. Cette ligne CD est le *sinus* de la réfraction. Ce n'est pas ici le lieu d'expliquer en général ce que c'est qu'un *sinus*. Ceux qui ont étudié la géométrie le savent assez. Les autres pourraient être un peu embarrassés de la définition. Il suffit de bien savoir que ces deux *sinus*, de quelque grandeur qu'ils soient, sont toujours en proportion dans un milieu donné. Or, cette proportion est différente quand la réfraction se fait dans un milieu différent.

La lumière qui tombe obliquement de l'air dans du cristal s'y brise de façon que le *sinus* de réfraction CD est au *sinus* d'incidence AB comme 2 à 3; ce qui ne veut dire autre chose, sinon que cette ligne AB est un tiers plus grande dans l'air, en ce cas, que la ligne CD dans ce cristal.

Dans l'eau cette proportion est de 3 à 4. Ainsi, il est palpable que, dans tous les cas, dans toutes les obliquités d'incidence possibles, la force réfringente du cristal est à celle de l'eau comme 9 est à 8; il s'agit non-seulement de savoir la cause de la réfraction, mais celle de toutes ces réfractions différentes. C'est là que les philosophes ont tous fait des hypothèses, et se sont trompés.

Enfin Newton seul a trouvé la véritable raison qu'on cherchait. Sa découverte mérite assurément l'attention de tous les siècles ; car il ne s'agit pas ici seulement d'une propriété particulière à la lumière, quoique ce fût déjà beaucoup ; nous verrons que cette propriété appartient à tous les corps de la nature.

Considérez que les rayons de la lumière sont en mouvement ; que s'ils se détournent en changeant leur course, ce doit être par quelque loi primitive, et qu'il ne doit arriver à la lumière que ce qui arriverait à tous les corps de même petitesse que la lumière, toutes choses d'ailleurs égales.

Qu'une balle de plomb A (*fig.* 25) soit poussée obliquement de l'air dans l'eau, il lui arrivera d'abord le contraire de ce qui est arrivé à ce rayon de lumière ; car ce rayon délié passe dans des pores, et cette balle, dont la superficie est large, rencontre la superficie de l'eau qui la soutient.

Cette balle s'éloigne donc d'abord de la perpendiculaire B ; mais lorsqu'elle a perdu tout ce mouvement oblique qu'on lui avait imprimé, elle tombe alors, à peu près suivant une perpendiculaire qu'on élèverait du point où elle commence à descendre. Elle retarde, comme on sait, sa chute dans l'eau, parce que l'eau lui résiste ; mais un rayon de lumière y augmente au contraire sa célérité, parce que l'eau ne résiste pas à ceux des rayons qui la pénètrent.

Il y a donc une force, telle qu'elle soit, qui agit entre les corps et la lumière.

Que cette attraction, que cette tendance existe, nous n'en pouvons douter ; car nous avons vu la lumière, attirée par le verre, y rentrer sans toucher à rien : or, cette force agit nécessairement en ligne perpendiculaire, la ligne perpendiculaire étant le plus court chemin.

Puisque cette force existe, elle est dans toutes les parties du corps qui l'exerce. Les parties de la superficie d'un corps quelconque éprouvent donc ce pouvoir avant qu'il pénètre l'intérieur de la substance, avant qu'il parvienne au point où il est dirigé (*fig.* 26). Ainsi, dès que ce rayon est arrivé près de la superficie du cristal ou de l'eau, il prend déjà un peu en cette manière le chemin de la perpendicule.

Il se brise déjà un peu en C avant que d'entrer : plus il entre, plus il se brise ; parce que plus il s'approche, plus il est attiré. Il y a encore une raison importante pour laquelle le rayon s'infléchit nécessairement par une courbure insensible avant que de pénétrer en ligne droite dans le cristal. C'est parce qu'il n'y a point d'angle rigoureux dans la nature ; un mouvement continu ne peut changer de direction qu'en passant par tous les degrés possibles de changement ; il ne peut donc, de la ligne droite, passer tout d'un coup en une autre ligne droite sans tracer une petite courbe qui joigne ces deux lignes ensemble. Ainsi, le principe de continuité, établi par Leibnitz, et l'attraction de Newton, se réunissent dans ce phénomène. Ce rayon ne tombe donc pas tout à fait perpendiculairement, et ne suit pas sa première ligne droite oblique, en traversant cette eau ou ce verre ; mais il suit une ligne qui participe des deux côtés, et qui descend d'autant plus vite que l'attraction de cette eau ou de ce cristal est plus forte. Donc, loin que l'eau rompe les rayons de lumière en leur résistant, comme on le croyait, elle les rompt en effet parce qu'elle ne résiste pas, et, au contraire, parce qu'elle les attire. Il faut donc dire que les rayons se brisent vers la perpendiculaire, non pas quand ils passent d'un milieu plus facile dans un milieu plus résistant, mais quand ils passent *d'un milieu moins attirant dans un milieu plus attirant*. Observez qu'il ne faut jamais entendre par ce mot *attirant*, que le point vers lequel se dirige une force reconnue, une propriété incontestable de la matière, laquelle propriété est très-sensible entre la lumière et les corps. Que l'on considère que depuis l'an 1672, que Newton fit voir cette attraction, aucun philosophe n'a pu imaginer une raison plausible de ce brisement de la lumière.

Les uns vous disent : « Le cristal réfracte les rayons de lumière parce qu'il leur résiste ; » mais, s'il leur résiste, pourquoi ces rayons y entrent-ils plus facilement et avec plus de vitesse ? Les autres imaginent une matière dans le cristal qui ouvre de tous côtés des chemins plus faciles ; mais si ces chemins sont si faciles de tous côtés, pourquoi la lumière n'y entre-t-elle pas sans se détourner ?

Ceux-ci inventent des atmosphères ; ceux-là des tourbillons ; tous leurs systèmes croulent par quelque endroit : il faut donc, je crois, s'en tenir aux découvertes de Newton, à cette attraction visible dont ni lui, ni aucun philosophe, n'ont pu trouver la raison.

Vous savez que beaucoup de gens, autant attachés à la philosophie, ou plutôt au nom de Descartes, qu'ils l'étaient auparavant au nom d'Aristote, se sont soulevés contre l'attraction. Les uns n'ont pas voulu l'étudier, les autres l'ont méprisée, et l'ont insultée après l'avoir à peine examinée ; mais je prie le lecteur de faire les trois réflexions suivantes :

1° Qu'entendons-nous par attraction? Rien autre chose qu'une force par laquelle un corps s'approche d'un autre, sans que l'on voie, sans que l'on connaisse aucune autre force qui le pousse.

2° Cette propriété de la matière est établie par les meilleurs philosophes en Angleterre, en Allemagne, en Hollande, et même dans plusieurs universités d'Italie, où des lois ni peu rigoureuses ferment quelquefois l'accès à la vérité. Le consentement de tant de savants hommes n'est-il pas une preuve? Sans doute; mais c'est une raison puissante pour examiner au moins si cette force existe ou non.

3° L'on devrait songer que l'on ne connaît pas plus la cause de l'impulsion que de l'attraction. On n'a pas même plus d'idée de l'une de ces forces que de l'autre; car il n'y a personne qui puisse concevoir pourquoi un corps a le pouvoir d'en remuer un autre de sa place. Nous ne concevons pas non plus, il est vrai, comment un corps en attire un autre, ni comment les parties de la matière gravitent mutuellement, comme il sera prouvé. Aussi ne dit-on pas que Newton se soit vanté de connaître la raison de cette attraction. Il a prouvé simplement qu'elle existe; il a vu dans la matière un phénomène constant, une propriété universelle. Si un homme trouvait un nouveau métal dans la terre, ce métal existerait-il moins, parce que l'on ne connaîtrait pas les premiers principes dont il serait formé? Que le lecteur qui jettera les yeux sur cet ouvrage ait recours à la discussion métaphysique sur l'attraction, faite par M. de Maupertuis, dans le plus petit et dans le meilleur livre qu'on ait écrit peut-être en français, en fait de philosophie : on y verra, à travers la réserve avec laquelle l'auteur s'est expliqué, ce qu'il pense, et ce qu'on doit penser de cette attraction dont le nom a tant effarouché.

On dit souvent que l'attraction est une qualité occulte.

Si on entend par ce mot un principe réel dont on ne peut rendre raison, tout l'univers est dans ce cas. Nous ne savons ni comment il y a du mouvement, ni comment il se communique, ni comment les corps sont élastiques, ni comment nous pensons, ni comment nous vivons, ni comment ni pourquoi quelque chose existe; tout est qualité occulte.

Si on entend par ce mot une expression de l'ancienne école, un mot sans idée; que l'on considère seulement que c'est par les plus sublimes et les plus exactes démonstrations mathématiques que Newton fait voir aux hommes ce principe qu'on s'efforce de traiter de ch........

Nous avons vu que les rayons réfléchis d'un miroir ne sauraient venir à nous de sa surface. Nous avons expérimenté que les rayons, transmis dans du verre à un certain angle, reviennent au lieu de passer dans l'air; que, s'il y a du vide derrière ce verre, les rayons qui étaient transmis auparavant reviennent de ce vide à nous ; certainement, il n'y a point là d'impulsion connue. Il faut de toute nécessité admettre un autre pouvoir; il faut bien aussi avouer qu'il y a dans la réfraction quelque chose qu'on n'entendait pas jusqu'à présent.

Or quelle sera cette puissance qui rompra ce rayon de lumière dans ce bassin d'eau? Il est démontré (comme nous le dirons au chapitre suivant) que ce qu'on avait cru jusqu'à présent un simple rayon de lumière, est un faisceau de plusieurs rayons qui se réfractent tous différemment. Si, de ces traits de lumière contenus dans ce rayon, l'un se réfracte, par exemple, à quatre mesures de la perpendiculaire, l'autre se rompra à trois mesures. Il est démontré que les plus réfrangibles, c'est-à-dire, par exemple, ceux qui en se brisant au sortir d'un verre, et en prenant dans l'air une nouvelle direction, s'approchent moins de la perpendiculaire de ce verre, sont aussi ceux qui se réfléchissent le plus aisément, le plus vite. Il y a donc déjà bien de l'apparence que ce sera la même loi qui fera réfléchir la lumière, et qui la fera réfracter.

Enfin, si nous trouvons encore quelque nouvelle propriété de la lumière qui paraisse devoir son origine à la force de l'attraction, ne devrons-nous pas conclure que tant d'effets appartiennent à la même cause?

Voici cette nouvelle propriété, qui fut découverte par le P. Grimaldi, jésuite, vers l'an 1660, et sur laquelle Newton a poussé l'examen jusqu'au point de mesurer l'ombre d'un cheveu à des distances différentes. Cette propriété est l'inflexion de la lumière. Non-seulement les rayons se brisent en passant dans le milieu dont la masse les attire; mais d'autres rayons, qui passent dans l'air auprès des bords de ce corps attirant, s'approchent sensiblement de ce corps, et se détournent visiblement de leur chemin. Mettez (*fig.* 27) dans un endroit obscur cette lame d'acier, ou de verre aminci, qui finit en pointe; exposez-la auprès d'un petit trou par lequel la lumière passe; que cette lumière vienne raser la pointe de ce métal.

Vous verrez les rayons se courber auprès en telle manière, que le rayon qui s'approchera le plus de cette pointe se courbera davantage, et que celui qui en sera le plus éloigné se courbera moins à proportion. N'est-il pas de la plus grande vraisemblance que le même pouvoir qui brise ces rayons quand ils sont dans le milieu, les force à se détourner quand ils sont près de ce milieu? Voilà donc la réfraction, la transparence, la réflexion, assujetties à de nouvelles lois. Voilà une inflexion de la lumière qui dépend évidemment de l'attraction. C'est un nouvel univers qui se présente aux yeux de ceux qui veulent voir.

Nous montrerons bientôt qu'il y a une attraction évidente entre le soleil et les planètes, une tendance mutuelle de tous les corps les uns vers les autres. Mais nous avertissons encore ici d'avance que cette attraction, qui fait graviter les planètes sur notre soleil, n'agit point du tout dans les mêmes rapports que l'attraction des petits corps qui se touchent. Ce sont même probablement des attractions de genres absolument différents. Ce sont de nouvelles et différentes propriétés de la lumière et des corps que Newton a découvertes. Il ne s'agit pas ici de leur cause, mais simplement de leurs effets ignorés jusqu'à nos jours. Qu'on ne croie point que la lumière est infléchie vers le cristal et dans le cristal, suivant le même rapport, par exemple, que Mars est attiré par le soleil[1].

---

1. Jusqu'ici l'on n'a pu rien découvrir sur les lois de l'attraction à de très-petites distances. C'est dans l'examen des phénomènes de la cristallisation que

CHAP. X. — *Suites des merveilles de la réfraction de la lumière. Qu'un seul rayon de la lumière contient en soi toutes les couleurs possibles; ce que c'est que la réfrangibilité. Découvertes nouvelles. — Imagination de Descartes sur les couleurs. Erreur de Malebranche. Expérience et démonstration de Newton. Anatomie de la lumière. Couleurs dans les rayons primitifs. Vaines objections contre ces découvertes. Critiques encore plus vaines. Expérience importante.*

Si vous demandez aux philosophes ce qui produit les couleurs, Descartes vous répondra que « les globules de ses éléments sont déterminés à tournoyer sur eux-mêmes, outre leur tendance au mouvement en ligne droite, et que ce sont les différents tournoiements qui font les différentes couleurs. » Mais ses éléments, ses globules, son tournoiement, ont-ils même besoin de la pierre de touche de l'expérience pour que le faux s'en fasse sentir? Une foule de démonstrations anéantit ces chimères. Voici les plus simples et les plus sensibles.

Rangez des boules les unes contre les autres : supposez-les poussées en tout sens, et tournant toutes sur elles-mêmes en tout sens; par le seul énoncé, il est impossible que ces boules contiguës puissent avancer en lignes droites régulièrement. De plus, comment verriez-vous sur une muraille ce point bleu et ce point vert (*fig.* 28)?

Les voilà marqués sur cette muraille; il faut qu'ils se croisent dans l'air au point A avant que d'arriver aux yeux. Puisqu'ils se croisent, leur prétendu tournoiement doit changer au point d'intersection. Les tournoiements qui faisaient le bleu et le vert ne subsistent donc plus les mêmes : il n'y aurait donc plus alors de point vert ni de point bleu. Un jésuite flamand fit cette objection à Descartes. Celui-ci en sentit toute la force : mais que croiriez-vous qu'il répondît? Que ces boules *ne tournoient pas à la vérité*, mais qu'*elles ont une tendance au tournoiement*. Voilà ce que Descartes dit dans ses lettres. L'acte du transparent en tant que transparent est-il plus inintelligible?

Vous me direz sans doute que cette difficulté est égale dans tous les systèmes. Vous me direz que ces rayons, qui partent de ce point bleu et de ce point vert, se croisent nécessairement, quelque opinion qu'on embrasse touchant les couleurs; que cette intersection des rayons devrait toujours empêcher la vision; qu'en un mot, il est toujours incompréhensible que des rayons qui se croisent arrivent à nos yeux dans leur ordre; mais ce scrupule sera bientôt levé, si vous considérez que toute partie de matière a plus de pores incomparablement que de substance. Un rayon du soleil, qui a plus de trente millions de lieues en longueur, n'a pas probablement un pied de matière solide mise

l'on pourra trouver un jour ces lois; mais jusqu'ici ces phénomènes n'ont pas même été suffisamment observés pour qu'on puisse connaître la manière dont s'exécute cette opération. M. l'abbé Haüy vient de donner sur la formation des cristaux plusieurs mémoires qui ont répandu un grand jour sur cette matière importante. Cependant on est peut-être encore bien éloigné d'en savoir assez pour pouvoir y appliquer le calcul, et connaître les lois de la force attractive qui préside à la cristallisation. (*Ed. de Kehl.*)

bout à bout. Il serait donc très-possible qu'un rayon passât à travers d'un autre en cette manière, sans rien déranger (*fig.* 29).

Mais ce n'est pas seulement ainsi qu'ils passent, c'est encore l'un par-dessus l'autre, comme deux bâtons. Mais, direz-vous, des rayons émanés d'un centre n'aboutiraient pas précisément, et en rigueur mathématique, à la même ligne de circonférence. Cela est vrai. Il s'en faudra toujours une très-petite quantité. Mais deux hommes ne verraient pas les mêmes points du même objet. Cela est encore vrai. De mille millions de personnes qui regarderont une superficie, il n'y en aura pas deux qui verront les mêmes points précisément.

Il faut avouer que, dans le plein de Descartes, cette intersection de rayons est également impossible ; mais tout est impossible dans le plein, et il n'y a aucun mouvement, quel qu'il soit, qui ne suppose et ne prouve le vide.

Malebranche vient à son tour, et vous dit : « Il est vrai que Descartes s'est trompé. Son tournoiement de globules n'est pas soutenable ; mais ce ne sont pas des globules de lumière, ce sont de petits tourbillons tournoyants de matière subtile, capables de compression, qui sont la cause des couleurs ; et les couleurs consistent, comme les sons, dans des vibrations de pression. » Et il ajoute : « Il me paraît impossible de découvrir par aucun moyen les rapports exacts de ces vibrations, » c'est-à-dire, des couleurs. Vous remarquerez qu'il parlait ainsi dans l'Académie des sciences en 1699, et que l'on avait déjà découvert ces proportions en 1675, non pas proportions de vibrations de petits tourbillons, qui n'existent point, mais proportions de la réfrangibilité des rayons, qui contiennent les couleurs, comme nous le dirons bientôt. Ce qu'il croyait impossible était déjà démontré aux yeux, reconnu vrai par le sens, ce qui aurait bien déplu au P. Malebranche.

D'autres philosophes, sentant le faible de ces suppositions, vous disent, au moins avec plus de vraisemblance : « Les couleurs viennent du plus ou du moins de rayons réfléchis des corps colorés. Le blanc est celui qui en réfléchit davantage ; le noir est celui qui en réfléchit le moins. Les couleurs les plus brillantes seront donc celles qui vous apporteront le plus de rayons. Le rouge, par exemple, qui fatigue un peu la vue, doit être composé de plus de rayons que le vert, qui la repose davantage. » Cette hypothèse (déjà suspecte, puisqu'elle est hypothèse) ne paraît qu'une erreur grossière, dès l'instant que l'on daigne considérer un tableau à un jour faible, et ensuite à un grand jour. Vous voyez toujours les mêmes couleurs. Du blanc, qui n'est éclairé que d'une bougie, est toujours blanc ; et le vert, éclairé de mille bougies, sera toujours vert.

Adressez-vous enfin à Newton. Il vous dira : « Ne m'en croyez pas ; n'en croyez que vos yeux et les mathématiques : mettez-vous dans une chambre tout à fait obscure, où le jour n'entre que par un trou extrêmement petit, le rayon de la lumière viendra sur du papier vous donner la couleur de la blancheur.

« Exposez transversalement à un rayon de lumière ce prisme de verre (*fig.* 30); ensuite mettez à une distance d'environ seize ou dix-sept pieds une feuille de papier PP vis-à-vis ce prisme.

« Vous savez que la lumière se brise en entrant de l'air dans ce prisme; vous savez qu'elle se brise en sens contraire, en sortant de ce prisme dans l'air. Si elle ne se brisait pas ainsi, elle irait de ce trou tomber sur le plancher de la chambre Z. Mais, comme il faut que la lumière en s'échappant s'éloigne de la ligne Z, cette lumière ira donc frapper le papier. C'est là que se voit tout le secret de la lumière et des couleurs. Ce rayon, qui est tombé sur ce prisme, n'est pas, comme on croyait, un simple rayon; c'est un faisceau de sept principaux faisceaux de rayons, dont chacun porte en soi une couleur primitive, primordiale, qui lui est propre. Des mélanges de ces sept rayons naissent toutes les couleurs de la nature; et les sept réunis ensemble, réfléchis ensemble de dessus un objet, forment la blancheur. »

Approfondissez cet artifice admirable. Nous avions déjà insinué que les rayons de la lumière ne se réfractent pas, ne se brisent pas tous également; ce qui se passe ici en est aux yeux une démonstration évidente. Ces sept rayons de lumière échappés du corps de ce rayon, qui s'est anatomisé au sortir du prisme, viennent se placer, chacun dans leur ordre, sur ce papier blanc, chaque rayon occupant un ovale. Le rayon qui a le moins de force pour suivre son chemin, le moins de roideur, le moins de matière, s'écarte plus dans l'air de la perpendiculaire du prisme. Celui qui est le plus fort (*fig.* 31), le plus dense, le plus vigoureux, s'en écarte le moins. Voyez-vous ces sept rayons qui viennent se briser les uns au-dessus des autres?

Chacun d'eux peint sur ce papier la couleur primitive qu'il porte en lui-même. Le premier rayon, qui s'écarte le moins de cette perpendiculaire du prisme, est couleur de feu; le second, orangé; le troisième, jaune; le quatrième vert; le cinquième bleu; le sixième indigo; enfin celui qui s'écarte davantage de la perpendicule, et qui s'élève le dernier au-dessus des autres, est le violet.

Un seul faisceau de lumière, qui auparavant faisait la couleur blanche, est donc un composé de sept faisceaux, qui ont chacun leur couleur. L'assemblage de sept rayons primordiaux fait donc le blanc.

Si vous en doutez encore, prenez un des verres lenticulaires de lunette, qui rassemblent tous les rayons à leur foyer; exposez ce verre au trou par lequel entre la lumière; vous ne verrez jamais à ce foyer qu'un rond de blancheur. Exposez ce même verre au point où il pourra rassembler tous les sept rayons partis du prisme :

Il réunit, comme vous le voyez, ces sept rayons dans son foyer (*fig.* 32). La couleur de ces sept rayons réunis est blanche; donc il est démontré que la couleur de tous les rayons réunis est la blancheur. Le noir, par conséquent, sera le corps qui ne réfléchira point de rayons.

Car, lorsqu'à l'aide du prisme vous avez séparé un de ces rayons primitifs, exposez-le à un miroir, à un verre ardent, à un autre prisme; jamais il ne changera de couleur, jamais il ne se séparera en d'autres rayons. Porter en soi une telle couleur est son essence; rien ne peut plus l'altérer; et pour surabondance de preuve, prenez des fils de soie de différentes couleurs; exposez un fil de soie bleue, par exemple, au rayon rouge, cette soie deviendra rouge. Mettez-la au rayon jaune, elle deviendra jaune ; ainsi du reste. Enfin ni réfraction, ni réflexion, ni aucun moyen imaginable ne peut changer ce rayon primitif, semblable à l'or que le creuset a éprouvé, et encore plus inaltérable.

Cette propriété de la lumière, cette inégalité dans les réfractions de ses rayons, est appelée par Newton réfrangibilité. On s'est d'abord révolté contre le fait, et on l'a nié longtemps, parce que M. Mariotte avait manqué en France les expériences de Newton. On aima mieux dire que Newton s'était vanté d'avoir vu ce qu'il n'avait point vu, que de penser que Mariotte ne s'y était pas bien pris pour voir, et qu'il n'avait pas été assez heureux dans le choix des prismes qu'il employa. Ensuite même, lorsque ces expériences ont été bien faites, et que la vérité s'est montrée à nos yeux, le préjugé a subsisté encore au point que, dans plusieurs journaux et dans plusieurs livres faits depuis l'année 1730, on nie hardiment ces mêmes expériences, que cependant on fait dans toute l'Europe. C'est ainsi qu'après la découverte de la circulation du sang, on soutenait encore des thèses contre cette vérité, et qu'on voulait même rendre ridicules ceux qui expliquaient la découverte nouvelle, en les appelant *circulateurs*.

Enfin, quand on a été obligé de céder à l'évidence, on ne s'est pas rendu encore ; on a vu le fait, et on a chicané sur l'expression : on s'est révolté contre le terme de réfrangibilité, aussi bien que contre celui d'attraction, de gravitation. Eh! qu'importe le terme, pourvu qu'il indique une vérité? Quand Christophe Colomb découvrit l'île Hispaniola, ne pouvait-il pas lui imposer le nom qu'il voulait? Et n'appartient-il pas aux inventeurs de nommer ce qu'ils créent, ou ce qu'ils découvrent? On s'est récrié, on a écrit contre des mots que Newton emploie avec la précaution la plus sage pour prévenir des erreurs.

Il appelle ces rayons rouges, jaunes, etc., des rayons *rubrifiques*, *jaunifiques*, c'est-à-dire, excitant la sensation de rouge, de jaune. Il voulait par là fermer la bouche à quiconque aurait l'ignorance ou la mauvaise foi de lui imputer qu'il croyait, comme Aristote, que les couleurs sont dans les choses mêmes, dans ces rayons jaunes et rouges, et non dans notre âme. Il avait raison de craindre cette accusation. J'ai trouvé des hommes, d'ailleurs respectables, qui m'ont assuré que Newton était péripatéticien, qu'il pensait que les rayons sont colorés en effet eux-mêmes, comme on pensait autrefois que le feu était chaud; mais ces mêmes critiques m'ont assuré aussi que Newton était athée. Il est vrai qu'ils n'avaient pas lu son livre, mais ils en avaient entendu parler à des gens qui avaient écrit contre ses expériences sans les avoir vues.

Ce qu'on écrivit d'abord de plus doux contre Newton, c'est que son système est une hypothèse : mais qu'est-ce qu'une hypothèse? une supposition. En vérité, peut-on appeler du nom de supposition des faits tant de fois démontrés? Est-ce parce qu'on est né en France qu'on rougit de recevoir la vérité des mains d'un Anglais? Ce sentiment serait bien indigne d'un philosophe. Il n'y a, pour quiconque pense, ni Français, ni Anglais : celui qui nous instruit est notre compatriote.

La réfrangibilité et la réflexion dépendent évidemment de la même cause. Cette réfrangibilité que nous venons de voir, étant attachée à la réfraction, doit avoir sa source dans le même principe. La même cause doit présider au jeu de tous ces ressorts : c'est là l'ordre de la nature. Tous les végétaux se nourrissent par les mêmes lois; tous les animaux ont les mêmes principes de vie. Quelque chose qui arrive aux corps en mouvement, les lois du mouvement sont invariables. Nous avons déjà vu que la réflexion, la réfraction, l'inflexion de la lumière, sont les effets d'un pouvoir qui n'est point l'impulsion (au moins connue); ce même pouvoir se fait sentir dans la réfrangibilité; ces rayons, qui s'écartent à des distances différentes, nous avertissent que le milieu dans lequel ils passent agit sur eux inégalement. Un faisceau de rayons est attiré dans le verre; mais ce faisceau de rayons est composé de masses inégales. Ces masses sont donc inégalement attirées ; si cela est, elles doivent donc se réfléchir de ce prisme dans le même ordre qu'ils s'y sont réfractés; le plus réflexible doit être le plus réfrangible.

Ce prisme a envoyé sur ce papier ces sept couleurs : tournez ce prisme sur lui-même dans le sens ABC, vous aurez bientôt cet angle, selon lequel toute lumière se réfléchira de dedans ce prisme au dehors, au lieu de passer sur ce papier; sitôt que vous commencez à approcher de cet angle, voilà tout d'un coup le rayon violet qui se détache de ce papier, et que vous voyez se porter au plafond de la chambre (fig. 33). Après le violet vient le pourpre; après le pourpre, le bleu; enfin le rouge quitte le dernier ce papier, où il est peint, pour venir à son tour se réfléchir sur le plafond. Donc tout rayon est plus réflexible à mesure qu'il est plus réfrangible ; donc la même cause opère la réflexion et la réfrangibilité.

Or la partie solide du verre ne fait ni cette réfrangibilité, ni cett réflexion ; donc, encore une fois, ces propriétés ont leur naissance dans une autre cause que dans l'impulsion connue sur la terre. Il n'y a rien à dire contre ces expériences, il faut s'y soumettre, quelque rebelle que l'on soit à l'évidence[1].

---

1. Un faisceau lumineux, quelque petit qu'il soit, est composé d'une infinité de rayons différemment réfrangibles. Sans cela, en employant un prisme dont l'angle serait plus grand, on aurait sept cercles séparés, et non une image continue dont les côtés sont sensiblement des lignes droites.
Il est vrai que ce spectre continu semble n'offrir que sept couleurs distinctes ; le passage d'une couleur à l'autre n'est nuancé que sur un très-petit espace, tandis que la couleur paraît pure sur une plus grande étendue du spectre. On pourrait soupçonner que la sensation de la couleur dépend d'une propriété des rayons, différente de leur degré de réfrangibilité. Newton paraît avoir cru qu'il n'y avait réellement que sept rayons; il semble souvent raisonner dans cette supposition ; ses premiers disciples l'ont entendu dans ce sens : cependant, comme il avait senti dans cette opinion des difficultés insurmontables, il ne s'est jamais expliqué sur cet objet d'une manière précise.
Plusieurs auteurs n'ont admis que quatre couleurs; ils supprimaient les trois couleurs intermédiaires, pourpre, vert et orangé, comme produites par le mé-

mandait pas mieux que de les obliger, et qu'il se trouverait au rendez-vous.

Le vieux mage revint apporter à la princesse cette bonne nouvelle ; mais il craignait encore quelque malheur, et faisait toujours ses réflexions. « Vous voulez parler au serpent, madame ; ce sera quand il plaira à Votre Altesse. Souvenez-vous qu'il faut beaucoup le flatter, car tout animal est pétri d'amour-propre, et surtout lui. On dit même qu'il fut chassé autrefois d'un beau lieu par son excès d'orgueil. — Je ne l'ai jamais ouï dire, repartit la princesse. — Je le crois bien, » reprit le vieillard. Alors il lui apprit tous les bruits qui avaient couru sur ce serpent si fameux. « Mais, madame, quelque aventure si singulière qui lui soit arrivée, vous ne pouvez arracher son secret qu'en le flattant. Il passe dans un pays voisin pour avoir joué autrefois un tour pendable aux femmes ; il est juste qu'à son tour une femme le séduise. — J'y ferai mon possible, » dit la princesse.

Elle partit donc avec ses dames du palais et le bon mage eunuque. La vieille alors faisait paître le taureau blanc assez loin. Mambrès laissa Amaside en liberté, et alla entretenir sa Pythonisse. La dame d'honneur causa avec l'ânesse ; les dames de compagnie s'amusèrent avec le boué, le chien, le corbeau, et la colombe. Pour le gros poisson, qui faisait peur à tout le monde, il se replongea dans le Nil par ordre de la vieille.

Le serpent alla aussitôt au-devant de la belle Amaside dans le bocage, et ils eurent ensemble cette conversation :

LE SERPENT. — Vous ne sauriez croire combien je suis flatté, madame, de l'honneur que Votre Altesse daigne me faire.

LA PRINCESSE. — Monsieur, votre grande réputation, la finesse de votre physionomie et le brillant de vos yeux, m'ont aisément déterminée à rechercher ce tête-à-tête. Je sais, par la voix publique (si elle n'est point trompeuse), que vous avez été un grand seigneur dans le ciel empyrée.

LE SERPENT. — Il est vrai, madame, que j'y avais une place assez distinguée. On prétend que je suis un favori disgracié : c'est un bruit qui a couru d'abord dans l'Inde[1]. Les brachmanes sont les premiers qui ont donné une longue histoire de mes aventures. Je ne doute pas que des poëtes du Nord n'en fassent un jour un poëme épique bien bizarre[2] ; car, en vérité, c'est tout ce qu'on en peut faire ; mais je ne suis pas tellement déchu que je n'aie encore dans ce globe-ci un domaine très-considérable. J'oserais presque dire que toute la terre m'appartient.

LA PRINCESSE. — Je le crois, monsieur, car on dit que vous avez le talent de persuader tout ce que vous voulez, et c'est régner que de plaire.

LE SERPENT. — J'éprouve, madame, en vous voyant et en vous écou-

[1]. Les brachmanes furent, en effet, les premiers qui imaginèrent une révolte dans le ciel, et cette fable servit longtemps après de canevas à l'histoire de la guerre des géants contre les dieux, et à quelques autres histoires.
[2]. Le *Paradis perdu*, de Milton. (Éd.)

tant, que vous avez sur moi cet empire qu'on m'attribue sur tant d'autres âmes.

LA PRINCESSE. — Vous êtes, je le crois, un animal vainqueur. On prétend que vous avez subjugué bien des dames, et que vous commençâtes par notre mère commune, dont j'ai oublié le nom.

LE SERPENT. — On me fait tort : je lui donnai le meilleur conseil du monde. Elle m'honorait de sa confiance. Mon avis fut qu'elle et son mari devaient se gorger du fruit de l'arbre de la science. Je crus plaire en cela au maître des choses. Un arbre si nécessaire au genre humain ne me paraissait pas planté pour être inutile. Le maître aurait-il voulu être servi par des ignorants et des idiots? L'esprit n'est-il pas fait pour s'éclairer, pour se perfectionner? ne faut-il pas connaître le bien et le mal pour faire l'un et pour éviter l'autre? Certainement on me devait des remerciements.

LA PRINCESSE. — Cependant on dit qu'il vous en arriva mal. C'est apparemment depuis ce temps-là que tant de ministres ont été punis d'avoir donné de bons conseils, que tant de vrais savants et de grands génies ont été persécutés pour avoir écrit des choses utiles au genre humain.

LE SERPENT. — Ce sont apparemment mes ennemis, madame, qui vous ont fait ces contes. Ils vont criant que je suis mal en cour. Une preuve que j'y ai un très-grand crédit, c'est qu'eux-mêmes avouent que j'entrai dans le conseil quand il fut question d'éprouver le bonhomme Job, et que j'y fus encore appelé quand on prit la résolution de tromper un certain roitelet nommé Achab¹ ; ce fut moi seul qu'on chargea de cette commission.

LA PRINCESSE. — Ah! monsieur, je ne crois pas que vous soyez fait pour tromper. Mais, puisque vous êtes toujours dans le ministère, puis-je vous demander une grâce? j'espère qu'un seigneur si aimable ne me refusera pas.

LE SERPENT. — Madame, vos prières sont des lois. Qu'ordonnez-vous?

LA PRINCESSE. — Je vous conjure de me dire ce que c'est que ce beau taureau blanc pour qui j'éprouve dans moi des sentiments incompréhensibles, qui m'attendrissent, et qui m'épouvantent. On m'a dit que vous daigneriez m'en instruire.

LE SERPENT. — Madame, la curiosité est nécessaire à la nature humaine, et surtout à votre aimable sexe ; sans elle on croupirait dans la plus honteuse ignorance. J'ai toujours satisfait, autant que je l'ai pu, la curiosité des dames. On m'accuse de n'avoir eu cette complaisance que pour faire dépit au maître des choses. Je vous jure que mon seul but serait de vous obliger ; mais la vieille a dû vous avertir qu'il y a quelque danger pour vous dans la révélation de ce secret.

LA PRINCESSE. — Ah! c'est ce qui me rend encore plus curieuse.

---

1. III° livre des *Rois*, chapitre XXII, v. 21 et 22. Le Seigneur dit qu'il trompera Achab, roi d'Israël, afin qu'il marche en Ramoth-de-Galaad, et qu'il y tombe. Et un esprit s'avança et se présenta devant le Seigneur, et lui dit : « C'est moi qui le tromperai. » Et le Seigneur lui dit : « Comment? Oui, on le tromperas et tu prévaudras. Va et fais ainsi. »

LE SERPENT. — Je reconnais là toutes les belles dames à qui j'ai rendu service.

LA PRINCESSE. — Si vous êtes sensible, si tous les êtres se doivent des secours mutuels, si vous avez pitié d'une infortunée, ne me refusez pas.

LE SERPENT. — Vous me fendez le cœur ; il faut vous satisfaire ; mais ne m'interrompez pas.

LA PRINCESSE. — Je vous le promets.

LE SERPENT. — Il y avait un jeune roi, beau, fait à peindre, amoureux, aimé....

LA PRINCESSE. — Un jeune roi ! beau, fait à peindre, amoureux, aimé ! et de qui ? et quel était ce roi ? quel âge avait-il ? qu'est-il devenu ? où est-il ? où est son royaume ? quel est son nom ?

LE SERPENT. — Ne voilà-t-il pas que vous m'interrompez, quand j'ai commencé à peine ! Prenez garde ; si vous n'avez pas plus de pouvoir sur vous-même, vous êtes perdue.

LA PRINCESSE. — Ah ! pardon, monsieur, cette indiscrétion ne m'arrivera plus ; continuez, de grâce.

LE SERPENT. — Ce grand roi, le plus aimable et le plus valeureux des hommes, victorieux partout où il avait porté ses armes, rêvait souvent en dormant ; et, quand il oubliait ses rêves, il voulait que ses mages s'en ressouvinssent, et qu'ils lui apprissent ce qu'il avait rêvé ; sans quoi il les faisait tous pendre, car rien n'est plus juste. Or il y a bientôt sept ans qu'il songea un beau songe dont il perdit la mémoire en se réveillant ; et un jeune Juif, plein d'expérience, lui ayant expliqué son rêve, cet aimable roi fut soudain changé en bœuf[1] ; car....

LA PRINCESSE. — Ah ! c'est mon cher Nabu.... » Elle ne put achever ; elle tomba évanouie. Mambrès, qui écoutait de loin, la vit tomber et la crut morte.

CHAP. IV. — *Comment on voulut sacrifier le bœuf et exorciser la princesse.*

Mambrès court à elle en pleurant. Le serpent est attendri ; il ne peut pleurer, mais il siffle d'un ton lugubre ; il crie : « Elle est morte ! » L'ânesse répète : « Elle est morte ! » le corbeau le redit ; tous les autres animaux paraissaient saisis de douleur, excepté le poisson de Jonas, qui a toujours été impitoyable. La dame d'honneur, les dames du palais arrivent, et s'arrachent les cheveux. Le taureau blanc, qui paissait au loin, et qui entend leurs clameurs, court au bosquet, et entraîne la vieille avec lui en poussant des mugissements dont les échos retentissent. En vain toutes les dames versaient sur Amaside expirante leurs flacons d'eau de rose, d'œillet, de myrte, de benjoin, de baume de la Mecque, de cannelle, d'amomum, de girofle, de muscade, d'ambre gris ; elle n'avait donné aucun signe de vie ; mais, dès qu'elle sentit le beau taureau blanc à ses côtés, elle revint à elle plus fraîche,

1. Toute l'antiquité employait indifféremment les termes de *bœuf* et de *taureau*.

lire PAGE 354
au lieu de PAGE 356

plus belle, plus animée que jamais. Elle donna cent baisers à cet animal charmant, qui penchait languissamment sa tête sur son sein d'albâtre. Elle l'appelle : « Mon maître, mon roi, mon cœur, ma vie. » Elle passe ses bras d'ivoire autour de ce cou plus blanc que la neige. La paille légère s'attache moins fortement à l'ambre, la vigne à l'ormeau, le lierre au chêne. On entendait le doux murmure de ses soupirs; on voyait ses yeux tantôt étincelants d'une tendre flamme, tantôt offusqués par ces larmes précieuses que l'amour fait répandre.

On peut juger dans quelle surprise la dame d'honneur d'Amaside et les dames de compagnie étaient plongées. Dès qu'elles furent rentrées au palais, elles racontèrent toutes à leurs amants cette aventure étrange, et chacune avec des circonstances différentes, qui en augmentaient la singularité, et qui contribuent toujours à la variété de toutes les histoires.

Dès qu'Amasis, roi de Tanis, en fut informé, son cœur royal fut saisi d'une juste colère. Tel fut le courroux de Minos, quand il sut que sa fille Pasiphaé prodiguait ses tendres faveurs au père du minotaure. Ainsi frémit Junon lorsqu'elle vit Jupiter son époux caresser la belle vache Io, fille du fleuve Inachus. Amasis fit enfermer la belle Amaside dans sa chambre, et mit une garde d'eunuques noirs à sa porte; puis il assembla son conseil secret.

Le grand mage Mambrès y présidait, mais il n'avait plus le même crédit qu'autrefois. Tous les ministres d'État conclurent que le taureau blanc était un sorcier. C'était tout le contraire, il était ensorcelé; mais on se trompe toujours à la cour dans ces affaires délicates.

On conclut à la pluralité des voix qu'il fallait exorciser la princesse et sacrifier le taureau blanc et la vieille.

Le sage Mambrès ne voulut point choquer l'opinion du roi et du conseil. C'était à lui qu'appartenait le droit de faire les exorcismes; il pouvait les différer sous un prétexte très-plausible. Le dieu Apis venait de mourir à Memphis. Un dieu bœuf meurt comme un autre. Il n'était permis d'exorciser personne en Égypte jusqu'à ce qu'on eût trouvé un autre bœuf qui pût remplacer le défunt.

Il fut donc arrêté dans le conseil qu'on attendrait la nomination qu'on devait faire du nouveau dieu à Memphis.

Le bon vieillard Mambrès sentait à quel péril sa chère princesse était exposée; il voyait quel était son amant. Les syllabes « Nabu, » qui lui étaient échappées, avaient décelé tout le mystère aux yeux de ce sage.

La dynastie[1] de Memphis appartenait alors aux Babyloniens; ils conservaient ce reste de leurs conquêtes passées, qu'ils avaient faites sous le plus grand roi du monde, dont Amasis était l'ennemi mortel. Mambrès avait besoin de toute sa sagesse pour se bien conduire parmi tant de difficultés. Si le roi Amasis découvrait l'amant de sa fille, elle était morte, il l'avait juré. Le grand, le jeune, le beau roi dont elle

1. Dynastie signifie proprement *puissance*. Ainsi on peut se servir de ce mot, malgré les cavillations de Larcher. Dynastie vient du phénicien *Dunast*, et Larcher est un ignorant qui ne sait ni le phénicien ni le syriaque, ni le copthe.

était éprise, avait détrôné son père, qui n'avait repris son royaume de Tanis que depuis près de sept ans qu'on ne savait ce qu'était devenu l'adorable monarque, le vainqueur et l'idole des nations, le tendre et généreux amant de la charmante Amaside. Mais aussi, en sacrifiant le taureau, on faisait mourir infailliblement la belle Amaside de douleur.

Que pouvait faire Mambrès dans des circonstances si épineuses ? Il va trouver sa chère nourrissonne au sortir du conseil, et lui dit : « Ma belle enfant, je vous servirai ; mais, je vous le répète, on vous coupera le cou si vous prononcez jamais le nom de votre amant.

— Ah ! que m'importe mon cou, dit la belle Amaside, si je ne puis embrasser celui de Nabucho... ! Mon père est un bien méchant homme ! non-seulement il refusa de me donner un beau prince que j'idolâtre, mais lui déclara la guerre ; et, quand il a été vaincu par mon amant, il a trouvé le secret de le changer en bœuf. A-t-on jamais vu une malice plus effroyable ? si mon père n'était pas mon père, je ne sais pas ce que je lui ferais.

— Ce n'est pas votre père qui lui a joué ce cruel tour, dit le sage Mambrès, c'est un Palestin, un de nos anciens ennemis, un habitant d'un petit pays compris dans la foule des États que votre auguste amant a domptés pour les policer. Ces métamorphoses ne doivent point vous surprendre ; vous savez que j'en faisais autrefois de plus belles : rien n'était plus commun alors que ces changements qui étonnent aujourd'hui les sages. L'histoire véritable que nous avons lue ensemble nous a enseigné que Lycaon, roi d'Arcadie, fut changé en loup. La belle Calisto, sa fille, fut changée en ourse ; Io, fille d'Inachus, notre vénérable Isis, en vache ; Daphné, en laurier ; Syrinx, en flûte. La belle Édith, femme de Loth, le meilleur, le plus tendre père qu'on ait jamais vu, n'est-elle pas devenue dans notre voisinage une grande statue de sel très-belle et très-piquante, qui a conservé toutes les marques de son sexe, et qui a régulièrement ses ordinaires[1] chaque mois, comme l'attestent les grands hommes qui l'ont vue ? J'ai été témoin de ce changement dans ma jeunesse. J'ai vu cinq puissantes villes, dans le séjour du monde le plus sec et le plus aride, transformées tout à coup en un beau lac. On ne marchait dans mon jeune temps que sur des métamorphoses.

« Enfin, madame, si les exemples peuvent adoucir votre peine, souvenez-vous que Vénus a changé les Cérastes en bœufs. — Je le sais, dit la malheureuse princesse, mais les exemples consolent-ils ? Si mon amant était mort, me consolerais-je par l'idée que tous les hommes meurent ? — Votre peine peut finir, dit le sage ; et puisque votre tendre amant est devenu bœuf, vous voyez bien que de bœuf il peut devenir

---

1. Tertullien, dans son poème de *Sodoma*, dit :

Dicitur et vivens alio sub corpore sexus
Munificos solito dispungere sanguine menses.

Saint Irénée, liv. IV, dit : *Per naturalia ea quæ sunt consuetudinis feminæ ostendens.*

homme. Pour moi, il faudrait que je fusse changé en tigre ou en crocodile, si je n'employais pas le peu de pouvoir qui me reste pour le service d'une princesse digne des adorations de la terre, pour la belle Amaside, que j'ai élevée sur mes genoux, et que sa fatale destinée met à des épreuves si cruelles. »

CHAP. V. — *Comment le sage Mambrès se conduisait sagement.*

Le divin Mambrès ayant dit à la princesse tout ce qu'il fallait pour la consoler, et ne l'ayant point consolée, courut aussitôt à la vieille. « Ma camarade, lui dit-il, notre métier est beau, mais il est bien dangereux; vous courez risque d'être pendue, et votre bœuf d'être brûlé, ou noyé, ou mangé. Je ne sais point ce qu'on fera de vos autres bêtes; car, tout prophète que je suis, je sais bien peu de choses; mais cachez soigneusement le serpent et le poisson; que l'un ne mette pas sa tête hors de l'eau, et que l'autre ne sorte pas de son trou. Je placerai le bœuf dans une de mes écuries à la campagne; vous y serez avec lui, puisque vous dites qu'il ne vous est pas permis de l'abandonner. Le bouc émissaire pourra dans l'occasion servir d'expiatoire; nous l'enverrons dans le désert chargé des péchés de la troupe; il est accoutumé à cette cérémonie, qui ne lui fait aucun mal, et l'on sait que tout s'expie avec un bouc qui se promène. Je vous prie seulement de me prêter tout à l'heure le chien de Tobie, qui est un lévrier fort agile; l'ânesse de Balaam, qui court mieux qu'un dromadaire; le corbeau et le pigeon de l'arche, qui volent très-rapidement. Je veux les envoyer en ambassade à Memphis pour une affaire de la dernière conséquence. »

La vieille repartit au mage : « Seigneur, vous pouvez disposer à votre gré du chien de Tobie, de l'ânesse de Balaam, du corbeau et du pigeon de l'arche, et du bouc émissaire; mais mon bœuf ne peut coucher dans une écurie. Il est dit qu'il doit « être attaché à une chaîne « d'acier, être toujours mouillé de la rosée, et brouter l'herbe sur la « terre¹, et que sa portion sera avec les bêtes sauvages. » Il m'est confié, je dois obéir. Que penseraient de moi Daniel, Ézéchiel et Jérémie, si je confiais mon bœuf à d'autres qu'à moi-même? Je vois que vous savez le secret de cet étrange animal : je n'ai pas à me reprocher de vous l'avoir révélé. Je vais le conduire loin de cette terre impure, vers le lac de Sirbon, loin des cruautés du roi de Tanis. Mon poisson et mon serpent me défendront : je ne crains personne quand je sers mon maître. »

Le sage Mambrès repartit ainsi : « Ma bonne, la volonté de Dieu soit faite! pourvu que je retrouve notre taureau blanc, il ne m'importe ni du lac de Sirbon, ni du lac de Mœris, ni du lac de Sodome; je ne veux que lui faire du bien et à vous aussi. Mais pourquoi m'avez-vous parlé de Daniel, d'Ézéchiel et de Jérémie? — Ah! seigneur, reprit la vieille, vous savez aussi bien que moi l'intérêt qu'ils ont eu dans cette

1. Daniel, chapitre v.

CHAPITRE V.

grande affaire : mais je n'ai point de temps à perdre; je ne veux point être pendu; je ne veux point que mon taureau soit brûlé, ou noyé, ou mangé. Je m'en vais auprès du lac de Sirbon par Canope, avec mon serpent et mon poisson. Adieu. »

Le taureau la suivit tout pensif, après avoir témoigné au bienfaisant Mambrès la reconnaissance qu'il lui devait.

Le sage Mambrès était dans une cruelle inquiétude. Il voyait bien qu'Amasis, roi de Tanis, désespéré de la folle passion de sa fille pour cet animal, et la croyant ensorcelée, ferait poursuivre partout le malheureux taureau, et qu'il serait infailliblement brûlé, en qualité de sorcier, dans la place publique de Tanis, ou livré au poisson de Jonas, ou rôti, ou servi sur table. Il voulait, à quelque prix que ce fût, épargner ce désagrément à la princesse.

Il écrivit une lettre au grand prêtre de Memphis, son ami, en caractères sacrés, sur du papier d'Égypte qui n'était pas encore en usage. Voici les propres mots de sa lettre :

« Lumière du monde, lieutenant d'Isis, d'Osiris et d'Horus, chef des circoncis, vous dont l'autel est élevé, comme de raison, au-dessus de tous les trônes; j'apprends que votre dieu le bœuf Apis est mort. J'en ai un autre à votre service. Venez vite avec vos prêtres le reconnaître, l'adorer et le conduire dans l'écurie de votre temple. Qu'Isis, Osiris et Horus, vous aient en leur sainte et digne garde, et vous, messieurs les prêtres de Memphis, en leur sainte garde!

« Votre affectionné ami,

« MAMBRÈS. »

Il fit quatre duplicata de cette lettre, de crainte d'accident, et les enferma dans des étuis de bois d'ébène le plus dur; puis, appelant à lui quatre courriers qu'il destinait à ce message (c'était l'ânesse, le chien, le corbeau et le pigeon); il dit à l'ânesse : « Je sais avec quelle fidélité vous avez servi Balaam, mon confrère; servez-moi de même. Il n'y a point d'oncrotale qui vous égale à la course; allez, ma chère amie, rendez ma lettre en main propre, et revenez. » L'ânesse lui répondit : « Comme j'ai servi Balaam, je servirai monseigneur; j'irai et je reviendrai. » Le sage lui mit le bâton d'ébène dans la bouche, et elle partit comme un trait.

Puis il fit venir le chien de Tobie, et lui dit : « Chien fidèle, et plus prompt à la course qu'Achille aux pieds légers, je sais ce que vous avez fait pour Tobie, fils de Tobie, lorsque vous et l'ange Raphaël vous l'accompagnâtes de Ninive à Ragès en Médie, et de Ragès à Ninive, et qu'il rapporta à son père dix talents¹ que l'esclave Tobie père avait prêtés à l'esclave Gabelus; car ces esclaves étaient fort riches. Portez à son adresse cette lettre, qui est plus précieuse que dix talents d'argent. » Le chien lui répondit : « Seigneur, si j'ai suivi autrefois le messager Raphaël, je puis tout aussi bien faire votre commission. »

1. Vingt mille écus argent de France au cours de ce jour.

Mambrès lui mit la lettre dans la gueule : il en dit autant à la colombe. Elle lui répondit : « Seigneur, si j'ai rapporté un rameau dans l'arche, je vous apporterai de même votre réponse. » Elle prit la lettre dans son bec. On les perdit tous trois de vue en un instant.

Puis il dit au corbeau : « Je sais que vous avez nourri le grand prophète Élie[1], lorsqu'il était caché auprès du torrent Carith, si fameux dans toute la terre. Vous lui apportiez tous les jours de bon pain et des poulardes grasses ; je ne vous demande que de porter cette lettre à Memphis. »

Le corbeau répondit en ces mots : « Il est vrai, seigneur, que je porais tous les jours à dîner au grand prophète Élie, le Thesbite, que j'ai vu monter dans l'atmosphère sur un char de feu traîné par quatre chevaux de feu, quoique ce ne soit pas la coutume ; mais je prenais toujours la moitié du dîner pour moi. Je veux bien porter votre lettre, pourvu que vous m'assuriez de deux bons repas chaque jour, et que je sois payé d'avance en argent comptant pour ma commission. »

Mambrès, en colère, dit à cet animal : « Gourmand et malin, je ne suis pas étonné qu'Apollon, de blanc que tu étais comme un cygne, t'ait rendu noir comme une taupe, lorsque dans les plaines de Thessalie tu trahis la belle Coronis, malheureuse mère d'Esculape. Eh ! dis-moi donc, mangeais-tu tous les jours des aloyaux et des poulardes quand tu fus dix mois dans l'arche ? — Monsieur, nous y faisions très-bonne chère, repartit le corbeau. On servait du rôti deux fois par jour à tous les volatiles de mon espèce, qui ne vivent que de chair, comme à vautours, milans, aigles, buses, éperviers, ducs, émouchets, faucons, hiboux, et à la foule innombrable des oiseaux de proie. On garnissait avec une profusion bien plus grande les tables des lions, des léopards, des tigres, des panthères, des onces, des hyènes, des loups, des ours, des renards, des fouines, et de tous les quadrupèdes carnivores. Il y avait dans l'arche huit personnes de marque, et les seules qui fussent au monde, continuellement occupées du soin de notre table et de notre garde-robe, savoir : Noé et sa femme, qui n'avaient guère plus de six cents ans ; leurs trois fils et leurs trois épouses. C'était un plaisir de voir avec quel soin, quelle propreté nos huit domestiques servaient plus de quatre mille convives du plus grand appétit, sans compter les peines prodigieuses qu'exigeaient dix à douze mille autres personnes, depuis l'éléphant et la girafe jusqu'aux vers à soie et aux mouches. Tout ce qui m'étonne, c'est que notre pourvoyeur Noé soit inconnu à toutes les nations, dont il est la tige ; mais je ne m'en soucie guère. Je m'étais déjà trouvé à une pareille fête[2] chez le roi de Thrace Xissutre. Ces choses-là arrivent de temps en temps pour l'in-

---

1. IIIe livre *des Rois*, chapitre XVII.
2. Bérose, auteur chaldéen, rapporte en effet que la même aventure advint au roi de Thrace Xissutre : elle était même encore plus merveilleuse ; car son arche avait cinq stades de long sur deux de large. Il s'est élevé une grande dispute entre les savants pour démêler lequel est le plus ancien du roi Xissutre ou de Noé.

struction des corbeaux. En un mot, je veux faire bonne chère et être très-bien payé en argent comptant. »

Le sage Mambrès se garda bien de donner sa lettre à une bête si difficile et si bavarde. Ils se séparèrent fort mécontents l'un de l'autre.

Il fallait cependant savoir ce que deviendrait le beau taureau, et ne pas perdre la piste de la vieille et du serpent. Mambrès ordonna à des domestiques intelligents et affidés de les suivre; et, pour lui, il s'avança en litière sur le bord du Nil, toujours faisant des réflexions.

« Comment se peut-il, disait-il en lui-même, que ce serpent soit le maître de presque toute la terre, comme il s'en vante, et comme tant de doctes l'avouent, et que cependant il obéisse à une vieille? Comment est-il quelquefois appelé au conseil de là-haut, tandis qu'il rampe sur la terre? Pourquoi entre-t-il tous les jours dans le corps des gens par sa seule vertu, et que tant de sages prétendent l'en déloger avec des paroles? Enfin comment passe-t-il chez un petit peuple du voisinage pour avoir perdu le genre humain, et comment le genre humain n'en sait-il rien? Je suis bien vieux, j'ai étudié toute ma vie; mais je vois là une foule d'incompatibilités que je ne puis concilier. Je ne saurais expliquer ce qui m'est arrivé à moi-même, ni les grandes choses que j'ai faites autrefois, ni celles dont j'ai été témoin. Tout bien pesé, je commence à soupçonner que ce monde-ci subsiste de contradictions : *Rerum concordia discors*, comme disait autrefois mon maître Zoroastre en sa langue[1]. »

Tandis qu'il était plongé dans cette métaphysique obscure, comme l'est toute métaphysique, un batelier, en chantant une chanson à boire, amarra un petit bateau près de la rive. On en vit sortir trois graves personnages à demi vêtus de lambeaux crasseux et déchirés, mais conservant sous ces livrées de la pauvreté l'air le plus majestueux et le plus auguste. C'étaient Daniel, Ezéchiel et Jérémie.

CHAP. VI. — *Comment Mambrès rencontra trois prophètes, et leur donna un bon dîner.*

Ces trois grands hommes, qui avaient la lumière prophétique sur le visage, reconnurent le sage Mambrès pour un de leurs confrères, à quelques traits de cette lumière qui lui restaient encore, et se prosternèrent devant son palanquin. Mambrès les reconnut aussi pour prophètes encore plus à leurs habits qu'aux traits de feu qui partaient de leurs têtes augustes. Il se douta bien qu'ils venaient savoir des nouvelles du taureau blanc; et, usant de sa prudence ordinaire, il descendit de sa voiture, et avança quelques pas au-devant d'eux avec une politesse mêlée de dignité. Il les releva, fit dresser des tentes et apprêter un dîner dont il jugea que les trois prophètes avaient grand besoin.

Il fit inviter la vieille, qui n'était encore qu'à cinq cents pas. Elle se rendit à l'invitation, et arriva, menant toujours le taureau blanc en laisse.

1. Horace, I, épître XI, vers 19. (ÉD.)

On servit deux potages, l'un de bisque, l'autre à la reine; les entrées furent une tourte de langues de carpes, des foies de lottes et de brochets, des poulets aux pistaches, des innocents aux truffes et aux olives, deux dindonneaux au coulis d'écrevisses, de mousserons et de morilles, et un chipolata. Le rôti fut composé de faisandeaux, de perdreaux, de gelinottes, de cailles et d'ortolans, avec quatre salades. Au milieu était un surtout dans le dernier goût. Rien ne fut plus délicat que l'entremets; rien de plus magnifique, de plus brillant et de plus ingénieux que le dessert.

Au reste, le discret Mambrès avait eu grand soin que dans ce repas il n'y eût ni pièce de bouilli, ni aloyau, ni langue, ni palais de bœuf, ni tétines de vache, de peur que l'infortuné monarque, assistant de loin au dîner, ne crût qu'on lui insultât.

Ce grand et malheureux prince broutait l'herbe auprès de la tente. Jamais il ne sentit plus cruellement la fatale révolution qui l'avait privé du trône pour sept années entières. « Hélas! disait-il en lui-même, ce Daniel, qui m'a changé en taureau, et cette sorcière de Pythonisse, qui me garde, font la meilleure chère du monde; et moi, le souverain de l'Asie, je suis réduit à manger du foin et à boire de l'eau. »

On but beaucoup de vin d'Engaddi, de Tadmor et de Shiras. Quand les prophètes et la Pythonisse furent un peu en pointe de vin, on se parla avec plus de confiance qu'aux premiers services. « J'avoue, dit Daniel, que je ne faisais pas si bonne chère quand j'étais dans la fosse aux lions. — Quoi! monsieur, on vous a mis dans la fosse aux lions? dit Mambrès; et comment n'avez-vous pas été mangé? — Monsieur, dit Daniel, vous savez que les lions ne mangent jamais de prophètes. — Pour moi, dit Jérémie, j'ai passé toute ma vie à mourir de faim; je n'ai jamais fait un bon repas qu'aujourd'hui. Si j'avais à renaître, et si je pouvais choisir mon état, j'avoue que j'aimerais cent fois mieux être contrôleur général, ou évêque à Babylone, que prophète à Jérusalem. »

Ézéchiel dit : « Il me fut ordonné une fois de dormir trois cent quatre-vingt-dix jours de suite sur le côté gauche, et de manger pendant tout ce temps-là du pain d'orge, de millet, de vesces, de fèves et de froment, couvert de '.... je n'ose pas dire. Tout ce que je pus obtenir, ce fut de ne le couvrir que de bouse de vache. J'avoue que la cuisine du seigneur Mambrès est plus délicate. Cependant le métier de prophète a du bon, et la preuve en est que mille gens s'en mêlent.

— A propos, dit Mambrès, expliquez-moi ce que vous entendez par votre Oolla et par votre Ooliba, qui faisaient tant de cas des chevaux et des ânes. — Ah! répondit Ézéchiel, ce sont des fleurs de rhétorique. »

Après ces ouvertures de cœur, Mambrès parla d'affaires. Il demanda aux trois pèlerins pourquoi ils étaient venus dans les États du roi de Tanis. Daniel prit la parole; il dit que le royaume de Babylone avait été en combustion depuis que Nabuchodonosor avait disparu; qu'on

1. Ézéchiel, chap. IV.

avait persécuté tous les prophètes, selon l'usage de la cour; qu'ils passaient leur vie tantôt à voir des rois à leurs pieds, tantôt à recevoir cent coups d'étrivières; qu'enfin ils avaient été obligés de se réfugier en Égypte, de peur d'être lapidés. Ézéchiel et Jérémie parlèrent aussi très-longtemps dans un fort beau style, qu'on pouvait à peine comprendre. Pour la pythonisse, elle avait toujours l'œil sur son animal. Le poisson de Jonas se tenait dans le Nil, vis-à-vis de la tente, et le serpent se jouait sur l'herbe.

Après le café, on alla se promener sur le bord du Nil. Alors le taureau blanc, apercevant les trois prophètes ses ennemis, poussa des mugissements épouvantables; il se jeta impétueusement sur eux, il les frappa de ses cornes; et, comme les prophètes n'ont jamais que la peau sur les os, il les aurait percés d'outre en outre, et leur aurait ôté la vie: mais le maître des choses, qui voit tout et qui remédie à tout, les changea sur-le-champ en pies, et ils continuèrent à parler comme auparavant. La même chose arriva depuis aux Piérides, tant la fable a imité l'histoire.

Ce nouvel incident produisait de nouvelles réflexions dans l'esprit du sage Mambrès. « Voilà, disait-il, trois grands prophètes changés en pies; cela doit nous apprendre à ne pas trop parler, et à garder toujours une discrétion convenable. » Il concluait que sagesse vaut mieux qu'éloquence, et pensait profondément, selon sa coutume, lorsqu'un grand et terrible spectacle vint frapper ses regards.

CHAP. VII. — *Le roi de Tanis arrive. Sa fille et le taureau vont être sacrifiés.*

Des tourbillons de poussière s'élevaient du midi au nord. On entendait le bruit des tambours, des trompettes, des fifres et des psaltérions, des cithares, des sambuques; plusieurs escadrons avec plusieurs bataillons s'avançaient, et Amasis, roi de Tanis, était à leur tête sur un cheval caparaçonné d'une housse écarlate brochée d'or; et les hérauts criaient : « Qu'on prenne le taureau blanc, qu'on le lie, qu'on le jette dans le Nil, et qu'on le donne à manger au poisson de Jonas; car le roi mon seigneur, qui est juste, veut se venger du taureau blanc qui a ensorcelé sa fille. »

Le bon vieillard Mambrès fit plus de réflexions que jamais. Il vit bien que le malin corbeau était allé tout dire au roi, et que la princesse courait grand risque d'avoir le cou coupé. Il dit au serpent : « Mon cher ami, allez vite consoler la belle Amaside, ma nourrissonne; dites-lui qu'elle ne craigne rien, quelque chose qui arrive, et faites-lui des contes pour charmer son inquiétude, car les contes amusent toujours les filles, et ce n'est que par des contes qu'on réussit dans le monde. »

Puis il se prosterna devant Amasis, roi de Tanis, et lui dit : « O roi! vivez à jamais. Le taureau blanc doit être sacrifié, car Votre Majesté a toujours raison; mais le maître des choses a dit : « Ce taureau ne doit « être mangé par le poisson de Jonas qu'après que Memphis aura trouvé

« un dieu pour mettre à la place de son dieu qui est mort. » Alors vous serez vengé, et votre fille sera exorcisée, car elle est possédée. Vous avez trop de piété pour ne pas obéir aux ordres du maître des choses.

Amasis, roi de Tanis, resta tout pensif; puis il dit : « Le bœuf Apis est mort; Dieu veuille avoir son âme! Quand croyez-vous qu'on aura trouvé un autre bœuf pour régner sur la féconde Égypte? — Sire, dit Mambrès, je ne vous demande que huit jours. » Le roi, qui était très-dévot, dit : « Je les accorde, et je veux rester ici huit jours; après quoi, je sacrifierai le séducteur de ma fille. » Et il fit venir ses tentes, ses cuisiniers, ses musiciens, et il resta huit jours en ce lieu, comme il est dit dans Manéthon.

La vieille était au désespoir de voir que le taureau qu'elle avait en garde n'avait plus que huit jours à vivre. Elle faisait apparaître toutes les nuits des ombres au roi, pour le détourner de sa cruelle résolution; mais le roi ne se souvenait plus le matin des ombres qu'il avait vues la nuit, de même que Nabuchodonosor avait oublié ses songes.

CHAP. VIII. — *Comment le serpent fit des contes à la princesse pour la consoler.*

Cependant le serpent contait des histoires à la belle Amaside pour calmer ses douleurs. Il lui disait comment il avait guéri autrefois tout un peuple de la morsure de certains petits serpents, en se montrant seulement au bout d'un bâton. Il lui apprenait les conquêtes d'un héros qui fit un si beau contraste avec Amphion, architecte de Thèbes en Béotie. Cet Amphion faisait venir les pierres de taille au son du violon : un rigodon et un menuet lui suffisaient pour bâtir une ville; mais l'autre les détruisait au son du cornet à bouquin; il fit pendre trente et un rois très-puissants dans un canton de quatre lieues de long et de large; il fit pleuvoir de grosses pierres du haut du ciel sur un bataillon d'ennemis fuyant devant lui; et, les ayant ainsi exterminés, il arrêta le soleil et la lune en plein midi, pour les exterminer encore entre Gabaon et Aïalon sur le chemin de Béthoron, à l'exemple de Bacchus, qui avait arrêté le soleil et la lune dans son voyage aux Indes.

La prudence que tout serpent doit avoir ne lui permit pas de parler à la belle Amaside du puissant bâtard Jephté, qui coupa le cou à sa fille, parce qu'il avait gagné une bataille; il aurait jeté trop de terreur dans le cœur de la belle princesse; mais il lui conta les aventures du grand Samson, qui tuait mille Philistins avec une mâchoire d'âne, qui attachait ensemble trois cents renards par la queue, et qui tomba dans les filets d'une fille moins belle, moins tendre et moins fidèle que la charmante Amaside.

Il raconta les amours malheureux de Sichem et de l'agréable Dina, âgée de six ans, et les amours plus fortunés de Booz et de Ruth, ceux de Juda avec sa bru Thamar, ceux de Loth avec ses deux filles, qui ne voulaient pas que le monde finît, ceux d'Abraham et de Jacob avec leurs servantes, ceux de Ruben avec sa mère, ceux de David et de

Bethsabée ; ceux du grand roi Salomon, enfin tout ce qui pouvait dissiper la douleur d'une belle princesse.

CHAP. IX. — *Comment le serpent ne la consola point.*

« Tous ces contes-là m'ennuient, répondit la belle Amaside, qui avait de l'esprit et du goût. Ils ne sont bons que pour être commentés chez les Irlandais par ce fou d'Abbadie, ou chez les Welches par ce phraseur d'Houteville. Les contes qu'on pouvait faire à la quadrisaïeule de la quadrisaïeule de ma grand'mère ne sont plus bons pour moi qui ai été élevée par le sage Mambrès, et qui ai lu l'*Entendement humain* du philosophe égyptien nommé Locke, et la *Matrone d'Éphèse*. Je veux qu'un conte soit fondé sur la vraisemblance, et qu'il ne ressemble pas toujours à un rêve. Je désire qu'il n'y ait rien de trivial ni d'extravagant. Je voudrais surtout que, sous le voile de la fable, il laissât entrevoir aux yeux exercés quelque vérité fine qui échappe au vulgaire. Je suis lasse du soleil et de la lune dont une vieille dispose à son gré, des montagnes qui dansent, des fleuves qui remontent à leur source, et des morts qui ressuscitent ; mais surtout quand ces fadaises sont écrites d'un style ampoulé et inintelligible, cela me dégoûte horriblement. Vous sentez qu'une fille qui craint de voir avaler son amant par un gros poisson, et d'avoir elle-même le cou coupé par son propre père, a besoin d'être amusée ; mais tâchez de m'amuser selon mon goût.

— Vous m'imposez là une tâche bien difficile, répondit le serpent. J'aurais pu autrefois vous faire passer quelques quarts d'heure assez agréables ; mais j'ai perdu depuis quelque temps l'imagination et la mémoire. Hélas ! où est le temps où j'amusais les filles ! Voyons cependant si je pourrai me souvenir de quelque conte moral pour vous plaire.

« Il y a vingt-cinq mille ans que le roi Gnaof et la reine Patra étaient sur le trône de Thèbes aux cent portes. Le roi Gnaof était fort beau, et la reine Patra encore plus belle ; mais ils ne pouvaient avoir d'enfants. Le roi Gnaof proposa un prix pour celui qui enseignerait la meilleure méthode de perpétuer la race royale.

« La faculté de médecine et l'académie de chirurgie firent d'excellents traités sur cette question importante : pas un ne réussit. On envoya la reine aux eaux ; elle fit des neuvaines ; elle donna beaucoup d'argent au temple de Jupiter Ammon, dont vient le sel ammoniac : tout fut inutile. Enfin un jeune prêtre de vingt-cinq ans se présenta au roi, et lui dit : « Sire, je crois savoir faire la conjuration qui opère ce « que Votre Majesté désire avec tant d'ardeur. Il faut que je parle « en secret à l'oreille de Mme votre femme ; et, si elle ne devient « féconde, je consens d'être pendu. — J'accepte votre proposition, » dit le roi Gnaof. On ne laissa la reine et le prêtre qu'un quart d'heure ensemble. La reine devint grosse, et le roi voulut pendre le prêtre.

— Mon Dieu ! dit la princesse, je vois où cela mène : ce conte est trop commun ; je vous dirai même qu'il alarme ma pudeur. Contez-moi quelque fable bien vraie, bien avérée, et bien morale, dont je n'aie jamais entendu parler, pour achever *de me former l'esprit et le cœur*, comme dit le professeur égyptien Linro[1].

— En voici une, madame, dit le beau serpent, qui est des plus authentiques.

« Il y avait trois prophètes, tous trois également ambitieux et dégoûtés de leur état. Leur folie était de vouloir être rois ; car il n'y a qu'un pas du rang de prophète à celui de monarque, et l'homme aspire toujours à monter tous les degrés de l'échelle de la fortune. D'ailleurs leurs goûts, leurs plaisirs, étaient absolument différents. Le premier prêchait admirablement ses frères assemblés, qui lui battaient des mains ; le second était fou de la musique, et le troisième aimait passionnément les filles. L'ange Ithuriel vint se présenter à eux un jour qu'ils étaient à table, et qu'ils s'entretenaient des douceurs de la royauté.

« Le maître des choses, leur dit l'ange, m'envoie vers vous pour ré-
« compenser votre vertu. Non-seulement vous serez rois, mais vous satis-
« ferez continuellement vos passions dominantes. Vous, premier pro-
« phète, je vous fais roi d'Égypte, et vous tiendrez toujours votre conseil,
« qui applaudira à votre éloquence et à votre sagesse ; vous, second pro-
« phète, vous régnerez sur la Perse, et vous entendrez continuellement
« une musique divine ; et vous, troisième prophète, je vous fais roi de
« l'Inde, et je vous donne une maîtresse charmante, qui ne vous quit-
« tera jamais. »

« Celui qui eut l'Égypte en partage commença par assembler son conseil privé, qui n'était composé que de deux cents sages. Il leur fit, selon l'étiquette, un long discours, qui fut très-applaudi, et le monarque goûta la douce satisfaction de s'enivrer de louanges qui n'étaient corrompues par aucune flatterie.

« Le conseil des affaires étrangères succéda au conseil privé. Il fut beaucoup plus nombreux ; et un nouveau discours reçut encore plus d'éloges. Il en fut de même des autres conseils. Il n'y eut pas un moment de relâche aux plaisirs et à la gloire du prophète roi d'Égypte. Le bruit de son éloquence remplit toute la terre.

« Le prophète roi de Perse commença par se faire donner un opéra italien dont les chœurs étaient chantés par quinze cents châtrés. Leurs voix lui remuaient l'âme jusqu'à la moelle des os, où elle réside. A cet opéra en succédait un autre, et à ce second, un troisième, sans interruption.

« Le roi de l'Inde s'enferma avec sa maîtresse, et goûta une volupté parfaite avec elle. Il regardait comme le souverain bonheur la nécessité de la caresser toujours, et il plaignait le triste sort de ses deux confrères, dont l'un était réduit à tenir toujours son conseil, et l'autre à être toujours à l'Opéra.

« Chacun d'eux, au bout de quelques jours, entendit par la fenêtre des bûcherons qui sortaient d'un cabaret pour aller couper du bois dans la forêt voisine, et qui tenaient sous le bras leurs douces amies dont ils pouvaient changer à volonté. Nos rois prièrent Ithuriel de vouloir

---

[1]. Anagramme de Rolin (Rollin). (ÉD.)

bien intercéder pour eux auprès du Maître des choses, et de les faire bûcherons.

— Je ne sais pas, interrompit la tendre Amaside, si le Maître des choses leur accorda leur requête, et je ne m'en soucie guère ; mais je sais bien que je ne demanderais rien à personne, si j'étais enfermée tête à tête avec mon amant, avec mon cher Nabuchodonosor. »

Les voûtes du palais retentirent de ce grand nom. D'abord Amaside n'avait prononcé que Na, ensuite Nabu, puis Nabucho ; mais, à la fin, la passion l'emporta ; elle prononça le nom fatal tout entier, malgré le serment qu'elle avait fait au roi son père. Toutes les dames du palais répétèrent Nabuchodonosor, et le malin corbeau ne manqua pas d'en aller avertir le roi. Le visage d'Amasis, roi de Tanis, fut troublé, parce que son cœur était plein de trouble. Et voilà comment le serpent, qui était le plus prudent et le plus subtil des animaux, faisait toujours du mal aux femmes, en croyant bien faire.

Or Amasis en courroux envoya sur-le-champ chercher sa fille Amaside par douze de ses alguazils, qui sont toujours prêts à exécuter toutes les barbaries que le roi commande, et qui disent pour raison : « Nous sommes payés pour cela. »

CHAP. X. — *Comment on voulut couper le cou à la princesse, et comment on ne le lui coupa point.*

Dès que la princesse fut arrivée toute tremblante au camp du roi son père, il lui dit : « Ma fille, vous savez qu'on fait mourir toutes les princesses qui désobéissent au roi leur père, sans quoi un royaume ne saurait être bien gouverné. Je vous avais défendu de proférer le nom de votre amant Nabuchodonosor, mon ennemi mortel, qui m'avait détrôné, il y a bientôt sept ans, et qui a disparu de la terre. Vous avez choisi à sa place un taureau blanc, et vous avez crié Nabuchodonosor! il est juste que je vous coupe le cou. »

La princesse lui répondit : « Mon père, soit fait selon votre volonté ; mais donnez-moi du temps pour pleurer ma virginité. — Cela est juste, dit le roi Amasis ; c'est une loi établie chez tous les princes éclairés et prudents. Je vous donne toute la journée pour pleurer votre virginité, puisque vous dites que vous l'avez. Demain, qui est le huitième jour de mon campement, je ferai avaler le taureau blanc par le poisson, et je vous couperai le cou à neuf heures du matin. »

La belle Amaside alla donc pleurer le long du Nil, avec ses dames du palais, tout ce qui lui restait de virginité. Le sage Mambrès réfléchissait à côté d'elle, et comptait les heures et les moments. « Eh bien ! mon cher Mambrès, lui dit-elle, vous avez changé les eaux du Nil en sang, selon la coutume, et vous ne pouvez changer le cœur d'Amasis mon père ! Vous souffrirez qu'il me coupe le cou demain à neuf heures du matin ! — Cela dépendra, répondit le réfléchissant Mambrès, de la diligence de mes courriers. »

Le lendemain, dès que les ombres des obélisques et des pyramides marquèrent sur la terre la neuvième heure du jour, on lia le taureau blanc pour le jeter au poisson de Jonas, et on apporta au roi son grand sabre. « Hélas! hélas! disait Nabuchodonosor dans le fond de son cœur, moi, le roi, je suis bœuf depuis près de sept ans, et à peine j'ai retrouvé ma maîtresse, qu'on me fait manger par un poisson. »

Jamais le sage Mambrès n'avait fait des réflexions si profondes. Il était absorbé dans ses tristes pensées, lorsqu'il vit de loin tout ce qu'il attendait. Une foule innombrable approchait. Les trois figures d'Isis, d'Osiris et d'Horus, unies ensemble, avançaient portées sur un brancard d'or et de pierreries par cent sénateurs de Memphis, et précédées de cent filles jouant du sistre sacré. Quatre mille prêtres, la tête rasée et couronnée de fleurs, étaient montés chacun sur un hippopotame. Plus loin paraissaient dans la même pompe la brebis de Thèbes, le chien de Bubaste, le chat de Phœbé, le crocodile d'Arsinoé, le bouc de Mendès, et tous les dieux inférieurs de l'Égypte, qui venaient rendre hommage au grand bœuf, au grand dieu Apis, aussi puissant qu'Isis, Osiris, et Horus réunis ensemble.

Au milieu de tous ces demi-dieux, quarante prêtres portaient une énorme corbeille remplie d'oignons sacrés qui n'étaient pas tout à fait des dieux, mais qui leur ressemblaient beaucoup.

Aux deux côtés de cette file de dieux suivis d'un peuple innombrable marchaient quarante mille guerriers, le casque en tête, le cimeterre sur la cuisse gauche, le carquois sur l'épaule, l'arc à la main.

Tous les prêtres chantaient en chœur, avec une harmonie qui élevait l'âme et qui l'attendrissait :

Notre bœuf est au tombeau,
Nous en aurons un plus beau.

Et, à chaque pause, on entendait résonner les sistres, les castagnettes, les tambours de basques, les psaltérions, les cornemuses, les harpes, et les sambuques.

CHAP. XI. — *Comment la princesse épousa son bœuf.*

Amasis, roi de Tanis, surpris de ce spectacle, ne coupa point le cou à sa fille; il remit son cimeterre dans son fourreau. Mambrès lui dit : « Grand roi! l'ordre des choses est changé; il faut que Votre Majesté donne l'exemple. O roi! déliez vous-même promptement le taureau blanc, et soyez le premier à l'adorer. » Amasis obéit et se prosterna avec tout son peuple. Le grand-prêtre de Memphis présenta au nouveau bœuf Apis la première poignée de foin. La princesse Amaside attachait à ses belles cornes des festons de roses, d'anémones, de renoncules, de tulipes, d'œillets, et d'hyacinthes. Elle prenait la liberté de le baiser, mais avec un profond respect. Les prêtres jonchaient de palmes et de fleurs le chemin par lequel on le conduisait à Memphis; et le sage Mambrès, faisant toujours ses réflexions, disait tout bas à son ami le serpent : « Daniel a changé cet homme en bœuf, et j'ai changé ce bœuf en dieu. »

On s'en retournait à Memphis dans le même ordre. Le roi de Tanis, tout confus, suivait la marche. Mambrès, l'air serein et recueilli, était à son côté. La vieille suivait tout émerveillée; elle était accompagnée du serpent, du chien, de l'ânesse, du corbeau, de la colombe, et du bouc émissaire. Le grand poisson remontait le Nil. Daniel, Ezéchiel et Jérémie, transformés en pies, fermaient la marche.

Quand on fut arrivé aux frontières du royaume, qui n'étaient pas fort loin, le roi Amasis prit congé du bœuf Apis, et dit à sa fille : « Ma fille, retournons dans nos Etats, afin que je vous y coupe le cou, ainsi qu'il a été résolu dans mon cœur royal, parce que vous avez prononcé le nom de Nabuchodonosor, mon ennemi, qui m'avait détrôné il y a sept ans. Lorsqu'un père a juré de couper le cou à sa fille, il faut qu'il accomplisse son serment, sans quoi il est précipité pour jamais dans les enfers, et je ne veux pas me damner pour l'amour de vous. » La belle princesse répondit en ces mots au roi Amasis : « Mon cher père, allez couper le cou à qui vous voudrez ; mais ce ne sera pas à moi. Je suis sur les terres d'Isis, d'Osiris, d'Horus, et d'Apis; je ne quitterai point mon beau taureau blanc; je le baiserai tout le long du chemin, jusqu'à ce que j'aie vu son apothéose dans la grande écurie de la sainte ville de Memphis : c'est une faiblesse pardonnable à une fille bien née. »

A peine eut-elle prononcé ces paroles, que le bœuf Apis s'écria : « Ma chère Amaside, je t'aimerai toute ma vie ! » C'était pour la première fois qu'on avait entendu parler Apis en Egypte depuis quarante mille ans qu'on l'adorait. Le serpent et l'ânesse s'écrièrent : « Les sept années sont accomplies ! » et les trois pies répétèrent : « Les sept années sont accomplies ! » Tous les prêtres d'Egypte levèrent les mains au ciel. On vit tout d'un coup le dieu perdre ses deux jambes de derrière; ses deux jambes de devant se changèrent en deux jambes humaines; deux beaux bras charnus, musculeux, et blancs, sortirent de ses épaules; son mufle de taureau fit place au visage d'un héros charmant ; il redevint le plus bel homme de la terre, et dit : « J'aime mieux être l'amant d'Amaside que dieu. Je suis Nabuchodonosor, roi des rois. »

Cette nouvelle métamorphose étonna tout le monde, hors le réfléchissant Mambrès; mais ce qui ne surprit personne, c'est que Nabuchodonosor épousa sur-le-champ la belle Amaside en présence de cette grande assemblée.

Il conserva le royaume de Tanis à son beau-père, et fit de belles fondations pour l'ânesse, le serpent, le chien, la colombe, et même pour le corbeau, les trois pies et le gros poisson; montrant à tout l'univers qu'il savait pardonner comme triompher. La vieille eut une grosse pension. Le bouc émissaire fut envoyé pour un jour dans le désert, afin que tous les péchés passés fussent expiés; après quoi on lui donna douze chèvres pour sa récompense. Le sage Mambrès retourna dans son palais faire des réflexions. Nabuchodonosor, après l'avoir embrassé, gouverna tranquillement le royaume de Memphis, celui de Babylone, de Damas, de Balbec, de Tyr, la Syrie, l'Asie Mineure, la Scythie, les contrées de Shiras, de Mosok, du Tubal, de Madaï, de Gog, de Magog, de Javan, la Sogdiane, la Bactriane, les Indes, et les îles.

Les peuples de cette vaste monarchie criaient tous les matins : « Vive le grand Nabuchodonosor, roi des rois, qui n'est plus bœuf! » Et depuis ce fut une coutume dans Babylone que toutes les fois que le souverain, ayant été grossièrement trompé par ses satrapes, ou par ses mages, ou par ses trésoriers, ou par ses femmes, reconnaissait enfin ses erreurs, et corrigeait sa mauvaise conduite, tout le peuple criait à sa porte : « Vive notre grand roi, qui n'est plus bœuf! »

ÉLOGE HISTORIQUE DE LA RAISON

PRONONCÉ DANS UNE ACADÉMIE DE PROVINCE PAR M. DE CHAMBON.

(1774.)

Érasme fit, au XVIᵉ siècle, l'éloge de la Folie. Vous m'ordonnez de vous faire l'éloge de la Raison. Cette Raison n'est fêtée en effet tout au plus que deux cents ans après son ennemie, souvent beaucoup plus tard; et il y a des nations chez lesquelles on ne l'a point encore vue.

Elle était si inconnue chez nous du temps de nos druides, qu'elle n'avait pas même de nom dans notre langue. César ne l'apporta ni en Suisse, ni à Autun, ni à Paris, qui n'était alors qu'un hameau de pêcheurs, et lui-même ne la connut guère.

Il avait tant de grandes qualités, que la Raison ne put trouver de place dans la foule. Ce magnanime insensé sortit de notre pays dévasté pour aller dévaster le sien, et pour se faire donner vingt-trois coups de poignard par vingt-trois autres illustres enragés qui ne le valaient pas à beaucoup près.

Le Sicambre Clodvich ou Clovis vint environ cinq cents années après exterminer une partie de notre nation, et subjuguer l'autre. On n'entendit parler de raison ni dans son armée ni dans nos malheureux petits villages, si ce n'est de la raison du plus fort.

Nous croupîmes longtemps dans cette horrible et avilissante barbarie. Les croisades ne nous en tirèrent pas. Ce fut à la fois la folie la plus universelle, la plus atroce, la plus ridicule, et la plus malheureuse. L'abominable folie de la guerre civile et sacrée qui extermina tant de gens de la langue de oc et de la langue de oïl succéda à ces croisades lointaines. La Raison n'avait garde de se trouver là. Alors la Politique régnait à Rome; elle avait pour ministres ses deux sœurs, la Fourberie et l'Avarice. On voyait l'Ignorance, le Fanatisme, la Fureur, courir sous ses ordres dans l'Europe; la Pauvreté les suivait partout; la Raison se cachait dans un puits avec la Vérité sa fille. Personne ne savait où était ce puits; et, si l'on s'en était douté, on y serait descendu pour égorger la fille et la mère.

Après que les Turcs eurent pris Constantinople, et redoublé les malheurs épouvantables de l'Europe, deux ou trois Grecs, en s'enfuyant, tombèrent dans ce puits, ou plutôt dans cette caverne, demi-morts de fatigue, de faim et de peur.

La Raison les reçut avec humanité, leur donna à manger sans distinction de viandes; chose qu'ils n'avaient jamais connue à Constantinople. Ils reçurent d'elle quelques instructions en petit nombre; car la Raison n'est pas prolixe. Elle leur fit jurer qu'ils ne découvriraient pas le lieu de sa retraite. Ils partirent, et arrivèrent, après bien des courses, à la cour de Charles-Quint et de François Iᵉʳ.

On les y reçut comme des jongleurs qui venaient faire des tours de souplesse pour amuser l'oisiveté des courtisans et des dames dans les intervalles de leurs rendez-vous. Les ministres daignèrent les regarder dans les moments de relâche qu'ils pouvaient donner au torrent des affaires. Ils furent même accueillis par l'empereur et par le roi de France, qui jetèrent sur eux un coup d'œil en passant, lorsqu'ils allaient chez leurs maîtresses. Mais ils firent plus de fruit dans de petites villes où ils trouvèrent de bons bourgeois, qui avaient encore, je ne sais comment, quelque lueur de sens commun.

Ces faibles lueurs s'éteignirent dans toute l'Europe parmi les guerres civiles qui la désolèrent. Deux ou trois étincelles de raison ne pouvaient pas éclairer le monde au milieu des torches ardentes et des bûchers que le fanatisme alluma pendant tant d'années. La Raison et sa fille se cachèrent plus que jamais.

Les disciples de leurs premiers apôtres se turent, excepté quelques-uns qui furent assez inconsidérés pour prêcher la raison déraisonnablement et à contre-temps : il leur en coûta la vie comme à Socrate; mais personne n'y fit attention. Rien n'est si désagréable que d'être pendu obscurément. On fut occupé si longtemps des Saint-Barthélemy, des massacres d'Irlande, des échafauds de la Hongrie, des assassinats des rois, qu'on n'avait ni assez de temps ni assez de liberté d'esprit pour penser aux menus crimes et aux calamités secrètes qui inondaient le monde d'un bout à l'autre.

La Raison, informée de ce qui se passait par quelques exilés qui se réfugièrent dans sa retraite, fut touchée de pitié, quoiqu'elle ne passe pas pour être fort tendre. Sa fille, qui est plus hardie qu'elle, l'encouragea à voir le monde, et à tâcher de le guérir. Elles parurent, elles parlèrent; mais elles trouvèrent tant de méchants intéressés à les contredire, tant d'imbéciles aux gages de ces méchants, tant d'indifférents uniquement occupés d'eux-mêmes et du moment présent, qui ne s'embarrassaient ni d'elles ni de leurs ennemies, qu'elles regagnèrent sagement leur asile.

Cependant quelques semences des fruits qu'elles portent toujours avec elles, et qu'elles avaient répandues, germèrent sur la terre, et même sans pourrir.

Enfin il y a quelque temps qu'il leur prit envie d'aller à Rome en pèlerinage, déguisées, et cachant leur nom, de peur de l'inquisition. Dès qu'elles furent arrivées, elles s'adressèrent au cuisinier du pape Ganganelli, Clément XIV. Elles savaient que c'était le cuisinier de Rome le moins occupé. On peut dire même qu'il était, après vos confesseurs, messieurs, l'homme le plus désœuvré de sa profession.

Ce bon homme, après avoir donné aux deux pèlerines un dîner

presque aussi frugal que celui du pape, les introduisit chez Sa Sainteté, qu'elles trouvèrent lisant les *Pensées de Marc-Aurèle*. Le pape reconnut les masques, les embrassa cordialement, malgré l'étiquette. « Mesdames, leur dit-il, si j'avais pu imaginer que vous fussiez sur la terre, je vous aurais fait la première visite. »

Après les compliments, on parla d'affaires. Dès le lendemain, Ganganelli abolit la bulle *In cœna Domini*, l'un des plus grands monuments de la folie humaine, qui avait si longtemps outragé tous les potentats[1]. Le surlendemain il prit la résolution de détruire la compagnie[2] de Garasse, de Guignard, de Garnet, de Busembaum, de Malagrida, de Paulian, de Patouillet, de Nonotte; et l'Europe battit des mains. Le surlendemain il diminua les impôts, dont le peuple se plaignait. Il encouragea l'agriculture et tous les arts; il se fit aimer de tous ceux qui passaient pour les ennemis de sa place. On eût dit alors dans Rome qu'il n'y avait qu'une nation et qu'une loi dans le monde.

Les deux pèlerines, très-étonnées et très-satisfaites, prirent congé du pape, qui leur fit présent non d'agnus et de reliques, mais d'une bonne chaise de poste pour continuer leur voyage. La Raison et la Vérité n'avaient pas été jusque-là dans l'habitude d'avoir leurs aises.

Elles visitèrent toute l'Italie, et furent surprises d'y trouver, au lieu du machiavélisme, une émulation entre les princes et les républiques, depuis Parme jusqu'à Turin, à qui rendrait ses sujets plus gens de bien, plus riches et plus heureux.

« Ma fille, disait la Raison à la Vérité, voici, je crois notre règne qui pourrait bien commencer à advenir après notre longue prison. Il faut que quelques-uns des prophètes qui sont venus nous visiter dans notre puits aient été bien puissants en paroles et en œuvres, pour changer ainsi la face de la terre. Vous voyez que tout vient tard; il fallait passer par les ténèbres de l'ignorance et du mensonge avant de rentrer dans votre palais de lumière, dont vous avez été chassée avec moi pendant tant de siècles. Il nous arrivera ce qui est arrivé à la Nature; elle a été couverte d'un méchant voile, et toute défigurée pendant des siècles innombrables. A la fin il est venu un Galilée, un Copernic, un Newton, qui l'ont montrée presque nue, et qui en ont rendu les hommes amoureux. »

En conversant ainsi, elles arrivèrent à Venise. Ce qu'elles y considérèrent avec le plus d'attention, ce fut un procurateur de Saint-Marc, qui tenait une paire de ciseaux devant une table toute couverte de griffes, de becs et de plumes noires. « Ah! s'écria la Raison, Dieu me par donne, *illustrissimo signore*, je crois que voilà une de mes paires de ciseaux que j'avais apportés dans mon puits, lorsque je m'y réfugiai avec ma fille! Comment Votre Excellence les a-t-elle eus, et qu'en faites vous? — *Illustrissima signora*, lui répondit le procurateur, il se peut

[1] Tous les ans, le jeudi saint, on publiait à Rome la bulle *In cœna Domini*. Clément XIV supprima cette publication. (*Note de M. Beuchot*.)
[2] Le bref de Clément XIV, qui prononce la dissolution de la société des jésuites, est du 21 juillet 1773. Une bulle de Pie VII, du 7 auguste 1814, l'a rétablie. (*Note de M. Beuchot*.)

que les ciseaux aient appartenu autrefois à Votre Excellence ; mais ce fut un nommé Fra Paolo qui nous les apporta il y a longtemps, et nous nous en servons pour couper les griffes de l'inquisition, que vous voyez étalées sur cette table.

« Ces plumes noires appartenaient à des harpies qui venaient manger le dîner de la république ; nous leur rognons tous les jours les ongles et le bout du bec. Sans cette précaution elles auraient fini par tout avaler ; il ne serait rien resté pour les sages grands, ni pour les *pregadi*, ni pour les citadins.

« Si vous passez par la France, vous trouverez peut-être à Paris votre autre paire de ciseaux chez un ministre espagnol[1], qui s'en servait au même usage que nous dans son pays, et qui sera un jour béni du genre humain. »

Les voyageuses, après avoir assisté à l'Opéra vénitien, partirent pour l'Allemagne. Elles virent avec satisfaction ce pays, qui du temps de Charlemagne n'était qu'une forêt immense, entrecoupée de marais, maintenant couvert de villes florissantes et tranquilles ; ce pays peuplé de souverains autrefois barbares et pauvres, devenus tous polis et magnifiques ; ce pays qui n'avait eu dans les temps antiques que des sorcières pour prêtres, immolant alors des hommes sur des pierres grossièrement creusées ; ce pays qui ensuite avait été inondé de son sang, pour savoir au juste si la chose était *in*, *cum*, *sub*, ou non ; ce pays qui enfin recevait dans son sein trois religions ennemies, étonnées de vivre paisiblement ensemble. « Dieu soit béni ! dit la Raison ; ces gens-ci sont venus enfin à moi à force de démence. » On les introduisit chez une impératrice qui était bien plus raisonnable, car elle était bienfaisante. Les pèlerines furent si contentes d'elle, qu'elles ne prirent pas garde à quelques usages qui les choquèrent ; mais elles furent toutes deux amoureuses de l'empereur son fils.

Leur étonnement redoubla quand elles furent en Suède. « Quoi ! disaient-elles, une révolution si difficile et cependant si prompte, si périlleuse et pourtant si paisible ! et depuis ce grand jour pas un seul jour perdu sans faire du bien, et tout cela dans l'âge qui est si rarement celui de la raison ! Que nous avons bien fait de sortir de notre cache quand ce grand événement saisissait d'admiration l'Europe entière ! »

De là elles passèrent vite par la Pologne. « Ah ! ma mère, quel contraste ! s'écria la Vérité. Il me prend envie de regagner mon puits. Voilà ce que c'est que d'avoir écrasé toujours la portion du genre humain la plus utile, et d'avoir traité les cultivateurs plus mal qu'ils ne traitent leurs animaux de labourage. Ce chaos de l'anarchie ne pouvait se débrouiller autrement que par une ruine ; on l'avait assez clairement prédite. Je plains un monarque vertueux, sage et humain[2] ; et j'ose espérer qu'il sera heureux, puisque les autres rois commencent à l'être, et que vos lumières se communiquent de proche en proche.

« Allons voir, continua-t-elle, un changement plus favorable et plus

1. Le comte d'Aranda. (ÉD.)
2. Stanislas Auguste, roi en 1764, et sous le règne duquel eut lieu, en 1795, le partage de la Pologne. (ÉD.)

surprenant. Allons dans cette immense région hyperborée qui était si barbare il y a quatre-vingts ans, et qui est aujourd'hui si éclairée et si invincible. Allons contempler celle¹ qui a achevé le miracle d'une création nouvelle.... » Elles y coururent et avouèrent qu'on ne leur en avait pas assez dit.

Elles ne cessaient d'admirer combien le monde était changé depuis quelques années. Elles en concluaient que peut-être un jour le Chili et les terres Australes seraient le centre de la politesse et du bon goût, qu'il faudrait aller au pôle antarctique pour apprendre à vivre.

Quand elles furent en Angleterre, la Vérité dit à sa mère : « Il me semble que le bonheur de cette nation n'est point fait comme celui des autres; elle a été plus folle, plus fanatique, plus cruelle et plus malheureuse qu'aucune de celles que je connais; et la voilà qui s'est fait un gouvernement unique, dans lequel on a conservé tout ce que la monarchie a d'utile, et tout ce qu'une république a de nécessaire. Elle est supérieure dans la guerre, dans les lois, dans les arts, dans le commerce. Je la vois seulement embarrassée de l'Amérique septentrionale, qu'elle a conquise à un bout de l'univers, et des plus belles provinces de l'Inde, subjuguées à l'autre bout. Comment portera-t-elle ces deux fardeaux de sa félicité? — Le poids est lourd, dit la Raison; mais, pour peu qu'elle m'écoute, elle trouvera des leviers qui le rendront très-léger. »

Enfin la Raison et la Vérité passèrent par la France : elles y avaient déjà fait quelques apparitions, et en avaient été chassées. « Vous souvient-il, disait la Vérité à sa mère, de l'extrême envie que nous eûmes de nous établir chez les Français dans les beaux jours de Louis XIV? mais les querelles impertinentes des jésuites et des jansénistes nous firent enfuir bientôt. Les plaintes continuelles des peuples ne nous rappelèrent pas. J'entends à présent les acclamations de vingt millions d'hommes qui bénissent le ciel. Les uns disent : « Cet événement est « d'autant plus joyeux que nous n'en payons pas la joie. » Les autres crient : « Le luxe n'est que vanité. Les doubles emplois, les dépenses « superflues, les produits excessifs, vont être retranchés; » et ils ont raison. « Tout impôt va être aboli; » et ils ont tort; car il faut que chaque particulier paye pour le bonheur général.

« Les lois vont être uniformes. » Rien n'est plus à désirer; mais rien n'est plus difficile. « On va répartir aux indigents qui travaillent, « et surtout aux pauvres officiers, les biens immenses de certains oisifs « qui ont fait vœu de pauvreté. Ces gens de mainmorte n'auront plus eux-« mêmes des esclaves de mainmorte. On ne verra plus des huissiers de « moines chasser de la maison paternelle des orphelins réduits à la men-« dicité, pour enrichir de leurs dépouilles un couvent jouissant des droits « seigneuriaux, qui sont les droits des anciens conquérants. On ne verra « plus des familles entières demandant vainement l'aumône à la porte de

---

1. L'impératrice Catherine II, avec qui Voltaire était en correspondance. (ÉD.)

« ce couvent qui les dépouille. » Plût à Dieu! rien n'est plus digne d'un
roi. Le roi de Sardaigne a détruit chez lui cet abus abominable. Fasse
le ciel que cet abus soit exterminé en France!

« N'entendez-vous pas, ma mère, toutes ces voix qui disent : « Les
« mariages de cent mille familles utiles à l'État ne seront plus réputées
« concubinages, et les enfants ne seront plus déclarés bâtards par la
« loi. » La nature, la justice et vous, ma mère, tout demande sur ce
grand objet un règlement sage qui soit compatible avec le repos de l'É-
tat et avec les droits de tous les hommes.

« On rendra la profession de soldat si honorable, que l'on ne sera
« plus tenté de déserter. » La chose est possible, mais délicate.

« Les petites fautes ne seront point punies comme de grands crimes,
« puisqu'il faut de la proportion à tout. Une loi barbare[1], obscurément
« énoncée, mal interprétée, ne fera plus périr sous des barres de fer et
« dans les flammes des enfants indiscrets et imprudents, comme s'ils
« avaient assassiné leurs pères et leurs mères. » Ce devrait être le premier axiome de la justice criminelle.

« Les biens d'un père de famille ne seront plus confisqués, parce que
« les enfants ne doivent point mourir de faim pour les fautes de leur
« père, et que le roi n'a nul besoin de cette misérable confiscation. » A
merveille! et cela est digne de la magnanimité du souverain.

« La torture, inventée autrefois par les voleurs de grands chemins
« pour forcer les volés à découvrir leurs trésors, et employée aujourd'hui
« chez un petit nombre de nations pour sauver le coupable robuste, et
« pour perdre l'innocent faible de corps et d'esprit, ne sera plus en
« usage que dans les crimes de lèse-société au premier chef, et seule-
« ment pour avoir révélation des complices. Mais ces crimes ne se com-
« mettront jamais. » On ne peut mieux.

« Voilà les vœux que j'entends faire partout; et j'écrirai tous ces
grands changements dans mes annales, moi qui suis la Vérité.

« J'entends encore proférer autour de moi, dans tous les tribunaux,
ces paroles remarquables : « Nous ne citerons plus jamais les deux
« puissances, parce qu'il ne peut en exister qu'une : celle du roi ou de la
« loi dans une monarchie; celle de la nation dans une république. La
« puissance divine est d'une nature si différente et si supérieure, qu'elle
« ne doit pas être compromise par un mélange profane avec les lois hu-
« maines. L'infini ne peut se joindre au fini. Grégoire VII fut le premier qui
« osa appeler l'infini à son secours dans ses guerres jusqu'alors inouïes
« contre Henri IV, empereur trop fini, j'entends trop borné. Ces guer-
« res ont ensanglanté l'Europe bien longtemps; mais enfin on a séparé
« ces deux êtres vénérables qui n'ont rien de commun; et c'est le seul
« moyen d'être en paix. »

« Ces discours, que tiennent tous les ministres des lois, me paraissent bien forts. Je sais qu'on ne reconnaît deux puissances ni à la
Chine, ni dans l'Inde, ni en Perse, ni à Constantinople, ni à Moscou,

1. L'édit de Louis XIV, de décembre 1666, contre les blasphémateurs, sur
lequel fut basée la condamnation de La Barre. (ÉD.)

ni à Londres, etc. Mais je m'en rapporte à vous, ma mère. Je n'écrirai rien que ce que vous aurez dicté. »

La Raison lui répondit : « Ma fille, vous sentez bien que je désire à peu près les mêmes choses et bien d'autres. Tout cela demande du temps et de la réflexion. J'ai toujours été très-contente, quand, dans mes chagrins, j'ai obtenu une partie des soulagements que je voulais. Je suis aujourd'hui trop heureuse.

« Vous souvenez-vous du temps où presque tous les rois de la terre, étant dans une profonde paix, s'amusaient à jouer aux énigmes, et où la belle reine de Saba venait proposer tête à tête des logogriphes à Salomon? — Oui, ma mère; c'était un bon temps, mais il n'a pas duré. — Eh bien! reprit la mère, celui-ci est infiniment meilleur. On ne songeait alors qu'à montrer un peu d'esprit; et je vois que depuis dix à douze ans on s'est appliqué dans l'Europe aux arts et aux vertus nécessaires, qui adoucissent l'amertume de la vie. Il semble en général qu'on se soit donné le mot pour penser plus solidement qu'on n'avait fait pendant des milliers de siècles. Vous, qui n'avez jamais pu mentir, dites-moi quel temps vous auriez choisi ou préféré au temps où nous sommes pour vous habituer en France.

— J'ai la réputation, répondit la fille, d'aimer à dire des choses assez dures aux gens chez qui je me trouve; et vous savez bien que j'y ai toujours été forcée; mais j'avoue que je n'ai que du bien à dire du temps présent, en dépit de tant d'auteurs qui ne louent que le passé.

« Je dois instruire la postérité que c'est dans cet âge que les hommes ont appris à se garantir d'une maladie affreuse et mortelle, en se la donnant moins funeste; à rendre la vie à ceux qui la perdent dans les eaux [1]; à gouverner et à braver le tonnerre; à suppléer au point fixe qu'on désire en vain d'Occident en Orient. On a fait plus en morale; on a osé demander justice aux lois contre des lois qui avaient condamné la vertu au supplice; et cette justice a été quelquefois obtenue. Enfin on a osé prononcer le mot de « tolérance. »

— Eh bien! ma chère fille, jouissons de ces beaux jours; restons ici, s'ils durent; et, si les orages surviennent, retournons dans notre puits. »

1. C'c. à Philippe-Nicolas Pia, né en 1721, mort en 1799, que l'on doit l'établissement des secours pour les noyés. (*Note de M. Beuchot.*)

HISTOIRE DE JENNI,
OU
L'ATHÉE ET LE SAGE,
PAR M. SHERLOC;
TRADUIT PAR M. DE LA CAILLE.
(1775.)

CHAP. I. — Vous me demandez, monsieur, quelques détails sur notre ami le respectable Freind, et sur son étrange fils. Le loisir dont je jouis enfin après la retraite de milord Peterborough me permet de vous satisfaire. Vous serez aussi étonné que je l'ai été, et vous partagerez tous mes sentiments.

Vous n'avez guère vu ce jeune et malheureux Jenni, ce fils unique de Freind, que son père mena avec lui en Espagne lorsqu'il était chapelain de notre armée, en 1705. Vous partîtes pour Alep avant que milord assiégeât Barcelone; mais vous avez raison de me dire que Jenni était de la figure la plus aimable et la plus engageante, et qu'il annonçait du courage et de l'esprit. Rien n'est plus vrai; on ne pouvait le voir sans l'aimer. Son père l'avait d'abord destiné à l'Église; mais le jeune homme ayant marqué de la répugnance pour cet état, qui demande tant d'art, de ménagement, et de finesse, ce père sage aurait cru faire un crime et une sottise de forcer la nature.

Jenni n'avait pas encore vingt ans. Il voulut absolument servir en volontaire à l'attaque du Mont-Joui, que nous emportâmes, et où le prince de Hesse fut tué. Notre pauvre Jenni, blessé, fut prisonnier et mené dans la ville. Voici un récit très-fidèle de ce qui lui arriva depuis l'attaque du Mont-Joui jusqu'à la prise de Barcelone. Cette relation est d'une Catalane un peu trop libre et trop naïve; de tels écrits ne vont point jusqu'au cœur du sage. Je pris cette relation chez elle lorsque j'entrai dans Barcelone à la suite de milord Peterborough. Vous la lirez sans scandale, comme un portrait fidèle des mœurs du pays.

Aventure d'un jeune Anglais nommé Jenni, écrite de la main de doña Las Nalgas.

Lorsqu'on nous dit que les mêmes sauvages qui étaient venus, par l'air, d'une île inconnue nous prendre Gibraltar, venaient assiéger notre belle ville de Barcelone, nous commençâmes par faire des neuvaines à la sainte Vierge de Manrèze; ce qui est assurément la meilleure manière de se défendre.

Ce peuple, qui venait nous attaquer de si loin, s'appelle d'un nom qu'il est difficile de prononcer, car c'est *English*. Notre révérend père inquisiteur don Jeronimo Bueno Caracucarador prêcha contre ces brigands. Il lança contre eux une excommunication majeure dans Notre-Dame d'Elpino[1]. Il nous assura que les English avaient des queues de singes, des pattes d'ours, et des têtes de perroquets; qu'à la vérité ils parlaient quelquefois comme les hommes, mais qu'ils sifflaient presque toujours; que de plus ils étaient notoirement hérétiques; que la sainte Vierge, qui est très-favorable aux autres pécheurs et pécheresses, ne pardonnait jamais aux hérétiques, et que par conséquent ils seraient tous infailliblement exterminés, surtout s'ils se présentaient devant le Mont-Joui. A peine avait-il fini son sermon que nous apprîmes que le Mont-Joui était pris d'assaut.

Le soir on nous conta qu'à cet assaut nous avions blessé un jeune English, et qu'il était entre nos mains. On cria dans toute la ville : *Vittoria, vittoria*, et on fit des illuminations.

La doña Boca Vermeja, qui avait l'honneur d'être maîtresse du révérend père inquisiteur, eut une extrême envie de voir comment un animal english et hérétique était fait. C'était mon intime amie : j'étais aussi curieuse qu'elle. Mais il fallut attendre qu'il fût guéri de sa blessure; ce qui ne tarda pas.

Nous sûmes bientôt après qu'il devait prendre les bains chez mon cousin germain Elvob, le baigneur, qui est, comme on sait, le meilleur chirurgien de la ville. L'impatience de voir ce monstre redoubla dans mon amie Boca Vermeja. Nous n'eûmes point de cesse, point de repos, nous n'en donnâmes point à mon cousin le baigneur, jusqu'à ce qu'il nous eût cachées dans une petite garde-robe, derrière une jalousie par laquelle on voyait la baignoire. Nous y entrâmes sur la pointe du pied, sans faire aucun bruit, sans parler, sans oser respirer, précisément dans le temps que l'English sortait de l'eau. Son visage n'était pas tourné vers nous; il ôta un petit bonnet sous lequel étaient renoués ses cheveux blonds, qui descendirent en grosses boucles sur la plus belle chute de reins que j'aie vue de ma vie; ses bras, ses cuisses, ses jambes, me parurent d'un charnu, d'un fini, d'une élégance qui approchent, à mon gré, l'Apollon du Belvédère de Rome, dont la copie est chez mon oncle le sculpteur.

Doña Boca Vermeja était extasiée de surprise et d'enchantement. J'étais saisie comme elle; je ne pus m'empêcher de dire : *Oh che hermoso muchacho*![2] Ces paroles, qui m'échappèrent, firent tourner le jeune homme. Ce fut bien pis alors; nous vîmes le visage d'Adonis sur le corps d'un jeune Hercule. Il s'en fallut peu que doña Boca Vermeja ne tombât à la renverse, et moi aussi. Ses yeux s'allumèrent et se couvrirent d'une légère rosée, à travers laquelle on entrevoyait des traits de flamme. Je ne sais ce qui arriva aux miens.

---

1. Titre de la cathédrale de Barcelone. (Éd.)
2. « Oh ! quel beau petit garçon ! » (Éd.)

Quand elle fut revenue à elle : « Saint Jacques, me dit-elle, et sainte Vierge ! est-ce ainsi que sont faits les hérétiques ? Eh ! qu'on nous a trompées ! »

Nous sortîmes le plus tard que nous pûmes. Boca Vermeja fut bientôt éprise du plus violent amour pour le monstre hérétique. Elle est plus belle que moi, je l'avoue ; et j'avoue aussi que je me sentis doublement jalouse. Je lui représentai qu'elle se damnait en trahissant le révérend père inquisiteur don Jeronimo Bueno Caraoucarador pour un English : « Ah ! ma chère Las Nalgas, me dit-elle (car Las Nalgas est mon nom), je trahirais Melchisedech pour ce beau jeune homme. » Elle n'y manqua pas, et, puisqu'il faut tout dire, je donnai secrètement plus de la dîme des offrandes.

Un des familiers de l'inquisition, qui entendait quatre messes par jour pour obtenir de Notre-Dame de Manrèze la destruction des English, fut instruit de nos actes de dévotion. Le R. P. don Caracucarador nous donna le fouet à toutes deux. Il fit saisir notre cher English par vingt-quatre alguazils de la sainte hermandad. Jenni en tua cinq, et fut pris par les dix-neuf qui restaient. On le fit reposer dans un caveau bien frais. Il fut destiné à être brûlé le dimanche suivant en cérémonie, orné d'un grand san-benito et d'un bonnet en pain de sucre, en l'honneur de notre Sauveur et de la vierge Marie sa mère. Don Caraoucarador prépara un beau sermon ; mais il ne put le prononcer, car le dimanche même la ville fut prise à quatre heures du matin.

Ici finit le récit de doña Las Nalgas. C'était une femme qui ne manquait pas d'un certain esprit que les Espagnols appellent *agudexza*.

CHAP. II. — *Suite des aventures du jeune Anglais Jenni et de celles de monsieur son père, docteur en théologie, membre du parlement et de la société royale.*

Vous savez quelle admirable conduite tint le comte de Peterborough dès qu'il fut maître de Barcelone ; comme il empêcha le pillage ; avec quelle sagacité prompte il mit ordre à tout ; comme il arracha la duchesse de Popoli des mains de quelques soldats allemands ivres, qui la volaient et qui la violaient. Mais vous peindrez-vous bien la surprise, la douleur, l'anéantissement, la colère, les larmes, les transports de notre ami Freind, quand il apprit que Jenni était dans les cachots du saint-office, et que son bûcher était préparé ? Vous savez que les têtes les plus froides sont les plus animées dans les grandes occasions. Vou eussiez vu ce père, que vous avez connu si grave et si imperturbable, voler à l'antre de l'inquisition plus vite que nos chevaux de race ne courent à Newmarket. Cinquante soldats, qui le suivaient hors d'haleine, étaient toujours à deux cents pas de lui. Il arrive, il entre dans la caverne. Quel moment ! que de pleurs et que de joie ! vingt victimes destinées à la même cérémonie que Jenni sont délivrées. Tous ces prisonniers s'arment ; tous se joignent à nos soldats ; ils démolissent le saint-office en dix minutes, et déjeunent sur ses ruines avec le vin et les jambons des inquisiteurs.

Au milieu de ce fracas, et des fanfares, et des tambours, et du retentissement de quatre cents canons qui annonçaient notre victoire à la Catalogne, notre ami Freind avait repris la tranquillité que vous lui connaissez. Il était calme comme l'air dans un beau jour après un orage. Il élevait à Dieu un cœur aussi serein que son visage, lorsqu'il vit sortir du soupirail d'une cave un spectre noir en surplis qui se jeta à ses pieds, et qui lui criait miséricorde. « Qui es-tu? lui dit notre ami; viens-tu de l'enfer? — A peu près, répondit l'autre; je suis don Jeronimo Bueno Caracucarador, inquisiteur pour la foi; je vous demande très-humblement pardon d'avoir voulu cuire monsieur votre fils en place publique; je le prenais pour un Juif.
— Eh! quand il serait Juif, répondit notre ami avec son sang-froid ordinaire, vous sied-il bien, M. Caracucarador, de cuire des gens, parce qu'ils sont descendus d'une race qui habitait autrefois un petit canton pierreux tout près du désert de Syrie? Que vous importe qu'un homme ait un prépuce ou qu'il n'en ait pas, et qu'il fasse sa pâque dans la pleine lune rousse, ou le dimanche d'après? « Cet homme est « Juif; donc il faut que je le brûle, et tout son bien m'appartient : » voilà un très-mauvais argument; on ne raisonne point ainsi dans la société royale de Londres.

« Savez-vous bien, monsieur Caracucarador, que Jésus-Christ était Juif, qu'il naquit, véout, et mourut Juif, qu'il fit sa pâque en Juif dans la pleine lune; que tous ses apôtres étaient Juifs; qu'ils allèrent dans le temple juif après son malheur, comme il est dit expressément; que les quinze premiers évêques secrets de Jérusalem étaient Juifs? Mon fils ne l'est pas, il est anglican : quelle idée vous a passé par la tête de le brûler? »

L'inquisiteur Caracucarador, épouvanté de la science de M. Freind, et toujours prosterné à ses pieds, lui dit : « Hélas! nous ne savions rien de tout cela dans l'université de Salamanque. Pardon, encore une fois; mais la véritable raison est que monsieur votre fils m'a pris ma maîtresse Boca Vermeja. — Ah! s'il vous a pris votre maîtresse, repartit Freind, c'est autre chose; il ne faut jamais prendre le bien d'autrui. Il n'y a pourtant pas là une raison suffisante, comme dit Leibnitz, pour brûler un jeune homme : il faut proportionner les peines aux délits. Vous autres chrétiens de delà la mer Britannique, en tirant vers le Sud, vous avez plus tôt fait cuire un de vos frères, soit le conseiller Anne Dubourg, soit Michel Servet, soit tous ceux qui furent ards sous Philippe II, surnommé *le Discret*, que nous ne faisons rôtir un roast beef à Londres. Mais qu'on m'aille chercher Mlle Boca Vermeja, et que je sache d'elle la vérité. »

Boca Vermeja fut amenée pleurante, et embellie par ses larmes, comme c'est l'usage. « Est-il vrai, mademoiselle, que vous aimiez tendrement don Caracucarador, et que mon fils Jenni vous ait prise à force? — A force, monsieur l'Anglais! c'était assurément du meilleur de mon cœur. Je n'ai jamais rien vu de si beau et de si aimable que monsieur votre fils; et je vous trouve bien heureux d'être son père. C'est moi qui lui ai fait toutes les avances; il les mérite bien : je le suivrai jusqu'au bout du monde, si le monde a un bout. J'ai toujours, dans le fond de mon âme, détesté ce vilain inquisiteur; il m'a fouettée presque jusqu'au sang, moi et Mlle Las Nalgas. Si vous voulez me rendre la vie douce, vous ferez pendre ce scélérat de moine à ma fenêtre, tandis que je jurerai à monsieur votre fils un amour éternel : heureuse si je pouvais jamais lui donner un fils qui vous ressemble ! »

En effet, pendant que Boca Vermeja prononçait ces paroles naïves, milord Peterborough envoyait chercher l'inquisiteur Caracucarador pour le faire pendre. Vous ne serez pas surpris quand je vous dirai que M. Freind s'y opposa fortement. « Que votre juste colère, dit-il, respecte votre générosité; il ne faut jamais faire mourir un homme que quand la chose est absolument nécessaire pour le salut du prochain. Les Espagnols diraient que les Anglais sont des barbares qui tuent tous les prêtres qu'ils rencontrent. Cela pourrait faire grand tort à M. l'archiduc, pour lequel vous venez de prendre Barcelone. Je suis assez content que mon fils soit sauvé, et que ce coquin de moine soit hors d'état d'exercer ses fonctions inquisitoriales. » Enfin le sage et charitable Freind en dit tant que milord se contenta de faire fouetter Caracucarador, comme ce misérable avait fouetté miss Boca Vermeja et miss Las Nalgas.

Tant de clémence toucha le cœur des Catalans. Ceux qui avaient été délivrés des cachots de l'inquisition conçurent que notre religion valait infiniment mieux que la leur. Ils demandèrent presque tous à être reçus dans l'Eglise anglicane; et même quelques bacheliers de l'université de Salamanque, qui se trouvaient dans Barcelone, voulurent être éclairés. La plupart le furent bientôt. Il n'y en eut qu'un seul, nommé don Inigo y Medroso y Comodios y Papalamiendo, qui fut un peu rétif.

Voici le précis de la dispute honnête que notre cher ami Freind et le bachelier don Papalamiendo eurent ensemble en présence de milord Peterborough. On appela cette conversation familière le dialogue des *Mais*. Vous verrez aisément pourquoi, en le lisant.

CHAP. III. — *Précis de la controverse des Mais entre M. Freind et don Inigo y Medroso y Comodios y Papalamiendo, bachelier de Salamanque.*

LE BACHELIER. — Mais, monsieur, malgré toutes les belles choses que vous venez de me dire, vous m'avouerez que votre Eglise anglicane, si respectable, n'existait pas avant don Luther et avant don Œcolampade. Vous êtes tout nouveaux, donc vous n'êtes pas de la maison.

FREIND. — C'est comme si on me disait que je ne suis pas le petit-fils de mon grand-père, parce qu'un collatéral, demeurant en Italie, s'était emparé de son testament et de mes titres. Je les ai heureusement retrouvés, et il est clair que je suis le petit-fils de mon grand-père. Nous sommes vous et moi de la même famille, à cela près que nous autres Anglais nous lisons le testament de notre grand-père dans notre propre langue, et qu'il vous est défendu de le lire dans la vôtre. Vous êtes esclaves d'un étranger, et nous ne sommes soumis qu'à notre raison.

LE BACHELIER. — Mais si votre raison vous égare ?..... car enfin vous ne croyez point à notre université de Salamanque, laquelle a déclaré l'infaillibilité du pape, et son droit incontestable sur le passé, le présent, le futur et le paulo-post-futur.

FREIND. — Hélas! les apôtres n'y croyaient pas non plus. Il est écrit que ce Pierre, qui renia son maître Jésus, fut sévèrement tancé par Paul. Je n'examine point ici lequel des deux avait tort; ils l'avaient peut-être tous deux, comme il arrive dans presque toutes les querelles; mais enfin il n'y a pas un seul endroit dans les Actes des apôtres, où Pierre soit regardé comme le maître de ses compagnons et du paulo-post-futur.

LE BACHELIER. — Mais certainement saint Pierre fut archevêque de Rome; car Sanchez nous enseigne que ce grand homme y arriva du temps de Néron, et qu'il y occupa le trône archiépiscopal pendant vingt-cinq ans sous ce même Néron qui n'en régna que treize. De plus il est de foi, et c'est don Grillandus[1], le prototype de l'inquisition, qui l'affirme (car nous ne lisons jamais la *Bible*), il est de foi, dis-je, que saint Pierre était à Rome une certaine année; car il date une de ses lettres de Babylone; car, puisque Babylone est visiblement l'anagramme de Rome, il est clair que le pape est de droit divin le maître de toute la terre; car, de plus, tous les licenciés de Salamanque ont démontré que Simon Vertu-Dieu, premier sorcier, conseiller d'État de l'empereur Néron, envoya faire des compliments par son chien à saint Simon Barjone, autrement dit saint Pierre, dès qu'il fut à Rome; que saint Pierre, n'étant pas moins poli, envoya aussi son chien complimenter Simon Vertu-Dieu; qu'ensuite ils jouèrent à qui ressusciterait le plus tôt un cousin germain de Néron; que Simon Vertu-Dieu ne ressuscita son mort qu'à moitié, et que Simon Barjone gagna la partie en ressuscitant le cousin tout à fait; que Vertu-Dieu voulut avoir sa revanche en volant dans les airs comme saint Dédale, et que saint Pierre lui cassa les deux jambes en le faisant tomber. C'est pourquoi saint Pierre reçut la couronne du martyre, la tête en bas et les jambes en haut?: donc il est démontré *a posteriori* que notre saint-père, le pape doit régner sur tous ceux qui ont des couronnes sur la tête, et qu'il est le maître du passé, du présent et de tous les futurs du monde.

FREIND. — Il est clair que toutes ces choses arrivèrent dans le temps où Hercule, d'un tour de main, sépara les deux montagnes Calpé et Abyla, et passa le détroit de Gibraltar dans son gobelet; mais ce n'est pas sur ces histoires, tout authentiques qu'elles sont, que nous fondons notre religion: c'est sur l'Évangile.

LE BACHELIER. — Mais, monsieur, sur quels endroits de l'Évangile? car j'ai lu une partie de cet Évangile dans nos cahiers de théologie. Est-ce sur l'ange descendu des nues pour annoncer à Marie qu'elle

---

[1] Paul Grillandus, auteur d'un *Tractatus de hæreticis et sortilegiis*. (ÉD.)
[2] Toute cette histoire est racontée par Abdias, Marcel, et Hégésippe. Eusèbe en rapporte une partie.

sera engrossée par le Saint-Esprit? est-ce sur le voyage des trois rois et d'une étoile? sur le massacre de tous les enfants d'un pays? sur la peine que prit le diable d'emporter Dieu dans le désert, au faîte du temple et à la cime d'une montagne, dont on découvrait tous les royaumes de la terre? sur le miracle de l'eau changée en vin à une noce de village? sur le miracle de deux mille cochons que le diable noya dans un lac par ordre de Jésus? sur....

FREIND. — Monsieur, nous respectons toutes ces choses, parce qu'elles sont dans l'Évangile, et nous n'en parlons jamais, parce qu'elles sont trop au-dessus de la faible raison humaine.

LE BACHELIER. — Mais on dit que vous n'appelez jamais la sainte Vierge mère de Dieu?

FREIND. — Nous la révérons, nous la chérissons; mais nous croyons qu'elle se soucie peu des titres qu'on lui donne ici-bas. Elle n'est jamais nommée mère de Dieu dans l'Évangile. Il y eut une grande dispute, en 431, à un concile d'Éphèse, pour savoir si Marie était *théotocos*, et si Jésus-Christ étant Dieu à la fois et fils de Marie, il se pouvait que Marie fût à la fois fille de Dieu le père, et mère de Dieu le fils, qui ne font qu'un Dieu. Nous n'entrons point dans ces querelles d'Éphèse, et la société royale de Londres ne s'en mêle pas.

LE BACHELIER. — Mais, monsieur, vous me donnez là du théotocos! qu'est-ce que théotocos, s'il vous plaît?

FREIND. — Cela signifie mère de Dieu. Quoi! vous êtes bachelier de Salamanque et vous ne savez pas le grec!

LE BACHELIER. — Mais le grec, le grec! de quoi cela peut-il servir à un Espagnol? Mais, monsieur, croyez-vous que Jésus ait une nature, une personne et une volonté? ou deux natures, deux personnes et deux volontés? ou une volonté, une nature et deux personnes? ou deux volontés, deux personnes et une nature? ou....

FREIND. — Ce sont encore les affaires d'Éphèse; cela ne nous importe en rien.

LE BACHELIER. — Mais qu'est-ce donc qui vous importe? Pensez-vous qu'il n'y ait que trois personnes en Dieu, ou qu'il y ait trois dieux en une personne? la seconde personne procède-t-elle de la première personne, et la troisième procède-t-elle des deux autres, ou de la seconde *intrinsecus*, ou de la première seulement? le fils a-t-il tous les attributs du père, excepté la paternité? et cette troisième personne vient-elle par infusion, ou par identification, ou par spiration?

FREIND. — L'Évangile n'agite pas cette question, et jamais saint Paul n'écrit le nom de Trinité.

LE BACHELIER. — Mais vous me parlez toujours de l'Évangile et jamais de saint Bonaventure, ni d'Albert le Grand, ni de Tambourini, ni de Grillandus, ni d'Escobar.

FREIND. — C'est que je ne suis ni dominicain, ni cordelier, ni jésuite; je me contente d'être chrétien.

LE BACHELIER. — Mais si vous êtes chrétien, dites-moi, en conscience, croyez-vous que le reste des hommes soit damné éternellement?

FREIND. — Ce n'est point à moi à mesurer la justice de Dieu et sa miséricorde.

LE BACHELIER. — Mais enfin, si vous êtes chrétien, que croyez-vous donc ?

FREIND. — Je crois, avec Jésus-Christ, qu'il faut aimer Dieu et son prochain, pardonner les injures et réparer ses torts. Croyez-moi, adorez Dieu, soyez juste et bienfaisant ; voilà tout l'homme. Ce sont là les maximes de Jésus. Elles sont si vraies, qu'aucun législateur, aucun philosophe n'a jamais eu d'autres principes avant lui, et qu'il est impossible qu'il y en ait d'autres. Ces vérités n'ont jamais eu et ne peuvent avoir pour adversaires que nos passions.

LE BACHELIER. — Mais.... ah ! ah ! à propos de passions, est-il vrai que vos évêques, vos prêtres et vos diacres, vous êtes tous mariés ?

FREIND. — Cela est très-vrai. Saint-Joseph qui passa pour être père de Jésus était marié. Il eut pour fils Jacques le Mineur, surnommé *Oblia*, frère de Notre-Seigneur ; lequel, après la mort de Jésus, passa sa vie dans le Temple. Saint Paul, le grand saint Paul, était marié.

LE BACHELIER. — Mais Grillandus et Molina disent le contraire.

FREIND. — Molina et Grillandus diront tout ce qu'ils voudront, j'aime mieux croire saint Paul lui-même ; car il dit dans sa première aux Corinthiens[1] : « N'avons-nous pas le droit de boire et de manger à vos dépens ? n'avons-nous pas le droit de mener avec nous nos femmes, notre sœur, comme font les autres apôtres et les frères de Notre-Seigneur et Céphas ? Va-t-on jamais à la guerre à ses dépens ? Quand on a planté une vigne, n'en mange-t-on pas le fruit ? etc. »

LE BACHELIER. — Mais, monsieur, est-il bien vrai que saint Paul ait dit cela ?

FREIND. — Oui, il a dit cela, et il en a dit bien d'autres.

LE BACHELIER. — Mais quoi ! ce prodige, cet exemple de la grâce efficace !....

FREIND. — Il est vrai, monsieur, que sa conversion était un grand prodige. J'avoue que, suivant les Actes des apôtres, il avait été le plus cruel satellite des ennemis de Jésus. Les Actes disent qu'il servit à lapider saint Étienne ; il dit lui-même que, quand les Juifs faisaient mourir un suivant de Jésus, c'était lui qui portait la sentence, *detuli sententiam*[2]. J'avoue qu'Abdias, son disciple, et Jules Africain, son traducteur, l'accusent aussi d'avoir fait mourir Jacques Oblia, frère de Notre-Seigneur ; mais ses fureurs rendent sa conversion plus admirable, et ne l'ont pas empêché de trouver une femme. Il était marié, vous dis-je, comme saint Clément d'Alexandrie le déclare expressément.

LE BACHELIER. — Mais c'était donc un digne homme, un brave homme que saint Paul ! Je suis fâché qu'il ait assassiné saint Jacques et saint Étienne, et fort surpris qu'il ait voyagé au troisième ciel ; mais poursuivez, je vous prie.

1. Chap. IX. — 2. *Actes*, chap. XXVI.
3. Histoire apostolique d'Abdias. Traduction de Jules Africain, liv. VI, p. 595 et suiv.

FREIND. — Saint Pierre, au rapport de Saint Clément d'Alexandrie, eut des enfants, et même on compte parmi eux une sainte Pétronille Eusèbe, dans son histoire de l'Église, dit que saint Nicolas, l'un des premiers disciples, avait une très-belle femme, et que les apôtres lui reprochèrent d'en être trop occupé, et d'en paraître jaloux.... « Messieurs, leur dit-il, la prenne qui voudra; je vous la cède[1]. »

« Dans l'économie juive, qui devait durer éternellement, et à laquelle cependant a succédé l'économie chrétienne, le mariage était non-seulement permis, mais expressément ordonné aux prêtres, puisqu'ils devaient être de la même race; et le célibat était une espèce d'infamie.

« Il faut bien que le célibat ne fût pas regardé comme un état bien pur et bien honorable par les premiers chrétiens, puisque, parmi les hérétiques anathématisés dans les premiers conciles, on trouve principalement ceux qui s'élevaient contre le mariage des prêtres, comme saturniens, basilidiens, montanistes, encratistes, et autres *ens* et *istes*. Voilà pourquoi la femme d'un saint Grégoire de Nazianze accoucha d'un autre saint Grégoire de Nazianze, et qu'elle eut le bonheur inestimable d'être femme et mère d'un canonisé, ce qui n'est pas même arrivé à sainte Monique, mère de saint Augustin.

« Voilà pourquoi je pourrais vous nommer autant et plus d'anciens évêques mariés, que vous n'avez autrefois eu d'évêques et de papes concubinaires, adultères ou pédérastes; ce qu'on ne trouve plus aujourd'hui en aucun pays. Voilà pourquoi l'Église grecque, mère de l'Église latine, veut encore que les curés soient mariés. Voilà enfin pourquoi, moi qui vous parle, je suis marié, et j'ai le plus bel enfant du monde.

« Eh! dites-moi, mon cher bachelier, n'avez-vous pas dans votre Église sept sacrements de compte fait, qui sont tous des signes visibles d'une chose invisible? Or un bachelier de Salamanque jouit des agréments du baptême dès qu'il est né; de la confirmation dès qu'il a des culottes; de la confession dès qu'il a fait quelques fredaines; de la communion, quoique un peu différente de la nôtre, dès qu'il a treize ou quatorze ans; de l'ordre, quand il est tondu sur le haut de la tête, et qu'on lui donne un bénéfice de vingt, ou trente, ou quarante mille piastres de rente; enfin de l'extrême-onction, quand il est malade. Faut-il le priver du sacrement de mariage quand il se porte bien? surtout après que Dieu lui-même a marié Adam et Ève; Adam, le premier des bacheliers du monde, puisqu'il avait la science infuse, selon votre école; Ève, la première bachelière, puisqu'elle étâit de l'arbre de la science avant son mari.

LE BACHELIER. — Mais, s'il est ainsi, je ne dirai plus *mais*. Voilà qui est fait, je suis de votre religion; je me fais anglican. Je veux me marier à une femme honnête qui fera toujours semblant de m'aimer, tant que je serai jeune, qui aura soin de moi dans ma vieillesse, et que j'enterrerai proprement si je lui survis; cela vaut mieux que de

---

[1]. Eusèbe, liv. III, chap. XXX.

cuire des hommes et de déshonorer des filles, comme a fait mon cousin don Carocucarador, inquisiteur pour la foi. »

Tel est le précis fidèle de la conversation qu'eurent ensemble le docteur Freind et le bachelier don Papalamiendo, nommé depuis par nous Papa Dexando. Cet entretien curieux fut rédigé par Jacob Hull, 'un des secrétaires de milord.

Après cet entretien, le bachelier me tira à part et me dit : « Il faut que cet Anglais, que j'avais cru d'abord anthropophage, soit un bien bon homme, car il est théologien, et il ne m'a point dit d'injures. » Je lui ai appris que M. Freind était tolérant, et qu'il descendait de la fille de Guillaume Penn, le premier des tolérants, et le fondateur de Philadelphie. « Tolérant et Philadelphie! s'écria-t-il ; je n'avais jamais entendu parler de ces sectes-là. » Je le mis au fait, il ne pouvait me croire ; il pensait être dans un autre univers, et il avait raison.

CHAP. IV. — *Retour à Londres ; Jenni commence à se corrompre.*

Tandis que notre digne philosophe Freind éclairait ainsi les Barcelonais, et que son fils Jonni enchantait les Barcelonaises, milord Peterborough fut perdu dans l'esprit de la reine Anne, et dans celui de l'archiduc, pour leur avoir donné Barcelone. Les courtisans lui reprochèrent d'avoir pris cette ville contre toutes les règles, avec une armée moins forte de moitié que la garnison. L'archiduc en fut d'abord très-piqué, et l'ami Freind fut obligé d'imprimer l'apologie du général. Cependant cet archiduc, qui était venu conquérir le royaume d'Espagne, n'avait pas de quoi payer son chocolat. Tout ce que la reine Anne lui avait donné était dissipé. Montecuculli dit dans ses mémoires qu'il faut trois choses pour faire la guerre : 1° de l'argent ; 2° de l'argent ; 3° de l'argent. L'archiduc écrivit de Guadalaxara, où il était le 11 auguste 1706, à milord Peterborough, une grande lettre signée *yo el rey*, par laquelle il le conjurait d'aller sur-le-champ à Gênes lui chercher sur son crédit cent mille livres sterling pour régner[1]. Voilà donc notre Sertorius devenu banquier génois de général d'armée. Il confia sa détresse à l'ami Freind : tous deux allèrent à Gênes ; je les suivis, car vous savez que mon cœur me mène. J'admirai l'habileté et l'esprit de conciliation de mon ami dans cette affaire délicate. Je vis qu'un bon esprit peut suffire à tout ; notre grand Locke était médecin ; il fut le seul métaphysicien de l'Europe ; et il rétablit les monnaies d'Angleterre.

Freind, en trois jours, trouva les cent mille livres sterling, que la cour de Charles VI mangea en moins de trois semaines. Après quoi il fallut que le général, accompagné de son théologien, allât se justifier à Londres, en plein parlement, d'avoir conquis la Catalogne contre les règles, et de s'être ruiné pour le service de la cause commune. L'affaire traîna en longueur et en aigreur, comme toutes les affaires de parti.

1. Elle est imprimée dans l'apologie du comte de Peterborough, par le docteur Freind, p. 143, chez Jonas Bourer.

Vous savez que M. Freind avait été député en parlement avant d'être prêtre, et qu'il est le seul à qui l'on ait permis d'exercer ces deux fonctions incompatibles. Or, un jour que Freind méditait un discours qu'il devait prononcer dans la chambre des communes, dont il était un digne membre, on lui annonça une dame espagnole qui demandait à lui parler pour affaire pressante. C'était doña Boca Vermeja elle-même. Elle était tout en pleurs ; notre bon ami lui fit servir à déjeuner. Elle essuya ses larmes, déjeuna et lui parla ainsi :

« Il vous souvient, mon cher monsieur, qu'en allant à Gênes vous ordonnâtes à M. votre fils Jenni de partir de Barcelone pour Londres, et d'aller s'installer dans l'emploi de clerc de l'échiquier, que votre crédit lui a fait obtenir. Il s'embarqua sur *le Triton* avec le jeune bachelier don Papa Dexando, et quelques autres que vous aviez convertis. Vous jugez bien que je fus du voyage avec ma bonne amie Las Nalgas. Vous savez que vous m'avez permis d'aimer monsieur votre fils, et que je l'adore....

— Moi, mademoiselle ! je ne vous ai point permis ce petit commerce, je l'ai toléré : cela est bien différent. Un bon père ne doit être ni le tyran de son fils ni son mercure. La fornication entre deux personnes libres a été peut-être autrefois une espèce de droit naturel dont Jenni peut jouir avec discrétion sans que je m'en mêle ; je ne le gêne pas plus sur ses maîtresses que sur son dîner et sur son souper ; s'il s'agissait d'un adultère, j'avoue que je serais plus difficile, parce que l'adultère est un larcin ; mais pour vous, mademoiselle, qui ne faites tort à personne, je n'ai rien à vous dire.

— Eh bien ! monsieur, c'est d'adultère qu'il s'agit. Le beau Jenni m'abandonne pour une jeune mariée qui n'est pas si belle que moi. Vous sentez bien que c'est une injure atroce. — Il a tort, » dit alors M. Freind. Boca Vermeja, en versant quelques larmes, lui conta comment Jenni avait été jaloux, ou fait semblant d'être jaloux du bachelier ; comment Mme Clive-Hart, jeune mariée très-effrontée, très-emportée, très-masculine, très-méchante, s'était emparée de son esprit ; comment il vivait avec des libertins non craignant Dieu ; comment enfin il méprisait sa fidèle Boca Vermeja pour la coquine de Clive-Hart, parce que la Clive-Hart avait une nuance ou deux de blancheur et d'incarnat au-dessus de la pauvre Boca Vermeja.

« J'examinerai cette affaire-là à loisir, dit le bon Freind ; il faut que j'aille en parlement pour celle de milord Peterborough. » Il alla donc en parlement : je l'entendis prononcer un discours ferme et serré, sans aucun lieu commun, sans épithète, sans ce que nous appelons des phrases ; il n'*évoquait* point un témoignage, une loi ; il les attestait, il les citait, il les réclamait ; il ne disait point qu'on avait *surpris la religion* de la cour en accusant milord Peterborough d'avoir hasardé les troupes de la reine Anne, parce que ce n'était pas une affaire de religion ; il ne prodiguait pas à une conjecture le nom de démonstration ; il ne manquait pas de respect à l'auguste assemblée du parlement par de fades plaisanteries bourgeoises ; il n'appelait pas milord Peterborough *son client*, parce que le mot de client signifie un homme de la bour-

« oisie protégé par un sénateur. Freind parlait avec autant de modestie que de fermeté; on l'écoutait en silence; on ne l'interrompait qu'en disant : *Hear him, hear him*, écoutez-le, écoutez-le. La chambre des communes vota qu'on remercierait le comte de Peterborough, au lieu de le condamner. Milord obtint la même justice de la cour des pairs, et se prépara à repartir avec son cher Freind pour aller donner le royaume d'Espagne à l'archiduc; ce qui n'arriva pourtant pas, par la raison que rien n'arrive dans ce monde précisément comme on le veut.

Au sortir du parlement nous n'eûmes rien de plus pressé que d'aller nous informer de la conduite de Jenni. Nous apprîmes en effet qu'il menait une vie débordée et crapuleuse avec Mme Clive-Hart, et une troupe de jeunes athées, d'ailleurs gens d'esprit, à qui leurs débauches avaient persuadé « que l'homme n'a rien au-dessus de la bête; qu'il naît et meurt comme la bête; qu'ils sont également formés de terre; qu'ils retournent également à la terre; et qu'il n'y a rien de bon et de sage que de se réjouir dans ses œuvres, et de vivre avec celle que l'on aime, comme le conclut Salomon à la fin de son chapitre troisième du *Coheleth*, que nous nommons *Ecclésiaste*. »

Ces idées leur étaient principalement insinuées par un nommé Wirburton[1], méchant garnement très-impudent. J'ai lu quelque chose des manuscrits de ce fou : Dieu nous préserve de les voir imprimés un jour ! Wirburton prétend que Moïse ne croyait pas à l'immortalité de l'âme, et comme en effet Moïse n'en parla jamais, il en conclut que c'est la seule preuve que sa mission était divine. Cette conclusion absurde fait malheureusement conclure que la secte juive était fausse; les impies en concluent, par conséquent, que la nôtre, fondée sur la juive, est fausse aussi, et que cette nôtre, qui est la meilleure de toutes, étant fausse, toutes les autres sont encore plus fausses, qu'ainsi il n'y a point de religion. De là quelques gens viennent à conclure qu'il n'y a point de Dieu ; ajoutez à ces conclusions que ce petit Wirburton est un intrigant et un calomniateur. Voyez quel danger !

Un autre fou nommé Needham, qui est en secret jésuite, va bien plus loin. Cet animal, comme vous le savez d'ailleurs, et comme on vous l'a tant dit, s'imagine qu'il a créé des anguilles avec de la farine de seigle et du jus de mouton; que sur-le-champ ces anguilles en ont produit d'autres sans accouplement. Aussitôt nos philosophes décident qu'on peut faire des hommes avec de la farine de froment et du jus de perdrix, parce qu'ils doivent avoir une origine plus noble que celle des anguilles : ils prétendent que ces hommes en produiront d'autres incontinent; qu'ainsi ce n'est point Dieu qui a fait l'homme, que tout s'est fait de soi-même ; qu'on peut très-bien se passer de Dieu; qu'il n'y a point de Dieu. Jugez quels ravages le *Coheleth* mal entendu, et Wirburton et Needham bien entendus, peuvent faire dans de jeunes cœurs tout pétris de passions, et qui ne raisonnent que d'après elles.

1. Warburton, évêque de Glocester, auteur d'un livre intitulé *la Légation de Moïse* : il en est beaucoup question dans plusieurs ouvrages de M. de Voltaire

Mais, ce qu'il y avait de pis, c'est que Jenni avait des dettes par-dessus les oreilles ; il les payait d'une étrange façon. Un de ses créanciers était venu le jour même lui demander cent guinées pendant que nous étions en parlement. Le beau Jenni, qui jusque-là paraissait très-doux et très-poli, s'était battu avec lui, et lui avait donné pour tout payement un bon coup d'épée. On craignait que le blessé n'en mourût : Jenni allait être mis en prison et risquait d'être pendu, malgré la protection de milord Peterborough.

CHAP. V. — *On veut marier Jenni.*

Il vous souvient, mon cher ami, de la douleur et de l'indignation qu'avait ressenties le vénérable Freind, quand il apprit que son cher Jenni était à Barcelone dans les prisons du saint-office ; croyez qu'il fut saisi d'un violent transport en apprenant le déportement de ce malheureux enfant, ses débauches, ses dissipations, sa manière de payer ses créanciers, et son danger d'être pendu. Mais Freind se contint. C'est une chose étonnante que l'empire de cet excellent homme sur lui-même. Sa raison commande à son cœur, comme un bon maître à un bon domestique. Il fait tout à propos et agit prudemment avec autant de célérité que les imprudents se déterminent. Il n'est pas temps, dit-il, de prêcher Jenni, il faut le tirer du précipice. »

Vous saurez que notre ami avait touché la veille une très-grosse somme de la succession de Georges Hubert son oncle. Il va chercher lui-même notre grand chirurgien Cheselden. Nous le trouvons heureusement, nous allons ensemble chez le créancier blessé. M. Freind fait visiter sa plaie, elle n'était pas mortelle. Il donne au patient les cent guinées pour premier appareil, et cinquante autres en forme de réparation ; il lui demande pardon pour son fils ; il lui exprime sa douleur avec tant de tendresse, avec tant de vérité, que ce pauvre homme, qui était dans son lit, l'embrasse en versant des larmes, et veut lui rendre son argent. Ce spectacle étonnait et attendrissait le jeune M. Cheselden, qui commence à se faire une grande réputation, et dont le cœur est aussi bon que son coup d'œil et sa main sont habiles. J'étais ému, j'étais hors de moi ; je n'avais jamais tant révéré, tant aimé notre ami.

Je lui demandai, en retournant à sa maison, s'il ne ferait pas venir son fils chez lui, s'il ne lui représenterait pas ses fautes. « Non, dit-il, je veux qu'il les sente avant que je lui en parle. Soupons ce soir tous deux ; nous verrons ensemble ce que l'honnêteté m'oblige de faire. Les exemples corrigent bien mieux que les réprimandes. »

J'allai, en attendant le souper, chez Jenni ; je le trouvai, comme je pense que tout homme est après son premier crime, pâle, l'œil égaré, la voix rauque et entrecoupée, l'esprit agité, répondant de travers à tout ce qu'on lui disait. Enfin je lui appris ce que son père venait de faire. Il resta immobile, me regarda fixement, puis se détourna un moment pour verser quelques larmes. J'en augurai bien ; je conçus une

contre qui Warburton a écrit avec ce ton de supériorité que les érudits, qui ne savent que ce qu'ont pensé les autres, ne manquent jamais de prendre avec les hommes de génie. (*Ed. de Kehl.*)

grande espérance que Jenni pourrait être un jour très-honnête homme. J'allais me jeter à son cou, lorsque Mme Clive-Hart entra avec un jeune étourdi de ses amis, nommé Birton.

« Eh bien! dit la dame en riant, est-il vrai que tu as tué un homme aujourd'hui ? C'était apparemment quelque ennuyeux; il est bon de délivrer le monde de ces gens-là. Quand il te prendra envie d'en tuer quelque autre, je te prie de donner la préférence à mon mari; car il m'ennuie furieusement. »

Je regardais cette femme des pieds jusqu'à la tête. Elle était belle; mais elle me parut avoir quelque chose de sinistre dans la physionomie. Jenni n'osait répondre, et baissait les yeux, parce que j'étais là. « Qu'as-tu donc, mon ami ? lui dit Birton; il semble que tu aies fait quelque mal; je viens te remettre ton péché. Tiens, voici un petit livre que je viens d'acheter chez Lintot; il prouve, comme deux et deux font quatre, qu'il n'y a ni Dieu, ni vice, ni vertu : cela est consolant. Buvons ensemble. »

A cet étrange discours je me retirai au plus vite. Je fis sentir discrètement à M. Freind combien son fils avait besoin de sa présence et de ses conseils. « Je le conçois comme vous, dit ce bon père; mais commençons par payer ses dettes. » Toutes furent acquittées dès le lendemain matin. Jenni vint se jeter à ses pieds. Croiriez-vous bien que le père ne lui fit aucun reproche? Il l'abandonna à sa conscience, et lui dit seulement : « Mon fils, souvenez-vous qu'il n'y a point de bonheur sans la vertu. »

Ensuite il maria Boca Vermeja avec le bachelier de Catalogne, pour qui elle avait un penchant secret, malgré les larmes qu'elle avait répandues pour Jenni; car tout cela s'accorde merveilleusement chez les femmes. On dit que c'est dans leurs cœurs que toutes les contradictions se rassemblent. C'est, sans doute, parce qu'elles ont été pétries originairement d'une de nos côtes.

Le généreux Freind paya la dot des deux mariés; il plaça bien tous ses nouveaux convertis, par la protection de milord Peterborough; car ce n'est pas assez d'assurer le salut des gens, il faut les faire vivre.

Ayant dépêché toutes ses bonnes actions avec ce sang-froid actif qui m'étonnait toujours, il conclut qu'il n'y avait d'autre parti à prendre pour remettre son fils dans le chemin des honnêtes gens que de le marier avec une personne bien née qui eût de la beauté, des mœurs, de l'esprit, et même un peu de richesse; que c'était le seul moyen de détacher Jenni de cette détestable Clive-Hart, et des gens perdus qu'il fréquentait.

J'avais entendu parler de Mlle Primerose, jeune héritière, élevée par milady Hervey, sa parente. Je vis miss Primerose, et je jugeai qu'elle était bien capable de remplir toutes les vues de mon ami Freind. Jenni, dans sa vie débordée, avait un profond respect pour son père, et même de la tendresse. Il était touché principalement de ce que son père ne lui faisait aucun reproche de sa conduite passée. Ses dettes payées sans l'en avertir, des conseils sages donnés à propos et sans réprimandes, des mar-

ques d'amitié échappées de temps en temps sans aucune familiarité qui
eût pu les avilir; tout cela pénétrait Jenni, né sensible et avec beaucoup d'esprit. J'avais toutes les raisons de croire que la fureur de ces
désordres céderait aux charmes de Primerose et aux étonnantes vertus
de mon ami.

Milord Peterborough lui-même présenta d'abord le père, et ensuite
Jenni, chez milady Hervey. Je remarquai que l'extrême beauté de Jenni
fit d'abord une impression profonde sur le cœur de Primerose; car je
la vis baisser les yeux, les relever, et rougir. Jenni ne parut que poli,
et Primerose avoua à milady Hervey qu'elle eût bien souhaité que
cette politesse fût de l'amour.

Peu à peu notre beau jeune homme démêla tout le mérite de cette
incomparable fille, quoiqu'il fût subjugué par l'infâme Clive-Hart. Il
était comme cet Indien invité par un ange à cueillir un fruit céleste,
et retenu par les griffes d'un dragon. Ici le souvenir de ce que j'ai vu
me suffoque. Mes pleurs mouillent mon papier. Quand j'aurai repris
mes sens, je reprendrai le fil de mon histoire.

CHAP. VI. — *Aventure épouvantable.*

L'on était prêt à conclure le mariage de la belle Primerose avec le
beau Jenni. Notre ami Freind n'avait jamais goûté une joie plus pure;
je la partageais. Voici comment elle fut changée en un désastre que je
puis à peine comprendre.

La Clive-Hart aimait Jenni en lui faisant continuellement des infidélités. C'est le sort, dit-on, de toutes les femmes qui, en méprisant trop
la pudeur, ont renoncé à la probité. Elle trahissait surtout son cher
Jenni pour son cher Birton et pour un autre débauché de la même
trempe. Ils vivaient ensemble dans la crapule; et, ce qui ne se voit
peut-être que dans notre nation, c'est qu'ils avaient tous de l'esprit et
de la valeur. Malheureusement ils n'avaient jamais plus d'esprit que
contre Dieu. La maison de Mme Clive-Hart était le rendez-vous des
athées. Encore s'ils avaient été des athées gens de bien, comme Épicure et Leontium, comme Lucrèce et Memmius, comme Spinosa,
qu'on dit avoir été un des plus honnêtes hommes de la Hollande;
comme Hobbes, si fidèle à son infortuné monarque Charles Ier....
Mais....!

Quoi qu'il en soit, Clive-Hart, jalouse avec fureur de la tendre et innocente Primerose, sans être fidèle à Jenni, ne put souffrir cet heureux
mariage. Elle médita une vengeance dont je ne crois pas qu'il y ait
d'exemple dans notre ville de Londres, où nos pères cependant ont vu
tant de crimes de tant d'espèces.

Elle sut que Primerose devait passer devant sa porte en revenant de
la Cité, où cette jeune personne était allée faire des emplettes avec sa
femme de chambre. Elle prend ce temps pour faire travailler à un petit
canal souterrain qui conduisait l'eau dans ses offices.

Le carrosse de Primerose fut obligé, en revenant, de s'arrêter vis-à-
vis cet embarras. La Clive-Hart se présente à elle, la prie de descendre,

de se reposer, d'accepter quelques rafraîchissements, en attendant que le chemin soit libre. La belle Primerose tremblait à cette proposition; mais Jenni était dans le vestibule. Un mouvement involontaire, plus fort que la réflexion, la fit descendre. Jenni courait au-devant d'elle, et lui donnait déjà la main. Elle entre; le mari de la Clive-Hart était un ivrogne imbécile, odieux à sa femme autant que soumis, à charge même par ses complaisances. Il présente d'abord, en balbutiant, des rafraîchissements à la demoiselle qui honore sa maison, il en boit après elle. La dame Clive-Hart les emporte sur-le-champ et en fait présenter d'autres. Pendant ce temps la rue est débarrassée. Primerose remonte en carrosse et rentre chez sa mère.

Au bout d'un quart d'heure elle se plaint d'un mal de cœur et d'un étourdissement. On croit que ce petit dérangement n'est que l'effet du mouvement du carrosse : mais le mal augmente de moment en moment; et le lendemain elle était à la mort. Nous courûmes chez elle, M. Freind et moi. Nous trouvâmes cette charmante créature pâle, livide, agitée de convulsions, les lèvres retirées, les yeux tantôt éteints, tantôt étincelants, et toujours fixes. Des taches noires défiguraient sa belle gorge et son beau visage. Sa mère était évanouie à côté de son lit. Le secourable Cheselden prodiguait en vain toutes les ressources de son art. Je ne vous peindrai point le désespoir de Freind : il était inexprimable. Je vole au logis de la Clive-Hart. J'apprends que son mari vient de mourir, et que la femme a déserté la maison. Je cherche Jenni, on ne le trouve pas. Une servante me dit que sa maîtresse s'est jetée aux pieds de Jenni, et l'a conjuré de ne la pas abandonner dans son malheur; qu'elle est partie avec l'ami Jenni et Birton, et qu'on ne sait où elle est allée.

Écrasé de tant de coups si rapides et si multipliés, l'esprit bouleversé par des soupçons horribles que je chassais et qui revenaient, je me traîne dans la maison de la mourante. « Cependant, me disais-je à moi-même, si cette abominable femme s'est jetée aux genoux de Jenni, si elle l'a prié d'avoir pitié d'elle, il n'est donc point complice. Jenni est incapable d'un crime si lâche, si affreux, qu'il n'a eu nul intérêt, nul motif de commettre, qui le priverait d'une femme adorable et de sa fortune, qui le rendrait exécrable au genre humain : faible! il se sera laissé subjuguer par une malheureuse dont il n'aura point connu les noirceurs. Il n'a point vu comme moi Primerose expirante; il n'aurait pas quitté le chevet de son lit pour suivre l'empoisonneuse de sa femme. » Dévoré de ces pensées, j'entre en frissonnant chez elle que je craignais de ne plus trouver en vie : elle respirait; le vieux Clive-Hart avait succombé en un moment, parce que son corps était usé par les débauches; mais la jeune Primerose était soutenue par un tempérament aussi robuste que son âme était pure. Elle m'aperçut, et d'une voix tendre elle me demanda où était Jenni. A ce mot, j'avoue qu'un torrent de larmes coula de mes yeux : je ne pus lui répondre. Je ne pus parler au père. Il fallut la laisser enfin entre les mains fidèles qui la servaient.

Nous allâmes instruire milord de ce désastre. Vous connaissez son cœur : il est aussi tendre pour ses amis que terrible pour ses ennemis. Jamais homme ne fut plus compatissant avec une physionomie plus dure. Il se donna autant de peine pour secourir la mourante, pour découvrir l'asile de Jenni et de sa scélérate, qu'il en avait pris pour donner l'Espagne à l'archiduc. Toutes nos recherches furent inutiles. Je crus que Freind en mourrait. Nous volions tantôt chez Primerose, dont l'agonie était longue, tantôt à Rochester, à Douvres, à Portsmouth ; on envoyait des courriers partout, on était partout, on errait à l'aventure, comme des chiens de chasse qui ont perdu la voie; et cependant la mère infortunée de l'infortunée Primerose voyait d'heure en heure mourir sa fille.

Enfin nous apprenons qu'une femme assez jeune et assez belle, accompagnée de trois jeunes gens et de quelques valets, s'est embarquée à Newport dans le comté de Pembroke, sur un petit vaisseau qui était à la rade, plein de contrebandiers, et que ce bâtiment est parti pour l'Amérique septentrionale.

Freind, à cette nouvelle, poussa un profond soupir; puis tout à coup se recueillant et me serrant la main : « Il faut, dit-il, que j'aille en Amérique. » Je lui répondis en l'admirant et en pleurant : « Je ne vous quitterai pas; mais que pourrez-vous faire? — Ramener mon fils unique, dit-il, à sa patrie et à la vertu, ou m'ensevelir auprès de lui. » Nous ne pouvions douter, en effet, aux indices qu'on nous donna, que ce ne fût Jenni qui s'était embarqué avec cette horrible femme et Birton, et les garnements de son cortège.

Le bon père, ayant pris son parti, dit adieu à milord Peterborough, qui retournait bientôt en Catalogne, et nous allâmes fréter à Bristol un vaisseau pour la rivière de Delaware et pour la baie de Maryland. Freind concluait que ces parages étant au milieu des possessions anglaises, il fallait y diriger sa navigation, soit que son fils fût vers le sud, soit qu'il eût marché vers le septentrion. Il se munit d'argent, de lettres de change et de vivres, laissant à Londres un domestique affidé, chargé de lui donner des nouvelles par les vaisseaux qui allaient toutes les semaines dans le Maryland, ou dans la Pensylvanie.

Nous partîmes; les gens de l'équipage, en voyant la sérénité sur le visage de Freind, croyaient que nous faisions un voyage de plaisir; mais, quand il n'avait que moi témoin, ses soupirs m'expliquaient assez sa douleur profonde. Je m'applaudissais quelquefois en secret de l'honneur de consoler une si belle âme. Un vent d'ouest nous retint longtemps à la hauteur des Sorlingues. Nous fûmes obligés de diriger notre route vers la Nouvelle-Angleterre. Que d'informations nous fîmes sur toute la côte! que de temps et de soins perdus! Enfin, un vent de nord-est s'étant levé, nous tournâmes vers Maryland. C'est là qu'on nous dépeignit Jenni, la Clive-Hart, et leurs compagnons.

Ils avaient séjourné sur la côte pendant plus d'un mois, et avaient étonné toute la colonie par des débauches et des magnificences inconnues jusqu'alors dans cette partie du globe; après quoi ils étaient disparus, et personne ne savait de leurs nouvelles.

Nous avançâmes dans la baie avec le dessein d'aller jusqu'à Baltimore prendre de nouvelles informations.

CHAP. VII. — *Ce qui arriva en Amérique.*

Nous trouvâmes dans la route, sur la droite, une habitation très bien entendue. C'était une maison basse, commode et propre, entre une grange spacieuse et une vaste étable, le tout entouré d'un jardin où croissaient tous les fruits du pays. Cet enclos appartenait à un vieillard qui nous invita à descendre dans sa retraite. Il n'avait pas l'air d'un Anglais, et nous jugeâmes bientôt à son accent qu'il était étranger. Nous ancrâmes; nous descendîmes; ce bonhomme nous reçut avec cordialité, et nous donna le meilleur repas qu'on puisse faire dans le Nouveau Monde.

Nous lui insinuâmes discrètement notre désir de savoir à qui nous avions l'obligation d'être si bien reçus. « Je suis, dit-il, un de ceux que vous appelez sauvages; je naquis sur une des montagnes bleues qui bordent cette contrée et que vous voyez à l'occident. Un gros vilain serpent à sonnette m'avait mordu dans mon enfance sur une de ces montagnes; j'étais abandonné; j'allais mourir. Le père de milord Baltimore d'aujourd'hui me rencontra, me mit entre les mains de son médecin, et je lui dus la vie. Je lui rendis bientôt ce que je lui devais; car je lui sauvai la sienne dans un combat contre une horde voisine. Il me donna pour récompense cette habitation, où je vis heureux. »

M. Freind lui demanda s'il était de la religion du lord Baltimore. « Moi! dit-il, je suis de la mienne : pourquoi voudriez-vous que je fusse de la religion d'un autre homme? » Cette réponse courte et énergique nous fit rentrer un peu en nous-mêmes. « Vous avez donc, lui dis-je, votre dieu et votre loi? — Oui, nous répondit-il avec une assurance qui n'avait rien de la fierté; mon dieu est là, » et il montra le ciel; « ma loi est là dedans, » et il mit la main sur son cœur.

M. Freind fut saisi d'admiration, et, me serrant la main : « Cette pure nature, me dit-il, en sait plus que tous les bacheliers qui ont raisonné avec nous dans Barcelone. »

Il était pressé d'apprendre, s'il se pouvait, quelque nouvelle certaine de son fils Jenni. C'était un poids qui l'oppressait. Il demanda si on n'avait pas entendu parler de cette bande de jeunes gens qui avait fait tant de fracas dans les environs. « Comment! dit le vieillard, si on m'en a parlé! je les ai vus, je les ai reçus chez moi, et ils ont été si contents de ma réception, qu'ils sont partis avec une de mes filles!

Jugez quel fut le frémissement et l'effroi de mon ami à ce discours. Il ne put s'empêcher de s'écrier dans son premier mouvement : « Quoi! votre fille a été enlevée par mon fils! — Bon Anglais, lui repartit le vieillard, ne te fâche point; je suis très-aise que celui qui est parti de chez moi avec ma fille soit ton fils; car il est beau, bien fait, et paraît courageux. Il ne m'a point enlevé ma chère Parouba; car il faut que tu saches que Parouba est son nom, parce que Parouba est le mien. S'il m'avait pris ma Parouba, ce serait un vol; et mes cinq enfants mâles, qui sont à présent à la chasse dans le voisinage, à quarante ou cinquante milles d'ici, n'auraient pas souffert cet affront. C'est un grand péché de voler le bien d'autrui. Ma fille s'en est allée de son plein gré avec ces jeunes gens; elle a voulu voir le pays; c'est une petite satisfaction qu'on ne doit pas refuser à une personne de son âge. Ces voyageurs me la rendront avant qu'il soit un mois, j'en suis sûr; car ils me l'ont promis. » Ces paroles m'auraient fait rire, si la douleur où je voyais mon ami plongé n'avait pas pénétré mon âme, qui en était tout occupée.

Le soir, tandis que nous étions prêts à partir et à profiter du vent, arrive un des fils de Parouba tout essoufflé, la pâleur, l'horreur, et le désespoir sur le visage. « Qu'as-tu donc, mon fils? d'où viens-tu? je te croyais à la chasse; que t'est-il arrivé? es-tu blessé par quelque bête sauvage? — Non, mon père, je ne suis point blessé, mais je me meurs. — Mais d'où viens-tu, encore une fois, mon cher fils? — De quarante milles d'ici sans m'arrêter; mais je suis mort. »

Le père, tout tremblant, le fait reposer. On lui donne des restaurants; nous nous empressons autour de lui, ses petits frères, ses petites sœurs, M. Freind et moi, et nos domestiques. Quand il eut repris ses sens, il se jeta au cou du bon vieillard Parouba. « Ah ! dit-il en sanglotant, ma sœur Parouba est prisonnière de guerre, et probablement va être mangée. »

Le bonhomme Parouba tomba par terre à ces paroles. M. Freind, qui était père aussi, sentit ses entrailles s'émouvoir. Enfin Parouba le fils nous apprit qu'une troupe de jeunes Anglais fort étourdis avaient attaqué par passe-temps des gens de la montagne Bleue. « Ils avaient, dit-il, avec eux une très-belle femme et sa suivante; et je ne sais comment ma sœur se trouvait dans cette compagnie. La belle Anglaise a été tuée et mangée; ma sœur a été prise, et sera mangée tout de même. Je viens ici chercher du secours contre les gens de la montagne Bleue; je veux les tuer, les manger à mon tour, reprendre ma chère sœur, ou mourir. »

Ce fut alors à M. Freind de s'évanouir; mais l'habitude de se commander à lui-même le soutint. « Dieu m'a donné un fils, me dit-il; il reprendra le fils et le père quand le moment d'exécuter ses décrets éternels sera venu. Mon ami, je serais tenté de croire que Dieu agit quelquefois par une providence particulière, soumise à ses lois générales, puisqu'il punit en Amérique des crimes commis en Europe, et que la scélérate Clive-Hart est morte comme elle devait mourir. Peut-être le souverain fabricateur de tant de mondes aura-t-il arrangé les choses de façon que les grands forfaits commis dans un globe sont expiés quelquefois dans ce globe même. Je n'ose le croire, mais je le souhaite; et je le croirais si cette idée n'était pas contre toutes les règles de la bonne métaphysique. »

Après des réflexions si tristes sur de si fatales aventures, fort ordinaires en Amérique, Freind prit son parti incontinent selon sa coutume. « J'ai un bon vaisseau, dit-il, à son hôte, il est bien approvisionné; remontons le golfe avec la marée le plus près que nous pourrons des montagnes Bleues. Mon affaire la plus pressée est à présent de sauver votre fille. Allons vers vos anciens compatriotes; vous leur direz que je viens leur apporter le calumet de la paix, et que je suis le petit-fils de Penn : ce nom seul suffira. »

A ce nom de Penn, si révéré dans toute l'Amérique boréale, le bon Parouba et son fils sentirent les mouvements du plus profond respect et de la plus chère espérance. Nous nous embarquons, nous mettons à la voile, nous abordons en trente-six heures auprès de Baltimore.

A peine étions-nous à la vue de cette petite place, alors presque déserte, que nous découvrimes de loin une troupe nombreuse d'habitants des montagnes Bleues qui descendaient dans la plaine, armés de casse-têtes, de haches, et de ces mousquets que les Européens leur ont si sottement vendus pour avoir des pelleteries. On entendait déjà leurs hurlements effroyables. D'un autre côté s'avançaient quatre cavaliers suivis de quelques hommes de pied. Cette petite troupe nous prit pour des gens de Baltimore qui venaient les combattre. Les cavaliers courent sur nous à bride abattue, le sabre à la main. Nos compagnons se préparaient à les recevoir. M. Freind, ayant regardé fixement les cavaliers, frissonna un moment; mais, reprenant tout à coup son sang-froid ordinaire : « Ne bougez, mes amis, nous dit-il d'une voix attendrie; laissez-moi agir seul. » Il s'avance en effet seul, sans armes, à pas lents, vers la troupe. Nous voyons en un moment le chef abandonner la bride de son cheval, se jeter à terre, et tomber prosterné. Nous poussons un cri d'étonnement; nous approchons; c'était Jenni lui-même qui baignait de larmes les pieds de son père, qu'il embrassait de ses mains tremblantes. Ni l'un ni l'autre ne pouvait parler. Birton et les deux jeunes cavaliers qui l'accompagnaient descendirent de cheval. Mais Birton, conservant son caractère, lui dit : « Pardieu! notre cher Freind, je ne t'attendais pas ici. Toi et moi nous sommes faits pour les aventures; pardieu! je suis bien aise de te voir. »

Freind, sans daigner lui répondre, se tourna vers l'armée des montagnes Bleues qui s'avançait. Il marche à elle avec le seul Parouba, qui lui servait d'interprète. « Compatriotes, leur dit Parouba, voici le descendant de Penn qui vous apporte le calumet de la paix. »

A ces mots, le plus ancien du peuple répondit, en élevant les mains et les yeux au ciel : « Un fils de Penn! que je baise ses pieds et ses mains, et ses parties sacrées de la génération! Qu'il puisse faire une longue race de Penn! que les Penn vivent à jamais! le grand Penn est notre manitou, notre dieu. Ce fut presque le seul des gens d'Europe qui ne nous trompa point, qui ne s'empara point de nos terres par la force. Il acheta le pays que nous lui cédâmes; il le paya libéralement; il entretint chez nous la concorde; il apporta des remèdes pour le peu de maladies que notre commerce avec les gens d'Europe nous communiquait; il nous enseigna des arts que nous ignorions. Jamais nous ne fumâmes contre lui ni contre ses enfants le calumet de la guerre; nous n'avons avec les Penn que le calumet de l'adoration. »

Ayant parlé ainsi au nom de son peuple, il courut en effet baiser les pieds et les mains de M. Freind ; mais il s'abstint de parvenir aux parties sacrées, dès qu'on lui dit que ce n'était pas l'usage en Angleterre, et que chaque pays a ses cérémonies.

Freind fit apporter sur-le-champ une trentaine de jambons, autant de grands pâtés et de poulardes à la daube, deux cents gros flacons de vin de Pontac qu'on tira du vaisseau ; il plaça à côté de lui le commandant des montagnes bleues. Jenni et ses compagnons furent du festin ; mais Jenni aurait voulu être cent pieds sous terre. Son père ne lui disait mot ; et ce silence augmentait encore sa honte.

Birton, à qui tout était égal, montrait une gaieté évaporée. Freind, avant qu'on se mît à manger, dit au bon Parouba : « Il nous manque ici une personne bien chère, c'est votre fille. » Le commandant des montagnes bleues la fit venir sur-le-champ ; on ne lui avait fait aucun outrage ; elle embrassa son père et son frère, comme si elle fût revenue de la promenade.

Je profitai de la liberté du repas pour demander par quelle raison les guerriers des montagnes Bleues avaient tué et mangé Mme Clive-Hart, et n'avaient rien fait à la belle Parouba. « C'est parce que nous sommes justes, répondit le commandant. Cette fière Anglaise était de la troupe qui nous attaqua ; elle tua un des nôtres d'un coup de pistolet par derrière. Nous n'avons rien fait à la Parouba, dès que nous avons su qu'elle était la fille d'un de nos anciens camarades, et qu'elle n'était venue ici que pour s'amuser ; il faut rendre à chacun selon ses œuvres. »

Freind fut touché de cette maxime ; mais il représenta que la coutume de manger des femmes était indigne de si braves gens, et qu'avec tant de vertu on ne devait pas être anthropophage.

Le chef des montagnes nous demanda alors ce que nous faisions de nos ennemis lorsque nous les avions tués. « Nous les enterrons, lui répondis-je. — J'entends, dit-il ; vous les faites manger par les vers. Nous voulons avoir la préférence : nos estomacs sont une sépulture plus honorable. »

Birton prit plaisir à soutenir l'opinion des montagnes Bleues. Il dit que la coutume de mettre son prochain au pot ou à la broche était la plus ancienne et la plus naturelle, puisqu'on l'avait trouvée établie dans les deux hémisphères ; qu'il était, par conséquent, démontré que c'était là une idée innée ; qu'on avait été à la chasse aux hommes avant d'aller à la chasse aux bêtes, par la raison qu'il était bien plus aisé de tuer un homme que de tuer un loup ; que, si les Juifs, dans leurs livres si longtemps ignorés, ont imaginé qu'un nommé Caïn tua un nommé Abel, ce ne put être que pour le manger ; que ces Juifs eux-mêmes avouent nettement s'être nourris plusieurs fois de chair humaine ; que, selon les meilleurs historiens, les Juifs dévorèrent les chairs sanglantes des Romains assassinés par eux en Égypte, en Chypre, en Asie, dans leurs révoltes contre les empereurs Trajan et Adrien.

Nous lui laissâmes débiter ces dures plaisanteries, dont le fond pouvait malheureusement être vrai, mais qui n'avaient rien de l'atticisme grec et de l'urbanité romaine.

Le bon Freind, sans lui répondre, adressa la parole aux gens du pays. Parouba l'interprétait phrase à phrase. Jamais le grave Tillotson ne parla avec tant d'énergie; jamais l'insinuant Smaldrige[1] n'eut des grâces si touchantes. Le grand secret est de démontrer avec éloquence. Il leur démontra donc que ces festins où l'on se nourrit de la chair de ses semblables sont des repas de vautours, et non pas d'hommes; que cette exécrable coutume inspire une férocité destructive du genre humain; que c'était la raison pour laquelle ils ne connaissaient ni les consolations de la société, ni la culture de la terre; enfin ils jurèrent, par leur grand Manitou, qu'ils ne mangeraient plus ni hommes ni femmes.

Freind, dans une seule conversation, fut leur législateur: c'était Orphée qui apprivoisait les tigres. Les jésuites ont beau s'attribuer des miracles dans leurs Lettres curieuses et édifiantes, qui sont rarement l'une et l'autre, ils n'égaleront jamais notre ami Freind.

Après avoir comblé de présents les seigneurs des montagnes Bleues, il ramena dans son vaisseau le bonhomme Parouba vers sa demeure. Le jeune Parouba fut du voyage avec sa sœur; les autres frères avaient poursuivi leur chasse du côté de la Caroline. Jenni, Birton et leurs camarades s'embarquèrent dans le vaisseau; le sage Freind persistait toujours dans sa méthode de ne faire aucun reproche à son fils, quand ce garnement avait fait quelque mauvaise action; il le laissait s'examiner lui-même et dévorer son cœur, comme dit Pythagore. Cependant il reprit trois fois la lettre qu'on lui avait apportée d'Angleterre, et, en la relisant, il regardait son fils, qui baissait toujours les yeux; et on lisait, sur le visage de ce jeune homme, le respect et le repentir.

Pour Birton, il était aussi gai et aussi désinvolte[2] que s'il était revenu de la comédie; c'était un caractère à peu près dans le goût du feu comte de Rochester, extrême dans la débauche, dans la bravoure, dans ses idées, dans ses expressions, dans sa philosophie épicurienne; n'étant attaché à rien, sinon aux choses extraordinaires, dont il se dégoûtait bien vite; ayant cette sorte d'esprit qui tient les vraisemblances pour des démonstrations; plus savant, plus éloquent qu'aucun jeune homme de son âge, mais ne s'étant jamais donné la peine de rien approfondir.

Il échappa à M. Freind, en dînant avec nous dans le vaisseau, de me dire : «En vérité, mon ami, j'espère que Dieu inspirera des mœurs plus honnêtes à ces jeunes gens, et que l'exemple terrible de la Clive-Hart les corrigera. »

Birton, ayant entendu ces paroles, lui dit d'un ton un peu dédaigneux : « J'étais depuis longtemps très-mécontent de cette méchante Clive-Hart, je ne me soucie pas plus d'elle que d'une poularde grasse qu'on aurait mise à la broche; mais, en bonne foi, pensez-vous qu'il

---

1. Prédicateurs anglais. (ÉD.)
2. De l'italien *disinvolto*, dégagé: *disinvoltura*, bonne grâce. (ÉD.)

existe, je ne sais où, un être continuellement occupé à faire punir toutes les méchantes femmes et tous les hommes pervers qui peuplent et dépeuplent les quatre parties de notre petit monde? Oubliez-vous que notre détestable Marie, fille de Henri VIII, fut heureuse jusqu'à sa mort! et cependant elle avait fait périr dans les flammes plus de huit cents citoyens et citoyennes, sur le seul prétexte qu'ils ne croyaient ni à la transsubstantiation, ni au pape. Son père, presque aussi barbare qu'elle, et son mari, plus profondément méchant, vécurent dans les plaisirs. Le pape Alexandre VI, plus criminel qu'eux tous, fut aussi le plus fortuné de tous : tous ses crimes lui réussirent, et il mourut, à soixante et douze ans, puissant, riche, courtisé de tous les rois.... Où est donc le dieu juste et vengeur?.... Non, pardieu! il n'y a point de dieu !...»

M. Freind, d'un air austère, mais tranquille, lui dit : « Monsieur, vous ne voudriez pas, ce me semble, jurer par Dieu même, que ce Dieu n'existe pas. Songez que Newton et Locke n'ont prononcé jamais ce nom sacré sans un air de recueillement et d'adoration secrète qui a été remarqué de tout le monde.

— Pox! repartit Birton, je me soucie bien de la mine que deux hommes ont faite!... Quelle mine avait donc Newton, quand il commentait l'Apocalypse? et quelle grimace faisait Locke, lorsqu'il racontait la longue conversation d'un perroquet avec le prince Maurice? » Alors Freind prononça ces belles paroles d'or, qui se gravèrent dans mon cœur : « Oublions les rêves des grands hommes, et souvenons-nous des vérités qu'ils nous ont enseignées. » Cette réponse engagea une dispute réglée, plus intéressante que la conversation avec le bachelier de Salamanque ; je me mis dans un coin, j'écrivis en notes tout ce qui fut dit: on se rangea autour des deux combattants; le bonhomme Parouba, son fils, et surtout sa fille, les compagnons des débauches de Jenni écoutaient, le cou tendu, les yeux fixés; et Jenni, la tête baissée, les deux coudes sur ses genoux, les mains sur ses yeux, semblait plongé dans la plus profonde méditation.

Voici, mot à mot, la dispute :

CHAP. VIII. — *Dialogue de Freind et de Birton sur l'athéisme.*

FREIND. — Je ne vous répéterai pas, monsieur, les arguments métaphysiques de notre célèbre Clarke. Je vous exhorte seulement à les relire : ils sont plus faits pour vous éclairer que pour vous toucher; je ne veux vous apporter que des raisons qui, peut-être, parleront plus à votre cœur.

BIRTON. — Vous me ferez plaisir; je veux qu'on m'amuse et qu'on m'intéresse; je hais les sophismes ; les disputes métaphysiques ressemblent à des ballons remplis de vent que les combattants se renvoient : les vessies crèvent, l'air en sort, il ne reste rien.

FREIND. — Peut-être, dans les profondeurs du respectable arien Clarke, y a-t-il quelques obscurités, quelques vessies; peut-être s'est-il trompé sur la réalité de l'infini actuel et de l'espace, etc. ; peut-être, en se faisint commentateur de Dieu, n'a-t-il imité quelquefois les commentateurs d'Homère, qui lui supposent des idées auxquelles Homère ne pensa jamais. »

A ces mots d'infini, d'espace, d'Homère, de commentateurs, le bonhomme Parouba et sa fille, et quelques Anglais même, voulurent aller prendre l'air sur le tillac; mais Freind ayant promis d'être intelligible, ils demeurèrent; et moi, j'expliquais tout bas à Parouba quelques mots un peu scientifiques, que des gens nés sur les montagnes Bleues ne pouvaient entendre aussi commodément que des docteurs d'Oxford et de Cambridge.

L'ami Freind continua donc ainsi : « Il serait triste que, pour être sûr de l'existence de Dieu, il fût nécessaire d'être un profond métaphysicien : il n'y aurait tout au plus en Angleterre qu'une centaine d'esprits bien versés ou renversés dans cette science ardus du pour et du contre qui fussent capables de sonder cet abîme; et le reste de la terre entière croupirait dans une ignorance invincible, abandonné en proie à ses passions brutales, gouverné par le seul instinct, et ne raisonnant passablement que sur les grossières notions de ses intérêts charnels. Pour savoir s'il est un dieu, je ne vous demande qu'une chose; c'est d'ouvrir les yeux.

BIRTON. — Ah! je vous vois venir; vous recourez à ce vieil argument tant rebattu que le soleil tourne sur son axe en vingt-cinq jours et demi, en dépit de l'absurde inquisition de Rome; que la lumière nous arrive réfléchie de Saturne en quatorze minutes, malgré les suppositions absurdes de Descartes; que chaque étoile fixe est un soleil comme le nôtre, environné de planètes; que tous les astres innombrables, placés dans les profondeurs de l'espace, obéissent aux lois mathématiques découvertes et démontrées par le grand Newton; qu'un catéchiste annonce Dieu aux enfants, et que Newton le prouve aux sages, comme le dit un philosophe *frenchman*[1], persécuté dans son drôle de pays pour l'avoir dit.

« Ne vous tourmentez pas à m'étaler cet ordre constant qui règne dans toutes les parties de l'univers; il faut bien que tout ce qui existe soit dans un ordre quelconque; il faut bien que la matière plus rare s'élève sur la plus massive, que le plus fort en tout sens presse le plus faible, que ce qui est poussé avec plus de mouvement coure plus vite; tout s'arrange ainsi de soi-même. Vous auriez beau, après avoir bu une pinte de vin comme Esdras, me parler comme lui neuf cent soixante heures de suite sans fermer la bouche, je ne vous en croirais pas davantage. Voudriez-vous que j'adoptasse un Être éternel, infini et immuable, qui s'est plu, dans je ne sais quel temps, à créer de rien des choses qui changent à tout moment, et à faire des araignées pour éventrer des mouches? Voudriez-vous que je disse, avec ce bavard impertinent de Nieuwentyt, que « Dieu nous a donné des oreilles pour avoir « la foi, parce que la foi vient par ouï-dire? » Non, non, je ne croirai point à des charlatans qui ont vendu cher leurs drogues à des imbé-

1. M. de Voltaire. C'est un anachronisme. (*Ed. de Kehl.*)

ciles; je m'en tiens au petit livre d'un *Frenchman*, qui dit que rien n'existe et ne peut exister, sinon la nature; que la nature fait tout, que la nature est tout, qu'il est impossible et contradictoire qu'il existe quelque chose au delà du tout; en un mot, je ne crois qu'à la nature[1].

FREIND. — Et si je vous disais qu'il n'y a point de nature, et que dans nous, autour de nous, et à cent mille millions de lieues, tout est art sans aucune exception.

BIRTON. — Comment! tout est art! en voici bien d'une autre!

FREIND. — Presque personne n'y prend garde; cependant rien n'est plus vrai. Je vous dirai toujours : Servez-vous de vos yeux, et vous reconnaîtrez, vous adorerez un dieu. Songez comment ces globes immenses, que vous voyez rouler dans leur immense carrière, observent les lois d'une profonde mathématique; il y a donc un grand Mathématicien que Platon appelait l'éternel Géomètre. Vous admirez ces machines d'une nouvelle invention, qu'on appelle *oreri*, parce que milord Orery les a mises à la mode en protégeant l'ouvrier par ses libéralités; c'est une très-faible copie de notre monde planétaire et de ses révolutions. La période même du changement des solstices et des équinoxes, qui nous amène de jour en jour une nouvelle étoile polaire, cette période, cette course si lente d'environ vingt-six mille ans, n'a pu être exécutée par des mains humaines dans nos oreri. Cette machine est très-imparfaite; il faut la faire tourner avec une manivelle; cependant c'est un chef-d'œuvre de l'habileté de nos artisans. Jugez donc quelle est la puissance, quel est le génie de l'éternel Architecte, si l'on peut se servir de ces termes impropres si mal assortis à l'Être suprême. »

Je donnai une légère idée d'un oreri à Parouba. Il dit : « S'il y a du génie dans cette copie, il faut bien qu'il y en ait dans l'original : je voudrais voir un oreri; mais le ciel est plus beau. » Tous les assistants, Anglais et Américains, entendant ces mots, furent également frappés de la vérité, et levèrent les mains au ciel. Birton demeura tout pensif, puis il s'écria : « Quoi! tout serait art, et la nature ne serait que l'ouvrage d'un suprême Artisan! serait-il possible? » Le sage Freind continua ainsi :

« Portez à présent vos yeux sur vous-même; examinez avec quel art étonnant, et jamais assez connu, tout y est construit en dedans et en dehors pour tous vos désirs; je ne prétends pas faire ici une leçon d'anatomie; vous savez assez qu'il n'y a pas un viscère qui ne soit nécessaire, et qui ne soit secouru dans ses dangers par le jeu continuel des viscères voisins. Les secours dans le corps sont si artificieusement préparés de tous côtés, qu'il n'y a pas une seule veine qui n'ait ses valvules, ses écluses, pour ouvrir au sang des passages. Depuis la racine des cheveux jusqu'aux orteils des pieds, tout est art, tout est préparation, moyen et fin. Et, en vérité, on ne peut que se sentir de l'indignation contre ceux qui osent nier les véritables causes finales,

1. Il s'agit du *Système de la nature*, fort postérieur au siége de Barcelone et aux aventures de Jenni. (*Éd. de Kehl.*)

et qui ont assez de mauvaise foi ou de fureur pour dire que la bouche n'est pas faite pour parler et pour manger; que ni les yeux ne sont merveilleusement disposés pour voir, ni les oreilles pour entendre, ni les parties de la génération pour engendrer[1] : cette audace est si folle, que j'ai peine à la comprendre.

« Avouons que chaque animal rend témoignage au suprême Fabricateur.

« La plus petite herbe suffit pour confondre l'intelligence humaine, et cela est si vrai, qu'il est impossible aux efforts de tous les hommes réunis de produire un brin de paille, si le germe n'est pas dans la terre; et il ne faut pas dire que les germes pourrissent pour produire; car ces bêtises ne se disent plus.

L'assemblée sentit la vérité de ces preuves plus vivement que tout le reste, parce qu'elles étaient plus palpables. Birton disait entre ses dents : « Faudra-t-il se soumettre à reconnaître un Dieu ? Nous verrons cela, pardieu ! c'est une affaire à examiner. » Jenni rêvait toujours profondément, et était touché, et notre Freind acheva sa phrase :

« Non, mes amis, nous ne faisions rien ; nous ne pouvons rien faire : il nous est donné d'arranger, d'unir, de désunir, de nombrer, de peser, de mesurer; mais faire ! quel mot ! il n'y a que l'Être nécessaire, l'Être existant éternellement par lui-même, qui fasse; voilà pourquoi les charlatans qui travaillent à la pierre philosophale sont de si grands imbéciles, ou de si grands fripons. Ils se vantent de créer de l'or, et ils ne pourraient pas créer de la crotte.

« Avouons donc, mes amis, qu'il est un Être suprême, nécessaire, incompréhensible, qui nous a faits.

BIRTON. — Et où est-il, cet Être ? s'il y en a un, pourquoi se cache-t-il ? Quelqu'un l'a-t-il jamais vu ? doit-on se cacher quand on a fait du bien ?

FREIND. — Avez-vous jamais vu Christophe Wren, qui a bâti Saint-Paul de Londres ? Cependant il est démontré que cet édifice est l'ouvrage d'un architecte très-habile.

BIRTON. — Tout le monde conçoit aisément que Wren a bâti avec beaucoup d'argent ce vaste édifice, où Burgess nous endort quand il prêche. Nous savons bien pourquoi et comment nos pères ont élevé ce bâtiment; mais pourquoi et comment un dieu aurait-il créé de rien cet univers ? Vous savez l'ancienne maxime de toute l'antiquité : *Rien ne peut rien créer, rien ne retourne à rien.* C'est une vérité dont personne n'a jamais douté. Votre *Bible* même dit expressément que votre dieu fit le ciel et la terre, quoique le ciel, c'est-à-dire l'assemblage de tous les astres, soit beaucoup plus supérieur à la terre que cette terre ne l'est au plus petit des grains de sable; mais votre *Bible* n'a jamais dit que Dieu fit le ciel et la terre avec rien du tout : elle ne prétend point que le Seigneur ait fait la femme de rien. Il la pétrit fort singulièrement d'une côte qu'il arracha à son mari. Le chaos existait, selon

---

1. C'est ce que disent, saint Paul dans son *Épître aux Corinthiens*, xv, 36, et saint Jean, xii, 24. (*Note de M. Beuchot.*)

la Bible même, avant la terre : donc la matière était aussi éternelle que votre Dieu. »

Il s'éleva alors un petit murmure dans l'assemblée; on disait : « Birton pourrait bien avoir raison; » mais Freind répondit :

« Je vous ai, je pense, prouvé qu'il existe une intelligence suprême, une puissance éternelle à qui nous devons une vie passagère : je ne vous ai point promis de vous expliquer le pourquoi et le comment. Dieu m'a donné assez de raison pour comprendre qu'il existe; mais non assez pour savoir au juste si la matière lui a été éternellement soumise, ou s'il l'a fait naître dans le temps. Que vous importe l'éternité ou la création de la matière, pourvu que vous reconnaissiez un dieu, un maître de la matière et de vous? Vous me demandez où Dieu est; je n'en sais rien; et je ne le dois pas savoir. Je sais qu'il est; je sais qu'il est notre maître, qu'il fait tout, que nous devons tout attendre de sa bonté. »

BIRTON. — De sa bonté! Vous vous moquez de moi. Vous m'avez dit : « Servez-vous de vos yeux; » et moi je vous dis : « Servez-vous des vôtres. Jetez seulement un coup d'œil sur la terre entière, et jugez si votre Dieu serait bon. »

M. Freind sentit bien que c'était là le fort de la dispute, et que Birton lui préparait un rude assaut; il s'aperçut que les auditeurs, et surtout les Américains, avaient besoin de prendre haleine pour écouter, et lui pour parler. Il se recommanda à Dieu : on alla se promener sur le tillac; on prit ensuite du thé dans le yacht, et la dispute réglé recommença.

CHAP. IX. — *Sur l'athéisme.*

BIRTON. — Pardieu! monsieur, vous n'aurez pas si beau jeu sur l'article de la bonté que vous l'avez eu sur la puissance et sur l'industrie; je vous parlerai d'abord des énormes défauts de ce globe, qui sont précisément l'opposé de cette industrie tant vantée; ensuite je mettrai sous vos yeux les crimes et les malheurs perpétuels des habitants, et vous jugerez de l'affection paternelle que, selon vous, le maître a pour eux.

« Je commence par vous dire que les gens de Glocestershire, mon pays, quand ils ont fait naître des chevaux dans leurs haras, les élèvent dans de beaux pâturages, leur donnent ensuite une bonne écurie, et de l'avoine et de la paille à foison; mais, s'il vous plaît, quelle nourriture et quel abri avaient tous ces pauvres Américains du Nord, quand nous les avons découverts après tant de siècles? Il fallait qu'ils courussent trente et quarante milles pour avoir de quoi manger. Toute la côte boréale de notre ancien monde languit à peu près sous la même nécessité; et depuis la Laponie suédoise jusqu'aux mers septentrionales du Japon, cent peuples traînent leur vie, aussi courte qu'insupportable, dans une disette affreuse, au milieu de leurs neiges éternelles.

« Les plus beaux climats sont exposés sans cesse à des fléaux destructeurs. Nous y marchons sur des précipices enflammés, recouverts de terrains fertiles qui sont des pièges de mort. Il n'y a point d'autres enfers, sans doute, et ces enfers se sont ouverts mille fois sous nos pas.

« On nous parle d'un déluge universel, physiquement impossible, et dont tous les gens sensés rient; mais du moins on nous console en nous disant qu'il n'a duré que dix mois : il devait éteindre ces feux qui depuis ont détruit tant de villes florissantes. Votre saint Augustin nous apprend qu'il y eut cent villes entières d'embrasées et d'abîmées en Libye par un seul tremblement de terre ; ces volcans ont bouleversé toute la belle Italie. Pour comble de maux, les tristes habitants de la zone glaciale ne sont pas toujours exempts de ces gouffres souterrains; les Islandais, toujours menacés, voient la faim devant eux, cent pieds de glace, et cent pieds de flamme à droite et à gauche sur leur mont Hécla; car tous les grands volcans sont placés sur ces montagnes hideuses.

« On a beau nous dire que ces montagnes de deux mille toises de hauteur ne sont rien par rapport à la terre, qui a trois mille lieues de diamètre; que c'est un grain de la peau d'une orange sur la rondeur de ce fruit, que ce n'est pas un pied sur trois mille. Hélas ! qui sommes-nous donc, si les hautes montagnes ne font sur la terre que la figure d'un pied sur trois mille pieds, et de quatre pouces sur mille pieds? Nous sommes donc des animaux absolument imperceptibles; et cependant nous sommes écrasés par tout ce qui nous environne, quoique notre infinie petitesse, si voisine du néant, semblât devoir nous mettre à l'abri de tous les accidents. Après cette innombrable quantité de villes détruites, rebâties, et détruites encore comme des fourmilières, que dirons-nous de ces mers de sable qui traversent le milieu de l'Afrique, et dont les lames brûlantes, amoncelées par les vents, ont englouti des armées entières? A quoi servent ces vastes déserts à côté de la belle Syrie? déserts si affreux, si inhabitables, que ces animaux féroces appelés *Juifs* se crurent dans le paradis terrestre, quand ils passèrent de ces lieux d'horreur dans un coin de terre dont on pouvait cultiver quelques arpents.

« Ce n'est pas encore assez que l'homme, cette noble créature, ait été si mal logé, si mal vêtu, si mal nourri pendant tant de siècles, il naît entre de l'urine et de la matière fécale pour respirer deux jours; et pendant ces deux jours, composés d'espérances trompeuses et de chagrins réels, son corps, formé avec un art inutile, est en proie à tous les maux qui résultent de cet art même ; il vit entre la peste et la vérole; la source de son être est empoisonnée; il n'y a personne qui puisse mettre dans sa mémoire la liste de toutes les maladies qui nous poursuivent; et le médecin des urines en Suisse prétend les guérir toutes! »

Pendant que Birton parlait ainsi, la compagnie était tout attentive et tout émue; le bonhomme Parouba disait : « Voyons comme notre docteur se tirera de là; » Jenni même laissa échapper ces paroles à voix basse : « Ma foi, il a raison; j'étais bien sot de m'être laissé toucher des discours de mon père. » M. Freind laissa passer cette première bordée, qui frappait toutes les imaginations, puis il dit :

« Un jeune théologien répondrait par des sophismes à ce torrent de tristes vérités, et vous citerait saint Basile et saint Cyrille, qui n'ont que faire ici ; pour moi, messieurs, je vous avouerai sans détour qu'il y a beaucoup de mal physique sur la terre ; je n'en diminue pas l'existence ; mais M. Birton l'a trop exagérée. Je m'en rapporte à vous, mon cher Parouba ; votre climat est fait pour vous, et il n'est pas si mauvais, puisque ni vous ni vos compatriotes n'avez jamais voulu le quitter. Les Esquimaux, les Islandais, les Lapons, les Ostiaks, les Samoïèdes, n'ont jamais voulu sortir du leur. Les rangifères, ou rennes, que Dieu leur a donnés pour les nourrir, les vêtir, et les traîner, meurent quand on les transporte dans une autre zone. Les Lapons mêmes aussi meurent dans les climats un peu méridionaux ; le climat de la Sibérie est trop chaud pour eux ; ils se trouveraient brûlés dans le parage où nous sommes.

« Il est clair que Dieu a fait chaque espèce d'animaux et de végétaux pour la place dans laquelle ils se perpétuent. Les nègres, cette espèce d'hommes si différente de la nôtre, sont tellement nés pour leur patrie, que des milliers de ces animaux noirs se sont donné la mort, quand notre barbare avarice les a transportés ailleurs. Le chameau et l'autruche vivent commodément dans les sables de l'Afrique ; le taureau et ses compagnes bondissent dans les pays gras où l'herbe se renouvelle continuellement pour leur nourriture ; la cannelle et le girofle ne croissent qu'aux Indes ; le froment n'est bon que dans le peu de pays où Dieu le fait croître. On a d'autres nourritures dans toute votre Amérique, depuis la Californie jusqu'au détroit de Lemaire ; nous ne pouvons cultiver la vigne dans notre fertile Angleterre, non plus qu'en Suède et en Canada. Voilà pourquoi ceux qui fondent dans quelques pays l'essence de leurs rites religieux sur du pain et du vin n'ont consulté que leur climat ; ils font très-bien eux de remercier Dieu de l'aliment et de la boisson qu'ils tiennent de sa bonté ; et vous ferez très-bien, vous Américains, de lui rendre grâce de votre maïs, de votre manioc et de votre cassave. Dieu, dans toute la terre, a proportionné les organes et les facultés des animaux, depuis l'homme jusqu'au limaçon, au lieu où il leur a donné la vie : n'accusons donc pas toujours la Providence, quand nous lui devons souvent des actions de grâces.

« Venons aux fléaux, aux inondations, aux volcans, aux tremblements de terre. Si vous ne considérez que ces calamités, si vous ne ramassez qu'un assemblage affreux de tous les accidents qui ont attaqué quelques roues de la machine de cet univers, Dieu est un tyran à vos yeux ; si vous faites attention à ses innombrables bienfaits, Dieu est un père. Vous me citez saint Augustin le rhéteur, qui, dans son livre des Miracles, parle de cent villes englouties à la fois en Libye ; mais songez que cet Africain, qui passa sa vie à se contredire, prodigua dans ses écrits la figure de l'exagération : il traitait les tremblements de terre comme la grâce efficace, et la damnation éternelle de tous les petits enfants morts sans baptême. N'a-t-il pas dit, dans son trente-septième sermon, avoir vu en Éthiopie des races d'hommes pourvues d'un grand œil au milieu du front, comme les cyclopes, et des peuples entiers sans tête?

« Nous, qui ne sommes pas des Pères de l'Église, nous ne devons aller ni au delà ni en deçà de la vérité : cette vérité est que, sur cent mille habitations, on en peut compter tout au plus une détruite chaque siècle par les feux nécessaires à la formation de ce globe.

« Le feu est tellement nécessaire à l'univers entier, que sans lui il n'y aurait sur la terre ni animaux, ni végétaux, ni minéraux : il n'y aurait ni soleil ni étoiles dans l'espace. Ce feu, répandu sous la première écorce de la terre, obéit aux lois générales établies par Dieu même ; il est impossible qu'il n'en résulte quelques désastres particuliers : or on ne peut pas dire qu'un artisan soit un mauvais ouvrier, quand une machine immense, formée par lui seul, subsiste depuis tant de siècles sans se déranger. Si un homme avait inventé une machine hydraulique qui arrosât toute une province et la rendît fertile, lui reprocheriez-vous que l'eau qu'il vous donnerait noyât quelques insectes ?

« Je vous ai prouvé que la machine du monde est l'ouvrage d'un être souverainement intelligent et puissant : vous, qui êtes intelligents, vous devez l'admirer ; vous, qui êtes comblés de ses bienfaits, vous devez l'aimer.

« Mais les malheureux, dites-vous, condamnés à souffrir toute leur vie, accablés de maladies incurables, peuvent-ils l'admirer et l'aimer? Je vous dirai, mes amis, que ces maladies si cruelles viennent presque toutes de notre faute, ou de celle de nos pères, qui ont abusé de leurs corps, et non de la faute du grand Fabricateur. On ne connaissait guère de maladie que celle de la décrépitude dans toute l'Amérique septentrionale, avant que nous vous y eussions apporté cette eau de mort que nous appelons eau-de-vie, et qui donne mille maux divers à quiconque en a trop bu. La contagion secrète des Caraïbes, que vous autres jeunes gens appelez pox, n'était qu'une indisposition légère dont nous ignorons la source, et qu'on guérissait en deux jours, soit avec du gaïac, soit avec du bouillon de tortue ; l'incontinence des Européens transplanta dans le reste du monde cette incommodité, qui prit parmi nous un caractère si funeste, et qui est devenue un fléau si abominable. Nous lisons que le pape Léon X, un archevêque de Mayence, nommé Henneberg, le roi de France François I*, en moururent.

« La petite vérole, née dans l'Arabie-Heureuse, n'était qu'une faible éruption, une ébullition passagère sans danger, une simple dépuration du sang : elle est devenue mortelle en Angleterre, comme dans tant d'autres climats ; notre avarice la porte dans ce Nouveau-Monde ; elle le dépeuple.

« Souvenons-nous que, dans le poëme de Milton, ce benêt d'Adam demande à l'ange Gabriel s'il vivra longtemps. « Oui, lui répond l'ange, si tu observes la grande règle *Rien de trop.* » Observez toute cette règle, mes amis, oseriez-vous exiger que Dieu vous fît vivre sans douleur des siècles entiers pour prix de votre gourmandise, de votre ivrognerie, de votre incontinence, de votre abandonnement à d'infâmes passions qui corrompent le sang, et qui abrègent nécessairement la vie ? »

J'approuvai cette réponse; Parouba en fut assez content; mais Birton ne fut pas ébranlé, et je remarquai dans les yeux de Jenni qu'il était encore très-indécis. Birton répliqua en ces termes :

« Puisque vous vous êtes servi de lieux communs mêlés avec quelques réflexions nouvelles, j'emploierai aussi un lieu commun auquel on n'a jamais pu répondre que par des fables et du verbiage. S'il existait un dieu si puissant, si bon, il n'aurait pas mis le mal sur la terre; il n'aurait pas dévoué ses créatures à la douleur et au crime. S'il n'a pu empêcher le mal, il est impuissant; s'il l'a pu et ne l'a pas voulu, il est barbare.

« Nous n'avons des annales que d'environ huit mille années, conservées chez les brachmanes; nous n'en avons que d'environ cinq mille ans chez les Chinois; nous ne connaissons rien que d'hier; mais dans cet hier tout est horreur. On s'est égorgé d'un bout de la terre à l'autre, et on a été assez imbécile pour donner le nom de grands hommes, de héros, de demi-dieux, de dieux même, à ceux qui ont fait assassiner le plus grand nombre des hommes leurs semblables.

« Il restait dans l'Amérique deux grandes nations civilisées¹ qui commençaient à jouir des douceurs de la paix : les Espagnols arrivent, et en massacrent douze millions; ils vont à la chasse aux hommes avec des chiens; et Ferdinand, roi de Castille, assigne une pension à ces chiens, pour l'avoir si bien servi. Les héros vainqueurs du Nouveau-Monde, qui massacrent tant d'innocents désarmés et nus, font servir sur leurs tables des gigots d'hommes et de femmes, des fesses, des avant-bras, des mollets en ragoût; ils font rôtir sur des brasiers le roi Gatimozin au Mexique; ils courent au Pérou convertir le roi Atabalipa. Un nommé Almagro, prêtre, fils de prêtre, condamné à être pendu en Espagne pour avoir été voleur de grand chemin, vient, avec un nommé Pizarro, signifier au roi, par la voix d'un autre prêtre, qu'un troisième prêtre, nommé Alexandre VI, souillé d'incestes, d'assassinats, et d'homicides, a donné, de son plein gré, *proprio motu*, et de sa pleine puissance, non-seulement le Pérou, mais la moitié du Nouveau-Monde, au roi d'Espagne; qu'Atabalipa doit sur-le-champ se soumettre, sous peine d'encourir l'indignation des apôtres saint Pierre et saint Paul. Et comme ce roi n'entendait pas la langue latine plus que le prêtre qui lisait la bulle, il fut déclaré sur-le-champ incrédule et hérétique : on fit pendre Atabalipa, comme on avait brûlé Gatimozin : on massacra sa nation, et tout cela pour ravir de la boue jaune endurcie, qui n'a servi qu'à dépeupler l'Espagne et à l'appauvrir; car elle lui a fait négliger la véritable boue, qui nourrit les hommes quand elle est cultivée.

« Çà, mon cher monsieur Freind, si l'être fantastique et ridicule qu'on appelle le diable avait voulu faire des hommes à son image, les aurait-il formés autrement? Cessez donc d'attribuer à un dieu un ouvrage si abominable. »

Cette tirade fit revenir toute l'assemblée au sentiment de Birton. Je

1. Les Péruviens et les Mexicains. (Éd.)

voyais Jenni en triompher en secret; il n'y eut pas jusqu'à la jeune Parouba qui ne fût saisie d'horreur contre le prêtre Almagro, contre le prêtre qui avait lu la bulle en latin, contre le prêtre Alexandre VI, contre tous les chrétiens qui avaient commis tant de crimes inconcebles par dévotion, et pour voler de l'or. J'avoue que je tremblai pour l'ami Freind; je désespérais de sa cause : voici pourtant comme il répondit sans s'étonner :

« Mes amis, souvenez-vous toujours qu'il existe un Être suprême; je vous l'ai prouvé, vous en êtes convenus; et, après avoir été forcés d'avouer qu'il est, vous vous efforcez de lui trouver des imperfections, des vices, des méchancetés.

« Je puis bien loin de vous dire, comme certains raisonneurs, que les maux particuliers forment le bien général. Cette extravagance est trop ridicule. Je conviens avec douleur qu'il y a beaucoup de mal moral et de mal physique; mais, puisque l'existence de Dieu est certaine, il est aussi très-certain que tous ces maux ne peuvent empêcher que Dieu existe. Il ne peut être méchant, car quel intérêt aurait-il à l'être? Il y a des maux horribles, mes amis; eh bien! n'en augmentons pas le nombre. Il est impossible qu'un Dieu ne soit pas bon; mais les hommes sont pervers : ils font un détestable usage de la liberté que ce grand Être leur a donnée et a dû leur donner, c'est-à-dire de la puissance d'exécuter leurs volontés, sans quoi ils ne seraient que de pures machines formées par un être méchant pour être brisées par lui.

« Tous les Espagnols éclairés conviennent qu'un petit nombre de leurs ancêtres abusa de cette liberté jusqu'à commettre des crimes qui font frémir la nature. Don Carlos, second du nom (de qui M. l'archiduc puisse être le successeur!), a réparé autant qu'il a pu les atrocités auxquelles les Espagnols s'abandonnèrent sous Ferdinand et sous Charles-Quint.

« Mes amis, si le crime est sur la terre, la vertu y est aussi.

BIRTON. — Ah! ah! ah! la vertu! voilà une plaisante idée; pardieu! je voudrais bien savoir comment la vertu est faite, et où l'on peut la trouver.

A ces paroles, je ne me contins pas; j'interrompis Birton à mon tour. « Vous la trouverez chez M. Freind, lui dis-je, chez le bon Parouba, chez vous-même, quand vous aurez nettoyé votre cœur des vices qui le couvrent. » Il rougit, Jenni aussi : puis Jenni baissa les yeux, et parut sentir des remords. Son père le regarda avec quelque compassion, et poursuivit ainsi son discours :

FREIND. « Oui, mes chers amis, il y eut toujours des vertus, s'il y eut des crimes. Athènes vit des Socrate, si elle vit des Anytus; Rome eut des Caton, si elle eut des Sylla; Caligula, Néron, effrayèrent la terre par leurs atrocités; mais Titus, Trajan, Antonin le Pieux, Marc-Aurèle, la consolèrent par leur bienfaisance : mon ami Sherloc dira en peu de mots au bon Parouba ce qu'étaient les gens dont je parle. J'ai heureusement mon Épictète dans ma poche : cet Épictète n'était qu'un esclave, mais égal à Marc-Aurèle par ses sentiments. Écoutez, et puissent tous ceux qui se mêlent d'enseigner les hommes écouter ce qu'É-

pictète se dit à lui-même: « C'est Dieu qui m'a créé, je le porte dans
« moi ; oserais-je le déshonorer par des pensées infâmes, par des ac-
« tions criminelles, par d'indignes désirs? » Sa vie fut conforme à ses
discours. Marc-Aurèle, sur le trône de l'Europe et de deux autres parties de notre hémisphère, ne pensa pas autrement que l'esclave Epi-
ctète; l'un ne fut jamais humilié de sa bassesse; l'autre ne fut jamais
ébloui de sa grandeur : et, quand ils écrivirent leurs pensées, ce fut
pour eux-mêmes et pour leurs disciples, et non pour être loués dans
des journaux. Et, à votre avis, Locke, Newton, Tillotson, Penn,
Clarke, le bonhomme qu'on appelle *the man of Ross*[1], tant d'autres
dans notre île et hors de notre île, que je pourrais vous citer, n'ont-ils
pas été des modèles de vertu?

« Vous m'avez parlé, monsieur Birton, des guerres aussi cruelles
qu'injustes dont tant de nations se sont rendues coupables; vous avez
peint les abominations des chrétiens au Mexique et au Pérou, vous pouvez y ajouter la Saint-Barthélemy de France, et les massacres d'Irlande;
mais n'est-il pas des peuples entiers qui ont toujours eu l'effusion du
sang en horreur? les brachmanes n'ont-ils pas donné de tout temps cet
exemple au monde? et sans sortir du pays où nous sommes, n'avons-nous
pas auprès de nous la Pensylvanie, où nos primitifs, qu'on défigure en
vain par le nom de quakers, ont toujours détesté la guerre? n'avons-nous
pas la Caroline, où le grand Locke a dicté ses lois? Dans ces deux pa-
tries de la vertu, tous les citoyens sont égaux, toutes les consciences sont
libres, toutes les religions sont bonnes, pourvu qu'on adore un Dieu;
tous les hommes y sont frères. Vous avez vu, monsieur Birton, comme au
seul nom d'un descendant de Penn les habitants des montagnes Bleues,
qui pouvaient vous exterminer, ont mis bas les armes. Ils ont senti ce
que c'est que la vertu, et vous vous obstinez à l'ignorer ! Si la terre
produit des poisons comme des aliments salutaires, voudrez-vous ne
vous nourrir que de poisons?

BIRTON. — Ah ? monsieur, pourquoi tant de poisons? Si Dieu a tout
fait, ils sont son ouvrage; il est le maître de tout; il fait tout, il dirige
la main de Cromwell qui signe la mort de Charles Ier ; il conduit le bras
du bourreau qui lui tranche la tête : non, je ne puis admettre un Dieu
homicide.

FREIND. — Ni moi non plus. Écoutez, je vous prie; vous conviem-
drez avec moi que Dieu gouverne le monde par des lois générales. Selon ces lois, Cromwell, monstre de fanatisme et d'hypocrisie, résolut
la mort de Charles Ier pour son intérêt, que tous les hommes aiment
nécessairement, et qu'ils n'entendent pas tous également. Selon les
lois du mouvement établies par Dieu même, le bourreau coupa la tête
de ce roi; mais certainement Dieu n'assassina pas Charles Ier par un
acte particulier de sa volonté. Dieu ne fut ni Cromwell, ni Jeffreys,
ni Ravaillac, ni Balthazar Gérard, ni le frère prêcheur Jacques Clément. Dieu ne commet, ni n'ordonne, ni ne permet le crime; mais il

---

[1]. Jean Kyrl, né en 1684, mort en 1724, que Pope (troisième épître) appelle *l'Homme de Ross*. (*Note de M. Beuchot.*)

a fait l'homme, et il a fait les lois du mouvement ; ces lois éternelles du mouvement sont également exécutées par la main de l'homme charitable, qui secourt le pauvre, et par la main du scélérat, qui égorge son frère. De même que Dieu n'éteignit point son soleil et n'engloutit point l'Espagne sous la mer pour punir Cortez, Almagro et Pizarro, qui avaient inondé de sang humain la moitié d'un hémisphère; de même aussi il n'envoie point une troupe d'anges à Londres, et ne fait point descendre du ciel cent mille tonneaux de vin de Bourgogne, pour faire plaisir à ses chers Anglais, quand ils ont fait une bonne action. Sa providence générale serait ridicule, si elle descendait dans chaque moment à chaque individu; et cette vérité est si palpable, que jamais Dieu ne punit sur-le-champ un criminel par un coup éclatant de sa toute-puissance : il laisse luire son soleil sur les bons et sur les méchants. Si quelques scélérats sont morts immédiatement après leurs crimes, ils le sont par les lois générales qui président au monde. J'ai lu dans le gros livre d'un *Frenchman*, nommé Mézeray, que Dieu avait fait mourir notre grand Henri V de la fistule à l'anus, parce qu'il avait osé s'asseoir sur le trône du roi très-chrétien; non, il mourut parce que les lois générales émanées de la toute-puissance avaient tellement arrangé la matière, que la fistule à l'anus devait terminer la vie de ce héros. Tout le physique d'une mauvaise action est l'effet des lois générales imprimées par la main de Dieu à la matière : tout le mal moral de l'action criminelle est l'effet de la liberté dont l'homme abuse.

« Enfin, sans nous plonger dans les brouillards de la métaphysique, souvenons-nous que l'existence de Dieu est démontrée ; il n'y a plus à disputer sur son existence. Otez Dieu au monde, l'assassinat de Charles I*er* en devient-il plus légitime ? son bourreau vous en sera-t-il plus cher ? Dieu existe, il suffit : s'il existe, il est juste : soyez donc justes.

BIRTON. — Votre petit argument sur le concours de Dieu a de la finesse et de la force, quoiqu'il ne disculpe pas Dieu entièrement d'être l'auteur du mal physique et du mal moral. Je vois que la manière dont vous excusez Dieu fait quelque impression sur l'assemblée; mais ne pouvait-il pas faire en sorte que ses lois générales n'entraînassent pas tant de malheurs particuliers ? Vous m'avez prouvé un Être éternel et puissant; et, Dieu me pardonne ! j'ai craint un moment que vous ne me fissiez croire en Dieu; mais j'ai de terribles objections à vous faire : allons, Jenni, prenons courage; ne nous laissons point abattre.

« Et vous, monsieur Freind, qui parlez si bien, avez-vous lu le livre intitulé *le Bon Sens* ?

FREIND. — Oui, je l'ai lu, et je ne suis point de ceux qui condamnent tout dans leurs adversaires. Il y a dans ce livre des vérités bien exposées; mais elles sont gâtées par un grand défaut. L'auteur veut

1. Ouvrage qui parut en même temps que le *Système de la nature*. M. de Voltaire a grande raison. L'auteur de cet ouvrage prouve très-bien que la plupart des philosophes, en voulant pénétrer la nature de Dieu, en ont donné des idées absurdes; mais cela ne détruit point les preuves de son existence, qui peuvent être tirées de l'ordre de l'univers. (*Ed. de Kehl.*)

continuellement détruire le dieu de Scot, d'Albert, de Bonaventure, le dieu des ridicules scolastiques et des moines. Remarquez qu'il n'ose pas dire un mot contre le dieu de Socrate, de Platon, d'Épictète, de Marc-Aurèle; contre le dieu de Newton et de Locke, j'ose dire contre le mien. Il perd son temps à réclamer contre des superstitions absurdes et abominables, dont tous les honnêtes gens sentent aujourd'hui le ridicule et l'horreur. C'est comme si on écrivait contre la nature, parce que les tourbillons de Descartes l'ont défigurée; c'est comme si on disait que le bon goût n'existe pas, parce que la plupart des auteurs n'ont point de goût. Celui qui a fait le livre du *Bon Sens* croit avoir attaqué Dieu; et, en cela, il manque tout à fait de bon sens; il n'a écrit que contre certains prêtres anciens et modernes. Croit-il avoir anéanti le maître pour avoir redit qu'il a été souvent servi par des fripons?

BIRTON. — Écoutez, nous pourrions nous rapprocher. Je pourrais respecter le maître, si vous m'abandonniez les valets. J'aime la vérité; faites-la-moi voir, et je l'embrasse. »

CHAP. X. — *Sur l'athéisme.*

La nuit était venue; elle était belle, l'atmosphère était une voûte d'azur transparent, semée d'étoiles d'or; ce spectacle touche toujours les hommes, et leur inspire une douce rêverie : le bon Parouba admirait le ciel, comme un Allemand admire Saint-Pierre de Rome, ou l'Opéra de Naples, quand il le voit pour la première fois. « Cette voûte est bien hardie, » disait Parouba à Freind; et Freind lui disait : « Mon cher Parouba, il n'y a point de voûte; ce cintre bleu n'est autre chose qu'une étendue de vapeurs, de nuages légers que Dieu a tellement disposés et combinés avec la mécanique de vos yeux, qu'en quelque endroit que vous soyez, vous êtes toujours au centre de votre promenade, et vous voyez ce qu'on nomme le ciel, et qui n'est point le ciel, arrondi sur votre tête.— Et ces étoiles, monsieur Freind? — Ce sont, comme je vous l'ai déjà dit, autant de soleils autour desquels tournent d'autres mondes; loin d'être attachées à cette voûte bleue, souvenez-vous qu'elles en sont à des distances différentes et prodigieuses : cette étoile, que vous voyez, est à douze cents millions de mille pas de notre soleil. » Alors il lui montra le télescope qu'il avait apporté : il lui fit voir nos planètes, Jupiter avec ses quatre lunes, Saturne avec ses cinq lunes[1] et son inconcevable anneau lumineux : « C'est la même lumière, lui disait-il, qui part de tous ces globes, et qui arrive à nos yeux; de cette planète-ci en un quart d'heure, de cette étoile-ci en six mois. » Parouba se mit à genoux et dit : « Les cieux annoncent Dieu. » Tout l'équipage était autour du vénérable Freind, regardait et admirait. Le coriace Birton avança sans rien regarder et parla ainsi :

BIRTON. — Eh bien! soit; il y a un Dieu, je vous l'accorde; mais

1. Depuis l'époque où écrivait M. de Voltaire, Herschel, en 1789, a découvert deux nouveaux satellites ou lunes à Saturne. (*Éd. de Kehl.*)

qu'importe à vous et à moi? qu'y a-t-il entre l'Être infini et nous autres vers de terre? quel rapport peut-il exister de son essence à la nôtre? Épicure, en admettant des dieux dans les planètes, avait bien raison d'enseigner qu'ils ne se mêlaient nullement de nos sottises et de nos horreurs; que nous ne pouvions ni les offenser ni leur plaire; qu'ils n'avaient nul besoin de nous, ni nous d'eux : vous admettez un dieu plus digne de l'esprit humain que les dieux d'Épicure, et que tous ceux des Orientaux et des Occidentaux. Mais si vous disiez, comme tant d'autres, que ce dieu a formé le monde et nous pour sa gloire; qu'il exigea autrefois des sacrifices de bœufs pour sa gloire; qu'il apparut, pour sa gloire, sous notre forme de bipèdes, etc.; vous diriez, ce me semble, une chose absurde, qui ferait rire tous les gens qui pensent. L'amour de la gloire n'est autre chose que de l'orgueil, et l'orgueil n'est que de la vanité : un orgueilleux est un fat que Shakspeare jouait sur son théâtre : cette épithète ne peut pas plus convenir à Dieu que celle d'injuste, de cruel, d'inconstant. Si Dieu a daigné faire, ou plutôt arranger l'univers, ce ne doit être que dans la vue d'y faire des heureux. Je vous laisse à penser s'il est venu à bout de ce dessein, le seul pourtant qui pût convenir à la nature divine.

FREIND. — Oui, sans doute, il y a réussi avec toutes les âmes honnêtes; elles seront heureuses un jour, si elles ne le sont pas aujourd'hui.

BIRTON. — Heureuses! quel rêve! quel conte de Peau d'âne! où? quand? comment? qui vous l'a dit?

FREIND. — Sa justice.

BIRTON. — N'allez-vous pas me dire, après tant de déclamateurs, que nous vivrons éternellement quand nous ne serons plus; que nous possédons une âme immortelle, ou plutôt qu'elle nous possède, après nous avoir avoué que les Juifs eux-mêmes, les Juifs, auxquels vous vous vantez d'avoir été subrogés, n'ont jamais soupçonné seulement cette immortalité de l'âme jusqu'au temps d'Hérode? Cette idée d'une âme immortelle avait été inventée par les brachmanes, adoptée par les Perses, les Chaldéens, les Grecs, ignorée très-longtemps de la malheureuse petite horde judaïque, mère des plus infâmes superstitions. Hélas! monsieur, savons-nous seulement si nous avons une âme? savons-nous si les animaux, dont le sang fait la vie, comme il fait la nôtre, qui ont comme nous des volontés, des appétits, des passions, des idées, de la mémoire, de l'industrie; savez-vous, dis-je, si ces êtres, aussi incompréhensibles que nous, ont une âme, comme on prétend que nous en avons une?

«J'avais cru jusqu'à présent qu'il est dans la nature une force active dont nous tenons le don de vivre dans tout notre corps, de marcher par nos pieds, de prendre par nos mains, de voir par nos yeux, d'entendre par nos oreilles, de sentir par nos nerfs, de penser par notre tête, et que tout cela était ce que nous appelons l'âme; mot vague qui ne signifie au fond que le principe inconnu de nos facultés. J'appellerai Dieu, avec vous, ce principe intelligent et puissant qui anime la nature entière; mais a-t-il daigné se faire connaître à nous?

FREIND. — Oui, par ses œuvres.

BIRTON. — Nous a-t-il dicté ses lois? nous a-t-il parlé?

FREIND. — Oui, par la voix de votre conscience. N'est-il pas vrai que si vous aviez tué votre père et votre mère, cette conscience vous déchirerait par des remords aussi affreux qu'involontaires? Cette vérité n'est-elle pas sentie et avouée par l'univers entier? Descendons maintenant à de moindres crimes. Y en a-t-il un seul qui ne vous effraye au premier coup d'œil, qui ne vous fasse pâlir la première fois que vous le commettez, et qui ne laisse dans votre cœur l'aiguillon du repentir?

BIRTON. — Il faut que je l'avoue.

FREIND. — Dieu vous a donc expressément ordonné, en parlant à votre cœur, de ne vous souiller jamais d'un crime évident. Et quant à toutes ces actions équivoques, que les uns condamnent et que les autres justifient, qu'avons-nous de mieux à faire que de suivre cette grande loi du premier des Zoroastres, tant remarquée de nos jours par un auteur français [1]? « Quand tu ne sais si l'action que tu médites est « bonne ou mauvaise, abstiens-toi. »

BIRTON. — Cette maxime est admirable; c'est sans doute ce qu'on a jamais dit de plus beau, c'est-à-dire de plus utile en morale; et cela me ferait presque penser que Dieu a suscité de temps en temps des sages qui ont enseigné la vertu aux hommes égarés. Je vous demande pardon d'avoir raillé de la vertu.

FREIND. — Demandez-en pardon à l'Être éternel, qui peut la récompenser éternellement, et punir les transgresseurs.

BIRTON. — Quoi! Dieu me punirait éternellement de m'être livré à des passions qu'il m'a données!

FREIND. — Il vous a donné des passions avec lesquelles on peut faire du bien et du mal. Je ne vous dis pas qu'il vous punira à jamais, ni comment il vous punira; car personne n'en peut rien savoir : je vous dis qu'il le peut. Les brachmanes furent les premiers qui imaginèrent une prison éternelle pour les substances célestes qui s'étaient révoltées contre Dieu dans son propre palais; il les enferma dans une espèce d'enfer qu'ils appelaient *ondera*; mais, au bout de quelques milliers de siècles, il adoucit leurs peines, les mit sur la terre, et les fit hommes; c'est de là que vint notre mélange de vices et de vertus, de plaisirs et de calamités. Cette imagination est ingénieuse; la fable de Pandore et de Prométhée l'est encore davantage. Des nations grossières ont imité grossièrement la belle fable de Pandore; ces inventions sont des rêves de la philosophie orientale; tout ce que je puis vous dire, c'est que, si vous avez commis des crimes en abusant de votre liberté, il vous est impossible de prouver que Dieu soit incapable de vous en punir; je vous en défie.

BIRTON. — Attendez; vous pensez que je ne peux pas vous démontrer qu'il est impossible au grand Être de me punir : par ma foi, vous avez raison; j'ai fait ce que j'ai pu pour me prouver que cela était impos-

1. Voltaire lui-même. (ÉD.)

sible, et je n'en suis jamais venu à bout. J'avoue que j'ai abusé de ma liberté, et que Dieu peut m'en châtier; mais, pardieu! je ne serai pas puni quand je ne serai plus.

FREIND. — Le meilleur parti que vous ayez à prendre est d'être honnête homme tandis que vous existez.

BIRTON. — D'être honnête homme pendant que j'existe?... oui, je l'avoue ; oui, vous avez raison ; c'est le parti qu'il faut prendre. »

Je voudrais, mon cher ami, que vous eussiez été témoin de l'effet que firent les discours de Freind sur tous les Anglais et sur tous les Américains. Birton, si évaporé et si audacieux, prit tout à coup un air recueilli et modeste; Jenni, les yeux mouillés de larmes, se jeta aux genoux de son père, et son père l'embrassa : voici enfin la dernière scène de cette dispute si épineuse et si intéressante.

CHAP. XI. — *De l'athéisme.*

BIRTON. — Je conçois bien que le grand Être, le maître de la nature, est éternel; mais nous, qui n'étions pas hier, pouvons-nous avoir la folle hardiesse de prétendre à une éternité future ? Tout périt sans retour autour de nous, depuis l'insecte dévoré par l'hirondelle jusqu'à l'éléphant mangé des vers.

FREIND. — Non, rien ne périt, tout change; les germes impalpables des animaux et des végétaux subsistent, se développent, et perpétuent les espèces. Pourquoi ne voudriez-vous pas que Dieu conservât le principe qui vous fait agir et penser, de quelque nature qu'il puisse être? Dieu me garde de faire un système, mais certainement il y a dans nous quelque chose qui pense et qui veut : ce quelque chose, que l'on appelait autrefois une monade, ce quelque chose est imperceptible. Dieu nous l'a donnée, ou peut-être, pour parler plus juste, Dieu nous a donnés à elle. Êtes-vous bien sûr qu'il ne peut la conserver? Songez, examinez; pouvez-vous m'en fournir quelque démonstration?

BIRTON. — Non; j'en ai cherché dans mon entendement, dans tous les livres des athées, et surtout dans le troisième chant de Lucrèce; j'avoue que je n'ai jamais trouvé que des vraisemblances.

FREIND. — Et, sur ces simples vraisemblances, nous nous abandonnerions à toutes nos passions funestes! nous vivrions en brutes! n'ayant pour règle que nos appétits, et pour frein que la crainte des autres hommes rendus éternellement ennemis les uns des autres par cette crainte mutuelle; car on veut toujours détruire ce qu'on craint : pensez-y bien, monsieur Birton; réfléchissez-y sérieusement, mon fils Jenni : n'attendre de Dieu ni châtiment ni récompense, c'est être véritablement athée. A quoi servirait l'idée d'un dieu qui n'aurait sur vous aucun pouvoir? C'est comme si l'on disait : « Il y a un roi de la Chine « qui est très-puissant; » je réponds : « Grand bien lui fasse; qu'il reste « dans son manoir, et moi dans le mien : je ne me soucie pas plus de « lui qu'il ne se soucie de moi; il n'a pas plus de juridiction sur ma per- « sonne qu'un chanoine de Windsor n'en a sur un membre de notre par- « lement : » alors je suis mon dieu à moi-même, je sacrifie le monde entier à mes fantaisies, si j'en trouve l'occasion; je suis sans loi, je ne regarde que moi. Si les autres êtres sont moutons, je me fais loup; s'ils sont poules, je me fais renard.

« Je suppose, ce qu'à Dieu ne plaise, que toute notre Angleterre soit athée par principes; je conviens qu'il pourra se trouver plusieurs citoyens qui, nés tranquilles et doux, assez riches pour n'avoir pas besoin d'être injustes, gouvernés par l'honneur, et par conséquent attentifs à leur conduite, pourront vivre ensemble en société; ils cultiveront les beaux-arts, par qui les mœurs s'adoucissent; ils pourront vivre dans la paix, dans l'innocente gaieté des honnêtes gens; mais l'athée pauvre et violent, sûr de l'impunité, sera un sot s'il ne vous assassine pas pour voler votre argent. Dès lors tous les liens de la société sont rompus; tous les crimes secrets inondent la terre, comme les sauterelles, à peine d'abord aperçues, viennent ravager les campagnes : le bas peuple ne sera qu'une horde de brigands, comme nos voleurs, dont on ne pend pas la dixième partie à nos sessions; ils passent leur misérable vie dans des tavernes avec des filles perdues, ils les battent, ils se battent entre eux; ils tombent ivres au milieu de leurs pintes de plomb dont ils se sont cassé la tête; ils se réveillent pour voler et pour assassiner; ils recommencent chaque jour ce cercle abominable de brutalités.

« Qui retiendra les grands et les rois dans leurs vengeances, dans leur ambition à laquelle ils veulent tout immoler? Un roi athée est plus dangereux qu'un Ravaillac fanatique.

« Les athées fourmillaient en Italie au xv° siècle; qu'en arriva-t-il? Il fut aussi commun d'empoisonner que de donner à souper, et d'enfoncer un stylet dans le cœur de son ami que de l'embrasser; il y eut des professeurs du crime, comme il y a aujourd'hui des maîtres de musique et de mathématiques. On choisissait exprès les temples pour y assassiner les princes aux pieds des autels. Le pape Sixte IV et un archevêque de Florence firent assassiner ainsi les deux princes les plus accomplis de l'Europe. (Mon cher Sherloc, dites, je vous prie, à Parouba et à ses enfants ce que c'est qu'un pape et un archevêque, et dites-leur surtout qu'il n'est plus de pareils monstres.) Mais continuons. Un duc de Milan fut assassiné de même au milieu d'une église. On ne connaît que trop les étonnantes horreurs d'Alexandre VI. Si de telles mœurs avaient subsisté, l'Italie aurait été plus déserte que ne l'a été le Pérou après son invasion.

« La croyance d'un Dieu rémunérateur des bonnes actions, punisseur des méchantes, pardonneur des fautes légères, est donc la croyance la plus utile au genre humain; c'est le seul frein des hommes puissants qui commettent insolemment les crimes publics; c'est le seul frein des hommes qui commettent adroitement les crimes secrets. Je ne vous dis pas, mes amis, de mêler à cette croyance nécessaire des superstitions qui la déshonoreraient, et qui même pourraient la rendre funeste : l'athée est un monstre qui ne dévorera que pour apaiser sa faim; le

¹ Salviati. (Éd.)

superstitieux est un autre monstre qui déchirera les hommes par devoir. J'ai toujours remarqué qu'on peut guérir un athée; mais on ne guérit jamais le superstitieux radicalement : l'athée est un homme d'esprit qui se trompe, mais qui pense par lui-même; le superstitieux est un sot brutal qui n'a jamais eu que les idées des autres : l'athée violera Iphigénie prête d'épouser Achille; mais le fanatique l'égorgera pieusement sur l'autel, et croira que Jupiter lui en aura beaucoup d'obligation : l'athée dérobera un vase d'or dans une église, pour donner à souper à des filles de joie; mais le fanatique célébrera un auto-da-fé dans cette église, et chantera un cantique juif à plein gosier, en faisant brûler des Juifs. Oui, mes amis, l'athéisme et le fanatisme sont les deux pôles d'un univers de confusion et d'horreur. La petite zone de la vertu est entre ces deux pôles : marchez d'un pas ferme dans ce sentier; croyez un dieu bon, et soyez bons. C'est tout ce que les grands législateurs Locke et Penn demandent à leurs peuples.

« Répondez-moi, monsieur Birton, vous et vos amis. Quel mal peut vous faire l'adoration d'un Dieu jointe au bonheur d'être honnête homme? Nous pouvons tous être attaqués d'une maladie mortelle au moment où je vous parle : qui de nous alors ne voudrait pas avoir vécu dans l'innocence? Voyez comme notre méchant Richard III meurt dans Shakspeare; comme les spectres de tous ceux qu'il a tués viennent épouvanter son imagination. Voyez comme expire Charles IX de France après sa Saint-Barthélemy! Son chapelain a beau lui dire qu'il a bien fait, son crime le déchire, son sang jaillit par ses pores, et tout le sang qu'il fit couler crie contre lui. Soyez sûr que de tous ces monstres il n'en est aucun qui n'ait vécu dans les tourments du remords, et qui n'ait fini dans la rage du désespoir. »

CHAP. XII. — *Retour en Angleterre. Mariage de Jenni.*

Birton et ses amis ne purent tenir davantage; ils se jetèrent aux genoux de Freind. « Oui, dit Birton, je crois en Dieu et en vous. »

On était déjà près de la maison de Parouba : on y soupa, mais Jenni ne put souper : il se tenait à l'écart, il fondait en larmes; son père alla le chercher pour le consoler. « Ah! lui dit Jenni, je ne méritais pas d'avoir un père tel que vous; je mourrai de douleur d'avoir été séduit par cette abominable Clive-Hart : je suis la cause, quoique innocente, de la mort de Primerose; et, tout à l'heure, quand vous nous avez parlé d'empoisonnement, un frisson m'a saisi : j'ai cru voir Clive-Hart présentant le breuvage horrible à Primerose. O ciel! ô Dieu! comment ai-je pu avoir l'esprit assez aliéné pour suivre une créature si coupable! mais elle me trompa; j'étais aveugle; je ne fus détrompé que peu de temps avant qu'elle fût prise par les sauvages; elle me fit presque l'aveu de son crime dans un mouvement de colère; depuis ce moment je l'eus en horreur; et, pour mon supplice, l'image de Primerose est sans cesse devant mes yeux; je la vois, je l'entends; elle me dit : « Je suis morte, parce que je t'aimais. »

M. Freind se mit à sourire d'un sourire de bonté dont Jenni ne put comprendre le motif; son père lui dit qu'une vie irréprochable pouvait seule réparer les fautes passées; il le ramena à table comme un homme qu'on vient de retirer des flots où il se noyait; je l'embrassai, je le flattai, je lui donnai du courage.... nous étions tous attendris. Nous appareillâmes le lendemain pour retourner en Angleterre, après avoir fait des présents à toute la famille de Parouba. Nos adieux furent mêlés de larmes sincères; Birton et ses camarades, qui n'avaient jamais été qu'évaporés, semblaient déjà raisonnables.

Nous étions en pleine mer quand Freind dit à Jenni, en ma présence : «Eh bien! mon fils, le souvenir de la belle, de la vertueuse et tendre Primerose, vous est donc toujours cher? » Jenni se désespéra à ces paroles; les traits d'un repentir inutile et éternel perçaient son cœur, et je craignis qu'il ne se précipitât dans la mer. « Eh bien! lui dit Freind, consolez-vous; Primerose est vivante, et elle vous aime. »

Freind, en effet, en avait reçu des nouvelles sûres de son domestique affidé, qui lui écrivait par tous les vaisseaux qui partaient pour le Maryland. M. Mead, qui a, depuis, acquis une si grande réputation pour la connaissance de tous les poisons, avait été assez heureux pour tirer Primerose des bras de la mort. M. Freind fit voir à son fils cette lettre, qu'il avait relue tant de fois et avec tant d'attendrissement.

Jenni passa, en un moment, de l'excès du désespoir à celui de la félicité. Je ne vous peindrai point les effets de ce changement si subit; plus j'en fus saisi, moins je puis les exprimer. Ce fut le plus beau moment de la vie de Jenni. Birton et ses camarades partagèrent une joie si pure. Que vous dirai-je, enfin?... L'excellent Freind leur a servi de père à tous; les noces du beau Jenni et de la belle Primerose se sont faites chez le docteur Mead. Nous avons marié aussi Birton, qui était tout changé. Jenni et lui sont aujourd'hui les plus honnêtes gens de l'Angleterre.... Vous conviendrez qu'un sage peut guérir des fous.

LES OREILLES
DU COMTE DE CHESTERFIELD
ET LE CHAPELAIN GOUDMAN.
(1775.)

CHAP. I. — Ah! la fatalité gouverne irrémissiblement toutes les choses de ce monde. J'en juge, comme de raison, par mon aventure.

Milord Chesterfield, qui m'aimait fort, m'avait promis de me faire du bien. Il vaquait un bon *preferment*[1] à sa nomination. Je cours du fond de ma province à Londres; je me présente à milord; je le fais souvenir de ses promesses; il me serre la main avec amitié, et me dit qu'en ef-

[1] *Preferment* signifie bénéfice en anglais.

fet j'ai bien mauvais visage. Je lui réponds que mon plus grand mal est la pauvreté. Il me réplique qu'il veut me faire guérir, et me donne sur-le-champ une lettre pour M. Sidrac, près de Guildhall.

Je ne doute pas que M. Sidrac ne soit celui qui doit m'expédier les provisions de ma cure. Je vole chez lui. M. Sidrac, qui était le chirurgien de milord, se met incontinent en devoir de me sonder, et m'assure que, si j'ai la pierre, il me taillera très-heureusement.

Il faut savoir que milord avait entendu que j'avais un grand mal à la vessie, et qu'il avait voulu, selon sa générosité ordinaire, me faire tailler à ses dépens. Il était sourd, aussi bien que monsieur son frère, et je n'en étais pas encore instruit.

Pendant le temps que je perdis à défendre ma vessie contre M. Sidrac, qui voulait me sonder à toute force, un des cinquante-deux compétiteurs qui prétendaient au même bénéfice arriva chez milord, demanda ma cure, et l'emporta.

J'étais amoureux de miss Fidler, que je devais épouser dès que je serais curé; mon rival eut ma place et ma maîtresse.

Le comte, ayant appris mon désastre et sa méprise, me promit de tout réparer; mais il mourut deux jours après.

M. Sidrac me fit voir, clair comme le jour, que mon bon protecteur ne pouvait pas vivre une minute de plus, vu la constitution présente de ses organes, et me prouva que sa surdité ne venait que de l'extrême sécheresse de la corde et du tambour de son oreille. Il m'offrit même d'endurcir mes deux oreilles avec de l'esprit-de-vin, de façon à me rendre plus sourd qu'aucun pair du royaume.

Je compris que M. Sidrac était un très-savant homme. Il m'inspira du goût pour la science de la nature. Je voyais, d'ailleurs, que c'était un homme charitable qui me taillerait gratis dans l'occasion, et qui me soulagerait dans tous les accidents qui pourraient m'arriver vers le col de la vessie.

Je me mis donc à étudier la nature sous sa direction, pour me consoler de la perte de ma cure et de ma maîtresse.

CHAP. II. — Après bien des observations sur la nature, faites avec mes cinq sens, des lunettes, des microscopes, je dis, un jour, à M. Sidrac : « On se moque de nous; il n'y a point de nature, tout est art. C'est par un art admirable que toutes les planètes dansent régulièrement autour du soleil, tandis que le soleil fait la roue sur lui-même. Il faut, assurément, que quelqu'un d'aussi savant que la société royale de Londres ait arrangé les choses de manière que le carré des révolutions de chaque planète soit toujours proportionnel à la racine du cube de leur distance à leur centre; et il faut être sorcier pour le deviner.

« Le flux et le reflux de notre Tamise me paraît l'effet constant d'un art non moins profond et non moins difficile à connaître.

« Animaux, végétaux, minéraux, tout me paraît arrangé avec poids, mesure, nombre, mouvement; tout est ressort, levier, poulie, machine hydraulique, laboratoire de chimie, depuis l'herbe jusqu'au chêne, depuis la puce jusqu'à l'homme, depuis un grain de sable jusqu'à nos nuées.

« Certainement, il n'y a que de l'art, et la nature est une chimère.
— Vous avez raison, me répondit M. Sidrac, mais vous n'en avez pas
les gants; cela a déjà été dit par un rêveur delà la Manche[1], mais on
n'y a pas fait attention. — Ce qui m'étonne, et ce qui me plaît le plus,
c'est que, par cet art incompréhensible, deux machines en produisent
toujours une troisième; et je suis bien fâché de n'en avoir pas fait une
avec miss Fidler; mais je vois bien qu'il était arrangé, de toute éternité, que miss Fidler emploierait une autre machine que moi.

— Ce que vous dites, me répliqua M. Sidrac, a été encore dit, et tant
mieux : c'est une probabilité que vous pensez juste. Oui, il est fort
plaisant que deux êtres en produisent un troisième; mais cela n'est pas
vrai de tous les êtres : deux roses ne produisent pas une troisième rose
en se baisant; deux cailloux, deux métaux n'en produisent pas un troisième; et cependant, un métal, une pierre sont des choses que toute
l'industrie humaine ne saurait faire. Le grand, le beau miracle continuel est qu'un garçon et une fille fassent un enfant ensemble, qu'un
rossignol fasse un rossignolet à sa rossignole, et non pas à une fau-
vette. Il faudrait passer la moitié de sa vie à les imiter, et l'autre moitié à bénir celui qui inventa cette méthode. Il y a, dans la génération,
mille secrets tout à fait curieux. Newton dit que la nature se ressemble
partout : *Natura est ubique sibi consona.* Cela est faux en amour : les
poissons, les reptiles, les oiseaux ne font point l'amour comme nous;
c'est une variété infinie. La fabrique des êtres sentants et agissants me
ravit. Les végétaux ont aussi leur prix. Je m'étonne toujours qu'un
grain de blé jeté en terre en produise plusieurs autres.

— Ah! lui dis-je, comme un sot que j'étais encore, c'est que le blé
doit mourir pour naître, comme on l'a dit dans l'école[2]. »

M. Sidrac me reprit en riant avec beaucoup de circonspection.
« Cela était vrai du temps de l'école, dit-il ; mais le moindre laboureur
sait bien aujourd'hui que la chose est absurde. — Ah! monsieur Sidrac,
je vous demande pardon; mais j'ai été théologien, et on ne se défait
pas tout d'un coup de ses habitudes. »

CHAP. III. — Quelque temps après ces conversations entre le pauvre prêtre Goudman et l'excellent anatomiste Sidrac, ce chirurgien le
rencontra dans le parc Saint-James, tout pensif, tout rêveur, et l'air plus
embarrassé qu'un algébriste qui vient de faire un faux calcul. « Qu'a-
vez-vous? lui dit Sidrac; est-ce la vessie ou le côlon qui vous tourmente?
— Non, dit Goudman; c'est la vésicule du fiel. Je viens de voir passer
dans un bon carrosse l'évêque de Glocester[3], qui est un pédant bavard
et insolent; j'étais à pied, et cela m'a irrité. J'ai songé que si je voulais
avoir un évêché dans ce royaume, il y a dix mille à parier contre un
que je ne l'aurais pas, attendu que nous sommes dix mille prêtres en
Angleterre. Je suis sans aucune protection depuis la mort de milord
Chesterfield qui était sourd. Posons que les dix mille prêtres anglicans

1. *Dictionnaire philosophique,* article NATURE.
2. Saint Paul, *aux Corinthiens,* xv 36 ; et saint Jean, xij, 24. (Éd.)
3. Warburton.

418 LES OREILLES DU COMTE DE CHESTERFIELD.

aient chacun deux protecteurs, il y aurait en ce cas vingt mille à parier contre un que je n'aurais pas l'évêché. Cela fâche quand on y fait attention.

« Je me suis souvenu qu'on m'avait proposé autrefois d'aller aux grandes Indes en qualité de mousse; on m'assurait que j'y ferais une grande fortune, mais je ne me sentis pas propre à devenir un jour amiral. Et, après avoir examiné toutes les professions, je suis resté prêtre sans être bon à rien.

— Ne soyez plus prêtre, lui dit Sidrac, et faites-vous philosophe. Ce métier n'exige ni ne donne des richesses. Quel est votre revenu? — Je n'ai que trente guinées de rente, et, après la mort de ma vieille tante, j'en aurai cinquante. — Allons, mon cher Goudman, c'est assez pour vivre libre et pour penser. Trente guinées font six cent trente schellings; c'est près de deux schellings par jour. Philips n'en voulait qu'un seul. On peut, avec ce revenu assuré, dire tout ce qu'on pense de la compagnie des Indes, du parlement, de nos colonies, du roi, de l'être en général, de l'homme, et de Dieu, ce qui est un grand amusement. Venez dîner avec moi, cela vous épargnera de l'argent; nous causerons, et votre faculté pensante aura le plaisir de se communiquer à la mienne par le moyen de la parole, ce qui est une chose merveilleuse que les hommes n'admirent pas assez. »

CHAP. IV. — *Conversation du docteur Goudman et de l'anatomiste Sidrac sur l'âme et sur quelque autre chose.*

GOUDMAN. — Mais, mon cher Sidrac, pourquoi dites-vous toujours *ma faculté pensante?* que ne dites-vous mon âme, tout court? cela serait plus tôt fait, et je vous entendrais tout aussi bien.

SIDRAC. — Et moi, je ne m'entendrais pas. Je sens bien, je sais bien que Dieu m'a donné la faculté de penser et de parler; mais je ne sens ni ne sais s'il m'a donné un être qu'on appelle âme.

GOUDMAN. — Vraiment, quand j'y réfléchis, je vois que je n'en sais rien non plus, et que j'ai été longtemps assez hardi pour croire le savoir. J'ai remarqué que les peuples orientaux appelèrent l'âme d'un nom qui signifiait la vie. A leur exemple, les Latins entendirent d'abord par *anima* la vie de l'animal. Chez les Grecs on disait la respiration de l'âme. Cette respiration est un souffle. Les Latins traduisirent le mot *souffle* par *spiritus :* de là le mot qui répond à *esprit* chez presque toutes les nations modernes. Comme personne n'a jamais vu ce souffle, cet esprit, on en a fait un être que personne ne peut voir ni toucher. On a dit qu'il logeait dans notre corps sans y tenir de place, qu'il remuait nos organes sans les atteindre. Que n'a-t-on pas dit? tous nos discours, ce qu'il me semble, ont été fondés sur des équivoques. Je vois que le sage Locke a bien senti dans quel chaos ces équivoques de toutes les langues avaient plongé la raison humaine. Il n'a fait aucun chapitre sur l'âme dans le seul livre de métaphysique raisonnable qu'on ait jamais écrit. Et si, par hasard, il prononce ce mot en quelques endroits, ce mot ne signifie chez lui que notre intelligence.

CHAPITRE IV.

« En effet tout le monde sent bien qu'il a une intelligence, qu'il reçoit des idées, qu'il en assemble, qu'il en décompose; mais personne ne sent qu'il ait dans lui un autre être qui lui donne du mouvement, des sensations et des pensées. Il est, au fond, ridicule de prononcer des mots qu'on n'entend pas, et d'admettre des êtres dont on ne peut avoir la plus légère connaissance. »

SIDRAC. — Nous voilà donc déjà d'accord sur une chose qui a été un objet de dispute pendant tant de siècles.

GOUDMAN. — Et j'admire que nous soyons d'accord.

SIDRAC. — Cela n'est pas étonnant, nous cherchons le vrai de bonne foi. Si nous étions sur les bancs de l'école, nous argumenterions comme les personnages de Rabelais. Si nous vivions dans les siècles de ténèbres affreuses qui enveloppèrent si longtemps l'Angleterre, l'un de nous deux ferait peut-être brûler l'autre. Nous sommes dans un siècle de raison; nous trouvons aisément ce qui nous paraît la vérité, et nous osons la dire.

GOUDMAN. — Oui, mais j'ai peur que cette vérité ne soit bien peu de chose. Nous avons fait en mathématiques des prodiges qui étonneraient Apollonius et Archimède, et qui les rendraient nos écoliers : mais en métaphysique qu'avons-nous trouvé ? notre ignorance.

SIDRAC. — Et n'est-ce rien ? Vous convenez que le grand Être vous a donné une faculté de sentir et de penser, comme il a donné à vos pieds la faculté de marcher, à vos mains le pouvoir de faire mille ouvrages, à vos viscères le pouvoir de digérer, à votre cœur le pouvoir de pousser votre sang dans vos artères. Nous tenons tout de lui; nous n'avons rien pu nous donner, et nous ignorerons toujours la manière dont le Maître de l'univers s'y prend pour nous conduire. Pour moi, je lui rends grâce de m'avoir appris que je ne sais rien des premiers principes.

« On a toujours recherché comment l'âme agit sur le corps. Il fallait d'abord savoir si nous en avions une. Ou Dieu nous a fait ce présent, ou il nous a communiqué quelque chose qui en est l'équivalent. De quelque manière qu'il s'y soit pris, nous sommes sous sa main. Il est notre maître, voilà tout ce que je sais.

GOUDMAN. — Mais au moins dites-moi ce que vous en soupçonnez. Vous avez disséqué des cerveaux, vous avez vu des embryons et des fœtus ; y avez-vous découvert quelque apparence d'âme ?

SIDRAC. — Pas la moindre, et je n'ai jamais pu comprendre comment un être immatériel, immortel, logeait pendant neuf mois inutilement caché dans une membrane puante entre de l'urine et des excréments. Il m'a paru difficile de concevoir que cette prétendue âme simple existât avant la formation de son corps; car à quoi aurait-elle servi pendant des siècles sans être âme humaine ? Et puis comment imaginer un être simple, un être métaphysique, qui attend pendant une éternité le moment d'animer de la matière pendant quelques minutes ? Que devient cet être inconnu, si le fœtus qu'il doit animer meurt dans le ventre de sa mère ?

« Il m'a paru encore plus ridicule que Dieu créât une âme au moment qu'un homme couche avec une femme. Il m'a semblé blasphématoire que Dieu attendit la consommation d'un adultère, d'un inceste, pour récompenser ces turpitudes en créant des âmes en leur faveur. C'est encore pis quand on me dit que Dieu tire du néant des âmes immortelles pour leur faire souffrir éternellement des tourments incroyables. Quoi! brûler des êtres simples, des êtres qui n'ont rien de brûlable! Comment nous y prendrions-nous pour brûler un son de voix, un vent qui vient de passer? encore ce son, ce vent, étaient matériels dans le petit moment de leur passage; mais un esprit pur, une pensée, un doute? je m'y perds. De quelque côté que je me tourne, je ne trouve qu'obscurité, contradiction, impossibilité, ridicule, rêveries, impertinence, chimères, absurdité, bêtise, charlatanerie.

« Mais je suis à mon aise quand je me dis : Dieu est le maître. Celui qui fait graviter des astres innombrables les uns vers les autres, celui qui fit la lumière est bien assez puissant pour nous donner des sentiments et des idées, sans que nous ayons besoin d'un petit atome étranger, invisible, appelé âme.

« Dieu a donné certainement du sentiment, de la mémoire, de l'industrie à tous les animaux. Il leur a donné la vie, et il est bien aussi beau de faire présent de la vie que de faire présent d'une âme. Il est assez reçu que les animaux vivent; il est démontré qu'ils ont le sentiment, puisqu'ils ont les organes du sentiment. Or, s'ils ont tout cela sans âme, pourquoi voulons-nous à toute force en avoir une?

GOUDMAN. — Peut-être c'est par vanité. Je suis persuadé que si un paon pouvait parler, il se vanterait d'avoir une âme, et il dirait que son âme est dans sa queue. Je me sens très-enclin à soupçonner avec vous que Dieu nous a faits mangeants, buvants, marchants, dormants, sentants, pensants, pleins de passions, d'orgueil, et de misère, sans nous dire un mot de son secret. Nous n'en savons pas plus sur cet article que ce paon dont je parle; et celui qui a dit que nous naissons, vivons, et mourons sans savoir comment, a dit une grande vérité.

« Celui qui nous appelle les marionnettes de la Providence me paraît nous avoir bien définis; car enfin, pour que nous existions, il faut une infinité de mouvements. Or nous n'avons pas fait le mouvement; ce n'est pas nous qui en avons établi les lois. Il y a quelqu'un qui, ayant fait la lumière, la fait mouvoir du soleil à nos yeux, et y arriver en sept minutes. Ce n'est que par le mouvement que mes cinq sens sont remués; ce n'est que par mes cinq sens que j'ai des idées; donc c'est l'Auteur du mouvement qui me donne des idées. Et, quand il me dira de quelle manière il me les donne, je lui rendrai de très-humbles actions de grâces. Je lui en rends déjà beaucoup de m'avoir permis de contempler pendant quelques années le magnifique spectacle de ce monde, comme disait Épictète. Il est vrai qu'il pouvait me rendre plus heureux, et me faire avoir un bon bénéfice et ma maîtresse miss Fidler; mais enfin, tel que je suis avec mes six cent trente schellings de rente, je lui ai encore bien de l'obligation.

SIDRAC. — Vous dites que Dieu pouvait vous donner un bon bénéfice et qu'il pouvait vous rendre plus heureux que vous n'êtes. Il y a des gens qui ne vous passeraient pas cette proposition. Eh! ne vous sourendez-vous pas que vous-même vous vous êtes plaint de la fatalité? il n'est pas permis à un homme qui a voulu être curé de se contredire. Ne voyez-vous pas que, si vous aviez eu la cure et la femme que vous demandiez, ce serait vous qui auriez fait un enfant à miss Fidler, et non pas votre rival? L'enfant dont elle aurait accouché aurait pu être mousse, devenir amiral, gagner une bataille navale à l'embouchure du Gange, et achever de détrôner le Grand-Mogol. Cela seul aurait changé la constitution de l'univers. Il aurait fallu un monde tout différent du nôtre pour que votre compétiteur n'eût pas la cure, pour qu'il n'épousât pas miss Fidler, pour que vous ne fussiez pas réduit à six cent trente schellings, en attendant la mort de votre tante. Tout est enchaîné; et Dieu n'ira pas rompre la chaîne éternelle pour mon ami Goudman.

GOUDMAN. — Je ne m'attendais pas à ce raisonnement, quand je parlais de fatalité; mais enfin, si cela est ainsi, Dieu est donc esclave tout comme moi?

SIDRAC. — Il est esclave de sa volonté, de sa sagesse, des propres lois qu'il a faites, de sa nature nécessaire. Il ne peut les enfreindre, parce qu'il ne peut être faible, inconstant, volage comme nous, et que l'Être nécessairement éternel ne peut être une girouette.

GOUDMAN. — Monsieur Sidrac, cela pourrait mener tout droit à l'irréligion; car, si Dieu ne peut rien changer aux affaires de ce monde, à quoi bon chanter ses louanges, à quoi bon lui adresser des prières?

SIDRAC. — Eh! qui vous dit de prier Dieu et de le louer? Il a vraiment bien affaire de vos louanges et de vos placets! On loue un homme parce qu'on le croit vain; on le prie quand on le croit faible, et qu'on espère le faire changer d'avis. Faisons notre devoir envers Dieu, adorons-le, soyons justes; voilà nos vraies louanges, nos vraies prières.

GOUDMAN. — Monsieur Sidrac, nous avons embrassé bien du terrain; car, sans compter miss Fidler, nous examinons si nous avons une âme, s'il y a un Dieu, s'il peut changer, si nous sommes destinés à deux vies, si.... Ce sont là de profondes études, et peut-être je n'y aurais jamais pensé si j'avais été curé. Il faut que j'approfondisse ces choses nécessaires et sublimes, puisque je n'ai rien à faire.

SIDRAC. — Eh bien! demain le docteur Grou vient dîner chez moi; c'est un médecin fort instruit; il a fait le tour du monde avec MM. Banks et Solander[1]; il doit certainement connaître Dieu et l'âme, le vrai et le faux, le juste et l'injuste, bien mieux que ceux qui ne sont jamais sortis de Covent-Garden. De plus, le docteur Grou a vu presque toute l'Europe dans sa jeunesse; il a été témoin de cinq ou six révolutions en Russie; il a fréquenté le bacha comte de Bonneval, qui était devenu, comme on sait, un parfait musulman à Constantinople. Il a été lié avec le prêtre papiste Mac-Carthy, irlandais, qui se fit couper le prépuce en l'honneur de Mahomet, et avec notre presbytérien écossais

1. Daniel Solander, compatriote et élève de Linnée, est mort en 1784. Il avait avec Joseph Banks, mort en 1820, accompagné Cook dans son premier voyage autour du monde. (*Note de M. Beuchot.*)

Ramsay, qui en fit autant, et qui ensuite servit en Russie, et fut tué dans une bataille contre les Suédois en Finlande. Enfin il a conversé avec le R. P. Malagrida, qui a été brûlé depuis à Lisbonne, parce que la sainte Vierge lui avait révélé tout ce qu'elle avait fait lorsqu'elle était dans le ventre de sa mère sainte Anne.

« Vous sentez bien qu'un homme comme M. Grou, qui a vu tant de choses, doit être le plus grand métaphysicien du monde. A demain donc chez moi à dîner.

GOUDMAN. — Et après-demain encore, mon cher Sidrac; car il faut plus d'un dîner pour s'instruire. »

CHAP. V. — Le lendemain, les trois penseurs dînèrent ensemble; et comme ils devenaient un peu plus gais sur la fin du repas, selon la coutume des philosophes qui dînent, on se divertit à parler de toutes les misères, de toutes les sottises, de toutes les horreurs qui affligent le genre animal, depuis les terres australes jusqu'auprès du pôle arctique, et depuis Lima jusqu'à Méaco. Cette diversité d'abominations ne laisse pas d'être fort amusante. C'est un plaisir que n'ont point les bourgeois casaniers et les vicaires de paroisse, qui ne connaissent que leur clocher, et qui croient que tout le reste de l'univers est fait comme *exchange-alley* à Londres, ou comme la rue de la Huchette à Paris.

« Je remarque, dit le docteur Grou, que, malgré la variété infinie répandue sur ce globe, cependant tous les hommes que j'ai vus, soit noirs à laine, soit noirs à cheveux, soit bronzés, soit rouges, soit bis, qui s'appellent blancs, ont également deux jambes, deux yeux, et une tête sur leurs épaules, quoi qu'en ait dit saint Augustin, qui, dans son trente-septième sermon, assuré qu'il a vu des acéphales, c'est-à-dire des hommes sans tête, des monocules qui n'ont qu'un œil, et des monopèdes qui n'ont qu'une jambe. Pour des anthropophages, j'avoue qu'on en regorge, et que tout le monde l'a été.

« On m'a souvent demandé si les habitants de ce pays immense nommé la Nouvelle-Zélande, qui sont aujourd'hui les plus barbares de tous les barbares, étaient baptisés. J'ai répondu que je n'en savais rien, que cela pouvait être; que les Juifs, qui étaient plus barbares qu'eux, avaient eu deux baptêmes au lieu d'un, le baptême de justice et le baptême de domicile.

— Vraiment, je les connais, dit M. Goudman, et j'ai eu sur cela de grandes disputes avec ceux qui croient que nous avons inventé le baptême. Non, messieurs, nous n'avons rien inventé, nous n'avons fait que rapetasser. Mais, dites-moi, je vous prie, monsieur Grou, de quatre-vingts ou cent religions que vous avez vues en chemin, laquelle vous a paru la plus agréable, est-ce celle des Zélandais, ou celle des Hottentots?

M. GROU. — C'est celle de l'île d'Otaïti, sans aucune comparaison. J'ai parcouru les deux hémisphères; je n'ai rien vu comme Otaïti et sa religieuse reine. C'est dans Otaïti que la nature habite. Je n'ai ailleurs que des masques; je n'ai vu que des fripons qui trompent des sots, des charlatans qui escamotent l'argent des autres pour avoir de l'autorité, et qui escamotent de l'autorité pour avoir de l'argent. Impudément ; qui vous vendent des toiles d'araignées pour manger vos perdrix ; qui vous vendent richesses et plaisirs quand il n'y aura plus personne, afin que vous tourniez la broche pendant qu'ils existent.

" Pardieu ! il n'en est pas de même dans l'île d'Aïti, ou d'Otaïti. Cette île est bien plus civilisée que celle de Zélande et que le pays des Caffres, et, j'ose dire, que notre Angleterre, parce que la nature l'a favorisée d'un sol plus fertile ; elle lui a donné l'arbre à pain, présent aussi utile qu'admirable, qu'elle n'a fait qu'à quelques îles de la mer du Sud. Otaïti possède d'ailleurs beaucoup de volailles, de légumes et de fruits. On n'a pas besoin dans un tel pays de manger son semblable ; mais il y a un besoin plus naturel, plus doux, plus universel, que la religion d'Otaïti ordonne de satisfaire en public. C'est, de toutes les cérémonies religieuses, la plus respectable sans doute ; j'en ai été témoin, aussi bien que tout l'équipage de notre vaisseau. Ce ne sont point ici des fables de missionnaires, telles qu'on en trouve quelquefois dans les *Lettres édifiantes et curieuses* des révérends pères jésuites. Le docteur Jean Hawkesworth[1] achève actuellement de faire imprimer nos découvertes dans l'hémisphère méridional. J'ai toujours accompagné M. Banks, ce jeune homme si estimable, qui a consacré son temps et son bien à observer la nature vers le pôle antarctique, tandis que MM. Dawkins et Wood revenaient des ruines de Palmyre et de Balbek, où ils avaient fouillé les plus anciens monuments des arts, et que M. Hamilton apprenait aux Napolitains étonnés l'histoire naturelle de leur mont Vésuve. Enfin j'ai vu avec MM. Banks, Solander, Cook, et cent autres, ce que je vais vous raconter.

" La princesse Obéira, reine de l'île Otaïti.... » Alors on apporta le café, et, dès qu'on l'eut pris, M. Grou continua ainsi son récit:

CHAP. VI. — « La princesse Obéira, dis-je, après nous avoir comblés de présents, avec une politesse digne d'une reine d'Angleterre, fut curieuse d'assister un matin à notre service anglican. Nous le célébrâmes aussi pompeusement que nous pûmes. Elle nous invita au sien l'après-dîner ; c'était le 14 mai 1769. Nous la trouvâmes entourée d'environ mille personnes des deux sexes rangées en demi-cercle, et dans un silence respectueux. Une jeune fille très-jolie, simplement parée d'un déshabillé galant, était couchée sur une estrade qui servait d'autel. La reine Obéira ordonna à un beau garçon d'environ vingt ans d'aller sacrifier. Il prononça une espèce de prière, et monta sur l'autel. Les deux sacrificateurs étaient à demi nus. La reine, d'un air majestueux, enseigna à la jeune victime la manière la plus convenable de consommer le sacrifice. Tous les Otaïtiens étaient si attentifs et si respectueux, qu'aucun de nos matelots n'osa troubler la cérémonie par un rire indécent. Voilà ce que j'ai vu, vous dis-je ; voilà tout ce que notre équipage a vu : c'est à vous d'en tirer les conséquences.

— Cette fête sacrée ne m'étonne pas, dit le docteur Goudman. Je suis persuadé que c'est la première fête que les hommes aient jamais

---

1. Rédacteur du premier *Voyage de Cook*. (Éd.)

célébrée, et je ne vois pas pourquoi on ne prierait pas Dieu lorsqu'on va faire un être à son image, comme nous le prions avant les repas qui servent à soutenir notre corps. Travailler à faire naître une créature raisonnable est l'action la plus noble et la plus sainte. C'est ainsi que pensaient les premiers Indiens, qui révérèrent le Lingam, symbole de la génération; les anciens Egyptiens, qui portaient en procession le Phallus; les Grecs, qui érigèrent des temples à Priape. S'il est permis de citer la misérable petite nation juive, grossière imitatrice de tous ses voisins, il est dit dans ses livres que ce peuple adora Priape, et que la reine mère du roi juif Asa fut sa grande prêtresse [1].

« Quoi qu'il en soit, il est très-vraisemblable que jamais aucun peuple n'établit, ni ne put établir un culte par libertinage. La débauche s'y glisse quelquefois dans la suite des temps; mais l'institution en est toujours innocente et pure. Nos premières agapes, dans lesquelles les garçons et les filles se baisaient modestement sur la bouche, ne dégénérèrent qu'assez tard en rendez-vous et en infidélités; et plût à Dieu que je pusse sacrifier avec miss Fidler devant la reine Obéira en tout bien et en tout honneur! ce serait assurément le plus beau jour et la plus belle action de ma vie. »

M. Sidrac, qui avait jusque-là gardé le silence, parce que MM. Goodman et Grou avaient toujours parlé, sortit enfin de sa taciturnité, et dit : « Tout ce que je viens d'entendre me ravit en admiration. La reine Obéira me paraît la première reine de l'hémisphère méridional; je n'ose dire des deux hémisphères; mais parmi tant de gloire et tant de félicité, il y a un article qui me fait frémir, et dont M. Goodman vous a dit un mot auquel vous n'avez pas répondu. Est-il vrai, monsieur Grou, que le capitaine Wallis qui mouilla dans cette île fortunée avant vous, y porta les deux plus terribles fléaux de toute la terre, les deux véroles ? — Hélas! reprit M. Grou, ce sont les Français qui nous en accusent, et nous en accusons les Français. M. Bougainville dit que ce sont ces maudits Anglais qui ont donné la vérole à la reine Obéira; et M. Cook prétend que cette reine ne l'a acquise que de M. Bougainville lui-même. Quoi qu'il en soit, la vérole, ressemble aux beaux-arts : on ne sait point qui en fut l'inventeur; mais, à la longue, ils font le tour de l'Europe, de l'Asie, de l'Afrique et de l'Amérique.

— Il y a longtemps que j'exerce la chirurgie, dit Sidrac, et j'avoue que je dois à cette vérole la plus grande partie de ma fortune, mais je ne la déteste pas moins. Mme Sidrac me la communiqua la première nuit de ses noces; et, comme c'est une femme excessivement délicate sur ce qui peut entamer son honneur, elle publia dans tous les papiers publics de Londres, qu'elle était à la vérité attaquée du mal immonde, mais qu'elle l'avait apporté du ventre de madame sa mère, et que c'était une ancienne habitude de famille.

« A quoi pensa ce qu'on appelle la nature, quand elle versa ce poison dans les sources de la vie ? On l'a dit, et je le répète, c'est la plus

---

1. IIIe livre *des Rois*, ch. xv; et *Paralipomènes*, II, ch. xv.

énorme et la plus détestable de toutes les contradictions. Quoi! l'homme a été fait, dit-on, à l'image de Dieu,

Finxit in effigiem moderantum cuncta deorum;

et c'est dans les vaisseaux spermatiques de cette image qu'on a mis la douleur, l'infection, et la mort! Que deviendra ce beau vers de milord Rochester : « L'amour ferait adorer Dieu dans un pays d'athées? »

« Hélas! dit le bon Goudman, j'ai peut-être à remercier la Providence de n'avoir pas épousé ma chère miss Fidler; car sait-on ce qui serait arrivé? on n'est jamais sûr de rien dans ce monde. En tout cas, monsieur Sidrac, vous m'avez promis votre aide dans tout ce qui concernait ma vessie. — Je suis à votre service, répondit Sidrac; mais il faut chasser ces mauvaises pensées. » Goudman, en parlant ainsi, semblait prévoir sa destinée

CHAP. VII. — Le lendemain, les trois philosophes agitèrent la grande question : « Quel est le premier mobile de toutes les actions des hommes? » Goudman, qui avait toujours sur le cœur la perte de son bénéfice et de sa bien-aimée, dit que le principe de tout était l'amour et l'ambition. Grou, qui avait vu plus de pays, dit que c'était l'argent; et le grand anatomiste Sidrac assura que c'était une chaise percée. Les deux convives demeurèrent tout étonnés; et voici comme le savant Sidrac prouva sa thèse :

« J'ai toujours observé que toutes les affaires de ce monde dépendaient de l'opinion et de la volonté d'un principal personnage, soit roi, soit premier ministre, soit premier commis : or cette opinion et cette volonté sont l'effet immédiat de la manière dont les esprits animaux se filtrent dans le cervelet, et de là dans la moelle allongée : ces esprits animaux dépendent de la circulation du sang; ce sang dépend de la formation du chyle; ce chyle s'élabore dans le réseau du mésentère; ce mésentère est attaché aux intestins par des filets très-déliés; ces intestins, s'il m'est permis de le dire, sont remplis de merde : or, malgré les trois fortes tuniques dont chaque intestin est vêtu, il est percé comme un crible; car tout est à jour dans la nature, et il n'y a grain de sable si imperceptible qui n'ait plus de cinq cents pores. On ferait passer mille aiguilles à travers un boulet de canon, si on en trouvait d'assez fines et d'assez fortes. Qu'arrive-t-il donc à un homme constipé? les éléments les plus ténus, les plus délicats de sa merde, se mêlent au chyle dans les veines d'Azellius, vont à la veine-porte et dans le réservoir de Pecquet; elles passent dans la sous-clavière; elles entrent dans le cœur de l'homme le plus galant, de la femme la plus coquette. C'est une rosée d'étron desséchée qui court dans tout son corps. Si cette rosée inonde les parenchymes, les vaisseaux et les glandes d'un atrabilaire, sa mauvaise humeur devient férocité; le blanc de ses yeux est d'un sombre ardent; ses lèvres sont collées l'une contre l'autre; la couleur de son visage a des teintes brouillées; il semble qu'il vous menace : ne l'approchez pas; et, si c'est un ministre d'État, gardez-vous de lui présenter une requête; il ne regarde tout papier que comme un secours dont il voudrait bien se servir selon l'ancien et abominable usage des gens d'Europe. Informez-vous adroitement de son valet de chambre favori, si monseigneur a poussé sa selle le matin.

« Ceci est plus important qu'on ne pense. La constipation a produit quelquefois les scènes les plus sanglantes. Mon grand-père, qui est mort centenaire, était apothicaire de Cromwell; il m'a conté souvent que Cromwell n'avait pas été à la garde-robe depuis huit jours lorsqu'il fit couper la tête à son roi.

« Tous les gens un peu instruits des affaires du continent savent que l'on avertit souvent le duc de Guise le Balafré de ne pas fâcher Henri III en hiver pendant un vent de nord-est. Ce monarque n'allait alors à la garde-robe qu'avec une difficulté extrême. Ses matières lui montaient à la tête; il était capable, dans ces temps-là, de toutes les violences. Le duc de Guise ne crut pas un si sage conseil : que lui en arriva-t-il ? son frère et lui furent assassinés.

« Charles IX, son prédécesseur, était l'homme le plus constipé de son royaume. Les conduits de son côlon et de son rectum étaient si bouchés, qu'à la fin son sang jaillit par ses pores. On ne sait que trop que ce tempérament adusté fut une des principales causes de la Saint-Barthélemy.

« Au contraire les personnes qui ont de l'embonpoint, les entrailles veloutées, le cholédoque[1] coulant, le mouvement péristaltique aisé et régulier, qui s'acquittent tous les matins, dès qu'elles ont déjeuné, d'une bonne selle aussi aisément qu'on crache ; ces personnes favorites de la nature sont douces, affables, gracieuses, prévenantes, compatissantes, officieuses. Un non dans leur bouche a plus de grâce qu'un oui dans la bouche d'un constipé.

« La garde-robe a tant d'empire, qu'un dévoiement rend souvent un homme pusillanime. La dyssenterie ôte le courage. Ne proposez pas à un homme affaibli par l'insomnie, par une fièvre lente, et par cinquante déjections putrides, d'aller attaquer une demi-lune en plein jour. C'est pourquoi je ne puis croire que toute notre armée eut la dyssenterie à la bataille d'Azincourt, comme on le dit, et qu'elle remporta la victoire culottes bas. Quelques soldats auront eu le dévoiement pour s'être gorgés de mauvais raisins dans la route, et les historiens auront dit que toute l'armée malade se battit à cul nu; et que, pour ne le pas montrer aux petits-maîtres français, elle les battit d' *plaie coutume*, selon l'expression du jésuite Daniel.

Et voilà justement comme on écrit l'histoire[2].

« C'est ainsi que les Français ont tous répété, les uns après les autres, que notre grand Édouard III se fit livrer six bourgeois de Calais, la corde au cou, pour les faire pendre, parce qu'ils avaient osé soutenir le siège avec courage, et que sa femme obtint enfin leur pardon par ses larmes. Ces romanciers ne savent pas que c'était la coutume dans ces temps barbares que les bourgeois se présentassent devant leur vain-

1. Canal sécrétoire de la bile. (Éd.)
2. Vers de Voltaire dans *Charlot*, acte Ier, scène VII. (Éd.)

queur, la corde au cou, quand ils l'avaient arrêté trop longtemps devant une bicoque. Mais certainement le généreux Edouard n'avait nulle envie de serrer le cou de ces six otages, qu'il combla de présents et d'honneurs. Je suis las de toutes les fadaises dont tant d'historiens prétendus ont farci leurs chroniques, et de toutes les batailles qu'ils ont si mal décrites. J'aime autant croire que Gédéon remporta une victoire signalée avec trois cents cruches. Je ne lis plus, Dieu merci, que l'histoire naturelle, pourvu qu'un Burnet, et qu'un Wiston, et un Woodward, ne m'ennuient plus de leurs maudits systèmes; qu'un Maillet ne me dise plus que la mer d'Irlande a produit le mont Caucase, et que notre globe est de verre; pourvu qu'on ne me donne pas de petits joncs aquatiques pour des animaux voraces, et le corail pour des insectes¹; pourvu que des charlatans ne me donnent pas insolemment leurs rêveries pour des vérités. Je fais plus de cas d'un bon régime qui entretient mes humeurs en équilibre, et qui me procure une digestion louable et un sommeil plein. Buvez chaud quand il gèle, buvez frais dans la canicule; rien de trop, rien de trop peu en tout genre; digérez, dormez, ayez du plaisir; et moquez-vous du reste. »

CHAP. VIII. — Comme M. Sidrac proférait ces sages paroles, on vint avertir M. Goudman que l'intendant du feu comte de Chesterfield était à la porte dans son carrosse, et demandait à lui parler pour une affaire très-pressante. Goudman court pour recevoir les ordres de M. l'intendant, qui, l'ayant prié de monter, lui dit :

« Monsieur, vous savez sans doute ce qui arriva à M. et à Mme Sidrac la première nuit de leurs noces?

— Oui, monsieur; il me contait tout à l'heure cette petite aventure.

— Eh bien! il en est arrivé autant à la belle Mlle Fidler et à M. le curé, son mari. Le lendemain ils se sont battus; le surlendemain ils se sont séparés, et on a ôté à M. le curé son bénéfice. J'aime la Fidler, je sais qu'elle vous aime; elle ne me hait pas. Je suis au-dessus de la petite disgrâce qui est cause de son divorce; je suis amoureux et intrépide. Cédez-moi miss Fidler, et je vous fais avoir la cure, qui vaut cent cinquante guinées de revenu. Je ne vous donne que dix minutes pour y rêver.

— Monsieur, la proposition est délicate : je vais consulter mes philosophes Sidrac et Grou; je suis à vous sans tarder. »

Il revole à ses deux conseillers. « Je vois, dit-il, que la digestion ne décide pas seule des affaires de ce monde, et que l'amour, l'ambition, l'argent, y ont beaucoup de part. » Il leur expose le cas, les prie de le déterminer sur-le-champ. Tous deux conclurent qu'avec cent cinquante guinées il aurait toutes les filles de sa paroisse, et encore miss Fidler par-dessus le marché.

Goudman sentit la sagesse de cette décision; il eut la cure, il eut miss Fidler en secret, ce qui était bien plus doux que de l'avoir pour femme. M. Sidrac lui prodigua ses bons offices dans l'occasion : il est

1. Voyez les notes des *Singularités de la nature*. (ÉD.)

devenu un des plus terribles prêtres de l'Angleterre, et il est plus persuadé que jamais de la fatalité qui gouverne toutes les choses de ce monde.

AVENTURE INDIENNE.

Pythagore, dans son séjour aux Indes, apprit, comme tout le monde sait, à l'école des gymnosophistes, le langage des bêtes et celui des plantes. Se promenant un jour dans une prairie assez près du rivage de la mer, il entendit ces paroles : « Que je suis malheureuse d'être née herbe ! à peine suis-je parvenue à deux pouces de hauteur que voilà un monstre dévorant, un animal horrible qui me foule sous ses larges pieds; sa gueule est armée d'une rangée de faux tranchantes, avec laquelle il me coupe, me déchire, et m'engloutit. Les hommes nomment ce monstre un mouton. Je ne crois pas qu'il y ait au monde une plus abominable créature. »

Pythagore avança quelques pas; il trouva une huître qui bâillait sur un petit rocher; il n'avait point encore embrassé cette admirable loi par laquelle il est défendu de manger les animaux nos semblables. Il allait avaler l'huître, lorsqu'elle prononça ces mots attendrissants : « O nature! que l'herbe, qui est comme moi ton ouvrage, est heureuse! Quand on l'a coupée, elle renaît, elle est immortelle; et nous, pauvres huîtres, en vain sommes-nous défendues par une double cuirasse, des scélérats nous mangent par douzaines à leur déjeuner, et c'en est fait pour jamais. Quelle épouvantable destinée que celle d'une huître, et que les hommes sont barbares! »

Pythagore tressaillit; il sentit l'énormité du crime qu'il allait commettre : il demanda pardon à l'huître en pleurant, et la remit bien proprement sur son rocher.

Comme il rêvait profondément à cette aventure en retournant à la ville, il vit des araignées qui mangeaient des mouches, des hirondelles qui mangeaient des araignées, des éperviers qui mangeaient des hirondelles. « Tous ces gens-là, dit-il, ne sont pas philosophes. »

Pythagore, en entrant, fut heurté, froissé, renversé par une multitude de gredins et de gredines qui couraient en criant : « C'est bien fait, c'est bien fait, ils l'ont bien mérité ! — Qui ? quoi ? » dit Pythagore en se relevant; et les gens couraient toujours en disant : « Ah! que nous aurons de plaisir à les voir cuire ! »

Pythagore crut qu'on parlait de lentilles ou de quelques autres légumes; point du tout, c'était de deux pauvres Indiens. « Ah! sans doute, dit Pythagore, ce sont deux grands philosophes qui sont las de la vie; ils sont bien aises de renaître sous une autre forme; il y a du plaisir à changer de maison, quoiqu'on soit toujours mal logé; il ne faut pas disputer des goûts. »

Il avança avec la foule jusqu'à la place publique, et ce fut là qu'il vit un grand bûcher allumé, vis-à-vis de ce bûcher, un banc qu'on appelait un *tribunal*, et sur ce banc, des juges, et ces juges tenaient tous une queue de vache à la main, et ils avaient sur la tête un bonnet ressemblant parfaitement aux deux oreilles de l'animal qui porta Silène quand il vint autrefois au pays avec Bacchus, après avoir traversé la mer Erythrée à pied sec, et avoir arrêté le soleil et la lune, comme on le raconte fidèlement dans les Orphiques.

Il y avait parmi ces juges un honnête homme fort connu de Pythagore. Le sage de l'Inde expliqua au sage de Samos de quoi il était question dans la fête qu'on allait donner au peuple indou.

« Les deux Indiens, dit-il, n'ont nulle envie d'être brûlés; mes graves confrères les ont condamnés à ce supplice, l'un pour avoir dit que la substance de Xaca n'est pas la substance de Brama; et l'autre, pour avoir soupçonné qu'on pouvait plaire à l'Être suprême par la vertu, sans tenir en mourant une vache par la queue; parce que, disait-il, on peut être vertueux en tout temps, et qu'on ne trouve pas toujours une vache à point nommé. Les bonnes femmes de la ville ont été si effrayées de ces deux propositions hérétiques, qu'elles n'ont point donné de repos aux juges, jusqu'à ce qu'ils aient ordonné le supplice de ces deux infortunés. »

Pythagore jugea que depuis l'herbe jusqu'à l'homme il y avait bien des sujets de chagrin. Il fit pourtant entendre raison aux juges, et même aux dévotes; et c'est ce qui n'est arrivé que cette seule fois.

Ensuite il alla prêcher la tolérance à Crotone; mais un intolérant mit le feu à sa maison : il fut brûlé, lui qui avait tiré deux Indous des flammes. *Sauve qui peut.*

LES
AVEUGLES JUGES DES COULEURS.

(17..)

Dans les commencements de la fondation des Quinze-Vingts, on sait qu'ils étaient tous égaux, et que leurs petites affaires se décidaient à la pluralité des voix. Ils distinguaient parfaitement au toucher la monnaie de cuivre de celle d'argent; aucun d'eux ne prit jamais du vin de Brie pour du vin de Bourgogne. Leur odorat était plus fin que celui de leurs voisins, qui avaient deux yeux. Ils raisonnèrent parfaitement sur leurs quatre sens, c'est-à-dire qu'ils en connurent tout ce qu'il est permis d'en savoir; et ils vécurent paisibles et fortunés autant que des Quinze-Vingts peuvent l'être. Malheureusement un de leurs professeurs prétendit avoir des notions claires sur le sens de la vue; il se fit écouter, il intrigua, il forma des enthousiastes : enfin on le reconnut pour le chef de la communauté. Il se mit à juger souverainement des couleurs, et tout fut perdu.

Ce premier dictateur des Quinze-Vingts se forma d'abord un petit conseil, avec lequel il se rendit le maître de toutes les aumônes. Par ce moyen personne n'osa lui résister. Il décida que tous les habits des Quinze-Vingts étaient blancs; les aveugles le crurent; ils ne parlaient que de leurs beaux habits blancs, quoiqu'il n'y en eût pas un seul de cette couleur. Tout le monde se moqua d'eux; ils allèrent se plaindre au dictateur, qui les reçut fort mal; il les traita de novateurs, d'esprits forts, de rebelles, qui se laissaient séduire par les opinions erronées de ceux qui avaient des yeux, et qui osaient douter de l'infaillibilité de leur maître. Cette querelle forma deux partis.

Le dictateur, pour les apaiser, rendit un arrêt par lequel tous leurs habits étaient rouges. Il n'y avait pas un habit rouge aux Quinze-Vingts; on se moqua d'eux plus que jamais: nouvelles plaintes de la part de la communauté. Le dictateur entra en fureur, les autres aveugles aussi; on se battit longtemps, et la concorde ne fut rétablie que lorsqu'il fut permis à tous les Quinze-Vingts de suspendre leur jugement sur la couleur de leurs habits.

Un sourd, en lisant cette petite histoire, avoua que les aveugles avaient eu tort de juger des couleurs; mais il resta ferme dans l'opinion qu'il n'appartient qu'aux sourds de juger de la musique.

FIN DU VINGTIÈME VOLUME.

TABLE.

ROMANS.

	Pages.
Le monde comme il va, vision de Babouc, écrite par lui-même. (1746)	1
Le crocheteur borgne. (1746)	12
Cosi-Sancta. (1746)	15
Zadig, ou la Destinée, histoire orientale. (1747)	20
Memnon, ou la Sagesse humaine. (1750)	67
Avertissement de l'auteur	67
Bababec et les fakirs. (1750)	71
Micromégas, histoire philosophique. (1752)	73
Les deux consolés. (1750)	86
Histoire des voyages de Scarmentado, écrite par lui-même. (1756)	87
Songe de Platon. (1756)	92
Candide, ou l'Optimisme, traduit de l'allemand de M. le docteur Ralph, avec les additions qu'on a trouvées dans la poche du docteur lorsqu'il mourut à Minden, l'an de grâce 1759	94
Histoire d'un bon bramin. (1759)	155
Le blanc et le noir. (1764)	156
Jeannot et Colin. (1764)	165
L'ingénu, histoire véritable tirée des manuscrits du P. Quesnel. (1767)	174
L'homme aux quarante écus. (1768)	216
Avertissement des éditeurs de l'édition de Kehl	216
La princesse de Babylone. (1768)	262
Les lettres d'Amabed. (1769)	310
Aventure de la Mémoire. (1773)	342
Le taureau blanc. (1774)	345
Éloge historique de la Raison. (1774)	368
Histoire de Jenni, ou l'Athée et le Sage. (1775)	375
Les oreilles du comte de Chesterfield, et le chapelain Goudman. (1775)	415
Aventure indienne	425
Les aveugles juges des couleurs	304

FIN DE LA TABLE DU VINGTIÈME VOLUME

Coulommiers. — Typ. P. BRODARD et GALLOIS.

RAPPORT 16

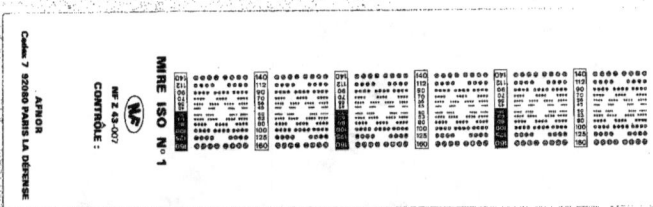

BIBLIOTHEQUE
NATIONALE

CHÂTEAU
de
SABLÉ
1981

www.ingramcontent.com/pod-product-compliance
Lightning Source LLC
Chambersburg PA
CBHW070615230426
43670CB00010B/1536